# 有机化学简明教程学习指南

YOUJI HUAXUE JIANMING JIAOCHENG XUEXI ZHINAN

**配套《有机化学简明教程》**

■ 大连理工大学

高占先　于丽梅　编



高等教育出版社·北京
HIGHER EDUCATION PRESS　BEIJING

内容提要

本书是高占先等编写的《有机化学简明教程》的配套参考书。全书章次与《有机化学简明教程》同步。每章设有学习要点、重要反应式、思考题解答、例题解析、综合习题、综合习题参考答案和习题解答七个专题。随后增加第16章习题类型综合。本书所选习题类型新颖、内容丰富、特点鲜明，是教材的补充与扩展。本书重在强化对有机化学基本理论、基本概念的理解与应用，引导学生如何学习有机化学，如何学好有机化学，培养学生自主学习的习惯与能力。

本书不仅可与《有机化学简明教程》配套使用，也可供学习有机化学课程和报考研究生的学生及社会学习者使用，也是相关专业的师生、技术人员的参考书。

**图书在版编目(CIP)数据**

有机化学简明教程学习指南 / 高占先，于丽梅编.
—北京：高等教育出版社，2013.2
配套《有机化学简明教程》
ISBN 978-7-04-036561-0

Ⅰ.①有… Ⅱ.①高… ②于… Ⅲ.①有机化学-高等学校-教学参考资料 Ⅳ.①O62

中国版本图书馆 CIP 数据核字（2012）第 301761 号

策划编辑 付春江　责任编辑 曹 瑛　封面设计 于文燕　版式设计 余 杨
插图绘制 尹 莉　责任校对 刘丽娴　责任印制 韩 刚

出版发行 高等教育出版社
社　　址 北京市西城区德外大街4号
邮政编码 100120
印　　刷 高教社（天津）印务有限公司
开　　本 787mm × 1092mm 1/16
印　　张 20.75
字　　数 500 千字
购书热线 010-58581118
咨询电话 400-810-0598
网　　址 http://www.hep.edu.cn
　　　　 http://www.hep.com.cn
网上订购 http://www.landraco.com
　　　　 http://www.landraco.com.cn
版　　次 2013 年 2 月第 1 版
印　　次 2013 年 2 月第 1 次印刷
定　　价 30.40 元


物 料 号 36561-00

# 前　言

本书为高等教育出版社出版的《有机化学简明教程》（高占先等编）的立体化教材之一。《有机化学简明教程》与《无机化学简明教程》（天津大学杨宏孝主编）、《分析化学简明教程》（浙江大学陈恒武主编）和《物理化学简明教程》（北京化工大学张丽丹主编）构成工科基础化学系列简明教程。该系列教程适用于化工类专业及其他少学时基础化学课程的专业，与《化学工程与工艺专业规范》、《工程教育专业认证标准》（化工类）、化工类"卓越工程师教育培养计划"的基础化学课程要求相适应。

全书共十六章，前十五章的章节顺序与《有机化学简明教程》同步。前十五章每章设有学习要点、重要反应式、思考题解答、例题解析、综合习题、综合习题参考答案和习题解答七个专题。随后增加第十六章习题类型综合，包括命名题、基本概念题、完成反应式题、化合物的鉴别、分离与精制题、化合物的理化性质比较题、有机合成题、反应机理题和化合物结构推导题八种题型，与通常考核的试题相对应。本书所选择的内容参考国内外新出版的同类教材的内容和实际考试试题。习题类型新颖、内容丰富、形式多样。学习要点和重要反应式，只指出本章必须掌握的知识点，而不再做与教材重复的叙述，读者需看书掌握其内容；思考题解答是对教材中思考题的解答；例题解析选择与本章有关的典型内容作例题；综合习题的某些内容的难度和范围超出教材，是简明教程的补充和扩展；习题解答对教材章末的习题做答。在解答习题时，重在剖析题目所涉及的知识点内容，给出解答思路和方法，而不是仅给出答案。通过解题强化对有机化学基本理论、基本概念的理解与应用；指导学生如何学习有机化学，学好有机化学；增强分析问题、解决问题的能力，养成自主学习的习惯与能力。

本书可与《有机化学简明教程》配套使用，也可供报考研究生的学生和相关专业师生作参考书。建议在学习有机化学的过程中随时阅读第十六章，了解相关试题类型的范围、要求、解题思路和解题方法等。

本书由高占先设计和编写，于丽梅编写了第一章至第十一章的习题解答专题，陈秋菊做了大量文字工作。大连理工大学教材出版基金资助本教材的编写。高等教育出版社策划编辑付春江、责任编辑曹瑛为本书出版做了大量工作。本书参考了主要参考书的某些资料。在此，向为本书付出辛勤劳动的人们一并表示衷心感谢。由于编写时间紧迫、编者水平所限，书中谬误之处在所难免，恭请读者批评指正。

编　者

2012年5月于大连凌水河畔

# 目　录

# 第 1 章 结构与基本性质

## 学习要点

本章是全书的基础。

1. 有机化学与人类社会的关系

2. 有机化合物分子结构特征——共价键

(1) 处理共价键的方法:价键法、分子轨道法和共振论的基本内容,应用;

(2) 碳原子的 $sp^3$、$sp^2$、sp 杂化轨道的形成、形状、能量及 $\sigma$ 键、$\pi$ 键的形成;

(3) 共价键的基本性质(键长、键角、键能、键的极性、键的极化);

(4) 诱导效应的产生及传递方法;

(5) 给电子基、吸电子基及基团的给电子能力、吸电子能力相对大小。

3. 分子结构的表示

(1) 分子结构式的表示:短线式、缩简式和键线式;

(2) 分子结构模型:球棒模型、棍棒模型、比例模型及其用途;

(3) 静电势能图模型及其用途;

(4) 碳原子四面体构型、分子构造式表示及分子结构模型间关联。

4. 官能团及官能团构造

5. 有机化学反应

(1) 试剂:自由基试剂、自由基引发剂、亲核试剂、亲电试剂;

(2) 活泼中间体:碳正离子、碳负离子、碳自由基的形成、形状(构型)及稳定性;

(3) 反应类型:自由基反应、离子型反应、亲核反应、亲电反应。

6. 有机化合物的酸碱性质

(1) 质子酸碱:酸、碱的相对性,酸、碱的相对强度;

(2) 电子酸碱:酸、碱的相对强度,酸碱络合物;

(3) 一些重要的有机化合物的 p$K_a$ 值:$RCH\overset{+}{O}\underline{H}$、$R_2C\overset{+}{O}\underline{H}$、$H_2\overset{+}{O}\underline{H}$、$C_6H_5SO_3\underline{H}$、$CF_3COO\underline{H}$、$CH_3COO\underline{H}$、$\underline{H_2}CO_3$、$C_6H_5S\underline{H}$、$CH_3CO\underline{CH_2}COCH_3$、$C_6H_5O\underline{H}$、$CH_3CH_2S\underline{H}$、$\underline{CH_3}NO_2$、$CH_3CO\underline{CH_2}COOC_2H_5$、$\underline{CH_2}(COOC_2H_5)_2$、—$\underline{H}$、$CH_3CON\underline{H_2}$、$\underline{H_2}O$、$CH_3CH_2O\underline{H}$、$CH_3CO\underline{CH_3}$、$HC\equiv C\underline{H}$、$(C_6H_5)_3\underline{CH}$、$C_6H_5\underline{CH_3}$、$N\underline{H_3}$、$CH_2=\underline{CH_2}$、$\underline{CH_4}$、$CH_3\underline{CH_3}$、$C_6\underline{H_6}$、$\underline{CH_2}$。

# 思考题解答

**思考题 1-1** 从教材表 1-4 的数值总结极性键对酸强度影响的规律。

**解答：** C—X 键的极性越强，取代酸的酸性越强；C—Cl 键离羧基越近，取代酸的酸性越强；C—Cl键数目越多，取代酸的酸性越强。

**思考题 1-2** 抗癌药物紫杉醇(taxol) 分子结构如图，请指出阴影部分各是什么官能团。

**解答：**

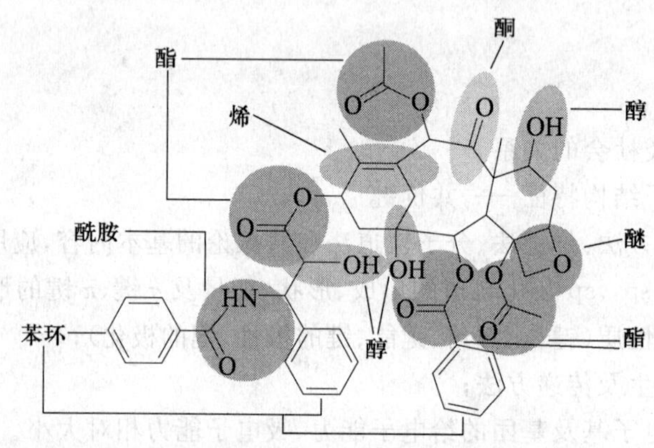


**思考题 1-3** 在下列化学键(官能团)中，哪些容易发生均裂反应，哪些容易发生异裂反应？

C—C，C—H，C═C，C≡C，C—X(X=F, Cl, Br, I)，C—OH，C—$NH_2$，C═O，C—O—C

**解答：**

C—C，C—H，C═C，C≡C，C—X(X=F, Cl, Br, I)，C—OH，C—$NH_2$，C═O，C—O—C

均裂：C—C，C—H，C═C，C≡C

异裂：C═C，C≡C，C—X(X=F, Cl, Br, I)，C—OH，C—$NH_2$，C═O，C—O—C

**思考题 1-4** 自由基(型)试剂，亲电试剂和亲核试剂分别与教材 1.3.1 节中哪些有机化合物的官能团发生化学反应。

**解答：** 自由基(型)试剂与烯烃(>C═C<)、炔烃(—C≡C—)、芳烃(苯环)的重键容易发生反应；亲电试剂与烯烃(>C═C<)、炔烃(—C≡C—)的重键，芳烃的 C—H 的 σ 键容易发生反应；亲核试剂与卤代烃(C—X)，醇(C—OH)，醚(C—O—C)，磺酸(C—$SO_3H$)的 σ 键、醛(—C(═O)—H)、酮(—C(═O)—)、亚胺(C═NH)、腈(—C≡N)、硫羰(>C═S)等的重键和羧酸(—C(═O)—OH)、酰卤(—C(═O)—X)、酯(—C(═O)—O—C)、酐(—C(═O)—O—C(═O)—)、酰胺(—C(═O)—$NH_2$)的 σ 键容易发生反应。

**思考题 1-5** 试总结亲核试剂、亲电试剂与酸碱的关系。

**解答**：亲核试剂、亲电试剂与酸碱是两类不同的概念。试剂是以与有机化合物中碳原子反应的方式定义的，其强弱是以与碳原子反应的能力划分的。而酸碱是按化合物包括有机化合物的性质划分的，酸的强弱是由化合物在水中解离度大小确定的；碱的强弱是按与 $H^+$ 反应能力确定的。但是，碱是亲核试剂，路易斯(Lewis)酸是亲电试剂，两者基本一致。

## 例题解析

**例 1.** 指出下列化合物中杂原子(除 C、H 以外的原子)形成的 $\sigma$ 键和 $\pi$ 键以及形成这些键的原子轨道名称。

乙醇　乙醚　丙酮　乙醛　乙酸　丙亚胺　乙腈　溴乙烷

乙胺

**解析**：在有机化合物中常见化合物是由 s、p、$sp^x$ 等轴对称的原子轨道自身或相互间形成轴对称的 $\sigma$ 键，由 p 等原子轨道而形成的面对称的 $\pi$ 键组成的。

在形成分子键时，不仅仅是碳原子价键轨道能形成杂化轨道，其他原子的价键轨道也可以形成杂化轨道。在乙醇中，C—O、O—H 是 $\sigma$ 键，分别由 $C_{sp^3}$—$O_{sp^3}$、$O_{sp^3}$—$H_s$ 轨道形成；在乙醚中，两个 C—O 是 $\sigma$ 键，分别由 $C_{sp^3}$—$O_{sp^3}$ 轨道形成；在丙酮中，由 C—O $\sigma$ 键和 C—O $\pi$ 键组成的 C═O 重键，分别由 $C_{sp^2}$—$O_{sp^2}$、$C_p$—$O_p$ 轨道形成；在乙醛中，由 C—O $\sigma$ 键和 C—O $\pi$ 键组成的 C═O 重键和 C—H $\sigma$ 键，分别由 $C_{sp^2}$—$O_{sp^2}$、$C_p$—$O_p$ 和 $C_{sp^2}$—$H_s$ 轨道形成；在乙酸中，由C—O $\sigma$ 键和 C—O $\pi$ 键组成的 C═O 重键，C—O 和 O—H$\sigma$ 键，分别是由 $C_{sp^2}$—$O_{sp^2}$、$C_p$—$O_p$、$C_{sp^2}$—$O_{sp^2}$、$O_{sp^2}$—$H_s$ 轨道形成的；在丙亚胺中，C—N $\sigma$ 键 C—N $\pi$ 键组成的C═N重键，N—H $\sigma$ 键分别由 $C_{sp^2}$—$N_{sp^2}$、$C_p$—$N_p$、$N_{sp^2}$—$H_s$ 轨道形成；在乙腈中，C—N $\sigma$ 键和两个 C—N $\pi$ 键组成 C≡N 三重键，是由 $C_{sp}$—$N_{sp}$、$C_{p_x}$—$N_{p_x}$、$C_{p_y}$—$N_{p_y}$ 轨道形成；在溴乙烷中，C—Br 是 $\sigma$ 键，由 $C_{sp^3}$—$Br_p$ 轨道形成；在乙胺中，C—N、N—H、N—H 是 $\sigma$ 键，由 $C_{sp^3}$—$N_{sp^3}$、$N_{sp^3}$—$H_s$、$N_{sp^3}$—$H_s$ 轨道形成。

**例 2.** 下列化合物中哪些是稳定的?

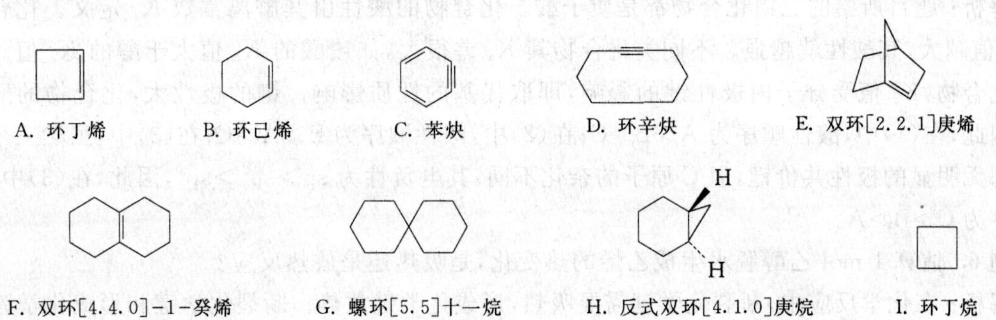

A. 环丁烯　B. 环己烯　C. 苯炔　D. 环辛炔　E. 双环[2.2.1]庚烯

F. 双环[4.4.0]-1-癸烯　G. 螺环[5.5]十一烷　H. 反式双环[4.1.0]庚烷　I. 环丁烷

**解析：** 判断这些化合物是否稳定可以依据这些化合物中键角值与形成这些键的原子轨道角值是否一致，如果键角值等于或接近轨道角值，化合物是稳定的，否则是不稳定的。键角值与轨道角值相差越大，化合物越不稳定。

在上述化合物中 B、D、F、G 结构中的键角值与形成键的原子轨道角值相同或接近相同。因此，它们是稳定的化合物。

**例 3.** 下列各组结构式中，哪一组可用共振符号表示($\longleftrightarrow$)？哪一组可用平衡符号表示($\rightleftharpoons$)？

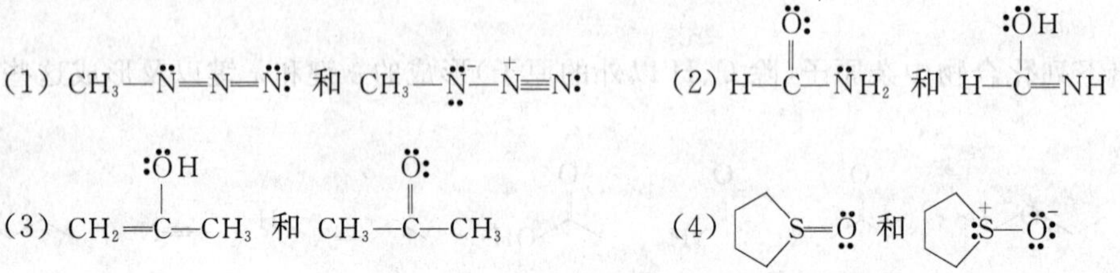

(1) $CH_3—\ddot{N}═N═\ddot{N}:$ 和 $CH_3—\ddot{\underset{..}{N}}^{-}—\overset{+}{N}≡N:$　　(2) $H—\overset{\overset{\ddot{O}:}{\|}}{C}—\ddot{N}H_2$ 和 $H—\overset{\overset{:\ddot{O}H}{|}}{C}═NH$

(3) $CH_2═\overset{\overset{:\ddot{O}H}{|}}{C}—CH_3$ 和 $CH_3—\overset{\overset{\ddot{O}:}{\|}}{C}—CH_3$　　(4) 环丁砜 $S═\ddot{O}$ 和 环 $\overset{+}{S}—\ddot{\underset{..}{O}}:^{-}$

**解析：** 共振符号"$\longleftrightarrow$"连接的是两个共振结构，共振结构要求原子核位置相对不变，电荷排布可以改变，即只有电子排布改变。平衡符号"$\rightleftharpoons$"连接的是化学反应，表示两边能互相反应，最后达到化学动态平衡状态。因此，(1)、(4)两组结构式间可用共振符号表示；(2)、(3)两组结构式间可用平衡符号表示。

**例 4.** 在质子性溶剂中卤离子的亲核性顺序为 $I^->Br^->Cl^->F^-$，与其碱性顺序相反。但在非质子性溶剂中或气相中的亲核性顺序为 $F^->Cl^->Br^->I^-$，与其碱性顺序一致，试解析之。

**解析：** 负离子的亲核性强弱是指与带"正电荷"的碳原子反应能力的强弱，而碱性强弱是指与质子反应能力的强弱。质子体积小，正电荷裸露在外；碳原子的"正电荷"常常被不同程度地屏蔽。

卤离子的半径 $I^->Br^->Cl^->F^-$。在质子性溶剂中，卤离子易与溶剂的质子形成氢键而被溶剂化。溶剂化的卤离子负电荷被屏蔽，亲核性减弱，卤离子负电荷越集中，半径越小，溶剂化作用越强。因此，溶剂化的卤离子的亲核性顺序与卤离子的碱性顺序相反。

卤离子在非质子性溶剂中或气相中，没有溶剂化作用，卤离子的负电荷裸露在外。因此，其与带"正电荷"碳原子的反应能力顺序与其碱性顺序一致。

**例 5.** 比较下列各组化合物酸性强弱。

(1) A. $CH_3CH_2COOH$　　B. $CH_3\overset{\overset{O}{\|}}{C}CH_2OH$　　C. $CH_3CH_2CH_2OH$

(2) A. $ClCH_2COOH$　　B. $FCH_2COOH$　　C. $BrCH_2COOH$

(3) A. $CH_3CH_2CH_2COOH$　　B. $CH_2═CHCH_2COOH$　　C. $CH≡CCH_2COOH$

**解析：** 题目所给的三组化合物都是质子酸。化合物的酸性由其解离常数 $K_a$ 定义。化合物的 $K_a$ 值越大，其酸性就越强。不同类化合物其 $K_a$ 差很大，如羧酸的 $K_a$ 值大于醇的 $K_a$ 值。同一类化合物，$K_a$ 值受分子内极性键的影响，即取代基的性质影响。键的极性大，化合物的酸性大。因此，在(1)中，酸性顺序为 A>B>C；在(2)中，酸性顺序为 B>A>C；在(3)中，虽然三个化合物都无明显的极性共价键，但 C 原子的杂化不同，其电负性为 $sp>sp^2>sp^3$，因此，在(3)中，酸性顺序为 C>B>A。

**例 6.** 估算 1 mol 乙醇脱水生成乙烯的热变化，是吸热还是放热反应？

**解析：** 在化学反应中，断裂化学键需要吸热，形成化学键放热。断裂化学键和形成化学键需

要的能量可用键能来估算。在下列反应中，

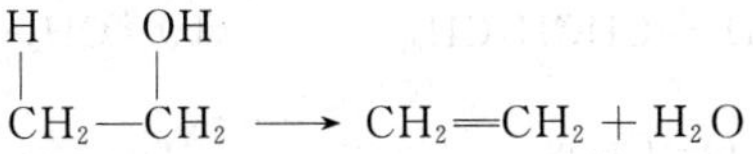

$$\underset{\text{H}}{\overset{|}{\text{CH}_2}}\!\!-\!\!\underset{\text{OH}}{\overset{|}{\text{CH}_2}} \longrightarrow \text{CH}_2\!=\!\text{CH}_2 + \text{H}_2\text{O}$$

断裂 C—H 和 C—OH 键生成 H—OH 键和 C═C π 键。查表可知：吸收能量 $414.2_{C-H}$ kJ·mol$^{-1}$ + $359.8_{C-O}$ kJ·mol$^{-1}$ = 774(kJ·mol$^{-1}$)，放出的能量 $464.4_{H-O}$ kJ·mol$^{-1}$ + $(610.9-347.3)_{C-C\pi键}$ kJ·mol$^{-1}$ = 728(kJ·mol$^{-1}$)，774 kJ·mol$^{-1}$ − 728 kJ·mol$^{-1}$ = 46( kJ·mol$^{-1}$)。因此 1 mol 乙醇脱水生成乙烯，需吸收 46 kJ·mol$^{-1}$ 热能。

## 综合习题

1. 下列化合物中有 sp—sp$^3$ 杂化轨道重叠形成共价键的是(　　)。

(1) $CH_3C\equiv C-H$　(2) $H-C\equiv C-H$　(3) $CH_3CH=CHCH_3$　(4) $CH_3CH_2CH_2CH_3$

2. 画出碳原子的 sp$^3$，sp$^2$，sp 轨道与 H 原子轨道相互重叠形成的 C—H 键的图形，并指出这些 C—H σ 键的极性大小顺序。

3. 将下列共价键按照极性由大到小排序：

(1) A. N—H　B. F—H　C. O—H　D. C—H

(2) A. C—Cl　B. C—Br　C. C—O　D. C—N

4. 分别用短线式、缩简式和键线式表示下列化合物的构造式：

2-丁烯，1-丁炔，2-丁醇，叔丁基苯，乙醚和环己酮

5. 指出下列各组共振结构对共振杂化体的贡献重要顺序：

(1) 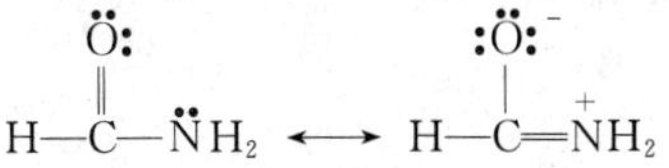 $H-C(=\ddot{O}:)-\ddot{N}H_2 \longleftrightarrow H-C(-\ddot{O}:^-)=\overset{+}{N}H_2$

(2) $\bar{\ddot{C}}H_2-C(=\ddot{O}:)-CH_3 \longleftrightarrow CH_2=C(-\ddot{O}:^-)-CH_3$

(3) $CH_3-C(=\overset{+}{\ddot{O}}H)-\ddot{O}H \longleftrightarrow CH_3-C(-\ddot{O}H)=\overset{+}{\ddot{O}}H$

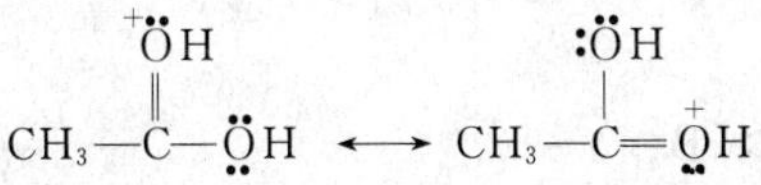

(4) 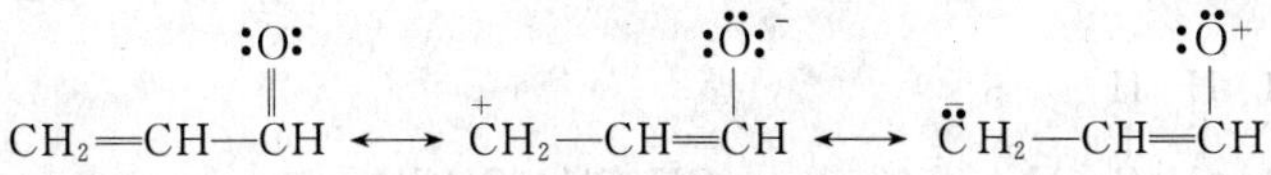 $CH_2=CH-CH(=\ddot{O}:) \longleftrightarrow \overset{+}{C}H_2-CH=CH(-\ddot{O}:^-) \longleftrightarrow \bar{\ddot{C}}H_2-CH=CH(-\ddot{O}:^+)$

6. 下列各对 Lewis 结构式中，哪一对能构成共振结构？

(1) 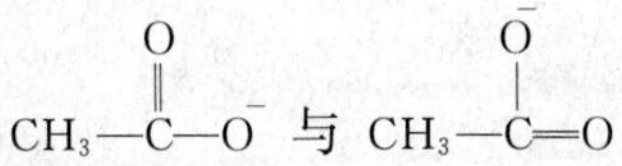 $CH_3-C(=O)-O^-$ 与 $CH_3-C(-O^-)=O$　(2) $CH_3-C(=O)-CH_3$ 与 $CH_3-C(-OH)=CH_2$

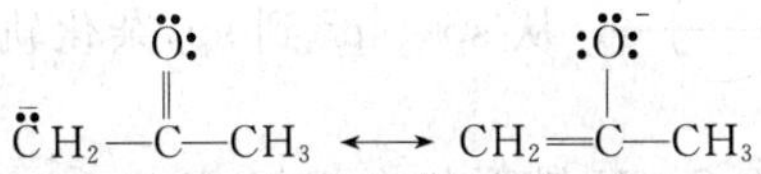

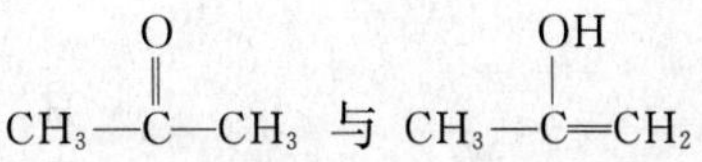

(3) 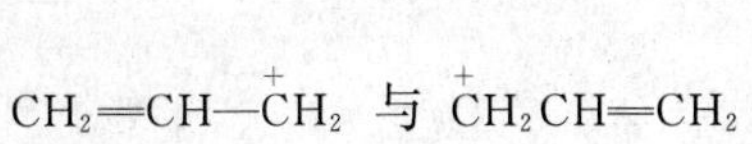 $CH_2=CH-\overset{+}{C}H_2$ 与 $\overset{+}{C}H_2CH=CH_2$　(4) 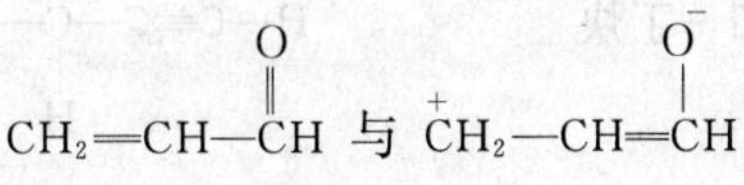 $CH_2=CH-CH(=O)$ 与 $\overset{+}{C}H_2-CH=CH(-O^-)$

(5) $CH_3CH{=}CHCH_3$ 与 $CH_2{=}CHCH_2CH_3$　　(6) $CH_3{-}\overset{+}{N}(=O){-}O^-$ 与 $CH_3{-}\overset{+}{N}(-O^-){=}O$

(7) $CH_3N{=}C{=}O$ 与 $CH_3{-}O{-}C{\equiv}N$

7. 指出下列化合物所含官能团结构的名称，并说明化合物所属类型。

A.　B. —OH　C. O　D. $(CH_3)_3CCH_2Cl$

E. $CH_3{-}\overset{O}{\overset{\|}{C}}{-}OH$　F. =O　G. $-\overset{O}{\overset{\|}{C}}{-}H$　H. $CH_3$

I. $NH_2$　J. $NO_2$

8. 解释下列各组概念：

(1) 键的极性与键的可极化性

(2) 分子的极性与分子的可极化性

(3) 键能与键的解离能

9. 分子模拟数字化模型有哪些种类？各有何作用？

10. 什么是有机化合物？它有哪些特征？为什么会有这些特征？

## 综合习题参考答案

1. (1)

2. C 原子的 $sp^3$、$sp^2$、sp 轨道的形状相似，。从 $sp^3$、$sp^2$ 到 sp，杂化轨道“大头”端趋于圆球状越来越差。它们与 H 的轨道重叠形成的 C—H 键形状也相似，C H。极性 $C_{sp}{-}H > C_{sp^2}{-}H > C_{sp^3}{-}H$。

3. (1) B ＞ C ＞ A ＞ D　(2) C ＞ A ＞ D ＞ B

4.

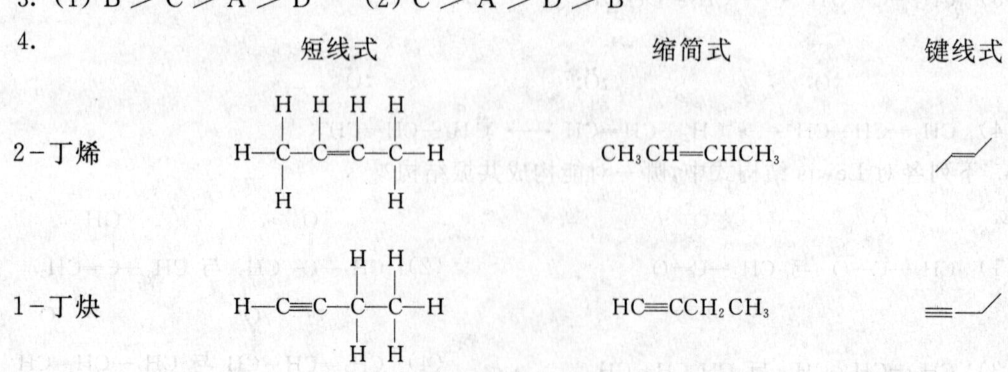

2-丁醇 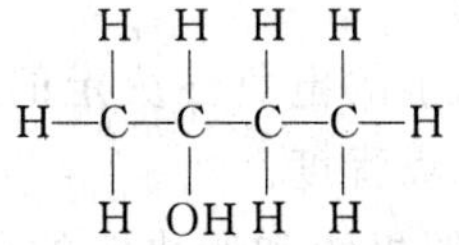 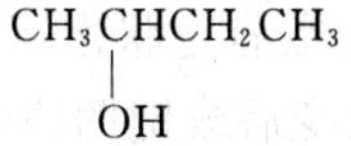 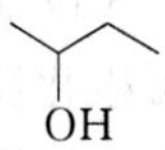

叔丁基苯 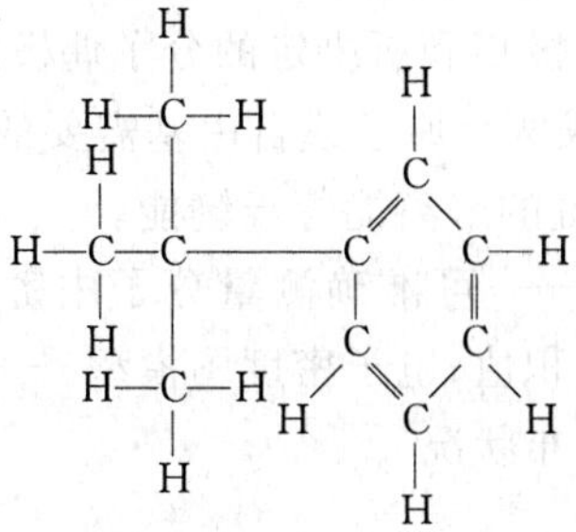 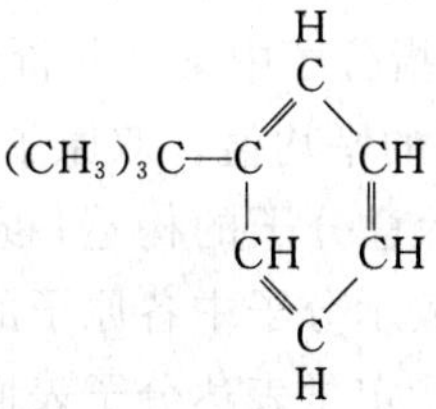 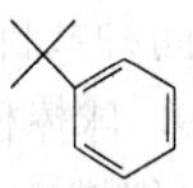

乙醚 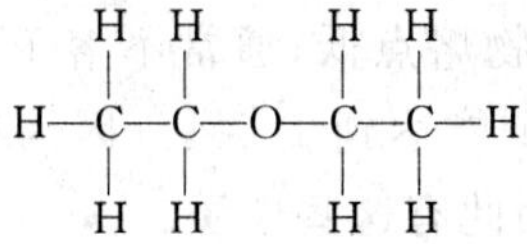 $CH_3CH_2OCH_2CH_3$ 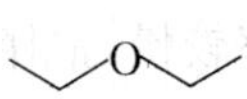

环己酮 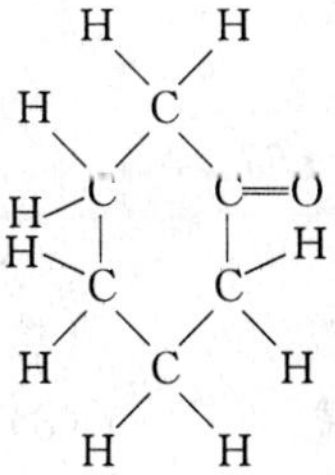 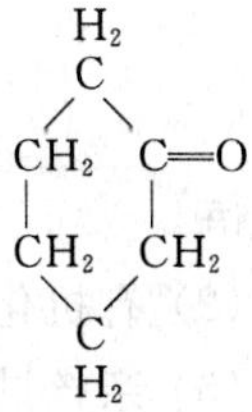 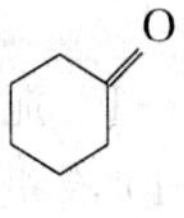

5. (1) 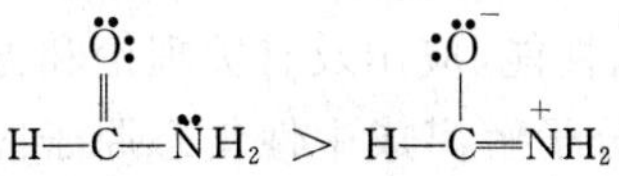

(2) 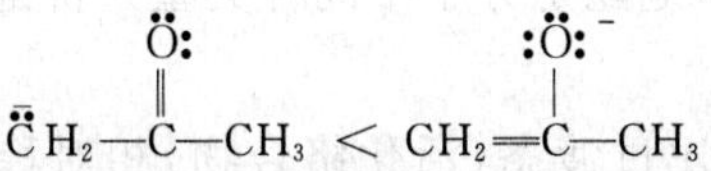

(3) 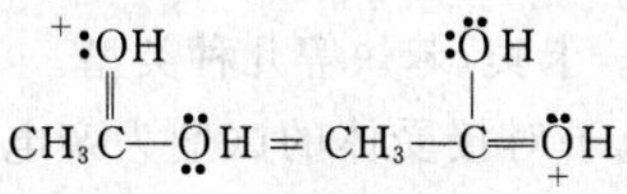

(4) 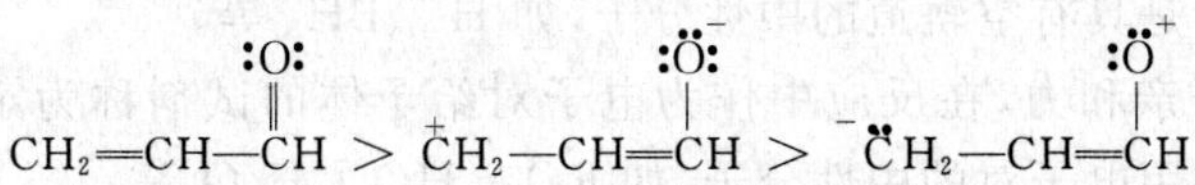

6. (1)(3)(4)(6)

7. A. 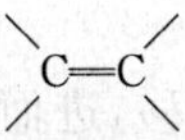 烯烃　B. C—OH 醇　C. 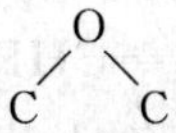 醚　D. C—X 卤代烃

E. 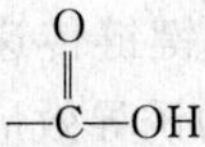 酸　F. 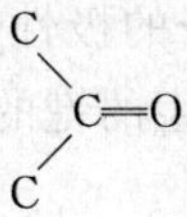 酮　G. 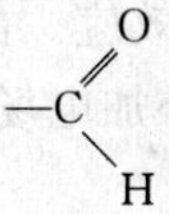 醛　H. 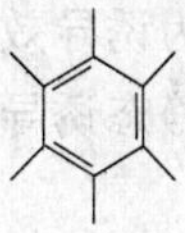 芳烃

I. —C—$NH_2$ 胺　　　　J. C—$NO_2$ 硝基化合物

8. (1) 键的极性是指在静止状态下，由成键两原子的电负性决定的成键电子对偏离程度。键的可极化性是指环境改变后成键两原子间电子对偏离程度。

(2) 分子的极性是指在静止状态下，分子中各键偶极矩和所决定的分子的偶极矩。分子的可极化性是指在环境改变后，分子中各极化键的偶极矩和所决定的分子偶极矩。

(3) 键的解离能是指分子中某一共价键断裂成两个原子或自由基需要的能量。键能是指分子中同种共价键解离能的平均值。双原子分子的键的解离能等于键能。

9. 球棒模型——示意分子的构造；棍棒模型——可准确测量分子中键的相对长度和键角值；比例模型——准确表示分子中各原子的相对体积值；电子密度图模型——确定分子形状和体积；静电势能图模型——定量表达分子表面电荷分布状况。

10. 含碳的化合物是有机化合物。

特征：液体有机化合物挥发性大；固体有机化合物熔点低；通常不溶于水；易燃烧；化学转化速率较慢，常伴有副反应。转化率和产物选择性很少能达到100%。因为有机化合物的分子主要含有C、H两种元素，原子间主要是共价键连接，因此有这些性质。

## 习题解答

1-1 扼要解释下列术语。

(1) 有机化合物　(2) 有机化学　(3) 键能　(4) 活性中间体
(5) 亲电试剂　(6) 亲核试剂　(7) L碱　(8) 诱导效应
(9) 质子酸　(10) 极性分子　(11) 官能团　(12) 静电势能图模型

**解：**(1) 有机化合物是含碳的化合物，是碳氢化合物及其衍生物。

(2) 有机化学是研究有机化合物的来源、制备、结构、性能、应用及有关理论和方法的科学。

(3) 对于双原子分子来说，键能是1 mol理想气态分子解离成中性气态原子时所吸收的能量。在此，键能等同于键解离能。对于多原子分子来说，键能是分子中同种类型共价键的键解离能的平均值。键能和键解离能是不同的。

(4) 活性中间体是有机反应中生成的活性高，但又比过渡态（活化络合物）相对稳定的中间物种，又称反应中间体。包括碳正离子，碳负离子，碳自由基，卡宾，苯炔等几种类型。

(5) 在结构上对电子有明显的亲和力，在反应中作为电子对接受体的试剂为亲电试剂。亲电试剂一般为带正电荷的试剂或者是具有空轨道的中性分子，如$H^+$、$BH_3$等。

(6) 在结构上对正电荷有显著亲和力，在反应中作为电子对给予体的试剂称为亲核试剂。亲核试剂是负离子或者是具有未共用电子对的中性分子，如$RO^-$、$HO^-$、$H_2O$等。

(7) L碱，即路易斯碱，凡是能够给出电子对的分子、离子或基团称为路易斯碱，如$Cl^-$、$^-OH$、$NH_3$、$H_2O$、$RNH_2$、$CH_2$═CHR 等都是L碱。

(8) 分子中某一原子或基团的电负性引起的分子中成键电子云分布偏移，进而引起分子极性变化的效应称为诱导效应，亦称$I$效应。由分子本身的极性键所导致的沿价键链传递的电子对偏移效应称为静态诱导效应。因外加电场的影响产生的键的极性所表现出的诱导效应称为动态诱导效应。

(9) 凡是能给出质子的分子或离子称为质子酸，又称为 B 酸。例如 HCl、$CH_3COOH$、$C_6H_5$—OH、$H_2O$、$HSO_4^-$、$NH_4^+$ 等。

(10) 分子中正负电荷中心不重合，从整个分子看，电荷的分布是不均匀的，不对称的，这样的分子称为极性分子。分子的极性可以由分子的偶极矩来定量量度。

(11) 官能团是指有机分子中比较活泼，容易发生某些化学反应的基团。

(12) 静电势能图(electrostatic potential map，EPM)模型是一种通过分子模拟计算得到，能够更直观可视化显示分子极性的模型。分子的静电势能图 EPM 是将分子每一点的静电势能投影到基于分子轨道理论计算，模拟得到的该分子的总电子密度图。静电势能定义为标准正点电荷与分子中各点的原子电荷的相互作用能。整个分子的静电势能取值区间用一彩色标尺给出，其中红色代表分子中带有部分负电荷的区域，蓝色代表分子中带有部分正电荷的区域。在教材中，白色代表分子中带部分负电荷的区域，黑色代表分子中带部分正电荷的区域。

1-2　简述处理化学键的价键法、分子轨道法和共振论及其应用。

**解：**简单地说，用路易斯分子配对的方法处理共价键，形成共价键的一对电子局限在成键两原子间的定域观点处理化学键的理论称为价键法。通过复杂的量子力学计算，以"形成共价键的电子分布在整个分子之中"的离域观点处理化学键的理论称为分子轨道法。共振论是用几个经典的 Lewis 结构式来表示一个电子离域体系的处理共价键的方法。

价键法是定性分析有机分子结构的常用方法，但在处理电子离域体系时往往有一定的局限性；电子离域体系分子结构与性能的分析采用分子轨道法更为适合，但是分子轨道法往往涉及复杂的计算而不能很方便使用；共振论是价键法的发展，能很方便地表示电子离域体系分子结构，在价键法和分子轨道法间起到"桥梁"作用。

1-3　写出下列化合物短线构造式。如有孤电子对，请用黑点表明，并用下划线"____"表示官能团结构。

(1) 苯胺 $C_6H_5NH_2$　(2) 丙酮 $CH_3COCH_3$　(3) 亚硝酸乙酯 $CH_3CH_2ONO$

(4) 甲醚$(CH_3)_2O$　(5) 甲醛 HCHO　(6) 乙酸 $CH_3COOH$

(7) 丙炔 $CH_3C{\equiv}CH$　(8) 硝基甲烷 $CH_3NO_2$　(9) 乙醇 $CH_3CH_2OH$

**解：**(1) $C_6H_5$—N̈H₂ (structure: benzene ring—N̈(H)H)　(2) $H_3C$—C(=Ö:)—$CH_3$　(3) $H_3C$—$CH_2$—Ö—N̈=Ö

(4) $H_3C$—Ö—$CH_3$　(5) H—C(=Ö:)—H　(6) $H_3C$—C(=Ö:)—Ö—H

(7) $H_3C$—C≡C—H　(8) $H_3C$—N(=Ö:)→Ö:　(9) $H_3C$—$CH_2$—Ö—H

1-4　杂化对键的稳定有何影响？按能量递增的顺序排列 C 原子价轨道的 s，p，$sp^1$，$sp^2$，$sp^3$

轨道。并画出这些轨道的形状。

**解**：在成键过程中，同一原子中的几个能量相近不同类型的原子轨道可以进行线性组合，重新分配能量和确定空间方向，得到相等数目新轨道的过程称为轨道的杂化。如碳原子的 2s 和 2p 轨道进行杂化，能量重新分配后，使处于内层的 s 轨道电子外移，可方便地进行成键；s 轨道与不同数目的 p 轨道杂化后，形成不同类型的杂化轨道有确定的空间方向，如 $sp^3$ 杂化轨道为四面体形式排布，$sp^2$ 为夹角 120°的平面排布，而 sp 杂化轨道为夹角 180°的直线形排布，可以很好地说明分子的空间构型。在各类杂化轨道中，s 轨道的成分越多，形成杂化轨道能量越低，越靠近原子核，与其他轨道成键能力越强。按能量递增的顺序为 $s<sp<sp^2<sp^3<p$。轨道形状图（略）。

1－5　判断下列画线原子的杂化状态。

(1) $\underline{C}H_2{=}O$　　(2) $CH{\equiv}\underline{C}^-$　　(3) $CH_3\underline{C}{\equiv}N$

(4) $CH_3\underline{O}H$　　(5) $CH_2{=}\underline{C}{=}O$　　(6) $\underline{C}O_2$

**解**：(1) $sp^2$ 杂化　(2) sp 杂化　(3) sp 杂化　(4) $sp^3$ 杂化　(5) sp 杂化　(6) sp 杂化

1－6　下列化合物中，哪些分子中含有极性键？哪些是极性分子？试以“$\leftarrow\!\!+$”标明极性分子的偶极矩方向。

(1) HF　(2) $CH_3Cl$　(3) $CH_4$　(4) $CHCl_3$

(5) $CH_3OH$　(6) $CH_3OCH_3$　(7) BrCl　(8) $CH_2Cl_2$

**解**：本题中包含的 8 个有机分子都有极性键，其中(3)$CH_4$ 中极性相互抵消，是非极性分子，其余 7 个有机分子均为极性分子。

(1) 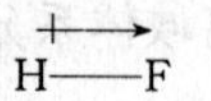

(2) 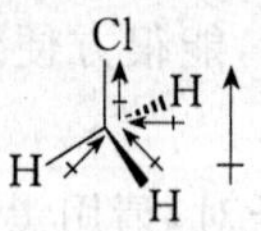

(4) 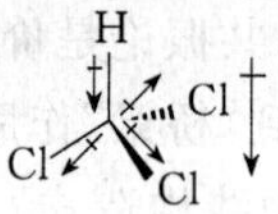

(5) 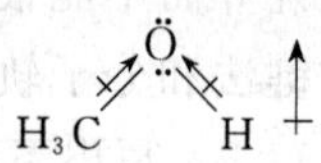


(6) 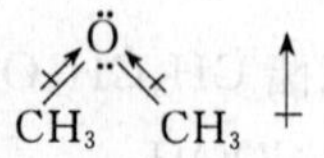

(7) 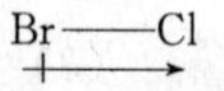

(8) 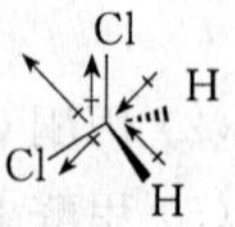


1－7　将下列各组化合物中指定键的键长由长到短排列并说明理由。

(1) 乙烷、乙烯、乙炔中的 C—H 键

(2) 一卤甲烷($CH_3$—X)(X＝F，Cl，Br，I)中的碳卤键

(3) 乙烷、乙烯、乙炔中的碳碳键

**解**：(1)　$CH_3—\underline{CH_2—H} > CH_2{=}\underline{CH—H} > HC{\equiv}\underline{C—H}$

分析：碳杂化轨道中 s 成分越多，杂化轨道能量越低，成键能力越强，键长越短。

(2) $H_3C—I > CH_3—Br > H_3C—Cl > H_3C—F$

分析：成键原子的半径越大，电负性越小，与同一种原子成键的键长越长。

(3) $CH_3—CH_3 > CH_2{=}CH_2 > CH{\equiv}CH$

分析：碳碳键键长随着键序(bond order)的增加而减少。更深层次的原因同(1)中所述，是这三种碳－碳键成键杂化轨道的差异。

1－8　将下列各组化合物按酸性由强到弱排列。

(1) A. $CH{\equiv}CH$　　B. $CH_3—CH_3$　　C. $CH_2{=}CH_2$　　D. $H_2O$

(2) A. $CH_3CHFCOOH$ B. $CH_3CHClCOOH$ C. $BrCH_2CH_2COOH$ D. $CH_3CHBrCOOH$

**解**：(1) D>A>C>B

分析：C—H 键中 C 杂化轨道中 s 成分越多，吸电子能力越强，氢的酸性越强。

(2) A>B>D>C

分析：分子中 C—X 键的 $-I$ 效应，使得 $HA+B \rightleftharpoons A^- + BH^+$ 平衡式中 $A^-$ 结构稳定性表现为

$$\underset{\displaystyle F}{CH_3\underset{|}{C}HCOO^-} > \underset{\displaystyle Cl}{CH_3\underset{|}{C}HCOO^-} > \underset{\displaystyle Br}{CH_3\underset{|}{C}HCOO^-}$$

诱导效应沿碳链衰减很快，传递三个碳原子后，作用就很小了。因此，$A^-$ 稳定性：

$$CH_3CHBrCOO^- > BrCH_2CH_2COO^-$$

1-9 下列物种哪些是：(1) 亲核试剂，(2) 亲电试剂，(3) 既是亲核试剂又是亲电试剂？

$Cl^-$，$H_2O$，$H^+$，$AlCl_3$，$CH_3OH$，$Br^+$，$Fe^{3+}$，$^+NO_2$，$CH_2{=}CH_2$，HCHO，$CH_4$，$CH_3C{\equiv}N$，$^+CH_3$，$^-CH_3$，$ZnCl_2$，$Ag^+$，$BF_3$

**解**：(1) 亲核试剂：$Cl^-$、$CH_2{=}CH_2$、$^-CH_3$

(2) 亲电试剂：$H^+$、$AlCl_3$、$Br^+$、$Fe^{3+}$、$^+NO_2$、$^+CH_3$、$ZnCl_2$、$Ag^+$、$BF_3$

(3) 既是亲核试剂又是亲电试剂的为 $H{-}\overset{\overset{\displaystyle \ddot{O}\colon}{\|}}{C}H$，$CH_3C{\equiv}N\colon$，因为分子中碳为亲电的，氧和氮原子为亲核的。$H_2O$、$CH_3OH$ 也既是亲核试剂又是亲电试剂，因为氧有亲核性，氢有亲电性。

1-10 按质子酸碱理论，下列化合物哪些是酸？哪些是碱？哪些既是酸又是碱？

$NH_3$，$CN^-$，$HS^-$，HBr，$H_2O$，$NH_4^+$，$HCO_3^-$

**解**：质子酸：HBr、$NH_4^+$

质子碱：$^-CN$

既是酸又是碱：$NH_3$、$HS^-$、$H_2O$、$HCO_3^-$

1-11 按路易斯酸碱理论，在下列反应中，哪种反应物为酸，哪种反应物为碱？

(1) $CN^- + H_2O \longrightarrow HCN + OH^-$　　(2) $H_2C{=}O + BF_3 \longrightarrow CH_2{=}^+OBF_3^-$

(3) $H_2O + CH_3NH_2 \rightleftharpoons CH_3NH_3^+ + OH^-$

**解**：(1) $\underset{碱}{CN^-} + \underset{酸}{H_2O} \longrightarrow HCN + OH^-$

(2) $H_2C{=}\underset{碱}{\ddot{O}\colon} + \underset{酸}{BF_3} \longrightarrow H_2C{=}\overset{+}{\ddot{O}}\colon\overset{-}{B}F_3$

(3) $\underset{酸}{H_2\ddot{O}\colon} + \underset{碱}{CH_3\ddot{N}H_2} \longrightarrow CH_3\overset{+}{N}H_3 + {}^-\colon\ddot{O}H$

1-12 写出有机化合物常见官能团的类型及其结构。

**解**：见教材表 1-5。

1-13 下列物质是否有共轭酸或共轭碱？如有，请分别写出。

(1) $CH_3NH_2$　　(2) $CH_3O^-$　　(3) $CH_3CH_2OH$

(4) $H^+$　　(5) $^-CH_3$　　(6) $CH_2{=}CH_2$

**解**：共轭酸：(1) $CH_3\overset{+}{N}H_3$，(2) $CH_3OH$，(3) $CH_3CH_2\overset{+}{O}H_2$，(5) $CH_4$，(6) $CH_3\overset{+}{C}H_2$

共轭碱：(1) $CH_3\overset{-}{N}H$，(3) $CH_3CH_2O^-$，(4) $H_2O$，(5) $^{=}CH_2$，(6) $CH_2{=}CH^-$

1-14　下列共振结构中，哪个式子是错误的，为什么？

(1) 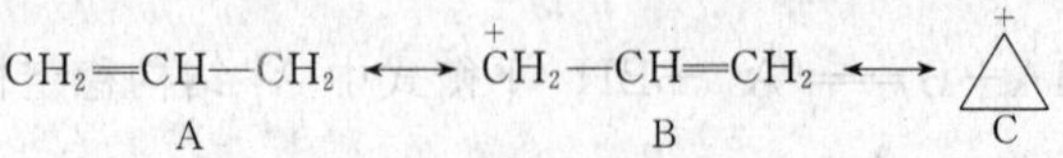 $\underset{A}{CH_2{=}CH{-}\overset{+}{C}H_2} \longleftrightarrow \underset{B}{\overset{+}{C}H_2{-}CH{=}CH_2} \longleftrightarrow \underset{C}{\overset{+}{\triangle}}$

(2) $\underset{A}{CH_2{=}CH{-}\dot{C}H_2} \longleftrightarrow \underset{B}{\dot{C}H_2CH{=}CH_2} \longleftrightarrow \underset{C}{\dot{C}H_2{-}\dot{C}H{-}\dot{C}H_2}$

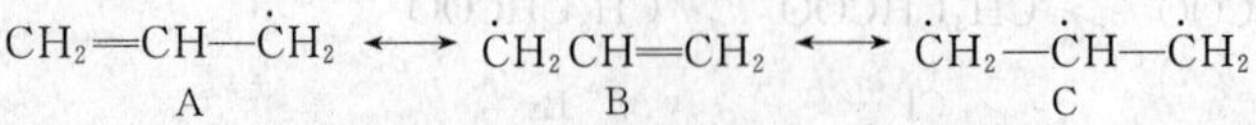

**解**：(1) C错(原因：原子核位置发生改变)

(2) C错(原因：单电子数目不等)

1-15　把下列分子式转变成键线构造式：

(1) $C_2H_6O$(两种可能性)　(2) $C_3H_7Br$(两种可能性)　(3) $C_4H_9OH$(四种可能性)

**解**：(1) 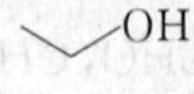 ⁄⁄OH 与 ⁄O⁄

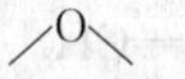

(2) 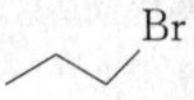 ⁄⁄Br 与 Br(异丙基)

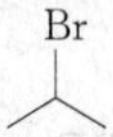

(3) 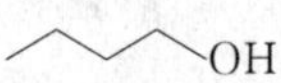 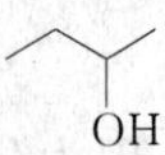 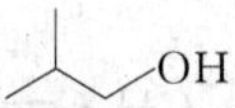 ⁄⁄⁄OH　⁄⁄(OH)　⁄(⁄)OH 与 ×OH

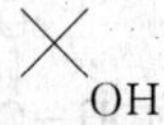

1-16　写出咖啡因的路易斯结构式，画出所有的孤对电子，给出标示原子的杂化类型，咖啡因是酸还是碱？

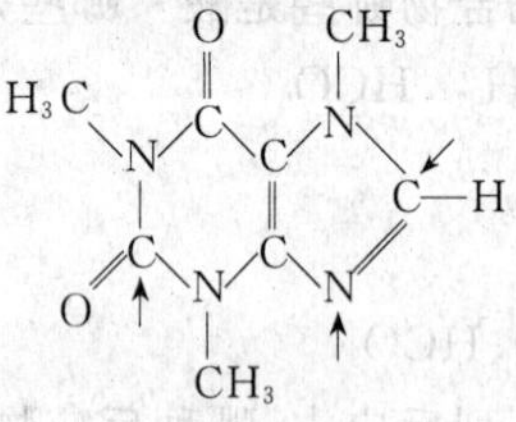

咖啡因

**解**：

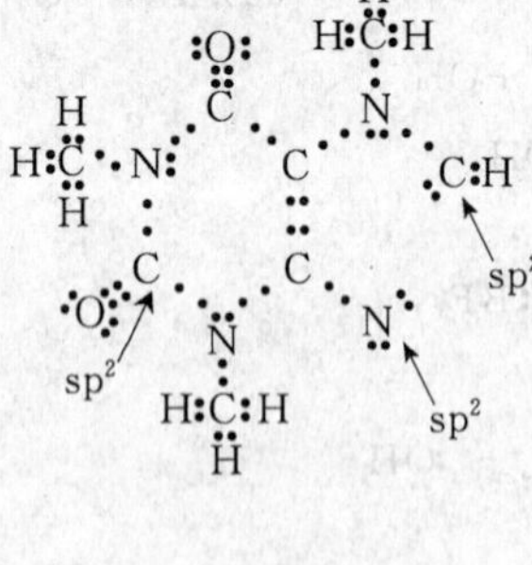

sp²　sp²　sp²

咖啡因是碱。

1-17　将下列烃分子模型转化成键线构造式，并写出分子式。

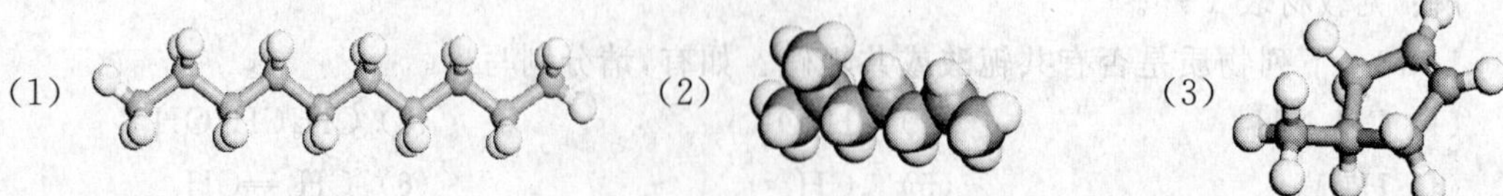

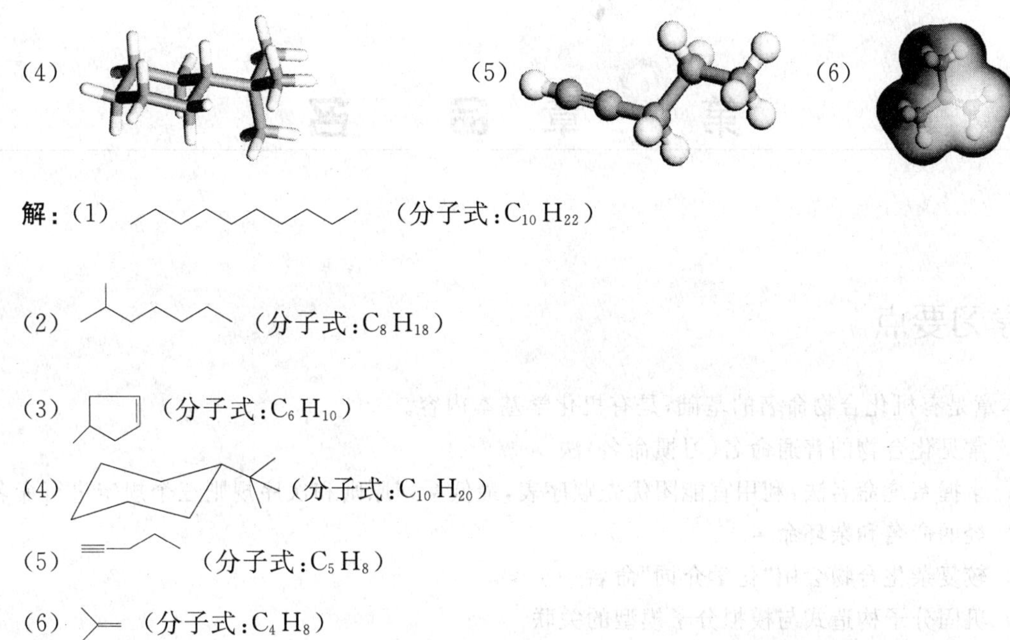


(分子式：$C_{10}H_{22}$)

(分子式：$C_8H_{18}$)

(分子式：$C_6H_{10}$)

(分子式：$C_{10}H_{20}$)

(分子式：$C_5H_8$)

(分子式：$C_4H_8$)

# 第2章 命 名

## 学习要点

本章是有机化合物命名的基础，是有机化学基本内容。

1. 常见化合物的普通命名(习惯命名)法
2. 掌握系统命名法：利用官能团优先顺序表，最低系列原则和次序规则三个规定进行命名
3. 烃的命名和杂环命名
4. 较复杂化合物会用“化学介词”命名
5. 巩固分子构造式与模拟分子模型的关联

## 例题解析

**例 1.** 某甾族化合物的结构如下：

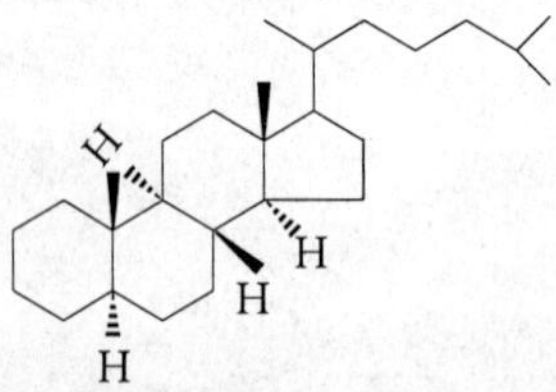

(1) 指出分子中伯、仲、叔和季碳原子的数目；

(2) 指出分子中伯、仲和叔氢的数目。

**解析：** 甾族化合物骨架是由三个六元碳环和一个五元碳环稠合成的，在骨架上还有两个甲基常称作角甲基，五元环上连一个烃基。

在分子中，连有一个烃基、二个烃基、三个烃基和四个烃基的碳原子分别称伯碳原子、仲碳原子、叔碳原子和季碳原子。伯、仲和叔碳原子上的氢原子分别称伯氢、仲氢和叔氢。因此，该化合物中有伯碳原子 5 个，仲碳原子 13 个，叔碳原子 7 个，季碳原子 2 个。伯氢 15 个(3×5)，仲氢 26 个(2×13)和叔氢 7 个(1×7)。

**例 2.** 区别基与自由基，基有哪些类型？举例说明。

**解析：** 为了命名方便，规定一个有机化合物形式上消除一个一价的原子或基团，剩余部分称为基。基不带电荷，不是化学实体。如甲基—$CH_3$、异丙基—$CH(CH_3)_2$、叔丁基—$C(CH_3)_3$。

一个化合物裂解成一个带单电子的原子或基团，这个带单电子的原子或基团以及剩下带单电子部分都可以称作自由基。如丙烷裂解成带单电子的甲基和剩余部分分别称为甲基自由基和乙基自由基。从形式上看基与自由基最大的区别是是否带单电子。

依据基的定义，从有机化合物中形式上消除两个一价原子或基团，或消除一个二价的原子或基团，剩下的称亚基。消除三个一价原子或基团，或一个一价原子或基团和一个二价原子或基团，或消除一个三价原子或基团，剩下的部分称为次基。但命名中使用的次基，限定于消除的原子或基团是从同一个原子上消除。例如：$—CH_2—$亚甲基，$—OCH_2CH_2—$亚乙氧基，$=NH$亚氨基，$\equiv CH$次甲基，$\equiv CCH_3$次乙基。

**例 3.** 按顺序规则由较优到不优的次序排列下列基，并命名每个基。

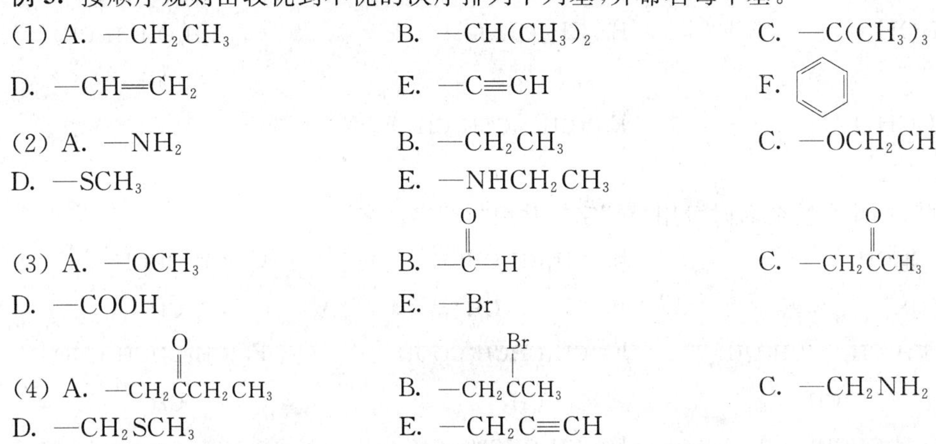

(1) A. $—CH_2CH_3$　B. $—CH(CH_3)_2$　C. $—C(CH_3)_3$

D. $—CH=CH_2$　E. $—C\equiv CH$　F. （苯环）

(2) A. $—NH_2$　B. $—CH_2CH_3$　C. $—OCH_2CH_3$

D. $—SCH_3$　E. $—NHCH_2CH_3$

(3) A. $—OCH_3$　B. $—\overset{O}{\overset{\|}{C}}—H$　C. $—CH_2\overset{O}{\overset{\|}{C}}CH_3$

D. $—COOH$　E. $—Br$

(4) A. $—CH_2\overset{O}{\overset{\|}{C}}CH_2CH_3$　B. $—CH_2\overset{Br}{\overset{|}{C}}CH_3$　C. $—CH_2NH_2$

D. $—CH_2SCH_3$　E. $—CH_2C\equiv CH$

**解析：** 比较基的标准是原子的元素序号，元素序号大者优先，小者不优先。在比较基的优先性时，首先比较基的第一个原子，如果第一个原子无法区别，则比较与第一个原子相连的第二个原子，以此类推……进行逐级比较；如果其中有重键，把重键看成连接两个或三个相同的原子(或基团)；在基中还有基可看成复基，命名时从后向前命名，如$—CH_2SCH_2CH_3$ 命名为乙硫甲基。

(1) F(苯基) > E(乙炔基) > C(叔丁基) > D(乙烯基) > B(异丙基) > A(乙基)

(2) D(甲硫基) > C(乙氧基) > E(乙氨基) > A(氨基) >B (乙基)

(3) E(溴代) > A(甲氧基) > D(羧基) > B(醛基) > C(乙酰甲基)

(4) D(甲硫甲基) > C(氨甲基) > B(2-溴丙基) > A(丙酰甲基) > E(2-丙炔基)

**例 4.** 命名下列活泼中间体。

A. $CH_3\underset{CH_3}{\underset{|}{C}}H\overset{+}{C}H_2$　B. $CH_3\dot{C}HCH_2CH_3$　C. $C_6H_5\overset{-}{C}HC_6H_5$

**解析：** 中国化学会对活泼中间体命名没有具体规定。可以参照单官能团化合物的命名方法命名活泼中间体。可以用系统命名法，也可用习惯命名法。

A：2-甲基丙基碳正离子(异丁基碳正离子)；B：1-甲基丙基碳自由基(仲丁基碳自由基)；C：1-苯基苄基碳负离子(二苯基甲基碳负离子)。

## 综合习题

1. 指出下列化合物中的伯氢、仲氢和叔氢原子：

$$\begin{array}{l} H_3C \quad\quad\quad\quad\quad\quad CH_3 \\ \quad\quad CH-CH-C-CH_2-CH_3 \\ H_3C \quad\quad\quad CH_3 \quad CH_3 \end{array}$$

2. 按要求回答下列问题：

(1) 下列化合物中哪些是伯卤代烷、仲卤代烷和叔卤代烷？并用系统命名法命名。

A. $(CH_3)_2CHBr$　　B. $CH_3CH_2CH_2Cl$　　C. $(CH_3)_3CBr$

D. $CH_3CHICH_2CH_3$　　E. $H_2CFCH_3$

(2) 下列化合物中哪些是伯醇、仲醇和叔醇？并用系统和普通两种命名法命名。

A. $CH_3OH$　　B. $CH_3CH_2OH$　　C. $CH_3CH(OH)CH_2CH_3$

D. $(HOCH_2)_4C$　　E. $(CH_3)_2C(OH)CH_2CH_3$

3. 下列哪些化合物命名时可用"异"字？并用"异"字命名。

A. $CH_3CH(OH)CH_3$　　B. $CH_3CH_2CH(OH)CH_3$　　C. $CH_3CH(CH_3)CH_3$

D. $CH_3CH_2CH_2CH(CH_3)CH_2OH$　　E. $CH_3CH(CH_3)CH_2COOH$　　F. $CH_3CH(CH_3)CH_2CHO$

G. $CH_3CH_2CH(CH_3)CHO$　　H. $CH_3CH(CH_3)CH{=}CH_2$

4. 有机化合物有哪些常用的命名方法，举例说明。

5. 写出下列化合物的结构式：

A. 异丙基环戊烷　　B. 顺-1,3-二甲基环辛烷　　C. 二环[4.4.1]十一烷

D. 反-1-丁基-4-丙基环己烷　　E. 2-甲基吡啶

6. 化合物（螺环结构式）的名称是(　　)。

A. 环丁基环戊烷　　B. 环戊基环丁烷　　C. 双环[4.3]辛烷　　D. 螺[3.4]辛烷

## 综合习题参考答案

1. $$\begin{array}{l} H_3C \quad\quad 叔氢 \quad\quad CH_3 \quad\quad 仲氢 \\ \quad\quad CH-CH-C-CH_2-CH_3 \\ H_3C \quad\quad\quad CH_3 \quad CH_3 \end{array}$$

其余为伯氢。

2. (1) B、E是伯卤代烷，B：1-氯丙烷，E：氟代乙烷；A、D是仲卤代烷，A：2-溴丙烷；D：2-碘丁烷；C是叔卤代烷，2-甲基-2-溴丙烷。

(2) A、B、D为伯醇，A：甲醇，B：乙醇，D：季戊四醇(2,2-二羟甲基丙二醇)；C是仲醇，仲

丁醇(2－丁醇)；E 是叔醇，叔戊醇（2－甲基－2－丁醇）。

3. A、C、E、F 和 H 命名时可用异字。其名称分别为 A. 异丙醇，C. 异丁烷，E. 异戊酸，F. 异戊醛，H. 异戊烯。

4. 系统命名法，例如 $CH_3OCH_2CH_3$ 甲氧基乙烷；习惯命名法，例如 $CH_3OCH_2CH_3$ 甲基乙基醚；衍生物命名法，例如 $CH{\equiv}CCH_2CH_3$ 乙基乙炔；俗名法，例如 $CH_2OHCHOHCH_2OH$ 甘油。

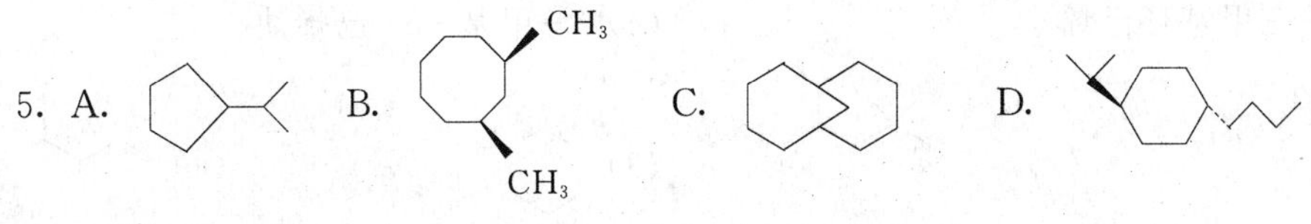

E. $H_3C$ N

6. D

## 习题解答

2－1　命名下列基：

(1) $HO_2C—$　(2) $HO_3S—$　(3) $CH_3OC—$　(4) $CH_3COO—$

(5) $OHC—$　(6) OC　(7) $NC—$　(8) $HO—$

(9) $HS—$　(10) $HOO—$　(11) $C_6H_5CH_2CH_2—$　(12) $O_2N—$

(13) $CH_3HN—$　(14) $CH_3N{=}$　(15) $CH_3O—$　(16) $H_3CO_2C—$

(17) $CH_3CH(CH_3)CH_2—$　(18) $C_6H_5CONH—$

**解：**(1) 羧基　(2) 磺酸基　(3) 乙酰基　(4) 乙酰氧基　(5) 甲酰基　(6) 羰基　(7) 氰基　(8) 羟基　(9) 巯基　(10) 氢过氧基　(11) 2－苯基乙基　(12) 硝基　(13) 甲氨基　(14) 甲(基)亚氨基　(15) 甲氧基　(16) 甲氧基羰基(酯基)　(17) 2－甲基丙基　(18) 苯甲酰基氨基

2－2　用系统命名法命名下列烷烃：

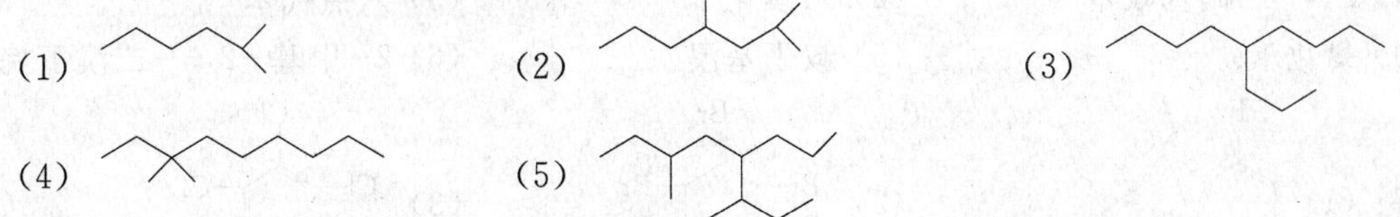

**解：**(1) 2－甲基己烷　(2) 2,4－二甲基庚烷　(3) 5－丙基壬烷　(4) 3,3－二甲基壬烷　(5) 3,6－二甲基－4－丙基辛烷

2－3　用系统命名法命名下列不饱和烃：

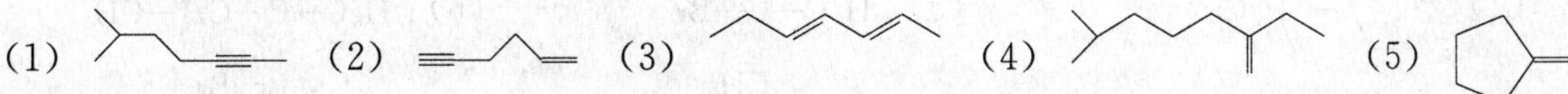

**解：**(1) 6－甲基－2－庚炔　(2) 1－己烯－5－炔　(3) 2,4－庚二烯　(4) 6－甲基－2－乙基－1－庚烯　(5) 亚甲基环戊烷

2－4　用系统命名法命名下列脂环烃：

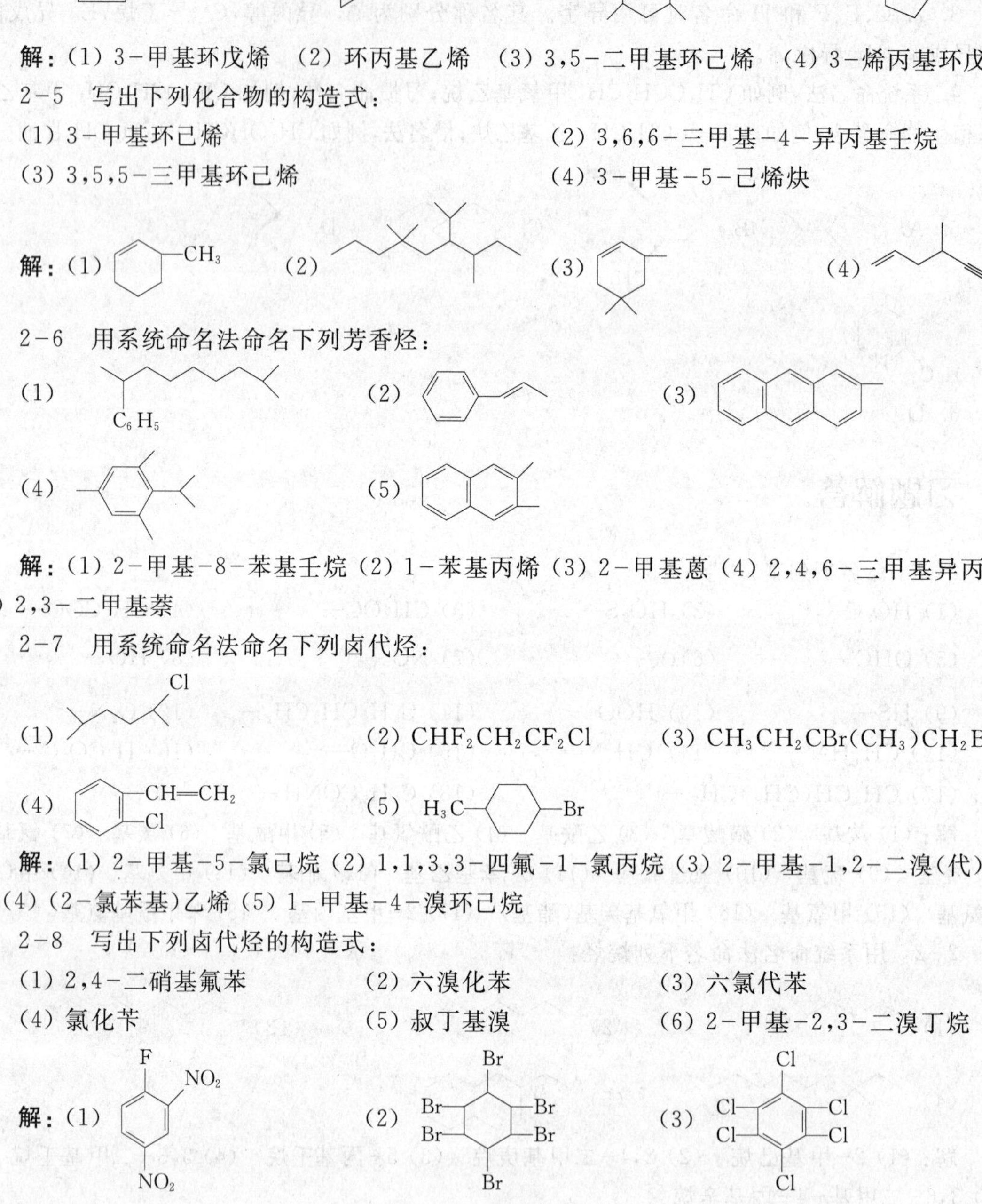

(1) (2) (3) (4)

**解**：(1) 3-甲基环戊烯 (2) 环丙基乙烯 (3) 3,5-二甲基环己烯 (4) 3-烯丙基环戊烯

2-5 写出下列化合物的构造式：

(1) 3-甲基环己烯 (2) 3,6,6-三甲基-4-异丙基壬烷

(3) 3,5,5-三甲基环己烯 (4) 3-甲基-5-己烯炔

**解**：(1) (2) (3) (4)

2-6 用系统命名法命名下列芳香烃：

(1) (2) (3)

(4) (5)

**解**：(1) 2-甲基-8-苯基壬烷 (2) 1-苯基丙烯 (3) 2-甲基蒽 (4) 2,4,6-三甲基异丙苯 (5) 2,3-二甲基萘

2-7 用系统命名法命名下列卤代烃：

(1) (2) $CHF_2CH_2CF_2Cl$ (3) $CH_3CH_2CBr(CH_3)CH_2Br$

(4) (5)

**解**：(1) 2-甲基-5-氯己烷 (2) 1,1,3,3-四氟-1-氯丙烷 (3) 2-甲基-1,2-二溴(代)丁烷 (4) (2-氯苯基)乙烯 (5) 1-甲基-4-溴环己烷

2-8 写出下列卤代烃的构造式：

(1) 2,4-二硝基氟苯 (2) 六溴化苯 (3) 六氯代苯

(4) 氯化苄 (5) 叔丁基溴 (6) 2-甲基-2,3-二溴丁烷

**解**：(1) (2) (3)

(4) $C_6H_5CH_2Cl$ (5) $(CH_3)_3CBr$ (6) $CH_3CBr(CH_3)CHBrCH_3$

2-9 用系统命名法命名下列羟基化合物：

(1) 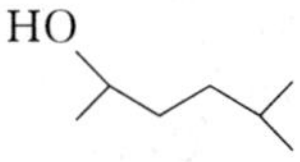 HO（骨架式）　(2) 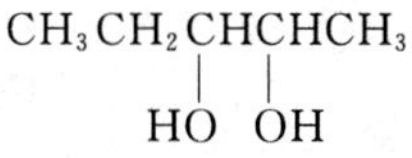 $CH_3CH_2CHCHCH_3$（HO OH）　(3) $CH_3CH_2CHCHCH_2CH_3$（苯基，OH）

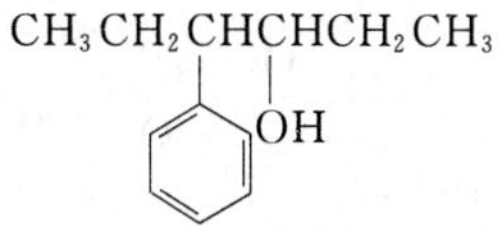

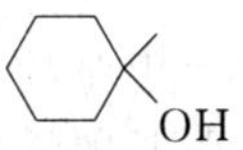

(4)（环己烷，OH）　(5)  $H_3C$—苯环—OH　(6) 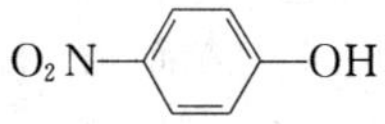 $O_2N$—苯环—OH

(7) 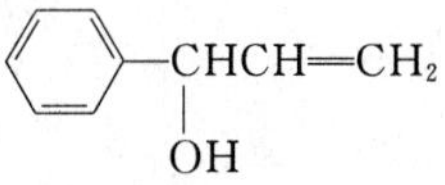 苯环—$CHCH{=}CH_2$（OH）　(8) 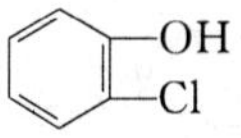 苯环（OH，Cl）　(9) 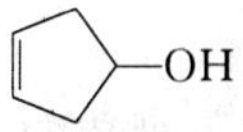 环戊烯—OH

**解**：(1) 5-甲基-2-己醇 (2) 2,3-戊二醇 (3) 4-苯基-3-己醇 (4) 1-甲基环己醇 (5) 4-甲基苯酚 (6) 4-硝基苯酚 (7) 1-苯基-2-丙烯-1-醇 (8) 2-氯(代)苯酚 (9) 3-环戊烯-1-醇

2-10　写出下列羟基化合物的构造式：

(1) 仲丁醇　(2) 叔戊醇　(3) 新戊醇　(4) 季戊四醇

(5) 2,3-二甲基-2,3-戊二醇　(6) 2-乙基丙三醇　(7) 异丁醇

(8) 1,4-丁二醇　(9) 间苯二甲醇　(10) 对苯二酚

**解**：

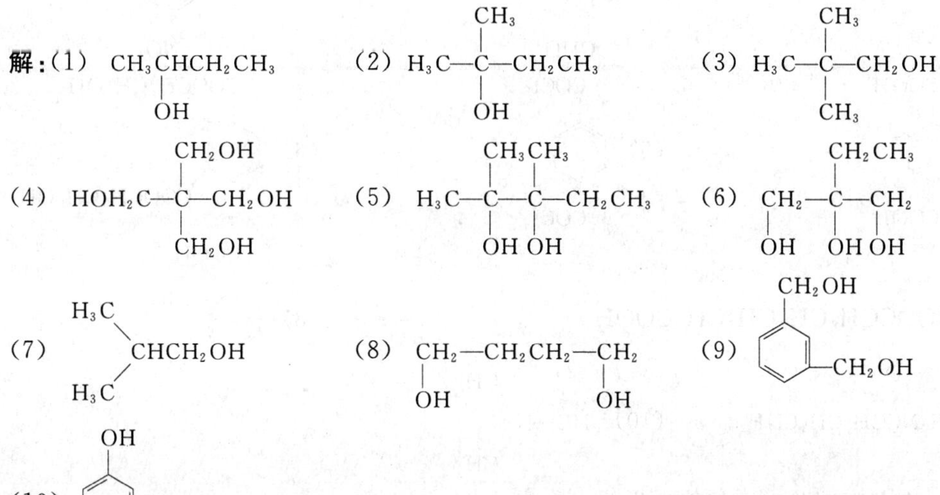

(10)（对苯二酚：苯环上下各一个 OH）

2-11　用系统命名法命名下列羰基化合物：

(1) 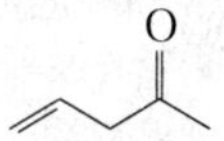 O（骨架式）　(2) 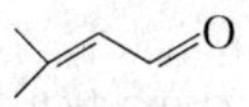 O（骨架式）　(3) 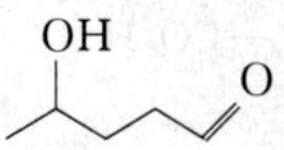 OH O（骨架式）

(4)  环己基—CHO（4-甲基）　(5) 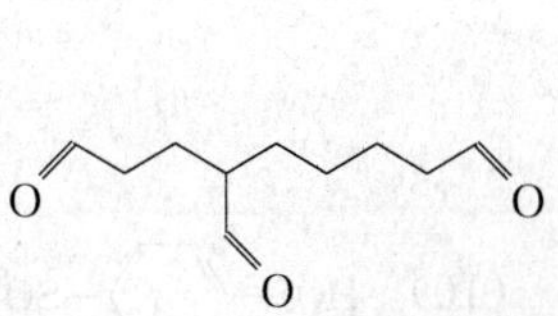 O O O（骨架式）　(6) 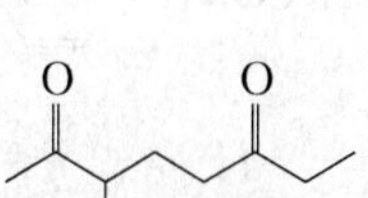 O O（骨架式）

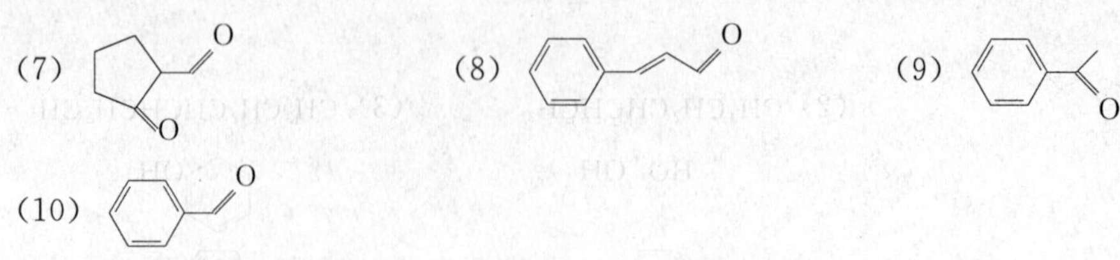

(10)

**解**：(1) 4-戊烯-2-酮 (2) 3-甲基-2-丁烯醛 (3) 4-羟基戊醛 (4) 4-甲基环己基甲醛 (5) 4-甲酰基壬二醛 (6) 3-甲基-2,6-辛二酮 (7) 2-环戊酮基甲醛 (8) 3-苯基丙烯醛 (9) 苯乙酮 (10) 苯甲醛

2-12　写出下列羧酸及其衍生物的构造式：

(1) 3-氯代环戊基甲酸　(2) 4-甲酰基苯甲酸　(3) 3-(4-硝基苯基)戊酸
(4) 对苯二甲酸　(5) 对苯二甲酰氯　(6) 间苯二甲酸二乙二醇酯
(7) 己二酸　(8) 水杨酸　(9) 丁二酰胺
(10) $N,N$-二甲基甲酰胺

**解**：

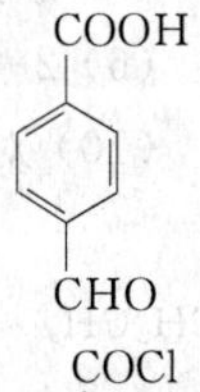

(3) 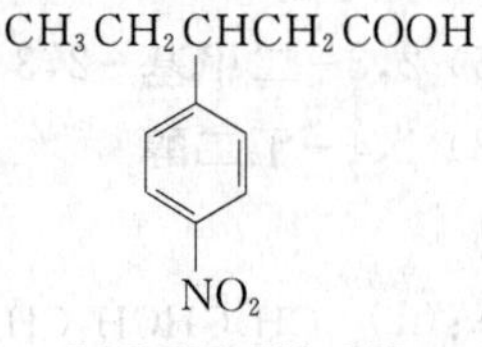 $CH_3CH_2CHCH_2COOH$（$C_6H_4NO_2$）

(4) COOH, COOH　(5) COCl, COCl　(6) 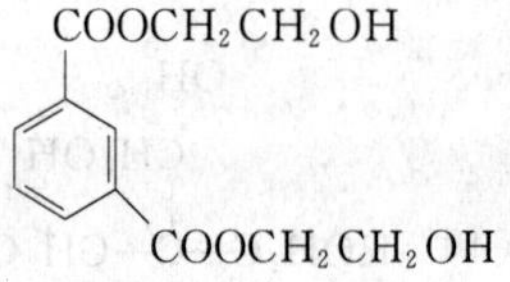 $COOCH_2CH_2OH$, $COOCH_2CH_2OH$

(7) $HOOCCH_2CH_2CH_2CH_2COOH$　(8) 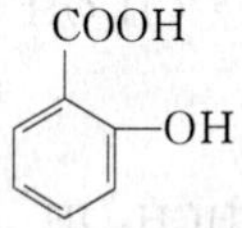 COOH, OH

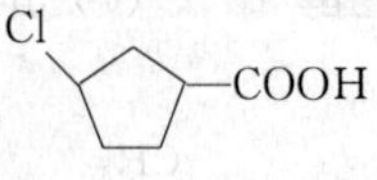

(9) 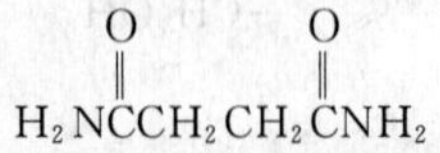 $H_2N\overset{O}{\overset{\|}{C}}CH_2CH_2\overset{O}{\overset{\|}{C}}NH_2$　(10) 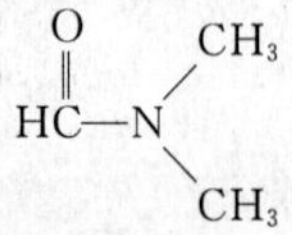 $H\overset{O}{\overset{\|}{C}}—N(CH_3)_2$

2-13　命名下列羧酸及其衍生物：

(1) $CH_3CH_2O_2CCH_2CH_2CO_2H$　(2) 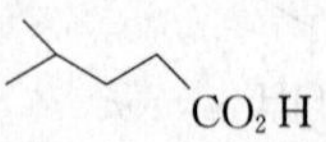 $CO_2H$

(3) 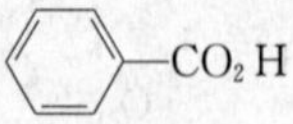 $CO_2H$　(4) 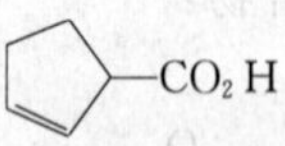 $CO_2H$　(5) 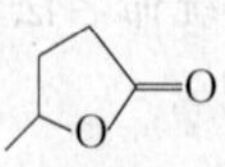 O

(6) 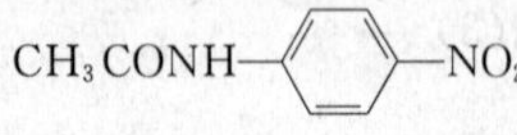 $CH_3CONH—C_6H_4—NO_2$　(7) $CH_2═CHCOCl$　(8) 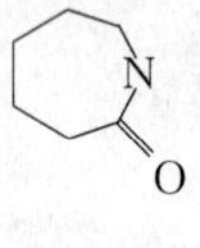 N, O

(9) 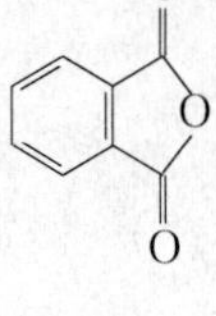 O, O, O　(10) 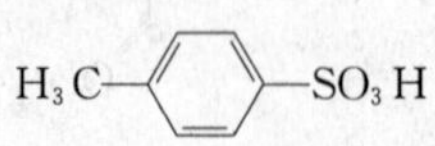 $H_3C—C_6H_4—SO_3H$

**解：**(1) 丁二酸单乙酯 (2) 4-甲基戊酸 (3) 苯甲酸 (4) 2-环戊烯甲酸 (5) $\gamma$-甲基丁内酯 (6) 对硝基乙酰苯胺 (7) 2-丙烯酰氯 (8) 己内酰胺 (9) 邻苯二甲酸酐 (10) 对甲基苯磺酸

2-14 命名下列含氮化合物：

(1) $(CH_3CH_2CH_2CH_2)_3N$

(2) 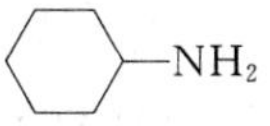

(3) $CH_3CH_2CH(CH_3)N(CH_3)_2$

(4) $C_6H_5N(CH_2CH_3)_2$

(5) 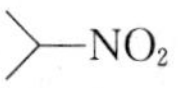

(6) 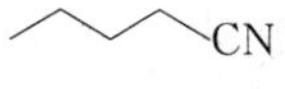

(7) 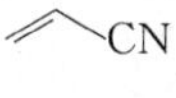

(8) 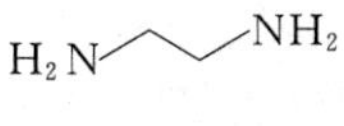

(9) 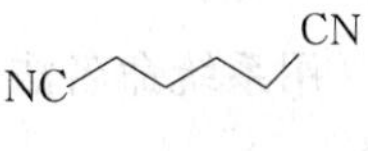

(10) 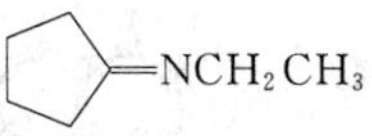

(11) 

(12) 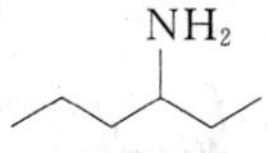

(13) 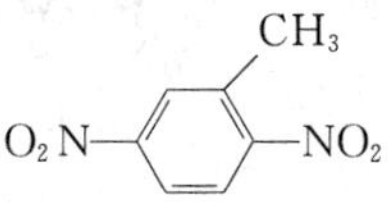

(14) $(CH_3CH_2CH_2CH_2)_4NBr$

(15) 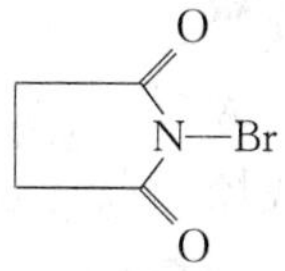

**解：**(1) 三丁胺 (2) 环己胺 (3) 二甲基仲丁胺 (4) 二乙基苯胺 (5) 2-硝基丙烷 (6) 戊腈 (7) 丙烯腈 (8) 乙二胺 (9) 己二腈 (10) 乙亚氨基环戊烷 (11) 对苯二胺 (12) 3-氨基己烷 (13) 2,5-二硝基甲苯 (14) 溴化四丁基铵 (15) *N*-溴代丁二酰亚胺

2-15 画出下列化合物结构：

(1) $\alpha$-甲基丙烯酸丁酯
(2) *N*-(2-氯乙基)-6-乙氧基-2-萘胺
(3) 5-乙基-4-氯-1,3-庚二烯-6-炔
(4) 双(4-氨基-3-氯苯基)甲烷
(5) $\alpha,\gamma$-二甲基-$\beta$-戊酮酸异丙酯
(6) 乙酰乙酸乙酯
(7) 3-氰基-1,2-苯二甲酸酐
(8) 2-三氯甲基-6-氯吡啶
(9) 4-硝基-2-氯苯氧基乙酰胺
(10) 2-氨基-4-甲氧基丁酸
(11) 2-(二甲氨基)-4-硝基-5-氯苯甲醛
(12) 4,4′-二氨基-3,3′-二溴联苯

**解：**(1) 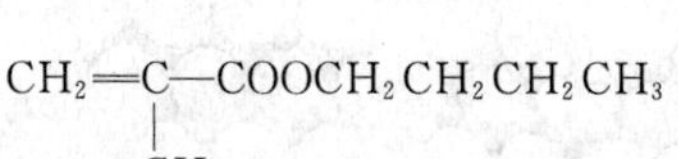

(2) 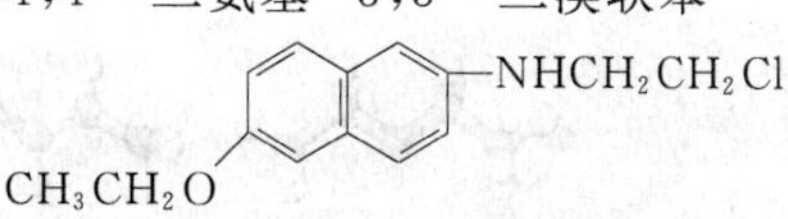

(3) 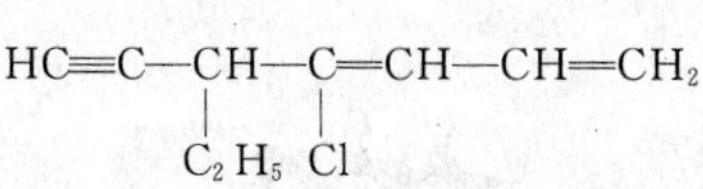

(4) 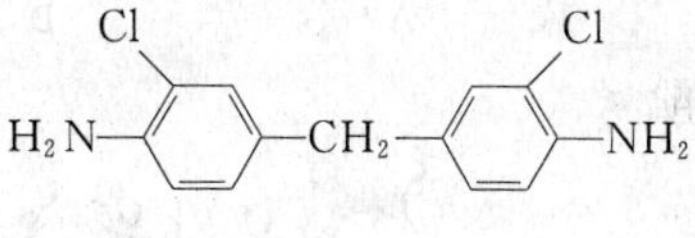

(5) 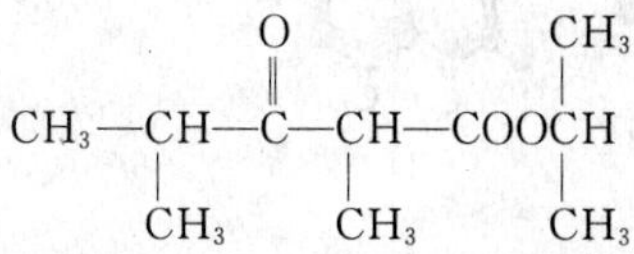

(6) 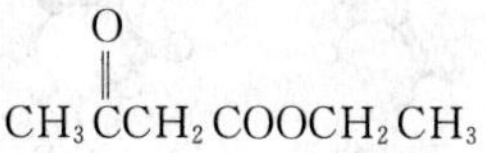

(7) 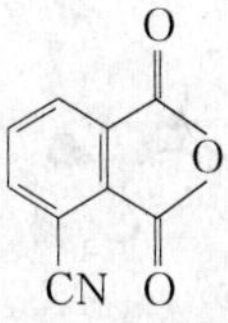

(8) 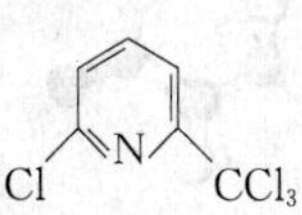

(9) 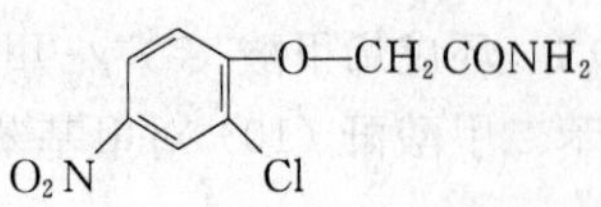 $O—CH_2CONH_2$　$O_2N$　Cl

(10) 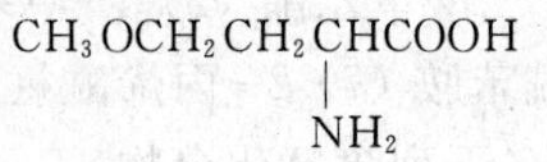 $CH_3OCH_2CH_2CHCOOH$
$\qquad\qquad\qquad\quad|$
$\qquad\qquad\qquad NH_2$

(11) 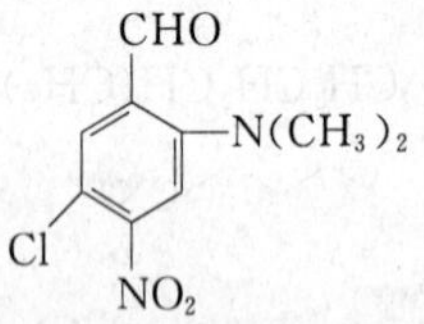 CHO　$N(CH_3)_2$　Cl　$NO_2$

(12) 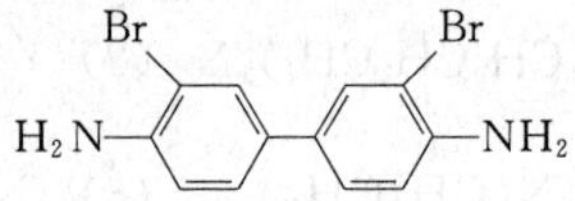 Br　Br　$H_2N$　$NH_2$

2-16 用系统命名法命名下列化合物：

(1) 烃

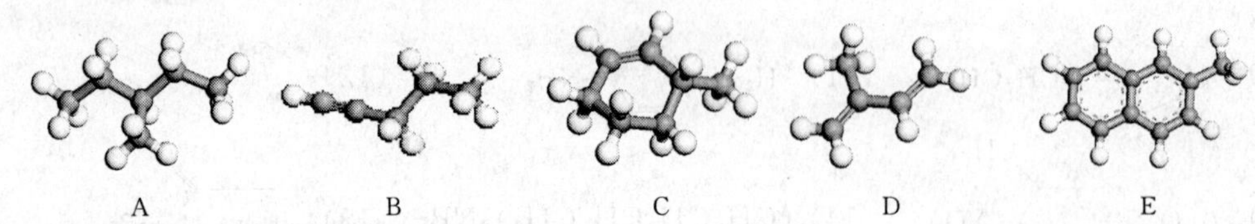
A B C D E

(2) 氯代烃

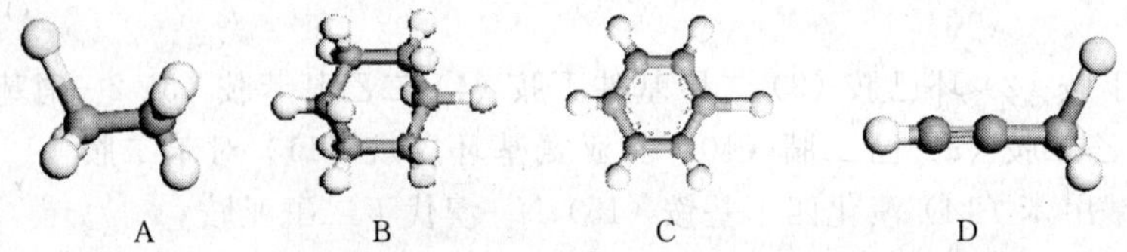
A B C D

(3) 醇

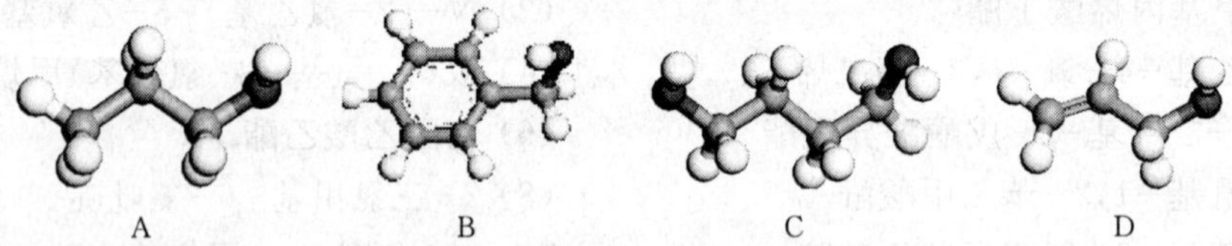
A B C D

(4) 醚

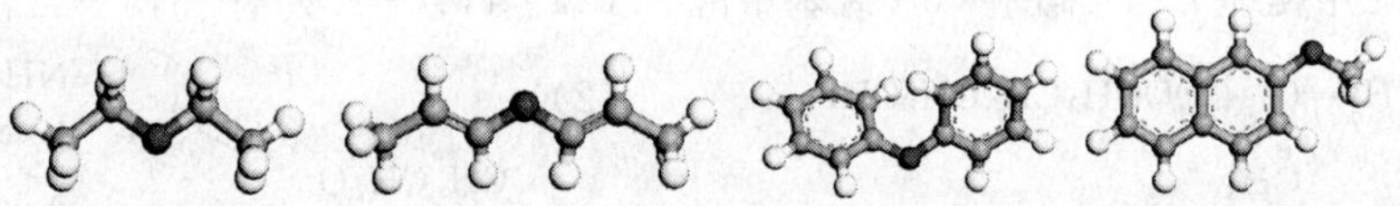

A B C D

(5) 酚

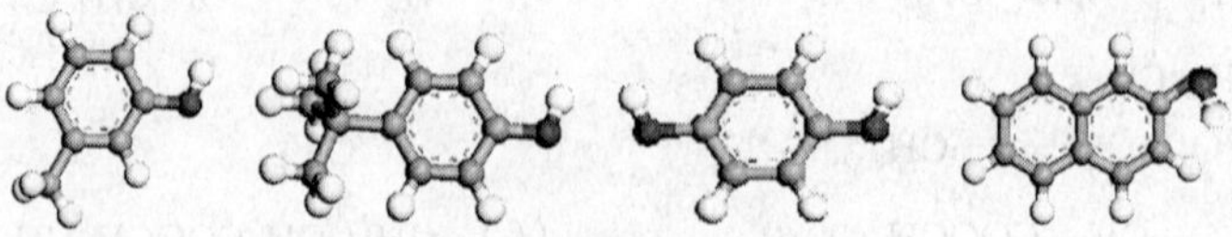

A B C D

(6) 醛

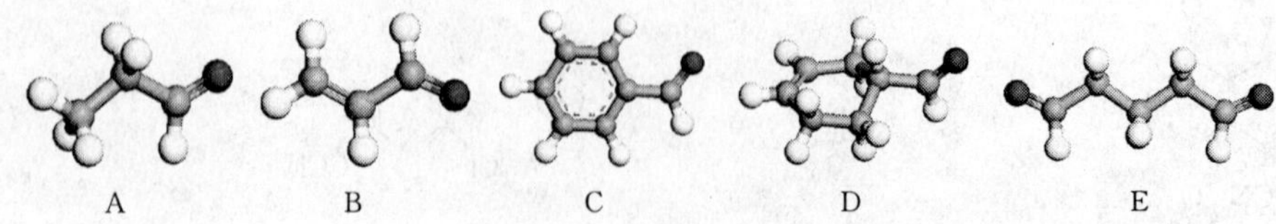
A B C D E

(7) 酮

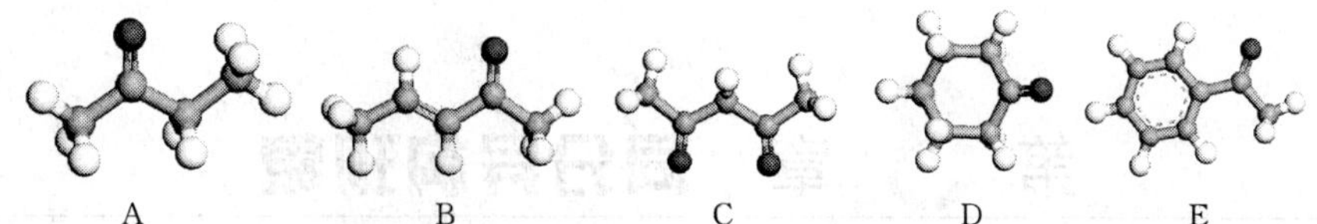


(8) 羧酸

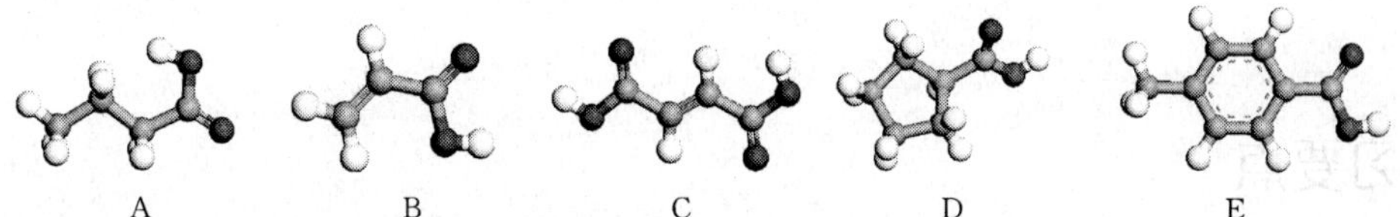


(9) 羧酸衍生物

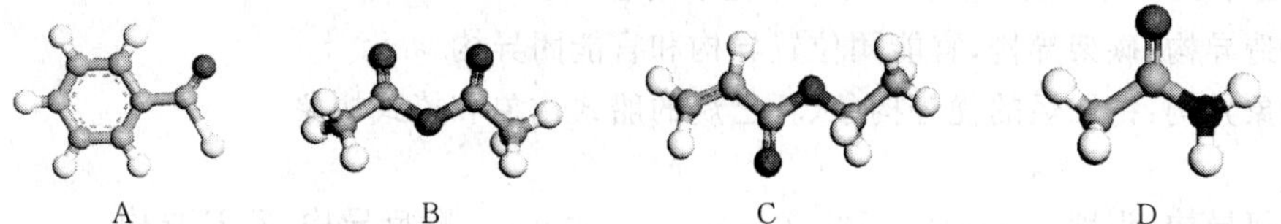


(10) 含氮化合物

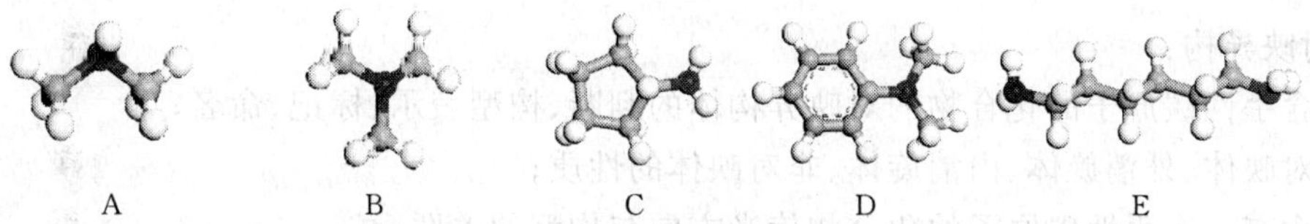


**解:** (1) 烃:A. 3-甲基戊烷 B. 1-戊炔 C. 甲基环己烷 D. 2-甲基-1,3-丁二烯 E. 2-甲基萘

(2) 氯代烃:A. 氯(代)乙烷 B. 氯代环己烷 C. 氯苯 D. 3-氯丙炔

(3) 醇:A. 丙醇 B. 苯甲醇 C. 1,4-丁二醇 D. 2-丙烯-1-醇

(4) 醚:A. 二乙基醚 B. 二丙烯基醚 C. 二苯醚 D. $\beta$-萘甲醚

(5) 酚:A. 3-甲基苯酚 B. 4-叔丁基苯酚 C. 对苯二酚 D. $\beta$-萘酚

(6) 醛:A. 丙醛 B. 2-丙烯醛 C. 苯甲醛 D. 环己基甲醛 E. 戊二醛

(7) 酮:A. 2-丁酮 B. 3-戊烯-2-酮 C. 2,4-戊二酮 D. 环己酮 E. 苯乙酮

(8) 羧酸:A. 丁酸 B. 丙烯酸 C. 丁烯二酸 D. 环戊基甲酸 E. 对甲基苯甲酸

(9) 羧酸衍生物:A. 苯甲酰氯 B. 乙酸酐 C. 丙烯酸乙酯 D. 乙酰胺

(10) 含氮化合物:A. 二甲胺 B. 三甲胺 C. 环戊胺 D. 二甲基苯胺 E. 1,6-己二胺

# 第 3 章　同分异构现象

## 学习要点

本章是分子结构的基础知识，是立体化学的基础。

1. 构造异构：碳架异构，官能团位置异构和官能团异构
2. 构象异构：链烷烃的优势构象、环己烷的船式构象和椅式构象
3. 几何异构：识别 $\mathrm{(a)(b)C{=}C(c)(d)}$，$\mathrm{(a)(b)C{=}\ddot{N}(c)}$，$\mathrm{\ddot{N}{=}\ddot{N}}$ 顺反异构，$Z/E$ 异构
4. 对映异构：

(1) 含手性碳原子的化合物的对映异构体的判断、构型表示、标记、命名；

(2) 对映体、外消旋体、内消旋体、非对映体的性质；

(3) 含有一个手性碳原子的化合物旋光方向与构型的关联；

(4) 手性化合物的立体透视式，纽曼(Newman)投影式，费歇尔(Fischer)投影式的相互转化；

(5) 消旋体的化学拆分原理。

## 例题解析

**例 1.** 判断下列叙述是否正确：

(1) 只有有手性的化合物才有可能有旋光性；

(2) 有手性中心的化合物一定有旋光性；

(3) 只有季碳原子才能是手性中心；

(4) 叔碳原子也可能成为手性中心；

(5) 伯、仲、叔、季碳原子都可能成为手性中心。

**解析：** 实物与镜像不重合，即有手性的物质才有旋光性。有手性中心、手性轴、手性面的化合物都可能是手性分子，有旋光性。但有两个相同手性中心的化合物无旋光性。只要碳原子上连四个不同原子或基团，这个碳就是手性碳，是手性中心。因此上述叙述中只有(5)是正确的。例如：$\mathrm{FClBrI\underline{C}}$，$\mathrm{FClBr\underline{C}CH_3}$（伯碳），$\mathrm{CH_3\underline{C}HBrCH_2CH_3}$（仲碳），$\mathrm{CH_3CH_2\underline{C}H(CH_3)CH_2CH_2CH_3}$（叔碳），$\mathrm{CH_3CH_2CH_2\underline{C}(CH_3)(CH_2CH_3)CH_2CH_2CH_2CH_3}$（季碳）都是手性中心。

**例 2.** 回答下列问题：

(1) 如何判断化合物是否是手性化合物？

(2) 下列化合物哪些是手性分子？

A. 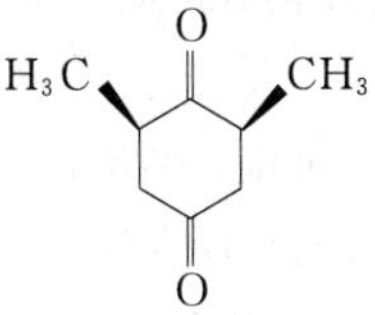 B. 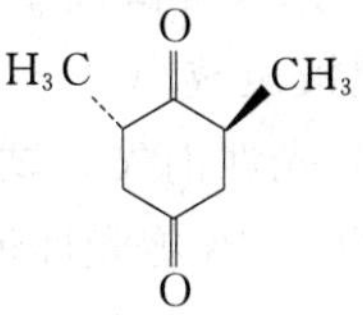 C. 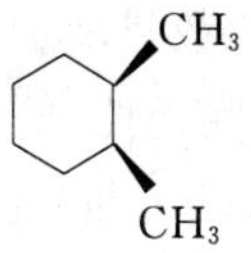 D.

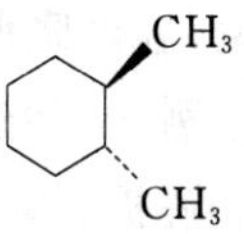

E. 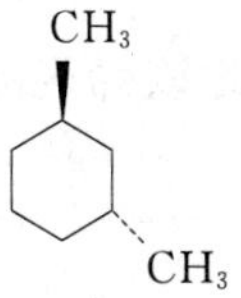 F.

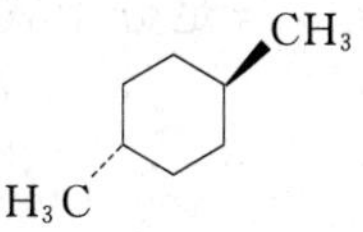

**解析**：用镜子照。如果镜像与实物不重合，这个化合物就是手性化合物。

(1) 可以根据化合物的对称性判断，一般情况下，有对称面和对称中心的分子无手性。

(2) A、C、F 有对称面，不是手性分子。B、D 和 E 无对称面，也无对称中心是手性分子。

**例 3.** 杀虫杀菌剂 H 的结构如下，它是否有手性？有多少个手性碳原子？它是否有对映体？是否有非对映体？

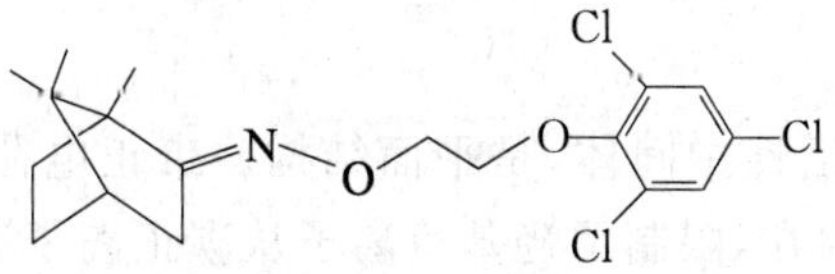

**解析**：化合物 H 有两个手性碳原子即桥头两个碳原子，有一个双键，是一个手性化合物。理论上应该有 $2^3=8$ 种立体异构体。但受双环结构的限制，它有 4 种立体异构体。现在的结构是($S$,$S$,$E$)，应该有对映体($R$,$R$,$E$)结构，非对映体($S$,$S$,$Z$)和($R$,$R$,$Z$)。

**例 4.** 在己烷溶剂中，在不同温度下测得 1,2-二氯乙烷的偶极矩如下：

| $T$/K | 223 | 248 | 273 | 289 | 323 |
|---|---|---|---|---|---|
| 偶极矩/D① | 1.13 | 1.21 | 1.30 | 1.36 | 1.42 |

即偶极矩随着温度的降低而减小，为什么？

**解析**：分子的偶极矩等于分子中各键偶极矩的加和，偶极矩是矢量。分子是以构象形式存在的。1,2-二氯乙烷有几种极端构象：

A. 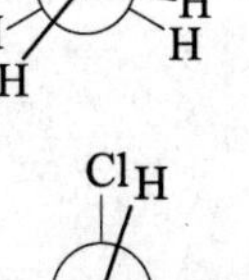 B. 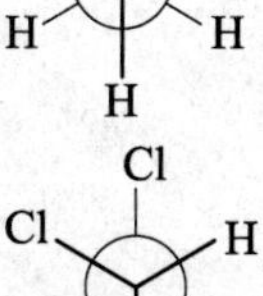 C. 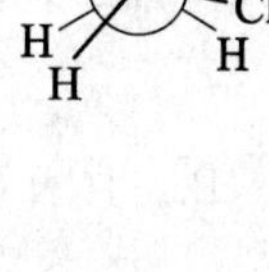 D.

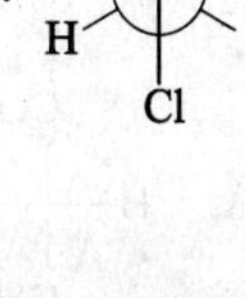

E. 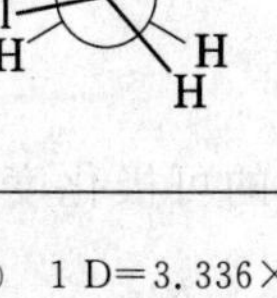 F.

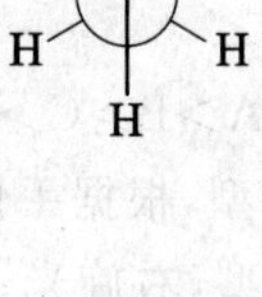

① 1 D$=3.336\times10^{-30}$ C·m。

A、C、E是重叠式构象，能量高，其中A是全重叠，能量最大，偶极矩最大，数量最少。B、D、F是交叉式构象，能量较低，其中D是对位交叉式构象，其偶极矩最小，是优势构象，数量最多。简单地说，温度降低，优势构象数目增加，分子的偶极矩减小。

**例5.** 烯烃 $C_6H_{12}$ 有旋光性，催化加氢后旋光性消失。试推测该烯烃可能的结构。

**解析：** 从分子式 $C_6H_{12}$ 分析，是链状单烯烃。有旋光性说明这个烯烃是手性分子，催化加氢后旋光性消失说明手性中心碳上连一个 $—CH{=}CH_2$ 和一个 $—CH_2CH_3$。此外，只剩一个碳即甲基。该烯烃可能是 $CH_3CH_2—\overset{*}{C}H(CH_3)—CH{=}CH_2$，满足分子式 $C_6H_{12}$ 要求，因此该烯烃是(*R*)或(*S*)-3-甲基-1-戊烯。

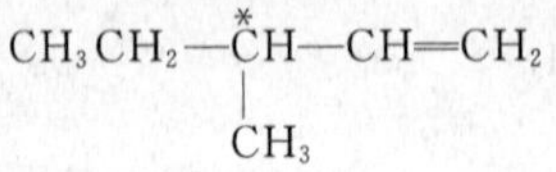

**例6.** 写出下列反应产物的Fischer投影式，并用系统命名法命名。反应产物是不等量的，试解释其原因。

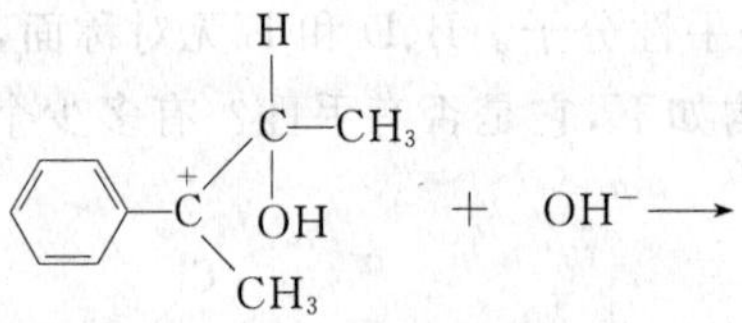

$$C_6H_5—\overset{+}{C}(CH_3)—CH(OH)—CH_3 + OH^- \longrightarrow$$

**解析：** 反应物是碳正离子活性中间体，是平面结构。带正电荷的碳原子上邻接一个手性碳原子，由于这个手性碳原子的存在，限制了羟基负离子从碳正离子平面两边概率相等地进攻碳正离子，因此得到了两个不等量的产物。邻接的手性碳原子构型不确定，假定其为*S*构型，反应如下：

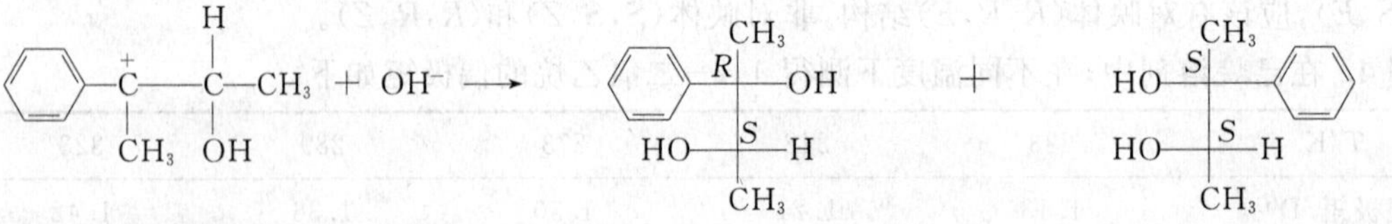

$$C_6H_5—\overset{+}{C}(CH_3)—CH(OH)—CH_3 + OH^- \longrightarrow$$

Fischer投影式（上为 $CH_3$，下为 $CH_3$）：

产物一：C2（*R*）：左 $C_6H_5$，右 OH；C3（*S*）：左 HO，右 H —— (2*R*,3*S*)-2-苯基-2,3-丁二醇

\+

产物二：C2（*S*）：左 HO，右 $C_6H_5$；C3（*S*）：左 HO，右 H —— (2*S*,3*S*)-2-苯基-2,3-丁二醇

**例7.** 回答下列问题。

(1) 按可极化度从大到小排列下面原子和基团：

A. —I　B. —SH　C. $—CH{=}CH_2$　D. $—C_6H_5$　E. —OH　F. $—CH_2CH_3$

(2) 标出下列化合物的构型，并确定其旋光方向：

A. 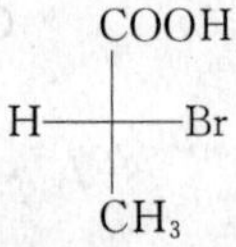 Fischer投影式：上 COOH，左 H，右 Br，下 $CH_3$

B. 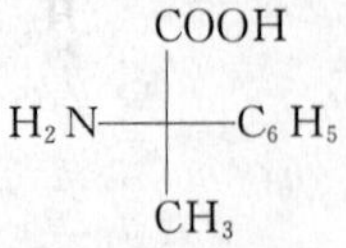 Fischer投影式：上 COOH，左 $H_2N$，右 $C_6H_5$，下 $CH_3$

**解析：** (1) 根据原子和基团的可极化度排序：A>B>C>D>F>E。

(2) 根据原子基团顺序规则，判断化合物的构型、根据手性中心连接的基团的可极化度与旋光方向经验关系判断化合物的旋光方向。A是*R*型，右旋光；B是*R*型，右旋光。

**例 8.** 下列化合物所有碳原子可以在同一平面上的是(　　)。

A. $CH_3CH_2CH_2CH_3$　B. 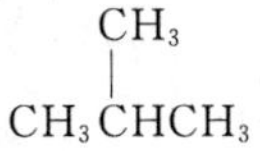 $CH_3CH(CH_3)CH_3$　C. 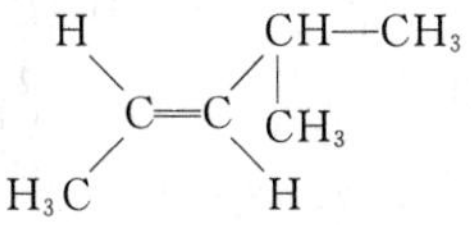 (H)($H_3C$)C=C(H)(CH—$CH_3$ | $CH_3$)　D. 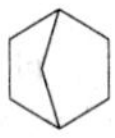 (双环结构)

**解析：** A. 链状化合物中的原子或基团都可以绕任一个 $\sigma$ 键旋转，和双键碳($C_{sp^2}$)相连的四个原子必然在同一平面上，叔碳、季碳上连的三个碳原子、四个碳原子不可能在同一平面上。因此，上述化合物中只有 A 的所有碳原子可以在同一平面上。

**例 9.** 测得所合成的化合物实验式为 $C_2H_4Cl$，相对分子质量是 127。

(1) 写出该化合物的分子式；

(2) 写出所有可能的构造异构体，并命名所有异构体。

**解析：** (1) $(C_2H_4Cl)_n \Rightarrow (12\times2+4+35.5)_n=127, n=2$。所合成化合物分子式为 $C_4H_8Cl_2$。

(2) 由分子式可知该化合物是二氯代丁烷，所有可能构造异构体为

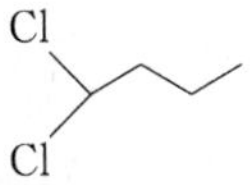

1,1-二氯丁烷 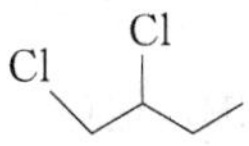　1,2-二氯丁烷 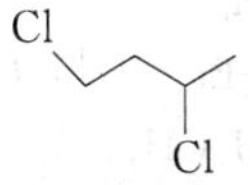　1,3-二氯丁烷

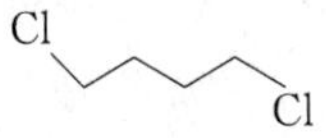

1,4-二氯丁烷 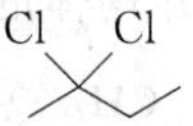　2,2-二氯丁烷 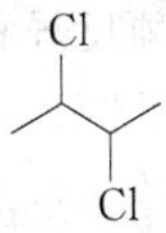　2,3-二氯丁烷

## 综合习题

1. 写出分子式为 $C_5H_{10}$ 的烯烃所有可能的构造异构体。

2. 推导结构，并请写出 A、B、C 的所有异构体。

(1) 化合物 A($C_9H_{12}$)含有苯基和甲基；

(2) 化合物 B($C_9H_{10}$)含有苯基和甲基；

(3) 化合物 C($C_3H_5ClO$)含有羰基。

3. 写出($R$)-2-丁醇的键线式构造式、立体透视式(伞式)、Fischer 投影式和 $C_2$—$C_3$ 键间的 Newman 投影式。

4. 画出下列各对二甲基环己烷的稳定椅式构象，比较每对异构体的构象的相对稳定性，并确定哪种二甲基环己烷有手性。

A. 顺和反-1,2-二甲基环己烷　B. 顺和反-1,3-二甲基环己烷

C. 顺和反-1,4-二甲基环己烷

5. 指出下列化合物的 $R/S$ 构型，并画出其对映异构体。

A. 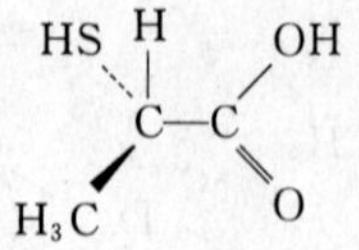 HS、H、OH、$H_3C$、C—C、O

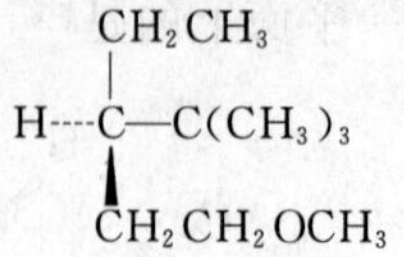

B. $CH_2CH_3$、H—C—$C(CH_3)_3$、$CH_2CH_2OCH_3$

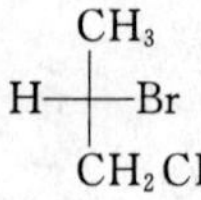

C. $CH_3$、Cl、$H_3C$—C—C—H、H、$CH=CH_2$

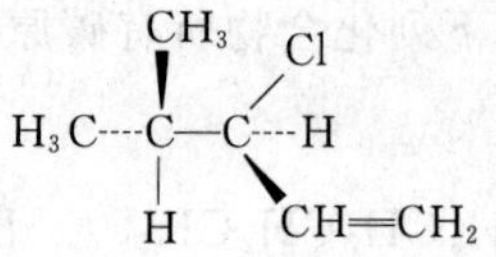

D. 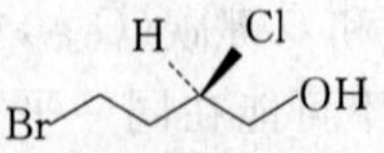 H、Cl、Br、OH

E. 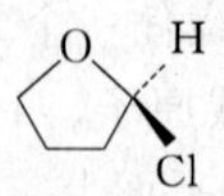 O、H、Cl

F. 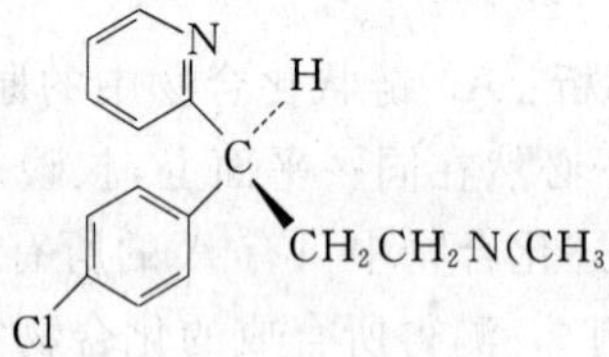 N、H、C、$CH_2CH_2N(CH_3)_2$、Cl

G. 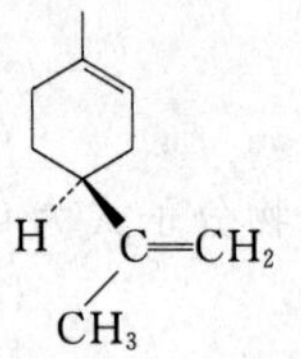 H、C=$CH_2$、$CH_3$

6. 化合物 H—C(—$CH_3$)(—$CH_2CH_3$)—Br 与 $CH_3CH_2$—C(—H)(—Br)—$CH_3$ 是（ ）。

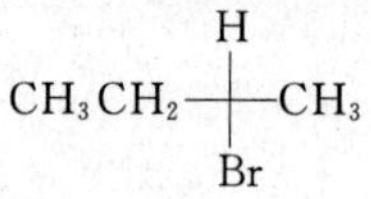

A. 相同化合物　　B. 对映体　　C. 非对映体　　D. 构造异构体

7. 下列化合物既有顺反异构体又有旋光异构体的是（ ）。

A. 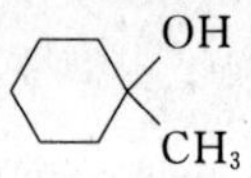 OH、$CH_3$

B. 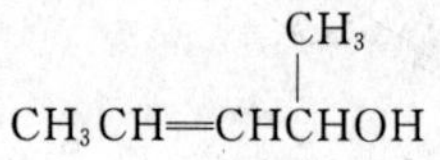 $CH_3CH=CHCH(CH_3)OH$

C. $CH_3CH=CHCH_2OH$

D.

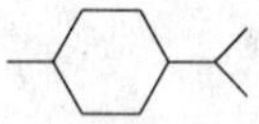

E. 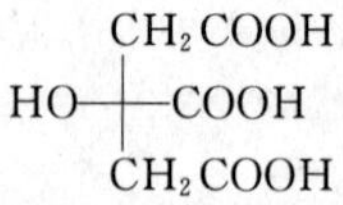 HO—C($CH_2COOH$)($CH_2COOH$)—COOH

8. 下列化合物哪个有旋光性？

A. 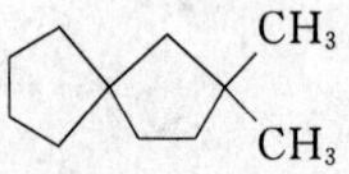 $CH_3$、$CH_3$

B. 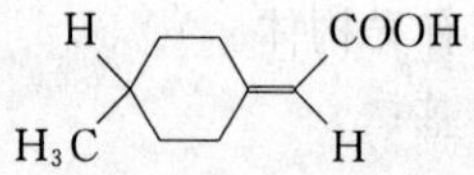 H、COOH、$H_3C$、H

C.

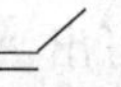

D. 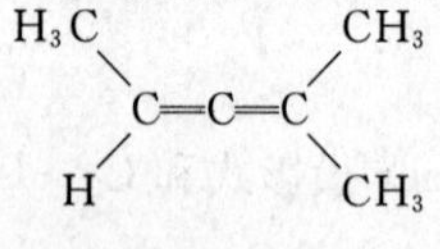 $H_3C$(H)C=C=C($CH_3$)$CH_3$

9. 下列是香芹酮[2-甲基-5-(1-甲基乙烯基)-2-环己烯酮]的两种异构体，说明哪种是*R*型，哪种是*S*型。

A. 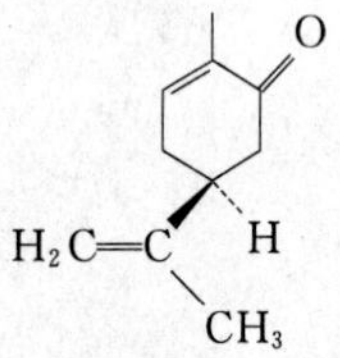 O、$H_2C$=C、H、$CH_3$

（—）香芹酮

B. 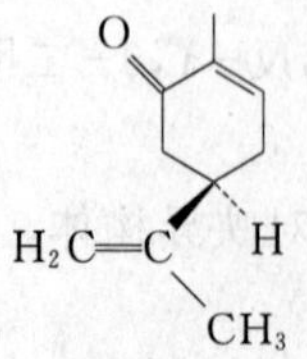 O、$H_2C$=C、H、$CH_3$

（+）香芹酮

# 综合习题参考答案

1.

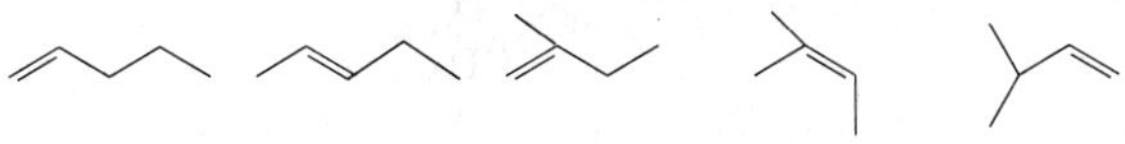

2.(1) A.

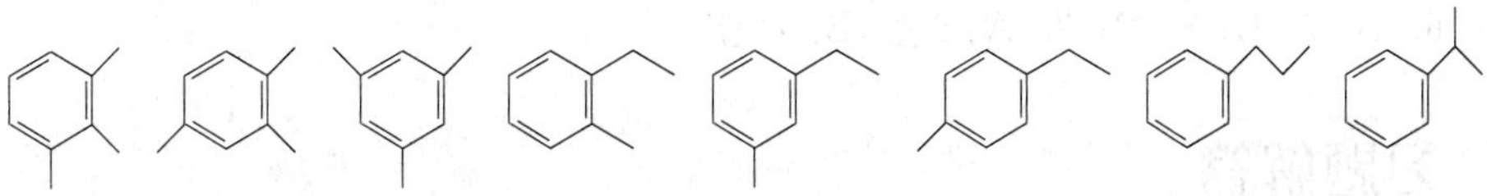

(2) B.

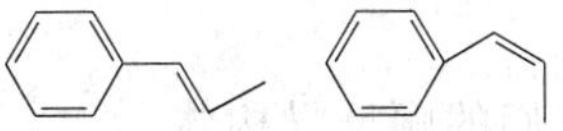

(3) C. O Cl O Cl O Cl

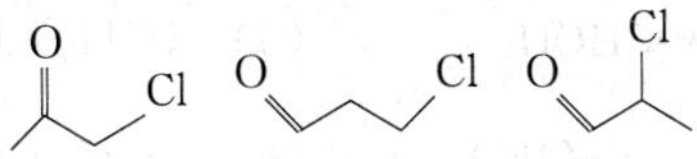

3.  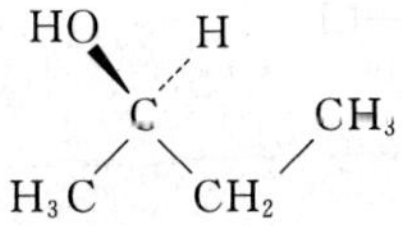 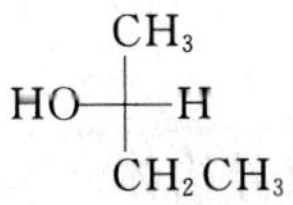 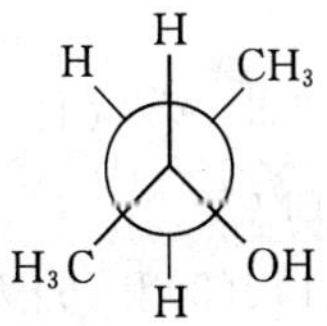 HO H

键线式构造式

HO H C $CH_3$ $H_3C$ $CH_2$

立体透视式

$CH_3$ HO—H $CH_2CH_3$

Fischer 投影式

H H $CH_3$ $H_3C$ OH H

Newman 投影式

4. A. 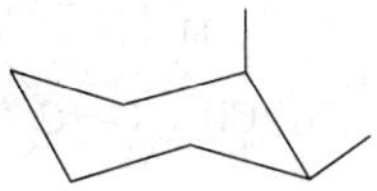 <

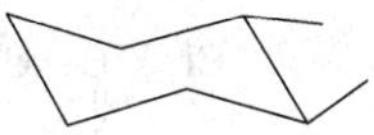

顺式 反式(有手性)

B. 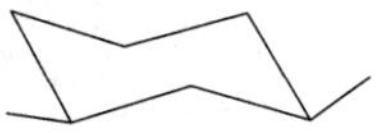 >

顺式 反式(有手性)

C. 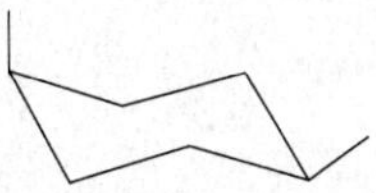 <

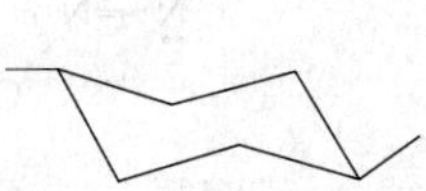

顺式 反式

5. A. *S* 型， HS $CH_3$ C O H C OH

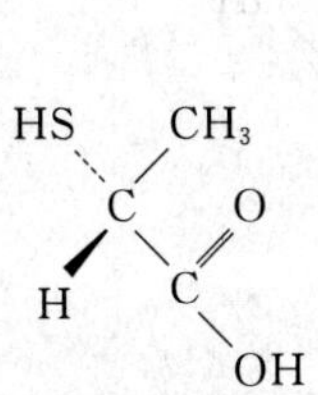

B. *R* 型， $CH_2CH_3$ C $H_3COH_2CH_2C$ H $C(CH_3)_3$

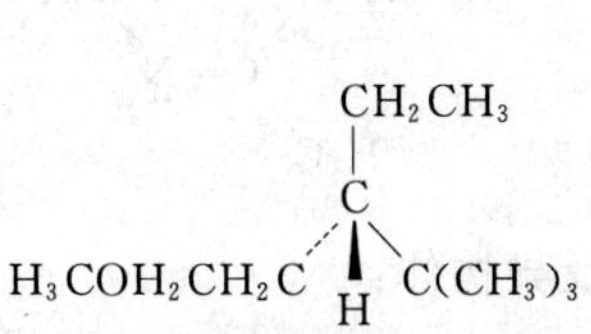

C. *R* 型， H Cl $(CH_3)_2CH—C$ $CH═CH_2$

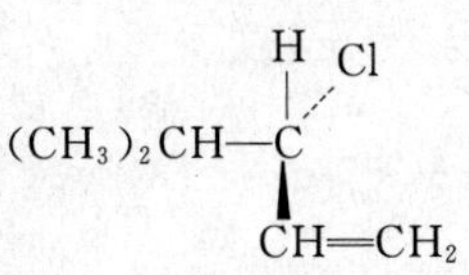

D. *R* 型， Cl H OH Br

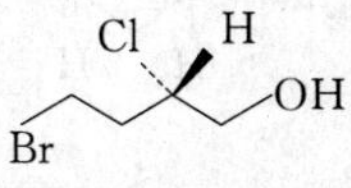

E. *S* 型， O Cl H

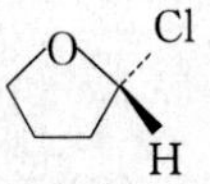

F. *S* 型，$CH_2CH_2N(CH_3)_2$ 　　G. *S* 型，$H_2C{=}C$ H $CH_3$

6. B；7. B；8. B；9. A：*S* 型，B：*R* 型

## 习题解答

3-1　下列化合物是否有顺反异构体？若有，试写出它们的顺反异构体。

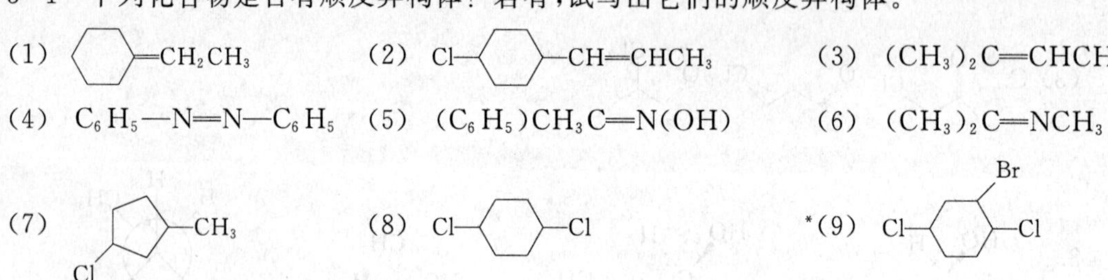


**解**：（1）、（3）和（6）无顺反异构体。

（2）有四种顺反异构体：

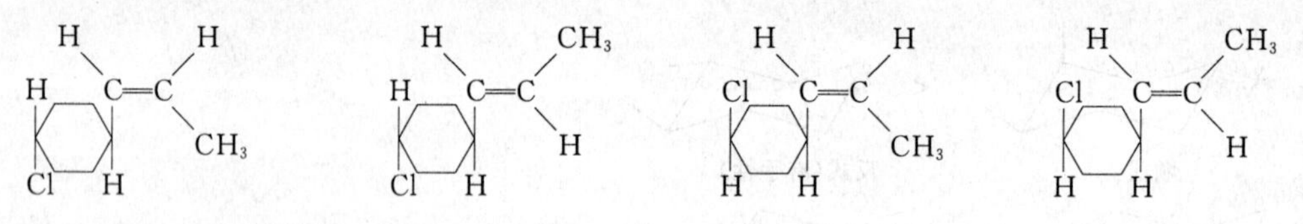


（4）有两种顺反异构体：

$H_5C_6$ $C_6H_5$ N=N　　$H_5C_6$ N=N $C_6H_5$

（5）有两种顺反异构体：

$H_5C_6$ OH C=N $H_3C$　　$H_3C$ OH C=N $H_5C_6$

（7）有两种顺反异构体：

Cl $CH_3$ H H　　Cl H H $CH_3$

（8）有两种顺反异构体：

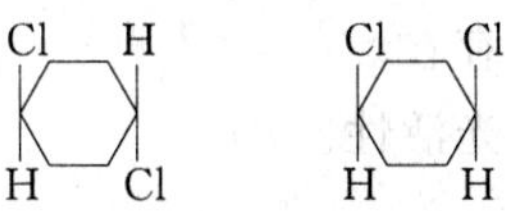


（9）有六个顺反异构体：

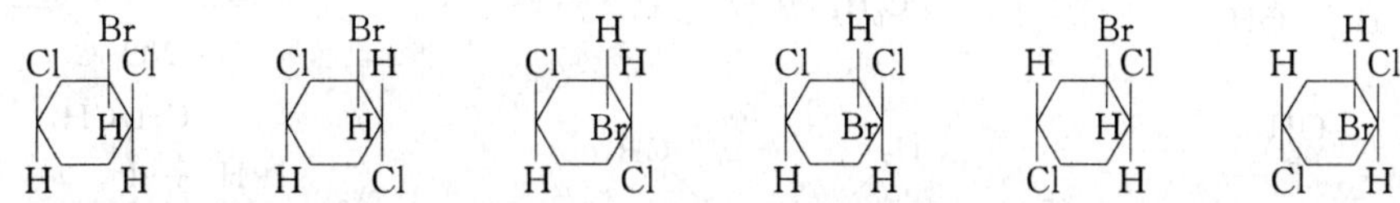


3-2　下列化合物中有无手性碳原子？若有，请用“＊”标记。

（1）$CH_3CHDC_2H_5$　（2）$BrCH_2CHDCBrH_2$　（3）$CH_2BrCHDCH_2Br$

（4）$CH_3CH_2CH(CH_3)CH_2CH_2CH_3$　（5）$CH_3CHClCHClCHClCH_3$

（6）OH, Br 取代环己烷　（7）Br—环己烷—$OCH_3$　（8）$H_3C$(H)C=C(H)—CHD—(H)C=C(H)$CH_3$

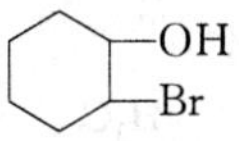

（9）环氧丙烷（O，$CH_3$，H）　（10）Cl，H，H，OH 取代环己烷　（11）HO，Cl，H，H 取代环己烷

（12）$CH_3$—环己烷—COOH（OH）

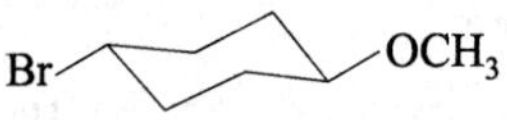

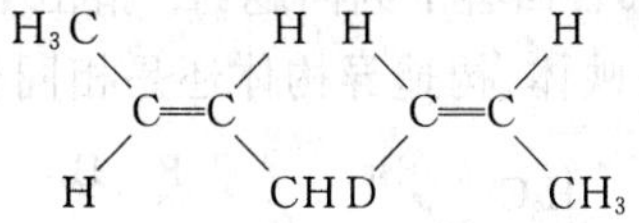

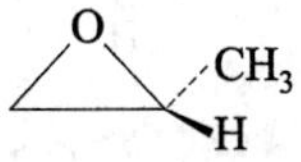

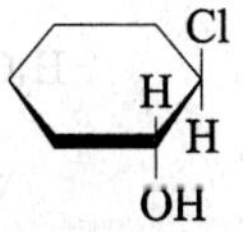

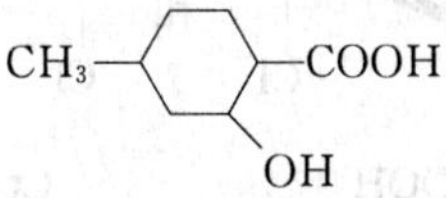

**解**：除(2)、(3)、(7)和(11)四个化合物中无手性碳原子外，其余均有手性碳原子。标记如下：

（1）$CH_3\overset{*}{C}HDC_2H_5$　（4）$CH_3CH_2\overset{*}{C}H(CH_3)CH_2CH_2CH_3$

（5）$CH_3\overset{*}{C}HCl\overset{*}{C}HCl\overset{*}{C}HClCH_3$　（$C_3$是手性碳原子的条件是相邻的两个手性碳原子的构型不一致，即 $C_R—\overset{*}{C}HCl—C_S$）　（6）（*OH，*Br）　（8）$H_3C$(H)C=C(H)—$\overset{*}{C}HD$—(H)C=C(H)$CH_3$　（9）（O，*，$CH_3$，H）

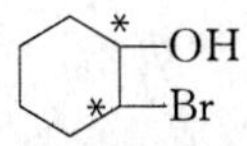

（10）（Cl，H*，*H，OH）　（12）$H_3C$—*环己烷*—COOH（*OH）

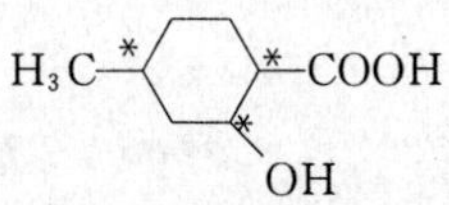

3-3　下列化合物哪些有对映体存在？

（1）$(CH_3)_2$环己亚基=C(H)$CH_3$　（2）$CH_3HC{=}C{=}CHCH_3$　（3）Cl—环己烷—$CH_3$

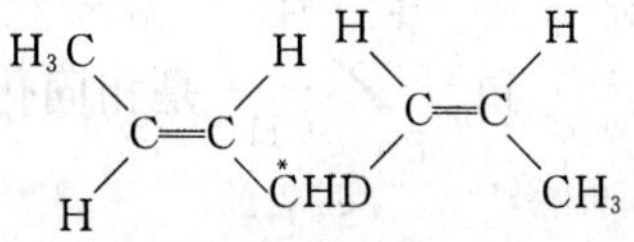

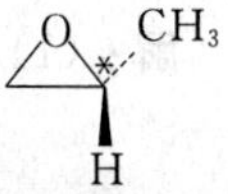

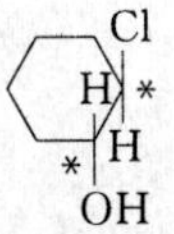

（4）$C_6H_5—N(CH_3)(C_3H_7)—C_2H_5$　（5）$O_2N$，Br，HOOC，COOH 取代联苯　（6）HO，OH 取代联萘

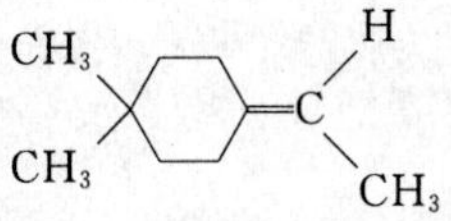

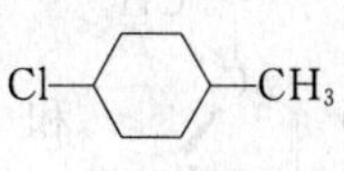

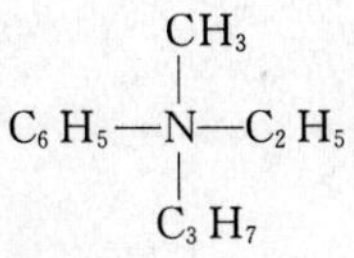

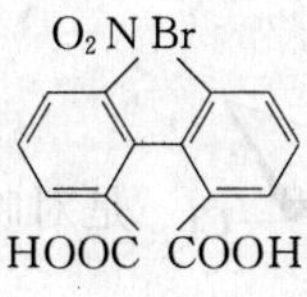

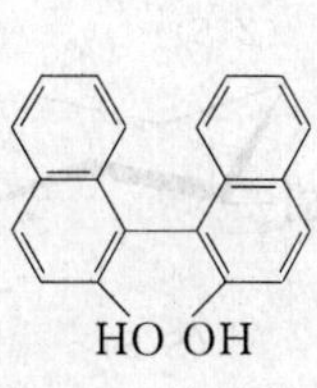

**解**：(2)、(4)、(5)和(6)有对映体存在。

3-4 指出下列化合物是否有旋光活性。

(1) 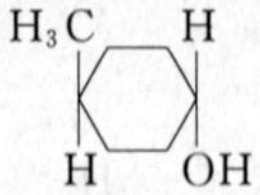 $H_3C$ H H OH

(2) $H_3C$ $C_6H_5$ OH $CH(CH_3)_2$

(3) 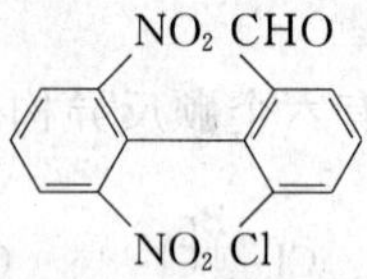 $NO_2$ CHO $NO_2$ Cl

(4) 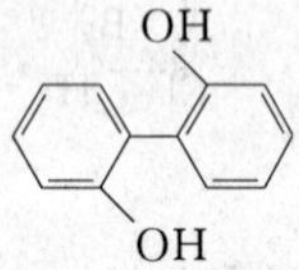 OH OH

(5) 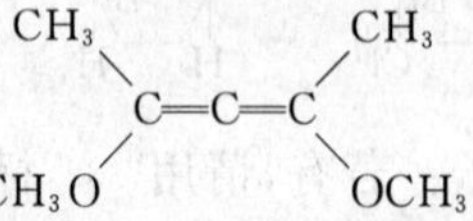 $CH_3$ $CH_3$ C=C=C $CH_3O$ $OCH_3$

(6) 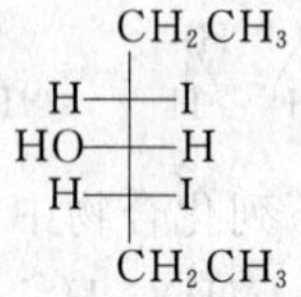 $CH_2CH_3$ H—I HO—H H—I $CH_2CH_3$

**解**：(2)和(5)有旋光性。其余四个化合物无旋光性。

3-5 回答下列问题：1. 指出下列化合物手性中心的构型；2. 指出每对化合物的关系：对映体、非对映体、构造异构体还是相同化合物？

(1) 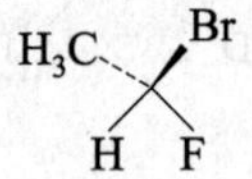 $H_3C$ Br H F 和 F H Br $CH_3$

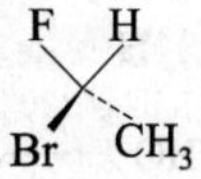

(2) 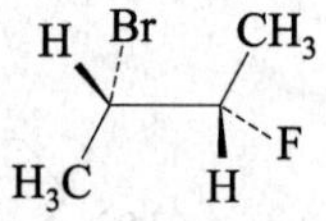 H Br $CH_3$ F $H_3C$ H 和 $H_3C$ $CH_3$ H F H Br

(3) H $CH_3$ Br 和 H $H_3C$ Br

(4) Cl Cl 和 Cl Cl

(5) H Br C=C=C Br H 和 Br H C=C=C H Br

(6) COOH Cl H H Br $CH_3$ 和 COOH H Cl Br H $CH_3$

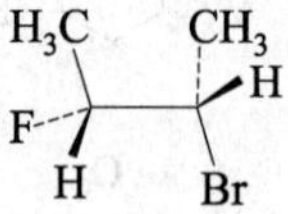

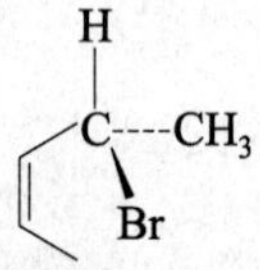

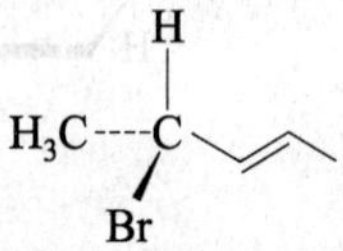

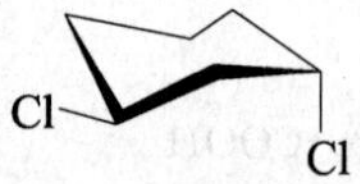

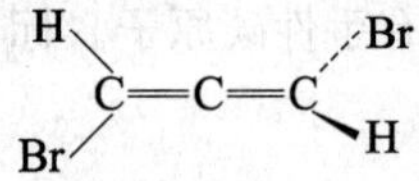

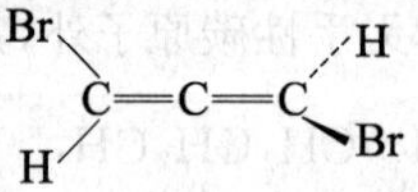

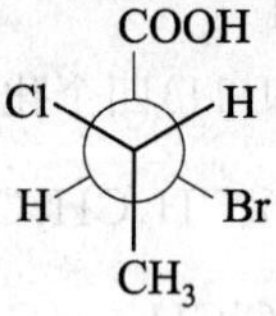

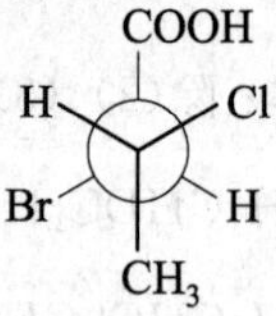

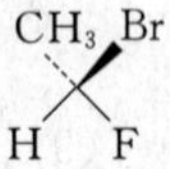

**解**：(1) $CH_3$ Br H F 和 F H Br $CH_3$ 是相同化合物。
(S−) (S−)

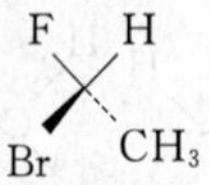

(2) 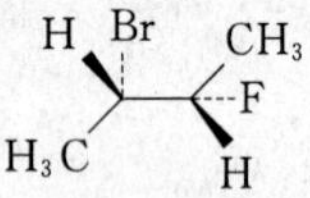 H Br $CH_3$ F $H_3C$ H 和 $H_3C$ $CH_3$ F H H Br 是非对映体。
(S,S) (R,S)

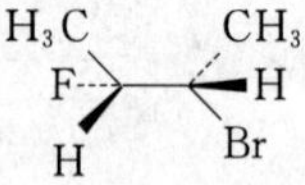

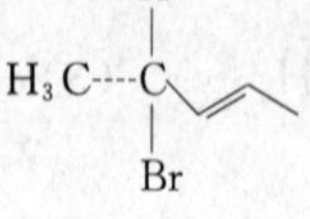

(3) 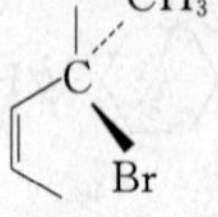 H $CH_3$ Br 和 H $H_3C$ Br 是非对映体。
(Z,S) (E,R)

(4)  Cl Cl 和 Cl Cl 是对映体。
(S,S) (R,R)

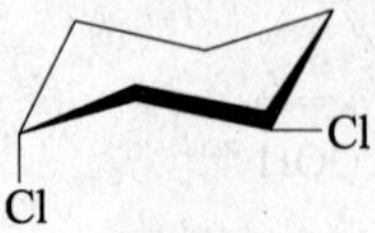

(5) 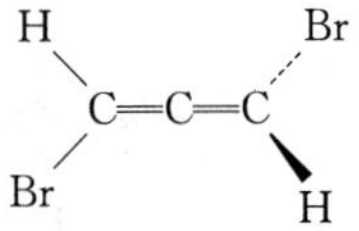 H, Br, C=C=C, Br, H 和 Br, H, C=C=C, H, Br 是对映体。

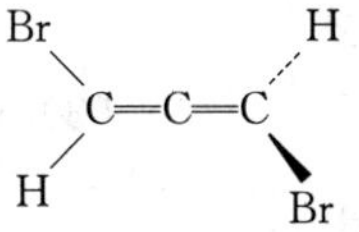

(6) 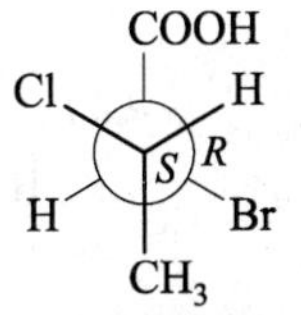 COOH, Cl, H, S, R, H, Br, $CH_3$ 和 COOH, H, Cl, R, S, Br, H, $CH_3$ 是对映体。

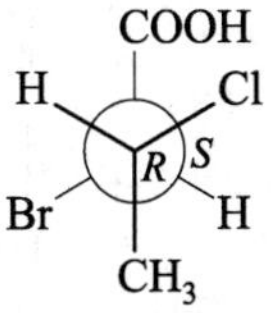

3-6 写出下列化合物的立体结构式。

(1) (*R*)-3-甲基-1-戊炔　　(2) (*S*)-3-乙基-1-己烯-5-炔

(3) (2*Z*,4*E*)-2,4-己二烯　　(4) (*E*)-4-甲基-3-异丙基-3-己烯-1-炔

(5) (*S*)-2-碘辛烷　　(6) (*Z*)-3-戊烯-2-醇

(7) (2*R*,3*S*)-2,3-二甲氧基丁烷　　(8) (2*R*,3*R*)-2-甲基-3-羟基戊醇

**解**：(1) 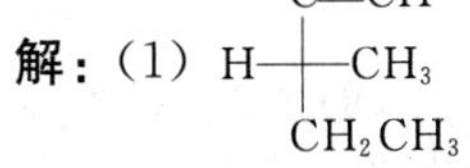

(2) 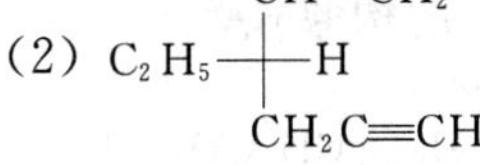

(3) 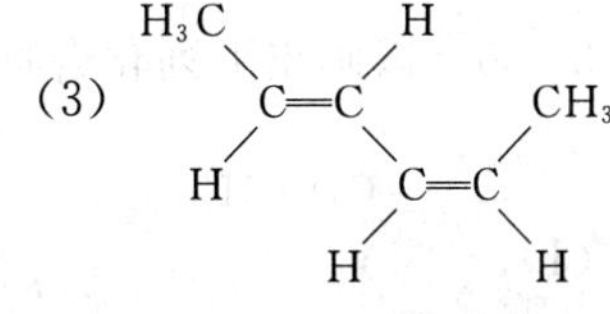

(4) 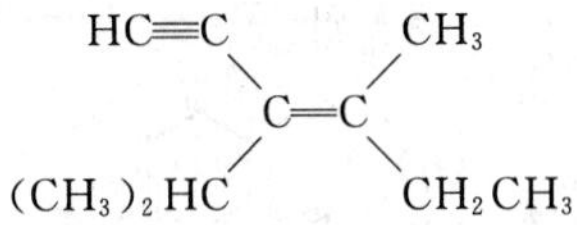 HC≡C, $CH_3$, C=C, $(CH_3)_2HC$, $CH_2CH_3$

(5) 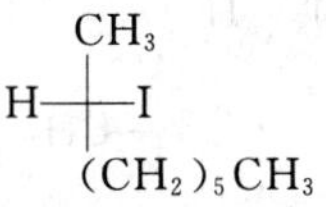 $CH_3$, H—|—I, $(CH_2)_5CH_3$

(6) 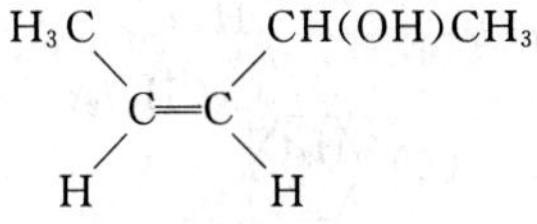 $H_3C$, $CH(OH)CH_3$, C=C, H, H

(7) 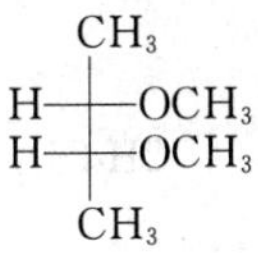 $CH_3$, H—|—$OCH_3$, H—|—$OCH_3$, $CH_3$

(8) 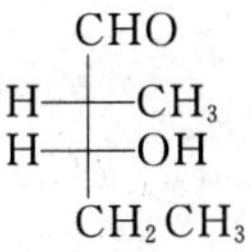 CHO, H—|—$CH_3$, H—|—OH, $CH_2CH_3$

3-7 用系统命名法命名下列化合物(立体异构体用 *R*-*S* 标记系统或 *Z*-*E* 标记系统标明其构型)：

(1) 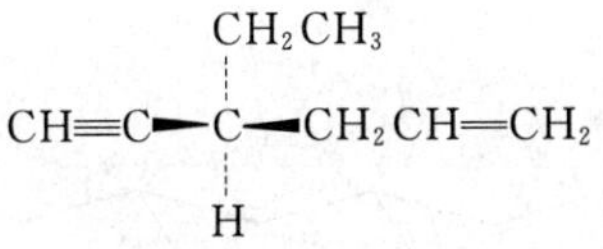 $CH_2CH_3$, CH≡C—C—$CH_2CH=CH_2$, H

(2) $CH_3$, C≡C—$CH_3$, C=C, H, $C(CH_3)_3$

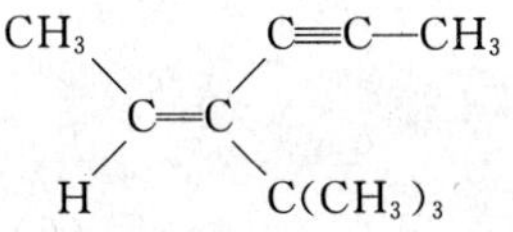

(3) H, H, C=C, $H_3C$, $C_2H_5$, H, $CH_3$

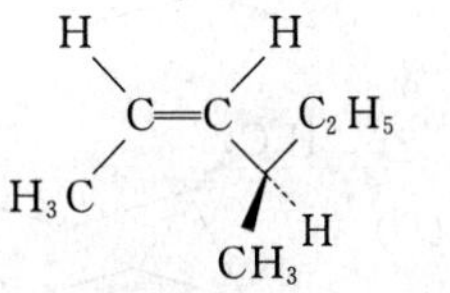

(4) 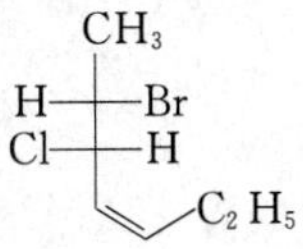 $CH_3$, H—|—Br, Cl—|—H, $C_2H_5$

(5) H, Br—|—CH=$CH_2$, $CH(CH_3)_2$

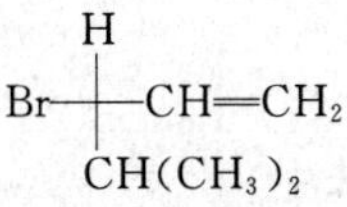

(6) 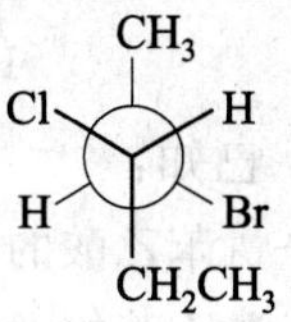 $CH_3$, Cl, H, H, Br, $CH_2CH_3$

**解**：(1) (*S*)-3-乙基-5-己烯-1-炔

(2) (*Z*)-3-(1,1-二甲基乙基)-2-己烯-4-炔

(3) (2*Z*,4*R*)-4-甲基-2-己烯

(4) (3*Z*,5*S*,6*S*)-5-氯-6-溴-3-庚烯

(5) (*R*)-4-甲基-3-溴-1-戊烯

(6) (2*R*,3*S*)-3-氯-2-溴戊烷

3-8 用纽曼式画出下列分子的优势构象式。

(1) 2-氯丁烷 (2) 2-氯乙醇 (3) 羟基乙醛 (4) 乙二醇

解：(1) 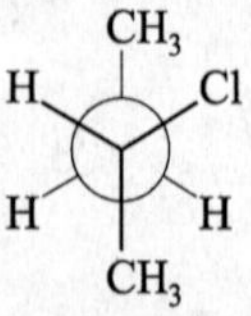 (2) 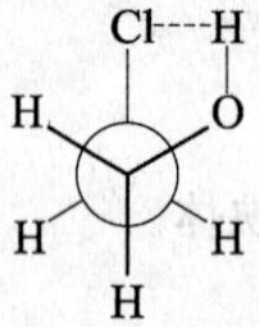 (3) 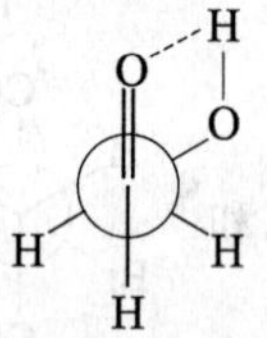 (4)

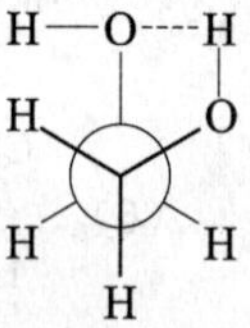

3-9 画出(2*R*,3*R*)-2-氯-3-溴戊烷的费歇尔投影式与其优势构象的锯架式和纽曼式。

解：

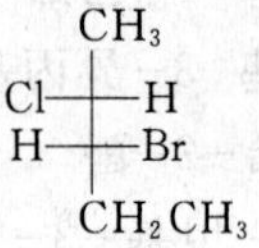

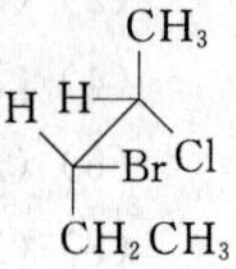

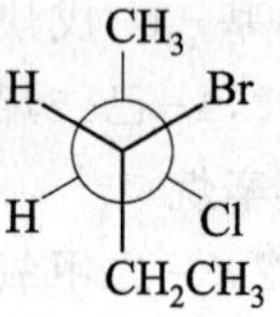

3-10 试画出下列化合物的最稳定的构象式。

(1) 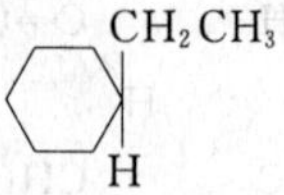 (2) 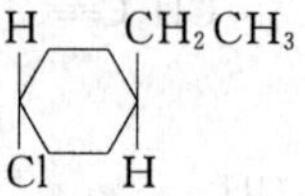 (3)

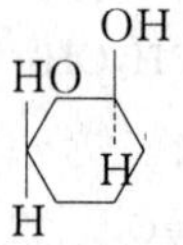

(4) 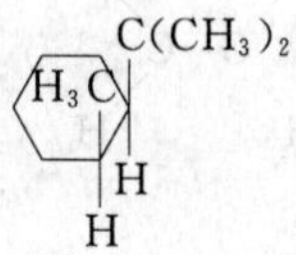 (5) 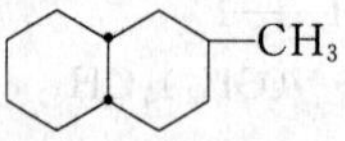 (6)

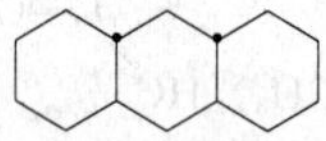

解：(1) 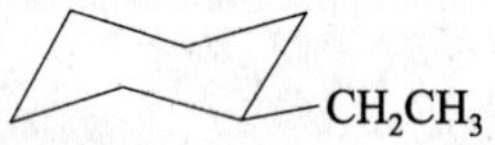 (2)

(3) 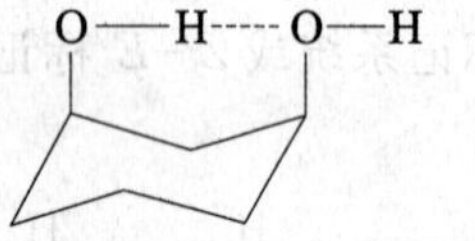 (4)

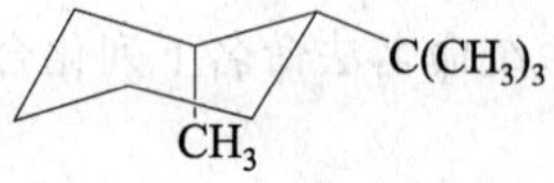

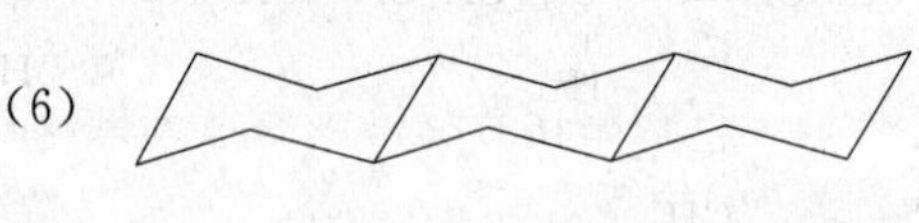

(5) 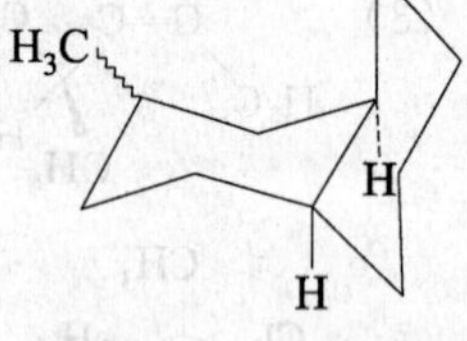 (6)

3-11 已知：

(1) 2-氯苯乙酸的$[M]_D = +327°$(苯中)

(2) α-溴乙苯的$[M]_D = +187°$(纯)

(3) 2-氯丙酸的$[M]_D = +17°$(纯)

(4) α-氨基乙苯的$[M]_D = +49°$(纯)

试写出它们的构型式，并用 *R*-*S* 标记系统标记手性碳原子构型。

解：(1) ① α-氯苯乙酸的构造式：C₆H₅—CHCOOH(—Cl)，其$[M]_D = +327°$。

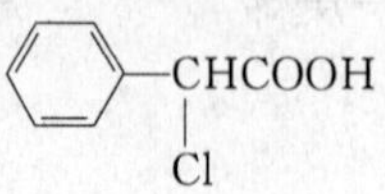

② 根据其测得的右旋光性质，写出其构型式为

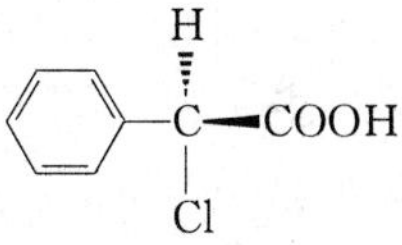

(结构式：苯基—C(H)(Cl)—COOH)

具体方法为，根据基团旋光性贡献—Cl＞—$C_6H_5$＞—COOH＞—H，得到右旋光的主体透视式应将—H 离观察者最远，—Cl、—$C_6H_5$、—COOH基团按顺时针排列得到离观察者近的平面。

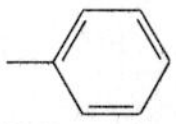

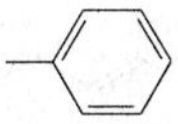

③ 根据得到的立体透视式表示的化合物的构型式，判断其手性碳原子的构型为 $S$ 型。

(2) 同(1)的做法一致，得到右旋光 α-溴代乙苯的构型式为 $H_5C_6—C(H)(Br)—CH_3$。手性碳原子的构型为 $R$ 型。

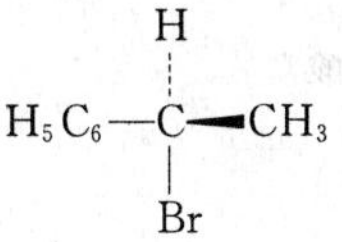

(3) 右旋光 α-氯丙酸的构型式为 $H_3C—C(Cl)(H)—COOH$，手性碳原子的构型为 $R$ 型。

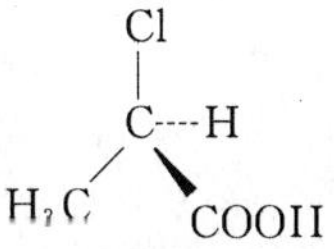

(4) 右旋光 α-氨基乙苯的构型式为 $H_5C_6—C(CH_3)(H)—NH_2$，手性碳原子的构型为 $R$ 型。

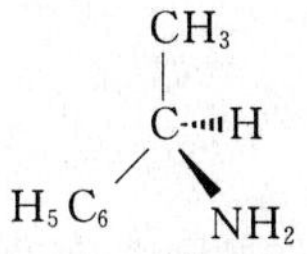

3-12 某化合物的分子式是 $C_5H_{10}O$，无光学活性，分子中有环丙烷环，在环上有两个甲基和一个羟基，试写出它的可能的构型式。

**解：**

(结构式：两种顺式-2,3-二甲基环丙醇构型，OH 分别与甲基同侧或异侧；CH₃ CH₃)

3-13 下列萜化合物的碳架可分割成几个异戊二烯结构单元？有手性碳原子的分子，标出手性碳原子的构型。

(1) 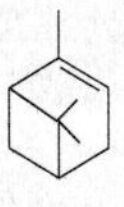 α-蒎烯　(2) 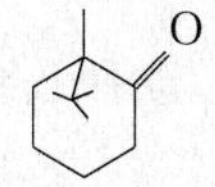 樟脑　(3) 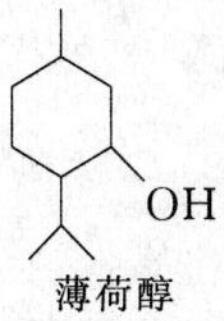 薄荷醇

(4) 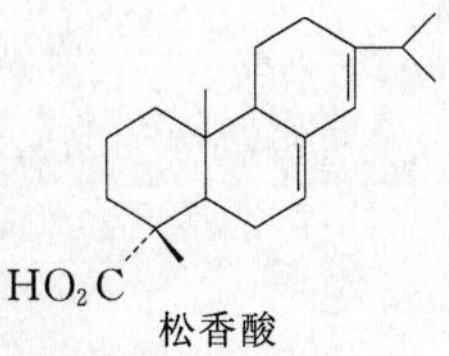 松香酸（$HO_2C$）　(5) 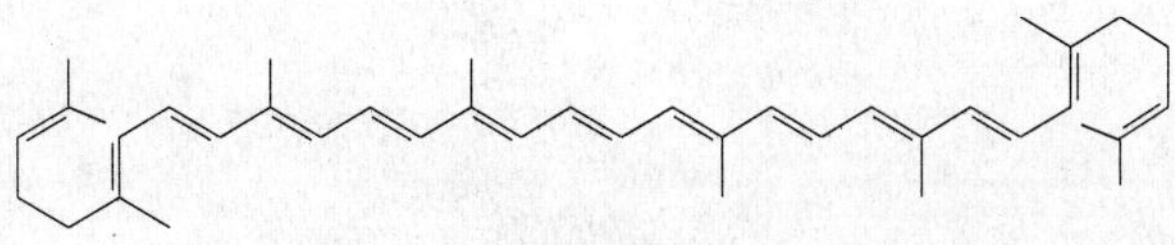 番茄色素

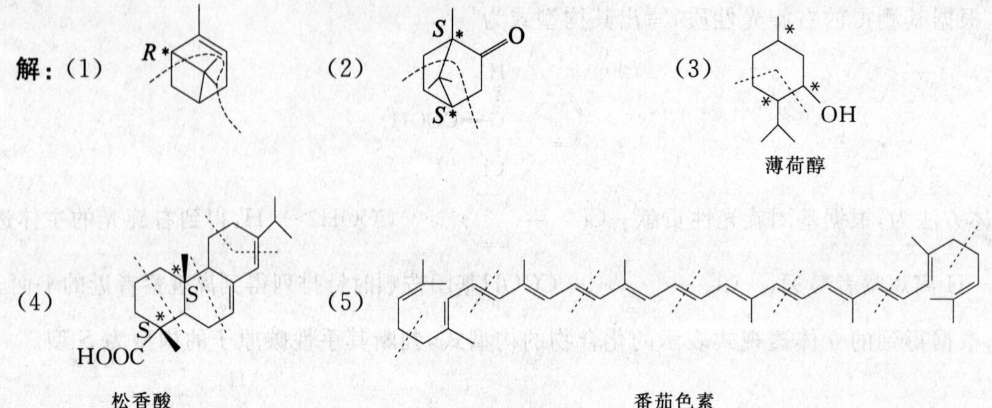
解：(1)
R*
(2)
S*
O
S*
(3)
*
*
*
OH
薄荷醇
(4)
*
S
S
*
HOOC
松香酸
(5)
番茄色素

# 第 4 章 结构的表征

## 学习要点

本章的各种谱是研究有机化合物结构的重要手段和方法。

1. 表征有机化合物的基本程序：分离提纯→元素定性定量分析→实验式→分子式→写出同分异构体→表征结构

2. IR 谱

利用 $>C=O$，$>C=C<$，$>C=C=C<$，$-C\equiv C-$，$C_{伯}-H$，$C_{仲}-H$，$C_{叔}-H$，$C_{sp^3}-H$，$C_{sp^2}-H$，$C_{苯}-H$，O—H，N—H和C—O键的伸缩振动吸收波数，以及由这些键组成的官能团结构的振动吸收波数，解析常见化合物的 IR 谱图，判断化合物所属类型。

3. $^1H-NMR$谱

利用磁等性质子、化学位移($\delta$)、积分曲线(H 的数目比)、偶合裂分($n+1$)规律和偶合常数($J$)等解析常见化合物的$^1H-NMR$谱图，判断简单化合物的结构。

4. UV 谱

利用生色基、助色基、红移、蓝移、$\kappa_{max}$和 $\lambda_{max}$等对 UV 谱图吸收谱带的影响，解析常见的共轭化合物的 UV 谱图，判断化合物的结构。

5. MS 谱

利用 $m/z$ 和分子离子 $M^{\dotplus}$ 确定所测化合物的相对分子质量。

## 例题解析

**例 1.** 化合物 A 的元素分析数据：C 68.11%，H 13.92%；MS：$m/z=88(M^+)$；$^1H-NMR$：$\delta=0.9(d,6H)$，$1.1(d,3H)$，$1.6(m,1H)$，$2.6(m,1H)$，$3.0(s,1H)$，试写出 A 的结构。

**解析：** A 的元素分析，C、H 含量不是 100%，缺少的数据 100% − 68.11% − 13.72% = 18.117%是 O 的含量。A 分子中原子数目比：C : H : O = (68.11/12) : (13.72/1) : (18.17/16) = 5 : 12 : 1。A 的实验式为 $C_5H_{12}O$。由 MS 知，A 相对分子质量为 88，即 $n(12\times5+12\times1+16)=88$，解得 $n=1$，A 的分子式为 $C_5H_{12}O$，是链状饱和醇或饱和醚。根据同分异构概念，结合$^1H-NMR$数据，A 可能为

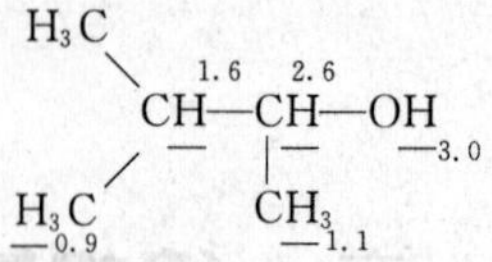

$$\begin{array}{l} H_3C \\ \quad \diagdown \;\; {}^{1.6} \quad {}^{2.6} \\ \quad CH—CH—OH \;{}^{—3.0} \\ \quad \diagup \quad \;\; | \\ H_3C \quad\;\; CH_3 \\ {}^{—0.9} \qquad\; {}^{—1.1} \end{array}$$

**例 2.** 化合物 A($C_9H_{12}$)光照溴化反应得到互为异构体的单取代 B 和 C($C_9H_{11}Br$),B 不具有旋光性,C 可以拆出一对对映体。A 的$^1$H-NMR 谱图上有三组峰,其峰面积比为 5∶1∶6。试推测 A、B、C 的结构。

**解析:** A($C_9H_{12}$)的不饱和度为 4,含有苯环。$^1$H-NMR的三组峰峰面积比为 5∶1∶6,A 可能为 $C_6H_5$—$CH(CH_3)_2$,A 光照溴化是自由基取代反应。单取代产物 B 为 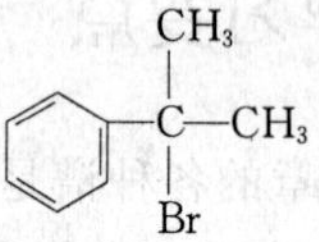 $C_6H_5$—$C(CH_3)_2Br$,C 为 $C_6H_5$—$\overset{*}{C}H(CH_3)$—$CH_2Br$,C 可拆分出($R$)-$C_6H_5$—$CH(CH_3)$—$CH_2Br$ 和($S$)-$C_6H_5$—$CH(CH_3)$—$CH_2Br$ 。

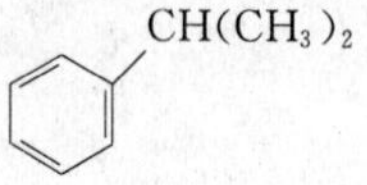

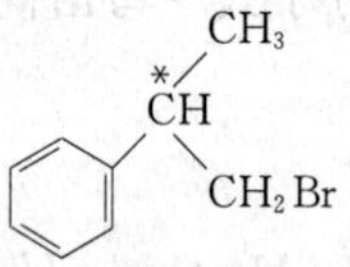

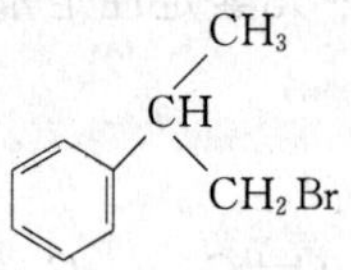

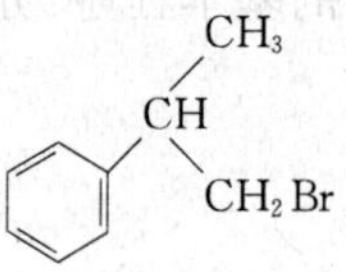

**例 3.** 推导 A 和 B 化合物的结构。

(1) 化合物 A,IR:1 730 $cm^{-1}$有强吸收峰;MS:$m/z$=86($M^+$);$^1$H-NMR:$\delta$=9.71(s,1H),1.20(s,9H)。

(2) 化合物 B,IR:1 715 $cm^{-1}$有强吸收峰;MS:$m/z$=86($M^+$);$^1$H-NMR:$\delta$=4.2(7 重峰,1H,$J$=7 Hz),2.13(s,3H),1.00(d,6H,$J$=7 Hz)。

**解析:** (1) A. IR:1 730 $cm^{-1}$表明有 $>C=O$;$^1$H-NMR $\delta$=9.71 C(s,1H)可能是—$\overset{O}{\overset{\|}{C}}$—H,1.20(s,9H)可能是$(CH_3)_3C$—,都是单峰表明不偶合,可能为$(CH_3)_3C$—$\overset{O}{\overset{\|}{C}}$—H。其相对分子质量为 86,与 MS 谱值符合,因此 A 为$(CH_3)_3C$—$\overset{O}{\overset{\|}{C}}$—H。

(2) B. IR:1 715 $cm^{-1}$也是 $>C=O$ ;$^1$H-NMR:$\delta$=4.2(7 重峰,1H,$J$=7 Hz),1.00(d,6H,$J$=7 Hz),两种 H 互相偶合,可能为 —$\overset{O}{\overset{\|}{C}}CH(CH_3)_2$ 。2.13(s,3H)表明 —$CH_3$ 不与其他 H 偶合,B 可能为 $CH_3$—$\overset{O}{\overset{\|}{C}}$—$CH(CH_3)_2$ 其相对分子质量为 86,与 MS 数据相符。

**例 4.** 化合物 A 的光谱数据如下:MS:$m/z$=88($M^+$);IR:3 600 $cm^{-1}$;$^1$H-NMR:$\delta$=1.41(q,2H,$J$=7 Hz),1.20(s,6H),1.05(s,1H,加 $D_2O$ 后消失),0.95(t,3H,$J$=7 Hz)。试写出化合物 A 的结构。

**解析:** IR:3 600 $cm^{-1}$,A 可能有 —OH 。$\delta$=1.41(q,2H,$J$=7 Hz),0.95(t,3H,$J$=7 Hz)可能为 —$CH_2CH_3$ ;1.20(s,6H)可能为 $(CH_3)_2C$= ,1.05(s,1H,加 $D_2O$ 后消失)可能为 —OH 。

这些基团组成 $CH_3CH_2—\underset{CH_3}{\overset{OH}{C}}—CH_3$ ，其—OH 中的 H 与 $D_2O$ 发生交换反应时，D 不能发生磁共振，—OH的 H 信号便消失。计算 $CH_3CH_2—\underset{CH_3}{\overset{OH}{C}}—CH_3$ 相对分子质量为 88，与 MS 数据一致，A 为 $CH_3CH_2\overset{OH}{C}(CH_3)_2$ 。

**例 5.** 定量分析有机化合物 A，C 元素含量 92.1%，H 元素含量 7.9%，MS 分析其分子离子峰 $M^+$ 为 78。

(1) 请写出 A 的分子式；

(2) 写出 A 可能的构造式；

(3) 如何用光谱法证明 A 是你写的构造式？

**解析：** C 92.1%，H 7.9%，其和为 100%，说明 A 是烃。(92.1/12)：(7.9/1)＝7.675：7.9≈1：1，A 的实验式为 CH，分子式为 $C_nH_n$，由 $n(12+1)=78$，$n=6$，即分子式为 $C_6H_6$。计算其不饱和度为 4。化合物 A 可能为 苯环 、$CH≡C—CH═CH—CH═CH_2$ 、$CH_2═CH—C≡C—CH═CH_2$ 、$CH≡C—CH_2CH_2C≡CH$ 、 $CH≡C—C≡C—CH_2CH_3$ 、 $CH_3—C≡C—C≡C—CH_3$ 、$CH≡C—CH═C═CH—CH_3$ ，还可以写出其他的结构。

用光谱确定 A 的结构最方便的是[1]H－NMR谱。如果只有 δ＝7.5 一组峰，则 A 为 苯环 。如果非一组峰，可根据峰的组数、裂分数等判断其结构。

**例 6.** 测得化合物 A 含有 C、H 和 O 三种元素，其 IR、MS、UV 及[1]H－NMR谱图如下，推导 A 的结构。

(1) IR 谱图

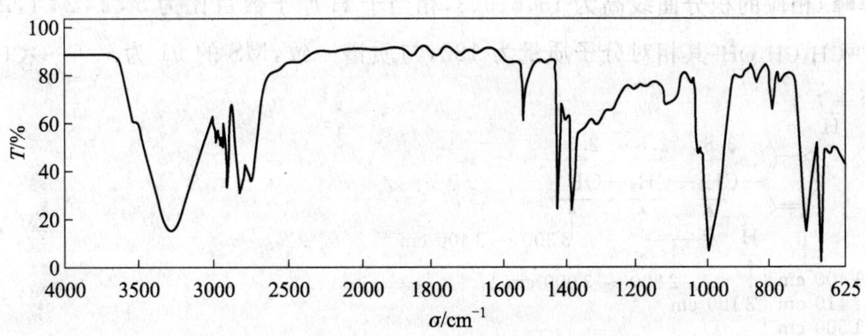

(2) MS 谱图　　　　(3) UV 谱图

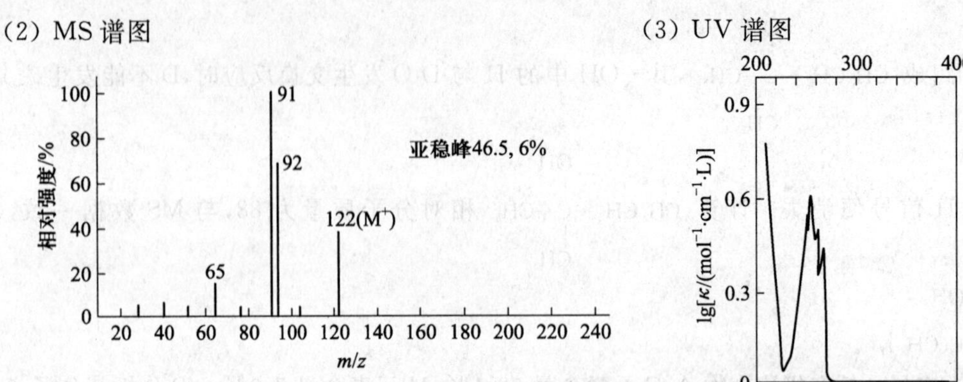

(4) ¹H－NMR 谱图

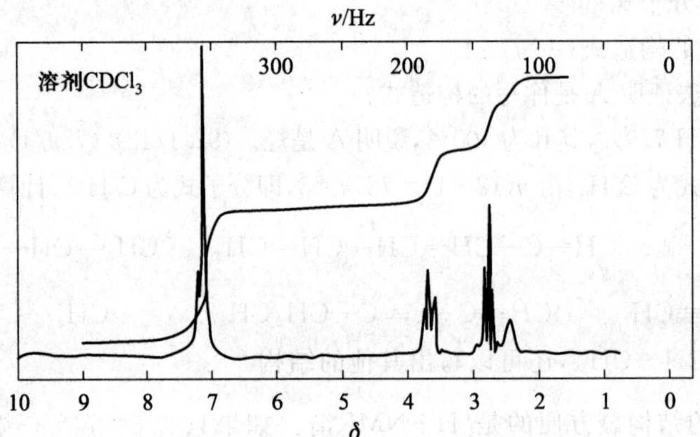


**解析**：IR：3 300～3 400 $cm^{-1}$ 吸收峰可能为—OH，3 100 $cm^{-1}$ 可能为 $=C-H$，2 800～3 000 $cm^{-1}$可能为—$CH_2$—，1 400 $cm^{-1}$、1 410 $cm^{-1}$、1 500 $cm^{-1}$ 可能为苯环。MS：$m/z$＝122($M^+$)。UV：260 nm 可能为苯环的 B 带。¹H－NMR：7.3（多峰），3.8（三重峰），2.8（三重峰），2.5（单峰）相应的积分曲线高为 15、6、6、3，相当于 H 原子数目比为 5∶2∶2∶1，A 的结构可能为 $C_6H_5-CH_2CH_2OH$ 其相对分子质量为 122，与质谱一致，MS 的 91 为 $C_6H_5-\overset{+}{C}H_2$。因此，

A 可能为

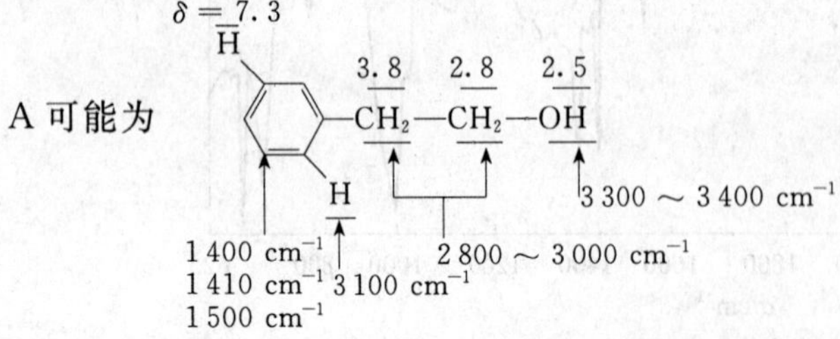


## 综合习题

1. 计算下列化合物的不饱和度。

A. $C_8H_{10}Cl_2$　　B. $C_7H_4O_2Br_2$　　C. $C_6H_8N_2$　　D. $C_{14}H_9NOO_2S$

2. 化合物 $CH_3COCH_2CH_2CH_2COCH_3$ 的 $^1H$-NMR吸收峰的组数是(　　)。

A. 2　　B. 3　　C. 4　　D. 5

3. 下列烯烃中,紫外吸收光谱吸收波长最大的是(　　)。

A. 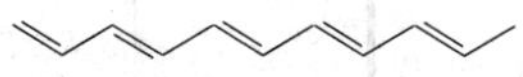　　B.

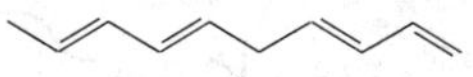

C. 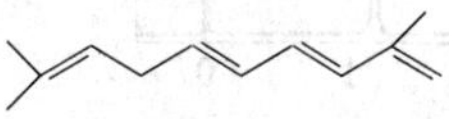　　D.

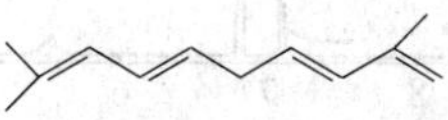

4. 依据下列化合物分子结构,判断在 $^1H$-NMR谱图中峰与质子的关系。

(1) $\underset{a}{CH_3}\underset{b}{CH_2}O\underset{c}{CH}(\underset{d}{CH_3})_2$

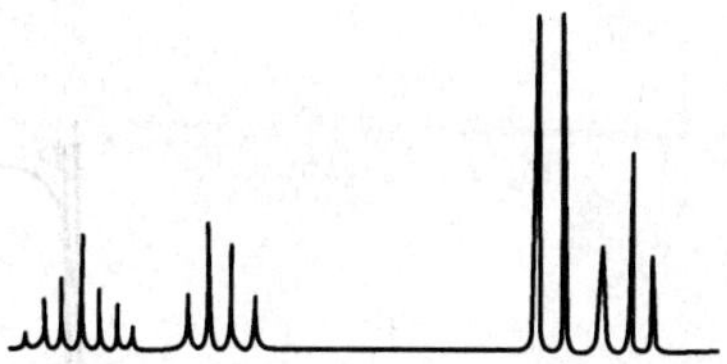

(2) $\underset{b}{CH_3}\underset{c}{CH}(\underset{a}{OCH_3})\underset{d}{CH_2}\underset{e}{CH_3}$

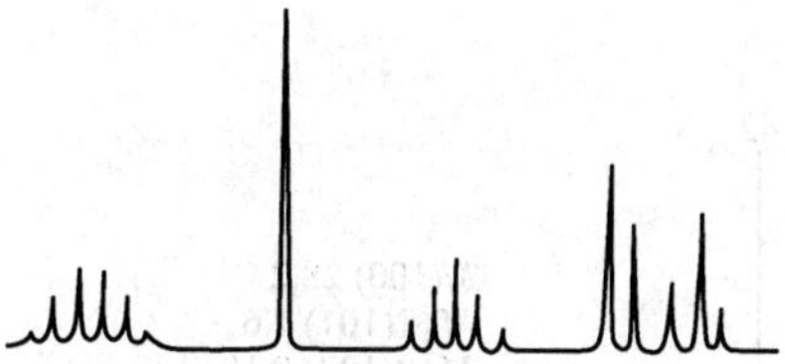

(3) $\underset{a}{CH_3}O\underset{b}{CH_2}\underset{c}{CH_2}\underset{d}{CH_2}\underset{e}{CH_3}$

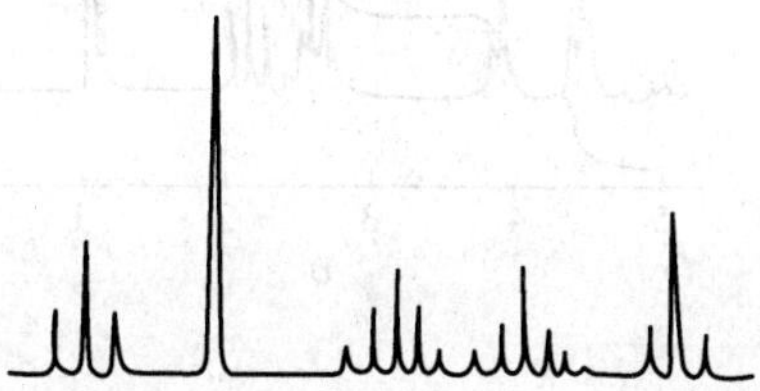

(4) $\underset{d}{CH_3}O\underset{c}{CH_2}\underset{b}{CH}(\underset{a}{CH_3})_2$

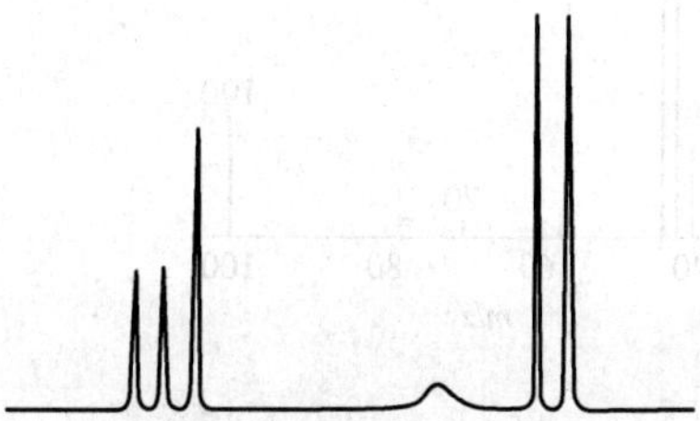

5. 化合物 A($C_8H_{10}O$)的 IR、$^1H$-NMR谱图如下,试推导 A 的结构。

(1) IR 谱图

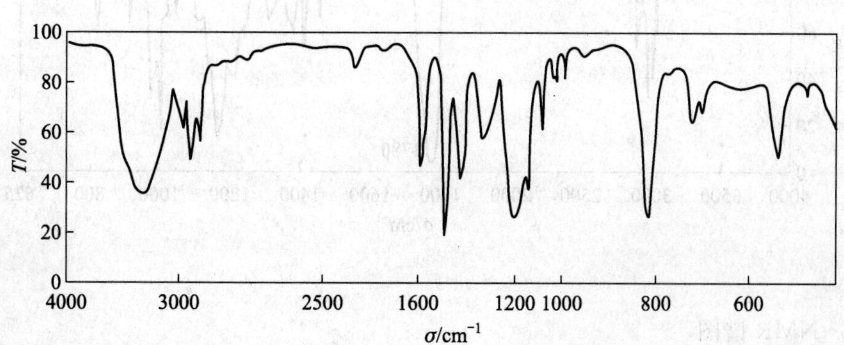

（2）$^{1}$H－NMR 谱图

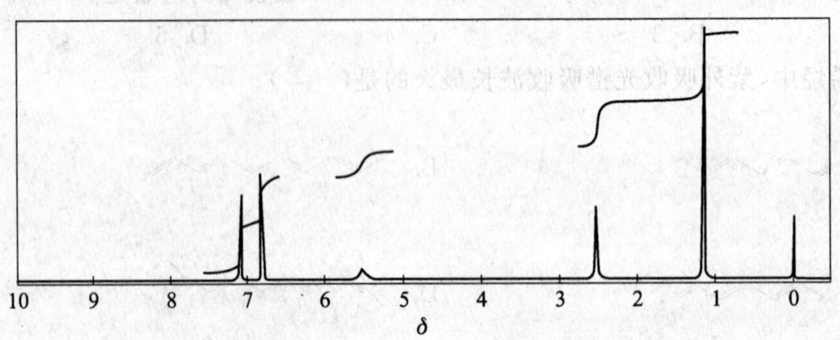


6. 化合物 A 含 C、H、O 三种元素，其（1）MS、（2）$^{1}$HNMR、（3）IR 和（4）$^{13}$C－NMR 谱图如下，请解析 A 可能的结构。

（1）MS 谱图

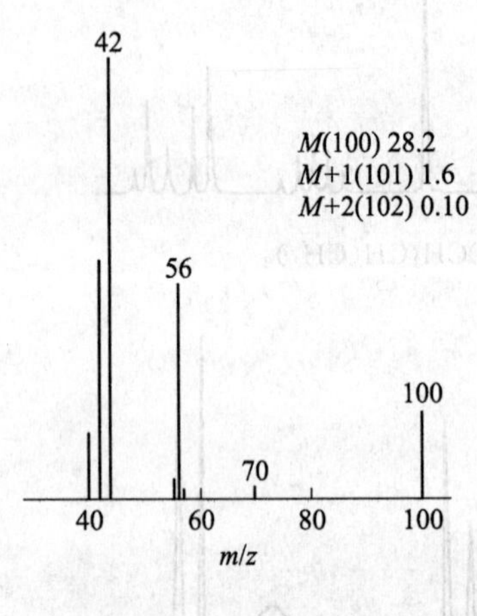


（2）$^{1}$H－NMR 谱图

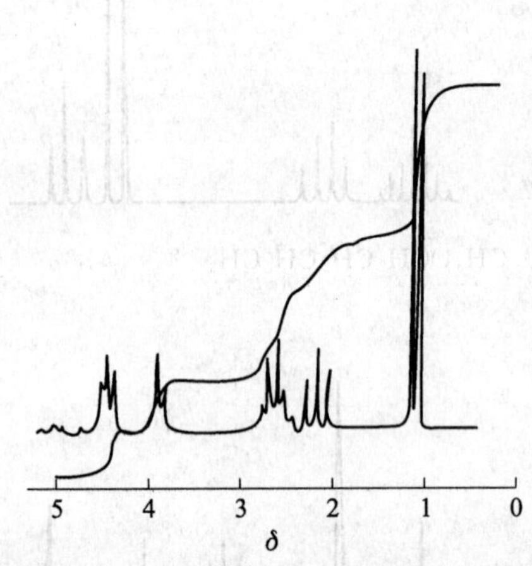


（3）IR 谱图

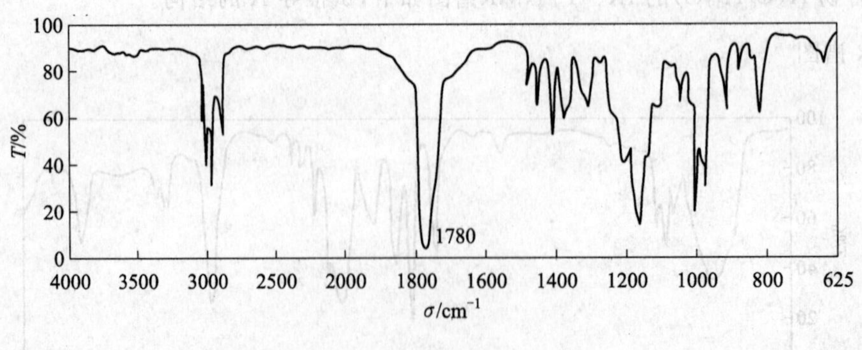


（4）$^{13}$C－NMR 谱图

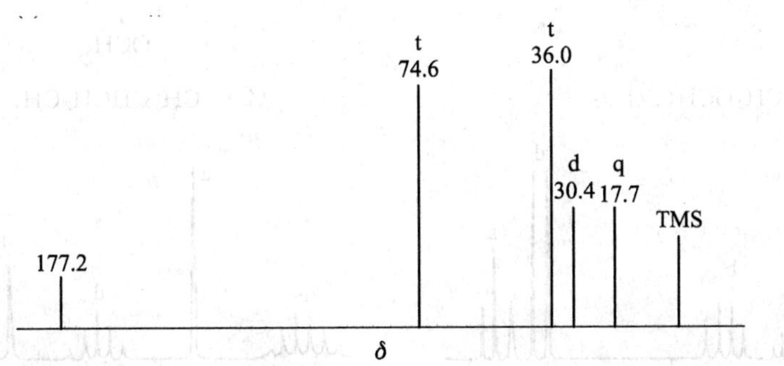


7. 下列化合物中质子化学位移最小的是(　　)。

A. $CH_3CH_3$　　B. $CH_2{=}CH_2$　　C. $CH{\equiv}CH$　　D. (苯)

8. 化合物 A 的质谱里显示 $M$ 和 $M+2$ 峰的强度比为 1∶1,则化合物 A 中必含(　　)。

A. S　　B. Br　　C. Cl　　D. N

9. 具有下列 MS 谱的化合物可能是(　　)。

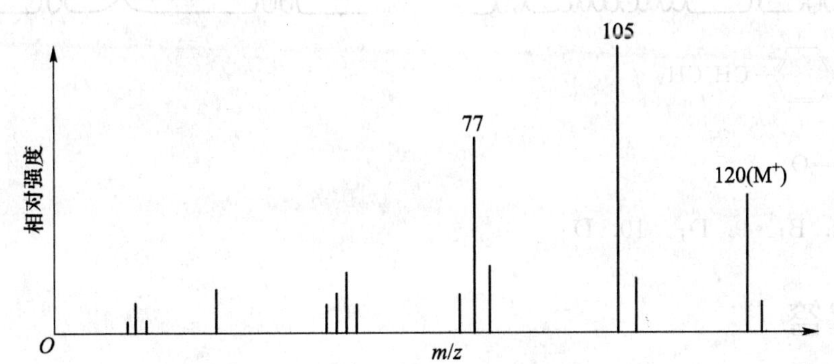


A. $CH_3COCH_3$　　B. $CH_3COCH_2CH_3$　　C. $C_6H_5COCH_3$　　D. $C_6H_5CH_2CHO$

10. 下列化合物哪个的 $^{1}H$-NMR 谱只有一个峰(　　)。

A.　　B.　　C.　　D. Br　Br

## 综合习题参考答案

1. A. 3　B. 5　C. 4　D. 11
2. B
3. A.

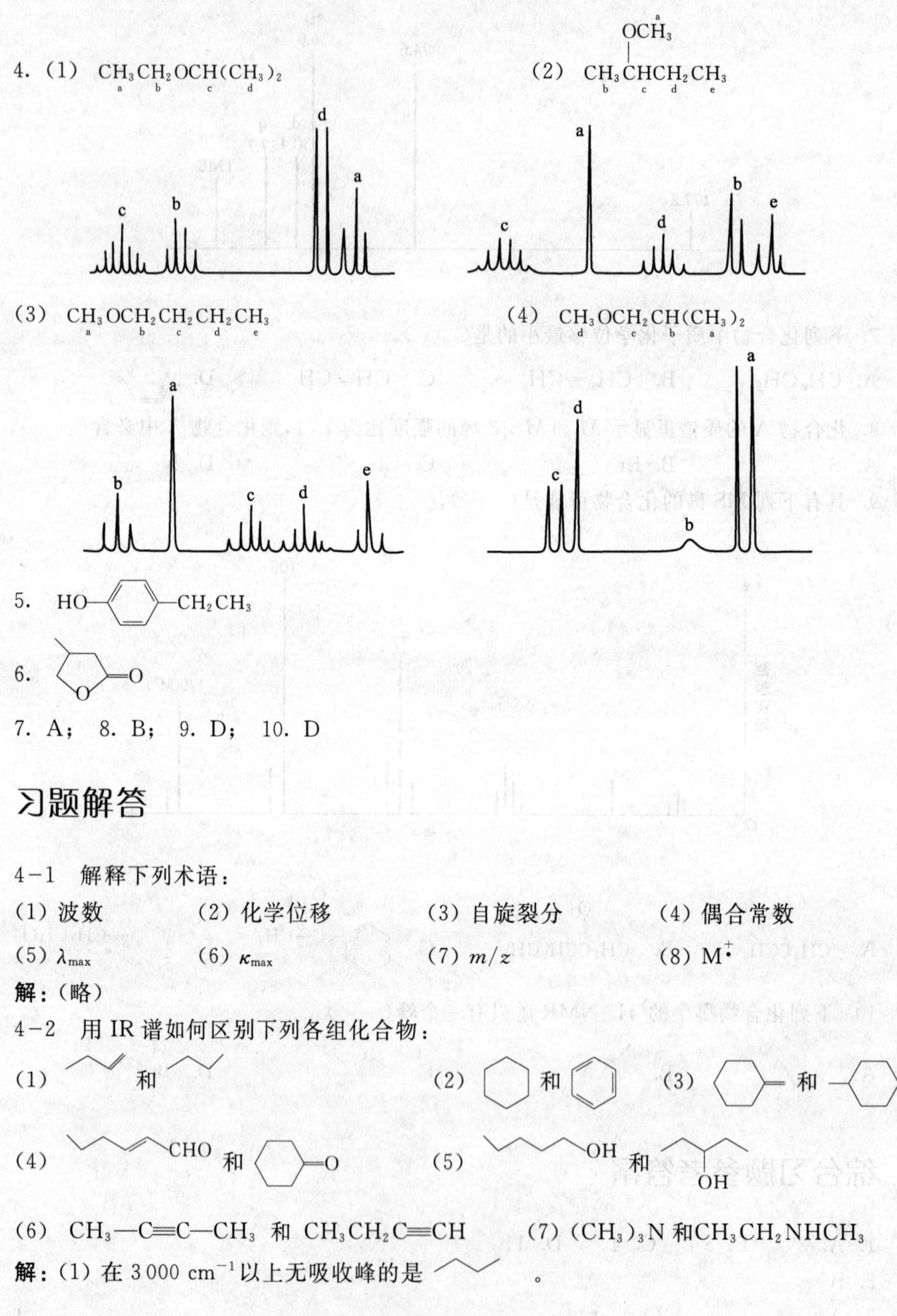

4. (1) $\underset{a}{CH_3}\underset{b}{CH_2}O\underset{c}{CH}(\underset{d}{CH_3})_2$

(2) $\underset{b}{CH_3}\underset{c}{CH}(O\overset{a}{CH_3})\underset{d}{CH_2}\underset{e}{CH_3}$

(3) $\underset{a}{CH_3}O\underset{b}{CH_2}\underset{c}{CH_2}\underset{d}{CH_2}\underset{e}{CH_3}$

(4) $\underset{d}{CH_3}O\underset{c}{CH_2}\underset{b}{CH}(\underset{a}{CH_3})_2$

5. HO—C₆H₄—$CH_2CH_3$

6.

7. A； 8. B； 9. D； 10. D

## 习题解答

4-1 解释下列术语：

(1) 波数 (2) 化学位移 (3) 自旋裂分 (4) 偶合常数

(5) $\lambda_{max}$ (6) $\kappa_{max}$ (7) $m/z$ (8) $M^{\dot{+}}$

**解：**(略)

4-2 用 IR 谱如何区别下列各组化合物：

(1) 和 (2) 和 (3) 和

(4) CHO 和 O (5) OH 和 OH

(6) $CH_3—C\equiv C—CH_3$ 和 $CH_3CH_2C\equiv CH$ (7) $(CH_3)_3N$ 和 $CH_3CH_2NHCH_3$

**解：**(1) 在 3 000 $cm^{-1}$ 以上无吸收峰的是 。

(2) 在 3 000～3 100 $cm^{-1}$ 无吸收峰的是 。

(3) 在 3 010 $cm^{-1}$附近有吸收峰的是 。

(4) 在 3 020 $cm^{-1}$和 1 720 $cm^{-1}$附近有吸收峰者为 CHO。

(5) 在 1 060 $cm^{-1}$附近有强吸收峰的是 OH 。

(6) 在 2 150 $cm^{-1}$附近有强吸收峰者为 $CH_3CH_2C{\equiv}CH$ 。

(7) 在 3 300～3 500 $cm^{-1}$有尖吸收峰的是 $CH_3CH_2NHCH_3$。

4-3 用$^1H$-NMR 谱如何区分下列各组化合物：

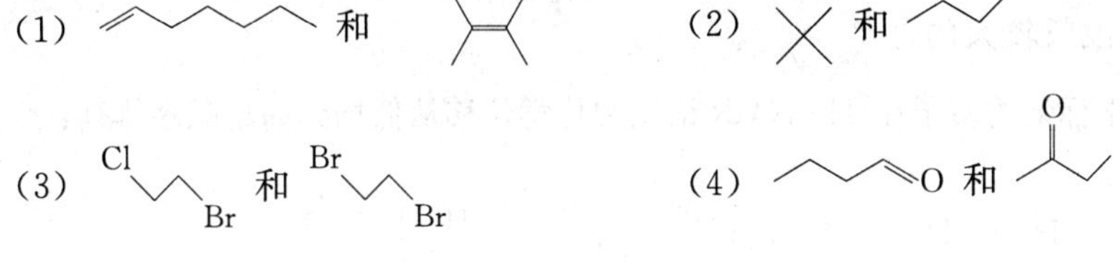


(5) O 和 O O　　(6) 和

**解**：(1) 只有一种$^1H$-NMR信号的是 。

(2) 只有一种$^1H$-NMR信号的是 。

(3) 只有一种$^1H$-NMR信号的是 Br Br 。

(4) 在低场，化学位移值 9.5 附近有$^1H$-NMR信号的是 O 。

(5) 只有一种$^1H$-NMR信号的是 O 。

(6) 有 5 种$^1H$-NMR信号的是 ，有 2 种$^1H$-NMR信号的是 。

4-4 用 UV 谱区分下列各组化合物：

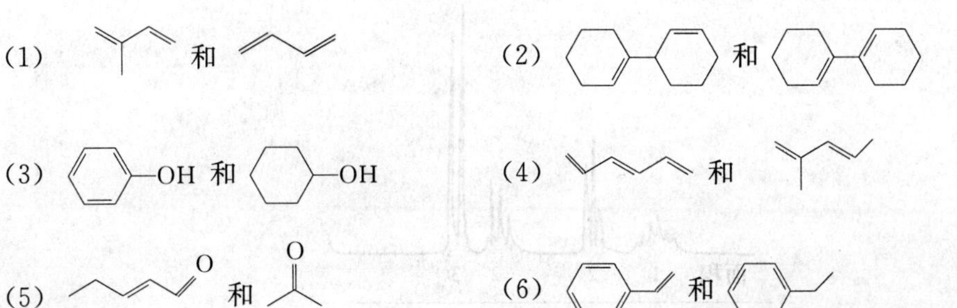

**解**：(1) UV 谱紫外吸收波长较大的是 。

(2) UV 谱紫外吸收波长较小的是 。

(3) 没有紫外吸收的是 —OH 。

(4) UV 谱紫外吸收波长较大的是 。

(5) UV 谱紫外吸收波长较大的是 。

(6) UV 谱紫外吸收波长较大的是 。

4-5 将下列化合物中标记的质子在$^1$H-NMR谱图中化学位移从低场到高场顺序排列：

(1) $\underset{A}{\underline{CH_3}}-COO\underset{B}{\underline{CH_2}}-\underset{C}{\underline{CH_2}}-\underset{D}{\underline{CH_3}}$　　(2) $\underset{A}{\underline{H}}$ $\underset{B}{\underline{H}}$ $\underset{C}{\underline{H}}$

(3) $HC\equiv C-\underset{A}{\underline{H}}$　　$CH_2=CH-\underset{B}{\underline{H}}$　　$CH_3-CH_2-\underset{C}{\underline{H}}$

**解**：(1) B>A>C>D　　(2) A>B>C　　(3) B>A>C

4-6 根据$^1$H-NMR谱图推测下列化合物的构造式：

(1) $C_7H_8O$　　(2) $C_3H_7Br$

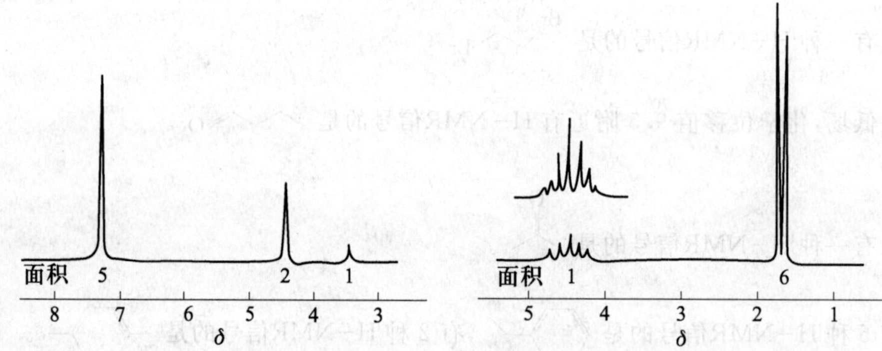


(3) $C_4H_8Br_2$

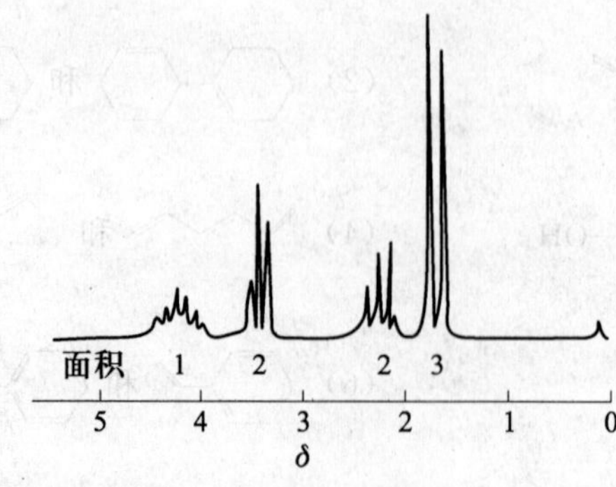

**解**：(1) $C_6H_5-CH_2OH$　　(2) $(CH_3)_2CHBr$　　(3) $CH_3CHBrCH_2CH_2Br$

4-7　某化合物的分子式为$C_4H_8O$，它的 IR 谱在 1715 $cm^{-1}$有强吸收；$^1H-NMR$ 谱有一个单峰相当于三个 H，有一个四重峰相当于两个 H，有一个三重峰相当于三个 H。试写出该化合物可能的构造式。

**解**：$CH_3CH_2COCH_3$

4-8　根据光谱分析，推测下列各芳香族化合物可能的构造式。

(1) 分子式为$C_9H_{11}Br$

$^1H-NMR$ 谱：$\delta=2.15$(m,2H)，$\delta=2.75$(t,2H)，$\delta=3.38$(t,2H)，$\delta=7.22$(m,5H)

(2) 分子式为$C_9H_{10}O$

IR 谱：1705 $cm^{-1}$强吸收；$^1H-NMR$ 谱：$\delta=2.0$(s,3H)，$\delta=3.5$(s,2H)，$\delta=7.1$(m,5H)

(3) 分子式为$C_{10}H_{14}$

$^1H-NMR$ 谱：$\delta=8.0$ 单峰；$\delta=1.0$ 单峰，强度之比为 5∶9。

**解**：(1) $C_6H_5-CH_2CH_2CH_2Br$　(2) $C_6H_5-CH_2COCH_3$　(3) $C_6H_5-C(CH_3)_3$

4-9　蚊子引诱剂 1-辛烯-3-醇可由 1-辛烯-3-酮还原得到，怎样用 UV 光谱监测反应？

**解**：1-辛烯-3-酮 —[H]→ 1-辛烯-3-醇

吸收带 200～400 nm　　　吸收带<200 nm

利用 200～400 nm 吸收带(具体值可由实验确定)监测反应，随着原料的转化，200～400 nm 吸收强度逐步变弱，当 200～400 nm 吸收带消失时，原料基本转化完成，可以停止反应。在实验中，随着反应的进行，间断取样测紫外光谱，观察 200～400 nm 吸收带的变化。

4-10　在碱作用下，3,4-二溴己烷脱两分子溴化氢生成 3-己炔和 2,4-己二烯。怎样分别用 UV，IR，$^1H-NMR$ 和$^{13}C-NMR$ 谱检验其生成。

**解**：

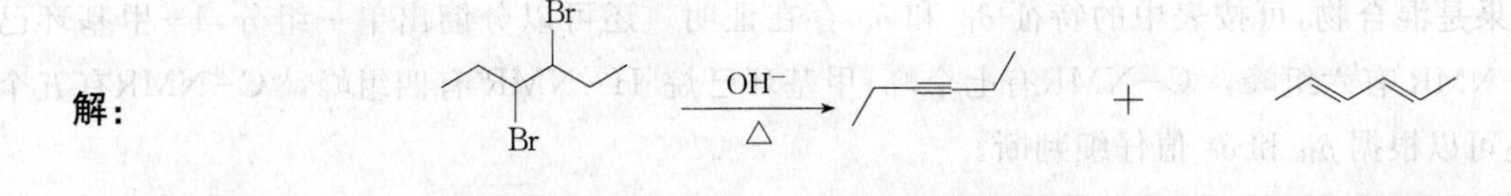


| | | | |
|---|---|---|---|
| UV 检测： | >200 nm 无吸收 | >200 nm 无吸收 | 217 nm 附近吸收 |
| IR 检测： | | | 1600～1680 $cm^{-1}$两条吸收带 |
| $^1H-NMR$ 谱检测： | 三组峰，强度比 1∶2∶3 | 两组峰，强度比 2∶3 | 三组峰，强度比 1∶1∶3 |
| $^{13}C-NMR$ 谱检测： | 三种碳 | 三种碳 | 三种碳 |

可用表中方法检查炔、二烯的生成。具体操作时，要查出(或由实验确定)准确的吸收带和化学位移 $\delta_H$和 $\delta_C$，确定你的谱图。

4-11　化合物分子式为$C_3H_6O$，试回答下列问题：

(1) 写出符合这个分子式的所有化合物。

(2) IR 谱在 1715 $cm^{-1}$有强吸收,是什么化合物?

(3) $^1H$-NMR 谱在 $\delta=2.1$ 单峰是什么化合物?

**解**:(1) 化合物 $C_3H_6O$ 的不饱和度为 1,含氧原子,可能为醛、酮、烯醇、环醇或环氧化合物:

$CH_3CH_2CHO$、$CH_3COCH_3$、$CH_2$═$CHCH_2OH$、▷—OH,□O 或 环氧丙烷;

(2) IR 谱在 1715 $cm^{-1}$有强吸收峰,可能是 $CH_3COCH_3$;

(3) $^1H$-NMR 谱在 $\delta=2.1$ 处出现单峰,可断定 A 为 $CH_3COCH_3$。

4-12　1-甲基环己醇脱水生成 1-甲基环己烯和亚甲基环己烷,试用$^1H$-NMR 和$^{13}C$-NMR 谱证明这些产物。

**解**:1-甲基环己醇 $\xrightarrow[-H_2O]{\triangle}$ 1-甲基环己烯 + 亚甲基环己烷

| | 1-甲基环己烯 | 亚甲基环己烷 |
|---|---|---|
| $^1H$-NMR | —$CH_3$ $\delta_H=1.9$ 单峰<br>═C—H $\delta_H=5.1$ 三重峰 | ═$CH_2$ $\delta_H=5.1$ 单峰 |
| $^{13}C$-NMR | C (甲基) $\delta_c=38$<br>C═C $\delta_c=102$ | ═C $\delta_c=102$<br>C═C $\delta_c=110$ |

如果是混合物,可按表中的特征 $\delta_H$ 和 $\delta_C$ 存在证明。还可以分馏出单一组分,1-甲基环己烯$^1H$-NMR 有六组峰,$^{13}C$-NMR有七个峰;甲基环己烷$^1H$-NMR 有四组峰,$^{13}C$-NMR有五个峰。还可以根据 $\delta_H$ 和 $\delta_C$ 值仔细判断。

*4-13　液体化合物含 C,H,O 三种元素,MS 谱 $M^{+\cdot}$ $m/z=122$;bp:220 ℃;IR 谱在 3 400 $cm^{-1}$和 1 050 $cm^{-1}$ 有强吸收,在 1 600 $cm^{-1}$、1 495 $cm^{-1}$ 和 1 450 $cm^{-1}$ 有中强吸收;$^1H$-NMR 谱 $\delta=7.1(s,5H)$,$\delta=4.1(s,H)$,$\delta=3.7(t,2H)$,$\delta=2.6(t,2H)$。推导此化合物的结构。

**解**:H—$C_6H_4$—$CH_2$—$CH_2$—OH

苯环:1 600 $cm^{-1}$、1 495 $cm^{-1}$、1 450 $cm^{-1}$;$M_W=122$;芳氢 $\delta=7.1$;$CH_2$ $\delta=2.6$;$CH_2$ $\delta=3.7$,C—O 1 050 $cm^{-1}$;OH $\delta=4.1$,3 400 $cm^{-1}$;bp:220 ℃

*4－14　化合物 A，mp：21 ℃；元素分析：C：79.9%，H：6.71%，O：13.32%；MS，IR，$^{1}$H－NMR谱如图，提出 A 的结构式并解释三谱的归属。

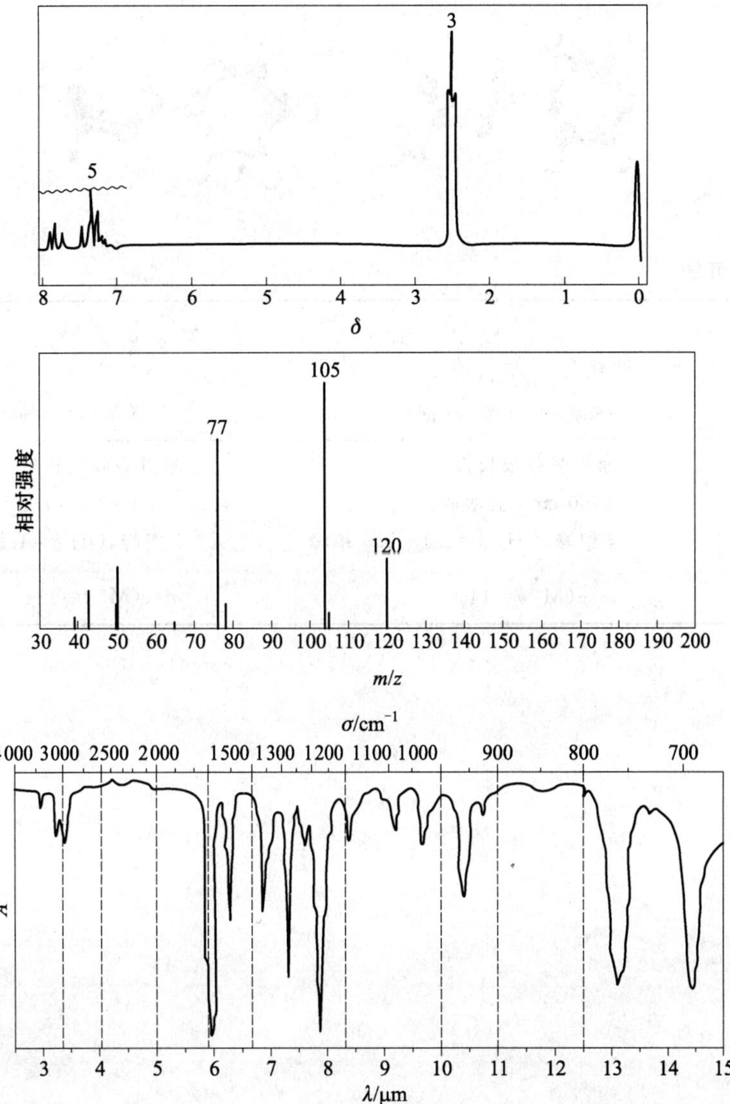


**解：** C：H：O＝(79.9/12)：(6.71/1)：(13.32/16)＝8：8：1，$m/z=120(M^{\dot{+}})$，化合物分子式为 $C_8H_8O$。不饱和度为 5。由$^{1}$H－NMR 谱图可知：苯环单取代，5H，$\delta=7.3$ 和—$CH_3$(3H)$\delta=2.6$；IR 谱 1 700 $cm^{-1}$强吸收为 >C═O ，1 300～1 600 $cm^{-1}$三个强吸收为苯环 C═C。

A 为 $C_6H_5$—C(═O)—$CH_3$（苯环：1 600 $cm^{-1}$、1 450 $cm^{-1}$、1 360 $cm^{-1}$；C═O：1 700 $cm^{-1}$；$CH_3$：$\delta=2.6$；苯环 H：$\delta=7.3$）

$M^{\dot{+}}$ $m/z=120$，$C_6H_5$—C≡$O^+$ $m/z=105$

$C_6H_5^+$ $m/z=77$

*4-15 可用何种谱图(IR,UV,NMR,MS)区别如图所示的两种含氧化合物?指出每种化合物的具体特征差异。

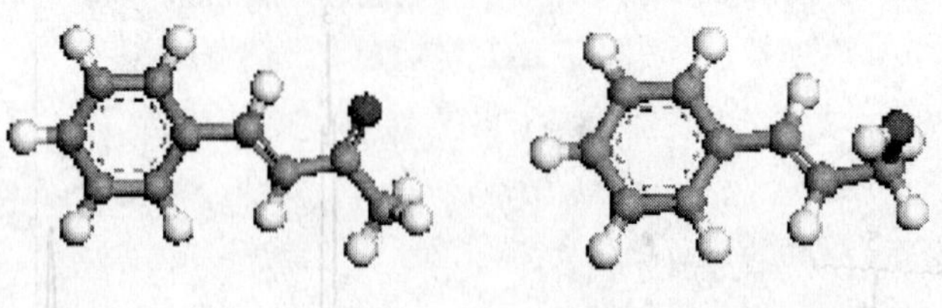

**解**:从模型可知

| 区别 | 前者 (结构式) 4-苯基-3-丁烯-2-酮 | 后者 (结构式, OH) 3-苯基-2-丙烯(-1-)醇 |
|---|---|---|
| UV | 紫外吸收波长长 | 紫外吸收波长短 |
| IR | 1 700 $cm^{-1}$强吸收 | 3 400～3 600 $cm^{-1}$强吸收 |
| $^1$H-NMR | 4 组峰,$CH_3$ $\delta$=2.1～2.5 单峰 | 5 组峰,OH $\delta$=1.9～2.6 单峰 |
| MS | $m/z(\mathrm{M}^{+\cdot})=146$ | $m/z(\mathrm{M}^{+\cdot})=134$ |

# 第 5 章 饱和烃

## 学习要点

1. 烷烃的分类,了解常见饱和烃的种类

2. 物理性质

(1) 影响物理性质的本质因素——分子间作用力。作用力大小与相对分子质量、分子链的支链数目和分子的对称性等的关系。

(2) 同系列化合物的物理常数随相对分子质量的变化有规律地变化。

3. 化学性质

烷烃的特征反应,自由基型取代反应。

(1) 烷烃卤代反应活泼性的规律:$F_2>Cl_2>Br_2>I_2$,实际应用的是 $Br_2$ 和 $Cl_2$,$Cl_2$ 便宜易得。

烷烃氢的活泼性:3°H>2°H>1°H。

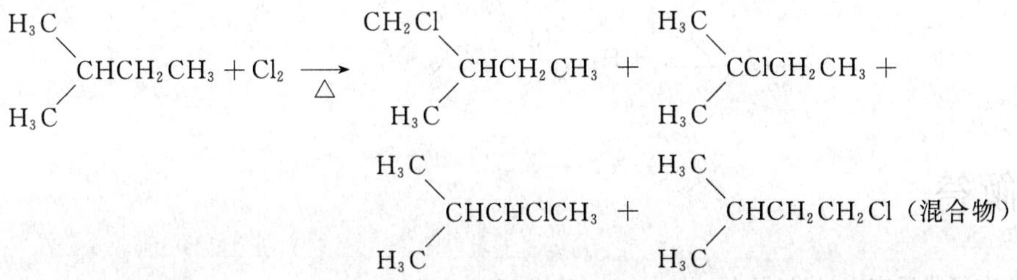

$$(CH_3)_2CHCH_2CH_3 + Cl_2 \xrightarrow{\triangle} ClCH_2(CH_3)CHCH_2CH_3 + (CH_3)_2CClCH_2CH_3 + (CH_3)_2CHCHClCH_3 + (CH_3)_2CHCH_2CH_2Cl \text{（混合物）}$$

卤化反应的活泼性:$Cl_2>Br_2$,产物的选择性:氯化物<溴化物。

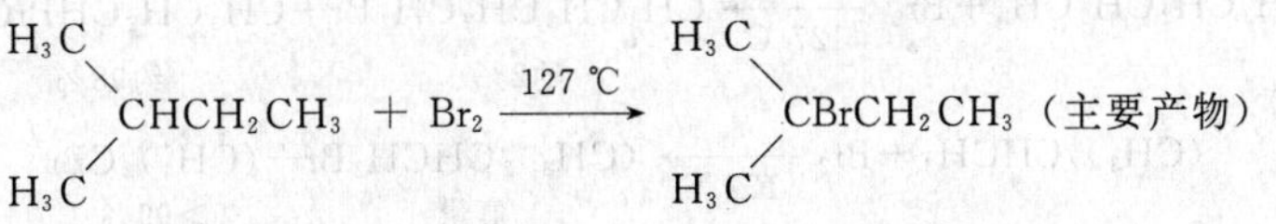

$$(CH_3)_2CHCH_2CH_3 + Br_2 \xrightarrow{127\ ℃} (CH_3)_2CBrCH_2CH_3 \text{（主要产物）}$$

(2) 卤化反应是自由基机理:链引发、链增长、链终止三步反应。碳自由基的稳定性:$3°R^{\bullet}>2°R^{\bullet}>1°R^{\bullet}>\dot{C}H_3$。建立自由基稳定性、活化能大小和反应速率之间的关系。

(3) 氧化反应的自由基反应机理。

4. 小环烷烃特殊反应

(1) 加成开环反应;

(2) 加成开环反应规律。

## 重要反应式

卤化反应

$$CH_3—CH_2—CH_2—CH_3 + Cl_2 \xrightarrow{\triangle 或 h\nu} CH_2Cl—CH_2—CH_2—CH_3 + CH_3—CHCl—CH_2—CH_3 + HCl$$

氧化反应

$$C_8H_{18} + \frac{25}{2}O_2 \longrightarrow 8CO_2 + 9H_2O$$

$$R—H + H_2O_2 \xrightarrow{h\nu} R—OH + H_2O$$

$$\text{环己烷} + O_2 \xrightarrow[90\sim120\ ℃]{60\%HNO_3} \text{HOOC}(CH_2)_4\text{COOH}$$

裂解反应

$$CH_3CH_2CH_2CH_2CH_3 \xrightarrow{700\ ℃} CH_3CH{=}CH_2 + CH_2{=}CH_2 + H_2$$

小环烷烃的特征反应

$$(H_3C)_2C\text{—}CHCH_3(\text{环丙烷, 经 }CH_2\text{ 成环}) + HBr \longrightarrow (CH_3)_2CBr—CH(CH_3)_2$$

（不对称加成规律）

$$\text{环丙烷} + H_2 \xrightarrow[80\ ℃]{Ni} CH_3CH_2CH_3$$

## 思考题解答

**思考题 5-1** 在氯化反应中，烷烃的伯、仲、叔氢的取代活性比为 1∶3.8∶5.1。溴化反应有什么规律呢？已知下列实验结果：

$$CH_3CH_2CH_2CH_3 + Br_2 \xrightarrow{127\ ℃} \underset{约2\%}{CH_3CH_2CH_2CH_2Br} + \underset{约98\%}{CH_3CH_2CHBrCH_3}$$

$$(CH_3)_2CHCH_3 + Br_2 \xrightarrow{127\ ℃} \underset{痕量}{(CH_3)_2CHCH_2Br} + \underset{>99\%}{(CH_3)_3CBr}$$

**解答**：若$(CH_3)_2CHCH_2Br$的痕量按 0.05%估算，$(CH_3)_3CBr$的含量变为 99.95%。

$$\frac{2°H}{1°H} = \frac{0.98/4}{0.02/6} = 73.5$$

$$\frac{3°H}{1°H} = \frac{0.999\,5/1}{0.000\,5/9} = \frac{0.999\,5}{0.000\,05} = 19\,990$$

即溴化反应时，伯、仲和叔氢的活性比为 1∶73.5∶19 990。

# 例题解析

**例 1.** 在 40 ℃进行烷烃的光照溴代反应，各种 H 原子的相对活性为 1°H : 2°H : 3°H = 1 : 220 : 19 000，分别写出（1）丁烷、（2）2－甲基丁烷一溴代物的构造式和命名，并估计各种异构体的百分数。

**解析：** 先分别写出丁烷和 2－甲基丁烷可能的一溴代产物的构造式，然后用系统命名法命名，再估计每个产物的百分数。

（1）

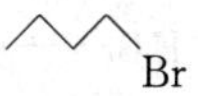

1－溴丁烷 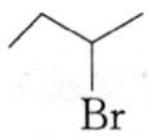　　2－溴丁烷

含量估算：$\dfrac{1\times6}{1\times6+220\times4}=0.7\%$　　$\dfrac{4\times220}{1\times6+4\times220}=99.3\%$

（2）

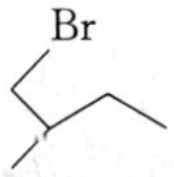

2－甲基－1－溴丁烷 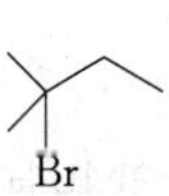　　2－甲基－2－溴丁烷 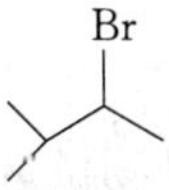　　2－甲基－3－溴丁烷 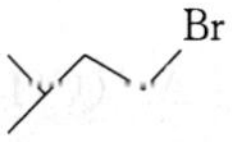　　3－甲基－1－溴丁烷

含量估算：

$\dfrac{1\times6}{1\times9+220\times2+19\,000}=0.03\%$　$\dfrac{1\times19\,000}{1\times9+220\times2+19\,000}=97.69\%$　$\dfrac{2\times220}{1\times9+2\times220+19\,000}=2.26\%$　$\dfrac{1\times3}{1\times9+220\times2+19\,000}=0.015\%$

**例 2.** 在紫外光存在下，乙苯氯代得到 91%的 1－氯－1－苯基乙烷和 9%的 1－氯－2－苯基乙烷，而同样条件下，丁烷氯代生成 72%的 2－氯丁烷和 28%的 1－氯丁烷，试解析之。

**解析：**

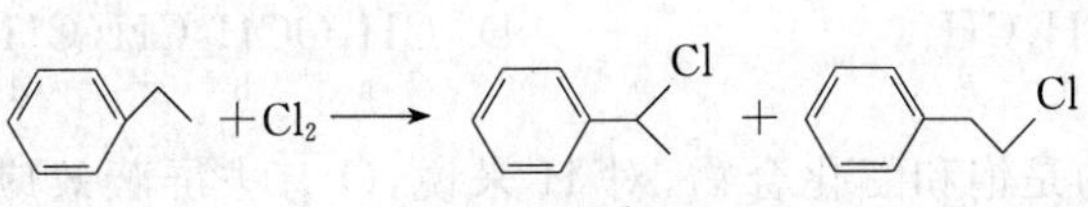

乙苯 $+Cl_2\longrightarrow$ 1－氯－1－苯基乙烷（91%）+ 1－氯－2－苯基乙烷（9%）

丁烷 $+Cl_2\longrightarrow$ 2－氯丁烷（72%）+ 1－氯丁烷（28%）

这两个反应都是自由基取代反应，反应的中间体为碳自由基 C˙，稳定的中间体所对应的过渡态稳定，反应速率快，形成 C˙ 一步是反应速率控制步骤。碳自由基的稳定顺序是 3°C˙ > 2°C˙ >1°C˙；尽管生成 1－氯－1－苯基乙烷 的中间体为 1－苯基乙基自由基，生成 2－氯丁烷 的中间体为 2－丁基自由基，都为 2°C˙，但是 1－苯基乙基自由基 属于苄基碳自由基，比 2－丁基自由基 稳定得多。因此，1－氯－1－苯基乙烷 可达 91%，

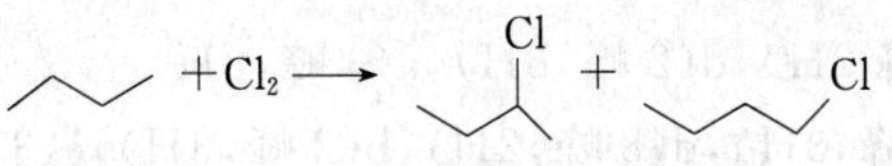

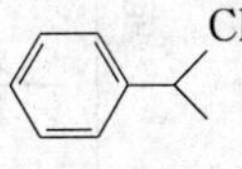

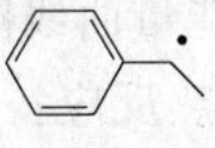

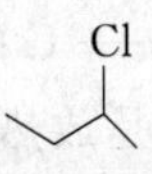

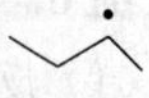

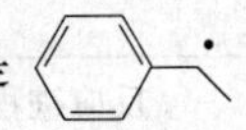

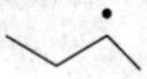

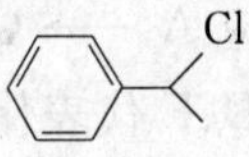

Cl 仅为 72%。

**例 3.** 举例说明有机化合物的物理性质对化工生产的重要性。

**解析：** 物理性质，尤其是物理常数，是有机化合物的基本属性。因此，用它可以鉴别有机化合物及估计其纯度。还可以用它分离、纯化有机化合物。如利用有机化合物不溶于水的特点，可以洗涤去掉溶于水的杂质；不同沸点的有机物可用蒸馏、分馏方法分离纯化；不同熔点的化合物可用结晶、重结晶的方法分离纯化；用折射率、$^1H-NMR$ 谱检查有机化合物的纯度等。总之，只要有机化合物物理性质之间有差异，就可以利用这些差异鉴别、分离、提纯有机化合物。

**例 4.** 完成下列反应，写出主要产物。

A. $CH_3CH(CH_3)—CH_3 + Br_2 \xrightarrow{127\ ℃或\ h\nu}$

B. + HBr ⟶

C. $+ H_2 \xrightarrow[80\ ℃]{Ni}$

D. $+ Cl_2 \xrightarrow{FeCl_3}$

E. $+ Cl_2 \xrightarrow{h\nu}$

**解析：** A. $(CH_3)_3CBr$，其他产物微量；B. Br，小环化合物亲电开环加成反应，与取代基最多和最少的键加成，$H^+$ 加到含 H 较多的 C 上；C. ，加氢发生在空间位阻小的小环上；D. Cl Cl，小环的亲电开环加成反应；E. Cl，自由基取代反应。

**例 5.** 判断下列化合物在 $^1H-NMR$ 谱图上峰的组数，每组峰裂分数及每组峰的相对位置，即按化学位移由大到小排列各组峰。

A. $\underset{a}{CH_3}\underset{b}{CH_2}O\underset{c}{CH}\underset{d}{(CH_3)_2}$

B. $\underset{b}{CH_3}\underset{c}{CH}(\underset{a}{OCH_3})\underset{d}{CH_2}\underset{e}{CH_3}$

C. $\underset{a}{CH_3}O\underset{b}{CH_2}\underset{c}{CH_2}\underset{d}{CH_2}\underset{e}{CH_3}$

D. $\underset{a}{CH_3}O\underset{b}{CH_2}\underset{c}{CH}\underset{d}{(CH_3)_2}$

**解析：** 这一组化合物是饱和醚化合物，对 H 来说，O 有去屏蔽效应，C 也有去屏蔽效应，但 3°C>2°C>1°C，因此

A. c(7 峰，1H)，b(4 峰 2H)，d(2 峰，6H)，a(3 峰，3H)

B. c(12 峰，1H)，a(1 峰，3H)，d(8 峰，2H)，b(2 峰，3H)，e(3 峰，3H)

C. b(3 峰，2H)，a(1 峰，3H)，c(9 峰，2H)，d(12 峰，2H)，e(3 峰，3H)

D. b(2 峰，2H)，a(1 峰，3H)，c(21 峰，1H)，d(2 峰，6H)

**例 6.** 化学反应 A ⟶ C 的反应能量曲线图如右，请回答

(1) 反应 A ⟶ C 是放热还是吸热反应？

(2) 反应 A ⟶ C 是几个基元反应构成的？

(3) B、D、E 代表什么？

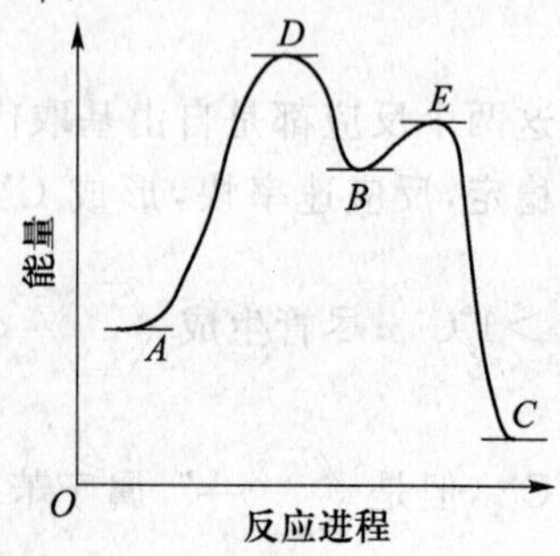

(4) 画出反应的活化能。

(5) 决定反应速率的是哪步反应？

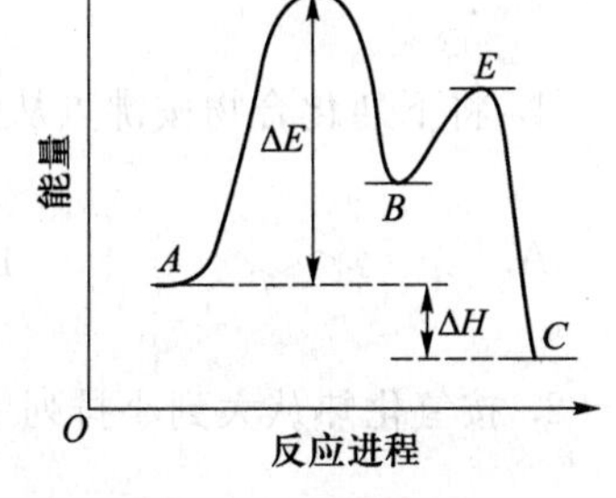


**解析：**(1) 反应物 A 的能量高于产物 C 的能量，反应 $A \longrightarrow C$是放热反应，放热 $\Delta H$。

(2) 反应 $A \longrightarrow C$ 是由两个基元反应构成：$A \longrightarrow B$，$B \longrightarrow C$。

(3) B 是反应中间体，D 是第一步基元反应的过渡态，E 是第二步基元反应的过渡态。

(4) 反应的活化能 $\Delta E$，如右图。

(5) 因为第一基元反应的活化能最大，第一基元反应$A \longrightarrow B$是决定反应速率的反应。

**例 7.** 写出下列反应的反应机理：

$$+ Br_2 \xrightarrow{\triangle} \text{—Br} + HBr$$

**解析：**C—H 键属非极性键，容易发生自由基反应。无论是加热、光照或自由基引发剂存在的卤化反应都是自由基型反应，其包括链引发、链增长和链终止三步反应。一般用"⌒"表示单电子转移方向。

形成初始自由基：$Br—Br \xrightarrow[\triangle 或 h\nu]{} 2{}^{\bullet}Br$……①

链引发：—H + •Br ⟶ • + HBr……②

链增长：• + Br—Br ⟶ —Br + Br• ……③

链终止：• + •Br ⟶ —Br ……④

链终止：• + • ⟶ ……⑤

② ⟶ ③ ⟶ ②循环反应

**例 8.** 写出分子式为 $C_5H_{10}$，具有下列特征反应的烷烃的结构式。

A. 光照氯化只生成一种一氯代物；

B. 光照氯化生成两种一氯代物；

C. 光照氯化生成三种一氯代物；

D. 光照氯化生成四种一氯代物。

**解析：**分子式为 $C_5H_{10}$ 的烷烃只能是单环烷烃。依据同分异构的概念可写出：A 为 ，各碳原子上的氢完全相同，光照只能生成一种一氯代物。B 为 ，有两种不同氢，光照能生成两种一氯代物，但比例相差较大。C 为 ，有三种不同氢，光照能生成三种一氯代物，但比例相差很大。D 为 ，有四种不同的氢，光照能生成四种一氯代物，但比例相差很大。

# 综合习题

1. 将下列化合物按沸点从高到低排列成序：

A. 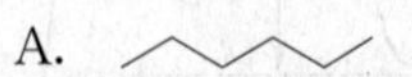　　B. 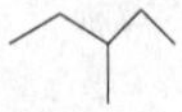　　C. 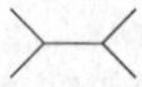　　D.

2. 按氢化热从大到小排列下列化合物：

A. 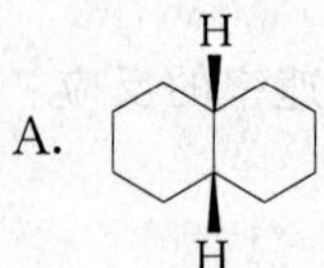


B. 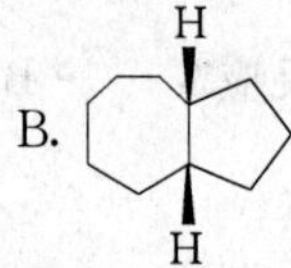


C. 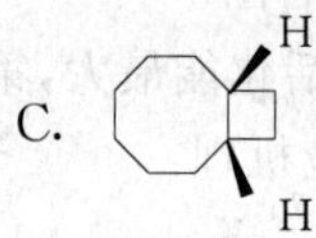


D. 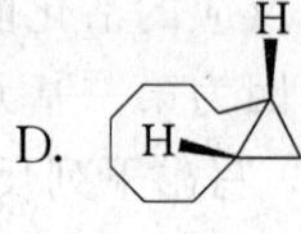


3. 下列哪个反应过程键的解离能最低？

(1) $CH_3—H \longrightarrow \dot{C}H_3 + H^{\cdot}$

(2) $CH_3—CH_2—H \longrightarrow CH_3\dot{C}H_2 + H^{\cdot}$

(3) $CH_3CH(H)CH_3 \longrightarrow CH_3\dot{C}HCH_3 + H^{\cdot}$

(4) $(CH_3)_3C—H \longrightarrow (CH_3)_3C^{\cdot} + H^{\cdot}$

4. 异戊烷在 300 ℃氯化反应时生成如下不同含量的四种异构体，这个结果与碳自由基的稳定性顺序：$3°R^{\cdot} > 2°R^{\cdot} > 1°R^{\cdot} > \dot{C}H_3$ 是否矛盾？试解释之。

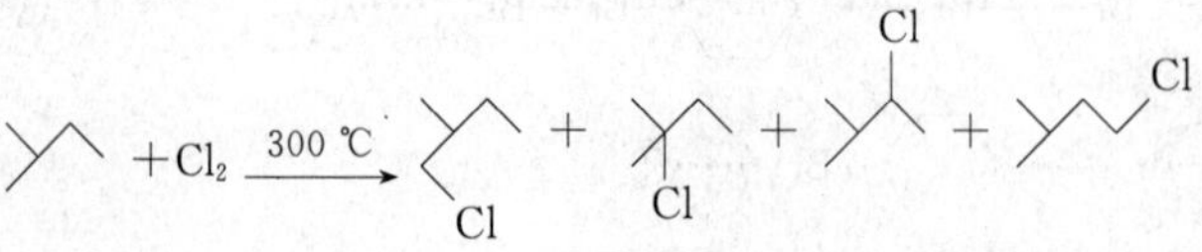

$+Cl_2$ 300 ℃ →　Cl　+　Cl　+　Cl　+　Cl

A. 34%　B. 22%　C. 28%　D. 16%

5. 画出下列化合物沿着指定的 C—C 键旋转的优势构象。

A. $(CH_3)_2CH—CH_2CH_3$　　B. $CH_3CH_2CH(CH_3)—C(CH_3)_2CH_2CH_3$

C. BrClCH—CHClBr　　D. $HOCH_2—CH_2OH$

6. 化合物 A($C_7H_{12}$)在室温下不使溴褪色，$^1H$-NMR 谱只有两组峰，$^{13}C$-NMR 谱有三组峰，推测其结构。

7. 根据下列条件，推测戊烷的结构。

(1) 一元溴代物只有一种；(2) 一元溴代物有三种；(3) 一元溴代物有四种。

8. 写出异戊烷光照反应，一溴代物中产率最高的构造式，一氯代产物中产率最高的构造式，试比较两者哪个占的比例大。

9. 烷烃 A 的相对分子质量为 72，只有一种一溴代产物，写出此烷烃的构造式。

10. 如何理解烷烃的反应多数是自由基型反应？

# 综合习题参考答案

1. A>B>C>D

2. D>C>B>A

3. (4)

4.　　A. 34%　　B. 22%　　C. 28%　　D. 16%

每个 H 的概率 5.8%　　22%　　14%　　5.3%

所以仍为 3°R·(22%)>2°R·(14%)>1°R·(5.3%~5.8%)>$\dot{C}H_3$。

5.

A. 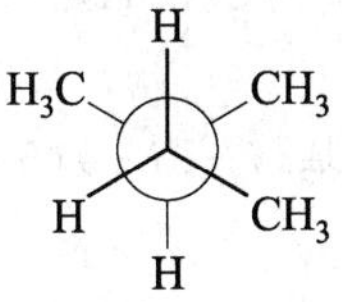 H; $H_3C$, $CH_3$; H, $CH_3$; H　　B. 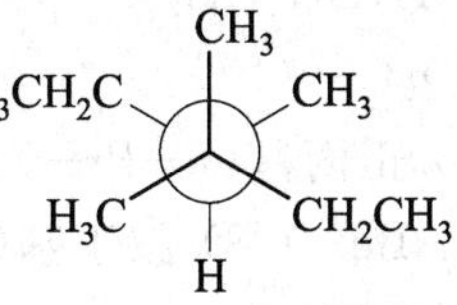 $CH_3$; $H_3CH_2C$, $CH_3$; $H_3C$, $CH_2CH_3$; H　　C. 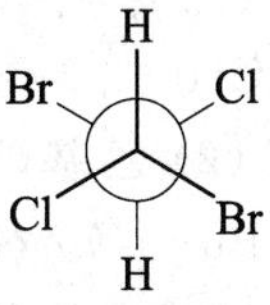 H; Br, Cl; Cl, Br; H　　D. 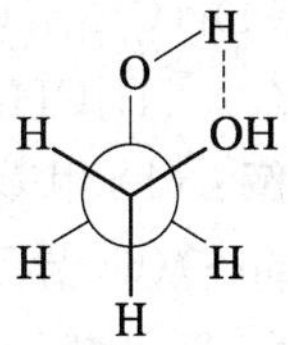 O—H; H, OH; H, H; H

6.

7. (1)　　(2) 　　(3)

8. 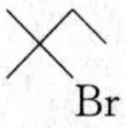 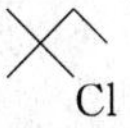　Br　　Cl　，　Br　比例更大。

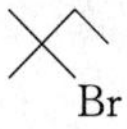

9. $C(CH_3)_4$

10. 烷烃中只有 C—C、C—H σ 键，属于非极性键。烷烃能进行的反应主要有卤化、氧化、裂解等。在发生反应时，形成 C· 比形成 $C^+$ 或 $C^-$ 容易进行，除小环烷烃外，烷烃的反应多数是自由基型反应。

# 习题解答

5-1　写出$C_7H_{16}$所有构造异构体的结构式，并用系统命名法命名。

**解：** (1) $CH_3—CH_2—CH_2—CH_2—CH_2—CH_2—CH_3$　庚烷

(2) $CH_3—CH(CH_3)—CH_2CH_2CH_2CH_3$　2-甲基己烷

(3) $CH_3—CH_2—CH(CH_3)—CH_2CH_2CH_3$　3-甲基己烷

(4) $CH_3—CH_2CH(CH_3)—CH(CH_3)—CH_3$　2,3-二甲基戊烷

(5) $CH_3—CH(CH_3)—CH_2—CH(CH_3)—CH_3$　2,4-二甲基戊烷

(6) $CH_3—CH_2—CH(CH_2CH_3)—CH_2—CH_3$　3-乙基戊烷

(7) 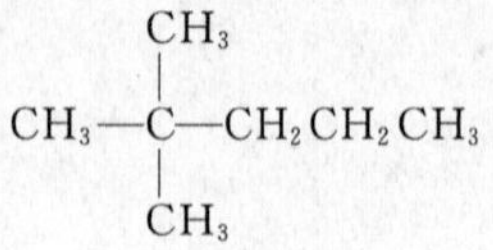 $CH_3-C(CH_3)_2-CH_2CH_2CH_3$

2,2-二甲基戊烷

(8) 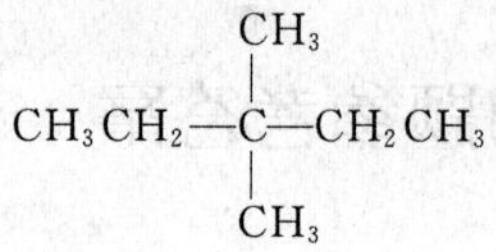 $CH_3CH_2-C(CH_3)_2-CH_2CH_3$

3,3-二甲基戊烷

(9) 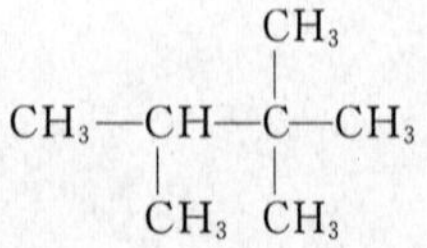 $CH_3-CH(CH_3)-C(CH_3)_2-CH_3$

2,2,3-三甲基丁烷

5-2 写出下列烷基的名称及常用缩写符号：

(1) $CH_3-$　(2) $CH_3CH_2-$　(3) $CH_3CH_2CH_2-$

(4) $(CH_3)_2CH-$　(5) $CH_3CH_2CH_2CH_2-$　(6) $(CH_3)_2CHCH_2-$

(7) $CH_3CH_2(CH_3)CH-$　(8) $(CH_3)_3C-$

**解**：(1) 甲基(Me-)(2) 乙基(Et-)(3) 正丙基($n$-Pr-)(4) 异丙基($i$-Pr-)(5) 正丁基($n$-Bu-)(6) 异丁基($i$-Bu-)(7) 仲丁基($s$-Bu-)(8) 叔丁基($t$-Bu-)

5-3 比较下列化合物沸点的高低，并说明原因：

(1) $CH_3(CH_2)_4CH_3$　(2) $(CH_3)_2CH(CH_2)_2CH_3$

(3) $CH_3CH_2C(CH_3)_3$　(4) $CH_3CH_2CH(CH_3)CH_2CH_3$

**解**：(1)>(4)>(2)>(3)，分子的支链越多，沸点越低；对称性差的沸点低。

5-4 完成下列反应式：

(1) 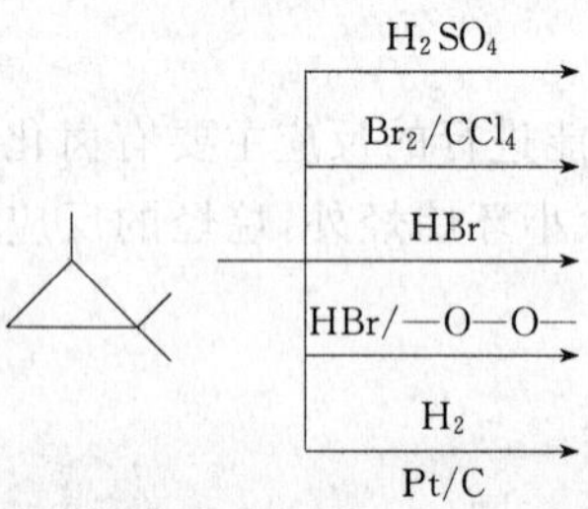 1,1,2-三甲基环丙烷 $\xrightarrow{H_2SO_4}$；$\xrightarrow{Br_2/CCl_4}$；$\xrightarrow{HBr}$；$\xrightarrow{HBr/-O-O-}$；$\xrightarrow[Pt/C]{H_2}$

(2) 环己烷 $+ HNO_3 \xrightarrow{70\ ℃}$

(3) 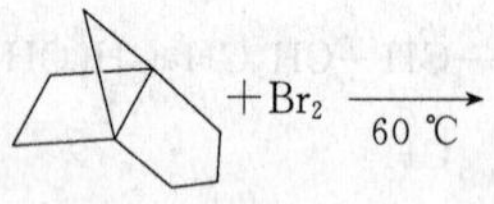 三环化合物 $+ Br_2 \xrightarrow{60\ ℃}$

(4) 环丙基$-CH(CH_3)_2$ $\xrightarrow{燃烧}$；$\xrightarrow[FeCl_3]{Cl_2}$；$\xrightarrow[h\nu]{Br_2}$

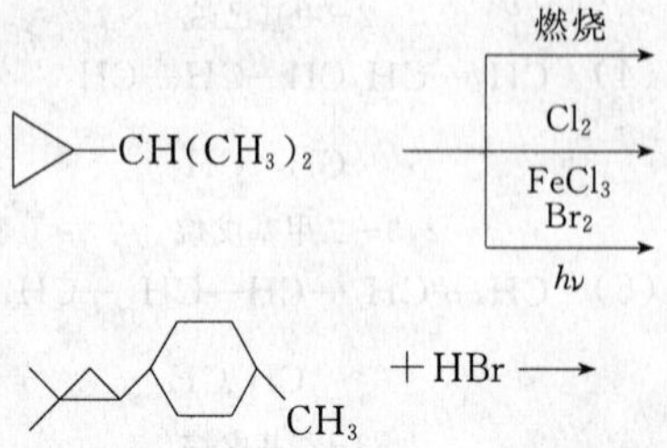

(5) 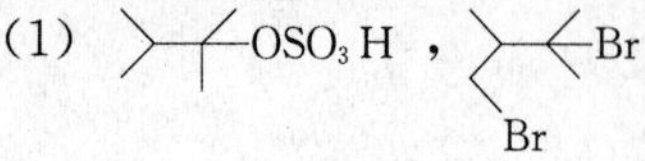 取代环丙基-甲基环己烷（$CH_3$） $+ HBr \longrightarrow$

**解**：(1) 键线式产物：$-OSO_3H$ 加成产物，二溴加成产物（Br，Br），$-Br$ 加成产物，Br 加成产物，加氢开环产物

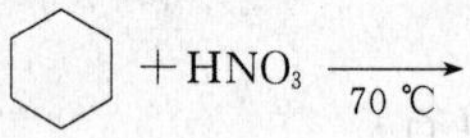

(2) 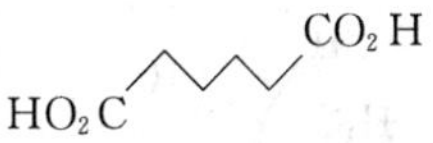 $HO_2C$ 〜 $CO_2H$

(3) 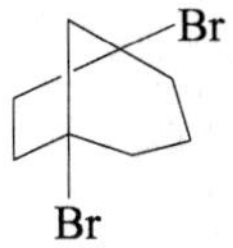 Br, Br

(4) $CO_2+H_2O$，Cl　Cl，　Br ＋ Br

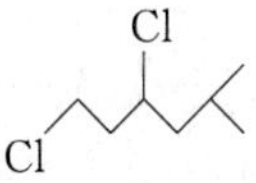

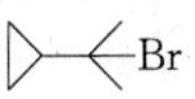

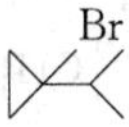

(5) 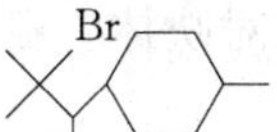 Br

5-5　比较下列化合物构象的稳定性大小：

(1) 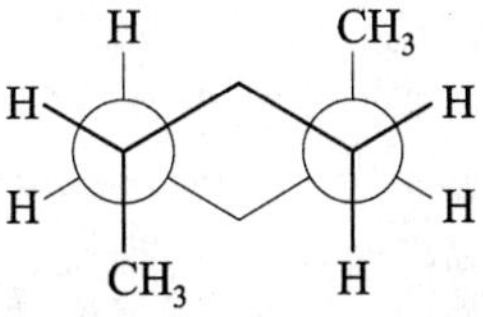 H　$CH_3$　H　H　H　H　$CH_3$　H

(2) 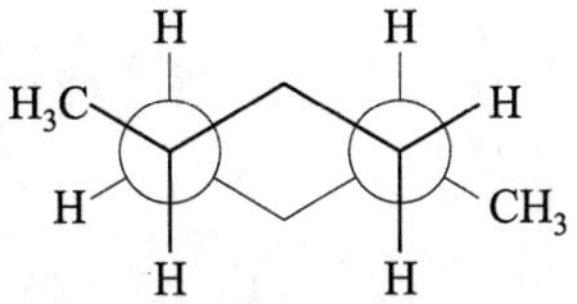 H　H　$H_3C$　H　H　$CH_3$　H　H

**解：** 稳定性(2)>(1)，在(1)中 $C_1$ 和 $C_4$ 上的甲基与环是邻位交叉式构象，而在(2)中是对位交叉式，对位交叉式比邻位交叉式稳定。

5-6　判断下列环烷烃的结构是否正确，为什么？

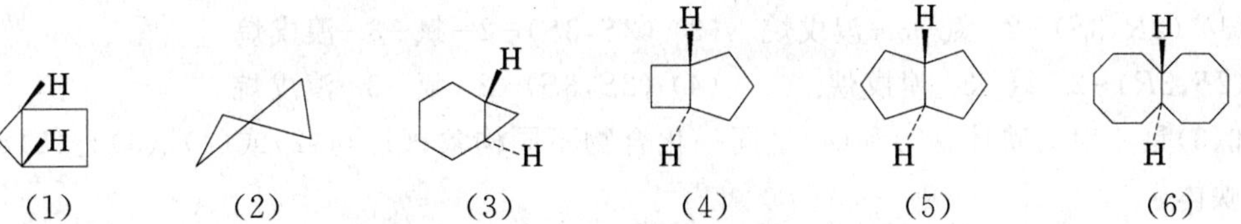

(1)　(2)　(3)　(4)　(5)　(6)

**解：** (3)和(4)是错的，因为其中的三元环、四元环不可能反式稠合形成双环化合物。(5)是不稳定的，两个五元环反式稠合形成双环化合物，有环张力存在。(1)的两环是顺式稠合，可以形成双环化合物，但像环丙烷一样不稳定。(2)是螺环化合物，可以形成，但像环丙烷一样不稳定。(6)是两个八元环反式稠合形成的双环化合物，稳定。

5-7　下列哪对化合物是同物、构造异构或立体异构？

(1) 顺-1,3-二溴环己烷与反-1,4-二溴环己烷

(2) 2,3-二甲基己烷与 2,5,5-三甲基戊烷

(3)  Cl　Cl　与　Cl　Cl

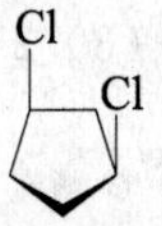

**解：** (1) 构造异构体；(2) 构造异构体；(3) 相同的化合物。

5-8　环丙烷不稳定是哪些因素造成的？

**解：** 主要由"角张力"和扭转张力造成环丙烷不稳定。

5-9　用费歇尔投影式表示下列化合物的构型，并用 *R*/*S* 标记出手性碳的构型。

(1) 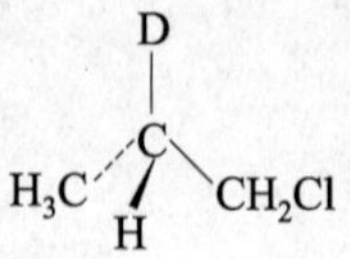 (2) 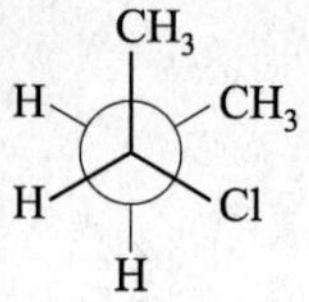 (3)

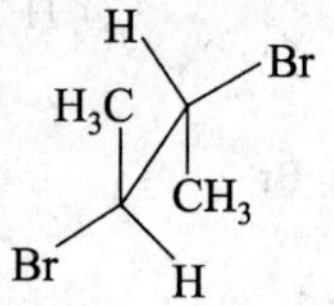

解：(1) 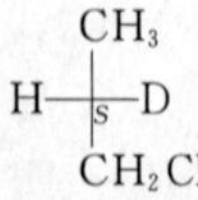 (2) 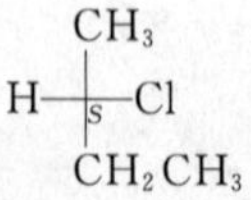 (3)

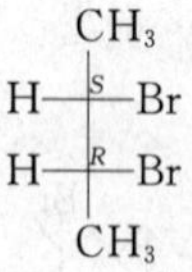

5-10 下列四个纽曼投影式表示的化合物，哪些是对映体？哪些是非对映体？哪些是同一化合物的不同构象？

(1) 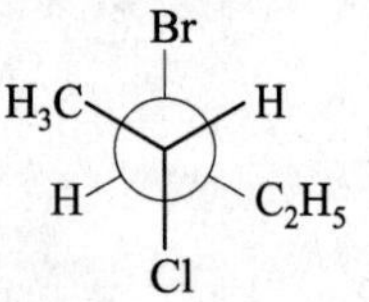 (2)

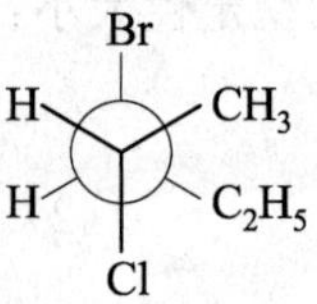

(3) 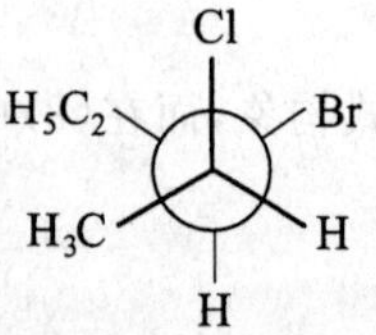 (4)

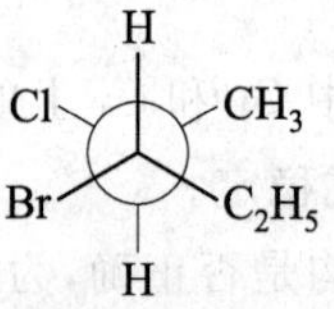

解：(1) (2*R*,3*S*)-2-氯-3-溴戊烷 (2) (2*S*,3*S*)-2-氯-3-溴戊烷

(3) (2*S*,3*R*)-2-氯-3-溴戊烷 (4) (2*S*,3*S*)-2-氯-3-溴戊烷

(1)和(3)是一对对映体；(2)和(4)是同一化合物不同构象；(1)与(2)或(4)，(3)与(2)或(4)都是非对映体。

解题思路：首先进行手性碳原子构型判断和标记，当构造相同时，若所有的对应的手性碳构型一致，则为同一化合物的不同构象；若所对应的手性碳原子的构型都相反，则为一对对映体；若只有部分相对应的手性碳原子的构型相反，则为非对映体。

5-11 2,2,4-三甲基戊烷可以生成哪些种碳自由基？按稳定性由大到小的顺序排列这些碳自由基。

解：2,2,4-三甲基戊烷$(CH_3)_3CCH_2CH(CH_3)_2$可以形成下列自由基：

(1) $\dot{C}H_2C(CH_3)_2CH_2CH(CH_3)_2$，(2) $(CH_3)_3CCH_2CH(CH_3)\dot{C}H_2$，(3) $(CH_3)_3C\dot{C}HCH(CH_3)_2$，(4) $(CH_3)_3CCH_2\dot{C}(CH_3)_2$。这些自由的相对稳定性是(4) 3°C· >(3) 2°C· >(2) 1°C· ≈(1)1°C·。

5-12 反应：

$$t\text{-BuOCl}+RH \longrightarrow RCl+t\text{-BuOH}$$

如果链引发反应为 $t$-BuOCl⟶$t$-BuO·+Cl·，写出链增长反应。

解：链增长反应：$RH+t\text{-BuO}^{\cdot} \longrightarrow t\text{-BuOH}+R^{\cdot}$ ①

$$R^{\cdot}+t\text{-BuOCl} \longrightarrow RCl+t\text{-BuO}^{\cdot}$$ ②

反应①⟶②⟶①⟶②⟶…交替进行下去。其中 R· 和 $t$-BuO· 称为链反应活性自由基。

5-13 甲烷在光照下进行氯化反应时，可以观察到如下现象，试用烷烃的氯代机理解释这些现象。

(1) 将氯气先经光照，然后立即在黑暗中与甲烷混合，可以获得氯代产物。

(2) 将氯气先经光照，然后在黑暗中放置一段时间再与甲烷混合，则不发生氯代反应。

(3) 将甲烷先经光照，然后在黑暗中与氯气混合，也不发生氯代反应。

**解：** (1) 烷烃的氯化反应为自由基型反应，经历链引发 $Cl_2 \xrightarrow{h\nu} 2Cl\cdot$，链增长和链终止的反应过程。氯气经光照实现链引发，立即在黑暗中与甲烷混合，能进行链增长得到产物。

(2) 若链引发后形成的氯自由基在黑暗中放置，会发生 $2Cl\cdot \longrightarrow Cl_2$ 的自由基淬灭过程，无活性自由基 Cl· 再与 $CH_4$ 混合，不发生链增长过程。

(3) $Cl_2 \xrightarrow{h\nu} 2Cl\cdot$ 的链引发过程能发生是因为 Cl—Cl 键解离能较小。甲烷 C—H 键的解离能大，在光照条件下难发生均裂，无法形成活性自由基。在黑暗中与氯气混合亦不发生反应。

5-14 回答下列问题：

(1) 为什么烷烃不活泼？

(2) 为什么在烷烃高温热解过程中，断裂的主要是 C—C 键而不是 C—H 键？

**解：** (1) 因为烷烃分子中只有 C—C、C—H 两种非极性键，并且键能都很大。不易发生离子型反应，亦难发生自由基型反应，更不能发生周环反应，所以不活泼。

(2) 烷烃高温裂解反应是自由基型反应，C—C 键键能（347 kJ·mol）比 C—H 键键能（414 $kJ\cdot mol^{-1}$）小，因此，C—C 键比 C—H 键容易断裂。

5-15 下列哪些化合物可以用烷烃的卤化反应制备？哪些不适合？请说明理由。

(1) 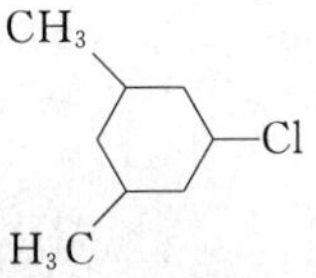 1-氯-3,5-二甲基环己烷（结构式：环己烷环上连有 Cl 及两个 $CH_3$、$H_3C$）　(2) 含 Cl 的双环结构（结构式）　(3) 含 Br 及 $CH_3$ 的联环己烷（结构式）

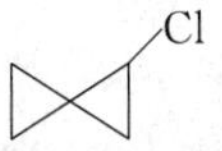

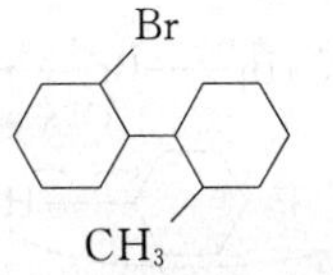

(4) $(CH_3)_3C—Br$　(5) $(CH_3)_3CCH_2Cl$　(6) $(CH_3)_3C—C(CH_3)_2$（C 上连 $CH_2Cl$）

**解：** (2)、(4)、(5)和(6)可以用烷烃的卤化反应制备。(1)和(3)不适用烷烃的卤化反应制备。因为在(2)、(5)和(6)中只有一种氢，一氯化反应无论取代哪个氢原子，产物都是相同的，控制氯化条件可以得到一氯代物为主的产物。在(4)中，是用溴化反应制备产物，溴化反应对叔溴代烷的选择性远大于氯代烷的选择性。尽管反应物分子的 1°H : 3°H＝9 : 1，但是溴化反应速率 $v_{3°H} : v_{1°H} \approx 1\,600 : 1$，因此，$(CH_3)_3C—Br$ 的理论选择性为 $\frac{1\,600}{1\,600+9} \approx 99\%$。

5-16 下列反应可以得到几种一溴代物（包括立体异构体）？如果伯氢和仲氢的反应速率比为 1 : 82，试估算各种产物的相对含量。

$$CH_3CH_2CH_2CH_2CH_3 \xrightarrow[h\nu]{Br_2}$$

**解**: $CH_3CH_2CH_2CH_2CH_3 \xrightarrow[h\nu]{Br_2} CH_3CH_2CH_2CH_2CH_2Br + CH_3CH_2CHCH_2CH_3$（Br 连在 CH 上）

A　B

$+ CH_3CH_2CH_2C(CH_3)(H)(Br)$ $+ CH_3CH_2CH_2C(CH_3)(Br)(H)$

C　D

所以，该反应可得到四种一溴代产物。

分析反应物中不同氢原子被取代后生成产物 A～D 的关系如下：

生成50％C和50％D

$CH_3—CH_2—CH_2—CH_2—CH_3$

生成A　生成B　生成A

因此，反应物分子中的12个氢原子，可生成A的概率为6/12，可生成B的概率为2/12，可生成C和D的概率分别是2/12。结合伯氢和仲氢的反应速率比为1∶82，得到A、B、C、D四种产物的比例为(6×1)∶(2×82)∶(4×82×50％)∶(4×82×50％)＝3∶82∶82∶82。所以A的质量分数为$\frac{3}{3+82+82+82}\times100\%=1.2\%$，B、C、D产物的质量分数为$\frac{82}{3+82+82+82}\times100\%=32.93\%$。

5－17　写出下列反应的机理：

环己烷 $+ Br_2 \xrightarrow{\triangle}$ 环己基$—Br + HBr$

**解**: 链引发：$:\ddot{Br}—Br \xrightarrow{\triangle} 2Br\cdot$　①

链增长：$:Br\cdot +$ 环己烷$—H \longrightarrow$ 环己基自由基$\cdot + HBr$　②

环己基自由基$\cdot + Br—Br \longrightarrow$ 环己基$—Br + Br\cdot$　③

②⟶③⟶②⟶③⟶…

链终止：环己基自由基$\cdot + Br\cdot \longrightarrow$ 环己基$—Br$　④

环己基自由基$\cdot + \cdot$环己基自由基 $\longrightarrow$ 联环己烷　⑤

*5－18　解释下列反应：

$$(CH_3)_3CBr+Cl_2 \xrightarrow{h\nu} (CH_3)_2CClCH_2Br$$

**解**: 链引发：$Cl_2 \xrightarrow{h\nu} 2Cl\cdot$

链增长：

$$\underset{\underset{\large H_2C—H}{|}}{(CH_3)_2CBr} + Cl^{\cdot} \longrightarrow \underset{\underset{\large \cdot CH_2}{|}}{(CH_3)_2C—Br} + HCl \quad (1^{\circ}R^{\cdot})$$

$$\xrightarrow{\text{重排}} (CH_3)_2\dot{C}CH_2Br\ (3^{\circ}R^{\cdot})$$

$$(CH_3)_2\dot{C}CH_2Br + Cl—Cl \longrightarrow \underset{\underset{\large Cl}{|}}{(CH_3)_2CCH_2Br} + Cl\cdot$$

*5-19 写出环戊烷生成氯代环戊烷的反应机理，并画出链增长反应阶段的反应势能变化草图。在图上标出反应物、中间体、过渡态和生成物结构，并指出哪一步是反应控制步骤。

**解：**(1) 环戊烷生成氯代环戊烷的反应机理同 5-17。

(2) 链增长反应：$Cl^{\cdot}$ + ⬠ ⟶ ·⬠ + HCl ①

·⬠ + $Cl_2$ ⟶ Cl—⬠ + $Cl^{\cdot}$ ②

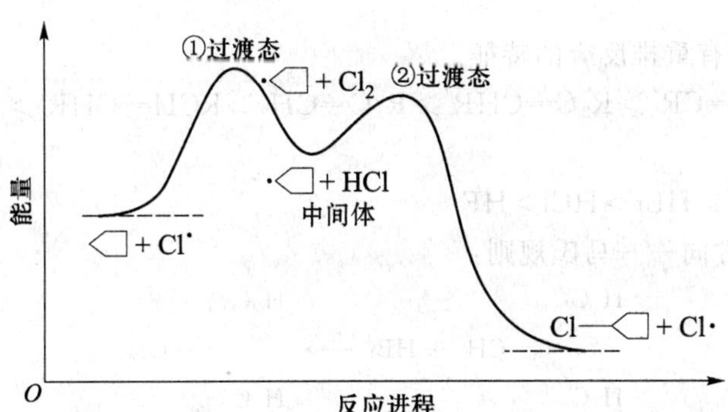


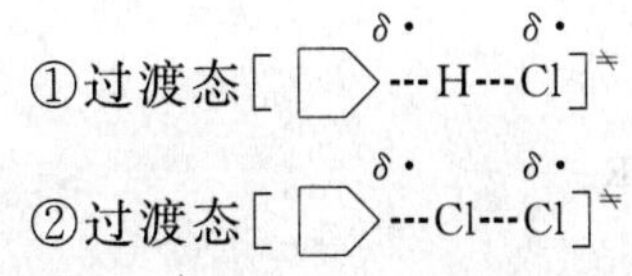

①过渡态[ ⬠---H---Cl ]$^{\neq}$ （$\delta\cdot$ … $\delta\cdot$）

②过渡态[ ⬠---Cl---Cl ]$^{\neq}$ （$\delta\cdot$ … $\delta\cdot$）

生成中间体 ⬠· 自由基的过程①，过渡态能量高，反应活化能大，是速率控制步骤。

# 第 6 章 不饱和烃

## 学习要点

烯烃部分：

1. 烯烃的特征反应，亲电加成反应(包括与 HY、$X_2$)，离子型加成反应，有两种不同机理

(1) 与质子酸(HY)加成机理——碳正离子机理。活泼中间体的形成：

$$R—CH=CH_2 + H^+Y^- \longrightarrow R\overset{+}{C}H—CH_3 + Y^-$$

碳正离子活性中间体，有重排反应的特征。

烯烃活泼性：$R_2C=CR'_2 > R_2C=CHR' > R_2C=CH_2 > RCH=CHR' > RCH=CH_2 > CH_2=CH_2 > CH_2=CHCl$

HX 的活泼性：HI＞HBr＞HCl＞HF

不对称烯烃加成方向——马氏规则：

$$(H_3C)_2C=CH_2 + HBr \longrightarrow (H_3C)_2C(Br)—CH_3$$

活性中间体碳正离子稳定性：$3°R^+ > 2°R^+ > 1°R^+ > {}^+CH_3$

$$R_1R_2C(H)—\overset{+}{C}HR \xrightarrow{1,2-氢重排} R_1R_2\overset{+}{C}—CH_2R$$

$$R_1R_2R_3C—\overset{+}{C}HR \xrightarrow{1,2-烷基重排} R_1R_2\overset{+}{C}—CHRR_3$$

$C^+$ 发生 1→2 重排，得到不同碳骨架的烷烃衍生物。

(2) 与卤素加成机理——三元环卤鎓离子机理，反式加成。

活泼中间体的形成：$R_1—CH=CHR + \overset{\delta+}{X}—\overset{\delta-}{X} \longrightarrow R_1—CH\overset{X^{\oplus}}{—}CHR + X^-$。三元环卤鎓离子活性中间体，反式加成。不同构型的内烯烃，可得到内消旋、外消旋产物。除卤素外，Cl—OH，Br—OH，ClI，BrI 也可能是此机理。

2. 烯烃的自由基型加成反应

(1) 与溴化氢(HBr)的加成反应——自由基型加成反应。

活性中间体是碳自由基 C$^{\bullet}$，表现出反马氏规则的加成方向。

(2) 烯烃自由基聚合反应，活性中间体是长链碳自由基。

3. 烯烃的氧化反应

(1) 不同氧化剂氧化烯烃得到不同产物：碱性稀 $KMnO_4$ 氧化得顺式邻二元醇，过氧化物氧化得环氧化物，强氧化剂氧化得酮、酸和二氧化碳。

(2) 不同结构烯烃氧化的产物不同，可用于鉴别烯烃结构。

(3) 催化氧化——工业生产重要方法。

4. 加氢反应——有催化剂、顺式加氢、空间位阻小者加氢

5. $\alpha$-H 的反应(氧化、卤代反应)——自由基型反应机理

共轭二烯烃部分：

1. 共轭体系：$\pi-\pi$，$p-\pi$，$\sigma-\pi$，$\sigma-p$ 四种体系，其中后两种称超共轭体系

利用共轭体系：

(1) 对烯丙基碳正离子、负离子和自由基中间体稳定性解释；

(2) 对活性中间体碳正离子、碳自由基稳定性顺序的解释；

(3) 对烯烃 $\alpha$-H 活泼性解释。

2. 共轭效应——吸电子共轭效应和给电子共轭效应

3. 共轭二烯烃

(1) 共轭二烯烃的结构；

(2) 理解价键理论、分子轨道理论、共振论的解释，共轭二烯烃的特征反应 1,4-亲电加成反应(共轭加成反应)；

(3) 聚合、共聚合反应——制备高分子弹性体；

(4) 周环反应，双烯合成[4+2]反应的特点。

炔烃部分：

1. 炔烃亲电加成反应比烯烃的难，通常需要催化剂，亲核加成反应比烯烃的容易

2. 加氢和还原反应

(1) 炔烃用 P-2 催化剂等催化加氢得顺式烯烃；

(2) 炔烃用液氨/碱金属还原得反式烯烃。

3. 炔氢的性质

## 重要反应式

烯烃部分：

与质子酸的加成反应

$$\text{(1-pentene, skeletal)} + HX \longrightarrow \text{(2-halopentane, skeletal; X on C-2)} \quad (X\text{为卤原子})$$

$$(CH_3)_2C{=}CH_2 + H_2SO_4 \xrightarrow{10\sim30\ ℃} (CH_3)_3C{-}OSO_3H$$

$$CH_3CH{=}CH_2 + H_2O \xrightarrow[195\ ℃,\ 2\ MPa]{H_3PO_4} (CH_3)_2CHOH$$

$$(CH_3)_2C{=}CH_2 + HOCH_3 \xrightarrow{H^+} (CH_3)_3C{-}OCH_3$$

$$H_3C{-}CH(CH_3){-}CH{=}CH_2 + HCl \longrightarrow (CH_3)_2CClCH_2CH_3$$

与卤素反应

$$\text{环戊烯} + Br_2 \xrightarrow[0\ ^\circ C]{CCl_4} \text{反-1,2-二溴环戊烷（两种对映体）}$$

与次卤酸反应

$$CH_3CH{=}CH_2 + HOCl \longrightarrow CH_3CH(OH)CH_2Cl$$

与硼化氢反应

$$3CH_3CH{=}CH_2 + BH_3 \longrightarrow (CH_3CH_2CH_2)_3B \xrightarrow{H_2O_2/OH^-}$$

$$(CH_3CH_2CH_2{-}O)_3B \xrightarrow{H_2O} 3CH_3CH_2CH_2OH + B(OH)_3$$

与溴化氢加成反应

$$C_6H_5{-}CH{=}CH_2 + HBr \xrightarrow[90\ ^\circ C]{-O-O-} C_6H_5{-}CH_2CH_2Br$$

聚合反应

$$n\,CH_2{=}CH_2 \xrightarrow[\text{高温高压}]{\text{自由基引发剂}} {+}CH_2{-}CH_2{+}_n$$

加氢反应

$$R{-}CH{=}CH_2 + H_2 \xrightarrow[\triangle]{Ni} RCH_2{-}CH_3$$

氧化反应

$$3\,\text{环己烯} + 2KMnO_4 + 4H_2O \xrightarrow[0\sim5\ ^\circ C]{\text{碱性介质}} 3\,\text{顺-1,2-环己二醇} + 2MnO_2 + 2KOH$$

$$RCH{=}CH_2 \xrightarrow[\triangle]{KMnO_4/H^+} RCOOH + CO_2 + H_2O$$

$$RCH{=}CR'R'' \xrightarrow[\triangle]{KMnO_4/H^+} RCOOH + R'R''C{=}O$$

$$CH_2{=}CH_2 \xrightarrow[250\ ^\circ C]{Ag} H_2C{-}CH_2\ (\text{环氧乙烷，O桥连})$$

$$CH_2{=}CH_2 + \frac{1}{2}O_2 \xrightarrow[100\sim120\ ^\circ C]{PdCl_2-CuCl_2} CH_3CHO$$

$$R{-}CH{=}CH_2 + \text{间氯过氧苯甲酸（COOOH, Cl）} \longrightarrow R{-}CH{-}CH_2\ (\text{O桥连}) + \text{间氯苯甲酸（COOH, Cl）}$$

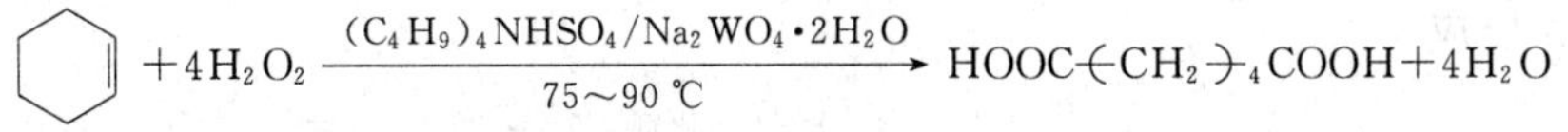

$$+4H_2O_2 \xrightarrow[75\sim90\ ℃]{(C_4H_9)_4NHSO_4/Na_2WO_4\cdot 2H_2O} HOOC\text{-}(CH_2)_4\text{-}COOH+4H_2O$$

复分解反应

$$\begin{matrix} H_3C—CH \\ \| \\ H_3C—CH \end{matrix} + \begin{matrix} CH_2 \\ \| \\ CH_2 \end{matrix} \xrightarrow{[Ru]=CHR} 2CH_3CH═CH_2$$

α-H 的反应

$$CH_2═CH—CH_3+Cl_2 \xrightarrow[\triangle]{} CH_2═CH—CH_2Cl+HCl$$

$$CH_2═CH—CH_3+\frac{3}{2}O_2+NH_3 \xrightarrow[470\ ℃]{催化剂} CH_2═CHCN+3H_2O$$

$$CH_2═CH—CH_3+O_2 \xrightarrow{催化剂} CH_2═CHCHO+H_2O$$

共轭二烯烃：

共轭加成反应

$$CH_2═CH—CH═CH_2+Br_2 \longrightarrow \underset{1,2-加成,动力学控制产物}{CH_2═CH—CHBr—CH_2Br} + \underset{1,4-加成,热力学控制产物}{CH_2BrCH═CH—CH_2Br}$$

$$CH_2═CH—C≡CH+HCl \longrightarrow CH_2═CH—CCl═CH_2$$

聚合反应

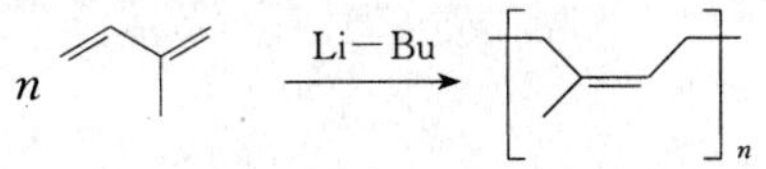

$$n \xrightarrow{Li-Bu} [\ \ ]_n$$

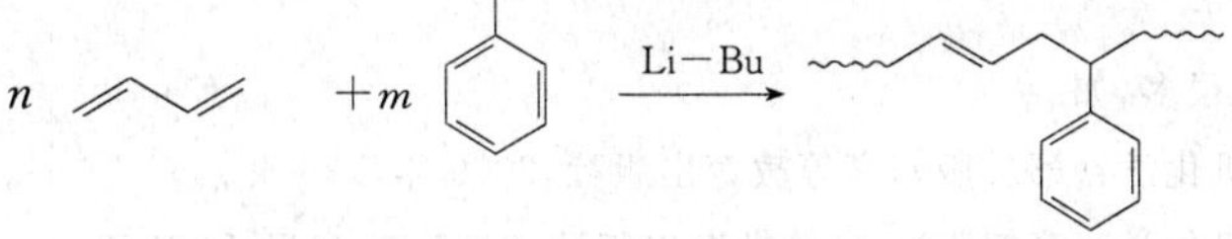

$$n \quad +m \xrightarrow{Li-Bu}$$

周环反应(D-A 反应)

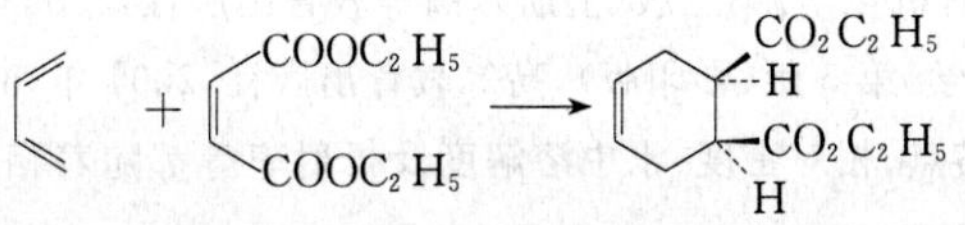

$$+ \begin{matrix} COOC_2H_5 \\ COOC_2H_5 \end{matrix} \longrightarrow \begin{matrix} CO_2C_2H_5 \\ H \\ CO_2C_2H_5 \\ H \end{matrix}$$

炔烃部分：

亲电加成

$$CH_3CH_2CH_2C≡CH+HBr \xrightarrow[15\ ℃]{Fe} CH_3CH_2CH_2CBr═CH_2$$（遵循马氏规则）

亲核加成

$$CH≡CH+CH_3OH \xrightarrow[60\ ℃]{20\%\ KOH} CH_2═CH—OCH_3$$

工业应用

$$CH≡CH+HCN \xrightarrow[25\ ℃]{CuCl_2-NH_4Cl} CH_2═CHCN$$

$$CH≡CH+H_2O \xrightarrow[100\ ℃]{HgSO_4-H_2SO_4} CH_3CHO$$

$$CH≡CH+CH_3COOH \xrightarrow[75\sim80\ ℃]{H_2SO_4} CH_3COOCH═CH_2$$

加氢还原反应

(2-戊炔（结构式）)... 

$$\text{CH}_3\text{CH}_2\text{CH}_2\text{C}\equiv\text{CCH}_2\text{CH}_2\text{CH}_3 + H_2 \xrightarrow{\text{P-2 催化剂}} (Z)\text{-烯烃}$$

$$\text{CH}_3\text{C}\equiv\text{CCH}_2\text{CH}_2\text{CH}_3 \xrightarrow[-33\ ℃]{\text{Na-液 } NH_3} (E)\text{-烯烃}$$

聚合反应

$$CH\equiv CH + CH\equiv CH \xrightarrow[HCl]{CuCl-NH_4Cl} CH_2=CH-C\equiv CH$$

$$n\,CH\equiv CH \longrightarrow \text{-}[CH=CH]\text{-}_n \text{（有机导体材料）}$$

炔氢反应

$$CH\equiv CH + NaNH_2 \longrightarrow CH\equiv CNa + NH_3$$

$$CH\equiv CNa + CH_3CH_2CH_2Cl \longrightarrow CH\equiv CCH_2CH_2CH_3 + NaCl$$

$$CH\equiv CLi + \text{环氧乙烷} \xrightarrow{H_2O} CH\equiv C-CH_2CH_2-OH$$

## 思考题解答

**思考题 6-1** 查阅有关教材，比较正构 $\alpha$-烯烃与正构烷烃的物理常数的异同点，试分析产生不同点的原因。

**解答**：可查阅的教材很多，如

(1) 高占先主编《有机化学》(第二版)，高等教育出版社，2009 年，135 页；

(2) 高鸿宾主编《有机化学》(第四版)，高等教育出版社，2005 年，45 页和 75 页；

(3) 邢其毅等编写的《基础有机化学》第三版（上册），高等教育出版社，2005 年，132 页和311 页；

(4) Wade LG 主编《有机化学》第 5 版（影印版），高等教育出版社，2004 年，88 页和 289 页。

相同点：物理常数如沸点、熔点、相对密度、水中溶解度及折射率等都随着相对分子质量的增加而有规律地变化。

不同点：由于烯烃官能团 C=C 的电子可极化性大，因此其物理常数如沸点、熔点、相对密度、折射率都比相应的烷烃稍大。

**思考题 6-2** 4-乙基-2-己烯和 2-戊烯分别与氢溴酸加成反应，它们的主要产物是什么？

**解答**：(4-乙基-2-己烯) + HBr ⟶ (2-溴-4-乙基己烷) + (3-溴-4-乙基己烷) + (3-溴-3-乙基己烷)

主要产物

(2-戊烯) + HBr ⟶ (2-溴戊烷) + (3-溴戊烷)

主要产物

**思考题 6-3** 试解释($Z$)-2-丁烯与溴反应得到无旋光性 2,3-二溴代丁烷的混合物。

解答：

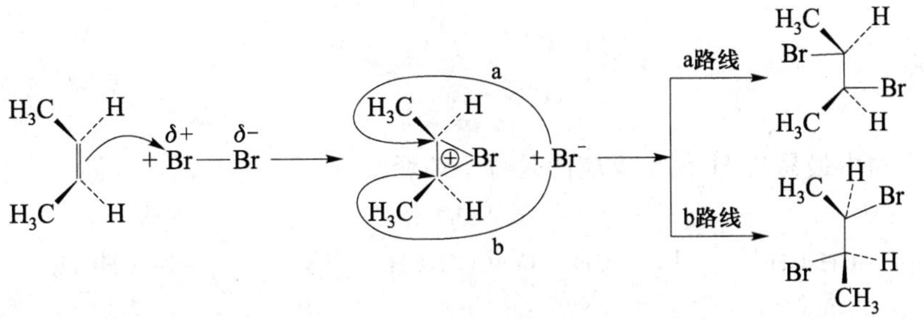


因为 $Br^-$ 由 a 路线和 b 路线进攻的概率相等，因此得到外消旋混合物。

**思考题 6-4** 乙烯自由基型聚合反应机理与烯烃和溴化氢自由基加成反应机理相似，试写出其聚合机理。（提示：聚合反应链增长反应的中间体是不同碳链长度的碳自由基 $RCH_2$）

**解答**：自由基型加成反应是连锁反应，包括链引发、链增长和链终止三个阶段。乙烯自由基型聚合用偶氮二异丁腈 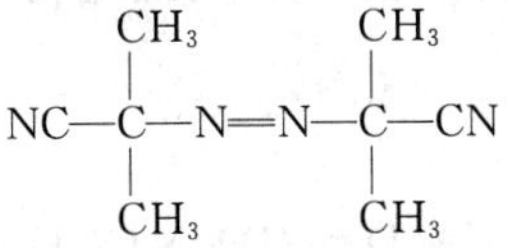 作为引发剂。其反应机理如下：

链引发：$NCC(CH_3)_2—N═N—C(CH_3)_2CN \xrightarrow{\triangle} 2\dot{C}(CH_3)_2CN + N_2$

$NC(CH_3)_2\dot{C} + CH_2═CH_2 \longrightarrow NC(CH_3)_2C—CH_2—\dot{C}H_2$

链增长：$NC(CH_3)_2CCH_2\dot{C}H_2 + CH_2═CH_2 \longrightarrow NC(CH_3)_2CCH_2CH_2CH_2\dot{C}H_2$

……

设 P 为不同长度的碳链，

$$P—CH_2\dot{C}H_2 + CH_2═CH_2 \longrightarrow PCH_2CH_2CH_2\dot{C}H_2$$

链终止：$PCH_2CH_2CH_2\dot{C}H_2 + \dot{C}H_2CH_2CH_2CH_2P \longrightarrow P(CH_2CH_2)_4P$

或 $PCH_2CH_2CH_2\dot{C}H_2 + \dot{C}H_2CHCH_2P \longrightarrow PCH_2CH_2CH_2CH_3 + CH_2═CHCH_2P$（H）

**思考题 6-5** 试总结烯烃的热力学稳定性与双键碳上氢被烷基取代程度的关系。

**解答**：烯烃的热力学稳定性可通过氢化焓判断，氢化焓大者，不稳定。由教材中图 6-2 判断烯烃的热力学稳定性为

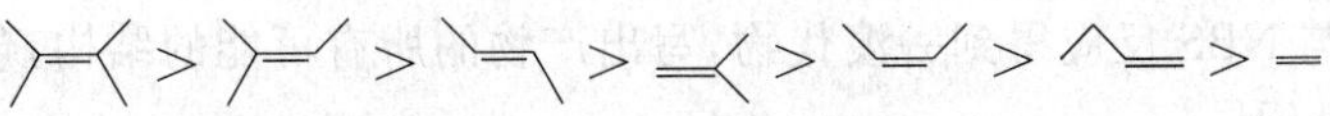

**思考题 6-6** 1 mol 的 1-戊烯-4-炔与 0.3 mol 的溴在四氯化碳中进行反应，主要产物是什么？

**解答**：在一般情况下，溴在四氯化碳溶液中与不饱和烃反应，溴是亲电试剂，引起不饱和烃的亲电加成反应，炔烃的亲电加成反应比烯烃的亲电加成反应难进行，亲电试剂 $Br_2$ 少于 1 mol。因此，

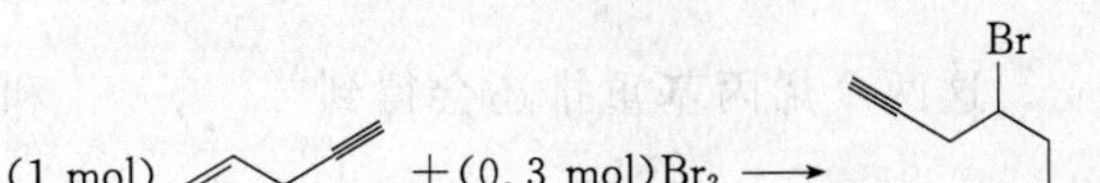

## 例题解析

**例 1.** 下列化合物中最易与 $H_2SO_4$ 反应的是哪个烯烃？

A. $CH_3CH{=}\overset{\displaystyle CH_3}{\overset{|}{C}}{-}CH_2CH_3$　　B. $(CH_3)_2C{=}\overset{\displaystyle CH_3}{\overset{|}{C}}CH_2CH_3$　　C. $C_6H_5{-}\overset{\displaystyle CH_3}{\overset{|}{C}}{=}CHCH_3$

D. $C_6H_5{-}\underset{\displaystyle CH_3}{\underset{|}{CH}}{-}CH{=}CH_2$　　E. $C_6H_5{-}CH{=}C(CH_3)_2$

**解析：**烯烃与 $H_2SO_4$ 反应的速率控制步骤是 $H^+$ 与 C═C 加成生成 $C^+$ 一步，因 $H^+$ 体积很小，没有立体阻碍，反应难易主要取决于生成 $C^+$ 的稳定性。$C^+$ 稳定，相应的过渡态稳定，反应速率快。尽管 A、B、E 都生成 3° $C^+$，但 C 的 3° $C^+$ 与苯环相连，形成共轭体系，其正电荷可分散到苯环上，更稳定。因此，C 最易与 $H_2SO_4$ 反应。

**例 2.** 下列最易发生 1,2-H 迁移的碳正离子是哪个？

A. $(CH_3)_3C^+$　B. $CH_3\overset{+}{C}HC(CH_3)_3$　C. $CH_3\overset{+}{C}HCH(CH_3)_2$　D. $(CH_3)_2\overset{+}{C}CH_2CH_3$

**解析：**碳正离子发生 1,2-H 迁移的推动力是生成稳定的 $C^+$。给出的四个碳正离子只有 C 发生 1,2-H 迁移才生成稳定的 3° $C^+$。

**例 3.** 在质子酸的作用下，$\alpha$-甲基丙烯发生二聚反应，经分离主要产物是 A 而不是 B，试解释之。

A.　　　　B.

**解析：**依不对称烯烃与质子酸加成规则，质子加到含氢较多的碳上：

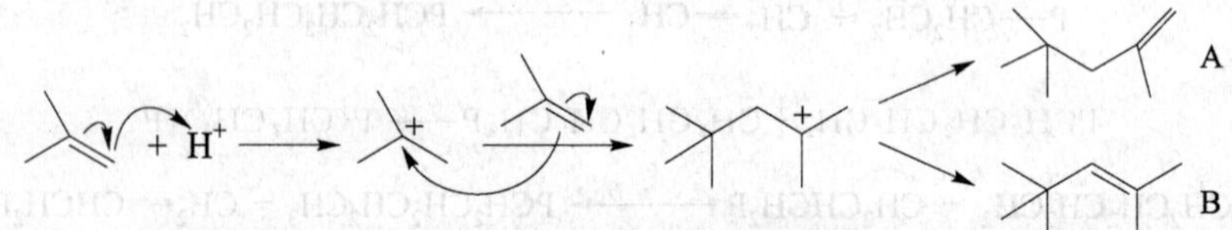

二聚反应生成稳定的中间体 3° $C^+$，脱不同的 $\beta$-H 得两种烯烃 A 和 B。尽管生成的烯烃 B 稳定，但生成 A 的有利条件有三：一是 $\beta$-H 酸性较大；二是 $\beta$-H 数目多；三是空间位阻小。因此主要产物为 A 而非 B。

**例 4.** 按要求回答下列问题：

(1) 写出($R$)-3-甲基-1-苯基环己烯的构型式；

(2) 该化合物与 NBS 反应得到一溴代物，写出产物的所有可能的结构，包括立体异构体。

**解析：**(1) 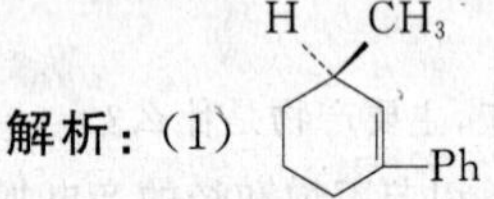

(2) 生成($R$)-3-甲基-1-苯基环己烯一溴代物反应的中间体是两个烯丙基碳自由基：

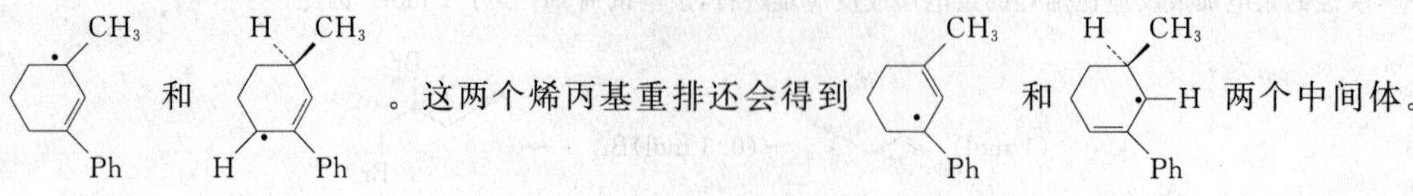

由此可得到8种异构体：

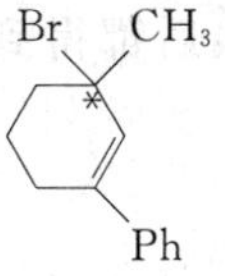

(±)（S/R 非对映体），(±)（S/R 非对映体）

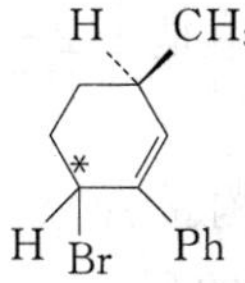

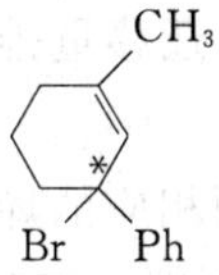

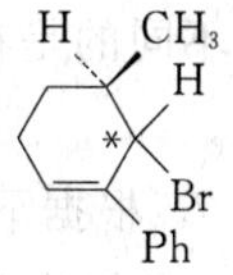

**例 5.** 写出下列反应的反应机理。

(1) 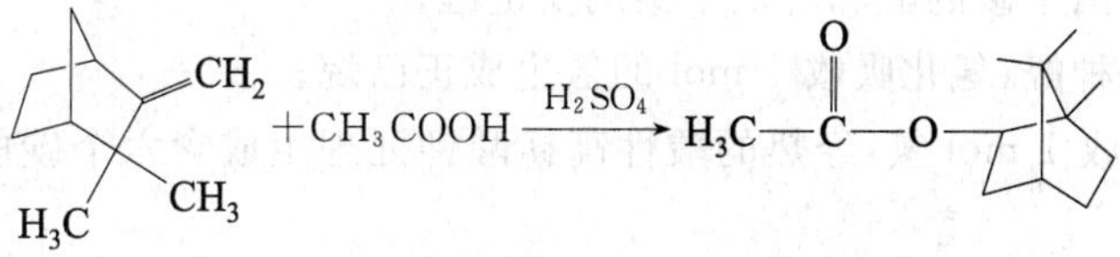 $+CH_3COOH \xrightarrow{H_2SO_4} H_3C-C(=O)-O-$

(2) 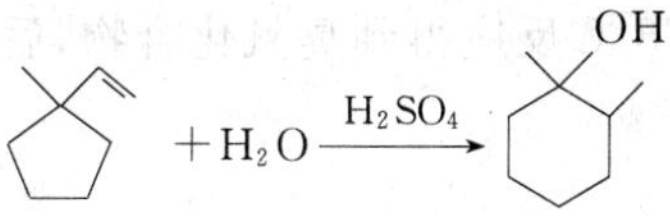 $+H_2O \xrightarrow{H_2SO_4}$

**解析：**(1)

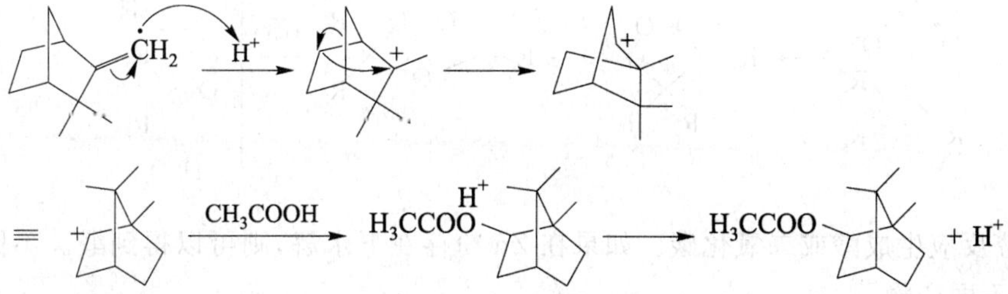

(2)

(稳定)

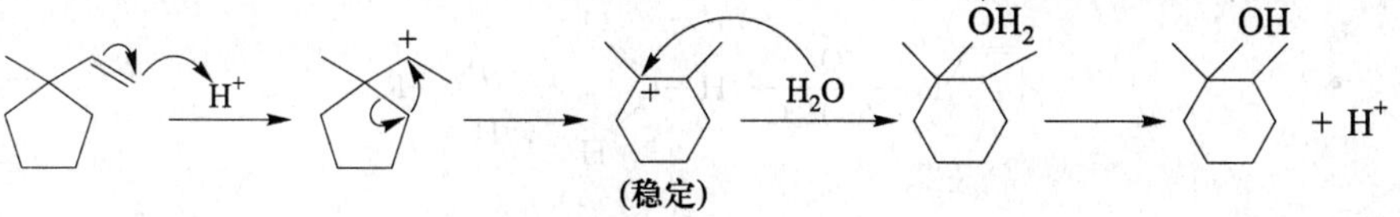

**例 6.** 写出(1) 3-甲基-1-丁烯和(2)3,3-二甲基-1-丁烯分别与氢溴酸加成反应的反应式，并用反应机理解析生成两种反应的异同点。

**解析：**这是两个不对称 α-烯烃的亲电加成反应，反应式如下：

(1) 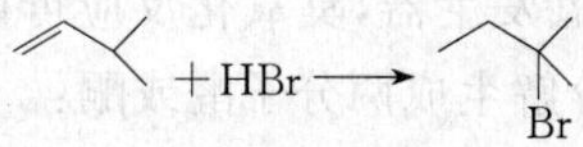 $+HBr \longrightarrow$

(2) 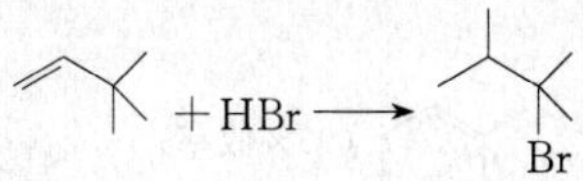 $+HBr \longrightarrow$

机理如下：

(1) $+H^+ \longrightarrow$ $\xrightarrow{1,2\text{-H迁移}}$ (稳定的3℃⁺) $\xrightarrow{Br^-}$

(2) $+H^+ \longrightarrow$ $\xrightarrow{1,2\text{-甲基迁移}}$ (稳定的3℃⁺) $\xrightarrow{Br^-}$

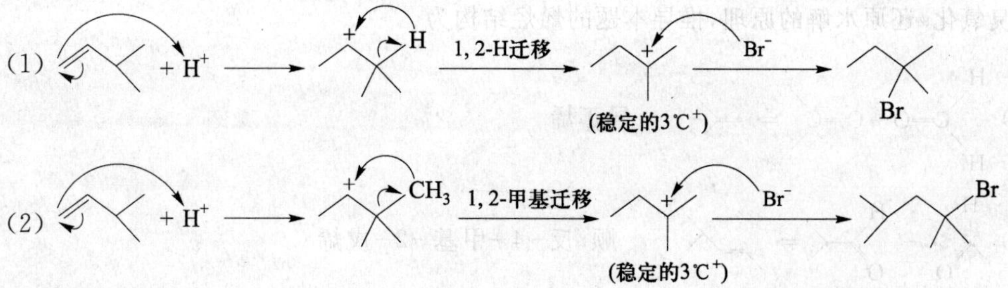

两种反应都属烯烃亲电加成机理，都先生成中间体 2° $C^+$，都有中间体 2° $C^+$ 重排成 3° $C^+$ 的反应。不同的是在(1)中是 1,2-氢迁移重排，在(2)中是 1,2-甲基迁移重排。最后都得到叔溴代烷烃。

**例 7.** 根据下列实验结果，推测相应的烯烃的结构。

(1) 臭氧化/还原水解得到一个碳的醛和三个碳的酮；

(2) 臭氧化/还原水解得到含两个碳的醛和含四个碳的支链醛；

(3) 臭氧化/还原水解得到一种醛，氢化吸收 1 mol 的氢生成正己烷；

(4) 分子式为 $C_6H_{10}$，氢化吸收 1 mol 氢，经热的酸性高锰酸钾处理生成含六个碳的直链二元酸。

**解析：** 烯烃臭氧反应是由空气稀释的 $O_3$ 与烯烃在 −78 ℃反应得到臭氧化合物，后者水解得到醛和酮。

$O_3$ + $R_1CH{=}CR_2R_3$ → (初级臭氧化物) → (臭氧化物) $\xrightarrow{H_2O}$ $R_1CHO$ + $R_2R_3C{=}O$ + $H_2O_2$

$H_2O_2$ 和醛反应生成酸或二氧化碳。如果在 Zn 粉存在下水解，则可以得到醛。不同的烯烃还原水解得到不同产物：

$$CH_2{=}CHR \xrightarrow[Zn,H_2O]{O_3} HCHO + RCHO$$

$$R_1R_2C{=}CR_3R_4 \xrightarrow[Zn,H_2O]{O_3} R_1R_2C{=}O + O{=}CR_3R_4$$

早期主要用此反应鉴定烯烃的结构。由于现在已经有臭氧发生器，臭氧化反应可以用于精细化工产物合成。如臭氧化物在还原剂 $S(R)_2$，$PPh_3$ 作用下分解生成两分子醛或酮：

$$CH_2{=}CHCH_2CH_2OCH_2C_6H_5 \xrightarrow[②Ph_3P]{①O_3,\ -78\ ℃} OHCCH_2CH_2OCH_2C_6H_5 \quad (95\%收率)$$

依臭氧化/还原水解的原理，推导本题的烯烃结构为

(1) $H_2C{=}O + O{=}C(CH_3)_2 \Rightarrow CH_2{=}C(CH_3)_2$ 异丁烯

(2) $CH_3CHO + OHCCH(CH_3)_2 \Rightarrow CH_3CH{=}CHCH(CH_3)_2$ 顺/反-4-甲基-2-戊烯

（3）$2R-CHO \Rightarrow R-CH=CH-R$　C═C在中间的内烯烃，$R-CH=CH-R + H_2 \longrightarrow R-CH_2CH_2-R$ 为正己烷，$R =CH_2CH_3$，即为顺/反-$CH_3CH_2CH═CHCH_2CH_3$。

（4）分子式为 $C_6H_{10}$，吸收 1 mol $H_2$，该烯烃可能为环己烯，热高锰酸钾处理得己二酸：

环己烯 $\xrightarrow{热\ KMnO_4}$ $HOOC(CH_2)_4COOH$，进一步证明是环己烯。

**例 8.** 旋光性化合物 A($C_8H_{12}$)，用铂催化加氢得无手性化合物 B($C_8H_{18}$)，用 Lindler 催化剂催化加氢得到有旋光性化合物 C($C_8H_{14}$)，用钠的氨溶液还原得到无旋光性化合物 D($C_8H_{14}$)，推测 A～D 的结构，并写出相应的反应式。

**解析：**由 A 分子式确定化合物不饱和度 $\Omega=3$。铂催化加氢生成 B，说明 A 是开链化合物，分子式中可能含有一个 C═C 和 C≡C 。B 用 Lindler 催化剂加氢得到有旋光性的 C，说明 A 中的 C═C 是反式。用钠的氨溶液还原 A 得到无旋光性化合物 D，D 和 C 的分子式相同，进一步可证明 A 中含有一个 C═C 和一个 C≡C，且 C═C 是反式的。按 A 有旋光性，分子式为 $C_8H_{12}$，得

A. B. C. D.

有关反应式：

A $+3H_2 \xrightarrow{Pt}$ B

A $+H_2 \xrightarrow{Lindler\ 催化剂}$ C

A $\xrightarrow{Na/液氨}$ D $+NaNH_2$

**例 9.** 将下列各组碳正离子按稳定性由大到小排列：

（1）A. $\overset{+}{C}H_2$-环己基　B. 1-甲基环己基正离子（$CH_3$）　C. 3-甲基环己基正离子（$CH_3$）　D. 降冰片基正离子

（2）A. $CH_2═C(CH_3)\overset{+}{C}H_2$　B. $CH_2═C-\overset{+}{C}(CH_3)_2$　C. $CH_2═\overset{+}{C}-CH(CH_3)_2$

D. $\overset{+}{C}H═CH-CH(CH_3)_2$

（3）A. $CH_3CH_2O\overset{+}{C}H_2$　B. $\overset{+}{C}H_2CH_2OCH_3$　C. $CH_3\overset{+}{C}HOCH_3$　D. $CH_3CO\overset{+}{C}H_2$

**解析**：在通常碳架下稳定性：$3°\ C^+>2°\ C^+>1°\ C^+$，$C^+_{sp^3}>C^+_{sp^2}$，$C=C-\overset{+}{C}$、苄基正离子比较稳定。

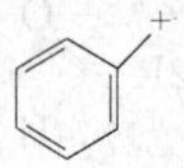

(1) B>C>A>D(D虽然是$3°\ C^+$，但其不能形成$C^+$平面结构，不稳定)。

(2) B>A>C>D(A、B都是$C=C-\overset{+}{C}$，但B还是$3°\ C^+$；C、D都属$C^+_{sp^2}$，但C的$C^+$邻接给电子基$-CH(CH_3)_2$)。

(3) C>A>B>D(A和C都可以形成比较稳定的$CH=\overset{+}{O}$，但C的$CH=O^+$两边都接给电子基$-CH_3$。B是孤立的$\overset{+}{C}H_2$，D是$\overset{+}{C}H_2$邻接吸电子基$CH_3\overset{O}{\overset{\|}{C}}-$)。

**例10.** 马来酰亚胺和呋喃进行D-A反应，在25 ℃时主要产物为A；反应温度为90 ℃时，主要产物是B；在90 ℃时，A转化成B。试解释这些现象。

**解析**：呋喃 + 马来酰亚胺 —25℃→ A；—90℃→ B；A —90℃→ B

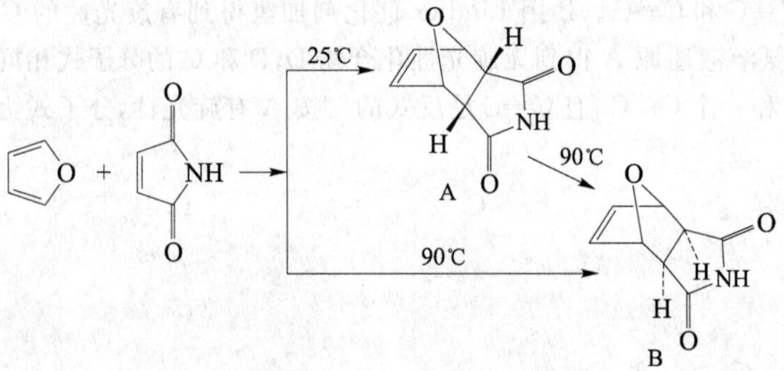

D-A反应是可逆平衡反应，低温度下是动力学控制反应产物；高温时是热力学控制反应产物，而产物B比A空间位阻小、稳定，90 ℃时，A能转化成B。

**例11.** 比较下述化合物画有"—"的H的卤代反应活性，为什么会是这样结果？

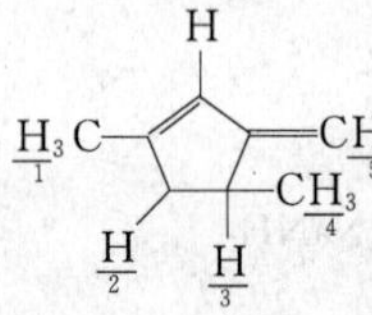

（结构式：环戊烯衍生物，标注 $H_3C$(1)、H(2)、H(3)、$CH_3$(4)、$=CH_2$(5)）

**解析**：1、2、3分别是处于烯丙位的1°H、2°H、3°H，卤代活性很大，且3°H>2°H>1°H。而4、5分别为$C_{sp^3}$上H和$C_{sp^2}$上的H，其酸性逐渐加大，卤代活性逐渐变得更难。因此卤代活性：3>2>1>4>5。

**例12.** 用化学方法鉴别下列化合物：

A. 环己烷 B. 1,1,2-三甲基环丙烷 C. 1-己烯 D. 1,3-己二烯 E. 1-己炔

**解析**：用于鉴别用的化学反应应具备两个条件：一是反应操作要简单，反应条件缓和，常常在试管中即可进行试验；二是反应的现象要明显，一般凭观察就能得出结论，例如反应中会发生颜色的变化、温度的变化(放热、吸热)、生成气体、出现沉淀或浑浊、分层等。要根据被鉴别化合物的结构特征和官能团的差异，尽可能选择现象明显、操作简单、可信的方法。因此，要熟悉用做鉴别的各种反应的作用机理、应用范围、限制，以及发生反应的现象。在解题时先将给定的化合物用构造式表示。

结合本题，A、B 为饱和烃，C、D、E 是不饱和烯。可用高锰酸钾氧化，通过颜色变化、气体放出把 A、B 与 C、D、E 分成两组；再用溴区分 A 与 B；用银氨溶液通过生成白色沉淀从 C、D、E 中将 E 区别出来；用顺丁烯二酸酐将 C、D 区别开来。操作顺序也可以用别的组合方法。

鉴定方法确定后，要选择简单明确的方式表示鉴别过程。可用叙述式，表格式，图解式和反应式表示式。各种表示方法各有优缺点。本题用表格式表示如下：

| 试剂 | 反应现象 | 结果 | | | | |
|---|---|---|---|---|---|---|
| | | A | B | C | D | E |
| $KMnO_4/H_2SO_4$ | 紫色褪去 | − | − | + | + | + |
| $Br_2/CCl_4$ | 红色褪去 | − | + | − | − | − |
| $Ag^+(NH_3)_2$ | 白色沉淀 | − | − | − | − | + |
| 顺丁烯二酸酐（结构式） | 白色沉淀 | − | − | − | + | − |

表格是对每个被鉴定的化合物全面考察，“＋”表示发生反应，有现象发生；“－”则表示未发生反应。显然表中的被鉴定的化合物与每种试剂反应不是完全相同的。

## 综合习题

1. 纠正下列命名的错误：

A. 2－甲基环己烯　B. 1－氯异丁烯　C. 1,1,2,2－四甲基乙烯

D. 3－甲基－2－丁烯　E. (*E*)－3－乙基－3－戊烯　F. 反－2－戊烯－4－醇

2. 不论过氧化物存在与否，烯烃 A($C_6H_{12}$)与溴化氢加成，只得到一种一溴代烷，A 的可能结构是哪个？

A. $CH_3CH_2CH_2CH{=}CH_2$　B. $CH_3CH_2CH_2CH{=}CHCH_3$

C. $CH_3CH_2CH{=}CHCH_2CH_3$　D. $(CH_3)_2C{=}C(CH_3)_2$

E. $CH_2{=}CH{-}C(CH_3)_2{-}CH_3$

3. 顺式和反式 $CH_3BrC{=}CBrCH_3$ (A 和 B)分别进行催化加氢反应，A 加氢主要得到外消旋体，B 加氢主要得到内消旋体，试推断 A 和 B 的结构，并说明理由。

4. 按稳定性减小顺序排列下列各组化合物：

(1) A. $CH_2{=}CH_2$　B. $(CH_3)_2C{=}C(CH_3)_2$　C. $(CH_3)_2C{=}CH_2$　D. $(CH_3)_2C{=}CHCH_3$

(2) A.　B.　C.　D.

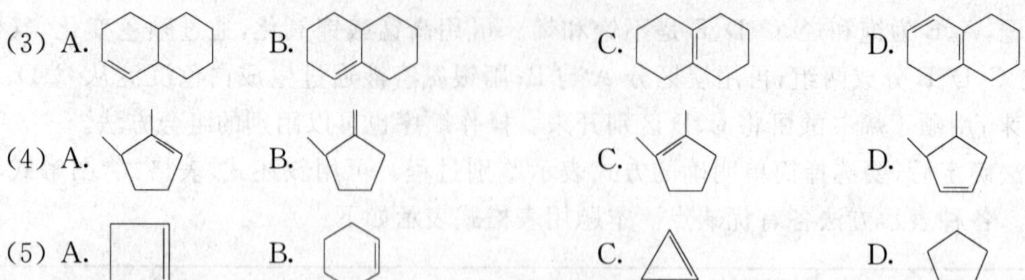


5. 按碳正离子稳定性降低的顺序排列下列碳正离子：

(1) A. $CH_2{=}CH{-}\overset{+}{C}H_2$　B. $CH_2{=}\overset{+}{C}H$　C. $CH_3\overset{+}{C}H_2$　D. $CH_3{-}CH{=}CH{-}\overset{+}{C}H_2$

(2) A. $CH_3CH{=}CH{-}\overset{+}{C}H{-}CH_2CH_3$　B. $CH_3CH{=}CH{-}CH{=}CH{-}\overset{+}{C}H_2$

C. $CH_3\overset{+}{C}HCH{=}CH{-}CH{=}CH_2$　D. $\overset{+}{C}H_2CH_2CH{=}CH{-}CH{=}CH_2$

6. 写出在常温下，$CH_2{=}C(CH_3){-}CH{=}CH_2 \xrightarrow{HBr}$的主要产物是(　　)，并说明理由。

A. $CH_3{-}CBr(CH_3){-}CH{=}CH_2$　B. $H_3C{-}C(CH_3){=}CH{-}CH_2Br$

C. $CH_2{=}C(CH_3){-}CHBr{-}CH_3$　D. $BrCH_2{-}C(CH_3){=}CH{-}CH_3$

7. 完成下列转换：

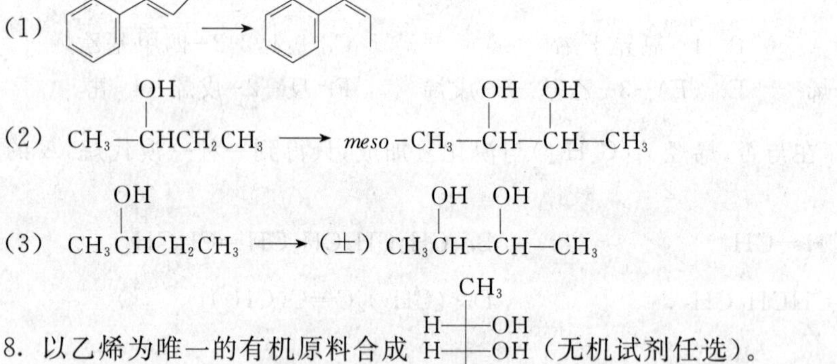


8. 以乙烯为唯一的有机原料合成（上图所示化合物）(无机试剂任选)。

9. 一种绿色的桃子蚜虫能放出一种防御性信息素。分离后由质谱证明其分子离子峰$m/z=204$。由钯催化加氢吸收4 mol氢，生成2,6,10-三甲基十二碳烷。1 mol的信息素经臭氧化/还原水解后生成2 mol甲醛、1 mol丙酮、1 mol 4-戊酮醛和1 mol 2-戊酮二醛。试推测该信息素的结构(可以不考虑顺反异构)。

10. 化合物A和B的相对分子质量均为54，二者都可以使溴的四氯化碳溶液褪色。A与银氨离子发生反应生成沉淀，B不与银氨离子反应。二者都可以使热的高锰酸钾溶液褪色，A生成丙酸和$CO_2$，B生成乙酸。试写出A和B的结构式。

11. 化合物A($C_{10}H_{18}$)经热的$KMnO_4/H_2SO_4$处理放出2 mol $CO_2$和1 mol 3,6-辛二酮。

A 经酸处理生成 A 的同分异构体(仅考虑构造异物)B、C 和 D。B、C 和 D 也可以使溴水褪色,催化加氢都吸收 1 mol 氢。请写出 A、B、C 和 D 的构造式。

12. 山道年具有下面结构式,它是(　　),并画出每个异戊二烯结构单元。

A. 单萜　　B. 倍半萜　　C. 双萜　　D. 三萜

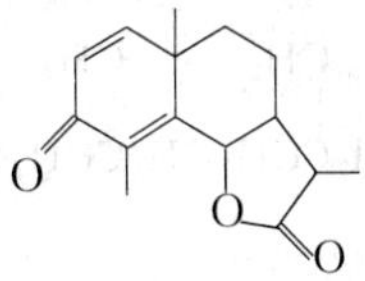

## 综合习题参考答案

1. A. 编号方向错误;B. 用“异”字,不能用“1”表示位号;C. 主链选择错误;D. 编号方向错误;E. 编号方向错误,无 $E$ 结构;F. 编号方向错误。

2. D

3. A 为反式,B 为顺式,因为烯烃催化加氢是顺式加氢。

4. (1) B>D>C>A　(2) C>B>A>D　(3) D>C>B>A　(4) B>C>A>D　(5) B>D>A>C

5. (1) D>A>C>B　(2) C>B>A>D

6. B,热力学控制。

7. (1) $\xrightarrow{Br_2}$ $\xrightarrow{KOH/乙醇}$ $\xrightarrow{H_2/Lindler\ 催化剂}$

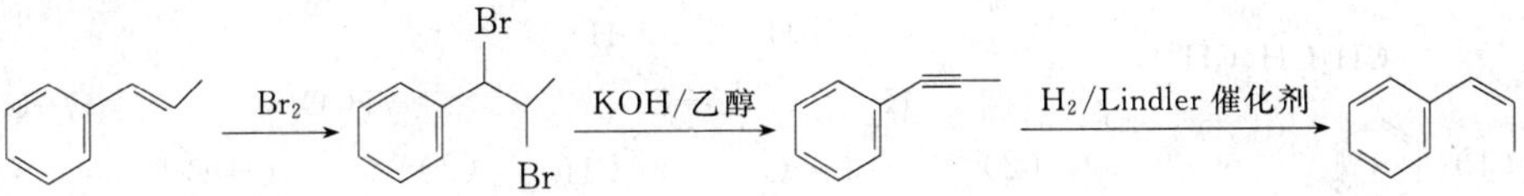

(2) $CH_3-\underset{OH}{CH}CH_2-CH_3 \xrightarrow[\triangle]{H^+} CH_3CH{=}CH-CH_3 \xrightarrow{Br_2} CH_3CHBrCHBrCH_3 \xrightarrow{KOH/乙醇}$

$CH_3-C{\equiv}C-CH_3 \xrightarrow{H_2/P-2\ 催化剂}$ (H₃C)(H)C=C(H)(CH₃) 顺式 $\xrightarrow[或\ OsO_4/H_2O_2]{稀、冷\ KMnO_4/OH^-}$ $H_3C(H)(OH)C-C(OH)(H)CH_3$

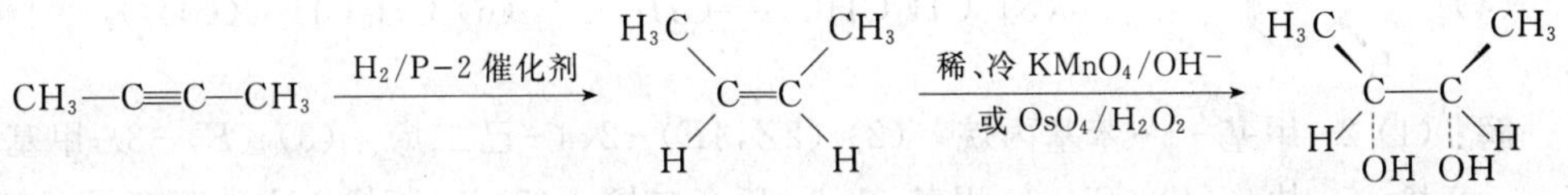

(3) $H_3C-\underset{OH}{CH}CH_2CH_3 \xrightarrow[\triangle]{H^+} H_3CCH{=}CH-CH_3 \xrightarrow{Br_2} CH_3CHBrCHBrCH_3 \xrightarrow{KOH/乙醇}$

$CH_3C{\equiv}C-CH_3 \xrightarrow{Na/液\ NH_3}$ 反式 $H_3C(H)C{=}C(H)CH_3$ $\xrightarrow{OsO_4/H_2O_2}$ $H_3C(H)(OH)C-C(OH)(H)CH_3$

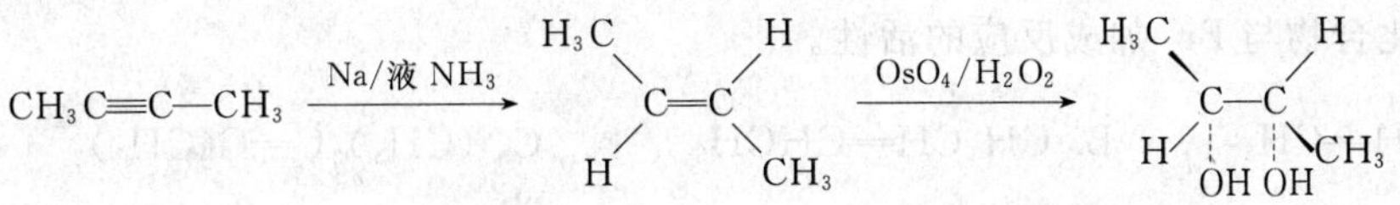

8. $H_2C{=}CH_2 \xrightarrow{Br_2} BrCH_2-CH_2Br \xrightarrow{KOH/醇} HC{\equiv}CH \xrightarrow{NaNH_2/液\ NH_3} HC{\equiv}CNa \xrightarrow{CH_3I}$

$HC{\equiv}C-CH_3 \xrightarrow{NaNH_2/液\ NH_3} NaC{\equiv}C-CH_3 \xrightarrow{CH_3I} H_3C-C{\equiv}C-CH_3 \xrightarrow{H_2/P-2\ 催化剂}$

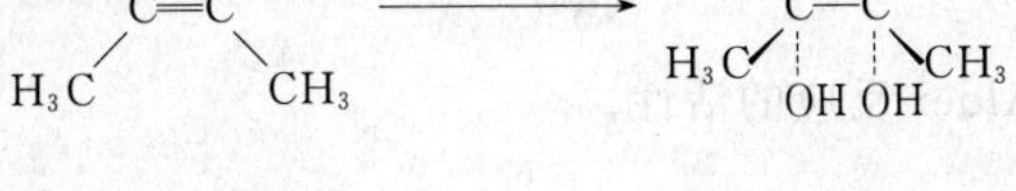

顺式 $H_3C(H)C{=}C(H)CH_3$ $\xrightarrow{OsO_4/H_2O_2}$ $H_3C(H)(OH)C-C(OH)(H)CH_3$

9. $(CH_3)_2C{=}CHCH_2CH_2C(CH_3){=}CHCH_2CH_2C(={CH_2})CH{=}CH_2$

10. A. $CH{\equiv}CCH_2CH_3$ B. $CH_3C{\equiv}CCH_3$

11. A. $CH_3CH_2C(={CH_2})CH_2CH_2C(={CH_2})CH_2CH_3$ B. 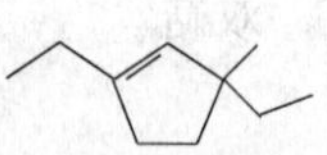 C.

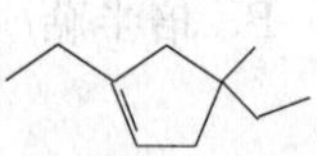

D.

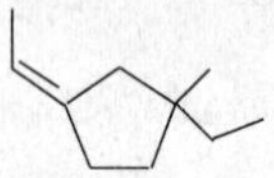

12. B.

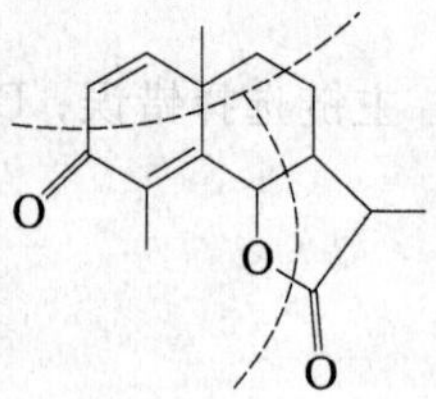

O O O

# 习题解答

6-1 命名下列化合物或离子：

(1) 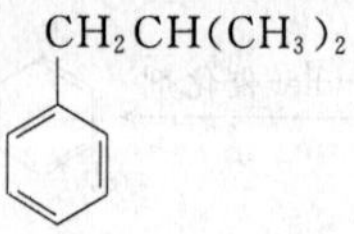 $CH_2CH(CH_3)_2$（苯环） (2) 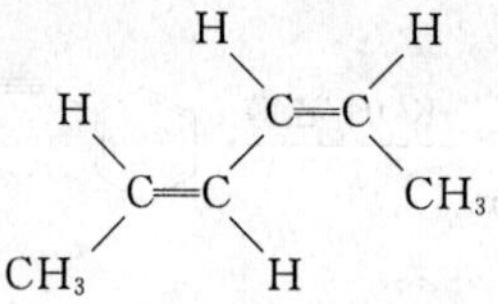 H H / H C=C / C=C CH$_3$ / CH$_3$ H (3) $H_3C$ $C{\equiv}C{-}C_2H_5$ / C=C / $H_5C_2$ $C(CH_3)_3$

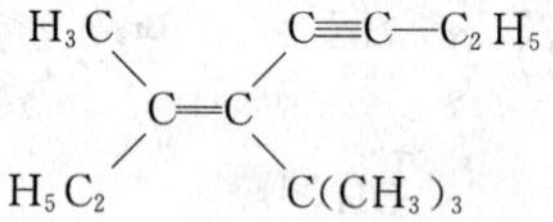

(4) 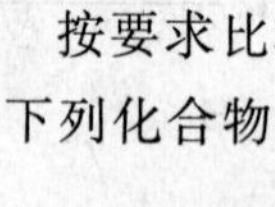 $CH_3$ / H (5) $CH_3\overset{+}{C}HCH{=}CH_2$ (6) $CH_3CH_2\overset{+}{C}(CH_3)_2$

**解：**(1) 2-甲基-1-苯基丙烷 (2) (2*Z*,4*E*)-2,4-己二烯 (3) (*E*)-3-甲基-4-叔丁基-3-辛烯-5-炔 (4) (*S*)-6-甲基-1,3-环辛二烯 (5) 3-丁烯-2-碳正离子 (6) 2-甲基丁烷-2-碳正离子

6-2 按要求比较反应活性。

(1) 下列化合物与 $Br_2$ 加成反应的活性。

A. $CH_3CH{=}CH_2$ B. $CH_3CH{=}CHCH_3$ C. $(CH_3)_2C{=}C(CH_3)_2$

(2) 下列化合物与 HBr 加成反应的活性。

A. $CH_3CH{=}CHCH{=}CH_2$ B. $CH_2{=}CH{-}CH{=}CH_2$

C. $CH_3CH{=}CHCH_3$ D. $CH_2{=}CHCH_2CH_3$

E. $CH_3C{\equiv}CCH_3$

(3) 下列化合物与丙烯腈发生 Diels-Alder 反应的活性。

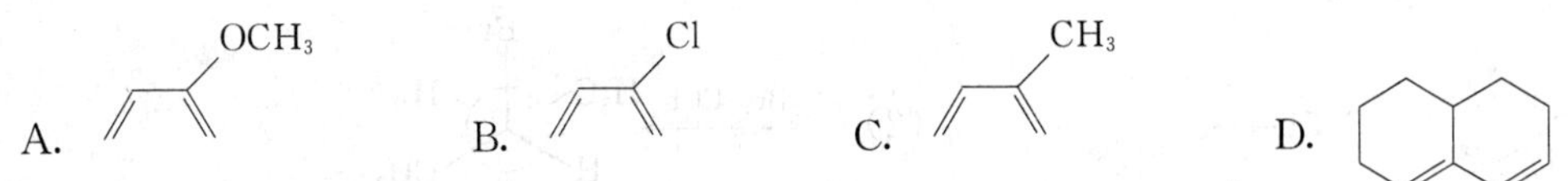

(4) 下列化合物催化加氢反应的活性。

A. $CH_2=CH_2$　　B. $CH_3CH=CHCH_3$　　C. $(CH_3)_2C=CHCH_3$

**解：**(1) C>B>A　(2) A>B>C>D>E　(3) A>C>B>D　(4) A>B>C

6-3　将下列各组碳正离子按稳定性由大到小排列成序：

(1) A. $CH_3CH_2\overset{+}{C}H_2$　B. $CH_3\overset{+}{C}HCH_2CH_3$　C. $CH_3CH_2CH_2\overset{+}{C}(CH_3)_2$

(2) A. $CH_3O\overset{+}{C}H_2$　B. $CF_3\overset{+}{C}H_2$　C. $CH_3\overset{+}{C}H_2$

(3) A. 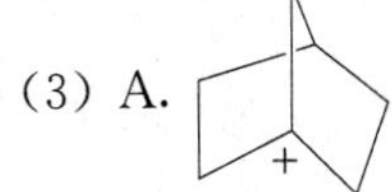　B. 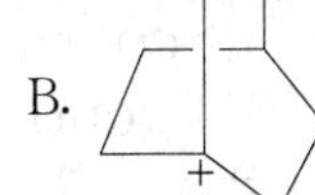　C. $(CH_3)_3C^+$

**解：**(1) C>B>A　(2) A>C>B　(3) C>B>A

6-4　指出下列结构中各存在哪些类型的共轭体系。

(1) $CH_3CH=CH-\overset{+}{C}ClCH_3$

(2) $CH_2=CH-CH=CH-\overset{+}{C}H_2$

(3) $CH_2=CH-\overset{-}{C}H-C(OH)=CH_2$

(4) $CH_3CH=CHCH_2CH=CH\dot{C}HCH_3$

**解：**(1) p-π 共轭，σ-π 超共轭，σ-p 超共轭，p-p 超共轭　(2) π-π 共轭，p-π 共轭　(3) p-π 共轭　(4) p-π 共轭，σ-π 超共轭，σ-p 超共轭

6-5　下列各对结构式是构造异构体还是共振结构关系？

(1) 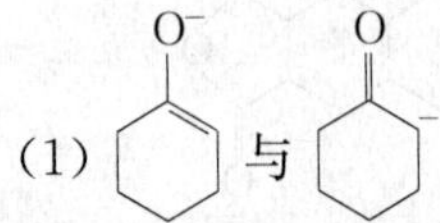　(2) 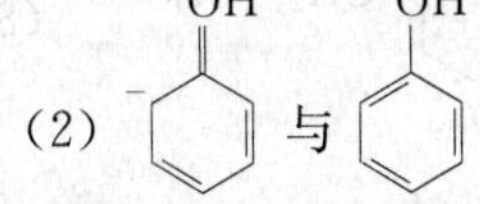　(3) 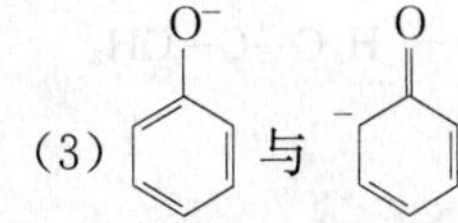

**解：**(1)、(2)和(3)均属于共振结构。

6-6　按稳定性由大到小排列下列烯：

(1) 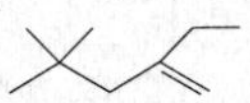　(2) 　(3) 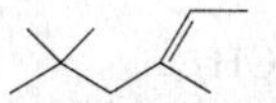　(4)

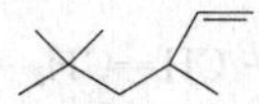

**解：**(3)>(2)>(1)>(4)

6-7　1-辛烯-3-醇是一种有效的蚊子诱引剂，通常用它诱捕蚊子。有许多反应，包括氢化反应，能使1-辛烯-3-醇转化为无效分子。试写出这些反应。

**解：**　OH　$+H_2 \xrightarrow{Ni}$　OH　+　OH

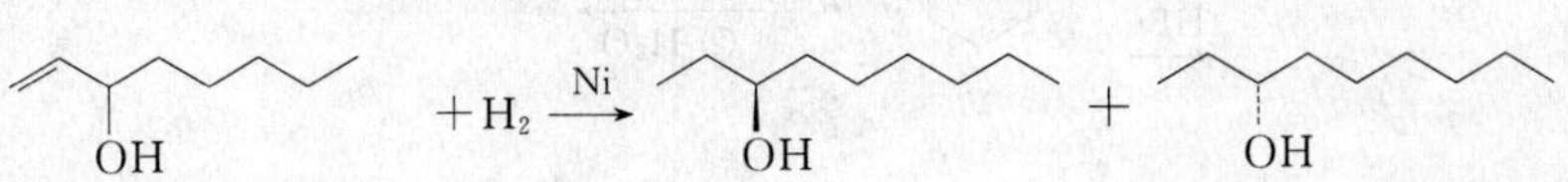

6-8　完成下列反应式，写出主要产物：

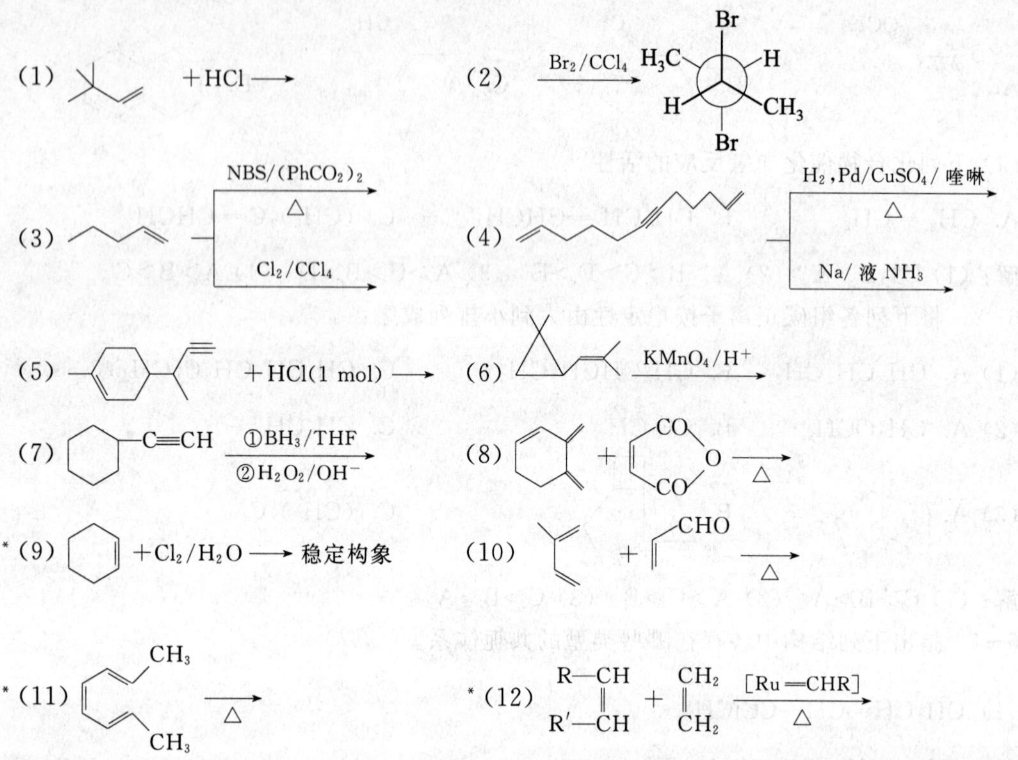

(1) $+HCl \longrightarrow$　　(2) $\xrightarrow{Br_2/CCl_4}$ (Newman projection: Br, $H_3C$, H, H, $CH_3$, Br)

(3) $\xrightarrow[\triangle]{NBS/(PhCO_2)_2}$ ; $\xrightarrow{Cl_2/CCl_4}$　　(4) $\xrightarrow[\triangle]{H_2,Pd/CuSO_4/\text{喹啉}}$ ; $\xrightarrow{Na/\text{液 }NH_3}$

(5) $+HCl(1\ mol) \longrightarrow$　　(6) $\xrightarrow{KMnO_4/H^+}$

(7) $C\equiv CH \xrightarrow[②H_2O_2/OH^-]{①BH_3/THF}$　　(8) $+$ (CO, O, CO) $\xrightarrow{\triangle}$

*(9) $+Cl_2/H_2O \longrightarrow$ 稳定构象　　(10) $+$ CHO $\xrightarrow{\triangle}$

*(11) $CH_3$, $CH_3$ $\xrightarrow{\triangle}$　　*(12) $\begin{matrix} R-CH \\ \| \\ R'-CH \end{matrix} + \begin{matrix} CH_2 \\ \| \\ CH_2 \end{matrix} \xrightarrow[\triangle]{[Ru=CHR]}$

**解**：(1) Cl　(2) $H_3C$, H, H, $CH_3$　(3) Br ; Br ; Cl, *, Cl

(4) ,　(5) Cl

(6) O, OH $+ H_3C-\overset{O}{\overset{\|}{C}}-CH_3$　(7) $CH_2-\overset{O}{\overset{\|}{C}}H$　(8) O, O, O

(9) S, Cl, Cl, S $+$ R, HO, Cl, R　(10) CHO　(11)

(12) $R-CH=CH_2 + R'-CH=CH_2$

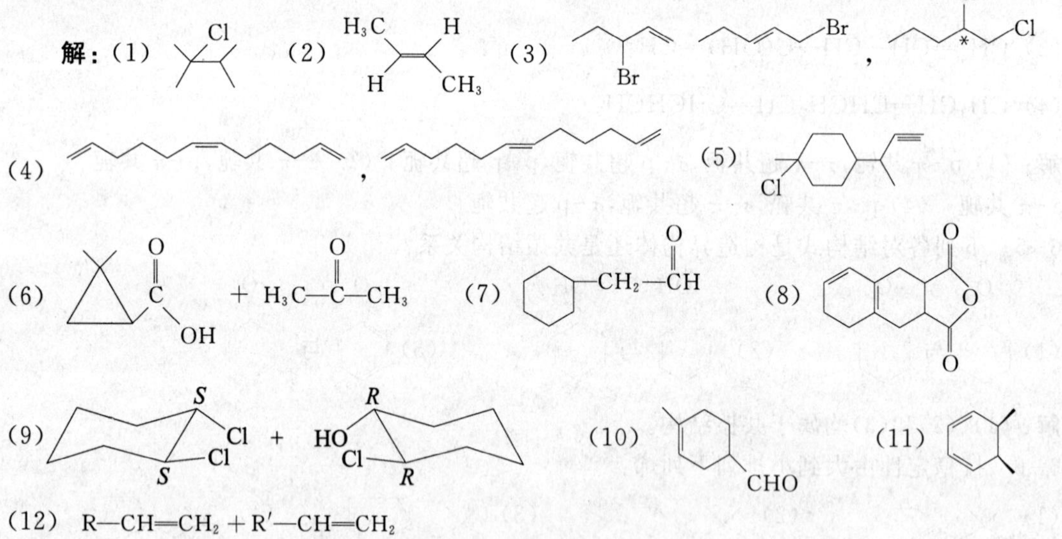

6-9 写出下列反应的主要产物，在区域选择性的相关处标记(苯环对所用试剂是稳定的)。

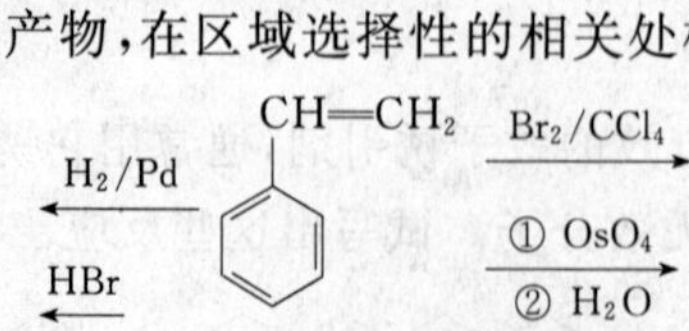

$CH=CH_2$ ; $\xleftarrow{H_2/Pd}$ ; $\xleftarrow{HBr}$ ; $\xrightarrow{Br_2/CCl_4}$ ; $\xrightarrow[②\ H_2O]{①\ OsO_4}$

**解：**

$$\text{PhCH}_2\text{CH}_3 \xleftarrow{H_2/Pd} \text{PhCH}=\text{CH}_2 \xrightarrow{Br_2/CCl_4} \text{Ph}\overset{*}{\text{C}}\text{H(Br)}-\text{CH}_2\text{Br}$$

$$\text{Br}-\overset{*}{\text{C}}\text{H(Ph)}-\text{CH}_3 \xleftarrow{HBr} \text{PhCH}=\text{CH}_2 \xrightarrow[\text{②}H_2O]{\text{①}OsO_4} \text{Ph}\overset{*}{\text{C}}\text{H(OH)}-\text{CH}_2\text{OH}$$

6-10 用化学方法鉴别下列化合物：

A. 1-壬烯（键线式） B. 1-壬炔（键线式） C. 3-庚炔（键线式）

D. 壬烷（键线式） E. 2,4-壬二烯（键线式）

**解：**

| | 稀 $KMnO_4$, $OH^-$ | |
|---|---|---|
| A | + | 紫色褪去 |
| B | + | 紫色褪去 |
| C | + | 紫色褪去 |
| D | − | |
| E | + | |

| | $Ag(NH_3)_2OH$ |
|---|---|
| A | − |
| B | +（白色↓） |
| C | − |
| E | − |

| | $KMnO_4$ / $H^+,\triangle$ ; $Ca(OH)_2$ |
|---|---|
| A | +（白色↓或有气体生成） |
| C | − |
| E | − |

| | 顺丁烯二酸酐 |
|---|---|
| C | − |
| E | +（白色↓） |

6-11 以含三个碳及其以下的有机物为原料（无机试剂任选）合成下列化合物。

(1) $CH_3C\equiv C(CH_2)_2C\equiv CCH_3$ (2) 顺-3-己烯（键线式） (3) 3-环己烯基甲腈（结构式） (4) 丁酮（键线式）

*(5) (2*R*,3*S*)-2,3-二羟基丁烷

**解：**(1) $2CH_3C\equiv CH \xrightarrow[\text{液 }NH_3]{NaNH_2} 2CH_3C\equiv CNa \xrightarrow{BrCH_2CH_2Br} CH_3C\equiv CCH_2CH_2C\equiv CCH_3$

(2) $HC\equiv CH \xrightarrow[\text{液 }NH_3]{NaNH_2} HC\equiv CNa \xrightarrow{CH_3CH_2Cl} HC\equiv CCH_2CH_3 \xrightarrow[\text{液 }NH_3]{NaNH_2} NaC\equiv CCH_2CH_3 \xrightarrow{CH_3CH_2Cl}$

$CH_3CH_2C\equiv CCH_2CH_3 \xrightarrow[Pd-BaSO_4,\text{喹啉}]{H_2}$ 顺-3-己烯

(3) $2HC\equiv CH \xrightarrow{CuCl_2-NH_4Cl} CH_2=CH-CH\equiv CH \xrightarrow[Pd-BaSO_4,\text{喹啉}]{1\ mol\ H_2} CH_2=CH-CH=CH_2$

$HC\equiv CH + HCN \xrightarrow[\triangle]{Cu_2Cl_2-NH_4Cl} CH_2=CHCN$

$CH_2=CH-CH=CH_2 + CH_2=CHCN \xrightarrow{\triangle}$ 3-环己烯基甲腈

(4) $HC\equiv CH \xrightarrow[\text{液 } NH_3]{NaNH_2} HC\equiv CNa \xrightarrow{CH_3CH_2Cl} HC\equiv CCH_2CH_3 \xrightarrow[Hg^{2+},H_2SO_4]{H_2O}$

$H_2C=C(OH)-CH_2CH_3 \rightleftharpoons CH_3C(=O)-CH_2CH_3$

(5) $HC\equiv CH \xrightarrow[\text{液 } NH_3]{NaNH_2} HC\equiv CNa \xrightarrow{CH_3Cl} HC\equiv CCH_3 \xrightarrow[\text{液 } NH_3]{NaNH_2} NaC\equiv CCH_3 \xrightarrow{CH_3Cl}$

$H_3CC\equiv CCH_3 \xrightarrow[Pd-BaSO_4,\text{喹啉}]{H_2}$ (顺)-$H_3C(H)C=C(H)CH_3$ $\xrightarrow[②NaHSO_4]{①OsO_4}$ HO, H, $CH_3$ / OH, H, $CH_3$

或者 Na，液 $NH_3$

(反)-$H_3C(H)C=C(H)CH_3$ $\xrightarrow{CH_3COOOH}$ 环氧化物 ($H_3C$, H / H, $CH_3$) $\xrightarrow[H^+]{H_2O}$ $H_3C$, H, HO / OH, H, $CH_3$

6-12 写出下列反应的反应机理：

(1) 5-亚甲基-6,6-二甲基-1,3-环己二烯 ($CH_2$, $CH_3$, $CH_3$) $\xrightarrow{H^+}$ 1,2,3-三甲苯　(2) 八氢萘衍生物 + HBr $\xrightarrow{ROOR}$ 溴代产物 (Br)

(3) 链状二烯 $\xrightarrow{H_2SO_4}$ 1,1,2,3-四甲基环己烯

解：(1) ($CH_2$) $\xrightarrow{H^+}$ [ 碳正离子 ($CH_3$, +) ⟷ 碳正离子 ($CH_3$, +) ] $\xrightarrow[\text{迁移}]{-CH_3}$ ($CH_3$, $CH_3$, $CH_3$, +)

$\xrightarrow{-H^+}$ ($CH_3$, $CH_3$, $CH_3$)

(2) $ROOR \longrightarrow 2RO\cdot$　$HBr+RO\cdot \longrightarrow ROH+Br\cdot$

+ $Br\cdot \longrightarrow$ (Br, ·)

(Br, ·) + HBr $\longrightarrow$ (Br) + $Br\cdot$

(3) $\xrightarrow{H^+}$ (+) $\longrightarrow$ (+) $\xrightarrow{-H^+}$

6-13 家蝇的性诱引剂是一碳氢化合物 $C_{23}H_{46}$。用酸性热 $KMnO_4$ 处理家蝇性诱引剂，得到两种产物 $CH_3(CH_2)_2COOH$ 和 $CH_3(CH_2)_7COOH$，试写出家蝇性诱引剂的结构。以乙炔和卤代烷为原料(无机试剂任选)，合成家蝇诱引剂(家蝇性诱引剂是反式结构。)

**解**：根据化合物的分子式，家蝇性诱引剂是反式结构及酸性热高锰酸钾处理所得产物分析，家蝇性诱引剂的结构为

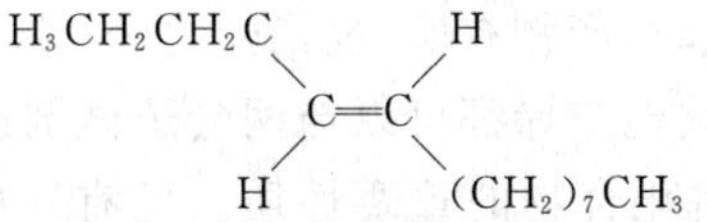

$$\begin{array}{ccc} H_3CH_2CH_2C & & H \\ & C{=}C & \\ H & & (CH_2)_7CH_3 \end{array}$$

合成：$HC\equiv CH \xrightarrow[\text{液}\ NH_3]{NaNH_2} HC\equiv CNa \xrightarrow{CH_3CH_2CH_2Cl} HC\equiv CCH_2CH_2CH_3 \xrightarrow[\text{液}\ NH_3]{NaNH_2} NaC\equiv CCH_2CH_2CH_3$

$$\xrightarrow{CH_3(CH_2)_7Cl} CH_3(CH_2)_7C\equiv C(CH_2)_2CH_3 \xrightarrow[\text{液}\ NH_3]{Na} \begin{array}{ccc} CH_3CH_2CH_2 & & H \\ & C{=}C & \\ H & & (CH_2)_7CH_3 \end{array}$$

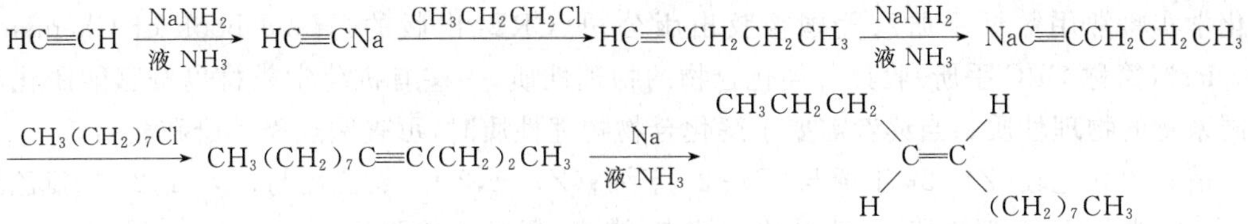

6-14 分子式为 $C_7H_{10}$ 的某开链烃 A，可发生下列反应：A 经催化加氢可生成 3-乙基戊烷；A 与 $AgNO_3/NH_3$ 溶液反应可产生白色沉淀；A 在 $Pd/BaSO_4$ 作用下吸收 1 mol $H_2$ 生成化合物 B；B 可以与顺丁烯二酸酐反应生成化合物 C。试推测 A，B 和 C 的构造式。

**解**：A 的不饱和度 $\Omega=3$。A 催化加氢产物为 3-乙基戊烷，A 为链状物，与 $AgNO_3/NH_3$ 溶液反应生成白色沉淀，为端炔烃。在钝化催化剂存在下，A 与 1 mol $H_2$ 作用生成 B，B 能发生 D-A反应，B 为共轭二烯烃，A 为共轭烯炔烃。结合 A 的不饱和度，可知

A. 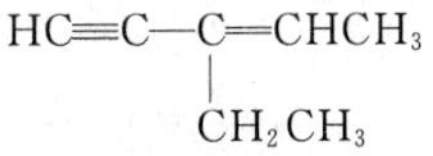 $HC\equiv C-\underset{\displaystyle CH_2CH_3}{\underset{|}{C}}{=}CHCH_3$  B. $H_2C{=}CH-\underset{\displaystyle CH_2CH_3}{\underset{|}{C}}{=}CHCH_3$  C. (结构式：4-乙基-3-甲基-1,2,3,6-四氢邻苯二甲酸酐)

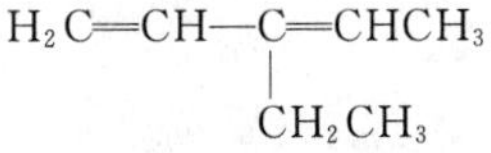

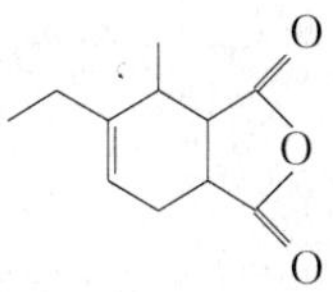

6-15 某化合物 A 的分子式为 $C_5H_8$，在液 $NH_3$ 中与 $NaNH_2$ 作用后，再与 1-溴丙烷作用，生成分子式为 $C_8H_{14}$ 的化合物 B；用 $KMnO_4$ 氧化 B 得到分子式为 $C_4H_8O_2$ 的两种不同的酸 C 和 D。A 在 $HgSO_4$ 存在下与稀 $H_2SO_4$ 溶液作用，可得到酮 E($C_5H_{10}O$)。试写出 A～E 的构造式，并用反应式表示上述变化过程。

**解**：A. $(CH_3)_2CHC\equiv CH$  B. $(CH_3)_2CHC\equiv CCH_2CH_2CH_3$  C. $(CH_3)_2CHCOOH$  D. $CH_3CH_2CH_2COOH$  E. $(CH_3)_2CHCOCH_3$

变化过程：

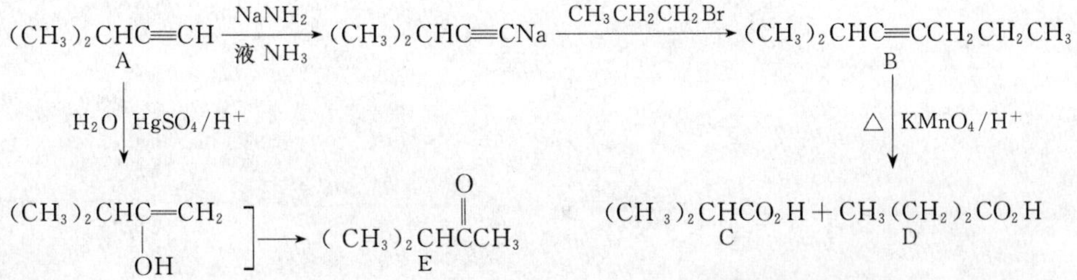

$$\underset{A}{(CH_3)_2CHC\equiv CH} \xrightarrow[\text{液}\ NH_3]{NaNH_2} (CH_3)_2CHC\equiv CNa \xrightarrow{CH_3CH_2CH_2Br} \underset{B}{(CH_3)_2CHC\equiv CCH_2CH_2CH_3}$$

$$A \xrightarrow{H_2O\ \ HgSO_4/H^+} \left[\begin{array}{c}(CH_3)_2CHC{=}CH_2 \\ \quad | \\ \quad OH\end{array}\right] \longrightarrow \underset{E}{(CH_3)_2CH\overset{\displaystyle O}{\overset{\|}{C}}CH_3}$$

$$B \xrightarrow{\triangle\ \ KMnO_4/H^+} \underset{C}{(CH_3)_2CHCO_2H} + \underset{D}{CH_3(CH_2)_2CO_2H}$$

*6-16 试比较烯、炔、共轭二烯烃的结构，讨论它们化学性质的异同点。

**解**：三者都属不饱和烃，有电子易发生流动(极化)的 $\pi$ 键；其中烯与共轭二烯的重键的 C 为

$sp^2$ 杂化,炔的重键 C 为 sp 杂化;烯有一个 $\pi$ 键,炔与共轭二烯均有两个 $\pi$ 键;炔的两个 $\pi$ 键互相垂直构成三重不饱和键,电子云成筒状分布;共轭二烯的两个 $\pi$ 键在四个 C 之间,是 $\pi$ 电子共轭的离域体系。

相同点:烯、炔和共轭二烯都是不饱和烃;都易发生亲电加成反应,反应遵循不对称烯烃加成规则(马氏规则);都可发生催化加氢反应;可以被较强氧化剂氧化,断裂重键生成含氧化合物。

异同点:炔与 1 mol $H_2$ 加成时,产物有顺、反烯烃之分;炔与亲核试剂也可以发生加成反应;共轭二烯有共轭加成反应;炔与共轭二烯都可以与两分子试剂进行亲电加成反应。

*6-17 物理性质是各类有机化合物的重要性质。已有一些专门的手册,如吕俊民编的《有机化学实验常用数据手册》、美国橡胶出版公司(CRC)出版的《Hand book of Chemistry and physics》(简称 CRC 手册)收集各类化合物的物理性质,一些有机化学教材也按官能团化合物叙述同系物的物理性质。当读者需要了解化合物物理性质时,可查阅这类手册和教材。

请查阅并比较(*Z*)-2-丁烯与(*E*)-2-丁烯;(*Z*)-1,2-二氯乙烯与(*E*)-1,2-二氯乙烯的熔点(mp)、沸点(bp)、偶极矩,说明结构与熔点、沸点、偶极矩的关系。

**解:** 自己查阅,并完成习题。

*6-18 工业上主要有两种方法生产氯丁橡胶的单体 2-氯丁二烯,分别为乙炔法和丁二烯氯化法。请查阅文献,对比分析这两种生产方法的特点并写出两种方法的各步反应式及其各步反应的类型。

**解:** 自己查阅,并完成习题。

# 第 7 章 芳香烃

## 学习要点

1. 芳香烃的分类及结构

2. 芳香性——稳定性

与相应的烯烃相比，$C_{sp^2}$—H 的亲电取代活性大，而C═C的亲电加成反应和氧化反应活性大幅度减小。苯的稳定化能(共轭能、共振能)为 150 kJ/mol。

3. 具有芳香性的化学物种(包括分子、离子)结构的判据(Hückel 规则)：具有环状、共轭、$(4n+2)$个 $\pi$ 电了的结构有芳香性

4. 芳香族化合物的特征反应是亲电取代反应

常见的亲电取代反应包括卤代、硝化、烷基化/酰基化、磺化和氯甲基化等反应。

5. 亲电取代反应机理

芳香性化合物与亲电试剂形成 $\pi$ 络合物→$\sigma$ 络合物→产物。多数催化剂的作用是强化亲电试剂的亲电性。

6. 由一元取代苯的亲电取代反应结果，将取代基分为两类：

第一类邻对位定位基，活化苯环，但卤素等第一类邻对位定位基钝化苯环；第二类间位定位基，钝化苯环。

7. 二元取代苯取代基的定位作用有三种情况

8. 一元取代萘取代基对亲电取代反应的定位作用，对萘环的氧化、还原反应的影响

9. 五元杂环化合物的亲电取代反应规律

10. 杂环化合物(吡啶)的亲核取代反应规律

11. 芳烃取代反应的动力学控制和热力学控制反应

## 重要反应式

苯的反应

$$C_6H_6 + X_2 \xrightarrow[20\sim60\ ℃]{Fe} C_6H_5X + HX\quad (X=Cl、Br)$$

$$C_6H_6 + HNO_3 \xrightarrow[50\sim60\ ℃]{浓\ H_2SO_4} C_6H_5NO_2 + H_2O$$

$$C_6H_5NO_2 \xrightarrow[100\sim110\ ℃]{HNO_3/H_2SO_4} m\text{-}C_6H_4(NO_2)_2 + H_2O$$

$$C_6H_6 + H_2SO_4(SO_3) \underset{}{\overset{70\sim80\ ℃}{\rightleftharpoons}} C_6H_5SO_3H + H_2O$$

$$C_6H_5SO_3H \xrightarrow[200\sim245\ ℃]{发烟硫酸} m\text{-}C_6H_4(SO_3H)_2$$

$$C_6H_6 + CH_2{=}CHCH_3 \xrightarrow{AlCl_3(分子筛)} C_6H_5CH(CH_3)_2$$

$$C_6H_6 + CH_3CH_2COX \underset{②H_2O}{\overset{①AlCl_3,\triangle}{\rightleftharpoons}} C_6H_5COCH_2CH_3 + HX$$

$$C_6H_6 + \frac{1}{3}(HCHO)_3 + HCl \xrightarrow[60\ ℃]{ZnCl_2} C_6H_5CH_2Cl + H_2O$$

$$C_6H_5OH + HNO_3 \xrightarrow{浓\ H_2SO_4} o\text{-}NO_2C_6H_4OH + p\text{-}O_2NC_6H_4OH$$

$$(CH_3)_3C\text{—}C_6H_5 + HNO_3 \xrightarrow{浓\ H_2SO_4} (CH_3)_3C\text{—}C_6H_4\text{—}NO_2 + H_2O$$

$$H_3C\text{—}\overset{O}{\overset{\|}{C}}\text{—}NH\text{—}C_6H_5 + HNO_3 \xrightarrow{浓\ H_2SO_4} H_3C\text{—}\overset{O}{\overset{\|}{C}}\text{—}NH\text{—}C_6H_4\text{—}NO_2 + H_2O$$

$$X\text{—}C_6H_5 + HNO_3 \xrightarrow{浓\ H_2SO_4} X\text{—}C_6H_4\text{—}NO_2\ (对位) + X\text{—}C_6H_4\text{—}NO_2\ (邻位，O_2N)$$

$$HO_2C\text{—}C_6H_5 + HNO_3 \xrightarrow{浓\ H_2SO_4} HO_2C\text{—}C_6H_4\text{—}NO_2\ (间位) + H_2O$$

$$(H_3C)_3C\text{—}C_6H_5 + Cl\text{—}C(CH_3)_3 \xrightarrow{AlCl_3} \underset{动力学控制产物}{(CH_3)_3C\text{—}C_6H_4\text{—}C(CH_3)_3} + \underset{热力学控制产物}{1,3,5\text{-}C_6H_3[C(CH_3)_3]_3}$$

$$2\,C_6H_6 + 9\,O_2 \xrightarrow[400\sim450\ ℃]{V_2O_5} 2\,(\text{顺丁烯二酸酐}) + 4\,CO_2 + 4\,H_2O$$

$$C_6H_5CH_2CH_3 \xrightarrow[\triangle]{KMnO_4/H_3^+O} C_6H_5COOH + CO_2 + H_2O$$

$$C_6H_6 + 3H_2 \xrightarrow[\triangle]{Ni} C_6H_{12}$$

萘的反应

$$C_{10}H_8 + X_2 \xrightarrow[\triangle]{Fe,C_6H_6} \alpha\text{-}C_{10}H_7X + HX \quad (X=Cl,Br)$$

$$C_{10}H_8 + HNO_3 \xrightarrow[30\sim60\ ℃]{H_2SO_4} \alpha\text{-}C_{10}H_7NO_2 + H_2O$$

$$C_{10}H_8 + H_2SO_4 \xrightleftharpoons{60\ ℃} \alpha\text{-}C_{10}H_7SO_3H + H_2O \quad \text{动力学控制反应}$$

$$\alpha\text{-}C_{10}H_7SO_3H \xrightarrow{165\ ℃} \beta\text{-}C_{10}H_7SO_3H$$

$$C_{10}H_8 + H_2SO_4 \xrightleftharpoons{165\ ℃} \beta\text{-}C_{10}H_7SO_3H + H_2O \quad \text{热力学控制反应}$$

$$C_{10}H_8 + CH_3COCl \xrightarrow[-15\ ℃,CS_2]{AlCl_3} \alpha\text{-}C_{10}H_7COCH_3 + HCl \quad \text{动力学控制产物}$$

$$C_{10}H_8 + CH_3COCl \xrightarrow[25\ ℃,C_6H_5NO_2]{AlCl_3} \beta\text{-}C_{10}H_7COCH_3 + HCl \quad \text{热力学控制产物}$$

$$1\text{-}CH_3C_{10}H_7 + Cl_2 \xrightarrow{Fe} 1\text{-}CH_3\text{-}4\text{-}Cl\text{-}C_{10}H_6 + HCl$$

$$2\text{-}CH_3C_{10}H_7 + HNO_3 \xrightarrow{H_2SO_4} 1\text{-}NO_2\text{-}2\text{-}CH_3\text{-}C_{10}H_6 + H_2O$$

$$1\text{-}NO_2C_{10}H_7 + HNO_3 \xrightarrow{H_2SO_4} 1,5\text{-}(NO_2)_2C_{10}H_6 + 1,8\text{-}(NO_2)_2C_{10}H_6 + H_2O$$

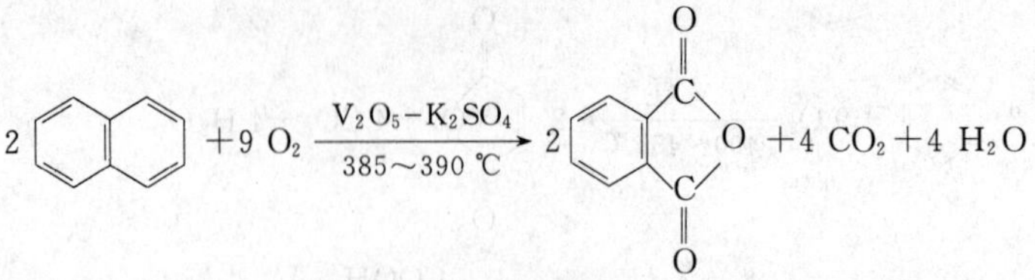

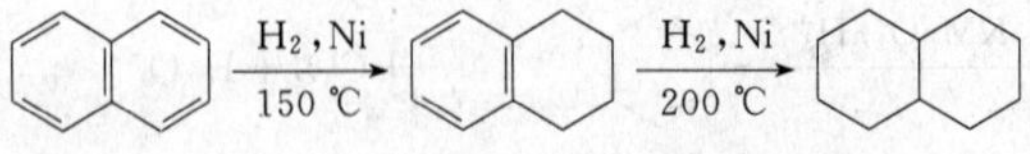

$$2\,C_{10}H_8 + 9\,O_2 \xrightarrow[385\sim390\ ^\circ C]{V_2O_5-K_2SO_4} 2\,C_6H_4(CO)_2O + 4\,CO_2 + 4\,H_2O$$

$$C_{10}H_8 \xrightarrow[150\ ^\circ C]{H_2,Ni} \text{四氢萘} \xrightarrow[200\ ^\circ C]{H_2,Ni} \text{十氢萘}$$

杂环的反应

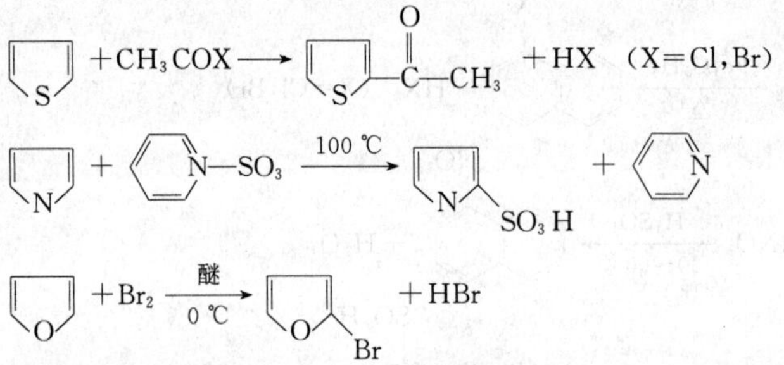

$$\text{噻吩} + CH_3COX \longrightarrow \text{2-噻吩基}-\overset{O}{\overset{\|}{C}}-CH_3 + HX \quad (X=Cl,Br)$$

$$\text{吡咯} + C_5H_5\overset{+}{N}-SO_3^- \xrightarrow{100\ ^\circ C} \text{2-吡咯磺酸}(SO_3H) + \text{吡啶}$$

$$\text{呋喃} + Br_2 \xrightarrow[0\ ^\circ C]{\text{醚}} \text{2-溴呋喃} + HBr$$

（呋喃、噻吩、吡咯三者有相同的性质，可进行相同的反应）

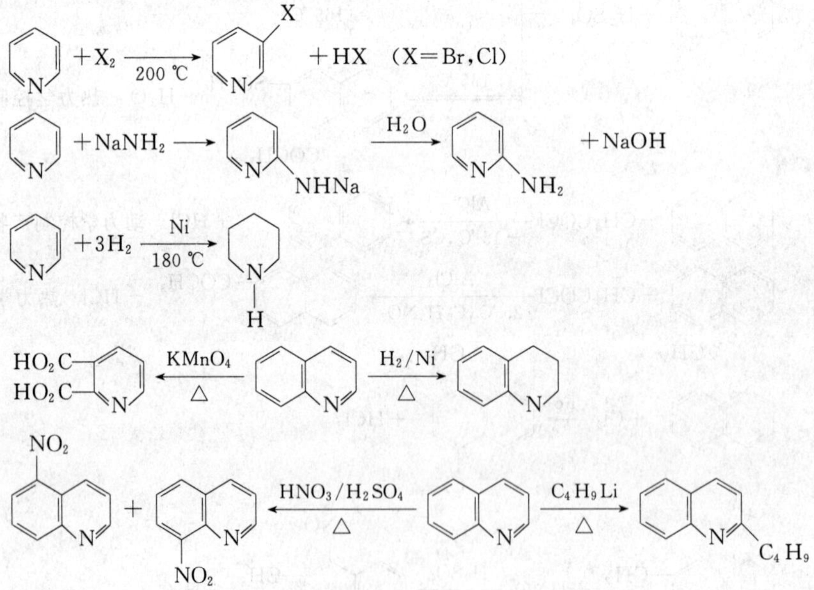

$$\text{吡啶} + X_2 \xrightarrow{200\ ^\circ C} \text{3-X-吡啶} + HX \quad (X=Br,Cl)$$

$$\text{吡啶} + NaNH_2 \longrightarrow \text{2-}NHNa\text{-吡啶} \xrightarrow{H_2O} \text{2-}NH_2\text{-吡啶} + NaOH$$

$$\text{吡啶} + 3H_2 \xrightarrow[180\ ^\circ C]{Ni} \text{哌啶(N—H)}$$

$$\text{2,3-}(HO_2C)_2\text{-吡啶} \xleftarrow[\triangle]{KMnO_4} \text{喹啉} \xrightarrow[\triangle]{H_2/Ni} \text{1,2,3,4-四氢喹啉}$$

$$\text{5-}NO_2\text{-喹啉} + \text{8-}NO_2\text{-喹啉} \xleftarrow[\triangle]{HNO_3/H_2SO_4} \text{喹啉} \xrightarrow[\triangle]{C_4H_9Li} \text{2-}C_4H_9\text{-喹啉}$$

## 思考题解答

**思考题 7-1** 参照溴化反应机理，试写出硝化反应机理（提示：亲电试剂是硝基正离子$^+NO_2$）。

**解答：** 硝化反应的催化剂是浓 $H_2SO_4$，其作用是增强亲电试剂的亲电能力。

$$HO-NO_2 + H-OSO_3H \rightleftharpoons {}^{+}NO_2 + {}^{-}OSO_3H + H_2O$$

$$C_6H_6 + {}^{+}NO_2 \xrightarrow{慢} [C_6H_6NO_2]^{+} \longrightarrow C_6H_5NO_2 + H^{+}$$

$$H^{+} + {}^{-}OSO_3H \longrightarrow HOSO_3H$$

**思考题 7-2** 参照 $CH_3Br$ 作烷基化试剂的反应机理，试解释上述实验结果。

**解答：** 反应机理为

$$CH_3CH_2CH_2Cl + AlCl_3 \rightleftharpoons CH_3CH_2\overset{+}{C}H_2\overset{-}{A}lCl_4 \rightleftharpoons CH_3\overset{+}{C}HAlCl_4(CH_3)$$

(少) (多)

$$HAlCl_4 + C_6H_5CH_2CH_2CH_3\ (35\%) \qquad C_6H_5CH(CH_3)_2\ (65\%) + HAlCl_4$$

$$HAlCl_4 + 3H_2O \longrightarrow Al(OH)_3 + 4HCl$$

**思考题 7-3** 实验证明酰基化反应需要催化剂路易斯酸的量比烷基化需要的路易斯酸多得多，试解释其原因。

**解答：** 以酰氯作酰基化试剂为例，酰基化反应的机理为

$$RCOCl + AlCl_3 \longrightarrow R\overset{+}{C}O\,\overset{-}{A}lCl_4$$

$$C_6H_6 + R\overset{+}{C}O + \overset{-}{A}lCl_4 \longrightarrow C_6H_5COR + HAlCl_4$$

$$C_6H_5C(R)=O: + AlCl_3 \longrightarrow C_6H_5C(R)=O\cdot AlCl_3$$

$$HAlCl_4 + C_6H_5C(R)=O\cdot AlCl_3 + 7H_2O \longrightarrow 2Al(OH)_3 + 7HCl + C_6H_5C(R)=O$$

因此，酰基化需要的路易斯酸的量要比烷基化需要的路易斯酸的量多一倍。

**思考题 7-4** 甲苯分别与碘甲烷、溴乙烷、异溴丙烷和叔溴丁烷进行烷基化反应，产物中邻、对位产物的比例会有什么变化？

**解答：** 若 $AlCl_3$ 为催化剂，碘甲烷、溴乙烷、异溴丙烷和叔溴丁烷的亲电试剂变成 $H_3C^+\ I^-\ AlCl_3$、$CH_3\overset{+}{C}H_2\overset{-}{Br}AlCl_3$、$(CH_3)_2\overset{+}{C}H\overset{-}{Br}AlCl_3$ 和 $(CH_3)_3\overset{+}{C}\overset{-}{Br}AlCl_3$，其烷基正离子的体积依次增大，与甲苯反应生成烷基甲苯的邻位产物会依次减少，而对位产物会依次增加。

当反应变成热力学控制时，主要产物是对烷基甲苯。

**思考题 7-5** 烷基苯的 $\alpha$-H 为什么容易发生氧化和卤化反应？苄氯为什么容易水解？

**解答：** 在一般情况下，烷基苯 $\alpha$-H 的氧化反应和卤化反应与烯烃 $\alpha$-H 的氧化反应和卤化反应一样，都是自由基型反应。在这种反应中，决定反应速率的一步是活泼中间体苄基自由基的形成，如 $H_2O_2$ 为氧化剂，$Cl_2$ 为卤代试剂。

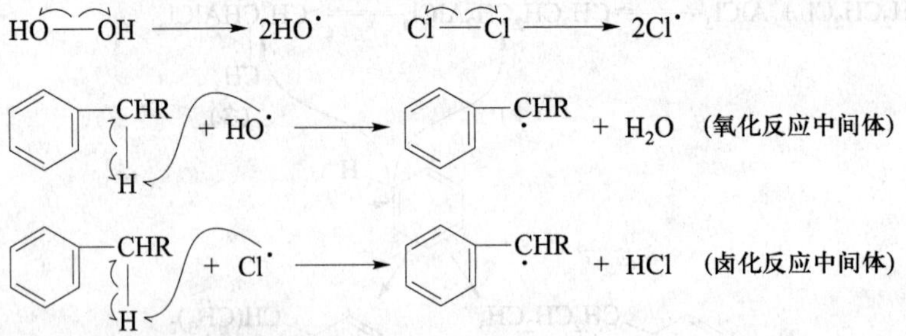

$$HO—OH \longrightarrow 2HO\cdot \qquad Cl—Cl \longrightarrow 2Cl\cdot$$

$$C_6H_5CHR(H) + HO\cdot \longrightarrow C_6H_5\dot{C}HR + H_2O \quad \text{(氧化反应中间体)}$$

$$C_6H_5CHR(H) + Cl\cdot \longrightarrow C_6H_5\dot{C}HR + HCl \quad \text{(卤化反应中间体)}$$

苄基自由基是离域体系，根据共振论：

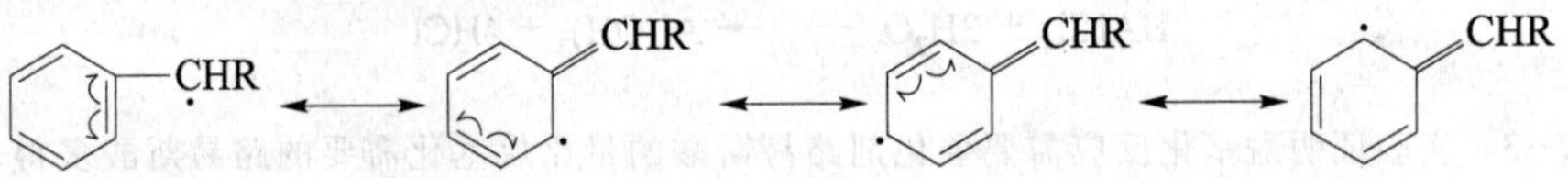

$$C_6H_5\dot{C}HR \longleftrightarrow \cdots \longleftrightarrow \cdots \longleftrightarrow \cdots$$

因此，苄基自由基 $C_6H_5\dot{C}HR$ 的共振杂化体比其他的烷基自由基稳定得多。

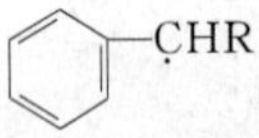

根据稳定（能量低）的活泼中间体形成的过渡态亦稳定（能量低），过渡态稳定，反应活化能低，反应速率快。因此，烷基苯的 $\alpha$-H 比其他的 H 易被氧化，也易被卤代。

苄氯的水解反应是 $S_N1$ 反应（详见教材第8章），决定反应速率的步骤是反应活泼中间体——苄基碳正离子的形成一步：

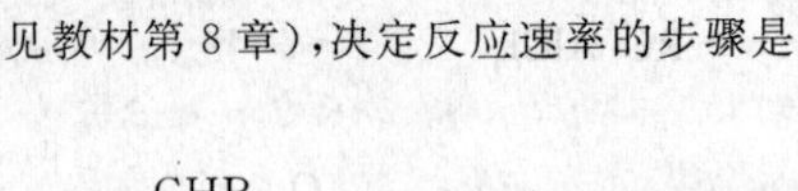

$$C_6H_5CHRCl \rightleftharpoons C_6H_5\overset{+}{C}HR + Cl^-$$

苄基碳正离子也是离域体系：

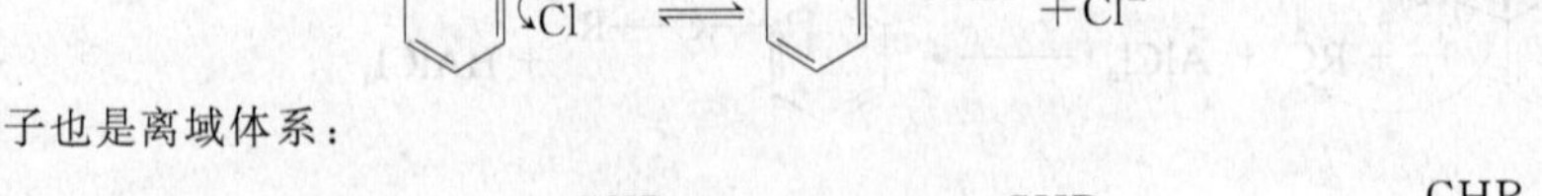

$$C_6H_5\overset{+}{C}HR \longleftrightarrow \cdots \longleftrightarrow \cdots \longleftrightarrow \cdots$$

同样苄基碳正离子的共振杂化体比一般的碳正离子稳定，形成共振杂化体的过渡态也是稳定的，因此反应速率快。苄氯容易水解生成苄醇。

**思考题 7-6** 比较苯与萘的亲电取代反应条件，它们的差异说明什么？

**解答：** 一般情况下，苯的亲电取代反应比萘的亲电取代难进行。例如苯的硝化、磺化反应温度分别是 60 ℃ 和 70～80 ℃，而萘的硝化和磺化反应温度分别是 30～60 ℃和 60 ℃。萘氯化生成$\alpha$-氯代萘的反应可用苯作溶剂。这些说明苯比萘更难进行亲电取代反应，反映了苯与萘的结构有差异，即苯的芳香性比萘的芳香性强。

**思考题 7-7** 依据氧化反应的概念，判断 α-萘胺和 α-硝基萘进行氧化反应，是哪个苯环破裂。

**解答**：依据氧化反应的概念，电子密度高的化合物易被氧化，电子密度低的化合物易被还原。

α-萘胺（$NH_2$）的 —$\ddot{N}H_2$ 是第一类定位基，向芳环供给电子，使其所在的苯环上的电子密度增加。因此进行氧化反应时，氨基所在环破裂。

α-硝基萘（$NO_2$）的—$NO_2$ 是第二类定位基，从芳环吸引电子，使其所在的苯环上的电子密度减小。因此，进行氧化反应时，非取代的苯环破裂。

**思考题 7-8** 环丙烯碳正离子、环丁二烯碳二价负离子、环丁二烯碳二价正离子、环辛四烯碳二价负离子是否有芳香性？

**解答**：

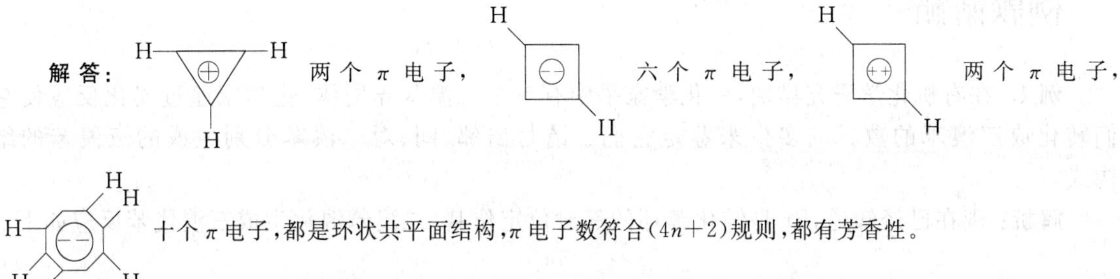

两个 π 电子，六个 π 电子，两个 π 电子，十个 π 电子，都是环状共平面结构，π 电子数符合$(4n+2)$规则，都有芳香性。

**思考题 7-9** 依据亲电取代反应中间体的结构，解释五元杂环化合物进行亲电取代反应主要发生在 2 位。

**解答**：2 位取代：

3 位取代：

显然，亲电取代反应生成的活泼中间体是离域体系。当取代 2 位时，生成活泼中间体的共振杂化体能量低，而取代 3 位时，生成的活泼中间体的共振杂化体的能量高。稳定的活泼中间体，其对应的过渡态亦稳定，其活化能小，反应速率快。因此，五元杂环化合物亲电取代反应主要发生在 2 位。

**思考题 7-10** 吡啶加氢反应比苯容易进行，试解释原因。

$$+3\ H_2 \xrightarrow[180\ ℃]{Ni}$$

生成的哌啶有碱性

**解答**：吡啶的芳香性比苯的大，稳定性比苯大。其碳环上的电子密度比苯环的碳上的电子密度低，因此容易被氢化。

**思考题 7-11** 如何合成 8-羟基喹啉和 2-甲基喹啉？从中可以总结出喹啉衍生物合成的什么规律？

**解答**：合成 8-羟基喹啉：

$$\text{邻氨基苯酚} + CH_2{=}CH{-}CHO \xrightarrow{H_2SO_4} \text{(二氢喹啉, 8-OH)} \xrightarrow[-H_2]{\text{邻 } HO{-}C_6H_4NO_2} \text{8-羟基喹啉}$$

合成 2-甲基喹啉：

$$\text{苯胺} + CHCH_3{=}CH{-}CHO \xrightarrow{H_2SO_4} \text{(2-甲基二氢喹啉)} \xrightarrow[-H_2]{C_6H_5NO_2} \text{2-甲基喹啉}$$

合成的基本步骤相同，仅原料有差异。在合成喹啉衍生物时，若喹啉的 5、6、7 或 8 位有取代基时，需要苯胺的 3、4、5 或 6 位上有相应的取代基。2 位不能有取代基；若喹啉的 2 或 3 位有取代基时，需要在丙烯醛的 1 或 2 位有相应的取代基。合成反应的第一步是烯烃的亲电加成，第二步是苯环的亲电取代，因此苯胺和丙烯醛上接吸电子基团不利于合成反应。第三步硝基苯作氧化剂脱氢反应生成的氢还会使硝基苯还原生成苯胺，为减少合成反应生成的副产物，给分离带来麻烦，使用的硝基苯应与原料苯胺在相同的位置有相同的取代基。

## 例题解析

**例 1.** 在有机化学研究早期，一化学家手中有三个二溴苯异构体，化学家通过溴化反应使它们转化成三溴苯的数目的多少来鉴定它们。请写出邻、间、对二溴苯分别生成的三溴苯的结构式。

**解析：** 现在已经知道，Br 是钝化苯环的邻对位定位基，二溴苯溴化生成三溴代苯反应如下：

$$\text{1,2-二溴苯} + Br_2 \longrightarrow \text{1,2,3-三溴苯} + \text{1,2,4-三溴苯}$$

$$\text{1,3-二溴苯} + Br_2 \longrightarrow \text{1,2,4-三溴苯} + \text{1,2,3-三溴苯}$$

$$\text{1,4-二溴苯} + Br_2 \longrightarrow \text{1,2,4-三溴苯}$$

**例 2.** 将下列各组化合物按硝化反应活性从大到小排列成序。

(1) A. $C_6H_5\ddot{N}HCOCH_3$ B. $C_6H_5CH_2F$ C. $C_6H_5\overset{+}{N}H(CH_3)_2$ D. $C_6H_5CH_3$

E. $C_6H_5\ddot{N}(CH_3)_2$

(2) A. 苯 B. 萘 C. 噻吩 D. 吡咯

(3) A. B. C. D.

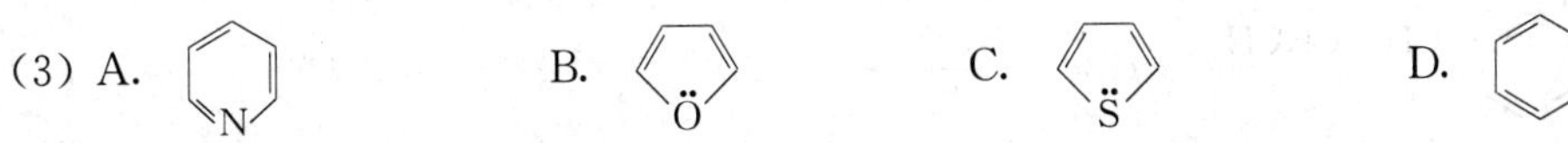

**解析**：芳香族化合物硝化反应是亲电取代反应，苯环上有给电子基易发生硝化反应，取代基给电子性越大，硝化反应活性越大，环的芳香性越大，硝化活性越小。

(1) E ＞ A ＞ D ＞ C ＞ B (2) D ＞ C ＞ B ＞ A (3) B ＞ C ＞ D ＞ A

**例 3.** 写出下列中间体的其他共振结构，并指出共振杂化体的表示式。

(1) (2)

**解析**：共振结构式间用"↔"连接，表示共振杂化体。

(1) [ ↔ ↔ ] ≡ 共振杂化体

(2) [ ↔ ↔ ] ≡ 共振杂化体

**例 4.** 选择由苯合成对叔丁基苯磺酸的合理路线，其他路线为什么不合理？

A. 先浓 $H_2SO_4$，然后$(CH_3)_3CCl/AlCl_3$

B. $(CH_3)_3CCl/AlCl_3$，然后浓 $H_2SO_4$

C. $HNO_3/H_2SO_4$，然后$(CH_3)_3CCl/AlCl_3$

D. $(CH_3)_3CCl/AlCl_3$，然后 $HNO_3/H_2SO_4$

**解析**：叔丁基是第一类定位基，活化苯环，$—SO_3H$ 是第二类定位基，钝化苯环。在合成烷基苯磺酸时，尽可能先引入第一类定位基，后引入第二类定位基。B 合理，苯 $+(CH_3)_3CCl \xrightarrow{AlCl_3}$ 苯—$C(CH_3)_3$ $\xrightarrow{H_2SO_4}$ $(CH_3)_3C$—苯—$SO_3H$，先上$—C(CH_3)_3$ 活化苯环，使磺化易进行，$(CH_3)_3C—$体积较大，其邻位不易被磺化，主要是对位磺化产物。

A 不合理，先磺化，再烷基化得间位产物；C 不合理，$HNO_3/H_2SO_4$ 是硝化试剂，生成硝基苯，而不是磺酸；D 不合理，烷基苯再 $HNO_3/H_2SO_4$ 终得烷基硝基苯，不得磺酸。

**例 5.** 完成下列反应式，如有立体结构，请写出产物的立体构型。

(1) $+Br_2 \xrightarrow{CHCl_3}$

(2) $+H_2O \xrightarrow{H_2SO_4}$

(3) $+Br_2 \xrightarrow{\triangle}$

(4) [2-萘基]$-CH=CHCH_3$ + HBr $\xrightarrow{-O-O-}$

(5) [邻二甲苯] + $(CH_3)_2CHCH_2Cl$ $\xrightarrow[\triangle]{AlCl_3}$

(6) [色满] $\xrightarrow{HNO_3/H_2SO_4}$

(7) $C_6H_5-(CH_2)_4C(OH)(CH_3)_2$ $\xrightarrow[\triangle]{H_2SO_4}$

(8) [甲苯] + $Br_2$ —— $\xrightarrow{h\nu}$ ；$\xrightarrow{FeBr_3}$

**解析**：这一组化合物的反应物是苯和其衍生物，在苯环上发生亲电取代反应，侧链上也会发生各种反应。反应产物取决于试剂性质和反应条件。

(1) [$C_6H_5-CH_2-$苯环（$H_3C$、OH、$-CH_3$、Br取代）]，$Br_2$ 为亲电试剂，四个基团活化苯环，—OH 的对位电子密度增加，取代反应发生在—OH 对位。

(2) (*R*/*S*)-[$C_6H_5CH(OH)CH_2CH_3$]，$H_2O$ 是亲电试剂，在侧链双键上亲电加成，生成的苄醇，是手性化合物。

(3) (*R*/*S*)-[1-溴茚满]，$Br_2$ 是自由基试剂，反应条件是加热，侧链 $\alpha$-H 的自由基溴代反应，生成手性化合物。

(4) (*R*/*S*)-[2-萘基]$-CH_2CHBrCH_3$，有过氧化物存在，是侧链烯键的自由基加成反应，生成手性化合物。

(5) [$(CH_3)_3C-$苯环$-(CH_3)_2$（3,4-二甲基）]，路易斯酸 $AlCl_3$ 是催化剂，卤代物是亲电试剂，进行苯环的亲电取代反应，甲基是第一类定位基，亲电试剂异构化。

(6) $O_2N$–（6-硝基色满） + （8-硝基色满，$NO_2$），浓 $HNO_3$ 是亲电试剂，浓 $H_2SO_4$ 是催化剂，发生苯环上亲电取代反应，醚键相当于第一类定位基，定位能力比烷基的大。

(7) $C_6H_5-(CH_2)_3CH{=}C(CH_3)_2$，酸催化，侧链羟基脱水反应。

(8) $C_6H_5-CH_2Br$，$Br_2$ 是自由基试剂，光照发生侧链自由基溴代反应。

（邻溴甲苯，$CH_3$、Br） + （对溴甲苯，$CH_3$、Br），$Br_2$ 是亲电试剂，$FeBr_3$ 是催化剂，进行苯环亲电取代反应，甲基是第一类定位基。

**例 6.** 写出下列反应的主产物：

(1) （间硝基甲苯，$NO_2$、$CH_3$） $+Cl_2 \xrightarrow{FeCl_3}$

(2) （邻二甲氧基苯，$OCH_3$、$OCH_3$） $\xrightarrow{HNO_3/H_2SO_4}$

(3) $H_3C-C_6H_4-Cl \xrightarrow{SO_3/H_2SO_4}$

(4) （间苯二胺，$NH_2$、$NH_2$） $\xrightarrow{Br_2/H_2O}$

(5) （$SO_3H$、$\overset{O}{\parallel}C-CH_3$ 间位取代苯） $\xrightarrow{Br_2/FeBr_3}$

(6) （$O_2N$–茚满） $\xrightarrow{HNO_3/H_2SO_4}$

(7) $H_2N-C_6H_4-Cl \xrightarrow{CH_3Cl/AlCl_3}$

(8) （$CH_3$、$NO_2$、$OCH_3$ 取代苯） $\xrightarrow{SO_3/H_2SO_4}$

**解析：** 这是一组二取代苯或三取代苯的亲电取代反应，原定位基间定位能力的相互关系决定产物。

(1) 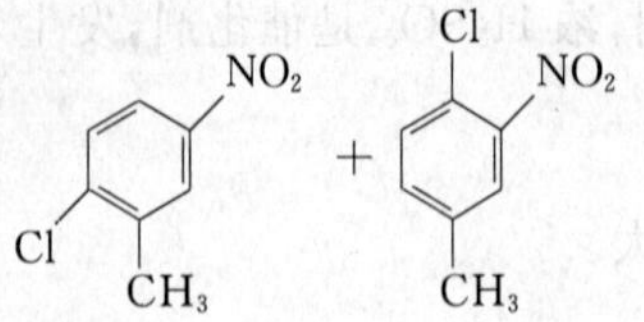 [结构式：4-氯-3-甲基硝基苯 + 2-氯-5-甲基硝基苯]，两个基团的定位作用不一致，由$-CH_3$决定第三个取代基进入环的位置。

(2) 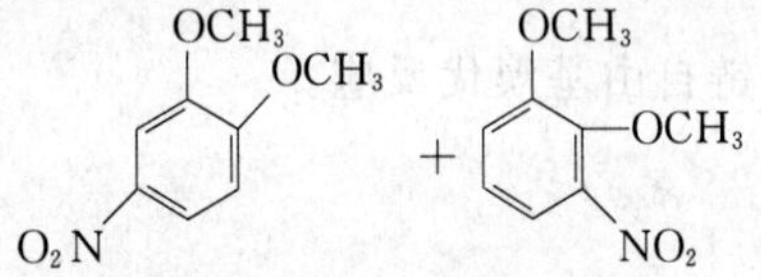 [结构式]，两个相同的第一类定位基定位作用不一致，由其中一个定位。

(3) 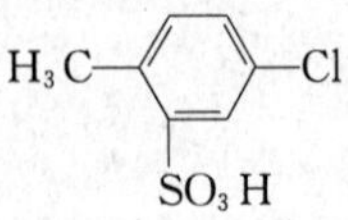 $H_3C$-[苯环]-Cl，$SO_3H$，两个第一类定位基，定位作用不同，由定位能力强的$-CH_3$定位。

(4) 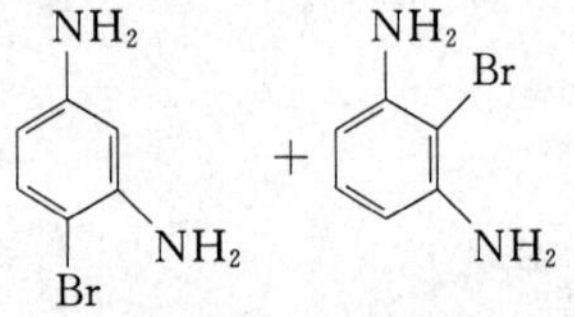 [结构式]，两个第一类定位基$-NH_2$，定位作用一致，共同定位。

(5) 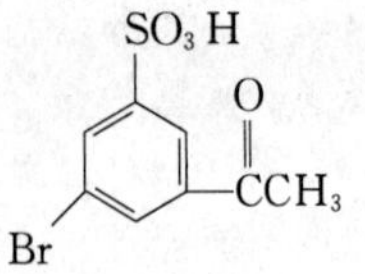 [结构式]，两个第二类定位基，定位基作用一致，共同定位。

(6) 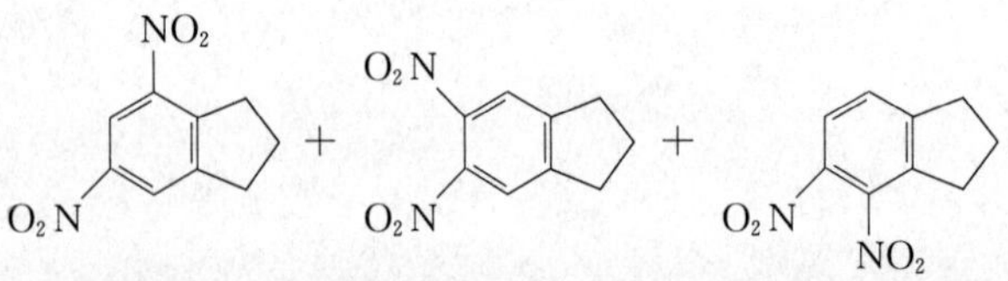 [结构式]，三个基团定位作用不一致，由两个第一类定位基$-CH_2-$定位，其定位作用能力相同，有三个产物。

(7) 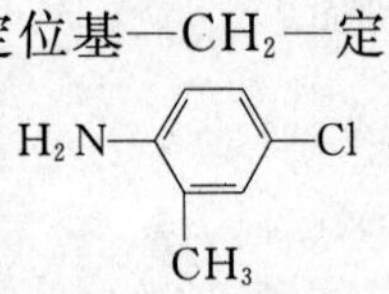 $H_2N$-[苯环]-Cl，$CH_3$，两个第一类定位基，定位作用不一致，由定位能力强的$-NH_2$定位。

(8) 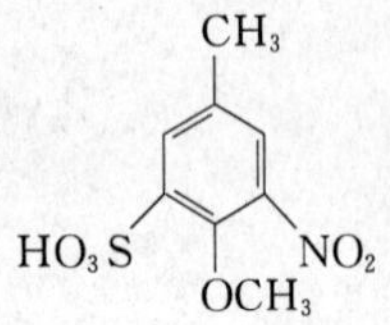 [结构式]，三个定位基定位作用不一致，但$-OCH_3$定位能力强于$-CH_3$，由$-OCH_3$和$-NO_2$共同定位。

**例 7.** 化合物 A($C_{16}H_{16}$)能使 $Br_2/CCl_4$ 及冷的 $KMnO_4$ 溶液褪色。在温和条件下，催化加氢生成化合物 B($C_{16}H_{18}$)，A 用热的 $KMnO_4/H_2SO_4$ 溶液氧化生成二元酸 C[$C_6H_4(COOH)_2$]，C 的一硝化产物只有一种。A 与 $Br_2$ 加成反应得到内消旋体。试推测 A、B、C 的结构。

**解析：** 计算不饱和度 $\Omega=9$。按题意，顺着题的要求一直推测即可。由分子式表明 A 是烃，含 C═C 键；B 表明 A 有一个 C═C 键；由 $\Omega$ 可知 A 可能有两个苯环。由 C 可知，A 可能是 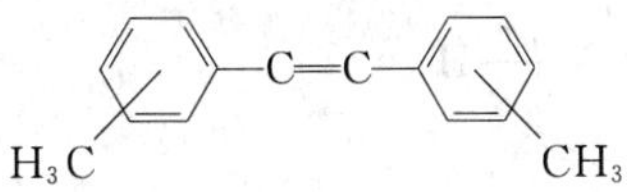
C═C
H3C
CH3
，C 为 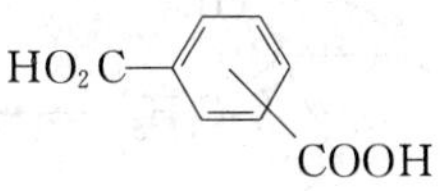
HO2C
COOH
，C 硝化只有一种一硝化产物表明 C 为 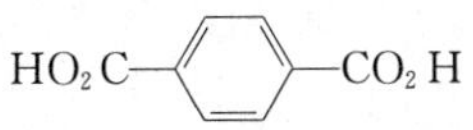
HO2C
CO2H
或者 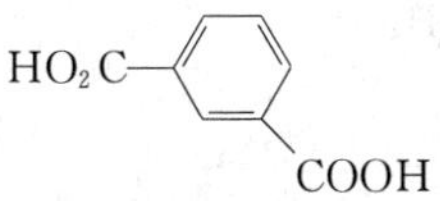
HO2C
COOH
。A 与 $Br_2$ 反应生成内消旋体，推测 A 的 C═C 为 $E$ 式构型。

由上述分析推测：

A. 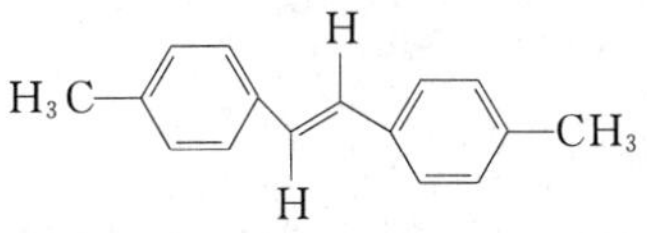
H3C
H
H
CH3
或 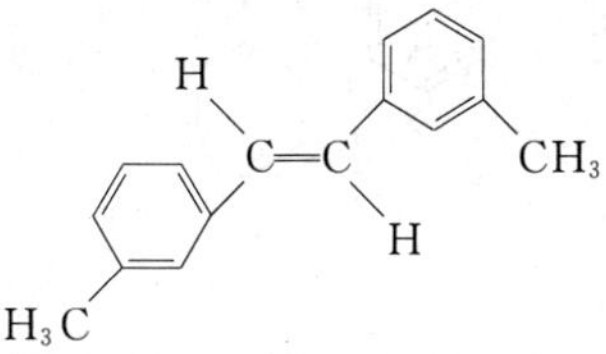
H
C═C
CH3
H
H3C

B. 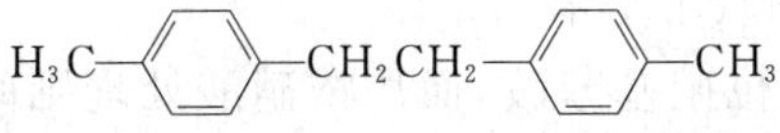
H3C
CH2CH2
CH3
或 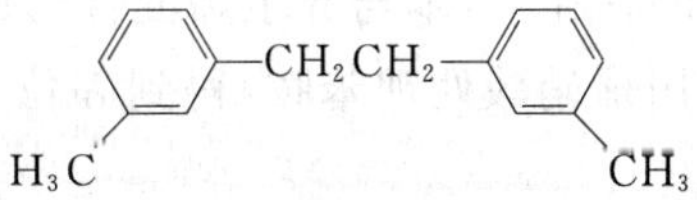
CH2CH2
H3C
CH3

C. 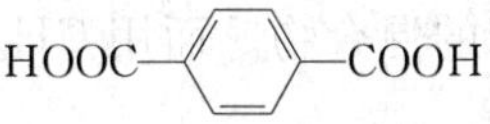
HOOC
COOH
或 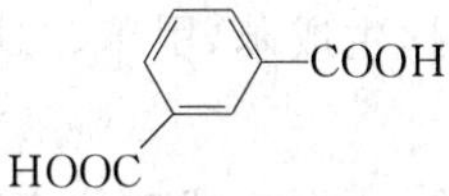
COOH
HOOC

检查，此两种结果都完全符合题意，可见推导结构题目并非一定是唯一答案。

**例 8.** 试写出下列反应的反应机理：

(1) 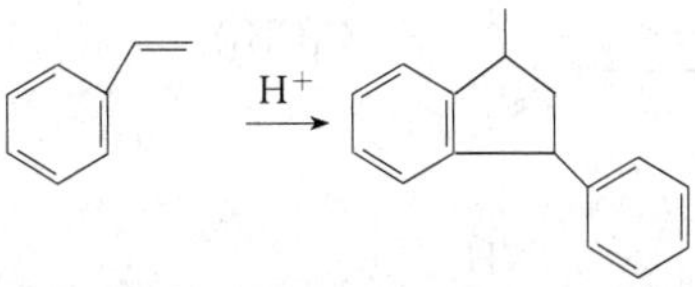
H+

(2) 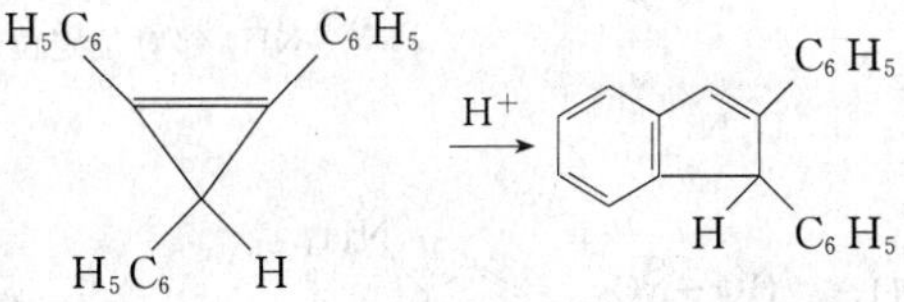
H5C6
C6H5
H5C6
H
H+
C6H5
H
C6H5

**解析：** (1) 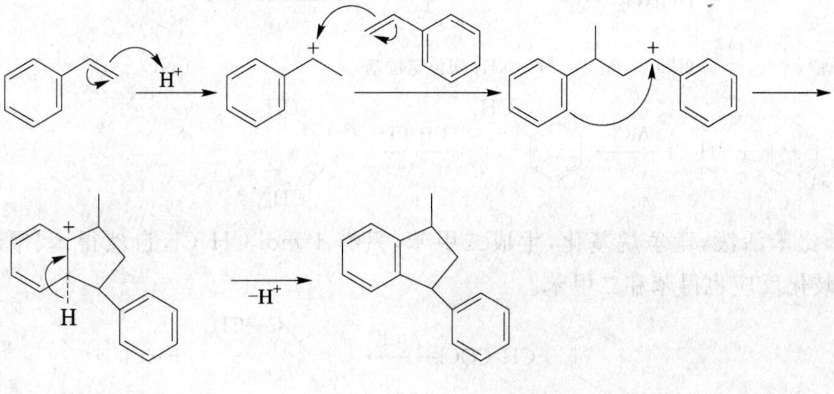
H+
+
+
+
H
-H+

(2) 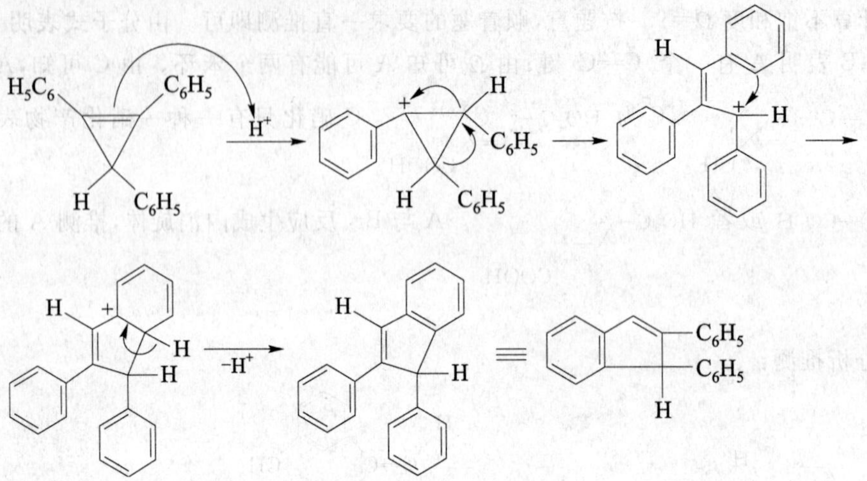

H₅C₆
C₆H₅
H
C₆H₅
H⁺
H
C₆H₅
H
C₆H₅
H
H
H
H
H
-H⁺
H
H
C₆H₅
C₆H₅
H


**例 9.** 解释下列实验结果：

(1) 在 $H_2SO_4$ 的存在下，苯与异丁烯混合，只得到叔丁基苯。

(2) 在高温下，用稀硝酸处理苯胺，得到邻位和对位硝基苯胺，而用浓硝酸处理则间位异构体占优势。

(3) 用 1 mol $CH_3Cl$ 和 $AlCl_3$ 处理苯时，生成苯、甲苯、二甲苯的混合物。而用 $CH_3COCl$ 和 $AlCl_3$ 处理时，只生成苯乙酮。

(4) 叔丁基苯与溴反应不生成邻位产物，主要生成对位产物和少量间位产物。

**解析：**(1) 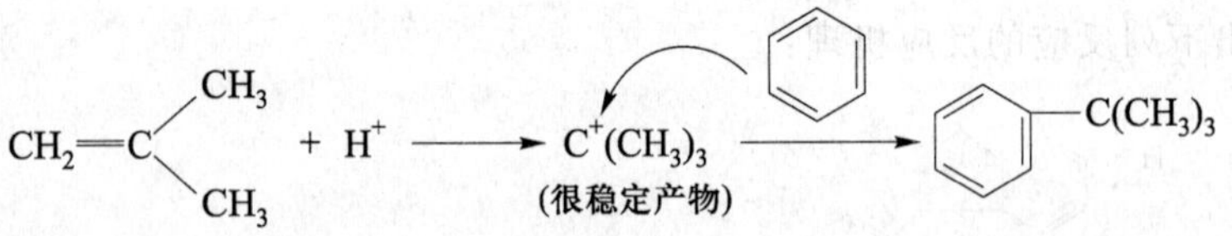

CH₃
CH₂═C
CH₃
+ H⁺
C⁺(CH₃)₃
(很稳定产物)
C(CH₃)₃


(2) 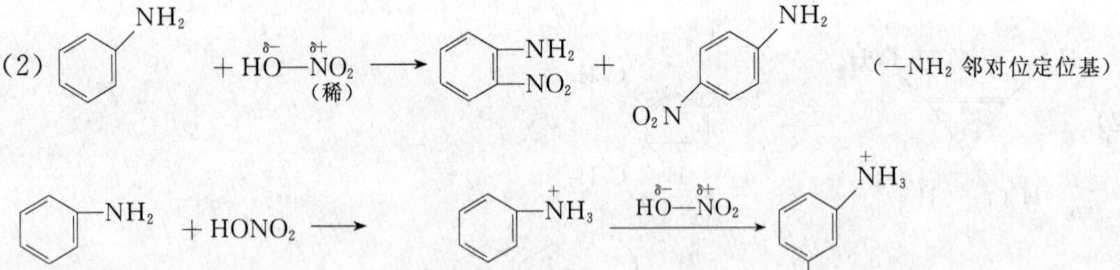

NH₂
+ HO—NO₂
δ− δ+
(稀)
NH₂
NO₂
+
NH₂
O₂N
(—NH₂ 邻对位定位基)
NH₂
+ HONO₂
(弱碱)
(浓)
NH₃⁺
(—NH₃⁺ 间位定位基)
HO—NO₂
NH₃⁺
NO₂


(3) 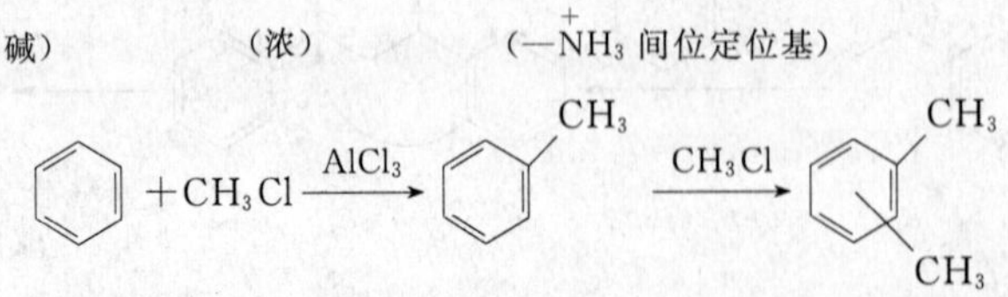

+CH₃Cl
AlCl₃
CH₃
CH₃Cl
CH₃
CH₃


甲苯比苯活泼，竞争烷基化，生成二甲苯，只有 1 mol $CH_3Cl$，自然得苯、甲苯、二甲苯混合物；甲苯歧化反应也得苯和二甲苯。

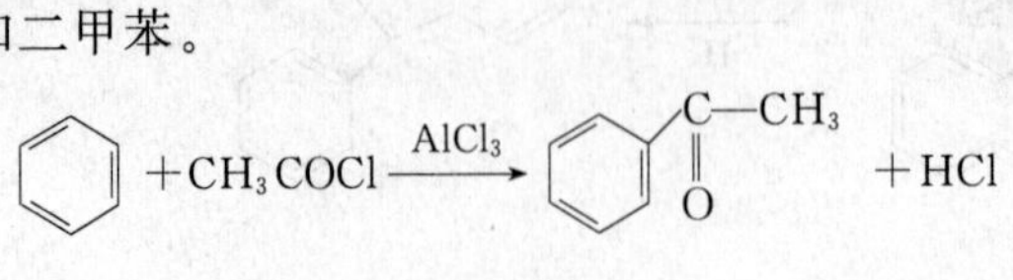

+CH₃COCl
AlCl₃
C—CH₃
O
+HCl

$CH_3\overset{O}{\overset{\|}{C}}—$ 是第二类定位基，钝化苯环，而 $CH_3—\overset{O}{\overset{\|}{C}}—Cl$ 又是弱的亲电试剂，苯环上有强的吸电子基时，难或不发生亲电的酰基化反应，只生成苯乙酮。

(4) 叔丁基苯的叔丁基体积很大，亲电试剂溴原子体积也很大。尽管叔丁基是邻对位定位基，受位阻影响，溴化时邻位不易发生溴代反应，主要发生在对位上，也有少量间位取代的产物。

**例 10.** 解释吡咯难溶于水，吡啶与水混溶，而 8-羟基喹啉也难溶于水。

**解析：** 化合物的结构决定性质。吡咯 (结构式) :N—H 有芳香性，其 N—H 的 H 又显酸性，不能与 $H_2O$ 形成氢键，难溶于水。吡啶 (结构式) N: 的孤对电子裸露于外，能与 $H_2O$ 形成氢键，与水混溶。8-羟基喹啉 (结构式，N，—OH) 易形成分子内氢键 (结构式，N---H—O)，不能与 $H_2O$ 形成氢键，也难溶于水。

**例 11.** 下列化合物哪些有芳香性、非芳香性或反芳香性？试总结有芳香性化合物的种类。

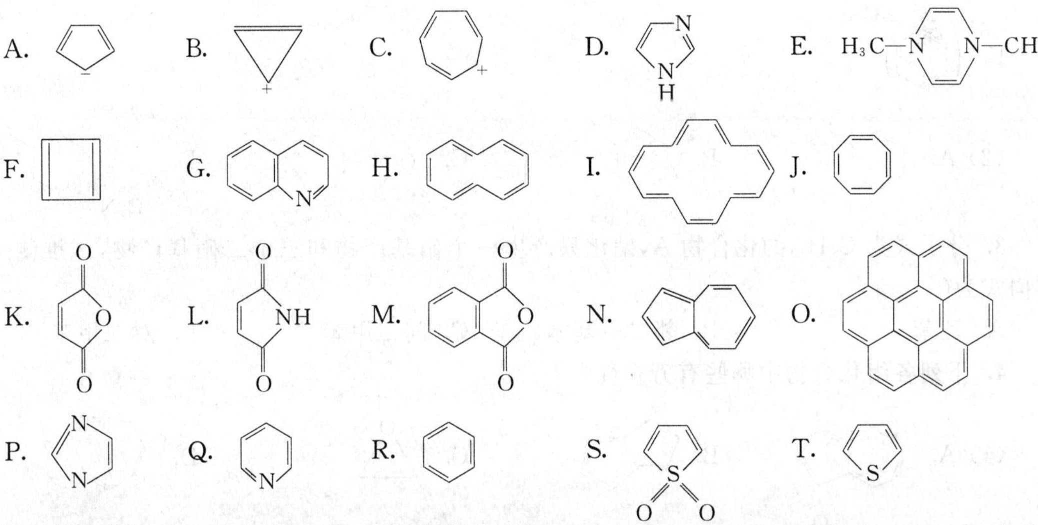


**解析：** 按 Hückel 规则[(4$n$+2)规则]判断分子是否有芳香性。环状、共轭、具有(4$n$+2)个 $\pi$ 电子的体系有芳香性；环状、共轭、具有 4$n$ 个 $\pi$ 电子的有反芳香性；环状非共轭、4$n$ 或(4$n$+2)个 $\pi$ 电子的体系是非芳香性。对于稠环化合物，数 $\pi$ 电子时，只数外环 $\pi$ 电子，环内的 $\pi$ 电子不数。因此，稠环分子的 $\pi$ 电子尽量写在外环上，如 O。A、B、C、D、G、I、N、O、P、Q、R、T 有芳香性；F 有反芳香性；E、H、J 是非芳香性；而 K、L、M、S 非环状共轭体系也没有芳香性。

芳香性化合物有正离子、负离子、中性分子，碳环化合物，杂环化合物，单环化合物，稠环化合物等。

## 综合习题

1. 比较化合物的理化性质。

(1) 将下列化合物按与 $HNO_3$ 反应速率由快到慢排列：

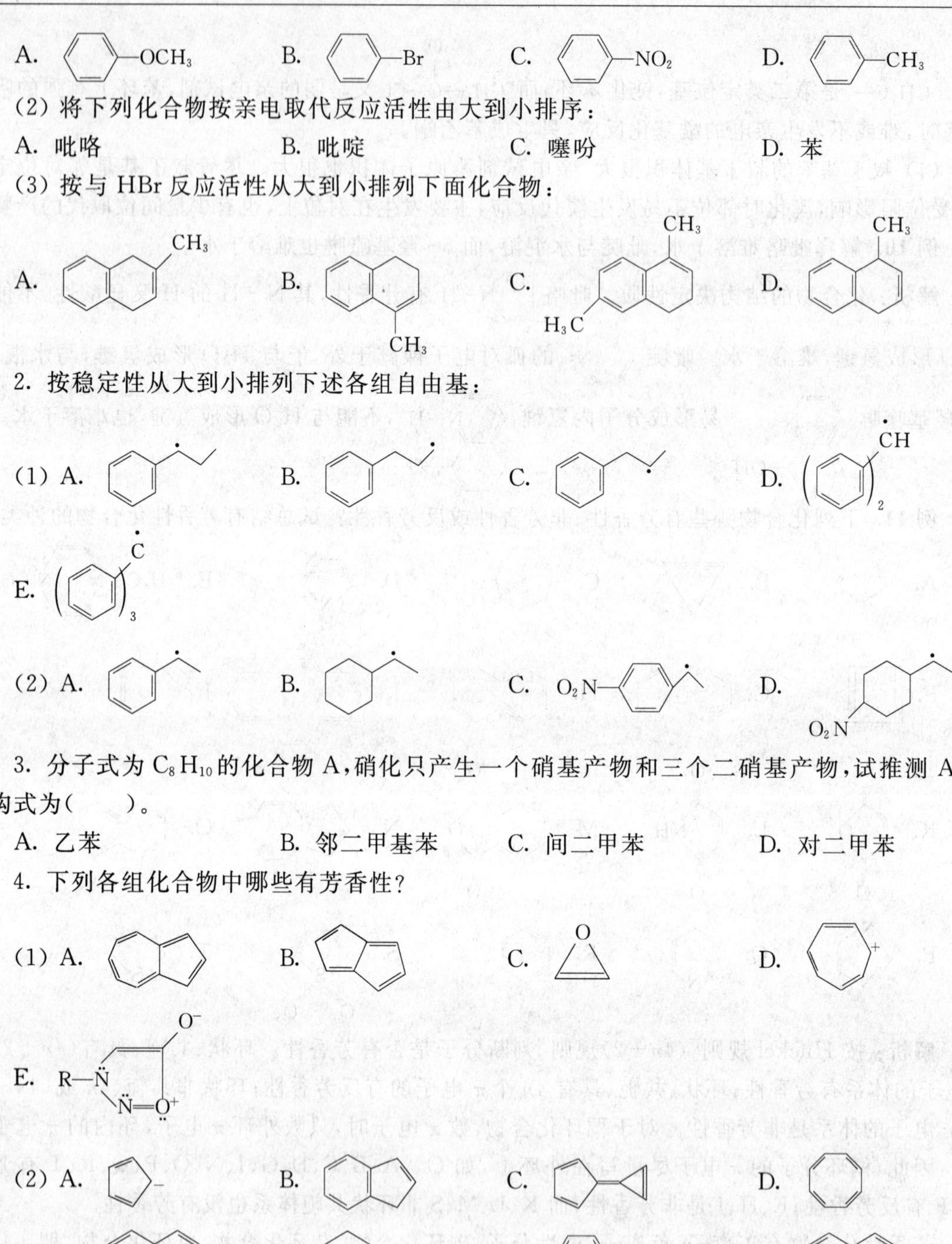

A. $C_6H_5-OCH_3$　B. $C_6H_5-Br$　C. $C_6H_5-NO_2$　D. $C_6H_5-CH_3$

(2) 将下列化合物按亲电取代反应活性由大到小排序：

A. 吡咯　B. 吡啶　C. 噻吩　D. 苯

(3) 按与 HBr 反应活性从大到小排列下面化合物：

A.　B.　C.　D.

2. 按稳定性从大到小排列下述各组自由基：

(1) A.　B.　C.　D.　E.

(2) A.　B.　C.　D.

3. 分子式为 $C_8H_{10}$ 的化合物 A，硝化只产生一个硝基产物和三个二硝基产物，试推测 A 的结构式为(　　)。

A. 乙苯　B. 邻二甲基苯　C. 间二甲苯　D. 对二甲苯

4. 下列各组化合物中哪些有芳香性?

(1) A.　B.　C.　D.　E.

(2) A.　B.　C.　D.

(3) A.　B.　C.　D.

5. 室温下除去苯中少量噻吩的方法是加入浓 $H_2SO_4$，振荡、分离，其原因是(　　)。

A. 苯易溶于浓 $H_2SO_4$

B. 噻吩不溶于浓 $H_2SO_4$

C. 噻吩比苯易磺化，生成的噻吩磺酸溶于浓 $H_2SO_4$ 中

D. 苯比噻吩易磺化，生成的苯磺酸溶于浓 $H_2SO_4$ 中

6. 完成下列反应

(1) （苄基环己烷）$+ KMnO_4 \xrightarrow[\triangle]{H^+}$

(2) 2（苯）$+ CH_2Cl_2 \xrightarrow{AlCl_3}$

(3) （3,3-二甲基茚满-1-酮）$\xrightarrow{HNO_3/H_2SO_4}$

(4) （1-甲基萘，$CH_3$）$\xrightarrow{HCHO/HCl/ZnCl_2}$

(5) （甲苯，$-CH_3$）$+$（异丁烯）$\xrightarrow{AlCl_3} \xrightarrow[\triangle]{KMnO_4/H_2SO_4}$

7. 以 $Br_2$ 和 $FeBr_3$ 为试剂，分别与下列化合物反应，写出每一反应的一溴化产物：

A. （$PhCH_2CH_2COPh$）　B. （$PhNHCOPh$）　C. （$PhCOCOPh$）

8. 完成反应，写出主要产物。

(1) $H_3C$—（噻吩，S）—$CH_3$ $\xrightarrow[SnCl_4]{CH_3CH_2COCl} \xrightarrow[AlCl_3]{CH_3COCl} \xrightarrow[H_2, 4\ mol]{Raney\ Ni}$

(2) （2-乙基吡啶，N，$CH_2CH_3$）$\xrightarrow{KMnO_4/H^+} \xrightarrow{C_2H_5OH/H^+} \xrightarrow{CH_3CH_2ONa/CH_3CO_2CH_2CH_3} \xrightarrow{\text{环氧乙烷}}$

$\xrightarrow{Zn-Hg/浓\ HCl}$

9. 葵子麝香 4-叔丁基-2,6-二硝基-3-甲氧基甲苯 （$CH_3$，$O_2N$，$NO_2$，$OCH_3$，$C(CH_3)_3$）是一种人造麝香，其香味与天然麝香的香味相似，是天然麝香的代用品，工业上是以间甲酚为原料，经一系列反应合成的。若以间甲苯甲醚为原料可有两条合成路线：(1) 叔丁基化，再硝化；(2) 先硝化再叔丁基化。你选择哪一条合成路线？为什么？

10. 写出下列反应的机理：

(1) （$C_6H_5CHClCH_3$）$+$（丙烯）$\xrightarrow{AlCl_3}$（1,3-二甲基茚满）

(2) 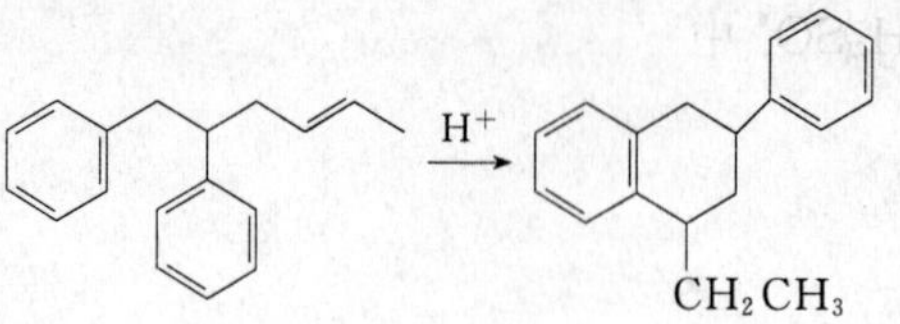 [reaction scheme: $\xrightarrow{H^+}$ ; product substituent $CH_2CH_3$]

## 综合习题参考答案

1. (1) A ＞ D ＞ B ＞ C (2) A ＞ C ＞ D ＞ B (3) C ＞ B ＞ A ＞ D
2. (1) E ＞ D ＞ A ＞ C＞ B (2) C ＞ A ＞ D ＞ B
3. D
4. (1) A,D,E (2) A,C (3) A,C,D
5. C
6. (1) 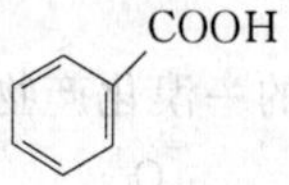 COOH (2) 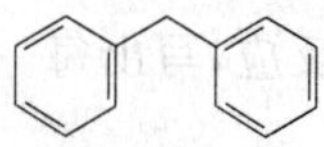 (3) 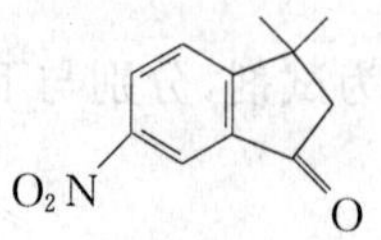 $O_2N$, O (4) 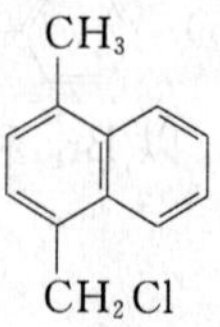 $CH_3$, $CH_2Cl$

(5) 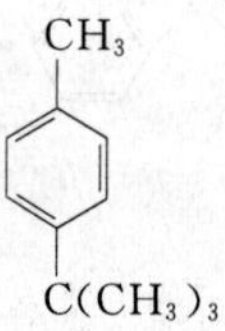 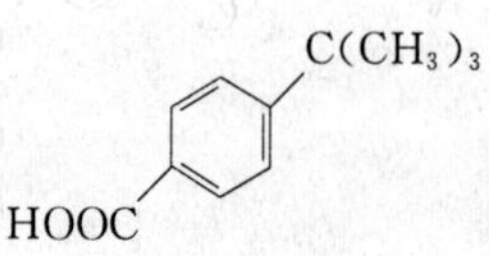 $CH_3$, $C(CH_3)_3$ ; $C(CH_3)_3$, HOOC

7. A. 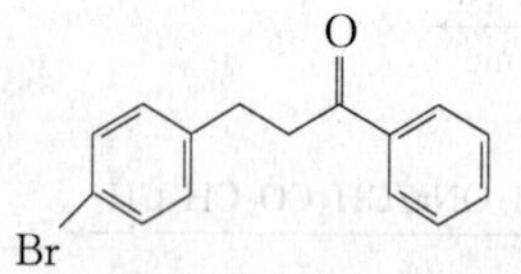 Br 或 Br

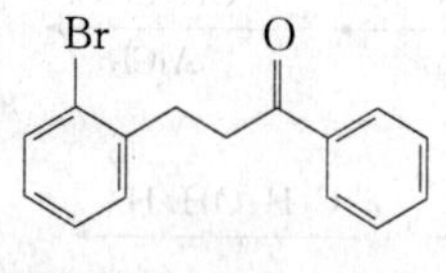

B. 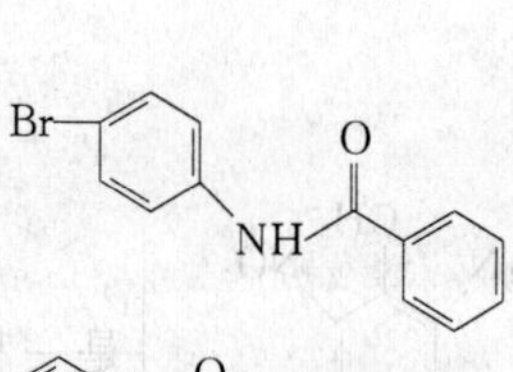 Br, NH, O 或 O, NH, Br

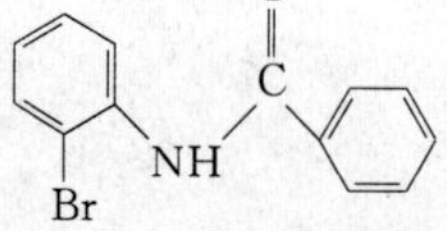

C. 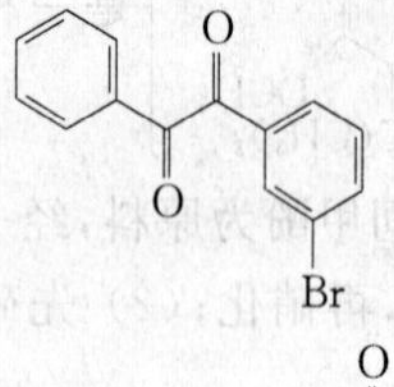 O, O, Br

8. (1) 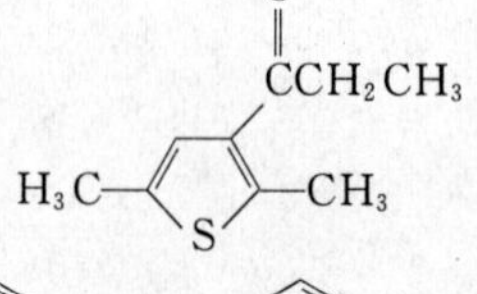 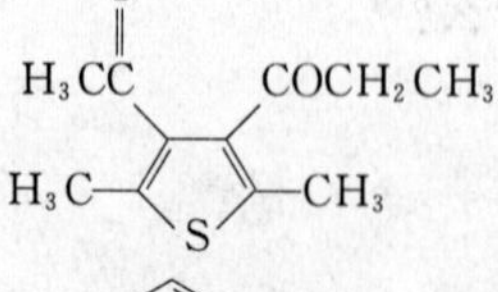 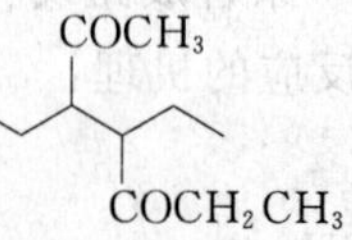 O, $CCH_2CH_3$, $H_3C$, $CH_3$, S ; O, $H_3CC$, $COCH_2CH_3$, $H_3C$, $CH_3$, S ; $COCH_3$, $COCH_2CH_3$

(2) 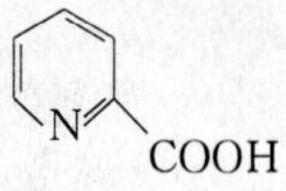 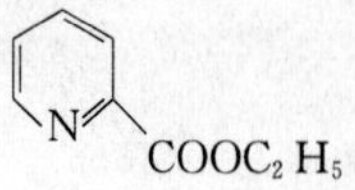  N, COOH ; N, $COOC_2H_5$ ; N, $COCH_2CO_2CH_2CH_3$

$\overset{O}{\parallel}$ $\overset{O}{\parallel}$
N C—CH—C—OCH$_2$CH$_3$ N CH$_2$CH—C—OCH$_2$CH$_3$
CH$_2$CH$_2$OH CH$_2$CH$_2$OH

9. 选择(1)。先叔丁基进入—OCH$_3$ 的邻位，选择性大，不易进入—CH$_3$ 的邻位。再硝化主要进入—OCH$_3$ 的邻、对位，难进入叔丁基邻位，得目标产物。先叔丁基化还有一个好处，活化苯环，更易进行二硝化反应。

10. (1) Cl: + $AlCl_3$ ⟶ $\overset{+}{}$ $\overline{A}lCl_4$ ⇌ (−$AlCl_4^-$) ⟶ ⟶ H

$\xrightarrow{-H^+}$

$H^+ + AlCl_4^- \longrightarrow AlCl_3 + HCl$

(2)

$\xrightarrow{H^+}$ + ⟶ H ⟶ $\xrightarrow{-H^+}$

## 习题解答

7-1 命名或写构造式：

(1) O$_2$N Br (2) —CH—CH═CHCH$_3$ (CH$_3$) (3) Cl H CH$_2$CH$_3$

(4) —NO$_2$ (5) O CHO (6) N CH$_3$ CH$_3$

(7) [18]轮烯 (8) 环庚三烯碳正离子 (9) 环戊二烯碳负离子

(10) 六氢吡啶 (11) 苄基氯 (12) 对十二烷基苯磺酸钠

**解：**(1) 7-硝基-2-溴萘 (2) 4-苯基-2-戊烯 (3) (*S*)-1-苯基-1-氯丙烷 (4) 4-硝基联苯 (5) 2-呋喃甲醛 (6) *N*,2-二甲基吡咯 (7) (8) +

(9) − (10) N (11) Cl (12) NaO$_3$S— —(CH$_2$)$_{11}$CH$_3$

7-2 将下列各组中间体按稳定性由强至弱排列：

(1) A. $(C_6H_5)_3C^+$　B. $(C_6H_5)_2\overset{+}{C}H$　C. $C_6H_5\overset{+}{C}H_2$

(2) A. $CH_3\dot{C}H_2$　B. $(C_6H_5)_3\dot{C}$　C. $C_6H_5\dot{C}H_2$　D. $\dot{C}H_3$

(3) A. $O_2N-C_6H_4-\overset{+}{C}H_2$　B. $Cl-C_6H_4-\overset{+}{C}H_2$　C. $CH_3-C_6H_4-\overset{+}{C}H_2$

**解：**(1) A > B >C　(2) B > C > A > D　(3) C > B > A

7-3 将下列化合物按硝化反应的速率由快至慢排列：

(1) $C_6H_5-NO_2$　(2) $C_6H_5-NHCOCH_3$　(3) $C_6H_5-Cl$　(4) $C_6H_6$

**解：**(2) > (4) > (3) > (1)

7-4 将下列化合物按与 HCl 反应的速率由快至慢排列：

(1) $C_6H_5-CH=CH_2$　(2) $CH_3-C_6H_4-CH=CH_2$（对位）　(3) $NO_2-C_6H_4-CH=CH_2$（对位）　(4) $OCH_3-C_6H_4-CH=CH_2$（对位）

**解：**(4) > (2) > (1) > (3)

7-5 按碱性增加顺序排列下列化合物：

(1) 吡啶　(2) 4-甲基吡啶　(3) 4-氨基吡啶　(4) 4-氰基吡啶

**解：**(3) > (2) > (1) > (4)

7-6 完成下列各反应式：

(1) $C_6H_6 + ClCH_2CH(CH_3)CH_2CH_3 \xrightarrow{AlCl_3}$

(2) $C_6H_6 + C_6H_{11}-OH \xrightarrow{BF_3} (\quad) \xrightarrow{KMnO_4/H^+}$

(3) $C_6H_5-CH_3 + Cl_2 \xrightarrow{h\nu} (\quad) \xrightarrow{CH_3C\equiv CNa} (\quad) \xrightarrow[\text{Pd-BaSO}_4\text{,喹啉}]{H_2}$

(4) $C_6H_5-CH_3 \xrightarrow{HCHO,HCl,ZnCl_2}$

(5) 噻吩 $+ CH_3COCl \xrightarrow{SnCl_2}$

(6) 1-甲氧基萘（$OCH_3$） $\xrightarrow{HNO_3/H_2SO_4}$

(7) 2-硝基萘（$NO_2$） $+ O_2 \xrightarrow{V_2O_5}$

(8) 联苯 $\xrightarrow{HNO_3/H_2SO_4}$

(9) 吡啶（N） $\xrightarrow{HNO_3/H_2SO_4}$

(10) $CH_3-C_6H_4-CH_3 + (CH_3)_3CCl \xrightarrow[100\ ℃]{AlCl_3}$

(11) 萘 $\xrightarrow[160\ ℃]{浓\ H_2SO_4}$

**解**：(1) $C_6H_5-C(CH_3)_2CH_2CH_3$ (2) $C_6H_5-C_6H_{11}$ $C_6H_5-COOH$ (3) $C_6H_5-CH_2Cl$

$C_6H_5-CH_2C\equiv CCH_3$ $C_6H_5CH_2(H)C=C(H)CH_3$（顺式） (4) $H_3C-C_6H_4-CH_2Cl$ (5) 2-噻吩基$-COCH_3$

(6) 1-$OCH_3$-4-$NO_2$-萘 (7) 4-硝基邻苯二甲酸酐（$O_2N$） (8) $C_6H_5-C_6H_4-NO_2$ (9) 3-$NO_2$-吡啶

(10) 3,5-二甲基($H_3C$)-1-$C(CH_3)_3$-苯 (11) 萘-2-$SO_3H$

7-7 用苯或甲苯为主要原料，利用逆合成原理分析，并合成下列化合物。

(1) 2,6-二溴甲苯（$CH_3$，Br，Br） (2) 4-Br-2-$NO_2$-$C_6H_3$-$CH_2Cl$ (3) $C_6H_5CH_2(H)C=C(H)CH_2C_6H_5$（反式）

**解**：(1) 逆合成分析：2,6-$Br_2C_6H_3-CH_3 \Rightarrow HO_3S-$(3,5-$Br_2$)$C_6H_2-CH_3 \Rightarrow HO_3S-C_6H_4-CH_3 \Rightarrow C_6H_5-CH_3$

合成：$C_6H_5-CH_3 \xrightarrow[\triangle]{H_2SO_4} HO_3S-C_6H_4-CH_3 \xrightarrow[\triangle]{Br_2/Fe} HO_3S-$(3,5-$Br_2$)$C_6H_2-CH_3 \xrightarrow{H_2O/H^+}$ 2,6-$Br_2C_6H_3-CH_3$

(2) 逆合成分析：$Br-$(2-$NO_2$)$C_6H_3-CH_2Cl \Rightarrow Br-$(2-$NO_2$)$C_6H_3-CH_3 \Rightarrow$ (2-$NO_2$)$C_6H_4-CH_3 \Rightarrow$

$HO_3S-$(2-$NO_2$)$C_6H_3-CH_3 \Rightarrow HO_3S-C_6H_4-CH_3 \Rightarrow C_6H_5-CH_3$

合成：$C_6H_5-CH_3 \xrightarrow[\triangle]{浓\ H_2SO_4} HO_3S-C_6H_4-CH_3 \xrightarrow[\triangle]{HNO_3/H_2SO_4} HO_3S-C_6H_3(NO_2)-CH_3$

$\xrightarrow{H_2O/H^+} C_6H_4(NO_2)-CH_3 \xrightarrow[\triangle]{Br_2/Fe} Br-C_6H_3(NO_2)-CH_3 \xrightarrow[\triangle]{Cl_2} Br-C_6H_3(NO_2)-CH_2Cl$

（3）逆合成分析：$(H_5C_6H_2C)HC{=}CH(CH_2C_6H_5) \Rightarrow C_6H_5CH_2C{\equiv}CCH_2C_6H_5 \Rightarrow$

$NaC{\equiv}CNa + C_6H_5CH_2Cl$

$\Downarrow \qquad \Downarrow$

$HC{\equiv}CH + NaNH_2 \quad C_6H_5CH_3 + Cl_2$

合成：$C_6H_5CH_3 + Cl_2 \xrightarrow{\triangle} C_6H_5CH_2Cl$

$HC{\equiv}CH + NaNH_2 \xrightarrow[液\ NH_3]{} HC{\equiv}CNa \xrightarrow{C_6H_5CH_2Cl} C_6H_5CH_2C{\equiv}CH \xrightarrow[液\ NH_3]{NaNH_2}$

$C_6H_5CH_2C{\equiv}CNa \xrightarrow{C_6H_5CH_2Cl} C_6H_5CH_2C{\equiv}CCH_2C_6H_5 \xrightarrow[液\ NH_3]{Na}$ (反式) $(H_5C_6H_2C)HC{=}CH(CH_2C_6H_5)$

7-8 推测下列反应的机理：

（1）$C_6H_5CH_3 + HNO_3 \xrightarrow{H_2SO_4}$ 邻硝基甲苯 $(o\text{-}CH_3C_6H_4NO_2)$

（2）$C_6H_5-CH{=}CH_2 \xrightarrow{稀\ H_2SO_4}$ 1-甲基-3-苯基茚满（$CH_3$，$C_6H_5$）

**解：**（1）$2H_2SO_4 + HNO_3 \longrightarrow NO_2^+ + H_3^+O + 2HSO_4^-$

$C_6H_5CH_3 + NO_2^+ \rightleftharpoons [C_6H_5CH_3 \cdot NO_2^+]$（π络合物）

$\xrightarrow{慢}$ σ络合物（$CH_3$，$NO_2$，H，邻位） $\xrightarrow[快]{HSO_4^-}$ $o\text{-}CH_3C_6H_4NO_2 + H_2SO_4$

$\xrightarrow{慢}$ σ络合物（$H_3C-$，H，$NO_2$，对位） $\xrightarrow[快]{HSO_4^-}$ $H_3C-C_6H_4-NO_2 + H_2SO_4$

（2）

$C_6H_5-CH{=}CH_2 \xrightarrow{H^+} C_6H_5-\overset{+}{C}H-CH_3 \xrightarrow{C_6H_5-CH{=}CH_2} C_6H_5(H)-CH(CH_3)-CH_2-\overset{+}{C}H-C_6H_5$

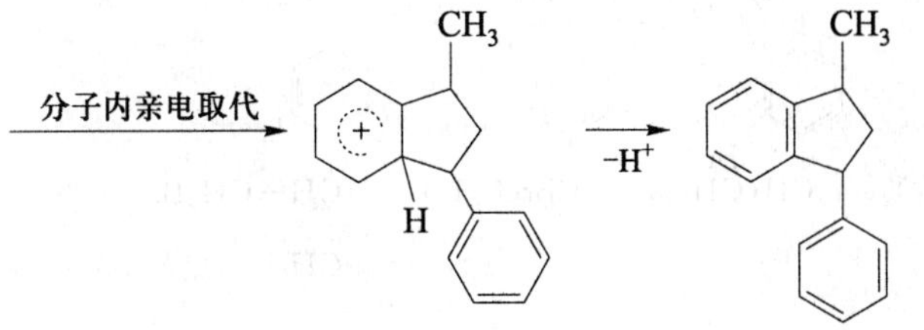

分子内亲电取代 → −$H^+$

7-9　A和B两种化合物的分子式都是$C_9H_{12}$，测得的核磁共振谱的数据如下：

A：δ=1.25(双峰)，δ=2.95(七重峰)，δ=7.25(多重峰)，相应的峰面积之比为6∶1∶5。

B：δ=2.25(单峰)，δ=6.78(单峰)，相应的峰面积之比为3∶1。

试推测化合物A和B的构造式。

**解**：A. $C_6H_5-CH(CH_3)_2$　B. 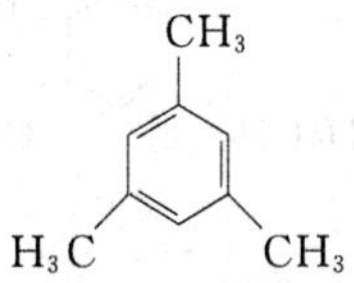 1,3,5-三甲苯（$H_3C$、$CH_3$、$CH_3$）

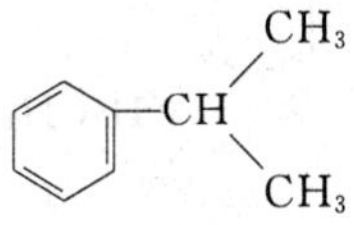

7-10　某烃A的分子式为$C_{10}H_{10}$，与$CuCl/NH_3$溶液不起作用，在$HgSO_4$存在下与稀$H_2SO_4$作用生成B($C_{10}H_{12}O$)，在B的红外光谱图中1700 $cm^{-1}$附近有强吸收峰。A氧化生成间苯二甲酸。写出A和B的构造式及各步反应式。

**解**：A. 间-$CH_3C_6H_4-C\equiv C-CH_3$　B. 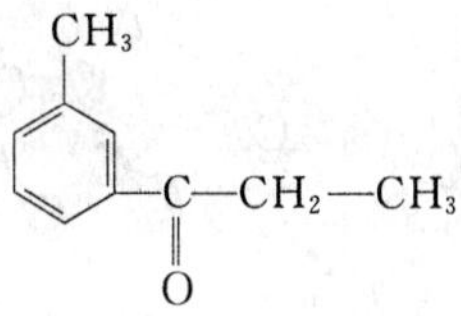 间-$CH_3C_6H_4-C(=O)-CH_2-CH_3$

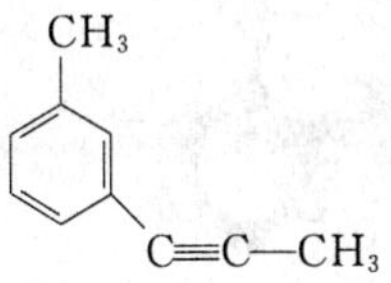

各步反应式：

间-$CH_3C_6H_4-C\equiv C-CH_3$ $\xrightarrow[H_2O,H_2SO_4]{HgSO_4}$ 间-$CH_3C_6H_4-C(OH)=CH-CH_3$ ⟶ 间-$CH_3C_6H_4-C(=O)-CH_2CH_3$

间-$CH_3C_6H_4-C\equiv C-CH_3$ $\xrightarrow{氧化}$ 间-$C_6H_4(COOH)_2$

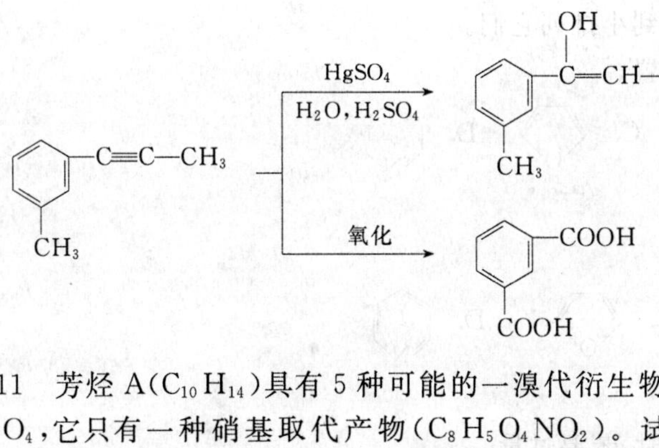

7-11　芳烃A($C_{10}H_{14}$)具有5种可能的一溴代衍生物($C_{10}H_{13}Br$)。剧烈氧化A得酸性物质$C_8H_6O_4$，它只有一种硝基取代产物($C_8H_5O_4NO_2$)。试写出化合物A及其溴代衍生物的结构。

**解**：A为 对-$CH_3C_6H_4CH(CH_3)_2$ $\xrightarrow{氧化}$ 对-$C_6H_4(COOH)_2$ $\xrightarrow[H_2SO_4]{HNO_3}$ 2-硝基对苯二甲酸（COOH、$NO_2$、COOH）

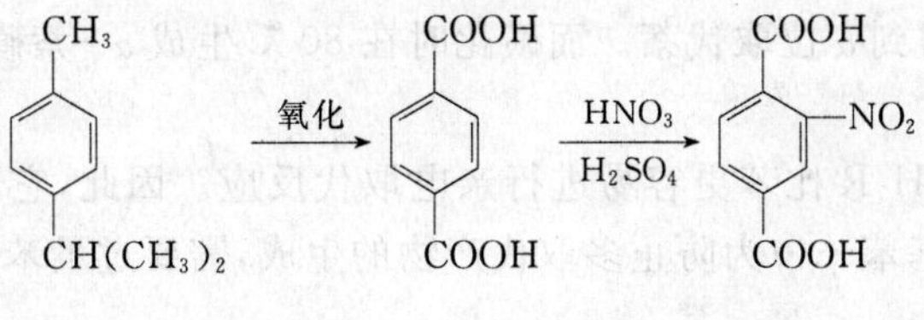

A 的溴代物为 $CH_2Br$ / $CH(CH_3)_2$；$CH_3$ / Br / $CH(CH_3)_2$；$CH_3$ / Br / $CH(CH_3)_2$；$CH_3$ / $CBr(CH_3)_2$；$CH_3$ / $CH—CH_2Br$ / $CH_3$

或者 A 为 $CH_2CH_3$ / $CH_2CH_3$ $\xrightarrow{\text{氧化}}$ COOH / COOH $\xrightarrow[H_2SO_4]{HNO_3}$ COOH / $O_2N$ / COOH

A 的溴代物为 $CH_2CH_2Br$ / $CH_2CH_3$；$CHBrCH_3$ / $CH_2CH_3$；$CH_2CH_3$ / Br / $CH_2CH_3$；Br / $CH_2CH_3$ / $CH_2CH_3$；$CH_2CH_3$ / Br / $CH_2CH_3$

7-12 下列四种化合物的分子模型分别是 A. 苯，B. 噻吩，C. 呋喃和 D. 吡啶：

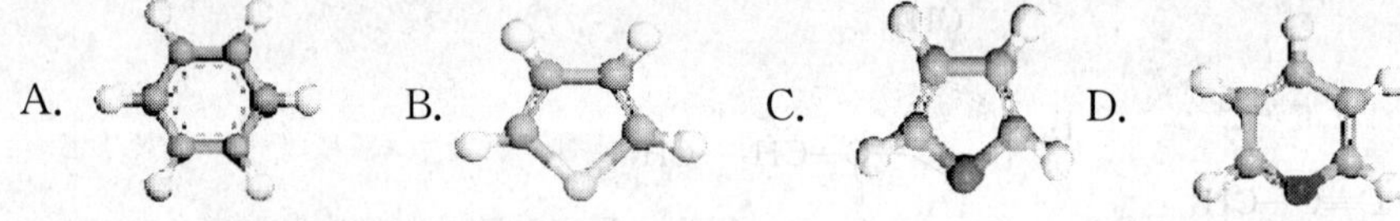


(1) 写出它们的构造式。

(2) 按芳香性从大到小排列它们。

(3) 按亲电取代反应的活性从大到小排列它们。

(4) 指出它们硝化反应发生的位置。

**解：**(1) A. B. S C. O D. N

(2) D $>$ A $>$ B $>$ C

(3) C $>$ B $>$ A $>$ D

(4) A. B. S C. O D. N

7-13 解释下列实验现象：

(1) 苯与 R—X 发生烷基化反应时，苯要过量。

(2) PhBr 发生傅-克烷基化反应时，用 $PhNO_3$ 作溶剂，而不用苯。

(3) 萘在硝化和卤化时，主要得到 $\alpha$ 位取代萘。而磺化时在 80 ℃生成 $\alpha$-萘磺酸，在 160 ℃时生成 $\beta$-萘磺酸。

**解：**(1) 因为苯烷基化产物 $C_6H_5R$ 比苯更容易进行亲电取代反应。因此，它们可以进一步发生烷基化生成二取代、三取代烷基苯……为防止多取代产物的生成，需要过量苯。

(2) 因为苯比溴苯容易发生烷基化，而—$NO_2$ 为强钝化基团，$PhNO_2$ 不发生傅-克反应。

(3) 萘的亲电取代反应与苯的亲电取代反应机理相似，亲电试剂进攻萘的 $\alpha$ 位、$\beta$ 位生成的中间体如下：

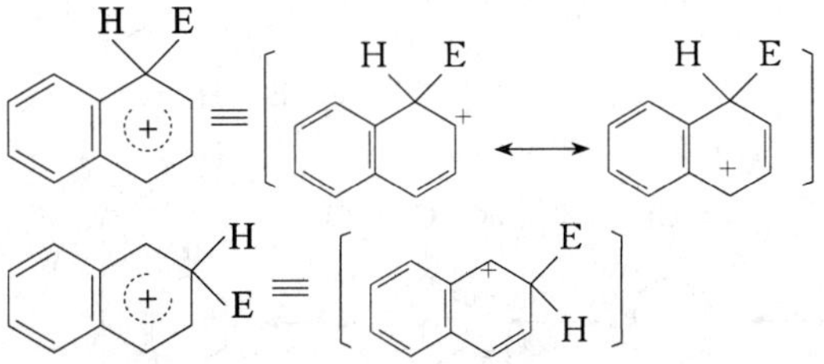

$\alpha$ 位取代形成两个保留完整苯环的共振结构，稳定。而 $\beta$ 位取代仅形成一个保留完整苯环的共振结构，较不稳定。因此，硝化和卤化时主要生成 $\alpha$ 位取代萘。

萘磺化反应与苯磺化反应相似，是可逆反应。在 80 ℃以下反应是动力学控制反应，主要生成 $\alpha$-萘磺酸；在 160 ℃以上是热力学控制反应，生成稳定的 $\beta$-萘磺酸。

7-14 判断下列化合物哪些具有芳香性：

(1) 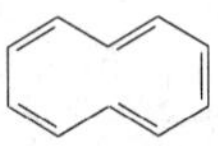 (2)  (3)

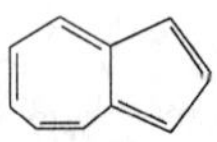

(4) 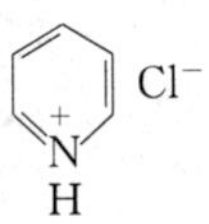 $Cl^-$ (5) 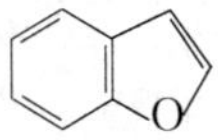 (6)

(7)  (8) 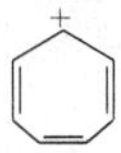 (9)

(10)  (11) 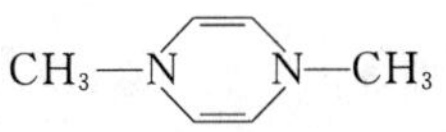 $CH_3$—N N—$CH_3$ (12) $AlCl_4^-$

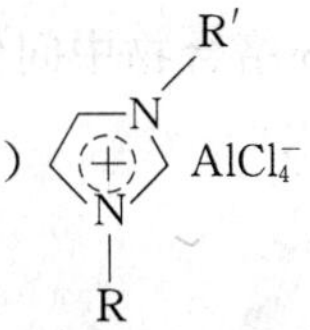

解：具有芳香性的化合物是(2)、(3)、(4)、(5)、(7)、(8)、(9)、(10)和(12)。不具芳香性的化合物是(1)、(6)和(11)。

7-15 芳香烃亲电取代反应的第一步与烯烃的亲电加成反应相同，试解释：

(1) 为什么芳香烃的取代反应较烯烃的加成反应慢？

(2) 芳香烃的亲电取代反应为什么需要催化剂

(3) 为什么芳香烃亲电取代反应的中间体是脱去一个质子而不是加上亲核基团？

解：(1) 因为苯具有芳香性，亲电试剂打开苯环大 $\pi$ 键的活化能比打开烯烃 $\pi$ 键的活化能要高得多。因此，芳香烃的亲电取代反应比烯烃的亲电加成反应慢。

(2) 苯环具有芳香性，结构稳定，需要强亲电试剂进攻才能反应。常用酸作催化剂，其作用是促进亲电试剂极化从而增强其亲电性。

(3) 因为芳香烃亲电取代反应的活性中间体($\sigma$ 络合物)带正电荷，只有脱去一个质子才能形成中性分子，并重新形成芳香环，有芳香性。而加上亲核基团虽然形成中性分子，但无芳香性，不稳定。

*7-16 氯苯亲电取代反应的中间体$\sigma$络合物可有 [结构式]，[结构式] 和 [结构式]，哪种比较稳定？为什么？

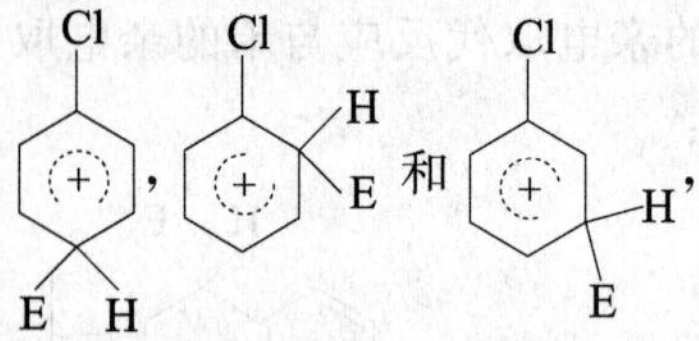

**解：**

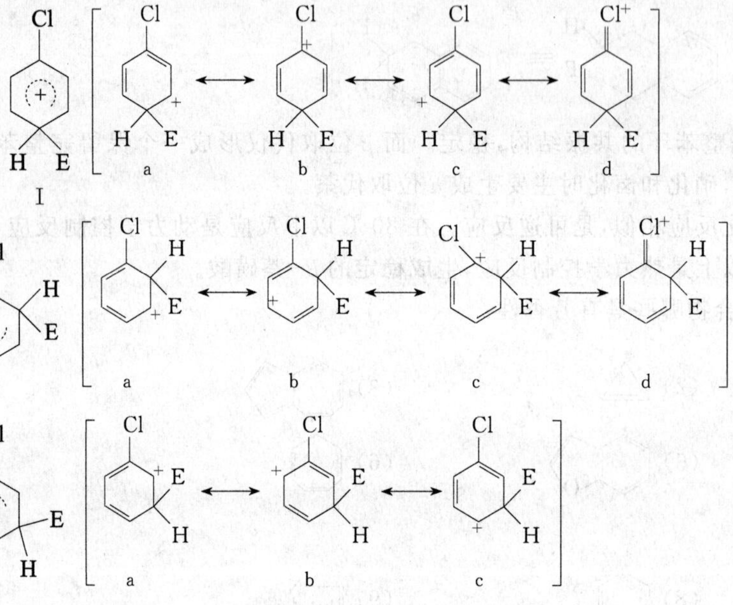

Ⅰ [a ⟷ b ⟷ c ⟷ d]

Ⅱ [a ⟷ b ⟷ c ⟷ d]

Ⅲ [a ⟷ b ⟷ c]

邻位、对位取代的$\sigma$络合物中间体有四个共振结构，且Ⅰd、Ⅱd为满足八隅体规律的共振结构，最稳定。间位取代的$\sigma$络合物中间体只有三个共振结构，较邻、对位中间体不稳定。

# 第 8 章 卤代烃

## 学习要点

本章的反应是有机合成的基础反应。

1. 结构与性质的关系

（1）伯、仲和叔卤代烷的 C—X，烯丙基卤代烃 R—CH═CH—$CH_2$—X 与苄基卤代烃 $C_6H_5$—$CH_2$—X 的 C—X，卤乙烯型卤代烃 R—CH═CH—X 与卤苯型卤代烃 $C_6H_5$—X 的C—X，三种 C—X 的结构、解离难易程度、形成碳正离子的结构及稳定性，决定三类化合物的性质。

（2）卤代烷的 C—X 极性对物理常数的影响。

2. 卤代烃的特征反应——亲核取代反应

（1）卤代烷亲核取代反应类型。

（2）亲核取代反应机理：

A. 叔卤代烃的 $S_N1$ 反应机理；

B. 伯卤代烃的 $S_N2$ 反应机理；

C. 邻位有杂原子的卤代烃的分子内 $S_N2$ 反应机理(邻基参与作用)；

D. 烯丙基卤代烃 $S_N1$ 反应机理(碳正离子有重排)；

E. 苄基卤代烃的 $S_N1$ 反应机理。

3. 卤代烃的消除反应

（1）饱和碳上消除反应机理：

A. E1 反应机理(碳正离子有重排反应)；

B. E2 反应机理(平面反式消除)。

（2）烯丙基型卤代烃的消除反应的机理；

（3）苄基型卤代烃的消除反应机理。

4. 取代反应与消除反应的竞争

5. 金属有机化合物的基本知识

（1）由卤代烃与活泼金属 Li、Na、K、Mg、Al 反应合成金属有机化合物 R—M；

（2）格利雅试剂R—MgX的合成及反应。

## 重要反应式

本章的反应是合成官能团化合物的基本反应。

亲核取代反应：

水解反应

$$RCH_2-X + NaOH \longrightarrow R-CH_2OH + NaX \quad (合成醇)$$

醇解反应

$$RCH_2-X + NaOR' \longrightarrow RCH_2OR' + NaX \quad (合成醚)$$

$$CH_3CHOHCH_2-X \xrightarrow{CaO} CH_3\underset{\backslash O /}{CH-CH_2} + HX \quad (合成环氧化物)$$

氨解反应

$$RCH_2-X + NH_3 \longrightarrow RCH_2NH_2\cdot HX \xrightarrow{NaOH} RCH_2NH_2$$

$$(H_3C)_2CH-Cl + NH_3 \longrightarrow (H_3C)_2CHNH_2 \xrightarrow{(H_3C)_2CH-Cl} [(H_3C)_2CH]_2NH$$

$$\xrightarrow{(H_3C)_2CH-Cl} [(H_3C)_2CH]_3N \xrightarrow{(H_3C)_2CH-X} [(H_3C)_2CH]_4N^+X^-$$

（合成伯、仲、叔胺和季铵盐的方法）

氰解反应

$$Cl\text{-}(CH_2)_4\text{-}Cl + 2\ NaCN \xrightarrow{H_2SO_4/H_2O} NC\text{-}(CH_2)_4\text{-}CN + 2\ NaCl$$

（合成腈化合物，进而水解，还原成酸、胺）

与含氧酸反应

$$CH_3CH_2Cl + CH_3CO_2Na \longrightarrow CH_3CO_2CH_2CH_3 + NaCl \quad (合成酯化合物)$$

$$RX + AgNO_3 \longrightarrow RONO_2 + AgX\downarrow \quad (鉴定伯、仲、叔卤代烷，鉴定氯、溴、碘代烷)$$

与卤素交换反应

$$CH_3CH_2CH_2CH_2-X + NaI \xrightarrow{丙酮} CH_3CH_2CH_2CH_2I + NaX \quad (X = Cl、Br)$$

烯丙基卤化物取代反应

$$CH_3(CH_2)_2CH{=}CH\underset{|\atop X}{C}HCH_3 + NaOH \longrightarrow CH_3(CH_2)_2CH{=}CH\underset{|\atop OH}{C}HCH_3 + CH_3(CH_2)_2\underset{|\atop OH}{C}HCH{=}CHCH_3$$

（*S*/*R*、*Z*/*E* 构型）

苄卤化合物的取代反应

$$C_6H_5-\underset{|\atop Cl}{C}H-CH_3 + NaOH \longrightarrow C_6H_5-\underset{|\atop OH}{C}HCH_3 + NaCl$$

（*S*/*R* 构型）

卤苯取代反应

$$O_2N-C_6H_3(Cl)-Cl \xrightarrow[\triangle]{Na_2CO_3/H_2O} O_2N-C_6H_3(Cl)-OH$$

消除反应：

卤代烷消除反应

$$(CH_3)_2CH-CH(Br)-CH_2CH_3 \xrightarrow{KOH/乙醇} (CH_3)_2C{=}CH-CH_2CH_3 \quad (消除方向,Z/E构型)$$

$$\text{2-氯-1-甲基环己烷(H, H)} \longrightarrow \text{1-甲基环己烯} \quad (合成环烯烃)$$

$$CH_3CH_2CH_2CH_2Br \xrightarrow{KOH/乙醇} CH_3CH_2CH{=}CH_2 \quad (合成烯烃)$$

邻二卤代烷消除反应

$$CH_3CH(Br)-CH(Br)CH_3 \xrightarrow{KOH/醇} CH_3C{\equiv}C-CH_3 \quad (合成炔烃)$$

烯丙基卤消除反应

$$H_3CCH_2CH_2-CH{=}CH-CH(Cl)-CH_3 \xrightarrow{KOH/醇} H_3CCH_2CH_2CH{=}CH-CH{=}CH_2 +$$

$$CH_3CH_2CH{=}CHCH{=}CH-CH_3 \quad (合成共轭双烯烃,Z/E构型)$$

芳香卤代烃的消除反应

$$C_6H_5-CH_2-CH(X)-CH_3 \xrightarrow{KOH/醇} C_6H_5-CH{=}CHCH_3 \quad (消除方向,Z/E构型)$$

金属有机化合物的合成与反应

合成格氏试剂

$$CH_3CH_2CH_2Br+Mg \xrightarrow{醚} CH_3CH_2CH_2MgBr$$

合成金属有机化合物

$$CH_3CH_2CH_2CH_2Cl+2Li \longrightarrow CH_3CH_2CH_2CH_2Li+LiCl$$

不活泼金属的反应

$$2CH_3CH_2CH_2CH_2Li+CuCl \longrightarrow CuLi(CH_2CH_2CH_2CH_3)_2+LiCl \quad (合成有机铜锂)$$

作为亲核试剂的反应

$$RMgX+HC{\equiv}CR' \longrightarrow RH+R'C{\equiv}CMgX \quad (合成炔基格氏试剂)$$

$$CH_3CH_2MgCl + H_2O \longrightarrow CH_3CH_3 + HOMgCl$$

$$CH_3CH_2CH_2MgCl + HOCH_2CH_3 \longrightarrow CH_3CH_2CH_3 + CH_3CH_2OMgCl \quad \text{（合成烷）}$$

$$CH_3CH_2CH_2MgCl + CH_3CH_2CH_2Cl \longrightarrow CH_3CH_2CH_2CH_2CH_2CH_3 + MgCl_2 \quad \text{（增长碳链）}$$

$$CH_3CH_2CH_2CH_2Cl + HC{\equiv}CNa \longrightarrow CH_3CH_2CH_2CH_2C{\equiv}CH + NaCl\downarrow \quad \text{（合成炔烃）}$$

# 思考题解答

**思考题 8-1**　为什么1-氯丙烷、溴乙烷和碘甲烷以上的卤代烃是液体或固体？预测从哪种氟代烷开始是液体？

**解答：**决定化合物物理常数主要有三个因素，一是分子的相对分子质量，二是分子的极性，三是分子能否形成氢键。在这些化合物中无氢键形成，分子的极性依氟、氯、溴和碘代物顺序而减小，它们的相对分子质量依次是1-氯丙烷78.5、溴乙烷109、碘甲烷138、相应的沸点分别为46.6 ℃、38.4 ℃和42.4 ℃。4-氟丁烷的相对分子质量76接近1-氯丙烷的相对分子质量，可以预测1-氟丁烷是液体。

**思考题 8-2**　查阅资料，比较1-卤代直链烷烃同系物的物理常数与正构烷烃系列的物理常数变化规律有何相同之处与不同之处，试分析其原因。

**解答：**图8-1是查到的1-卤代正构烷烃与正构烷的沸点。从(1)烷烃、(2)1-氟代烷、(3)1-氯代烷、(4)1-溴代烷到(5)1-碘代烷的沸点随相对分子质量(碳数)的增加有规律地增加，随着相对分子质量增加沸点互相靠近，随着相对分子质量增加相邻成员间沸点差有减少的趋势，1-氟代烷的沸点更接近烷烃的。不同点是相同碳数的化合物的沸点按烷烃、氟代烃、氯代烃、溴代烃和碘代烃依次增加。在本题中，影响沸点的主要因素是相对分子质量。随着碳数的增加，相对分子质量增加，沸点随之升高；随着碳数的增加，氢、氟、氯、溴、碘的质量对相对分子质量的影响变小，相邻成员间沸点差变小，互相也靠近；同一碳的烷烃、卤代烃的相对分子质量随氢、氟、氯、溴、碘而增加，沸点随之增高。氢、氟原子的体积大小接近，烷烃、氟代烃系列沸点接近。

**思考题 8-3**　将卤代烷的醇解反应中的醇碱金属盐改为硫醇碱金属盐，得到什么产物？

**解答：**硫与氧在元素周期表中同属同一族元素，有相似的性质，醇与硫醇也有相似的性质，硫醇的亲核性比

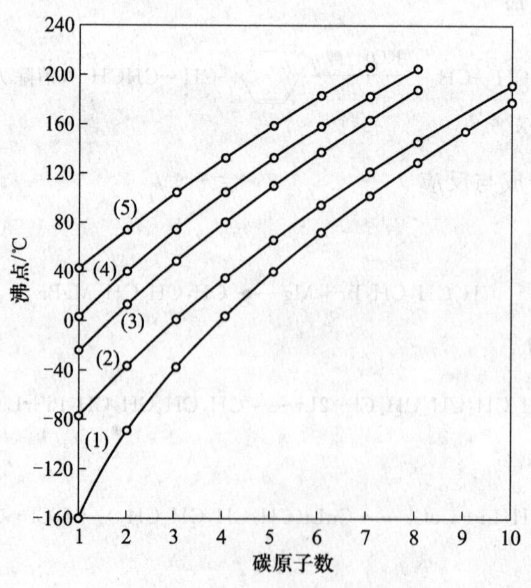


图8-1　思考题8-2附图

醇的强，醇钠与硫醇钠都有亲核性，但硫醇钠的要强些。因此，

$$RCH_2—X+NaOR' \longrightarrow RCH_2—O—R'+NaOH$$
$$RCH_2—X+NaSR' \longrightarrow RCH_2—S—R'+NaSH$$

产物为硫醚。

**思考题 8-4** 为什么叔卤代烷亲核取代反应是碳正离子为中间体的$S_N1$反应机理，而伯卤代烷是有瓦尔登转化的$S_N2$机理？（提示：考虑中间体与形成中间体的过渡态能量关系。）

**解答：** C—X 键解离生成 $C^+$ 离子和 $X^-$ 离子，$C^+$ 是高能量的活性中间体，当 $C^+$ 是叔碳正离子时相对稳定，能量低，形成的过渡态也稳定，能量也低，即反应活化能低，C—X 易解离。而当 $C^+$ 是伯碳离子时，不稳定，能量高，形成的过渡态能量也高，即反应活化能大，C—X 不易解离。在 C—X 键解离的同时，有亲核试剂（带负电荷或部分负电荷）从 X 原子相背的方向进攻带有部分正电荷的 C，这时在较低能量（低活化能）状态下（$\overset{\delta-}{Nu}\text{:}\ \cdots\overset{\delta+}{C}—\overset{\delta-}{X}$），$X^-$ 即可离去，不经过形成 $C^+$ 一步即完成反应。

因此，叔卤代烷是$S_N1$机理，伯卤代烷是$S_N2$机理。

**思考题 8-5** 1-氯己烷和 β-氯代二乙基硫醚的水解反应，后者比前者快 $3\times10^3$ 倍，试解释之。

**解答：**

$$CH_3CH_2CH_2CH_2CH_2CH_2—Cl+H_2O \longrightarrow CH_3(CH_2)_4CH_2OH+H^++Cl^-$$
$$CH_3CH_2—\ddot{S}—CH_2CH_2—Cl+H_2O \longrightarrow CH_3CH_2\ddot{S}CH_2CH_2OH+H^++Cl^-$$

都是伯 C—X 键水解，难进行。但 β-氯代二乙基硫醚中，硫是一种强的亲核试剂，S 上有孤对电子，正处于 C—X 键中碳的邻位碳上，易形成三元环使 C—X 的碳带较多的正电荷，此时，$H_2O$再从 S 的背面进攻 C 时，由于电荷、空间拥挤等原因，使 C—X 易解离（邻基效应），形成的三元环碳正离子稳定：

$$CH_2CH_2\ddot{S}CH_2CH_2Cl + H_2\ddot{O} \quad (H_3CH_2C—S\text{:} \rightarrow CH_2—CH_2—Cl) \longrightarrow \underset{\substack{|\\OH_2}}{\overset{H_3CH_2C—S}{CH_2—\overset{+}{C}H_2}} + Cl^-$$

$$\underset{\substack{|\\OH_2}}{\overset{H_3CH_2C—\ddot{S}}{CH_2—\overset{+}{C}H_2}} \longrightarrow CH_3CH_2SCH_2CH_2\overset{+}{O}H_2 \longrightarrow CH_3CH_2SCH_2CH_2OH+H^+$$

因此，两者水解反应速率相差 $3\times10^3$ 倍。

**思考题 8-6** 回到教材中本节开始提到的瓦尔登循环反应（教材图 8-1）如何理解（+）-氯代琥珀酸与 KOH 作用转化成（－）-苹果酸，或（－）-苹果酸与 $PCl_5$/醚作用生成（+）-氯代琥珀酸？而（+）-氯代琥珀酸与 $Ag_2O/H_2O$ 作用转化为（+）-苹果酸，或（－）-氯代琥珀酸与 $Ag_2O/H_2O$ 反应生成（－）-苹果酸？

**解答：** 这个循环反应很有意义，但该反应的机理还不是很清楚。由（+）-氯代琥珀酸与 KOH 作用转化成（－）-苹果酸，相当于 $S_N2$ 反应：

$$KOH \longrightarrow K^+ + OH^-$$
$$R—COOH+KOH \longrightarrow K^+ + RCOO^- + H_2O$$

$R—COO^-$ 的亲核性小于 $^-OH$，因此

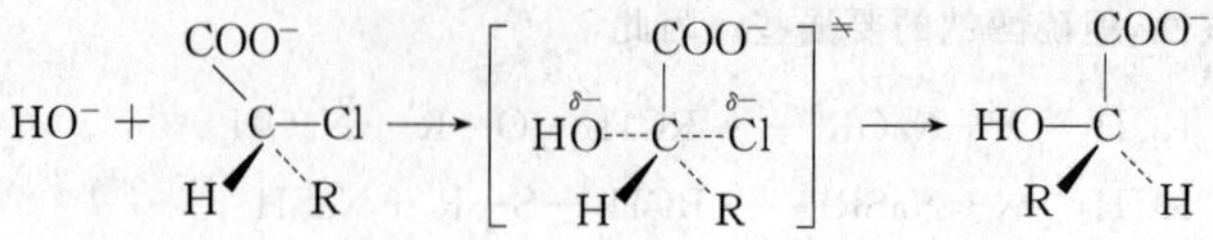

$$HO^- + \text{COO}^-\text{-C(H)(R)-Cl} \longrightarrow \left[ HO\overset{\delta-}{\cdots}C\overset{\delta-}{\cdots}Cl \right]^{\neq} \longrightarrow HO-C(COO^-)(R)(H)$$ 构型翻转

苹果酸与$PCl_5$反应也经历了$S_N2$反应：

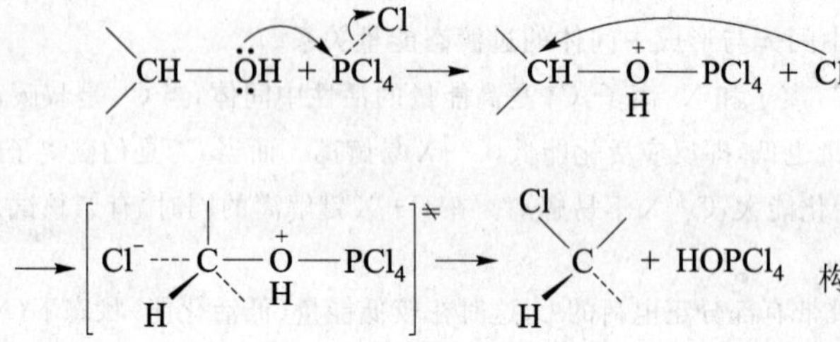

$$>CH-\ddot{O}H + PCl_4^+ \longrightarrow >CH-\overset{+}{O}(H)-PCl_4 + Cl^-$$

$$\longrightarrow \left[ Cl^- \cdots C - \overset{+}{O}(H) - PCl_4 \right]^{\neq} \longrightarrow Cl-C(H) + HOPCl_4$$ 构型翻转

而(+)-氯代琥珀酸与$Ag_2O/H_2O$作用转化为(+)-苹果酸，或(-)-氯代琥珀酸与$Ag_2O/H_2O$作用生成(-)-苹果酸，构型未转化，可能是邻基参与反应：

$$Ag_2O + H_2O \longrightarrow 2\,AgOH$$
$$R-COOH + AgOH \longrightarrow R-COO^- + Ag^+ + H_2O$$

$RCOO^-$进行分子内$S_N2$反应(邻基参与反应)：

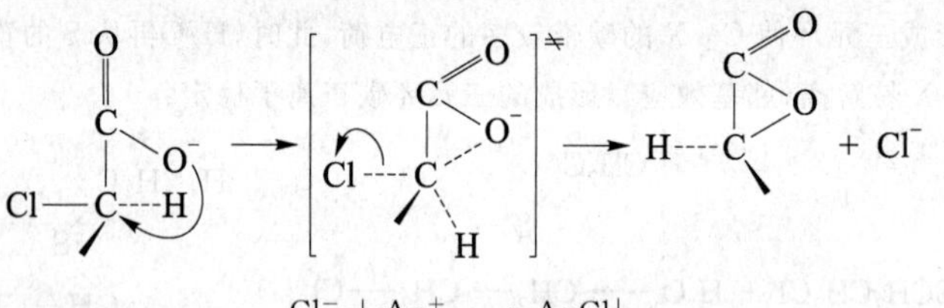

$$Cl-C(H)-C(=O)O^- \longrightarrow [Cl\cdots C(H)-C(=O)O^-]^{\neq} \longrightarrow H\cdots C\text{(α-内酯)} + Cl^-$$

$$Cl^- + Ag^+ \longrightarrow AgCl\downarrow$$

再进行一次$S_N2$反应：

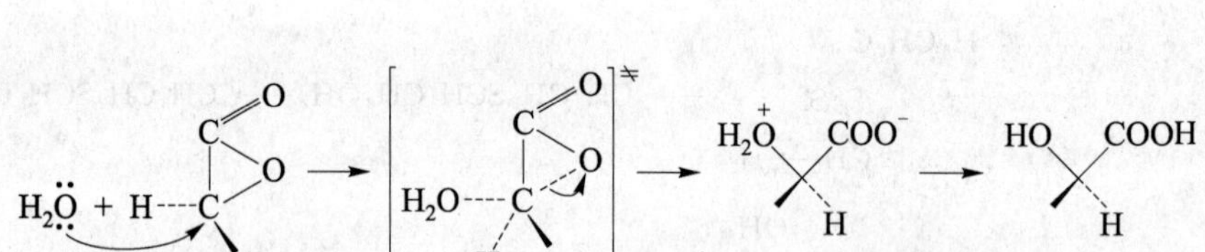

$$H_2\ddot{O} + H\cdots C\text{(α-内酯)} \longrightarrow [H_2O\cdots C(H)\cdots O]^{\neq} \longrightarrow H_2\overset{+}{O}-C(H)-COO^- \longrightarrow HO-C(H)-COOH$$

在与$Ag_2O/H_2O$反应过程中，氯代琥珀酸手性碳原子的构型翻转两次才能转化成苹果酸，相当于手性碳原子构型未变化。

**思考题 8-7** 在KOH作用下，(*R*)-2-溴丁烷在丁醇溶液中消除反应得到何种 2-丁烯？

**解答：**一般情况下，仲卤代烃在醇的碱性溶液中消除是 E2 反应，E2 反应的特点是平面反式消除：

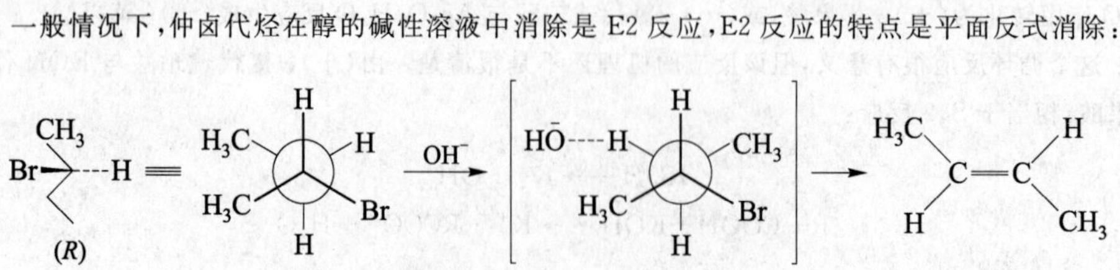

$$Br-C(CH_3)(H)-CH_2CH_3\ (R) \equiv \text{(Newman: H, }H_3C, H, H_3C, Br, H\text{)主要} \xrightarrow{OH^-} [H\bar{O}\cdots H\text{-(Newman: }CH_3, H_3C, Br, H\text{)}] \longrightarrow H_3C(H)C=C(H)CH_3$$

($R$)-2-溴丁烷进行消除反应主要得到反式 2-丁烯。

**思考题 8-8**　试总结卤代烃结构、亲核试剂(碱)的碱性、溶剂的极性和反应温度对$S_N$和 E 反应的影响规律。

**解答:** $S_N$反应包括$S_N1$和$S_N2$,E 反应包括 E1 和 E2,$S_N$与 E 又是竞争反应。一般说来,伯卤代烷以$S_N2$为主,叔卤代烷以$S_N1$为主;非极性溶剂有利于$S_N2$反应,极性溶剂有利于$S_N1$反应;亲核性强(碱性大)试剂倾向于$S_N2$,亲核性弱的试剂$S_N1$容易进行。

伯卤代烷主要是 E2 反应,叔卤代烃主要是 E1 反应;碱性强的试剂有利于 E2,碱性弱的试剂有利于 E1;非极性溶剂有利于 E2,极性溶剂有利于 E1。

叔卤代烷,强碱性,高反应温度,非极性溶剂中有利于 E 反应;伯卤代烷,弱碱性,低温下极性溶剂中有利于 $S_N$ 反应。

**思考题 8-9**　芳烃的亲电取代生成$\sigma$络合物中间体和卤苯的亲核取代反应生成的$\sigma$络合物中间体,两种结构有什么不同?

**解答:** 芳烃的亲电取代反应:

$$C_6H_6 + E^+ \longrightarrow [\text{过渡态}]^{\neq} \longrightarrow \sigma\text{络合物} \longrightarrow C_6H_5E + H^+$$

过渡态　σ络合物

芳卤的亲核取代反应:

$$C_6H_5X + {}^-Nu \longrightarrow [\text{过渡态}]^{\neq} \longrightarrow \sigma\text{络合物} \longrightarrow C_6H_5Nu + X^-$$

过渡态　σ络合物

两个$\sigma$络合物中间体的结构相似,但所带电荷相反。

**思考题 8-10**　含有 D 元素的有机化合物是重要试剂。如何在烃、醇分子中引入 D 元素?

**解答:** 用欲制备 D 代烃相对应的卤代烃与金属反应,然后用$D_2O$水解即可:

$$CH_3CH_2CH_2Cl + 2Li \longrightarrow CH_3CH_2CH_2Li + LiCl$$
$$CH_3CH_2CH_2Li + D_2O \longrightarrow CH_3CH_2CH_2D + LiOD$$

将相应金属有机化合物氧化,得到烃氧基金属,再用$D_2O$水解即可得到 D 代醇:

$$CH_3CH_2CH_2CH_2MgCl + O_2 \longrightarrow CH_3CH_2CH_2CH_2OMgCl$$
$$CH_3CH_2CH_2CH_2OMgCl + D_2O \longrightarrow CH_3CH_2CH_2CH_2OD + DOMgCl$$

对低碳 D 代醇,还可以用相应的醇与金属反应生成烃氧金属,后者用 $D_2O$ 水解,如

$$2CH_3CH_2OH + Mg \longrightarrow (CH_3CH_2O)_2Mg + H_2$$
$$(CH_3CH_2O)_2Mg + 2\,D_2O \longrightarrow 2\,CH_3CH_2OD + Mg(OD)_2$$

# 例题解析

**例 1.** 按$S_N1$和$S_N2$反应活性由大到小分别排列下列化合物:

A. 1-氯丁烷（CH₃CH₂CH₂CH₂Cl）　B. 苄基氯（C₆H₅CH₂Cl）　C. 2-氯丙烷（(CH₃)₂CHCl）　D. 1-氯降冰片烷（桥头位 Cl）

**解析：**$S_N1$要求卤代烃能形成稳定的$C^+$中间体，其为平面结构，即α-碳上连烃基多；$S_N2$要求卤代烃形成五配位的稳定的过渡态，α-C上基团的位阻要小。因此$S_N1$：B＞C＞A＞D，$S_N2$：B＞A＞C＞D。

B为苄氯易进行$S_N1$，也易进行$S_N2$反应，D的α-C为桥头碳原子，不易形成平面结构$C^+$，也不能形成五配位的过渡态。

**例2.** 下列化合物在丙酮中与碘化钠反应，哪个化合物反应快？

A.  Br　　B. 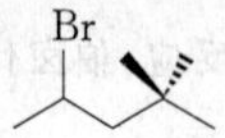 Br　　C. 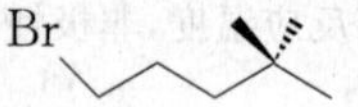 Br

**解析：**在极性小的丙酮溶液中，溴代烷与碘化钠反应是$S_N2$反应，反应的过渡态是五配位的碳，[R; I---C---Br; H H]，R上的取代基离反应中心C原子越远，过渡态越稳定，反应越快。因此C反应最快。

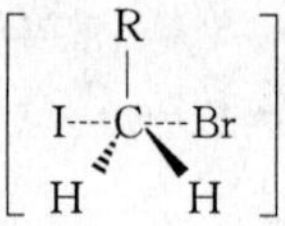

**例3.** 2,3-二溴丁烷有三种立体异构体，内消旋体和外消旋体，分别用纽曼式和立体透视式表示(1)内消旋体和(2)外消旋体之一的E2反应的立体选择性。

**解析：**E2反应过渡态要求两个离去基团在同一平面内且处于反式位置，因此，

(1) 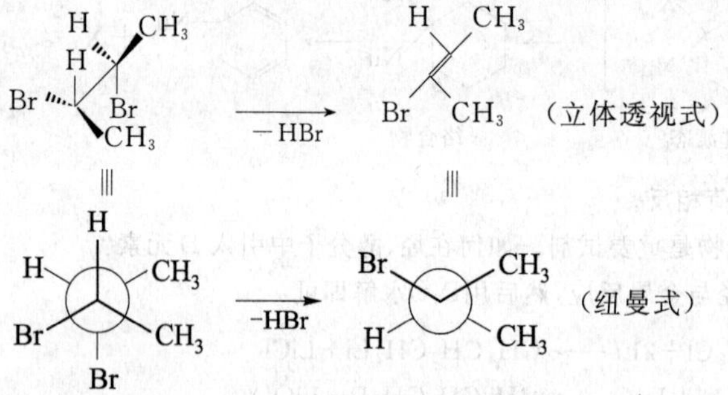 H, CH₃, H, Br, Br, CH₃ —$-HBr$→ H CH₃ / Br CH₃ （立体透视式）

‖　　‖

H, H, CH₃, Br, CH₃, Br —$-HBr$→ Br CH₃ / H CH₃ （纽曼式）

(2) 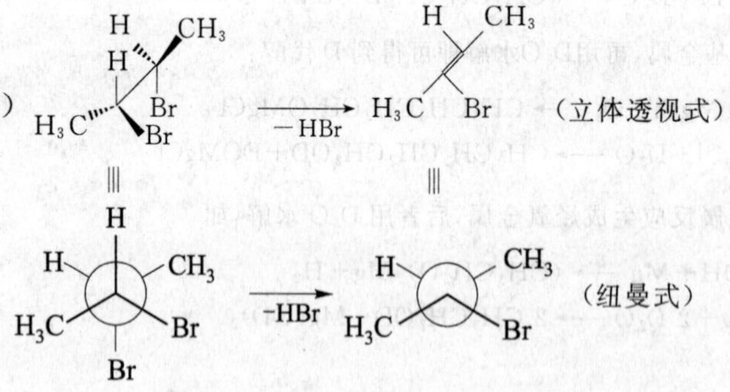 H, CH₃, H, Br, $H_3C$, Br —$-HBr$→ H CH₃ / $H_3C$ Br （立体透视式）

‖　　‖

H, H, CH₃, $H_3C$, Br, Br —$-HBr$→ H CH₃ / $H_3C$ Br （纽曼式）

**例4.** 解释下列现象：化合物A的$S_N2$反应速率大于化合物B的；化合物C的$S_N1$反应速率大于化合物D的。

A. 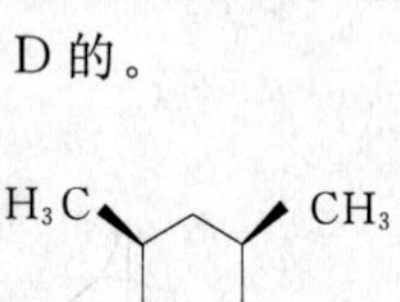 $H_3C$ CH₃ Br　　B. 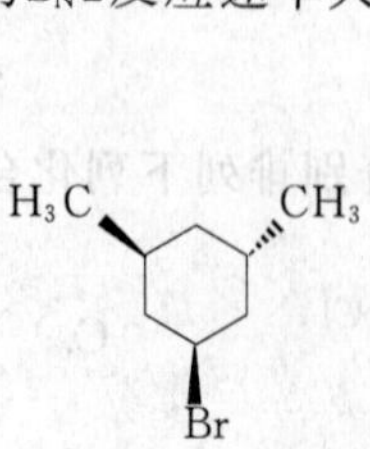 $H_3C$ CH₃ Br　　C. 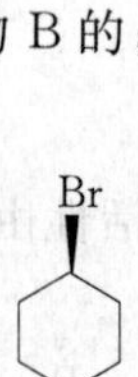 Br　　D. 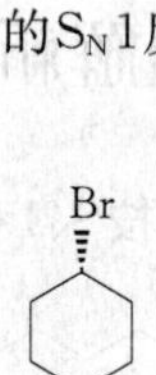 Br

**解析：** A、B、C、D 都是溴代环己烷的衍生物，其稳定构象是椅式结构。

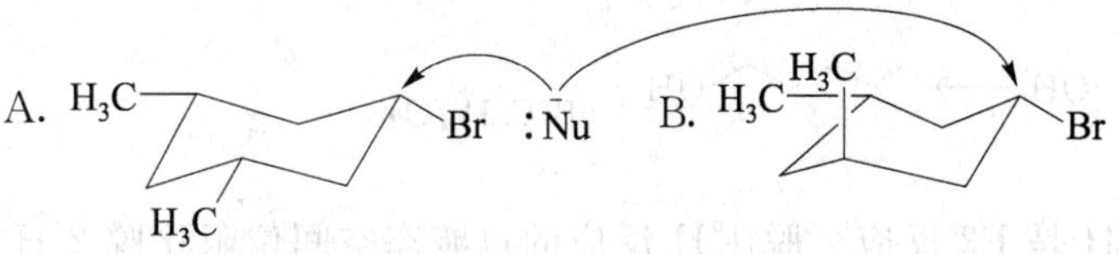

A. $H_3C$　Br　$:\bar{N}u$　B. $H_3C$　$H_3C$　Br

$H_3C$

当进行$S_N2$反应时，亲核试剂$:\bar{N}u$从离去基Br的背面进攻 $\alpha$-C，显然在 A 中 $C_3$，$C_5$ 的—$CH_3$ 在 $e$ 键上，空间位阻小，而在 B 中，$C_3$ 的—$CH_3$ 在 $e$ 键上，$C_5$ 的—$CH_3$ 在 $a$ 键上，阻碍亲核试剂接近 $\alpha$-C。因此 A 的$S_N2$反应速率大于 B 的。

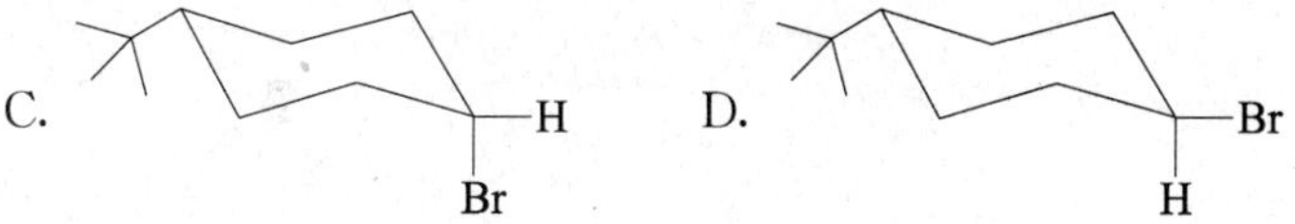

C.　—H　Br　　D.　—Br　H

叔丁基环己烷的稳定构象是叔丁基在 $e$ 键上。C 的 Br 在 $a$ 键上，叔丁基体积大，当进行$S_N1$反应时，有利于$Br^-$离去形成的中间体 $C^+$ 更接近平面结构，稳定，而在 D 中，则不然。因此，对$S_N1$反应，C 的速率大于 D 的速率。

**例 5.** 3-溴戊烷经 E2 反应生成 2-戊烯，其反式多于顺式，请给出合理的解析。

**解析：**　Br　⟶

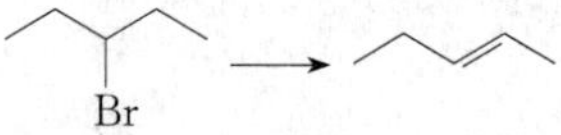

脱掉两种位置上的 $\beta$-H 都得同一产物，2-戊烯。E2 反应的过渡态是五配体的 C 化合物，要求两离去基团处于同一平面、反位上。

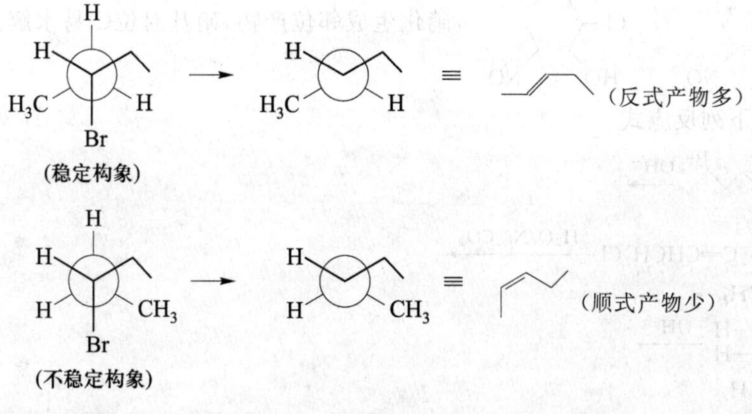

H　H　$H_3C$　H　Br　⟶　H　$H_3C$　H　≡　（反式产物多）

**（稳定构象）**

H　H　H　$CH_3$　Br　⟶　H　H　$CH_3$　≡　（顺式产物少）

**（不稳定构象）**

**例 6.** 4-甲基-4-氯-1-戊醇在中性极性溶剂中，形成分子式为$C_6H_{12}O$的产物 A，写出 A 的结构式。如果在碱性溶液中，产物 B 分子式也为$C_6H_{12}O$，但结构不同，写出 B 的结构式。说明 A、B 结构不同的原因。

**解析：** 4-甲基-4-氯-1-戊醇是叔卤代烷型醇。

在中性极性溶剂中：

Cl　OH ⟶ $^+$　OH ⟶　OH　A($C_6H_{12}O$)

在中性极性溶剂中进行 E1 反应，先生成 $3°C^+$，然后按札依采夫规则脱掉 $H^+$，生成内烯烃。

在碱性溶剂中：

$$\text{(CH}_3)_2\text{CCl—CH}_2\text{CH}_2\text{CH}_2\text{OH} \longrightarrow \text{CH}_2\text{=C(CH}_3)\text{CH}_2\text{CH}_2\text{CH}_2\text{OH} \quad B(C_6H_{12}O)$$

在碱性溶剂中碱进攻有酸性的 $\beta$-H 是 E2 反应。脱 1°H 反应的过渡态空间位阻比脱 2°H 的空间位阻小，同时脱 1°H 的概率是脱 2°H 的 3 倍。

**例 7.** 写出下列反应的主要产物：

(1) $BrCH_2CH_2CH_2-C_6H_4-CH_2Br$ $\xrightarrow[\triangle]{H_2O}$

(2) $C_6H_5CH_2Cl$ $\xrightarrow[\text{②}H^+/H_2O,\triangle]{\text{①}KCN/DMSO}$

(3) 1,2,3-三氯苯 $\xrightarrow{\text{过量 } HNO_3/H_2SO_4}$ $\xrightarrow[80\ ℃]{Na_2CO_3/H_2O}$

**解析**：(1) $BrCH_2CH_2CH_2-C_6H_4-CH_2OH$，苄溴活泼易水解。

(2) $C_6H_5CH_2COOH$，第一步生成苯乙腈，第二步酸性水解得到酸。

(3) 1,2,3-三氯-4,6-二硝基苯，2-氯-4,6-二硝基-1,3-苯二酚，硝化生成邻位产物，硝基对位Cl易水解。

**例 8.** 完成下列反应式

(1) $HSCH_2CH_2CH_2CH_2Br$ $\xrightarrow{OH^-}$

(2) $(CH_3)_2C{=}CHCH_2Cl$ $\xrightarrow{H_2O/Na_2CO_3}$

(3) Fischer 投影式（上 $CH_3$；HO—C—H；Br—C—H；下 $CH_3$） $\xrightarrow{OH^-}$

(4) $BrCH{=}CHCH_2CH_2Cl$ $\xrightarrow{OH^-}$

**解析**：(1) 四氢噻吩

分子内亲电取代，生成五元环化合物，稳定。

(2) $(CH_3)_2C{=}CHCH_2OH + (CH_3)_2C(OH)—CH{=}CH_2$

经烯丙基重排。

(3) Fischer projection: $CH_3$ (top); HO—C—H; HO—C—H; $CH_3$ (bottom)

邻基参与反应，构型保持不变。

(4) $BrCH{=}CHCH_2CH_2OH$

Br—CH═中的 C—Br 不活泼，C—Cl 活泼，发生 $S_N2$ 反应。

**例 9.** 从指定原料合成下列化合物：

(1) 由 2-溴-2-甲基戊烷制备 3-溴-2-甲基戊烷

(2) 由丁烷制备 2-碘丁烷

(3) 由 $CH_4$ 和$(CH_3)_3CH$ 制备$(CH_3)_3COCH_3$

(4) 由 $CH_3CH_2CH_2CH_2Br$ 制备 $CH_3CH_2CH_2CH_2D$

(5) 由 $CH_3CH_2CH_2CH_2Br$ 制备 $CH_3CH_2CH_2CH_3$

**解析**：这些合成都很简单，重点是弄清楚概念。

(1) 2-bromo-2-methylpentane $\xrightarrow[\triangle]{DMSO}$ 2-methylpent-2-ene $\xrightarrow{HBr/—O—O—}$ 3-bromo-2-methylpentane （利用过氧化物效应）

(2) butane $+Br_2 \xrightarrow[127\ ℃]{h\nu}$ 2-bromobutane $+HBr$

利用溴化反应 Br 代 2°H 比 Br 代 1°H 的选择性大的优点。

2-bromobutane $+NaI \xrightarrow{丙酮}$ 2-iodobutane $+NaBr$

在丙酮中，进行 $S_N2$ 反应无异构产物。

(3) $CH_4+Br_2 \longrightarrow CH_3Br+HBr$

$(CH_3)_3CH+Br_2 \longrightarrow (CH_3)_3CBr \xrightarrow{NaOH/H_2O} (CH_3)_3COH+NaBr$

$(CH_3)_3COH+NaOH \longrightarrow (CH_3)_3CONa+H_2O$

$(CH_3)_3CONa+CH_3Br \longrightarrow (CH_3)_3COCH_3+NaBr$

用$(CH_3)_3CONa$、伯卤代烷，少发生碳架异构，少生成烯烃。

(4) $CH_3CH_2CH_2CH_2Br+Mg \xrightarrow[\triangle]{醚} CH_3CH_2CH_2CH_2MgBr \xrightarrow{D_2O} CH_3CH_2CH_2CH_2D+DOMgBr$

(5) $CH_3CH_2CH_2CH_2Br+Mg \xrightarrow{醚} CH_3CH_2CH_2CH_2MgBr \xrightarrow{H_2O} CH_3CH_2CH_2CH_3+HOMgBr$

**例 10.** 设计由丙烯转化成下列化合物的路线，写出各转化步骤。

A. 1,5-己二烯　　B. 1-溴丙烯　　C. 4-甲基-1-戊烯

**解析**：丙烯是最基本，最便宜的有机合成原料。

A. propene $+Cl_2 \xrightarrow{\triangle}$ allyl chloride (Cl) $\xrightarrow{Mg/乙醚}$ allyl-MgCl $\xrightarrow{Cl\text{-}CH_2CH{=}CH_2}$ 1,5-hexadiene $+MgCl_2$

B. 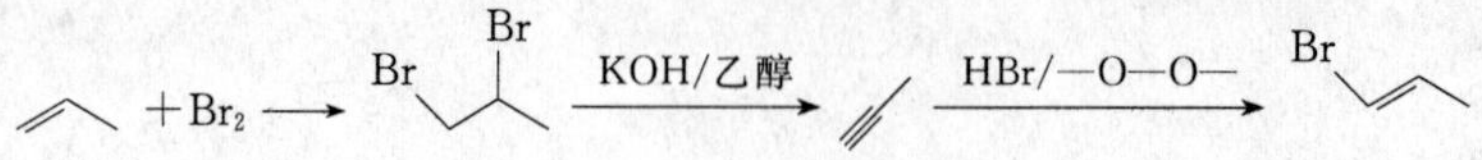 丙烯 $+Br_2 \longrightarrow$ 1,2-二溴丙烷 $\xrightarrow{KOH/乙醇}$ 丙炔 $\xrightarrow{HBr/—O—O—}$ 1-溴丙烯

C. 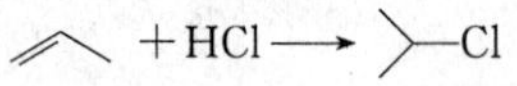 丙烯 $+HCl \longrightarrow$ 2-氯丙烷

丙烯 $+Cl_2 \xrightarrow{\triangle}$ 3-氯丙烯 $\xrightarrow{Mg/乙醚}$ 烯丙基氯化镁 $\xrightarrow{2-氯丙烷}$ 4-甲基-1-戊烯 $+MgCl_2$

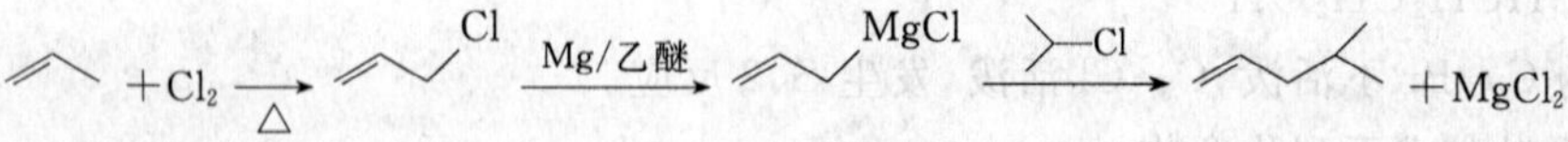

# 综合习题

1. 按水解反应速率由大到小排列下述化合物，并指出哪个产物是外消旋体。

A. 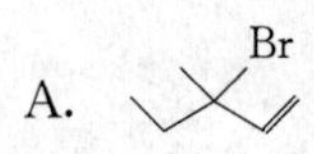　B. 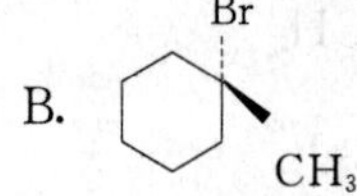　C. 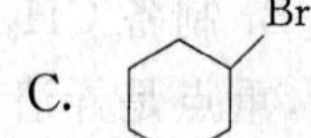　D. 

2. 下列化合物中哪个易发生 E2 反应？

A. 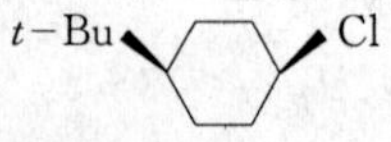 $t$-Bu（顺式-1-叔丁基-4-氯环己烷）Cl　　B. 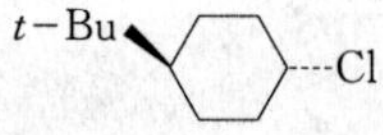 $t$-Bu（反式-1-叔丁基-4-氯环己烷）Cl

3. 按亲核性自大到小排列下列各组试剂：

(1) A. 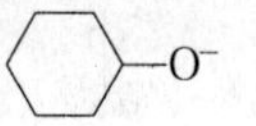 环己基-$O^-$　B. 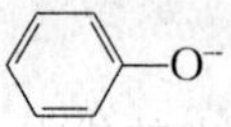 苯基-$O^-$　C. 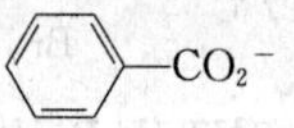 苯基-$CO_2^-$　D. 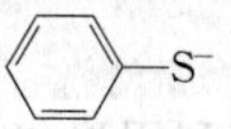 苯基-$S^-$

E. 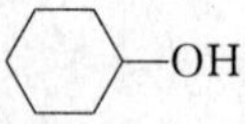 环己基-OH　F. 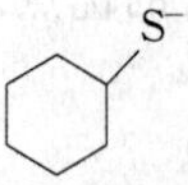 环己基-$S^-$

(2) A. $HO^-$　B. $CH_3CH_2O^-$　C. $C_6H_5O^-$　D. $CH_3COO^-$

4. 将下列化合物先按 $S_N1$ 反应活性从高到低排列，然后再按 $S_N2$ 反应活性从高到低排序。

A. 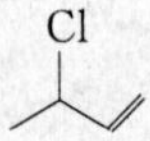 3-氯-1-丁烯　B. 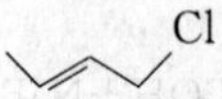 1-氯-2-丁烯　C. 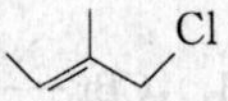 1-氯-2-甲基-2-丁烯　D. 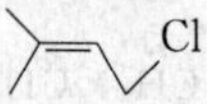 1-氯-3-甲基-2-丁烯

E. 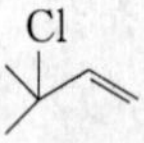 3-氯-3-甲基-1-丁烯　F.  3-氯丙烯

5. 下述两种反应中，

(1) 反应 A 生成两种产物，且以其中一种为主要产物；而反应 B 只生成一种产物。为什么？

(2) 实验发现反应 A 的速率比反应 B 的速率快，为什么？

A. 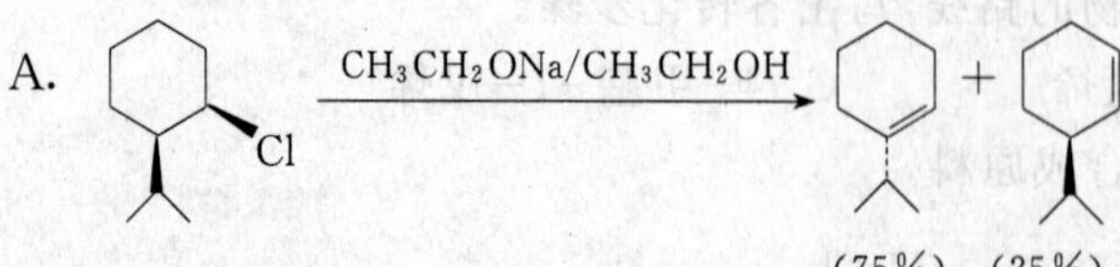

B. 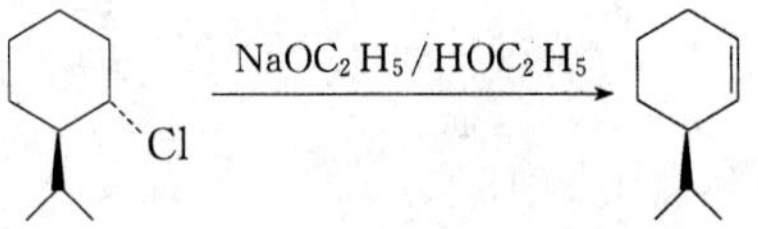 (chemical structure) $\xrightarrow{NaOC_2H_5/HOC_2H_5}$ (chemical structure)

6. 完成下列反应式，如有立体异构体，请标明立体异构体的构型。

A. 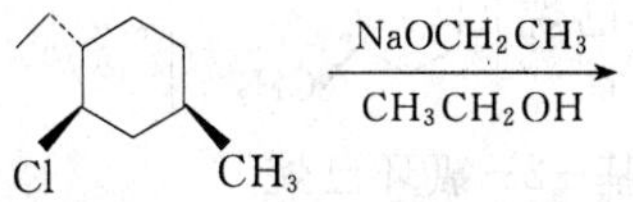 (chemical structure) $\xrightarrow[CH_3CH_2OH]{NaOCH_2CH_3}$

B. 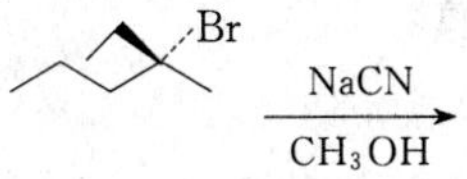 (chemical structure) $\xrightarrow[CH_3OH]{NaCN}$

C. $(CH_3)_2CuLi + CH_3(CH_2)_8CH_2I \longrightarrow$

D. 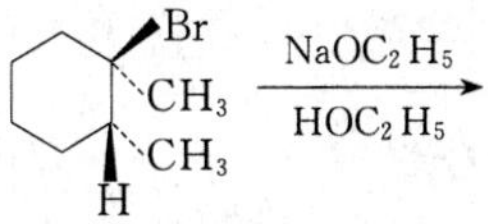 (chemical structure) $\xrightarrow[HOC_2H_5]{NaOC_2H_5}$

E. 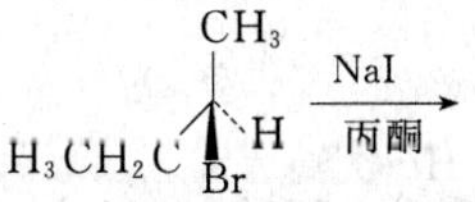 (chemical structure) $\xrightarrow[\text{丙酮}]{NaI}$

7. 写出下列各反应式的主要产物，并指出其按哪种机理进行。

A.  (chemical structure) $\xrightarrow{KOC(CH_3)_3/HOC(CH_3)_3}$

B. 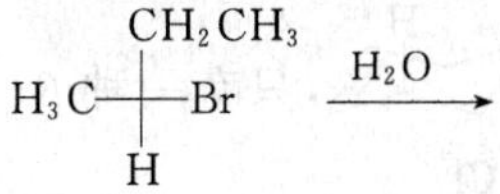 (chemical structure) $\xrightarrow{H_2O}$

C. 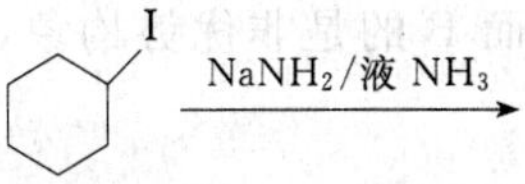 (chemical structure) $\xrightarrow{NaNH_2/\text{液 }NH_3}$

D. 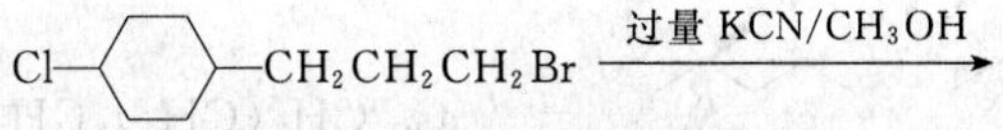 Cl—(chemical structure)—$CH_2CH_2CH_2Br \xrightarrow{\text{过量 }KCN/CH_3OH}$

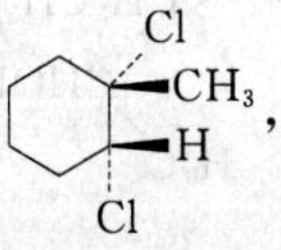

E. $(CH_3CH_2)_3COH \xrightarrow{\text{浓 }HCl/H_2O}$

F. $(CH_3)_3CCl \xrightarrow{NaNH_2/\text{液 }NH_3}$

G. 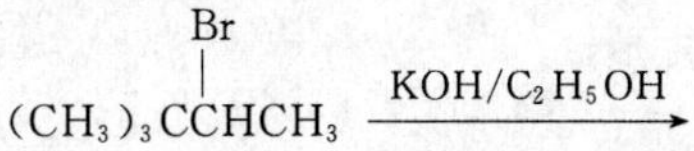 $(CH_3)_3CCH(Br)CH_3 \xrightarrow{KOH/C_2H_5OH}$

8. 判断化合物 A. 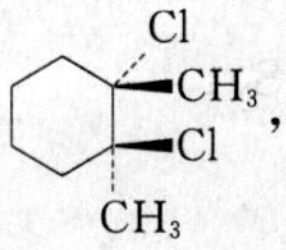 (chemical structure)，B. (chemical structure)，C. (chemical structure) 与下列试剂能否发生反应？如能反应，写出主要产物。

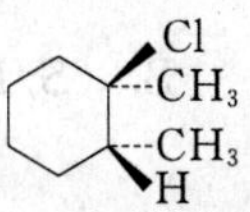

(1) NaOH　(2) Zn　(3) $H_2O$　(4) $C_2H_5OH$

9. 推测下列反应的可能机理：

(1) $(CH_3)_3C—Br + H_2O \longrightarrow (CH_3)_3C—OH + (CH_3)_2C═CH_2$

(2) 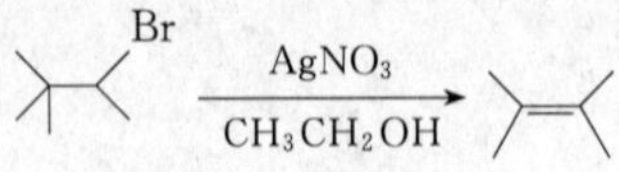 (Br 化合物) $\xrightarrow[CH_3CH_2OH]{AgNO_3}$ (烯烃)

10. 分别从下列化合物开始合成反-甲基-2-甲硫基环己烷（$SCH_3$，$CH_3$ 结构）。

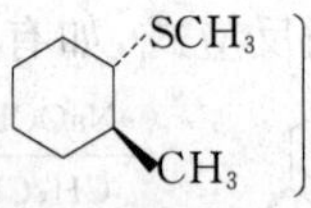

A. 顺-1-甲基-2-氯环己烷　　B. 反-2-甲基-2-氯环己烷
C. 顺-2-甲基环己醇　　D. 反-2-甲基环己醇

## 综合习题参考答案

1. A＞B＞C＞D，A 是外消旋体
2. A
3. (1) F＞A＞D＞B＞C＞E　　(2) B＞A＞C＞D
4. $S_N1$：E＞A＞D＞C＞B＞F，$S_N2$：F＞B＞D＞C＞A＞E

5. A 和 B 均为 E2 反应。反应 A 反应物的优势构象为（H、H、Cl 构象式），两种 β-H 与—Cl 可共平面，并处反式，可生成两种产物，其中脱 3°H 的产物为主。B 反应物是反式构型，它的优势构象为（Cl 构象式），—Cl 在 *e* 键上。在 E2 反应时，B 是非优势构象（H、Cl 构象式），只有一种 β-H 可与其共平面，能反式消除，只有一种产物。A 的优势构象参与反应，而 B 的是非优势构象，因此 A 比 B 的反应速率快。

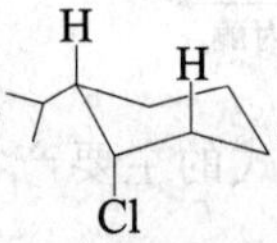

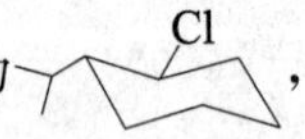

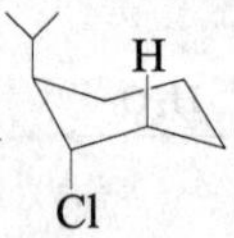

6. A. 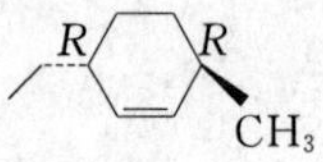 （*R*，*R*，$CH_3$ 结构）　　B. 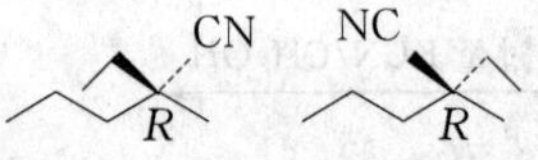 （CN，*R*；NC，*R* 结构）　　C. $CH_3(CH_2)_8CH_2CH_3$

D. 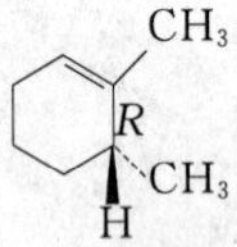 （$CH_3$，*R*，$CH_3$，H 结构）　　E. 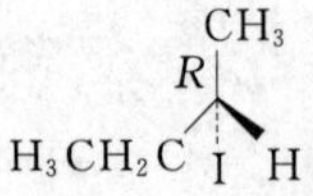 （$CH_3$，*R*，$H_3CH_2C$，I，H 结构）

7. A. 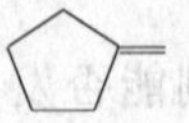 （亚甲基环戊烷），E2　　B. (*S*/*R*)-$CH_3CH_2$—CHOH（$H_3C$），$S_N1$

C. 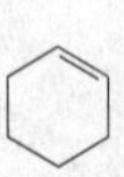 （环己烯），E2　　D. 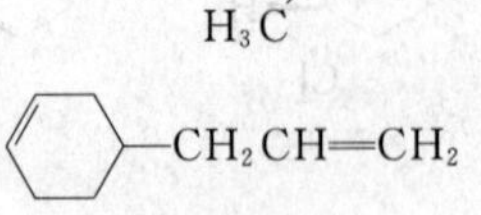 （环己烯基）—$CH_2CH{=}CH_2$，E2

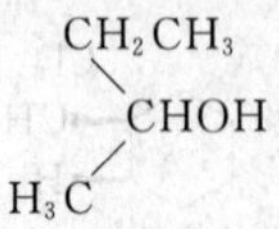

E. $(CH_3CH_2)_3CCl$，$S_N1$　　F. 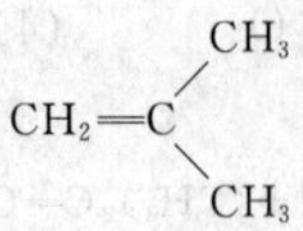 $CH_2{=}C(CH_3)_2$，E1

G. $(CH_3)_3CCH{=}CH_2$，E2

8. A、B、C 与(1)NaOH 均反应，主要产物为

A. 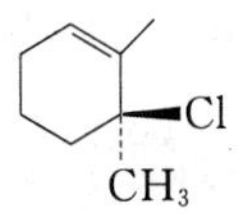 或 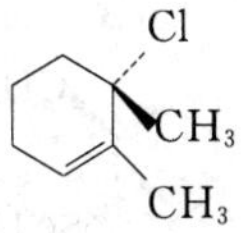 B. 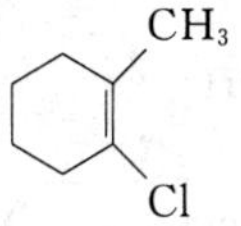 C.

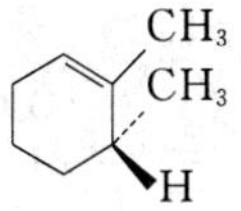

仅 B 与(2)Zn 反应，A、C 与(2)Zn 不反应，主要产物为 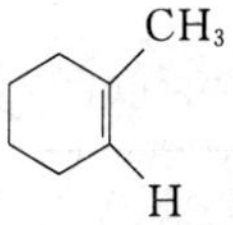 。

A、B、C 与(3)$H_2O$ 均反应，主要产物为

A.

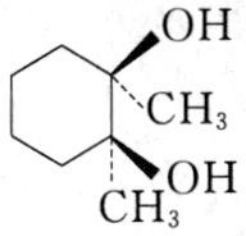

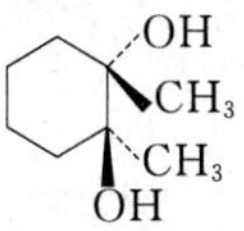

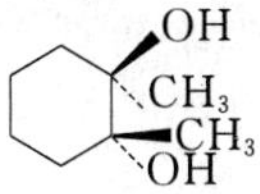

B.

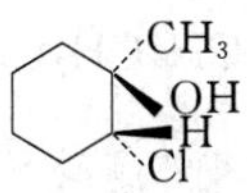

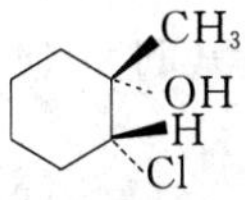

C.

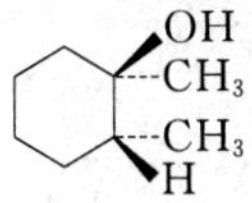

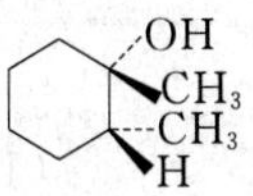

A、B、C 与(4)$C_2H_5OH$ 均反应，主要产物为

A.

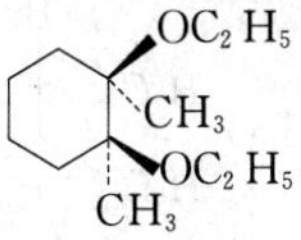

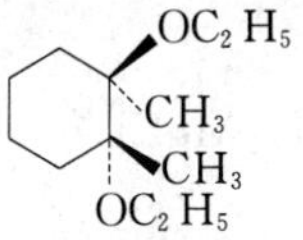

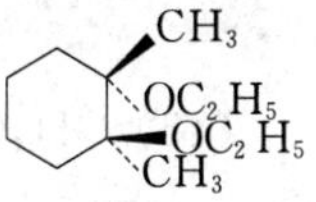

B.

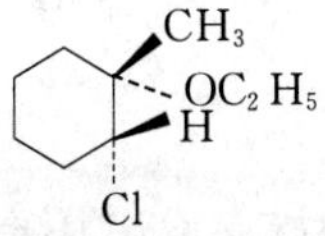

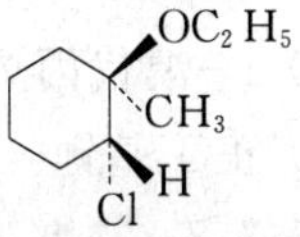

C.

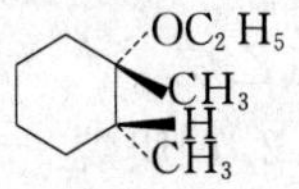

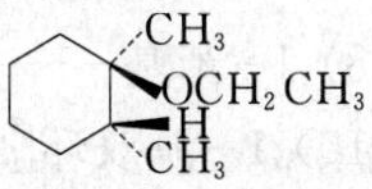

9. (1) $(CH_3)_3C{-}Br \xrightarrow{-Br^-} (CH_3)_3C^+ \xrightarrow{H_2O} (CH_3)_3C\overset{+}{O}H_2 \longrightarrow (CH_3)_3COH + H^+$ ($S_N1$)

$(CH_3)_3C^+ \xrightarrow{H_2O}$ $\underset{|}{H}\cdots OH_2$ $CH_2{-}\overset{+}{C}(CH_3)_2 \longrightarrow CH_2{=}C(CH_3)_2 + H_3O^+$ (E1)

(2) 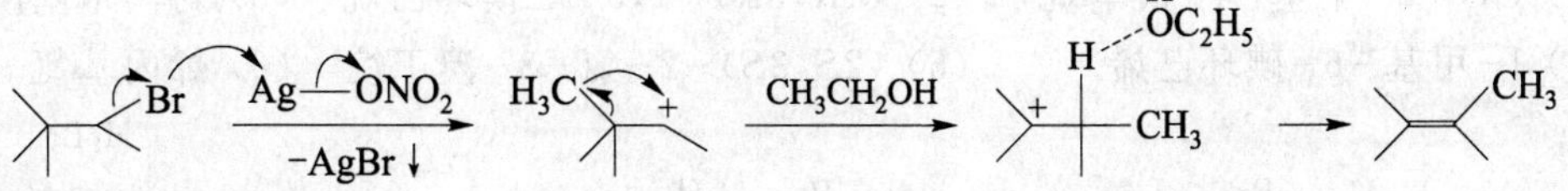 $\xrightarrow[-AgBr\downarrow]{Ag{-}ONO_2}$ $H_3C$ $\xrightarrow{CH_3CH_2OH}$ $CH_3$ $\longrightarrow$ $CH_3$ (E1)

10. A. 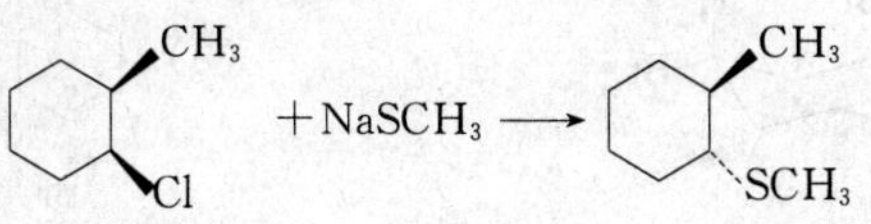 $+ NaSCH_3 \longrightarrow$ $SCH_3$

B. (1R,2S)-2-氯-1-甲基环己烷 $\xrightarrow[\text{DMSO}]{\text{KBr}}$ 溴代物 $\xrightarrow{CH_3SNa}$ $SCH_3$ 取代产物

C. 2-甲基环己醇 $\xrightarrow{C_6H_5SO_2Cl}$ 苯磺酸酯（$OSO_2C_6H_5$） $\xrightarrow{CH_3SNa}$ $SCH_3$ 取代产物

D. 2-甲基环己醇 $\xrightarrow{C_6H_5SO_2Cl}$ 苯磺酸酯（$OSO_2C_6H_5$） $\xrightarrow{KBr}$ 溴代物 $\xrightarrow{CH_3SNa}$ $SCH_3$ 取代产物

## 习题解答

8-1 命名下列化合物：

(1) $(CH_3)_3CCH_2Br$ (2) $BrHC{=}CHCH_3$ (3) $(CH_3)_2CClC{\equiv}CH$ (4) $CH_3CH_2CH_2CH_2Li$

(5) $CH_2Cl$（环己烷椅式） (6) Cl, Cl（双环） (7) Cl H (8) $C_6H_5$—$CHClCH_3$

(9) H Cl (10) Br (11) :C(Cl)Cl (12)

(13) $CH_2{=}CH\overset{+}{C}HCH_3$ (14) $C_6H_5\overset{+}{C}H_2$ (15) $CH_3CH_2MgCl$ (16) Br, $H_3C$, H, $H_3C$, H, H（纽曼投影式）

**解：**(1) 2,2-二甲基-1-溴丙烷　(2) 1-溴代丙烯

(3) 3-甲基-3-氯-1-丁炔　(4) 正丁基锂

(5) 氯甲基环己烷　(6) 7,7-二氯双环[4.1.0]庚烷

(7) (*R*)-2-氯丁烷　(8) 1-苯基-1-氯乙烷

(9) (*S*)-4-氯代戊烯　(10) 1-溴双环[2.2.1]庚烷

(11) 二氯卡宾　(12) 苯炔

(13) 3-丁烯-2-碳正离子　(14) 苄基碳正离子

(15) 氯化乙基镁　(16) (*S*)-2-溴丁烷

8-2 写出下列化合物的结构式：

(1) (*R*)-2-甲基-4-溴辛烷　(2) (1*R*,3*R*)-1,3-二溴环己烷　(3) 对溴苄基溴

(4) 1-甲基-6-碘环己烯　(5) (2*S*,3*S*)-2-氯-3-溴丁烷　(6) 烯丙基氯

**解：**(1) H Br　(2) Br H, H—, —Br　(3) $CH_2Br$, Br

(4) 1-iodo-2-methylcyclohex-2-ene (I, $CH_3$)　(5) Fischer projection: $CH_3$; H—C—Cl; Br—C—H; $CH_3$　(6) $CH_2=CH-CH_2Cl$

8-3 查阅有关资料：

(1) 比较并解释 $CH_3X$(X＝F,Cl,Br,I)在偶极矩、沸点、相对密度、水中溶解度方面的差异。

(2) 比较并解释 1°RCl 和它的母体 R—H(R 为直链烷基)在偶极矩、沸点、相对密度、在水中溶解度方面的差异。这两个同系物的物理常数变化有什么规律?

**解:**(略)

8-4 写出下列各反应的主要产物:

(1) 1-bromopentane (skeletal) $+KOH \xrightarrow{CH_3CH_2OH}$

(2) $C_6H_5-CH_2Cl + LiOCH_2CH_3 \xrightarrow{C_2H_5OH}$

(3) $CH_3I+CH_3SNa \longrightarrow$

(4) $CH_3CH_2Br+CH_3COOK \xrightarrow{DMSO}$

(5) $CH_3CH_2Br+NaNH_2 \xrightarrow{液 NH_3}$

(6) $(CH_3)_3CCH_2Br+P(C_6H_5)_3 \xrightarrow{CH_3CH_2OH}$

(7) 3-bromo-3-methylcyclohexene ($CH_3$, Br) $\xrightarrow{NaOH/C_2H_5OH}$

(8) $Cl-C_6H_4-CHClCH_2CH_3 + AgNO_3 \xrightarrow{CH_3CH_2OH}$

(9) $CH_3CH=CHCH_2Cl+(CH_3CH_2CH_2CH_2)_2CuLi \longrightarrow$

(10) $O_2N-C_6H_3(Cl)-Cl + NaOCH_2CH_3 \xrightarrow{CH_3CH_2OH}$ (3,4-dichloronitrobenzene)

(11) $Br-C_6H_4-CH_2CH_2Br \xrightarrow{^{-}CN}$

*(12) 2-bromotoluene ($CH_3$, Br) $+NaNH_2 \xrightarrow{液 NH_3}$

(13) $Cl-C_6H_4-Br + Mg \xrightarrow{乙醚}$

(14) $CH_3C\equiv CMgCl$ $\xrightarrow{R'Cl}$; $\xrightarrow{①CO_2\ ②H_2O}$; $\xrightarrow{①\ \text{环氧乙烷}\ ②H_3^+O}$

*(15) $CH_3CH_2CH_2CH_2Cl+NaBH_4 \longrightarrow$

**解：**(1)　　　　(2) $C_6H_5$—$CH_2$—O—$CH_2CH_3$

(3) $CH_3SCH_3$　　(4) $CH_3COOCH_2CH_3$

(5) $CH_3CH_2NH_2$　　(6) $(CH_3)_3CCH_2\overset{+}{P}(C_6H_5)_3Br^-$

(7)　　(8) (*S*/*R*) - Cl—$C_6H_4$—$CHCH_2CH_3$（$ONO_2$）

(9) (*S*/*R*) - $H_3C$—$CHCH_2CH_2CH_2CH_3$（$CH_2$=CH）　　(10) $O_2N$—$C_6H_3$(Cl)—$OCH_2CH_3$

(11) Br—$C_6H_4$—$CH_2CH_2$CN　　(12) $CH_3$—$C_6H_4$—$NH_2$ ， $CH_3$—$C_6H_4$—$NH_2$

(13) Cl—$C_6H_4$—MgBr

(14) $CH_3C\equiv CR$　$CH_3C\equiv CCOOH$　$CH_3C\equiv CCH_2CH_2OH$

(15) $CH_3CH_2CH_2CH_3$

8-5　比较下列每对亲核取代反应，哪一个更快？为什么？

(1) $CH_3CH_2Br+C_2H_5OH \longrightarrow CH_3CH_2OCH_2CH_3+HBr$

$CH_3CH_2Br+C_2H_5ONa \longrightarrow CH_3CH_2OCH_2CH_3+NaBr$

(2) $CH_3CH{=}CHCH_2Cl+H_2O \xrightarrow{\triangle} CH_3CH{=}CHCH_2OH+HCl$

$CH_2{=}CHCH_2CH_2Cl+H_2O \xrightarrow{\triangle} CH_2{=}CHCH_2CH_2OH+HCl$

(3) $CH_3CH_2Br+I^- \xrightarrow{H_2O} CH_3CH_2I+Br^-$

$CH_3CH_2Br+I^- \xrightarrow{(CH_3)_2SO} CH_3CH_2I+Br^-$

(4) $CH_3CH_2CH_2Br+NaSH \longrightarrow CH_3CH_2CH_2SH$

$CH_3CH_2CH_2Br+NaOH \longrightarrow CH_3CH_2CH_2OH$

(5) $(CH_3)_2CHCH_2Cl+N_3^- \xrightarrow{CH_3OH} (CH_3)_2CHCH_2N_3+Cl^-$

$(CH_3)_2CHCH_2I+N_3^- \xrightarrow{CH_3OH} (CH_3)_2CHCH_2N_3+I^-$

**解：**(1) B>A　(2) A>B　(3) B>A　(4) A>B　(5) B>A

8-6　卤代烷与 NaOH 在 $H_2O$—$C_2H_5OH$ 溶液中进行反应，指出下列现象哪些是 $S_N2$ 反应机理的特点，哪些是 $S_N1$ 反应机理的特点。

(1) 产物发生瓦尔登转化；

(2) 增加溶剂的含水量反应明显加快；

(3) 有重排反应产物；

(4) 反应速率明显与试剂的亲核性有关；

(5) 反应速率与离去基性质有关。

**解**：(1)、(4)、(5)是 $S_N2$ 反应机理的特点，(2)、(3)、(5)是 $S_N1$ 反应机理的特点。

8-7 按 $S_N1$ 反应活性从大到小排列下列化合物：

(1) A. 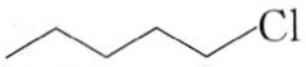 B. 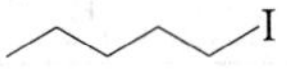 C. 

(2) A. 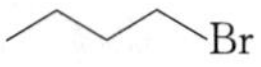 B. 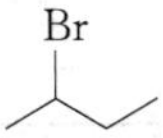 C. 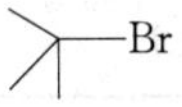

(3) A. $(CH_3)_3CBr$ B. 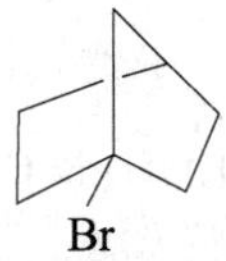 C. 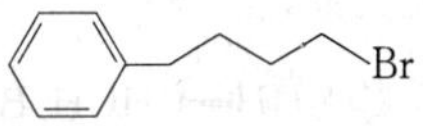

**解**：(1) B>C>A (2) C>B>A (3) A>C>B

8-8 按 $S_N2$ 反应活性从大到小排列下列化合物：

(1) A. $CH_3CH_2Br$ B. $(CH_3)_3CCH_2Br$ C. $(CH_3)_2CHCH_2Br$

(2) A. $CH_3CH{=}CBrCH_3$ B. $CH_3CH{=}CHCH_2Br$ C. $CH_2{=}CHCH_2CH_2Br$

(3) A. 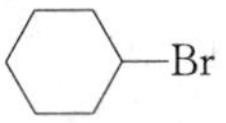 B. 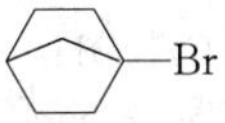 C. 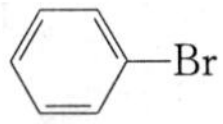

**解**：(1) A>C>B (2) B>C>A (3) A>B>C

8-9 按 E1 反应活性从大到小排列下列化合物：

(1) A. 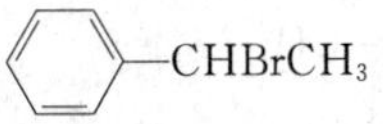 B. 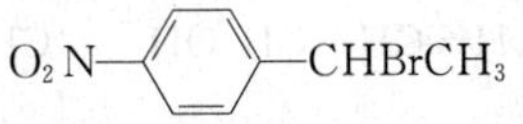 C. 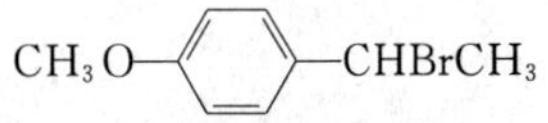

(2) A. $CH_3CH_2(CH_3)_2CBr$ B. $(CH_3)_2CH(CH_3)CHBr$ C. $(CH_3)_2CHCH_2CH_2Br$

**解**：(1) C>A>B (2) A>B>C

8-10 按 E2 反应活性排列下列化合物：

(1) A. 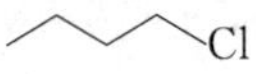 B. 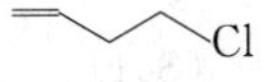 C. 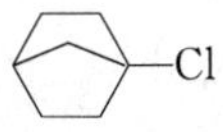

(2) A. 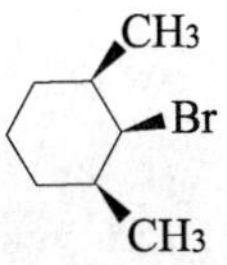 B. 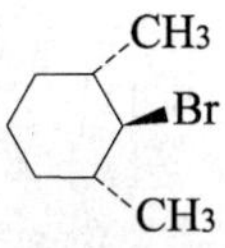 C. 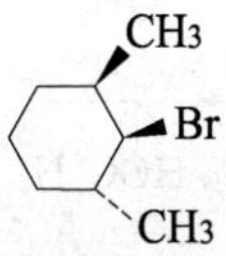

**解**：(1) A>B>C (2) A>C>B

8-11 按亲核性从强到弱排列下列化合物：

(1) A. $CH_3CH_2CH_2O^-$ B. $C_6H_5O^-$ C. $HO^-$ D. $CH_3COO^-$

(2) A. $R_3C^-$ B. $R_2N^-$ C. $RO^-$ D. $F^-$

**解**：(1) A>C>B>D (2) A>B>C>D

8-12 用化学方法鉴别下列两组中的化合物：

(1) A. $CH_3CH{=}CHCl$ B. $CH_3C{\equiv}CH$ C. $CH_3CH_2CH_2Cl$

(2) A. 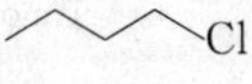 B. 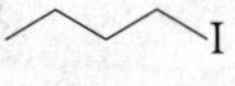 C.  D. 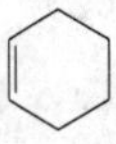

**解**：(1) A, B, C $\xrightarrow{[Cu(NH_3)_2]^+Cl^-}$ [ A: −; B: +(砖红色↓); C: − ]

A, C $\xrightarrow[\triangle]{AgNO_3/C_2H_5OH}$ [ A: −; C: +(白色↓) ]

（2）

| 试剂 | A | B | C | D |
|---|---|---|---|---|
| $AgNO_3/C_2H_5OH$，△ | ＋（白↓） | ＋（黄↓） | － | － |
| $Br_2/CCl_4$ | － | － | － | ＋（褪色） |

8-13 写出下列反应的机理：

（1）$CH_3CH{=}CHCH_2Br \xrightarrow{H_2O} CH_3CH{=}CHCH_2OH + CH_3{-}\underset{|}{\overset{OH}{C}}HCH{=}CH_2$

（2）$(CH_3)_3CCH_2Br + Ag^+ \xrightarrow{50\%C_2H_5OH/H_2O}$ $(CH_3)_2C(OH)CH_2CH_3$ ＋ $(CH_3)_2C(OC_2H_5)CH_2CH_3$ ＋ $(CH_3)_2C{=}CHCH_3$

**解：**（1）$CH_3CH{=}CHCH_2Br \xrightarrow{-Br^-} [\, CH_3CH{=}CH{-}\overset{+}{C}H_2 \longleftrightarrow CH_3\overset{+}{C}H{-}CH{=}CH_2 \,]$

$\xrightarrow{H_2O} CH_3CH{=}CH{-}CH_2\overset{+}{O}H_2 + CH_3CH(\overset{+}{O}H_2){-}CH{=}CH_2$

$\downarrow -H^+ \qquad\qquad \downarrow -H^+$

$CH_3CH{=}CH{-}CH_2OH \qquad CH_3{-}CH(OH){-}CH{=}CH_2$

（2）$(CH_3)_3CCH_2\ddot{Br} \xrightarrow[-AgBr]{Ag^+} (CH_3)_3C\overset{+}{C}H_2 \xrightarrow[-CH_3迁移]{重排} (CH_3)_2\overset{+}{C}CH_2CH_3 \longrightarrow$

$\xrightarrow{H_2O} (CH_3)_2C(\overset{+}{O}H_2)CH_2CH_3 \xrightarrow{-H^+} (CH_3)_2C(OH)CH_2CH_3$ （$S_N1$）

$\xrightarrow{C_2H_5OH} (CH_3)_2C(\overset{+}{H}OC_2H_5)CH_2CH_3 \xrightarrow{-H^+} (CH_3)_2C(OC_2H_5)CH_2CH_3$ （$S_N1$）

$\xrightarrow{-H^+} (CH_3)_2C{=}CHCH_3$ （E1反应）

8-14 以丙烯为原料（其他试剂任选）合成下列化合物。

（1）$CH_3CHDCH_3$　　（2）$CH_2{=}CBrCH_3$

（3）$CH_3CH_2CH_2C{\equiv}CCH_3$　　（4）$CHBr_2CBr_2CH_3$

**解：**（1）$CH_3CH{=}CH_2 + HBr \longrightarrow CH_3\underset{Br}{CH}{-}CH_3 \xrightarrow[Et_2O]{Mg} CH_3\underset{MgBr}{CH}CH_3 \xrightarrow{D_2O} CH_3\underset{D}{CH}CH_3$

（2）$CH_3CH{=}CH_2 \xrightarrow{Br_2/CCl_4} CH_3{-}\underset{Br}{CH}{-}\underset{Br}{CH_2} \xrightarrow[140\ ℃]{KOH/n-C_4H_9OH} CH_3C{\equiv}CH \xrightarrow[1\ mol]{HBr}$

$CH_3\underset{Br}{C}H{=}CH_2$

（3）利用（2）中制备的$CH_3C{\equiv}CH$

$$CH_3C{\equiv}CH \xrightarrow[NH_3(l)]{NaNH_2} CH_3C{\equiv}CNa$$

$$CH_3CH{=}CH_2 + HBr \xrightarrow{-O-O-} CH_3CH_2CH_2Br$$

$$CH_3CH_2CH_2Br + NaC{\equiv}CCH_3 \longrightarrow CH_3CH_2CH_2C{\equiv}CCH_3$$

(4) 利用(2)中制备的$CH_3C{\equiv}CH$

$$CH_3C{\equiv}CH + 2Br_2 \xrightarrow{CCl_4} CH_3CBr_2CBr_2H$$

8-15 化合物 A 和 B 分子式都是 $C_4H_6Cl_2$，二者都能使溴的四氯化碳溶液褪色。A 的 $^1H$-NMR谱图给出 $\delta=4.25$，单峰；$\delta=5.35$，单峰。两种峰面积比为 2:1。B 的 $^1H$-NMR 谱图给出 $\delta=2.2$，单峰；$\delta=4.5$，双重峰；$\delta=5.7$，三重峰。三种峰面积比为 3:2:1。写出 A 和 B 的构造式。

**解**：A. $CH_2{=}C(CH_2Cl)_2$　　B. $CH_3-C(Cl){=}CHCH_2Cl$

8-16 某卤化物分子式为 $C_6H_{13}Br$，用 KOH 醇溶液处理后，将所得到的产物通臭氧氧化，再加入 Zn 粉水解得到$(CH_3)_2CHCHO$ 和 $CH_3CHO$。试写出卤化物的构造式，写出相关反应式。

**解**：卤化物的构造式为$(CH_3)_2CHCH_2CH(Br)CH_3$，相关反应：

$$(CH_3)_2CHCH_2CH(Br)CH_3 \xrightarrow[\triangle]{KOH/醇} (CH_3)_2CHCH{=}CHCH_3 \xrightarrow{O_3} \xrightarrow[H_2O]{Zn粉} (CH_3)_2CHCHO + CH_3CHO$$

8-17 化合物 A 的分子式为 $C_6H_{11}Cl$，构型为 $R$，A 水解得到链状化合物 B 的外消旋混合物 $C_6H_{11}OH$，A 催化加氢得到分子式为 $C_6H_{13}Cl$ 无旋光性的 C。试写出 A，B，C 的构造式或构型式。

**解**：A. (键线式：$H_3C$（楔形键）、Cl（虚线键）、乙基和乙烯基连于同一碳)　B. (键线式：HO、$CH_3$、乙基和乙烯基连于同一碳)（±）　C. (键线式：Cl、$CH_3$ 和两个乙基连于同一碳)

8-18 合成下列化合物：

(1) 由$(CH_3)_2CHCl$和$(CH_3)_2CHCH_2Cl$(其试剂任选)合成$(CH_3)_2CHCH_2CH_2CH{=}CH_2$。

(2) 由 $CH_3CH_2Br$ 和 $CH_3CH{=}CH_2$(其试剂任选)合成 $CH_3CH{=}CH-CH{=}CH_2$。

**解**：(1) $$(CH_3)_2CHCl \xrightarrow[\triangle]{KOH/醇} CH_3CH{=}CH_2 \xrightarrow[h\nu]{Cl_2} CH_2ClCH{=}CH_2 \xrightarrow{Mg/Et_2O} CH_2(MgCl)CH{=}CH_2$$

$$\xrightarrow{(CH_3)_2CHCH_2Cl} (CH_3)_2CHCH_2CH_2CH{=}CH_2$$

(2) $$CH_3CH_2Br \xrightarrow{Mg/Et_2O} CH_3CH_2MgBr$$

$$CH_3CH{=}CH_2 \xrightarrow[h\nu]{Br_2} CH_2(Br)CH{=}CH_2 \xrightarrow{CH_3CH_2MgBr} CH_3CH_2CH_2CH{=}CH_2 \xrightarrow[h\nu]{Cl_2}$$

$$CH_3CH_2CH(Cl)CH{=}CH_2 \xrightarrow[\triangle]{KOH/CH_3CH_2OH} CH_3CH{=}CHCH{=}CH_2$$

8-19 解释下列结果：

(1) 在极性溶剂中，3°RBr 的 $S_N1$ 和 E1 反应速率相等。

(2) $(CH_3)_3CI + H_2O \longrightarrow (CH_3)_3COH + HI$

$(CH_3)_3CI + {}^-OH \longrightarrow (CH_3)_2C{=}CH_2 + H_3^+O + I^-$

(3) $CH_3CH_2SCH_2CH_2Cl + H_2O \longrightarrow CH_3CH_2SCH_2CH_2OH$ + HCl(反应速率很快)

$CH_3(CH_2)_5Cl + H_2O \longrightarrow CH_3(CH_2)_5OH$ + HCl(反应速率很慢)

**解**：(1) $S_N1$ 和 E1 的控制速率步骤是相同的：$\overset{\delta+}{R}-\overset{\delta-}{X} \xrightarrow{慢} R^+ + X^-$，所以，二者的反应速率相等。

(2) 在亲核性溶剂中，如果不存在强碱，3°RX 发生 $S_N1$ 溶剂解反应；如果存在强碱（$OH^-$，$^-OR$等），3°RX 主要发生 E1 消除反应。

(3) 在前者 $CH_3CH_2SCH_2CH_2Cl$ 结构中，硫原子连接在 C—Cl 键碳的邻位碳上，当发生水解反应时，存在的邻基参与作用有利于氯原子的解离。

机理：$CH_3CH_2\ddot{S}CH_2CH_2Cl \xrightarrow{-Cl^-}$ (环状锍离子) $\xrightarrow{H_2\ddot{O}} H_2\overset{+}{O}CH_2CH_2\ddot{S}CH_2CH_3 \xrightarrow{-H^+} HOCH_2CH_2SCH_2CH_3$

*8-20 写出下列反应主要产物的构型式。

(1) (Newman 投影式：前碳 Br, $H_3C$, $H_3C$；后碳 H, H, H) + NaI $\xrightarrow{CH_3COCH_3}$

(2) (Cl, H 楔形键) + $NaSCH_3$ $\longrightarrow$

(3) (Fischer 投影式：$CH_3$；H—C—I；$CH_2(CH_2)_4CH_3$) + $H_2O$ $\longrightarrow$

(4) (环己烷：$CH_3$, H, H, Br) + KOH $\xrightarrow[\triangle]{CH_3CH_2OH}$

(5) (Newman 投影式：H, $H_3C$, $C_6H_5$, $H_5C_6$, Br, H) + $KOBu^t$ $\xrightarrow[\triangle]{Bu^tOH}$

(6) (Fischer 投影式：$C_6H_5$；$CH_3$—C—H；H—C—Br；$C_6H_5$) + $NaOCH_2CH_2CH_2CH_3$ $\xrightarrow{CH_3CH_2CH_2CH_2OH}$

(7) 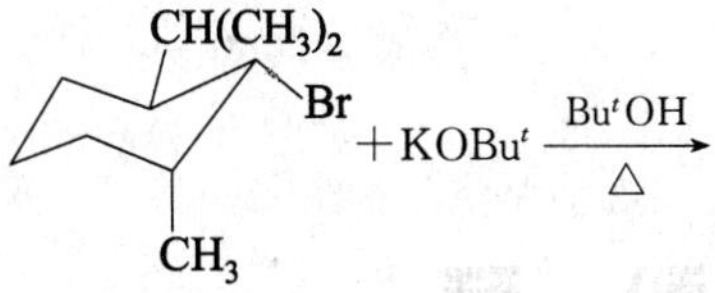 $CH(CH_3)_2$, Br, $CH_3$ $+KOBu^t \xrightarrow[\triangle]{Bu^tOH}$

(8) 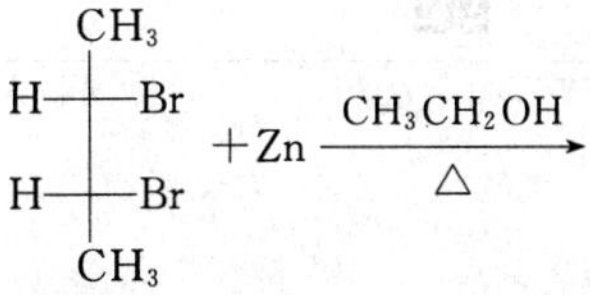 $CH_3$, H—Br, H—Br, $CH_3$ $+Zn \xrightarrow[\triangle]{CH_3CH_2OH}$

**解：**(1) $CH_3$, $H_3C$, H, I, H, H

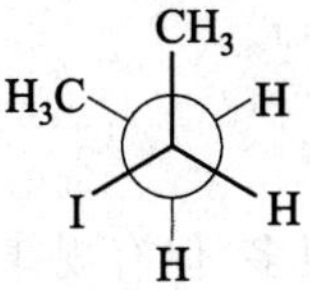

(2)  H, $SCH_3$

(3) $CH_3$, HO—H, $CH_2(CH_2)_4CH_3$

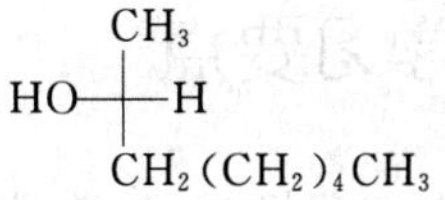

(4) 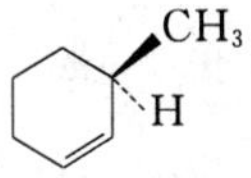 $CH_3$, H

(5) 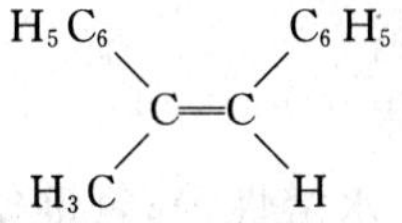 $H_5C_6$, $C_6H_5$, C=C, $H_3C$, H

(6) H, $C_6H_5$, C=C, $H_5C_6$, $CH_3$

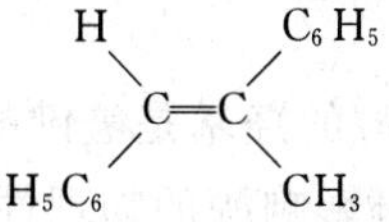

(7) 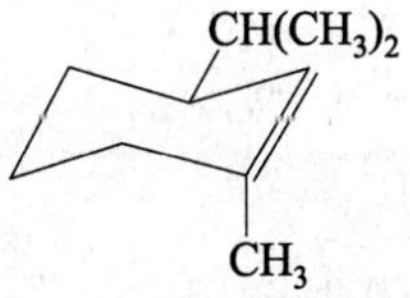 $CH(CH_3)_2$, $CH_3$

(8) 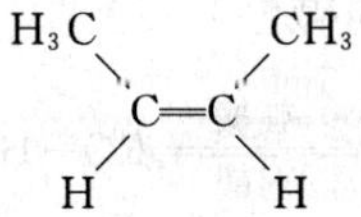 $H_3C$, $CH_3$, C=C, H, H

*8-21 分别比较 $S_N1$ 与 $S_N2$, E1 与 E2, $S_N2$ 与 E2, $S_N1$ 与 E1, 卤苯的加成-消除与消除加成的反应机理的异同点(反应物的结构、影响因素等)。

**解：**(略)

# 第 9 章 醇 酚 醚

## 学习要点

与卤代烃对照，学习醇、酚和醚；与芳烃对照，学习酚。内容看来很多，但有规律可循。

醇：

1. 醇的羟基是氢键的给体和受体

氢键影响醇的物理性质，如沸点、水溶性等；氢键使醇是一个很好的质子性溶剂。

2. 醇的羟基具有两性（弱酸性和弱碱性）

$$\underset{\text{烷氧负离子}}{RO^-} \underset{\text{弱酸}}{\overset{\text{强碱}}{\rightleftharpoons}} RO—H \underset{\text{弱碱}}{\overset{\text{强酸}}{\rightleftharpoons}} \underset{\text{醇合质子(锌盐)}}{R—\overset{+}{O}H_2}$$

烷氧负离子是强碱，又是强亲核试剂。因此，醇作亲核试剂多数以醇金属化合物形式出现。醇合质子是强酸，又是好的离去基团（弱亲核性）。因此，醇的亲核取代和消除反应常用酸作催化剂。

3. 醇的特征反应——酸催化的亲核取代反应

(1) 亲核试剂：HX，无机卤化物（$PX_3$，$PX_5$，$SOCl_2$）、醇（R—OH）；

(2) 伯醇为 $S_N2$ 机理，叔醇为 $S_N1$ 机理。

4. 酸作催化剂的消除反应：E1 机理和 E2 机理

5. 酸催化的频哪醇重排反应及氧化剂

6. 醇的氧化反应（脱氢反应）

(1) $\alpha$-H 的氧化——生成醛、酮或酸；

(2) $\alpha$-H 的脱去——生成醛或酮；

(3) 邻二醇的高碘酸氧化——断碳链，生成醛、酮和酸。

酚：

1. 酚的—OH 能形成氢键，影响酚的物理性质

2. 酚的结构和某些化学性质

酚由苯基和羟基结合成 $C_6H_5—\ddot{O}H$，存在 p-$\pi$ 共轭。与苯比较，活化了芳环，使酚的邻、对位易进行亲电取代反应。与醇比较，—OH 难进行亲核取代反应，不能进行消除反应，削弱了—OH的碱性和亲核性，增加了—OH 的酸性。羟基连在芳环上，有烯醇式的结构，能与 $FeCl_3$ 配位显色。

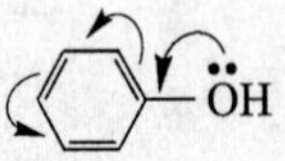

酚与碱反应形成酚氧负离子，是离域体系：

$$C_6H_5OH \xrightarrow{OH^-} [C_6H_5O]^- \equiv [\text{共振结构}]$$

酚氧负离子进一步活化芳环，使邻、对位负电荷增加，甚至可以作亲核试剂与甲醛、丙酮等进行亲核加成反应；酚氧负离子的氧原子上负电荷增加，增加了其亲核性，可以与卤代烃进行亲核取代反应。因此，酚的很多反应都是用碱作为催化剂。

(1) 酚环上的亲电取代反应：卤代、硝化、磺化、烷基化、酰基化等，需要控制反应条件，才能得到一取代物为主的产物 。

(2) 碱催化，酚与甲醛、丙酮进行亲核加成反应。

(3) 碱催化，酚与卤代烃进行亲核取代反应合成芳醚。

3. 酚的氧化与还原反应

(1) 酚环上的电子密度高，易进行氧化反应合成苯醌；

(2) 酚催化加氢合成环己醇。

醚：

醚看成是醇-醇，酚-酚，醇-酚分子间脱水形成的“C—O—C”化合物。

1. 醚有碱性

除了酸以外，醚对各种试剂稳定，是很好的溶剂。

2. 醚，包括环氧化物的特征反应是亲核取代反应，有 $S_N1$ 和 $S_N2$ 反应

3. $\alpha$-氢的氧化生成过氧化物

4. 烯丙基芳醚重排反应（克莱森重排）属周环反应机理

5. 冠醚的结构与用途

6. 硫醇、硫酚、硫醚的性质与用途（与相应醇、酚、醚对比）

# 重要反应式

醇：

$$CH_3CH_2OH + M \longrightarrow CH_3CH_2OM + H_2 \quad (M = Na, Li, Mg, Al \text{ 等})$$

亲核取代反应

$$CH_3CH_2OH + HBr \xrightarrow{H^+} CH_3CH_2Br + H_2O \quad (S_N2)$$

$$(CH_3)_3COH + HBr \rightleftharpoons (CH_3)_3CBr + H_2O \quad (S_N1)$$

$$(CH_3)_2CH-CH(OH)CH_3 \xrightarrow[0\,^\circ C]{HBr} (CH_3)_2CH-CHBrCH_3 + (CH_3)_2-CBrCH_2CH_3 \quad (S_N1)$$

$$ROH + SOCl_2 \xrightarrow[\triangle]{R_3N} RCl + SO_2 + R_3N\cdot HCl$$

$$3ROH + PBr_3 \longrightarrow 3RBr + P(OH)_3 \quad (S_N2)$$

$$CH_3CH_2OH + H_2SO_4 \xrightarrow{<100\ ℃} CH_3CH_2-OSO_3H + H_2O$$

$$CH_3CH_2OH + HOCH_2CH_3 \xrightarrow[140\ ℃]{H_2SO_4} CH_3CH_2OCH_2CH_3 \quad (合成单醚)$$

消除反应

$$CH_3CH_2CH_2OH \xrightarrow[170\ ℃]{H_2SO_4} CH_3CH=CH_2 + H_2O \quad (制备烯烃)$$

$$\text{1-甲基环己醇} \xrightarrow[\triangle]{H_2SO_4} \underset{(主要)}{\text{1-甲基环己烯}} + \underset{(次要)}{\text{亚甲基环己烷}} \quad (E1反应)$$

$$(CH_3)_3C\underset{}{\overset{OH}{\overset{|}{C}}}H-CH_3 \xrightarrow[\triangle]{H_2SO_4} (CH_3)_2C=C(CH_3)_2 \quad (E1反应)$$

频哪醇重排反应

$$(C_6H_5)_2\underset{OH}{\underset{|}{C}}-\underset{OH}{\underset{|}{C}}(CH_3)C_6H_5 \xrightarrow{H^+} (C_6H_5)_3C\underset{O}{\underset{\|}{C}}CH_3$$

氧化反应

$$CH_3(CH_2)_8CH_2OH \xrightarrow[CH_2Cl_2]{C_6H_5N\cdot HCl\cdot CrO_3} CH_3(CH_2)_8CHO$$

$$RCH_2CH_2OH \xrightarrow{KMnO_4} RCH_2COOH$$

$$R\overset{OH}{\overset{|}{C}}HCH_3 \xrightarrow{KMnO_4} R\overset{O}{\overset{\|}{C}}CH_3$$

$$\underset{OH}{\underset{|}{CH_2}}-\underset{OH}{\underset{|}{CH}}-\underset{OH}{\underset{|}{C}}(CH_3)_2 + 2HIO_4 \longrightarrow HCHO + HCOOH + CH_3\overset{O}{\overset{\|}{C}}CH_3 + H_2O + HIO_3$$

脱氢反应

$$CH_3CH_2CH_2CH_2OH \xrightarrow[430\ ℃]{Cu} CH_3CH_2CH_2CHO + H_2 \quad (合成醛)$$

$$2CH_3CH_2\overset{OH}{\overset{|}{C}}HCH_3 + O_2 \xrightarrow[430\ ℃]{Cu} 2CH_3CH_2-\overset{O}{\overset{\|}{C}}-CH_3 + 2H_2O \quad (合成酮)$$

酚：

羟基上的反应

$$C_6H_5-OH + Na_2CO_3 \longrightarrow C_6H_5-ONa + NaHCO_3$$

$$C_6H_5-OH + BrCH_2CH_3 \xrightarrow[\triangle]{NaOH} C_6H_5-OCH_2CH_3 \quad (合成芳醚)$$

$$C_6H_5-OH + (CH_3)_2SO_4 \xrightarrow{NaOH/CH_3COCH_3} C_6H_5-O-CH_3 + CH_3HSO_4 \quad (合成芳甲醚)$$

$$\text{1-萘酚(}C_{10}H_7OH\text{)} + CH_3COCl \longrightarrow C_{10}H_7OCOCH_3 + HCl$$ （合成羧酸芳酯）

$$\text{邻羟基苯甲酸} + (CH_3CO)_2O \xrightarrow[\triangle]{Na_2CO_3} \text{邻乙酰氧基苯甲酸(}C_6H_4(COOH)OCOCH_3\text{)}$$ （合成羧酸芳酯）

## 芳环上的亲电取代反应

$$C_6H_5OH \xrightarrow[CHCl_3,15\ ℃]{20\%HNO_3} \text{邻硝基苯酚} + HO-C_6H_4-NO_2 + H_2O$$ （合成硝基酚）

$$C_6H_5OH + 3Br_2 \xrightarrow[H_2O,\text{室温}]{} \text{2,4,6-三溴苯酚} + 3HBr$$ （鉴定酚）

$$C_6H_5OH + H_2SO_4 \xrightarrow{\triangle} HO-C_6H_4-SO_3H + H_2O$$

$$H_3C-C_6H_4-OH + CH_2=C(CH_3)_2 \xrightarrow{H^+} H_3C-C_6H_2(C(CH_3)_3)_2-OH$$

## 芳环作亲核试剂

$$C_6H_5OH + HCHO \xrightarrow{H^+\text{或}OH^-} \text{邻羟甲基苯酚(}CH_2OH\text{)} + HO-C_6H_4-CH_2OH$$ （合成酚醛树脂）

$$C_6H_5OH + (H_3C)_2C=O \xrightarrow{H^+} HO-C_6H_4-C(CH_3)_2-C_6H_4-OH + H_2O$$ （合成双酚 A）

## 烯醇结构反应

$$6\ C_6H_5OH + FeCl_3 \longrightarrow [Fe(C_6H_5O)_6]^{3-} + 6H^+ + 3Cl^-$$ （鉴别酚）

## 氧化和还原反应

$$C_6H_5OH \xrightarrow{Na_2Cr_2O_7} O=C_6H_4=O$$ （合成醌）

$$C_6H_5OH + 2H_2O_2 \xrightarrow{\text{催化剂}} HO-C_6H_3(OH)-OH + 2H_2O$$ （合成多元酚）

$$C_6H_5OH + 3H_2 \xrightarrow[\triangle]{Ni} C_6H_{11}-OH$$ （合成环己醇）

酚酯重排

$$H_3C\text{-}C_6H_4\text{-}OCCH_3 (\overset{O}{\|}) \xrightarrow{AlCl_3} \begin{cases} \xrightarrow{25\ ℃} H_3CC(=O)\text{-}C_6H_3(CH_3)\text{-}OH \\ \xrightarrow{165\ ℃} H_3C\text{-}C_6H_3(OH)\text{-}COCH_3 \end{cases}$$

醚：

碱性

$$(CH_3CH_2)_2\ddot{O}+BF_3 \longrightarrow (CH_3CH_2)_2OBF_3$$

亲核取代反应

$$(CH_3)_2CHO—CH_2CH_3 + HI \longrightarrow (CH_3)_2CHOH + CH_3CH_2I$$

$$\text{丙基叔丁基醚} + H_2O \xrightarrow{H_2SO_4,50\ ℃} \text{丙醇(OH)} + \text{异丁烯} + HO—C(CH_3)_3$$

$$\text{环氧乙烷} + H—Y \longrightarrow HOCH_2CH_2Y \quad [Y=X,OH,OR,RCO_2,NH_2,NHR,NR_2,CN,SH,M(\text{金属})]$$

$$\text{2,2-二甲基环氧乙烷} + NaOCH_3 \xrightarrow{CH_3OH} (CH_3)_2C(OH)—CH_2—OCH_3$$

$$\text{2,2-二甲基环氧乙烷} + HOCH_3 \xrightarrow{H_2SO_4} (CH_3)_2C(OCH_3)CH_2OH$$

$$n\ \text{环氧乙烷} + mH_2O \xrightarrow{H^+} \underset{\text{乙二醇}}{HOCH_2CH_2OH} + \underset{\text{二甘醇}}{HOCH_2CH_2OCH_2CH_2OH} + \underset{\text{三甘醇}}{HOCH_2CH_2OCH_2CH_2OCH_2CH_2OH} + \cdots$$

氧化反应

$$2R—O—CH_2—H+2O_2 \longrightarrow 2ROCH_2—O—OH \longrightarrow ROCH_2—O—O—CH_2OR+H_2O$$

烯丙基芳基醚的重排

$$C_6H_5—O—CH_2CH=CHCH_3 \xrightarrow{200\ ℃} \text{2-}(CH_3CHCH=CH_2)C_6H_4OH$$

硫醇、硫酚、硫醚的亲核反应

$$RSH+R'Br \xrightarrow{NaOH} RSR'+H^++Br^-$$

$$C_6H_5—SH+CH_3Br \xrightarrow{NaOH} C_6H_5—S—CH_3+H^++Br^-$$

$$(CH_3CH_2)_2S+CH_3I \longrightarrow (CH_3CH_2)_2SCH_3I$$

硫醇、硫酚、硫醚的氧化反应

$$\mathrm{RSH} \xrightarrow{\mathrm{KMnO_4}} \mathrm{RSO_3H}$$

$$\mathrm{CH_3SCH_3} \xrightarrow{\mathrm{H_2O_2}} \mathrm{CH_3\overset{O}{\overset{\|}{S}}CH_3} \xrightarrow{\mathrm{H_2O_2}} \mathrm{H_3C{-}\overset{O}{\overset{\|}{\underset{\underset{O}{\|}}{S}}}{-}CH_3}$$

$$\mathrm{2RSH} \xrightarrow{\mathrm{Br_2}} \mathrm{R{-}S{-}S{-}R}$$

# 思考题解答

**思考题 9-1** 从教材表 9-2 中给出的相同碳原子数的正构醇与支链醇的沸点和溶解度数据，你发现有什么规律？如何理解？

**解答**：教材表 9-2 中 1-丁醇、2-丁醇、2-甲基-2-丙醇和 2-甲基-1-丙醇是相同碳数的醇，相关的沸点和溶解度如下：

|  |  |  |
|---|---|---|
| 1-丁醇 | $\mathrm{CH_3CH_2CH_2CH_2OH}$ | 沸点：118 ℃，溶解度：7.9 g/(100g $H_2O$) |
| 2-甲基-1-丙醇 | $\mathrm{(CH_3)_2CHCH_2OH}$ | 沸点：108 ℃，溶解度：10.0 g/(100g $H_2O$) |
| 2-丁醇 | $\mathrm{CH_3CH(OH)CH_2CH_3}$ | 沸点：99.5 ℃，溶解度：12.5 g/(100g $H_2O$) |
| 2-甲基-2-丙醇 | $\mathrm{(CH_3)_3COH}$ | 沸点：83 ℃，溶解度：∞/(100g $H_2O$) |

在这些醇中正构的伯醇的沸点最高，溶解度最小。主要是正构的伯醇分子间排列紧密，分子间作用力大，沸点增高，在水中溶解度变小。支链越多的醇，分子间作用力越小，沸点越低，溶解度越大。

**思考题 9-2** 2,2-二甲基丙醇与氢溴酸的混合物受热得到主产物 2-甲基-2-溴丁烷。试解释其原因。

**解答**：$\mathrm{(CH_3)_3CCH_2OH + HBr \xrightarrow{\triangle} (CH_3)_2CBrCH_2CH_3}$ 是 $S_N1$ 反应，有 $C^+$ 异构化。其反应机理：

$$\mathrm{(CH_3)_3CCH_2OH + \overset{\delta+}{H}{-}\overset{\delta-}{Br} \xrightarrow{-Br^-} (CH_3)_3CCH_2\overset{+}{O}H_2 \xrightarrow{-H_2O} (CH_3)_3C\overset{+}{C}H_2 \longrightarrow (CH_3)_2\overset{+}{C}CH_2CH_3 \xrightarrow{Br^-} (CH_3)_2CBrCH_2CH_3}$$

**思考题 9-3** 磺酰氯（$RSO_2Cl$）与伯醇或仲醇反应，脱去 HCl 生成磺酸酯。磺酸酯中有好的离去基团（$RSO_3^-$，弱亲核性），可以与很多亲核试剂如 $CN^-$、$RO^-$、$I^-$、$RS^-$ 等发生 $S_N2$ 反应。试以 *R*-2-丁醇为例，写出通过磺酸酯与上述亲核试剂反应的产物。

**解答**：
$$\mathrm{HO{-}\underset{CH_2CH_3}{\overset{CH_3}{C}}{-}H + RSO_2Cl \longrightarrow R\underset{\underset{O}{\|}}{\overset{\overset{O}{\|}}{S}}{-}O{-}\underset{CH_2CH_3}{\overset{CH_3}{C}}{-}H + HCl}$$

（*R* 构型） （*R* 构型）

$$R-SO_2-O-CH(CH_3)(CH_2CH_3)\ (R构型) + \left\{\begin{array}{l} ^-CN \\ ^-OR \\ ^-I \\ ^-SR \end{array}\right. \xrightarrow{S_N2} \left\{\begin{array}{l} H-C(CH_3)(CH_2CH_3)-CN \\ H-C(CH_3)(CH_2CH_3)-OR \\ H-C(CH_3)(CH_2CH_3)-I \\ H-C(CH_3)(CH_2CH_3)-SR \end{array}\right.\ (S构型) + RSO_3^-$$

**思考题 9-4**　用醇制备单醚以伯醇为宜，为什么？写出由乙醇制备乙醚的反应机理。

**解答：** 用醇制备单醚是 $S_N$ 反应，醇间进行 $S_N2$ 反应无碳链异构化，可得到单醚，伯醇进行 $S_N$ 反应一般是 $S_N2$ 反应。

$$CH_3CH_2-\ddot{O}H + H^+ \longrightarrow CH_3CH_2-\overset{+}{O}H_2 \xrightarrow[-H_2O]{H\ddot{O}CH_2CH_3} CH_3CH_2\overset{H}{\underset{+}{O}}-CH_2CH_3 \xrightarrow[-H_3\overset{+}{O}]{H_2\ddot{O}} CH_3CH_2OCH_2CH_3$$

**思考题 9-5**　试写出酸催化下甲醇与叔丁醇反应生成甲基叔丁基醚的反应机理。

**解答：** 此反应为 $S_N1$ 反应。

$$(CH_3)_3C\ddot{O}H + H^+ \longrightarrow (CH_3)_3C-\overset{+}{O}H_2 \longrightarrow (CH_3)_3C^+ + H_2O$$

$$(CH_3)_3C^+ + H\ddot{O}CH_3 \longrightarrow (CH_3)_3C\overset{+}{\underset{H}{O}}CH_3 \xrightarrow{H_2\ddot{O}} (CH_3)_3COCH_3 + H_3O^+$$

**思考题 9-6**　为什么酚羟基难被亲核试剂取代？

**解答：** 因为酚羟基—$\ddot{O}$H 氧上有一对孤对电子轨道与芳环的 $\pi$ 电子轨道平行，形成共轭体系。可以看成电子离域体系，其共振杂化体可表示如下：

$$\left[ C_6H_5-\ddot{O}H \longleftrightarrow {}^-C_6H_5{=}\overset{+}{O}H\ (邻位负电荷) \longleftrightarrow {}^-C_6H_5{=}\overset{+}{O}H\ (对位负电荷) \longleftrightarrow {}^-C_6H_5{=}\overset{+}{O}H\ (邻位负电荷) \right]$$

—$\ddot{O}$H 与芳环相连的键有部分双键的性质，极不易被亲核试剂取代。

**思考题 9-7**　苯酚进行磺化、烷基化反应得到什么产物？写出反应式。

**解答：** 这两个反应是酚环上的亲电取代反应。

$$C_6H_5OH + H_2SO_4 \rightleftharpoons HO-C_6H_4-SO_3H + H_2O$$

$$C_6H_5OH + RCH_2CH_2Cl \xrightarrow{AlCl_3} HO-C_6H_4-CH_2CH_2R + HO-C_6H_4-CH(CH_3)R$$

（主要的）

当 R＝H 时，还会有邻位产物：

$$HO-C_6H_3(CH_2CH_3)-CH_2CH_3$$

**思考题 9-8** 乙醚与四氢呋喃的相对分子质量接近，但水溶性相差很大，试解释之。

**解答：** 乙醚：$CH_3-CH_2-\ddot{O}-CH_2-CH_3$，四氢呋喃：（环状 $\ddot{O}$ 五元环）

由于热运动，乙醚中的 O—C，C—C 键均不断绕键轴旋转，形成各种构象，使氧原子处于烃基的包围之中，不易与水形成氢键或氢键不牢，因此，在水中溶解度不大。而四氢呋喃中氧原子裸露在外，两对孤电子对也裸露在外，容易与水形成氢键，氢键牢固。因此，其在水中溶解度大。

**思考题 9-9** 从结构上分析单芳醚（Ar—O—R）和烯基醚（ RCH═CH—O—R′ ）分别与氢碘酸共热，得到什么产物？

**解答：** 从结构上分析，单芳醚 $C_6H_5-\ddot{O}-R$ 和烯基醚 $RCH═CH-\ddot{O}-R'$ 的氧原子与芳环和双键均是共轭体系，其 C—O 键有部分双键 —C┄O 的性质。因此与 HI 反应，断裂的是另外一个 O—C 键。

$$C_6H_5-O-R + HI \longrightarrow C_6H_5OH + RI$$

$$R-CH═CH-O-R' + HI \longrightarrow R-CH═CH-OH + R'I$$

$$\longrightarrow RCH_2-CHO$$

**思考题 9-10** R—X、R—OH、R—O—R′都能发生亲核取代反应，试说明它们发生亲核取代反应的异同点。

**解答：** 依 R 的结构不同，都可能发生 $S_N1$ 和 $S_N2$ 反应。不同点是—X、—OH 和—OR′的亲核性依次增加，作离去基团离去的能力依次减小。因此 R—OH，R—OR′进行亲核取代需要 $H^+$ 作催化剂，形成 $R\overset{+}{O}H_2$、$R-\overset{+}{O}(H)-R'$，增加其离去能力。

**思考题 9-11** 取代环氧乙烷和取代环氧丙烷的加成开环反应有何不同？

**解答：** 取代环氧乙烷结构式为（R 取代的环氧乙烷），取代环氧丙烷有两种结构：（两种 R 取代位置不同的环氧化合物）。以酸催化为例来说明加成开环反应的不同：

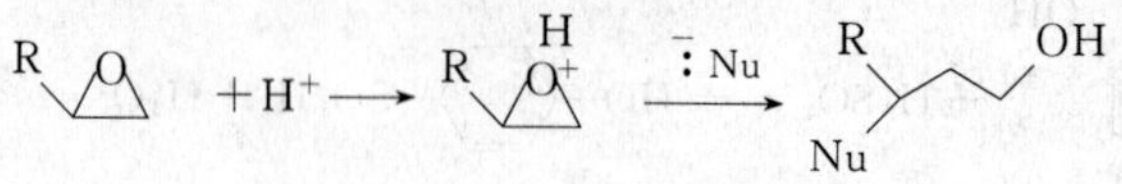

$$\text{R-环氧乙烷} + H^+ \longrightarrow \text{质子化环氧化物} \xrightarrow{:\bar{N}u} \text{RCH(Nu)CH}_2\text{OH}$$（主要产物）

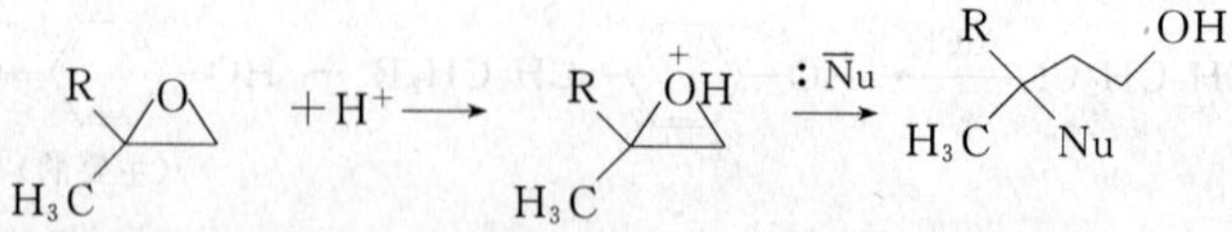

$$\text{R(H}_3\text{C)-环氧乙烷} + H^+ \longrightarrow \text{质子化环氧化物} \xrightarrow{:\bar{N}u} \text{R(H}_3\text{C)C(Nu)CH}_2\text{OH}$$（主要产物）

取代环氧丙烷选择性比取代环氧乙烷的更高。

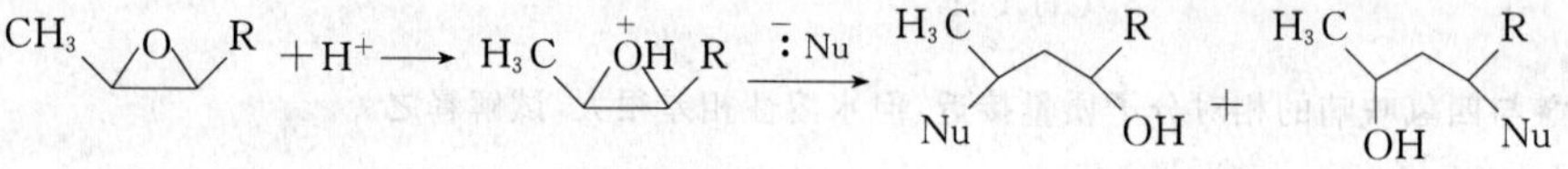

$$\text{CH}_3\text{-环氧-R} + H^+ \longrightarrow \text{H}_3\text{C-}\overset{+}{\text{O}}\text{H-R} \xrightarrow{:\bar{N}u} \text{H}_3\text{CCH(Nu)CH(OH)R} + \text{H}_3\text{CCH(OH)CH(Nu)R}$$（两者接近相等的量）

此反应还可以碱催化，其结果与上不同，请自己写出反应。

## 例题解析

**例 1.** 回答下列各组问题：

(1) 下列哪个酮不能用频哪醇的生成和重排反应进行合成？

A. $(CH_3CH_2)_3C\overset{O}{\overset{\|}{C}}—C_2H_5$　　B. $Ph_3C—\overset{O}{\overset{\|}{C}}—Ph$　　C. 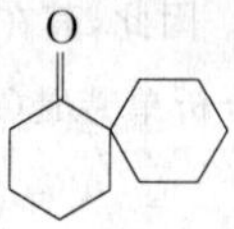 （螺[5.5]十一烷-1-酮）　　D. 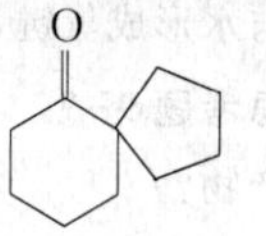 （螺[4.5]癸烷-6-酮）

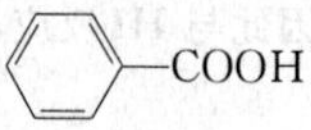

(2) 下述化合物哪个酸性最弱？

A. 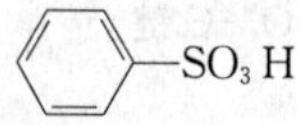 $C_6H_5—SO_3H$　　B. $C_6H_5—COOH$　　C. $C_6H_5—SH$

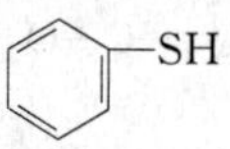

D. 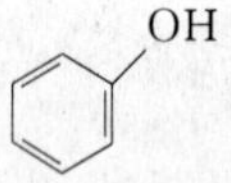 $C_6H_5—OH$　　E. 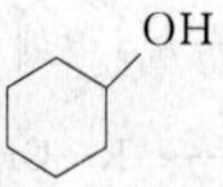 （环己醇，$C_6H_{11}—OH$）

(3) 2-甲基-3-戊醇酸性脱水主要生成哪个化合物？

A. 2-甲基-1-戊烯　　B. 2-甲基-2-戊烯

C. 4-甲基-2-戊烯　　D. 4-甲基-1-戊烯

(4) 2,4,6-三叔丁基苯酚是一种很有用的抗氧化剂，主要是因为它具有哪种反应？

A. 自由基反应　　B. 亲电取代反应

C. 亲核取代反应　　D. 酸碱反应

**解析：**(1) 作为合成反应必须有尽可能高的选择性（产率）。一般频哪醇的合成用一种酮为原料，不能用两种酮为原料。频哪醇重排时，其中有一步是烃基 1,2-迁移后生成酮。合成含螺环的酮，不可能得到螺环的两个环碳数相等，只能得到两个环相差一个碳的螺酮，如

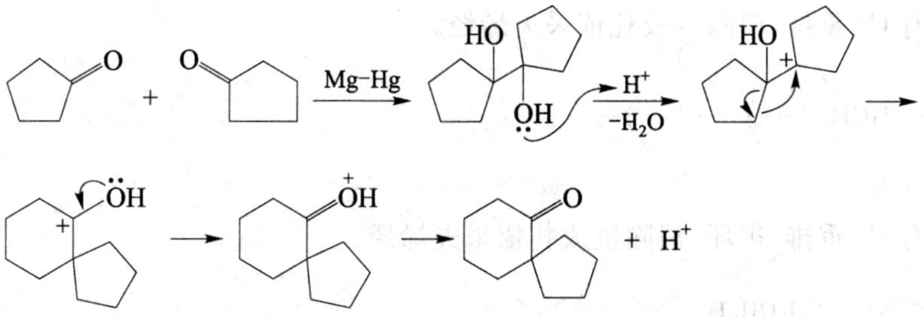

因此，无论用环戊酮还是环己酮为原料，都不可能得到 C。

(2) 一般情况下，磺酸、羧酸、酚、醇的酸性依次降低，这可查 $pK_a$ 值得到证明。因此 E 酸性最小。

(3) 2－甲基－3－戊醇是仲醇，酸性脱水是 E1 反应，生成烯烃应符合札依采夫规则：

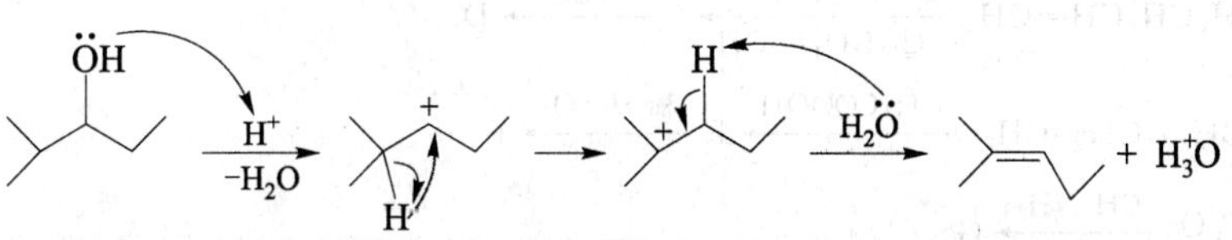

因此答案为 B。

(4) 氧化反应是自由基型反应。2,4,6－三叔丁基苯酚与自由基作用很容易形成酚氧自由基，一方面受 2,6 位叔丁基的位阻保护，酚氧自由基不能再与其他自由基进行链增长反应；另一方面，是酚氧自由基的离域体系使自由电子分散到芳环上，也使自由基型反应的链增长反应停止：

还可以看到这些共振结构都是叔碳自由基，稳定。

因此，2,4,6－三叔丁基苯酚是一个很好的自由基捕捉剂，阻断氧化反应的自由基链反应。

**例 2.** 完成下列反应：

(1) $(CH_3)_3CCH(OH)CH_3 \xrightarrow[\triangle]{H^+}$

(2) 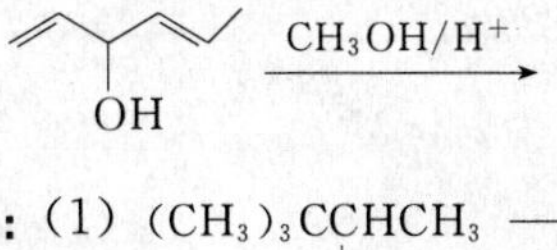 环丁基$-CH(OH)CH_3 \xrightarrow[\triangle]{H^+}$

(3) $CH_2=CH-CH(OH)-CH=CH-CH_3 \xrightarrow{CH_3OH/H^+}$

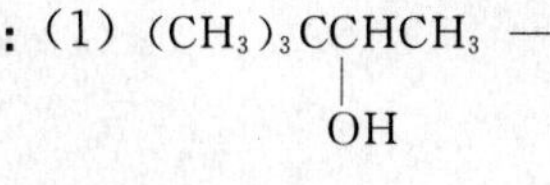

**解析：**(1) $(CH_3)_3CCH(OH)CH_3 \xrightarrow[\triangle]{H^+} (CH_3)_2C=C(CH_3)_2$

E1 反应，有 $C^+$ 重排，消除生成札依采夫烯烃。

(2) 环丁基—$\underset{\displaystyle OH}{CHCH_3}$ $\xrightarrow[\triangle]{H^+}$ 1-甲基环戊烯

E1 反应，有 $C^+$ 重排，扩环，消除生成札依采夫烯烃。

(3) $CH_2{=}CH\underset{\displaystyle OH}{CH}CH{=}CHCH_3$ $\xrightarrow{CH_3OH/H^+}$ $CH_2{=}CHCH{=}CH\underset{\displaystyle OCH_3}{CH}CH_3$

E1 反应，烯丙基 $C^+$ 重排，取代反应生成稳定不饱和醚。

**例 3.** 写出下列反应产物 A～H 的结构式。

(1) $CH_3CH_2CH_2CH{=}CH_2 \xrightarrow{H_2O/H_2SO_4} A \xrightarrow{HBr} B$

(2) $CH_3CH_2CH_2CH{=}CH_2 \xrightarrow[②H_2O_2/^-OH]{①B_2H_6} C \xrightarrow{SOCl_2} D$

(3) $CH_3(CH_2)_3CH{=}CH_2 \xrightarrow{CH_3COOOH} E \xrightarrow{稀\ H_2SO_4} F$

(4) 环氧环戊烷 $\xrightarrow{CH_3NH_2} G$

(5) 3-羟基-17-R-甾-5-烯（胆甾醇型结构，HO 位于 3 位） $+SOCl_2 \longrightarrow H$

**解析：**(1) A. $CH_3CH_2CH_2\underset{\displaystyle OSO_3H}{CHCH_3}$（马氏加成） B. $CH_3CH_2CH_2\underset{\displaystyle Br}{CHCH_3}$（$S_N2$ 反应）

(2) C. $CH_3CH_2CH_2CH_2CH_2OH$（反马氏加成） D. $CH_3CH_2CH_2CH_2CH_2Cl$（分子内亲核取代）

(3) E. $CH_3(CH_2)_3\overset{O}{CH{-}CH_2}$（环氧化反应）

F. $CH_3(CH_2)_3CHOHCH_2OH$（酸催化，亲核加成开环水解）

(4) G. 2-(甲氨基)环戊醇（环戊烷上相邻碳分别连 OH 和 $NHCH_3$） （胺亲核加成开环反应）

(5) H. 3-氯-17-R-甾-5-烯（Cl 位于 3 位） （分子内亲核取代）

**例 4.** 写出下列反应的机理：

(1) 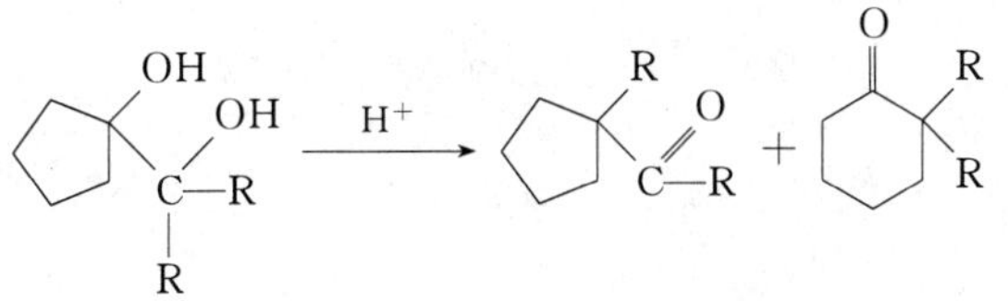 [1-hydroxycyclopentyl](R)₂C–OH $\xrightarrow{H^+}$ 1-R-cyclopentyl–C(=O)–R + 2,2-dialkylcyclohexanone

(2) 3,4-dihydro-2H-pyran + HBr(48 %,过量) ⟶ $BrCH_2CH_2CHBrCH_2CH_2Br$

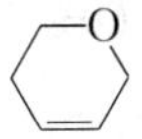

**解析**:(1)

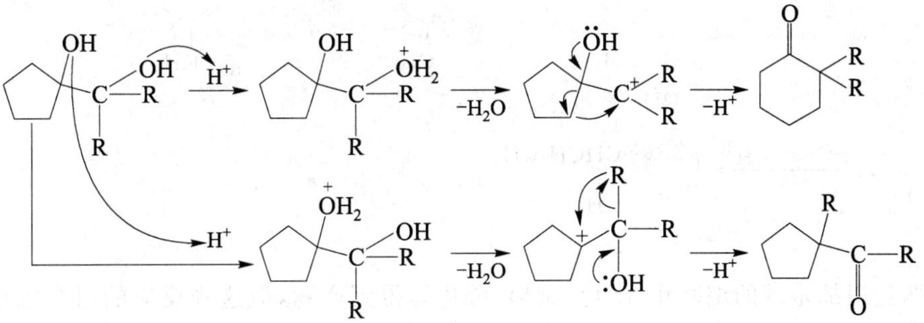

**解析**:(2)

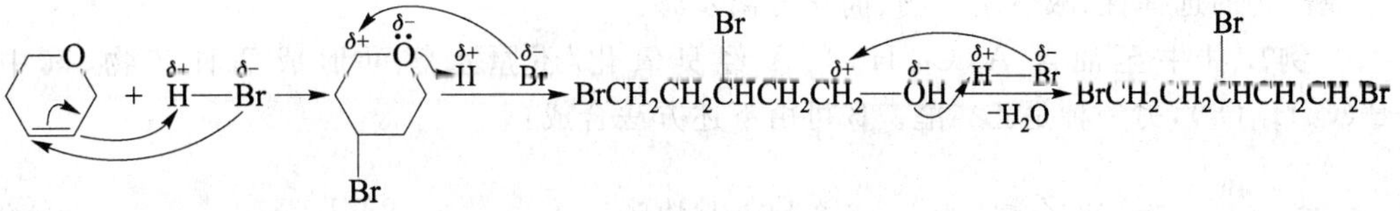

**例 5.** 在 NaOH 的乙醇溶液中,反-4-氯环己硫醇发生了变化,元素分析得知产物含 C、H 和 S 三种元素,质谱分析产物的分子离子峰 $m/z=114$,红外谱图在 1 620～1 680 $cm^{-1}$ 无吸收峰。试推测发生了什么反应?写出可能的反应式和产物的立体结构。

**解析**:在 NaOH 的乙醇溶液中,反-4-氯环己硫醇发生反应,产物中含 C、H、S 三种元素,可能的反应是消去 HCl,生成环己烯硫醇,另一种可能是—SH 的分子内亲核取代生成硫醚,IR 谱 1 620～1 680 $cm^{-1}$ 无吸收峰,即产物中无重键,不是消除反应。

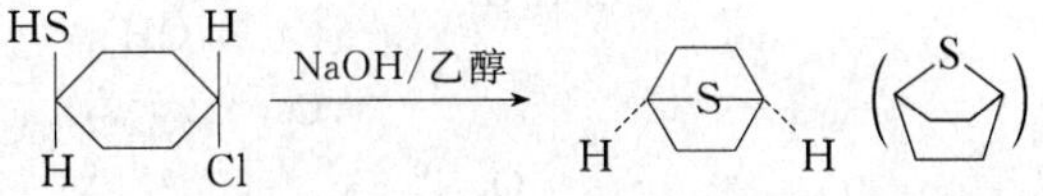

其分子式为 $C_6H_{10}S$,相对分子质量为 114,与 MS 谱数据相同。

**例 6.** 以苯为原料合成下列化合物:

(1) 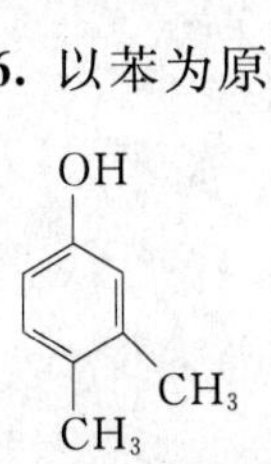 3,4-二甲基苯酚(OH, $CH_3$, $CH_3$)  (2) 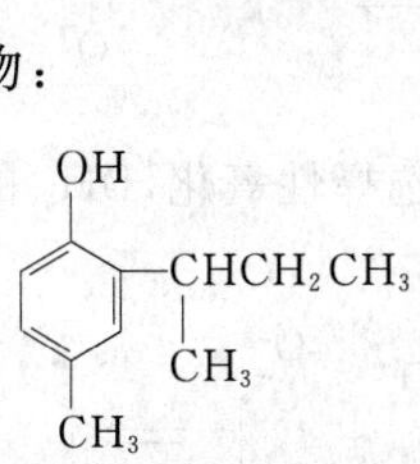 2-仲丁基-4-甲基苯酚(OH, $CHCH_2CH_3$ / $CH_3$, $CH_3$)

**解析**:(1) 苯 $\xrightarrow{CH_3I/AlCl_3}$ 甲苯 $\xrightarrow{浓 H_2SO_4}$ 对甲苯磺酸($SO_3H$, $CH_3$) $\xrightarrow{CH_3I/AlCl_3}$ 3,4-二甲基苯磺酸($SO_3H$, $CH_3$, $CH_3$) $\xrightarrow[\triangle]{NaOH 熔融}$

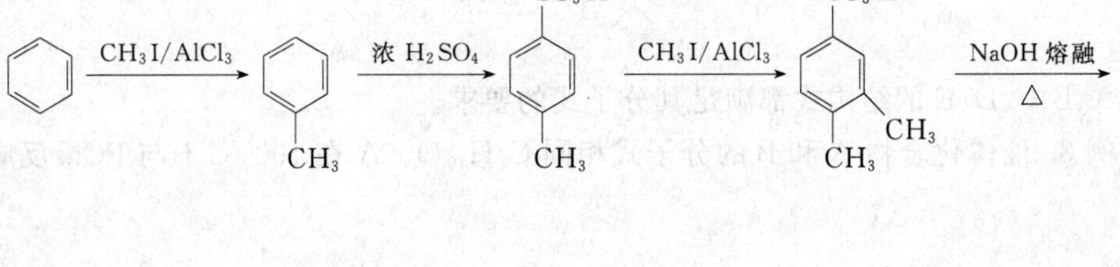

$$\text{(4-ONa-1,2-dimethylbenzene)} \xrightarrow{H_2SO_4/H_2O} \text{(3,4-dimethylphenol)}$$

（2）

$$\text{C}_6\text{H}_6 \xrightarrow{CH_3I/AlCl_3} \text{C}_6\text{H}_5CH_3 \xrightarrow{\text{浓 } H_2SO_4} p\text{-}CH_3C_6H_4SO_3H \xrightarrow{\text{NaOH 熔融}} p\text{-}CH_3C_6H_4ONa \xrightarrow{HCl/H_2O} p\text{-}CH_3C_6H_4OH$$

$$\xrightarrow{CH_2{=}CHCH_2CH_3 / H^+} \text{2-}(CHCH_2CH_3(CH_3))\text{-4-}CH_3C_6H_3OH$$

两过程都是苯的烷基化、磺化、碱熔、酸化等得到产物，但这些反应的组合顺序不同，可提高生成产物的选择性、减少副产物、简化分离步骤。

**例7.** 甘牛至油含 A（$C_{10}H_{16}$），A 经臭氧化/还原水解可形成两种产物，其中一种是 B（$C_8H_{14}O_2$），另一种是乙二醛。B 可由下述方法合成：

$$(CH_3)_2C{=}CHCH_2Br \xrightarrow[\text{② 环氧丙烷 ③} H_2O]{\text{① Mg/乙醚}} \underset{C}{C_8H_{16}O} \xrightarrow{CrO_3/C_5H_5N} \underset{D}{C_8H_{14}O} \xrightarrow[\text{② } H_2O_2/NaOH]{\text{① } BH_3} \underset{E}{C_8H_{16}O_2} \xrightarrow{CrO_3/C_5H_5N} B$$

试推导 A、B、C、D、E 的结构。

**解析：** A 为烃，不饱和度 $\Omega=3$。关键是推导 B 的结构：

$$(CH_3)_2C{=}CHCH_2Br + Mg \xrightarrow{\text{乙醚}} (CH_3)_2C{=}CHCH_2MgBr \xrightarrow[\text{② } H_2O]{\text{① 环氧丙烷}} \underset{C}{(CH_3)_2C{=}CHCH_2CH_2CH(OH)CH_3} \xrightarrow{CrO_3/C_5H_5N} \underset{D}{(CH_3)_2C{=}CHCH_2CH_2COCH_3}$$

$$\xrightarrow[\text{②} H_2O_2/NaOH]{\text{①} BH_3} (CH_3)_2CHCH(OH)CH_2CH_2COCH_3 \xrightarrow{CrO_3/C_5H_5N} (CH_3)_2CHCOCH_2CH_2COCH_3$$

关注：环醚的加成方向，$CrO_3/C_5H_5N$ 的选择性氧化，$BH_3$ 的加成方向。

由 B 和乙二醛可推导 A：

$$(CH_3)_2CHCOCH_2CH_2COCH_3 + OHC{-}CHO \Longrightarrow \underset{A}{\text{1-甲基-4-异丙基-1,4-环己二烯}}$$

A、B、C、D、E 的结构式都满足其分子式的要求。

**例 8.** 液体化合物 A 和 B 的分子式相同 $C_4H_{10}O$。A 在 100 ℃不与 $PCl_3$ 反应，但能与浓 HI

反应生成一种碘代烷，B 与 $PCl_3$ 共热生成 2-氯丁烷，试写出 A 和 B 的结构式。

**解析：** 根据分子式 $C_4H_{10}O$ 是链状饱和含氧化合物，可能是醇或醚。A 与浓 HI 反应生成一种碘代烷，说明 A 为单醚：

$$CH_3CH_2OCH_2CH_3 \begin{cases} \xrightarrow[100\ ℃]{PCl_3} (\text{不反应}) \\ \xrightarrow[\triangle]{HI} 2CH_3CH_2I + H_2O \end{cases}$$

B 与 $PCl_3$ 共热生成 2-氯丁烷，说明 B 为醇，醇与 $PCl_3$ 反应是 $S_N2$ 反应，无碳架异构：

$$CH_3CH_2\underset{\displaystyle OH}{\underset{|}{C}H}CH_3 \xrightarrow[\triangle]{PCl_3} CH_3CH_2\underset{\displaystyle Cl}{\underset{|}{C}H}CH_3$$

**例 9.** 中性化合物 $A(C_{10}H_{12}O)$ 加热至 200 ℃时容易异构化生成 B。用臭氧氧化时，A 可以生成甲醛和 C，B 则可以生成乙醛和 D。B 可溶于稀 NaOH 中，又可用 $CO_2$ 将 B 沉淀出来。用 $KMnO_4$ 氧化 B 得到邻羟基苯甲酸（水杨酸）。试确定 A～D 的结构，并设计 A 的合成路线。

**解析：** A 的不饱和度 $\Omega=5$，可能为芳香族化合物。B 氧化生成邻羟基苯甲酸和臭氧氧化生成乙醛是关键，把各种反应画成图：

$$\begin{array}{ccccc} H_2C{=}O + C & & \text{溶解} & & \\ \uparrow O_3 & & CO_2 \downarrow\uparrow NaOH & & \\ A(C_{10}H_{12}O) & \xrightarrow{200\ ℃} & B & \xrightarrow{O_3} & H{-}\overset{\displaystyle O}{\overset{\|}{C}}{-}CH_3 + D \\ & & \downarrow KMnO_4 & & \\ & & \text{邻羟基苯甲酸（}C_6H_4(OH)COOH\text{）} & & \end{array}$$

A 可能为不饱和芳醚，且是含 4 个碳原子烯丙基醚：

A. $C_6H_5{-}O{-}\underset{\displaystyle CH_3}{\underset{|}{C}H}{-}CH{=}CH_2$ 或 $C_6H_5{-}OCH_2CH{=}CH{-}CH_3$

B. 邻位 $-OH$ 与 $-CH_2CH{=}CHCH_3$ 取代的苯（$o\text{-}HOC_6H_4CH_2CH{=}CHCH_3$）或 邻位 $-OH$ 与 $-\underset{\displaystyle CH_3}{\underset{|}{C}H}{-}CH{=}CH_2$ 取代的苯

通过 $O_3$ 氧化，A 生成甲醛和 C，B 生成乙醛和 D，确定 A 为 $C_6H_5{-}O\underset{\displaystyle CH_3}{\underset{|}{C}H}{-}CH{=}CH_2$，B 为 $o\text{-}HOC_6H_4CH_2CH{=}CHCH_3$，C 为 $C_6H_5{-}O{-}\underset{\displaystyle CH_3}{\underset{|}{C}H}{-}CH{=}O$，D 为 $o\text{-}HOC_6H_4{-}CH_2CHO$。

A 可用苯酚和 1-丁烯为原料合成：

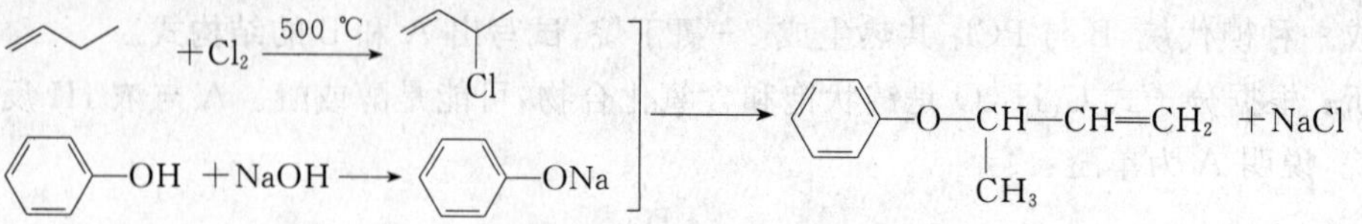

$$CH_2=CH-CH_2-CH_3 + Cl_2 \xrightarrow{500\ ℃} CH_2=CH-CHCl-CH_3$$

$$C_6H_5OH + NaOH \longrightarrow C_6H_5ONa$$

$$\longrightarrow C_6H_5-O-\underset{CH_3}{\underset{|}{CH}}-CH=CH_2 + NaCl$$

**例 10.** 3,3-二甲基-2-丁醇与氢溴酸反应得到下列五种产物，试解释其反应过程。

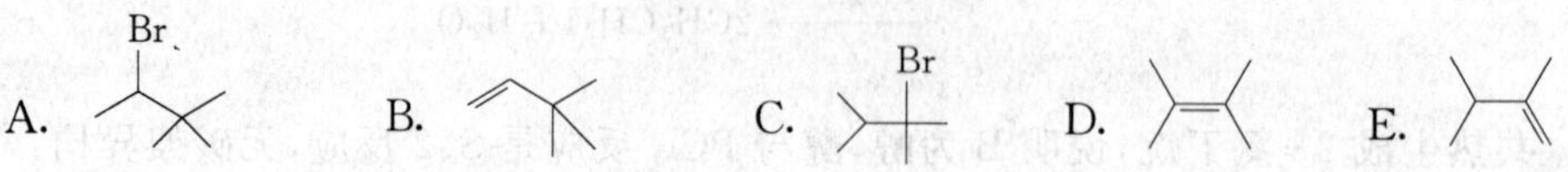

A. B. C. D. E.

**解析：** 从五种产物结构看，A 和 C 为亲核取代反应产物，B、D 和 E 为消除反应产物，C、D 和 E 有碳架重排现象。

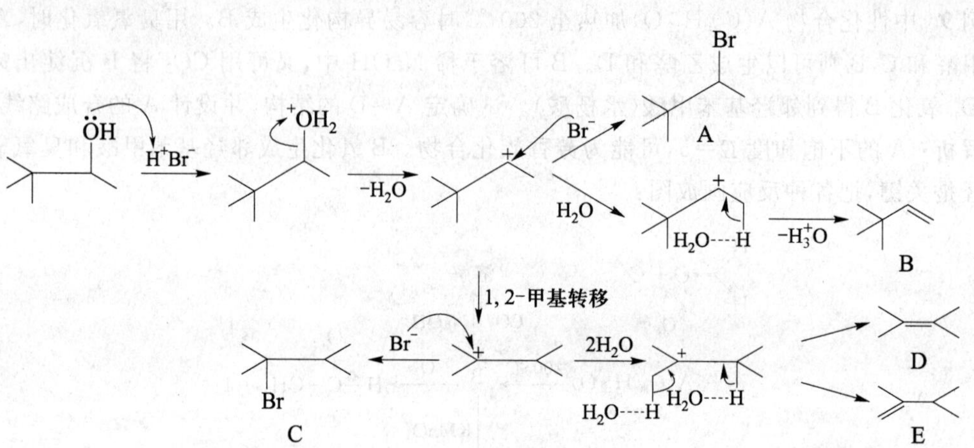

H⁺Br⁻ ；$-H_2O$ ；$Br^-$ → A；$H_2O$ … $-H_3^+O$ → B；1,2-甲基转移；$Br^-$ → C；$2H_2O$ → D、E

**例 11.** 反式-2-氯环己醇与 NaOH 作用生成 1,2-环氧环己烷，而顺式原料同样反应得环己酮，请解释原因。

**解析：**

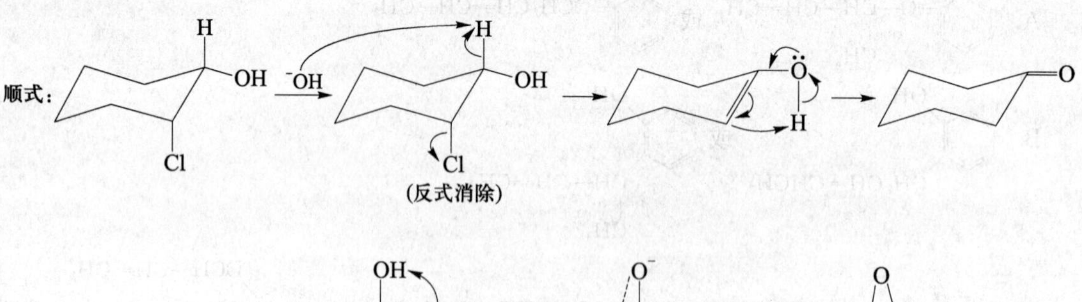

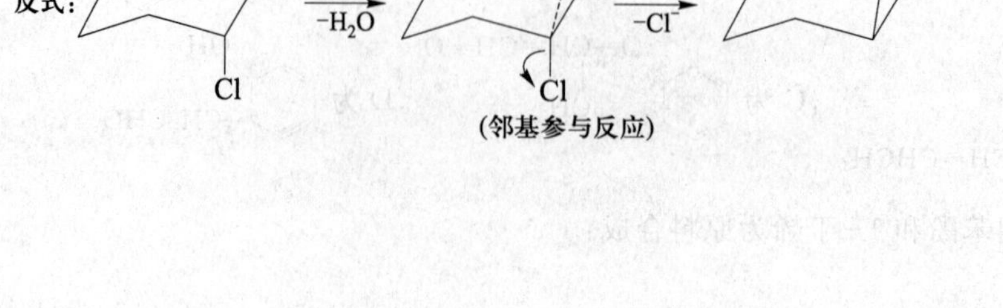

顺式： $^-OH$ →（反式消除）→ → 

反式： $^-OH$，$-H_2O$ → $-Cl^-$ →（邻基参与反应）

# 综合习题

1. 写出分子式为 $C_5H_{12}O$ 的醚的所有异构体，并用系统命名法命名。

2. 将下列各组化合物的酸性由强至弱排列：

(1) A. $CH_3CHClCH_2OH$　　B. $CH_3CHBrCH_2OH$　　C. $ClCH_2CH_2CH_2OH$

(2) A. $CH_3CH_2CH_2OH$　　B. $Cl_3CCH_2OH$　　C. $(CH_3)_2CClCH_2OH$

(3) A. $(CH_3)_2CHOH$　　B. $(CF_3)_2CHOH$　　C. $(CCl_3)_2CHOH$

(4) A. $O_2N$—⟨苯环⟩—OH　　B. ⟨苯环⟩—OH　　C. 3-Cl-⟨苯环⟩—OH（间氯苯酚）　　D. Cl—⟨苯环⟩—OH

3. 写出下列反应的主要产物：

(1) $CH_3CH_2CH_2CH_2ONa+(CH_3)_3CCl \longrightarrow$

(2) 4-甲基环己醇（$H_3C$、H 与 OH、H 分别在环的 1,4 位） $\xrightarrow[25\ ℃]{H_2Cr_2O_7}$

(3) $(CH_3)_3COK+CH_3CH_2CH_2CH_2Br \longrightarrow$

(4) $(CH_3CH_2)_3CCH_2OH \xrightarrow[H_2SO_4,\triangle]{HBr}$

(5) (S)-$CH_3CH(OH)CH_2CH_3+SOCl_2 \xrightarrow{吡啶}$

(6) 邻甲基苯酚（$CH_3$、OH） $+(CH_3CO)_2O \xrightarrow[\triangle]{AlCl_3}$

(7) 2,6-二甲基苯基—$O—CH_2CH=CHCH_2CH_3 \xrightarrow{200\ ℃}$

(8) $H_3C$—⟨苯环⟩—$CH(CH_3)_2 \xrightarrow{浓\ H_2SO_4} \xrightarrow[②H_2O]{①KOH,\triangle}$

(9) 2,2-二甲基环氧乙烷 $+CH_3OH \xrightarrow{H^+}$

(10) $(CH_3)_3COCH_3 + HI \xrightarrow{水}$

(11) $(CH_3)_3COCH_3 + HI \xrightarrow{醚}$

4. 写出下列反应最可能形成的产物：

(1) 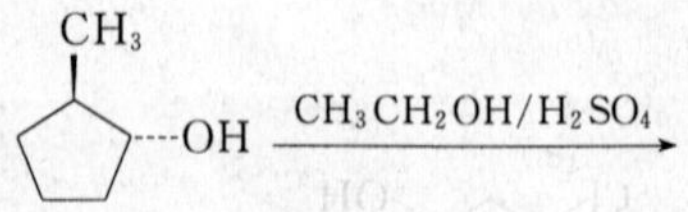 $\xrightarrow{CH_3CH_2OH/H_2SO_4}$

(2) 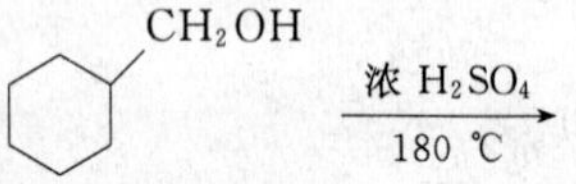 $\xrightarrow[180\ ℃]{浓\ H_2SO_4}$

(3) 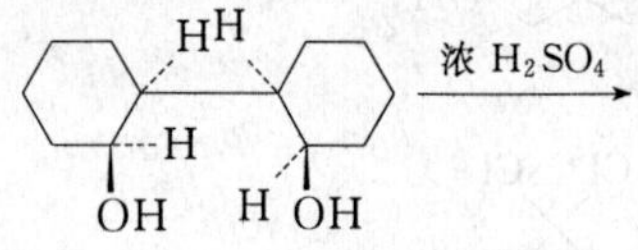 $\xrightarrow{浓\ H_2SO_4}$

(4) $\xrightarrow{浓\ H_2SO_4}$

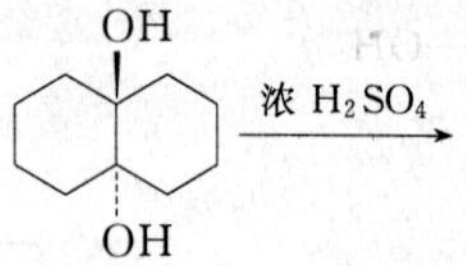

(5) 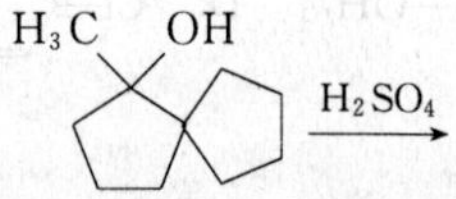 $\xrightarrow{H_2SO_4}$

(6) 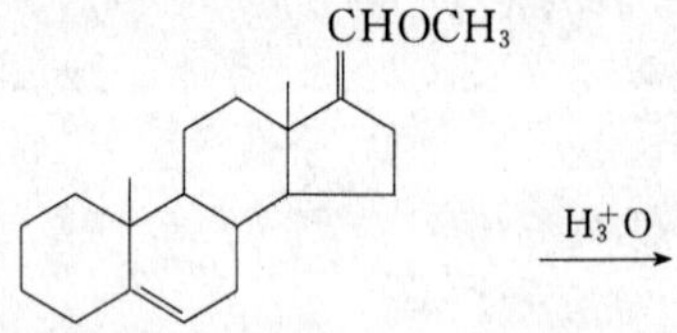 $\xrightarrow{H_3^+O}$

5. 在48％HBr溶液中，3-甲基-2-丁醇进行溴代反应是按$S_N1$机理进行，得到单一产物叔溴代烷2-甲基-2-溴丁烷。写出反应式并说明中间体碳正离子是如何形成的。

6. 为下列反应写出合理的反应机理。

(1) 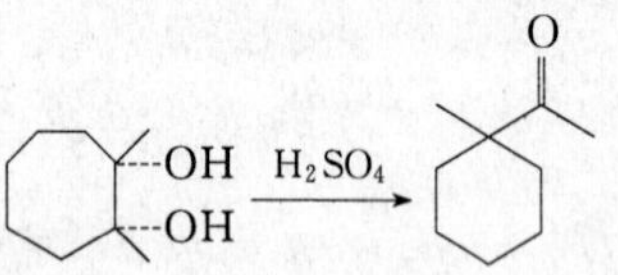 $\xrightarrow{H_2SO_4}$

(2) 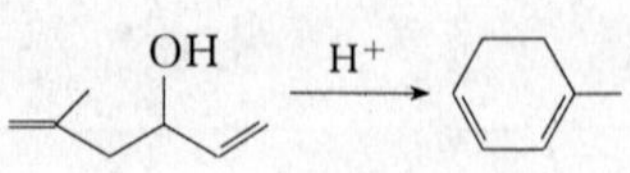 $\xrightarrow{H^+}$

(3) 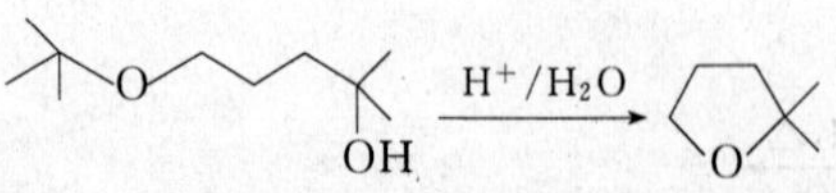 $\xrightarrow{H^+/H_2O}$

7. 顺-4-溴代环己醇发生消除反应后，得到外消旋体A($C_6H_{10}O$)。测定A的IR谱图在1 620～1 680 $cm^{-1}$和3 590～3 650 $cm^{-1}$区域都有吸收峰，推测A的结构，写出反应式，标记对映体的构型。

8. 设计以环戊醇为原料合成下列化合物的反应路线和必要的试剂。

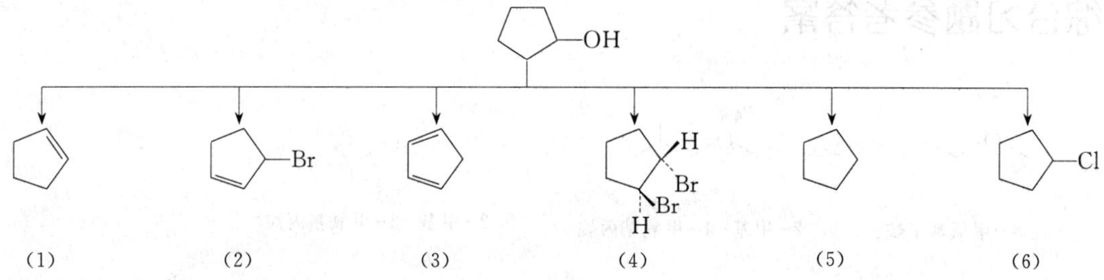


9. 设计用对硝基氯苯和2,6-二叔丁基酚钠合成二芳基醚A。但实际得到的不是A,而是A的异构体B。B可溶于NaOH溶液中。

(1) 写出B的结构式;

(2) 简要说明为什么不能得到A;

(3) 写出生成B的反应机理。

10. 化合物A($C_8H_{10}O$)的沸点220 ℃,IR谱图在3 400 $cm^{-1}$和1 050 $cm^{-1}$有强吸收峰,在1 600 $cm^{-1}$、1 490 $cm^{-1}$和1 450 $cm^{-1}$有等强度吸收。在$^1H$-NMR谱上$\delta$=7.1(单峰),4.1(单峰),3.7(二重峰)和2.63(三重峰)。峰面积比为5∶1∶2∶2。试推导A的结构。

11. 回答下列各问题。

(1) 画出 HO OH 所有的立体异构体的稳定构象。

(2) 这些异构体是否有光学活性?

(3) 哪个异构体容易转变成醚($C_{10}H_{18}O$)?写出醚的结构式。

12. 选择题。

(1) 下列反应哪个可制得酚酯?

A. 羧酸+酚(酸或碱催化) B. 酰氯+酚(碱催化)

C. 酯交换 D. 腈+酚+水

(2) 下列哪个反应不能用来制备醚?

A. $2RCH_2OH \xrightarrow[140\ ℃]{H_2SO_4}$

B. $CH_3CH{=}CH_2$ + (COOOH) $\xrightarrow{CH_2Cl_2} \xrightarrow{NaOH/CH_3CH_2OH}$

C. $(CH_3)_3C{-}Cl + CH_3ONa \longrightarrow$

D. $(CH_3)_3CONa + CH_3I \longrightarrow$

(3) 由下列两条路线合成2,3-二甲基-1-丁烯,分析采用哪条路线产率会更高。

A. 2,3-二甲基-1-溴丁烷脱溴化氢

B. 2,3-二甲基-1-丁醇脱水

# 综合习题参考答案

1.
1-甲氧基丁烷
2-甲基-1-甲氧基丙烷
2-甲基-2-甲氧基丙烷
2-甲氧基丁烷
1-乙氧基丙烷
2-乙氧基丙烷
2.(1) A>B>C (2) B>C>A (3) B>C>A (4) A>C>D>B
3.(1) (2) (3) (CH3)3COCH2CH2CH2CH3
(4) (CH3CH2)2C═CHCH2CH3 (5) (R)-CH3CHClCH2CH3 (6) H3COOC H3C
(7) H3C HO H3C CH2CH═CHCH2CH3 (8) H3C— —CH(CH3)2 HO3S H3C —CH(CH3)2 HO
(9) CH3 H3C—C—CH2OH OCH3 (10) (CH3)3CI+HOCH3 (11) (CH3)3COH+CH3I
4.(1) O (2) + (3) H H H O H (4) O
(5) + (6) CHO

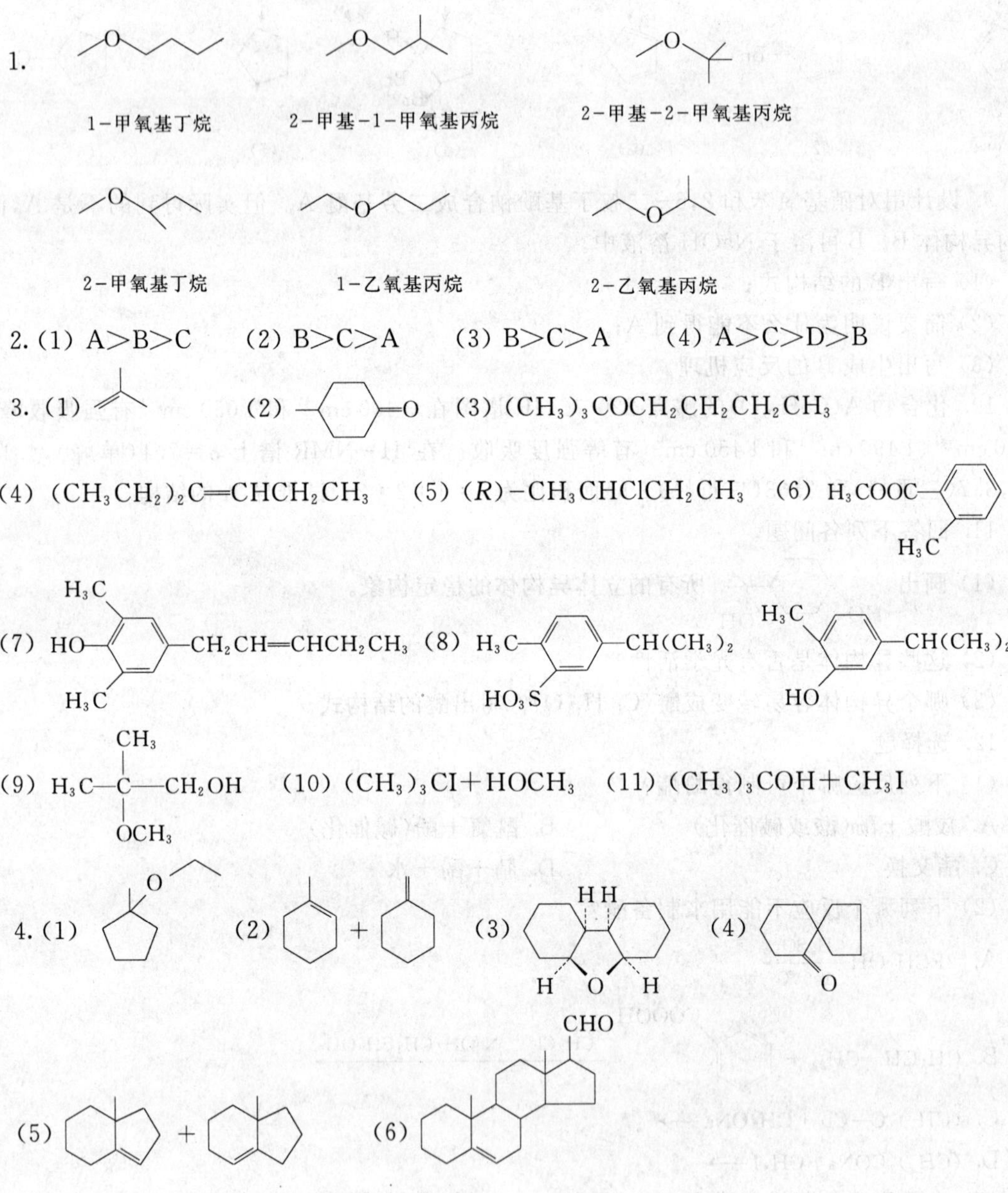

5.

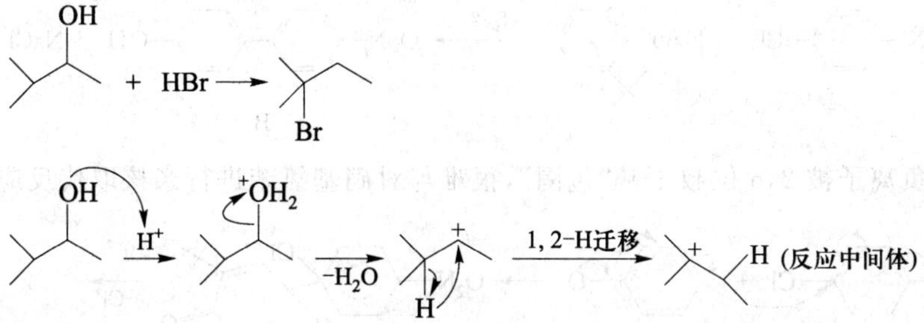

6.（1）

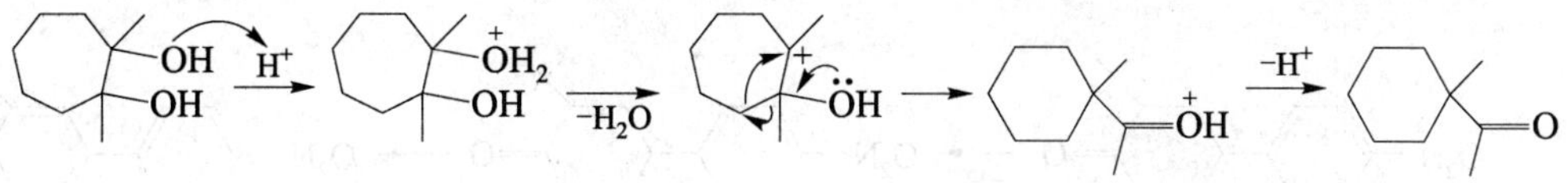

（2）

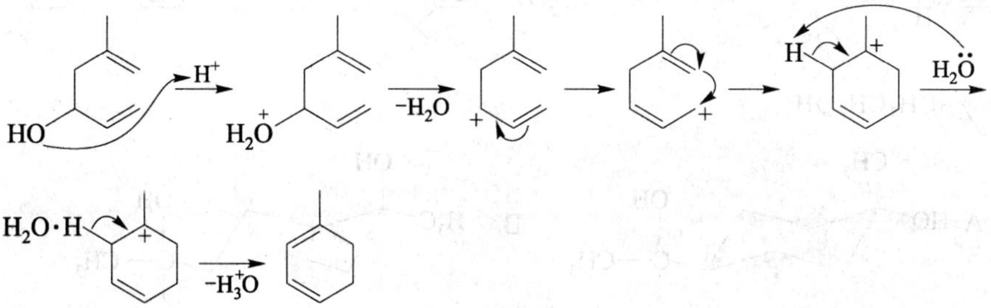

（3）

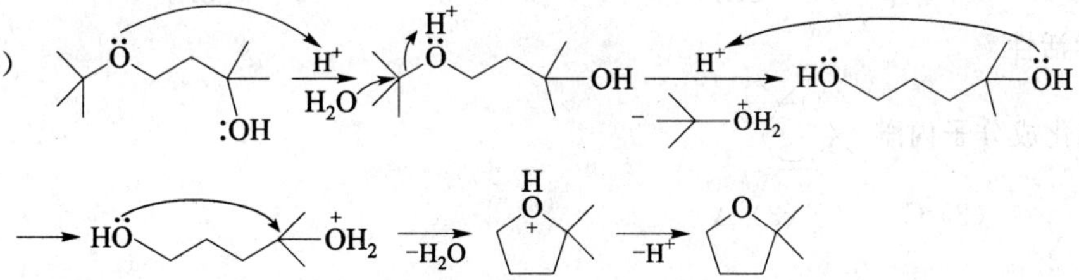

7.

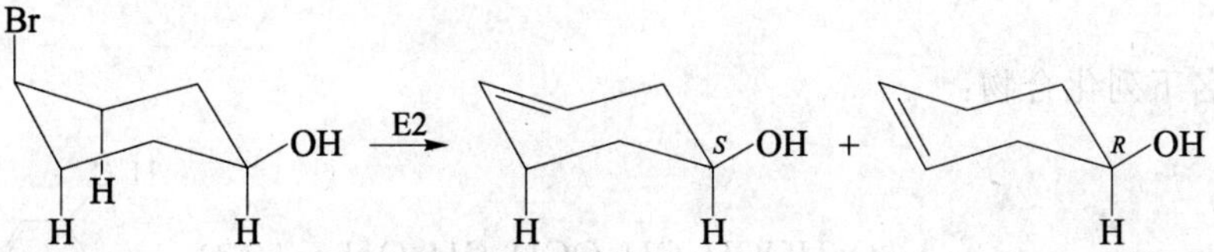

8.

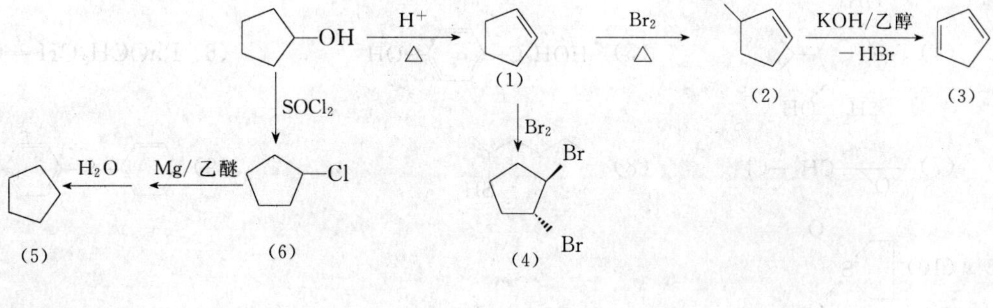

9.(1) 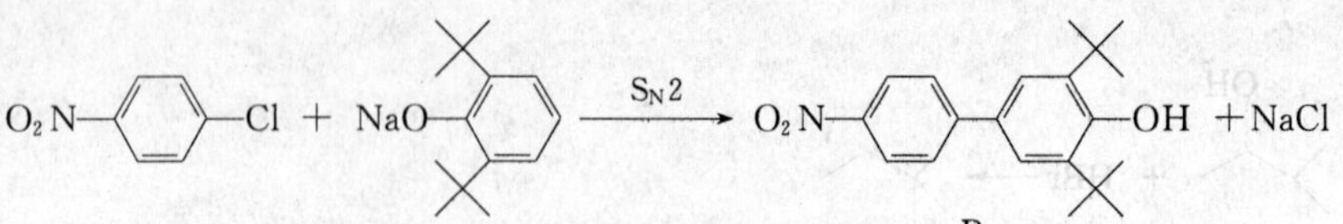

B

(2) 酚氧负离子被2,6位叔丁基“包围”,很难与对硝基氯苯进行亲核取代反应而得到A。

(3) 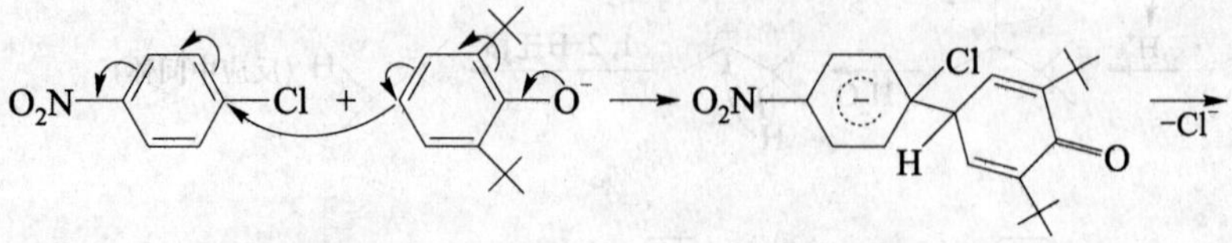

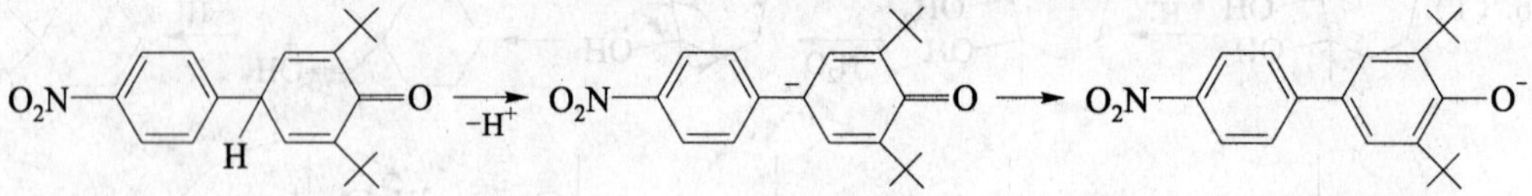

10. 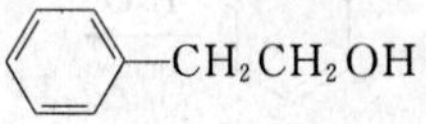

11. (1) A. 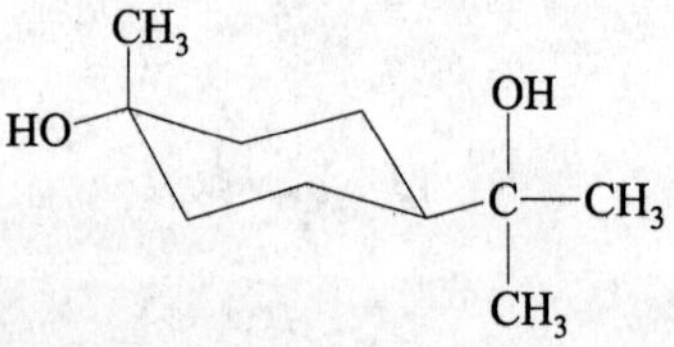 B. 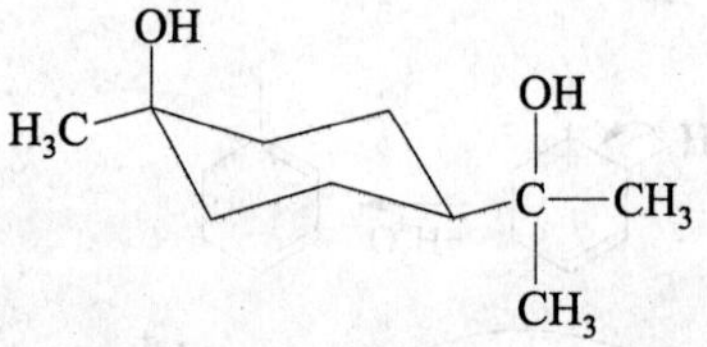

(2) 无光学活性

(3) B易转化成分子内醚 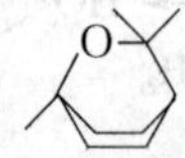

12. (1) B (2) C (3) A

# 习题解答

9-1 命名下列化合物:

(1)  (2) $HOCH_2CH_2OCH_2CH_2OH$ (3) 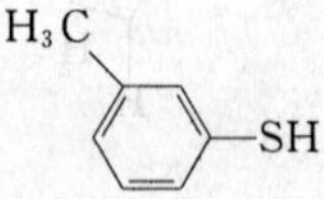

(4) 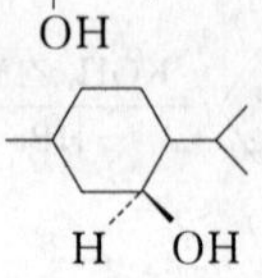 (5)  (6) $PhOCH_2CH{=}CH_2$

(7) 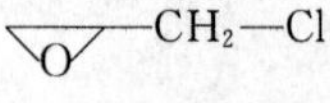 (8) 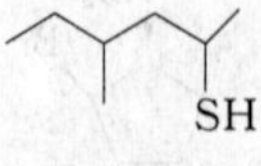 (9) 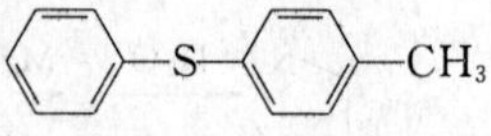

(10) 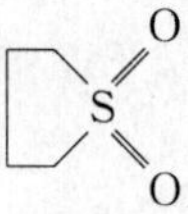

**解：**(1) 2,2,5-三甲基-3-己醇　(2) 2-(2-羟基-乙氧基)-乙醇

(3) 3-甲基苯硫酚　(4) (*S*)-2-异丙基-5-甲基环己醇

(5) 4-羟甲基苯酚　(6) 3-苯氧基丙烯

(7) 3-氯-1,2-环氧丙烷　(8) 4-甲基-2-己硫醇

(9) 4-甲基苯硫基苯　(10) 环丁砜

9-2　写出下列反应的主要产物：

(1) 环己基-CH(OH)CH$_3$ $\xrightarrow{HCl}$　(2) (*R*)—$CH_2CH(OH)C_2H_5$ $\xrightarrow[\text{吡啶}]{SOCl_2}$

(3) (H$_3$C, OH, H, H 取代的环戊醇) $\xrightarrow{PBr_3}$　(4) 环己基-CH(OH)CH$_3$ $\xrightarrow{H_2SO_4,\triangle}$

(5) $C_6H_5$—$CH_2OH$ $\xrightarrow[CH_2Cl_2]{PCC}$　(6) 环己基—OH $\xrightarrow[300\ ℃]{CuO}$

(7) $(CH_3)_2C(OH)$—$CH(OH)$—$CH_2CH_2OH$ $\xrightarrow{HIO_4}$　(8) $CH_3CH_2OCH_2CH_3$ $\xrightarrow{\text{过量 HI}}$

(9) $C_6H_5$—$OCH_3$ $\xrightarrow[\triangle]{\text{过量 HI}}$　(10) 环己基—$OCH_2CH_3$ $\xrightarrow[\triangle]{HI}$

(11) $C_6H_5$—$OCH_2CH{=\!=}CHCH_3$ $\xrightarrow{200\ ℃}$　(12) (甲基环氧环戊烷) $\xrightarrow[CH_3OH]{CH_3ONa}$

(13) (1,2-二甲基-1,2-环己二醇) $\xrightarrow{H^+}$　(14) (2,2-二甲基环氧乙烷) $\xrightarrow{\text{浓 HBr}}$

(15) (过量) (环氧乙烷) $\xrightarrow{NH_3}$　(16) (Cl, H, H, OH 取代的环己烷) $\xrightarrow[\text{② } H_2O]{\text{① } OH^-}$

(17) (环己烷螺环氧乙烷) $\xrightarrow[\text{② } H_3O^+]{\text{① } CH_3MgI}$　(18) (OH, $CH_3$, HO 取代的环己烯) $\xrightarrow[H^+]{CrO_3}$

(19) (Br, $CH_3$ 取代的环己烷) $\xrightarrow{KSH}$　(20) 环戊基—SH $\xrightarrow{Br_2}$

**解：**(1) (±) (1-氯-1-乙基环己烷)

(2) (*S*)-$CH_3CH(Cl)CH_2CH_3$

(3) ($CH_3$, H, H, Br 取代的环戊烷)

(4) 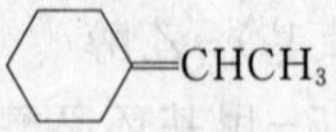

(5) 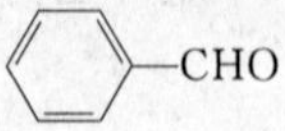

(6) 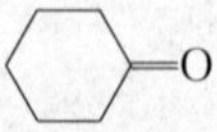

(7) $CH_3\overset{O}{\overset{\|}{C}}CH_3$ $+HOCH_2CH_2CHO$

(8) $2CH_3CH_2I+H_2O$

(9) 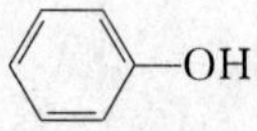 $+CH_3I$

(10) 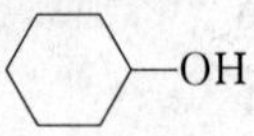 $+CH_3CH_2I$

(11) 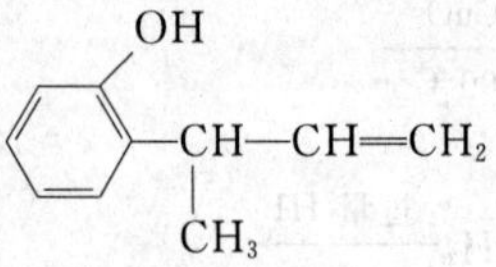

(12) 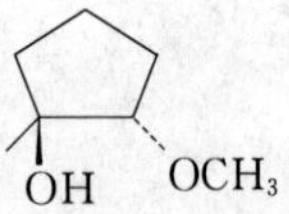

(13) 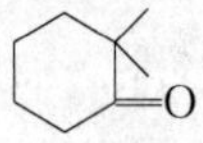 $+H_2O$

(14) 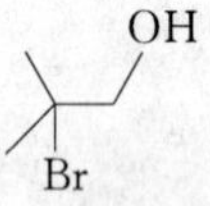

(15) $N(CH_2CH_2OH)_3$

(16) 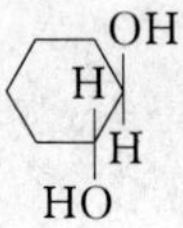

(17) 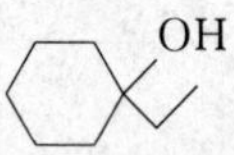

(18) 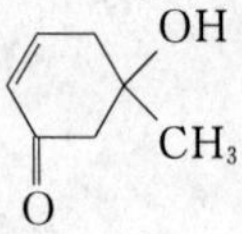

(19) 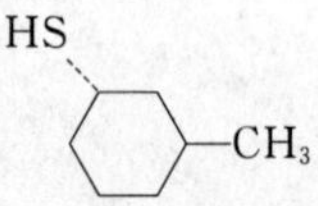

(20) 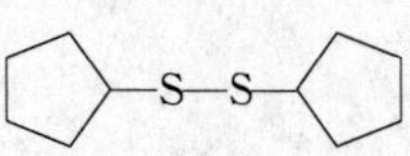

9-3 将下列各组化合物按与氢溴酸反应的相对活性排列成序：

(1) A. $C_6H_5-CH_2OH$　　B. $CH_3-C_6H_4-CH_2OH$　　C. $O_2N-C_6H_4-CH_2OH$

(2) A. $C_6H_5-CH_2OH$　　B. $C_6H_5-CH(CH_3)OH$（$CH_3$ 在 CHOH 上）　　C. $C_6H_5-CH_2CH_2OH$

**解：**(1) B>A>C　　(2) B>A>C

9-4 试写出除去下列化合物中少量杂质的方法和原理：

(1) $C_2H_5OH$ 中含有少量 $H_2O$　　(2) $(C_2H_5)_2O$ 中含有少量 $H_2O$ 和 $C_2H_5OH$

(3) $C_2H_5Br$ 中含有少量 $C_2H_5OH$　　(4) $n-C_6H_{14}$ 中含有少量$(C_2H_5)_2O$

**解：**(1) 加入 Mg 粉，加热回流，蒸出乙醇；

(2) 先加入无水 $CaCl_2$ 除去大部分水和乙醇，再加入 Na 丝，加热回流，蒸出乙醚；

(3) 用浓 $H_2SO_4$ 洗涤，蒸馏 $C_2H_5Br$；

(4) 用浓 $H_2SO_4$ 洗涤，蒸馏 $n-C_6H_{14}$。

9-5 用化学方法鉴别下列各组化合物：

(1) A. $CH_3CH_2CH_2CH_2OH$　　B. $CH_3CH_2CHCH_3$（OH 在 CH 上）　　C. $(CH_3)_3COH$

(2) A. $C_6H_5-OH$　　B. $CH_2=CH-CH_2Br$　　C. $CH_3CHCH_2OH$（OH 在 CH 上）

**解：**(1) 用 Lucas 试剂（浓 HCl－无水 $ZnCl_2$）鉴别。

| 组分 | A | B | C |
|---|---|---|---|
| 现象 | 不混浊 | 片刻后混浊 | 立即混浊 |

(2)

| 试剂 | A | B | C |
|---|---|---|---|
| $FeCl_3$ | +（紫色） | − | − |
| $Br_2/H_2O$ | +（褪色） | +（褪色） | − |

9-6 将下列化合物按酸性由强至弱排列成序：

A. 苯酚（$C_6H_5OH$）　　B. 对硝基苯酚（OH 与 $NO_2$ 处于对位）　　C. 间硝基苯酚（OH 与 $NO_2$ 处于间位）

D. 2,4-二硝基苯酚（OH；$NO_2$ 在邻位和对位）　　E. 对甲基苯酚（OH 与 $CH_3$ 处于对位）

**解：** D>B>C>A>E

9-7 写出下列反应可能的机理，并用弯箭头表示出电子转移方向：

(1) [环己烯基取代的醇] $\xrightarrow{H_3^+O}$ [八氢萘衍生物]

*(2) [环氧化物] $\xrightarrow{H_3^+O}$ [环戊烷二醇]

(3) $(CH_3)_3CCH_2OH \xrightarrow[\triangle]{HBr} (CH_3)_2C(Br)—CH_2CH_3$

(4) [丙基叔丁基醚] $\xrightarrow{H_2SO_4, H_2O, 50\ ℃}$ [丙醇] + [异丁烯] + [叔丁醇]（少量）

**解：**(1) $\xrightarrow{H^+}$ $\xrightarrow{-H_2O}$ $\xrightarrow{1,2\text{-甲基迁移}}$ → $\xrightarrow{-H^+}$

(2) $\xrightarrow{H^+}$ → → $\xrightarrow{H_2\ddot{O}}$ → $\xrightarrow{-H^+}$

(3) $(CH_3)_3CCH_2\ddot{O}H \xrightarrow{H—Br} (CH_3)_3CCH_2\overset{+}{O}H_2 \xrightarrow{-H_2O} (CH_3)_2\overset{CH_3}{C}\overset{+}{C}H_2$

$\xrightarrow{1,2\text{-甲基迁移}} (CH_3)_2\overset{+}{C}CH_2CH_3 \xrightarrow{Br^-} (CH_3)_2CBrCH_2CH_3$

(4) $\xrightarrow{H^+}$ → [丙醇] + [叔丁基正离子]

$(CH_3)_2\overset{+}{C}—CH_2—H \xrightarrow{-H^+} (CH_3)_2C=CH_2$

$(CH_3)_3C^+ \xrightarrow{H_2\ddot{O}} (CH_3)_3C\overset{+}{O}H_2 \xrightarrow{-H^+} (CH_3)_3COH$

9-8 指明下列各对化合物中哪个碱性强：

A. $CH_3SH$ 与 $CH_3OH$　B. $HS^-$ 与 $OH^-$　C. $H_3S^+$ 与 $H_2S$

**解**：A. $CH_3SH > CH_3OH$　B. $^-SH > ^-OH$　C. $H_3S^+ < H_2S$

9-9 下列哪些碱能使甲醇完全去质子化？括号里的数值是碱的共轭酸的 $pK_a$ 值。

A. KCN(9.2)　B. $n$-BuLi(50)　C. $CH_3SNa$(10)

D. $CH_3COONa$(47)　E. $(CH_3)_3CONa$(18)

**解**：甲醇的 $pK_a = 15.5$，$pK_a > 15.5$ 酸的共轭碱能使甲醇完全去质子化。因此，B 和 E 能使甲醇完全去质子化。

9-10 下列化合物中哪些能与 NaOH 反应？

A. $C_6H_5$—OH　B. $C_6H_5$—SH　C. 环己基—OH　D. $CH_3CH_2SH$

E. $CH_3COOH$　F. $(CH_3)_3COH$　G. $C_2H_5OC_2H_5$

**解**：A、B、D 和 E 能与 NaOH 反应，C 和 F 与 NaOH 反应平衡偏向左边，G 不能与 NaOH 反应。

9-11 完成下列转化：

(1) 环戊基—$CH_2Br$ ⟶ 环戊基—$CH_2CH\overset{O}{—}CH_2$（环氧）

(2) $CH_2{=}CHCH_3$ ⟶ $ClCH_2$—环氧乙基

(3) 环己基—OH ⟶ 环己基—COOH

(4) 苯酚 ⟶ 2,6-二氯苯酚（Cl、OH、Cl）

(5) $CH_3CH{=}CH_2$ ⟶ 2-萘基—$OCH_2CH_2CH_3$

(6) $BrCH_2CH_2CH_2OH$ ⟶ $DCH_2CH_2CH_2OH$　（提示：需要保护羟基）

**解**：(1) 环戊基—$CH_2Br$ $\xrightarrow{Mg/醚}$ 环戊基—$CH_2MgBr$ $\xrightarrow[②H_3^+O]{①\ 环氧乙烷}$ 环戊基—$CH_2CH_2CH_2OH$ $\xrightarrow[\triangle]{H^+}$

环戊基—$CH_2CH{=}CH_2$ $\xrightarrow{F_3CCOOOH}$ 环戊基—$CH_2—\overset{O}{CH—CH_2}$（环氧）

(2) $CH_2{=}CHCH_3$ $\xrightarrow[h\nu]{Cl_2}$ $ClCH_2CH{=}CH_2$ $\xrightarrow{CF_3CO_3H}$ $ClCH_2$—环氧乙基

(3) 环己醇 $\xrightarrow{PBr_3}$ 溴代环己烷 $\xrightarrow{Mg/醚}$ 环己基-MgBr $\xrightarrow[②H_3^+O]{①CO_2}$ 环己基-COOH

溴代环己烷 $\xrightarrow{NaCN}$ 环己基-CN $\xrightarrow[\triangle]{H_3^+O}$ 环己基-COOH

(4) 苯酚(-OH) $\xrightarrow[\triangle]{H_2SO_4}$ $HO_3S$-C6H4-OH $\xrightarrow{Cl_2/Fe}$ $HO_3S$-(3,5-二氯)-C6H2-OH $\xrightarrow{H_2SO_4/H_2O}$ 2,6-二氯苯酚(Cl, OH, Cl)

(5) 丙烯 $\xrightarrow{HBr/ROOR}$ 1-溴丙烷(Br) $\xrightarrow{2-萘酚(-OH)/NaOH}$ 2-萘基-O—$CH_2CH_2CH_3$

(6) $BrCH_2CH_2CH_2OH \xrightarrow{CH_3COOH/H^+} BrCH_2CH_2CH_2—OCOCH_3 \xrightarrow{Mg/醚}$

$BrMgCH_2CH_2CH_2OCOCH_3 \xrightarrow{D_2O} DCH_2CH_2CH_2OCOCH_3 \xrightarrow[\triangle]{H_3^+O} DCH_2CH_2CH_2OH$

9-12 用适当的原料合成下列化合物：

(1) $CH_3CH_2CH_2OCH(CH_3)_2$ (2) $CH_3CH_2OCH=CH_2$

(3) $C_2H_5O$-C6H4-$CH_2CH_2OH$ (4) $(CH_3)_3CCHOCH(CH_3)_2$ (CH上连$CH_3$)

**解：**(1) $(CH_3)_2CHOH+NaOH \xrightarrow[-H_2O]{\triangle} (CH_3)_2CHONa \xrightarrow{ClCH_2CH_2CH_3} (CH_3)_2CHOCH_2CH_2CH_3$

(2) $CH_3CH_2OH+$ 环氧乙烷 $\xrightarrow{H^+} CH_3CH_2OCH_2CH_2OH \xrightarrow[\triangle]{H_2SO_4} CH_3CH_2CH_2OCH=CH_2$

(3) 苯酚(-OH) $+C_2H_5Br \xrightarrow{NaOH} CH_3CH_2O$-C6H5 $\xrightarrow{Br_2/Fe} CH_3CH_2O$-C6H4-Br

$\xrightarrow{Mg/醚} CH_3CH_2O$-C6H4-MgBr $\xrightarrow[②H_3^+O]{①环氧乙烷} CH_3CH_2O$-C6H4-$CH_2CH_2OH$

(4) $(CH_3)_3CCH=CH_2+HBr \xrightarrow{—O—O—} (CH_3)_3CCH_2CH_2Br$

$(CH_3)_2CHOH+NaOH \longrightarrow (CH_3)_2CHONa \xrightarrow{(CH_3)_3CCH_2CH_2Br} (CH_3)_2CHOCH_2CH_2C(CH_3)_3$

9-13 某中性化合物 A($C_{10}H_{12}O$)，被臭氧氧化并在锌粉存在下分解产生甲醛但无乙醛。

当加热至 200 ℃以上时，A 迅速异构化成 B。B 经臭氧氧化再在锌粉存在下分解产生乙醛但无甲醛；B 与 $FeCl_3$ 呈颜色反应；B 能溶于 NaOH 溶液；B 在 NaOH 存在下与 $CH_3I$ 作用得到 C。C 经碱性 $KMnO_4$ 溶液氧化后得到邻甲氧基苯甲酸。推断 A,B,C 的构造式并写出其反应式。

**解**：A. $C_6H_5-O-CH(CH_3)CH{=}CH_2$　B. 邻羟基苯基—$CH_2CH{=}CHCH_3$（OH 位于邻位）

C. 邻甲氧基苯基—$CH_2CH{=}CHCH_3$（$OCH_3$ 位于邻位）

相关反应式：

$$C_6H_5-O-CH(CH_3)CH{=}CH_2 \xrightarrow[\text{②}Zn/H_2O]{\text{①}O_3} C_6H_5-O-CH(CH_3)CHO + HCHO$$

$$C_6H_5-O-CH(CH_3)CH{=}CH_2 \xrightarrow{>200\ ℃} o\text{-}HOC_6H_4-CH_2CH{=}CHCH_3$$

$$o\text{-}HOC_6H_4-CH_2CH{=}CHCH_3 \xrightarrow[\text{②}Zn/H_2O]{\text{①}O_3} o\text{-}HOC_6H_4-CH_2CHO + CH_3CHO$$

$$6\ o\text{-}HOC_6H_4-CH_2CH{=}CHCH_3 \xrightarrow{FeCl_3} \left[Fe\left(o\text{-}{}^-OC_6H_4-CH_2CH{=}CHCH_3\right)_6\right]^{3-}$$

$$o\text{-}HOC_6H_4-CH_2CH{=}CHCH_3 + NaOH \longrightarrow o\text{-}NaOC_6H_4-CH_2CH{=}CHCH_3$$

$$o\text{-}HOC_6H_4-CH_2CH{=}CHCH_3 + CH_3I \xrightarrow{NaOH} o\text{-}CH_3OC_6H_4-CH_2CH{=}CHCH_3 \xrightarrow{KMnO_4/H^+} o\text{-}CH_3OC_6H_4-CO_2H$$

*9-14　化合物 A 是一种性引诱剂，试给出它的系统命名法的名称，并从易得的化合物合成 A。

A.（键线式：2-甲基十八烷链，C7—C8 间为顺式环氧，两个 H 同侧）

**解**：A 的名称为(7*R*,8*S*)-2-甲基-7,8-环氧十八烷。

A 的合成如下：

$$(CH_3)_2C{=}CH_2 + HBr \xrightarrow{-O-O-} (CH_3)_2CHCH_2Br \xrightarrow{Mg/醚} (CH_3)_2CHCH_2MgBr \xrightarrow{CH_2{=}CHCH_2Br} (CH_3)_2CHCH_2CH_2CH{=}CH_2$$

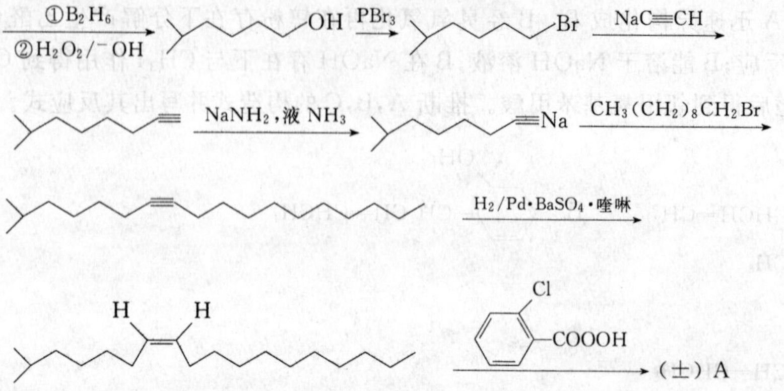

$\xrightarrow[\text{②}H_2O_2/^-OH]{\text{①}B_2H_6}$ …OH $\xrightarrow{PBr_3}$ …Br $\xrightarrow{NaC\equiv CH}$

$\xrightarrow{NaNH_2,液 NH_3}$ …≡Na $\xrightarrow{CH_3(CH_2)_8CH_2Br}$

$\xrightarrow{H_2/Pd\cdot BaSO_4\cdot 喹啉}$

$\xrightarrow{\text{间氯过氧苯甲酸 (COOOH, Cl)}}$ (±)A

*9-15 因为酸催化醇脱水反应通常给出混烯烃,因此,对于追求单一产物的有机合成而言,醇脱水制备烯烃的反应并不是实用的。天然存在的α-萜品醇是从松油中分离得到的具有像丁香一样气味的不饱和的萜类醇,非常幸运的是该醇脱水得到的混合物也具有愉快的芳香气味,这种混合物可用于制造香皂。写出它们生成的机理,并解释各化合物生成的比例:

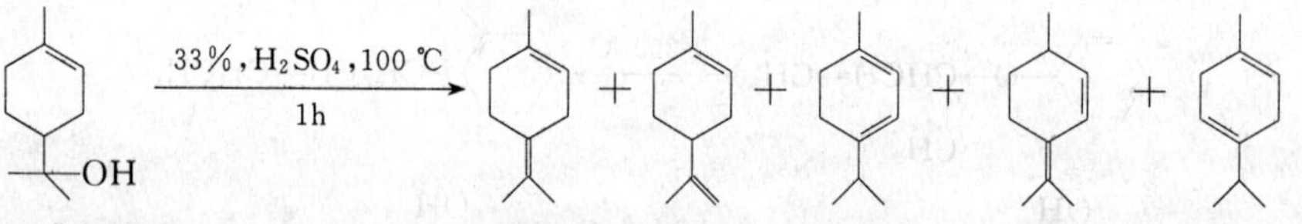

α-萜品醇 $\xrightarrow[1h]{33\%,H_2SO_4,100\ ℃}$ 萜品油烯 15% + 苧烯 9% + α-萜品烯 28.5% + 异萜品油烯 18.5% + γ-萜品烯 15%

**解:** ① 15 %, ② 9 %, ③ 28.5 %, ④ 18.5 %, ⑤ 15 %

机理如下:

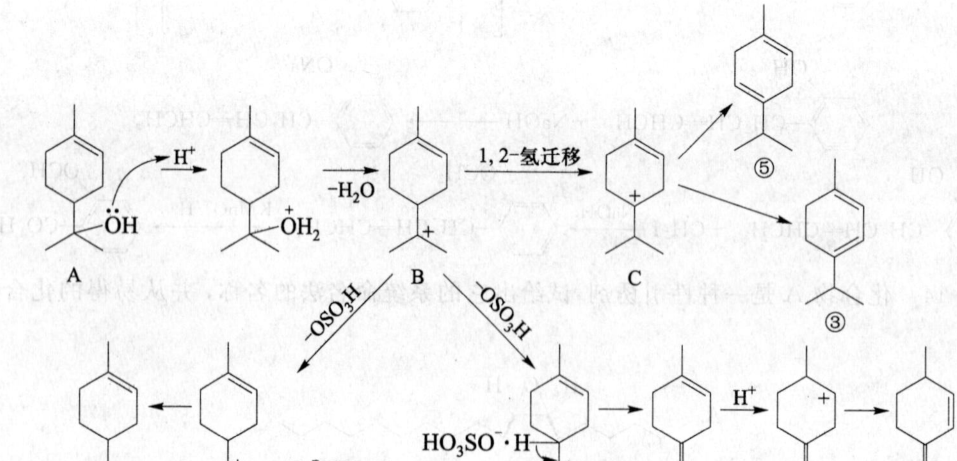

A $\xrightarrow{H^+}$ $\xrightarrow{-H_2O}$ B $\xrightarrow{1,2-氢迁移}$ C → ⑤、③

B $\xrightarrow{^-OSO_3H}$ → ②

B $\xrightarrow{^-OSO_3H}$ → ① $\xrightarrow{H^+}$ → ④

由原料 A 生成中间体 B,再异构成 C,B 与 C 稳定性相近。

B ⟶ ②不稳定(9 %),B ⟶ ①较稳定(15 %) ⟶ ④共轭稳定(18.5 %)

C ⟶ ⑤较稳定(15 %),C ⟶ ③共轭稳定(28.5 %)

①＋④＝15％＋18.5％＝33.5％与③(28.5％)相近

B ⟶ ②＋①＋④＝(9＋15＋18.5)％＝42.5％

C ⟶ ⑤＋③＝(15＋28.5)％＝43.5％

*9-16 某化合物 A，分子式为 $C_{10}H_{14}O$，能溶于 NaOH 溶液，而不溶于 $NaHCO_3$ 水溶液。A 与 $Br_2/H_2O$ 反应得到二溴代化合物，分子式为 $C_{10}H_{12}Br_2O$。A 的光谱分析数据如下。

IR 谱：3 250 $cm^{-1}$ 有宽峰；830 $cm^{-1}$ 有吸收峰。$^1H$-NMR 谱：$\delta$＝1.3(9H)单峰；$\delta$＝4.9(1H)单峰；$\delta$＝7.0(4H)多重峰。试推断 A 的构造式，并标明质子的化学位移及红外吸收的归属。

**解**：A 不饱和度为 4，可能有苯环，溶于 NaOH 不溶于 $NaHCO_3$，可能为酚，结合光谱数据，A 的构造式为 $(CH_3)_3C$—C₆H₄—OH（对位）。

H 830 $cm^{-1}$；O—H 3 250 $cm^{-1}$；$(CH_3)_3C$—：$\delta$ = 1.3，9H；O—H：$\delta$ = 4.9，1H；芳环 H：$\delta$ = 7.0，4H

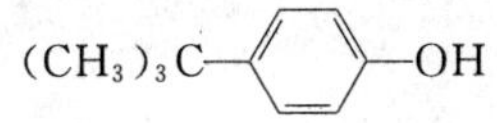

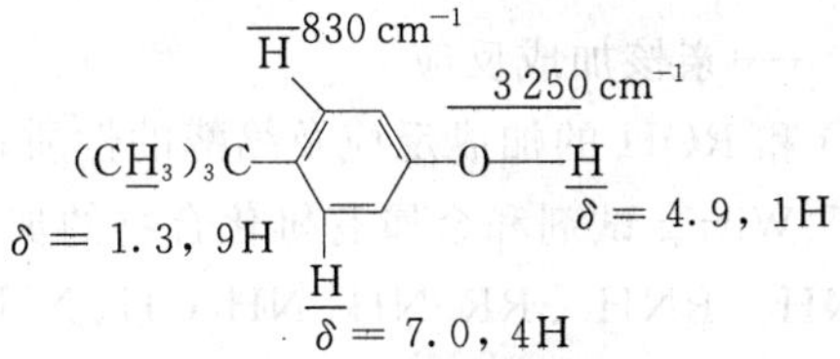

*9-17 中性化合物 A($C_8H_{16}O_2$)，与 Na 作用放出 $H_2$，与 $PBr_3$ 作用生成相应的化合物 $C_8H_{14}Br_2$；A 被 $KMnO_4$ 氧化生成 $C_8H_{12}O_2$；A 与浓 $H_2SO_4$ 一起共热脱水生成 B($C_8H_{12}$)。B 可使溴水和碱性 $KMnO_4$ 溶液褪色；B 在低温下与 $H_2SO_4$ 作用再水解，则生成 A 的同分异构体 C，C 与浓 $H_2SO_4$ 一起共热也生成 B，但 C 不能被 $KMnO_4$ 氧化，B 氧化生成 2,5-己二酮和乙二酸。试写出 A，B，C 的构造式。

**解**：A、B 和 C 的构造式为

A. 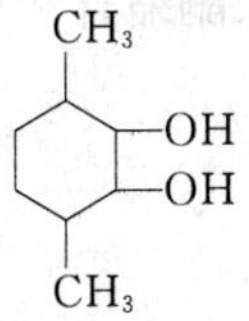 3,6-二甲基环己-1,2-二醇（环上两个 OH 相邻，两侧各一个 $CH_3$）

B. 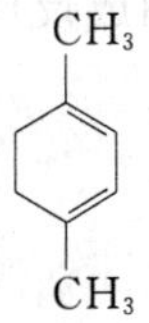 1,4-二甲基环己-1,3-二烯（两个 $CH_3$）

C. 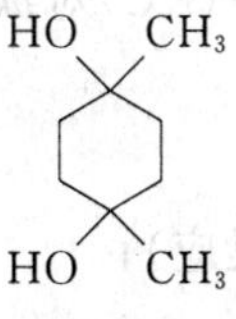 1,4-二甲基环己-1,4-二醇（每个季碳上各有 HO 和 $CH_3$）

# 第10章 醛 酮 醌

## 学习要点

1. 醛、酮和醌的特征反应——亲核加成反应

(1) 与含氧亲核试剂 $H_2O$ 和 ROH 的加成反应及缩醛的性质；

(2) 与含碳亲核试剂 $^-CN$、Wittig 试剂和金属有机化合物的加成反应；

(3) 与含氮亲核试剂 $NH_3$、$RNH_2$、$RR'NH$、$NH_2OH$、$NH_2—NH_2$，$NH_2—NH—Ar$ 和 $NH_2NHCONH_2$ 等的加成反应及亚胺的性质；

(4) 与含硫亲核试剂 $NaHSO_3$ 的亲核加成反应；

(5) 亲核加成催化剂酸或碱的作用：酸增强羰基亲电性；碱增加试剂亲核性；

(6) 酮肟的贝克曼重排反应。

2. $\alpha$-H 卤代和缩合反应

(1) $\alpha$-H 的氯代反应(与烯烃 $\alpha$-H 卤代反应对比)；

(2) 缩合反应[本质是碳负离子($^-C$)对羰基的亲核加成反应]、醛缩合、酮缩合和珀金反应。

3. 氧化和还原反应

(1) 醛的氧化；

(2) 醛的坎尼扎罗反应(歧化反应)；

(3) 用金属氢化物还原；

(4) 用金属还原；

(5) 羰基的还原。

4. $\alpha,\beta$-不饱和醛酮的反应

(1) 亲核加成(与 R—M、HCN、$RNH_2$ 和 $^-C—\overset{\overset{O}{\|}}{C}—R$ $\left[C{=}\overset{\overset{O^-}{|}}{C}—R\right]$ 的加成反应)；

(2) 亲电加成反应；

(3) 动力学控制反应和热力学控制反应。

# 重要反应式

与醇亲核加成反应

$$R-\overset{O}{\overset{\|}{C}}-H(R') + R''OH \xrightleftharpoons{H^+ 或 ^-OH} R-\underset{OR''}{\overset{OH}{C}}-H(R') \quad [半缩醛(酮)]$$

$$R-\underset{OR''}{\overset{OH}{C}}-H(R') + R''-OH \xrightleftharpoons{H^+} R-\overset{H(R')}{C}-(OR'')_2 \quad [缩醛(酮)]$$

$$HOCH_2CH_2CH_2CHO \xrightleftharpoons{H^+ 或 ^-OH} \text{(2-羟基四氢呋喃环, C 上连 OH 与 H)} \quad (环状半缩醛,稳定)$$

$$\begin{matrix}(H)R' \\ R\end{matrix}\!\!>C=O + \begin{matrix}HO-CH_2 \\ HO-CH_2\end{matrix} \xrightleftharpoons{H^+} \begin{matrix}(H)R' \\ R\end{matrix}\!\!>C<\begin{matrix}O-CH_2 \\ O-CH_2\end{matrix} \quad (保护羰基的方法)$$

与 HCN 反应

$$\begin{matrix}R \\ (H)R'\end{matrix}\!\!>C=O + NaCN + H_2SO_4 \xrightleftharpoons{H_2O} \begin{matrix}R & & OH \\ & C & \\ (H)R' & & CN\end{matrix} + NaHSO_4 \quad (合成腈)$$

维蒂希反应

$$\begin{matrix}R \\ R'\end{matrix}\!\!>C=O + \begin{matrix}R'' \\ R'''\end{matrix}\!\!>C=P(C_6H_5)_3 \longrightarrow \underset{(Z,E)}{\begin{matrix}R \\ R'\end{matrix}\!\!>C=C<\!\!\begin{matrix}R'' \\ R'''\end{matrix}} + O=P(C_6H_5)_3 \quad (合成烯烃)$$

与金属有机化合物反应

$$\underset{(CH_3CH_2CH_2CH_2Li)}{CH_3CH_2CH_2CH_2MgX} \xrightarrow{醚} \begin{cases} \xrightarrow[② H_3^+O]{① HCHO} CH_3CH_2CH_2CH_2CH_2OH \quad (合成伯醇) \\ \xrightarrow[② H_3^+O]{① CH_3CHO} CH_3CH_2CH_2CH_2\overset{OH}{\overset{|}{C}}HCH_3 \quad (合成仲醇) \\ \xrightarrow[② H_3^+O]{① CH_3COCH_3} CH_3CH_2CH_2CH_2\overset{OH}{\overset{|}{C}}(CH_3)_2 \quad (合成叔醇) \end{cases}$$

$$CH_3CH_2CHO + NaC{\equiv}CCH_3 \xrightarrow[液氨]{} CH_3CH_2\overset{ONa}{\overset{|}{C}}H-C{\equiv}CCH_3 \xrightarrow[\triangle]{H_3^+O} CH_3CH{=}CH-C{\equiv}CCH_3$$

与羰基试剂反应

$$RNH_2 + \begin{matrix}H_3C \\ H_3C\end{matrix}\!\!>C=O \longrightarrow R-\overset{H}{\overset{|}{N}}-\overset{OH}{\overset{|}{C}}(CH_3)_2 \xrightleftharpoons[\triangle]{} R-N{=}C(CH_3)_2 \quad (合成亚胺)$$

$$(CH_3CH_2)_2C{=}O + H{-}N\bigcirc \underset{}{\overset{H^+}{\rightleftharpoons}} (CH_3CH_2)_2C(OH){-}N\bigcirc \overset{H^+}{\rightleftharpoons} CH_3CH{=}C(CH_2CH_3){-}N\bigcirc + H_2O$$ （合成烯胺）

$$(H)R'(R)C{=}O + \begin{cases} NH_2OH \\ H_2NNH_2 \\ H_2NNH{-}C_6H_5 \\ NH_2NHCONH_2 \end{cases} \xrightarrow[\triangle]{CH_3COOH} \begin{cases} (H)R'(R)C{=}N{-}OH + H_2O & \text{（生成肟）} \\ (H)R'(R)C{=}N{-}NH_2 + H_2O & \text{（生成腙）} \\ (H)R'(R)C{=}N{-}NHC_6H_5 + H_2O & \text{（生成苯腙）} \\ (H)R'(R)C{=}N{-}NHCONH_2 + H_2O & \text{（生成缩胺脲）} \end{cases}$$

与 $NaHSO_3$ 反应

$$R(H_3C(H))C{=}O + NaHSO_3 \rightleftharpoons R(H_3C(H))C(ONa)(SO_3H) \rightleftharpoons R(H_3C(H))C(OH)(SO_3Na)$$

（纯化、分离醛酮的方法）

酮肟的贝克曼重排反应

$$H_5C_6(R)C{=}N{-}OH \xrightarrow{H^+\text{或}PCl_5} HO(R)C{=}N{-}C_6H_5 \longrightarrow R{-}\overset{O}{\overset{\|}{C}}{-}NHC_6H_5$$ （鉴别酮的结构）

$$\text{环己酮} + NH_2OH \longrightarrow \text{环己酮肟}{=}N{-}OH \xrightarrow{H_2SO_4} \text{己内酰胺}$$ （合成己内酰胺）

卤仿反应

$$PhCOCH_3 \xrightarrow[\text{② } H_3^+O]{\text{① } I_2/NaOH} PhCOOH + CH_3I$$ （检查甲基酮存在）

α-H 的卤代反应

$$\text{环己酮} + Br_2 \xrightarrow{CH_3COOH} \text{2-溴环己酮} + HBr$$

缩合反应

$$2RCH_2CHO \xrightleftharpoons{\text{稀 NaOH}} RCH_2\underset{|}{\overset{OH}{C}}H-\underset{|}{\overset{R}{C}}H-CHO \xrightleftharpoons[\triangle]{} RCH_2CH=\overset{R}{C}-CHO + H_2O$$

（合成$\alpha,\beta$-不饱和醛）

$$H_3CCOCH_2(CH_2)_4CHO \xrightleftharpoons{\text{稀 NaOH}} \text{(环己烯基)}-COCH_3 + H_2O$$ （合成 $\alpha,\beta$-不饱和酮）

$$C_6H_5CHO + (CH_3CO)_2O \xrightarrow[170\sim180\ ℃]{CH_3COONa} \xrightarrow{H_3^+O} C_6H_5CH=CHCOOH + CH_3COOH$$ （合成肉桂酸）

氧化反应

$$\text{(3-环己烯基)}-CHO \xrightarrow{Ag_2O/THF/H_2O} \text{(3-环己烯基)}-COOH$$ （合成烯酸）

$$\text{环己酮} + HNO_3 \xrightarrow[60\sim100\ ℃]{} HOOC(CH_2)_4COOH$$ （合成二元酸）

$$CH_3\overset{O}{\overset{\|}{C}}CH_2CH_3 \xrightarrow[CH_2Cl_2]{CF_3CO_3H} CH_3COOC_2H_5$$ （合成酯）

还原反应

$$\text{(3-环己烯基)}-CHO + 2H_2 \xrightarrow{Ni} \text{(环己基)}-CH_2OH$$ （无选择性还原）

$$4\ RR'C=O + LiAlH_4 \xrightarrow[\text{② } H_3^+O]{\text{① THF}} 4\ RR'CHOH + LiAl(OH)_4$$

$$(H_3C)_2C=O \xrightarrow[C_6H_6]{Mg-Hg} \xrightarrow{H_2O} R-\underset{R'}{\overset{HO}{C}}-\underset{R'}{\overset{OH}{C}}-R$$ （双分子还原）

$$C_6H_5-\overset{O}{\overset{\|}{C}}CH_2CH_3 \xrightarrow[\triangle]{Zn-Hg/HCl/H_2O} C_6H_5-CH_2CH_2CH_3$$ （彻底还原）

$$C_6H_5-CH_2-\overset{O}{\overset{\|}{C}}-CH_2CH_3 \xrightarrow[180\sim200\ ℃]{H_2NNH_2/KOH/\text{二甘醇}} C_6H_5-CH_2CH_2CH_2CH_3$$ （彻底还原）

$\alpha,\beta$-不饱和羰基化合物加成反应

$$CH_3CH=CH-\overset{O}{\overset{\|}{C}}-CH_3 + LiCH_2CH_2CH_2CH_3 \longrightarrow \xrightarrow{H_3^+O}$$

$$CH_3CH=CH\overset{OH}{\overset{|}{C}}(CH_3)CH_2CH_2CH_2CH_3 + LiOH$$ （亲核加成）

$$C_6H_5CH{=}CH{-}\overset{O}{\overset{\|}{C}}{-}C_6H_5 + HCN \xrightarrow{^-OH} C_6H_5\underset{}{\overset{CN}{\overset{|}{C}}}HCH_2\overset{O}{\overset{\|}{C}}{-}C_6H_5$$ （1,2-加成）

$$C_6H_5CH{=}CH\overset{O}{\overset{\|}{C}}{-}CH_3 + H_2NOH \xrightarrow{H^+} C_6H_5CH{=}CH{-}\overset{NOH}{\overset{\|}{C}}{-}CH_3$$ （1,2-亲核加成）

$$CH_3CH{=}CH{-}\overset{O}{\overset{\|}{C}}{-}CH_3 + Br_2 \longrightarrow CH_3{-}\overset{Br}{\overset{|}{C}}H{-}\overset{Br}{\overset{|}{C}}H{-}\overset{O}{\overset{\|}{C}}{-}CH_3$$ （亲电加成）

环己-2-烯酮 + HBr ⟶ 3-溴环己酮 （亲电加成）

对苯醌 + HCN ⟶ 2-氰基对苯二酚（HO—C₆H₃(CN)—OH） （亲电加成）

对苯醌 + $Cl_2$ ⟶ 5,6-二氯环己-2-烯-1,4-二酮 （亲电加成）

## 思考题解答

**思考题 10-1** 酸和碱催化醛(酮)与醇缩合反应的机理有何不同？为什么只有酸催化下才能与过量的醇反应生成缩醛(酮)？

**解答：**酸催化是增加羰基碳的亲电性，碱催化是增加醇的亲核性，例如：

碱催化：

$$CH_3CH_2CHO + H\ddot{O}CH_2CH_3 \overset{^-OH}{\rightleftharpoons} CH_3CH_2\overset{O^-}{\overset{|}{C}}H{-}OCH_2CH_3 \overset{H-OH}{\rightleftharpoons} CH_3CH_2\overset{OH}{\overset{|}{C}}H{-}OCH_2CH_3$$

酸催化：

$$CH_3CH_2\overset{O}{\overset{\|}{C}}{-}H + H\ddot{O}CH_2CH_3 \overset{H_3^+O}{\rightleftharpoons} CH_3CH_2\overset{OH}{\overset{|}{C}}H{-}\overset{H}{\overset{|}{O^+}}C_2H_5 \overset{H_2\ddot{O}}{\rightleftharpoons} CH_3CH_2\overset{OH}{\overset{|}{C}}H{-}OC_2H_5$$

生成半缩醛后，再与醇反应生成缩醛是亲核取代反应，—OH 是难离去基团，需要转化成 $H_2O$ 才易离去，因此需 $H^+$ 催化，而 $^-OH$ 催化不行。

$$CH_3CH_2\overset{\ddot{O}H}{\overset{|}{C}}H{-}OCH_2CH_3 + H\ddot{O}CH_2CH_5 \xrightarrow[S_N2,\ -H_2O]{H_3^+O} CH_3CH_2\overset{H\overset{+}{O}C_2H_5}{\overset{|}{C}}HOC_2H_5 \xrightarrow[-H^+]{H_2\ddot{O}} CH_3CH_2CH(OCH_2CH_3)_2$$

**思考题 10-2** 你能写出环己酮与乙胺在弱酸条件下加热生成亚胺的反应机理吗？

**解答：**

$$\text{环己酮} + \ddot{N}H_2CH_2CH_3 \xrightleftharpoons{H^+} \text{(1-羟基环己基)}\overset{+}{N}H_2CH_2CH_3 \xrightarrow{\triangle,\ -H_2O} \text{环己亚基}{=}\overset{+}{N}HCH_2CH_3$$

$$\text{环己亚基}{=}\overset{+}{N}HCH_2CH_3 \xrightarrow{H_2\ddot{O}} \text{环己亚基}{=}NCH_2CH_3 + H_3\overset{+}{O}$$

**思考题 10-3** 烯胺也可以与 $\alpha$-卤代酸酯、酰氯反应，此产物酸化、水解得到什么产物？经过烯胺使酮的 $\alpha$-碳上烷基化、酰基化与酮直接烷基化、酰基化的方法相比有什么优点？

**解答：**

$$\text{1-(环己烯基)四氢吡咯} \longleftrightarrow \overset{-}{\text{环己亚基}}{=}\overset{+}{N}\text{(四氢吡咯)} \begin{cases} \xrightarrow{Cl-\underset{}{\overset{R}{C}H}-COOR'} \\ \xrightarrow{RC(=O)-Cl} \end{cases}$$

$$\text{2-(}\overset{R}{C}H-COOR'\text{)环己亚基}{=}\overset{+}{N}\text{(四氢吡咯)}\ Cl^- \xrightarrow{H_2O} \text{2-(CHR-COOR')环己酮} + HN\text{(四氢吡咯)} + HCl$$

$$\text{2-(COR)环己亚基}{=}\overset{+}{N}\text{(四氢吡咯)}\ Cl^- \xrightarrow{H_2O} \text{2-(COR)环己酮} + HN\text{(四氢吡咯)} + HCl$$

烯胺与 $\alpha$-卤代酸酯、酰氯反应产物水解分别得 $\gamma$-酮酸酯和 $\beta$-二酮。

酮直接烷基化反应：

$$\text{环己酮(}\alpha\text{-H)} + NaOCH_2CH_3 \rightleftharpoons \left[\overset{-}{\text{环己酮}} \longleftrightarrow \text{环己烯基}-O^-\right]Na^+ + HOCH_2CH_3$$

$$\overset{-}{\text{环己酮}} + \begin{cases} RCl \longrightarrow \text{2-R-环己酮} + Cl^- \\ RC(=O)-Cl \longrightarrow R-C(=O)-\text{(2-环己酮基)} + Cl^- \\ \text{环己酮} \longrightarrow \text{2-(1-氧负离子环己基)环己酮} \xrightarrow{H_2O} \text{2-(1-羟基环己基)环己酮} \end{cases}$$

显然，酮直接烷基化、酰基化反应除特别目标产物外，还会有羟酮缩合副反应。为避免羟酮缩合，必须用强碱在低温下迅速把酮都变成碳负离子形式，这是其缺点。

**思考题 10-4** 上述反应(指醛酮与羰基试剂反应)为什么用弱酸催化而不能用强酸催化？

**解答：** 羰基试剂的亲核中心是有孤对电子的氮原子。如果用强酸催化，$H^+$ 会与 $\ddot{N}H_2$—Y形成铵离子，$\overset{+}{N}H_3$—Y，失去亲核性，反应不能进行。而用弱酸($pK_a=4\sim5$)，不会形成铵离子。一种说法是弱酸催化羰基试剂与醛酮加成，不是 $H^+$ 与 C═O 形成鎓盐 $>C═\overset{+}{O}H$，而是类似形成氢键 $>$═O···H—A，增加了羰基碳的亲电性。

**思考题 10-5** 你能写出肟在酸的作用下重排为酰胺的机理吗？

**解答：** 酸催化肟重排成酰胺的机理如下：

$$R(C_6H_5)C{=}N{-}\ddot{O}H \xrightarrow{H^+} R(C_6H_5)C{=}N{-}\overset{+}{O}H_2 \xrightarrow{-H_2O} R{-}\overset{+}{C}{=}N{-}C_6H_5 \xrightarrow{H_2\ddot{O}} R(\overset{+}{O}H_2)C{=}N{-}C_6H_5 \xrightarrow{-H^+} R(OH)C{=}N{-}C_6H_5 \longrightarrow R{-}C(=O){-}NH{-}C_6H_5$$

迁移基团—$C_6H_5$ 和离去的 $H_2O$ 在双键两侧，迁移与 $H_2O$ 离去同时进行，迁移基团构型不变。

**思考题 10-6** $X_2$ 为什么优先与 $-\overset{-}{\underset{|}{C}}-\overset{O}{\overset{\|}{C}}-$ 负离子反应生成 $>CX-\overset{O}{\overset{\|}{C}}-$？

**解答：** $X_2$ 异裂生成的 $Cl^+$ 能量比 $Cl^-$ 的高，活泼，而 $-\overset{-}{\underset{|}{C}}-\overset{O}{\overset{\|}{C}}-$ 能量比 $-\underset{|}{C}=\overset{O^-}{\overset{|}{C}}-C$ 能量高，所以 $Cl^+$ 优先与碳负离子反应。

$$\left[>C{=}C{-}O^- \longleftrightarrow >\overset{-}{C}{-}C{=}O\right] + Cl{-}Cl \longrightarrow >CCl{-}C{=}O + Cl^-$$

**思考题 10-7** 卤仿反应中生成的 $RCOCX_3$ 与 $^-OH$发生亲核加成反应，为什么 $^-CX_3$ 离去？—$CX_3$ 为什么能从 RCOOH 中得到 $H^+$ 生成 $HCX_3$？

**解答：**

$$R{-}\overset{O}{\overset{\|}{C}}{-}CX_3 + \overset{-}{O}H \longrightarrow R{-}\underset{OH}{\overset{O^-}{C}}{-}CX_3 \longrightarrow R{-}\overset{O}{\overset{\|}{C}}{-}OH + {}^-CX_3$$

与 $R^-$、$HO^-$ 相比，$^-CX_3$ 亲核性弱，是一个好的离去基团，因此它离去。

$$R{-}\overset{O}{\overset{\|}{C}}{-}O{-}H + \overset{-}{C}X_3 \longrightarrow R{-}\overset{O}{\overset{\|}{C}}{-}O^- + HCX_3$$

同样，$^-CX_3$ 的碱性比 $RCOO^-$ 的碱性大，故从 RCOOH 中得到 $H^+$ 生成 $HCX_3$。

**思考题 10-8** 参照醛缩合反应机理，写出酮缩合生成 $\beta$-羟基酮的反应机理。

**解答：** 碱催化机理如下：

$$\overset{H}{\underset{}{CH_2}}-\overset{O}{\overset{\|}{C}}-R + {}^{-}OH \xrightarrow[-H_2O]{} {}^{-}CH_2-\overset{O}{\overset{\|}{C}}-R \xrightarrow{CH_3-\overset{O}{\overset{\|}{C}}-R} R-\underset{CH_3}{\overset{O^-}{\overset{|}{C}}}-CH_2-\overset{O}{\overset{\|}{C}}-R \xrightarrow{H-OH}$$

$$R-\underset{CH_3}{\overset{OH}{\overset{|}{C}}}-CH_2-\overset{O}{\overset{\|}{C}}-R + {}^{-}OH$$

**思考题 10-9** 能写出 NaOH 催化 7-辛酮醛反应生成环己烯甲基酮的反应机理吗？

**解答：**

$$\begin{matrix} CH_2-\overset{H}{CH}-COCH_3 \\ | \\ CH_2-CH_2CH_2CHO \end{matrix} + {}^{-}OH \xrightarrow{-H_2O} \begin{matrix} CH_2-\overset{-}{C}H-\overset{O}{\overset{\|}{C}}-CH_3 \\ | \\ CH_2-CH_2CH_2-\overset{O}{\underset{H}{C}} \end{matrix} \longrightarrow \text{环状烷氧负离子}\ (CH-O^-) \xrightarrow[-^{-}OH]{H-OH}$$

$$\text{(2-羟基环己基甲基酮)} \xrightarrow[-2H_2O]{H_2\ddot{O}} \text{环己烯基甲基酮}$$

**思考题 10-10** 如果把交叉缩合反应的加料顺序改为无 $\alpha$-H 的醛的碱性溶液滴加到含 $\alpha$-H 的醛中，会有什么结果？

**解答：**可烯醇化的 $\alpha$-H 的醛在 $^{-}OH$ 作用下生成 $R\overset{-}{C}H-\overset{O}{\overset{\|}{C}}-H$。将有 $\alpha$-H 的醛缓慢滴加到无 $\alpha$-H 的醛碱性溶液中，无 $\alpha$-H 的醛是过量的，生成的 $R-\overset{-}{C}HCHO$ 立即发生交叉缩合反应，交叉缩合产物是主要的。而将无 $\alpha$-H 的醛的碱溶液缓慢地滴加到 $RCH_2CHO$ 中，$RCH_2CHO$ 是过量的，生成的 $R\overset{-}{C}HCHO$ 立即本身缩合，主要产物是有 $\alpha$-H 的醛的自身缩合物。

**思考题 10-11** 在坎尼扎罗反应中，为什么 $RCH_2O^-$ 能从 RCOOH 中夺取 $H^+$ 形成 $RCH_2OH$ 和 $RCOO^-$？

**解答：**因为 $RCH_2O^-$ 的碱性比 $RCOO^-$ 的碱性强得多，因此，$RCH_2O^- + R-\overset{O}{\overset{\|}{C}}-O-H \longrightarrow$ $RCH_2OH + RCOO^-$

**思考题 10-12** 由甲醛和乙醛制备季戊四醇，为什么用 $Ca(OH)_2$ 这种弱碱就能催化反应？

**解答：**

$$\underset{H}{\overset{H}{>}}C=O + H_3C-\overset{O}{\underset{H}{C}} \xrightarrow{Ca(OH)_2} (HOCH_2)_3C-\overset{O}{\overset{\|}{C}}H$$

$$(HOCH_2)_3C\overset{O}{\overset{\|}{C}}H + \underset{H}{\overset{H}{>}}C=O \xrightarrow{Ca(OH)_2} (HOCH_2)_4C + HCOO^-$$

乙醛的 $\alpha$－H 的酸性大，弱碱 $Ca(OH)_2$ 可以夺去 $H^+$，与 HCHO 反应生成 $HOCH_2—CH_2—\overset{O}{\overset{\|}{C}}H$ 后，由于 $HOH_2C—$ 的诱导效应，使另两个 $\alpha$－H 酸性增加，因此，很容易生成 $(HOCH_2)_3C—\overset{O}{\overset{\|}{C}}H$。在第二步进行歧化反应时，HCHO 很容易与 $OH^-$ 进行亲核加成，而 $(HOH_2C)_3C—\overset{O}{\overset{\|}{C}}H$ 由于 $(HOH_2C)_3C—$ 的诱导效应也很容易与 $OH^-$ 进行亲核加成：

$$Ca(OH)_2 \rightleftharpoons Ca^+(OH) + OH^-$$

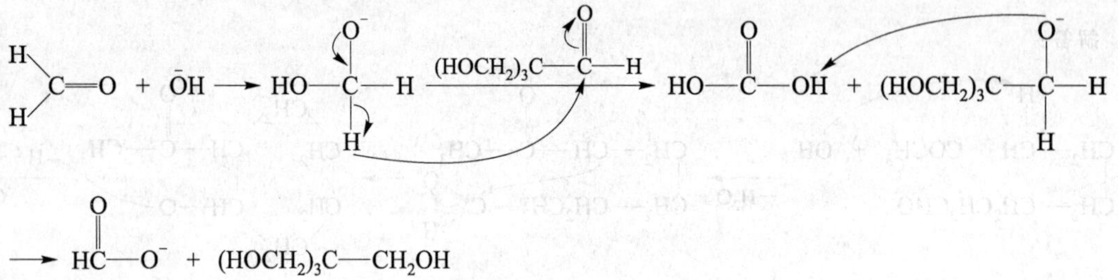

$$\overset{H}{\underset{H}{>}}C{=}O + \bar{O}H \longrightarrow HO—\overset{O^-}{\overset{|}{\underset{H}{\underset{|}{C}}}}—H \xrightarrow{(HOCH_2)_3C—\overset{O}{\overset{\|}{C}}—H} HO—\overset{O}{\overset{\|}{C}}—OH + (HOCH_2)_3C—\overset{O^-}{\overset{|}{\underset{H}{\underset{|}{C}}}}—H$$

$$\longrightarrow H\overset{O}{\overset{\|}{C}}—O^- + (HOCH_2)_3C—CH_2OH$$

**思考题 10－13**　通过沃尔夫－凯西纳－黄鸣龙还原法发展的历史，黄鸣龙抓住了还原反应什么关键因素使改进获得成功？克拉姆又抓住了什么关键因素？

**解答：** 凯西纳发现腙和固体 KOH 在封管中加热到 160～180 ℃时发生分解得烃；沃尔夫用强碱 7% $NaOC_2H_5/HOC_2H_5$ 在 150～160 ℃在封管中分离产物也是烃。黄鸣龙看到反应用较弱的碱 KOH 或 NaOH，需要较高温度能使腙分解。他选二甘醇（沸点为 245 ℃）或三甘醇（沸点为 289 ℃）为溶剂，在常压下回流温度高于 100 ℃，羰基化合物与肼反应生成腙，副产物是 $H_2O$，因此黄鸣龙用便宜、易得的水合肼溶液代替肼，生成腙后，把 $H_2O$ 和过量肼蒸出，在常压下加热至 190～200 ℃分解腙，缩短了时间。克拉姆改用更强的碱 $KOC(CH_3)_3$，在 DMSO（沸点 182 ℃）极性非质子溶剂中，常压下使腙分解。

## 例题解析

**例 1.** 将下列各组碳负离子按稳定性由大到小排列：

(1) A. $CH_3CO\bar{C}H_2$　B. $CH_3CH_2CO\bar{C}H_2$　C. $CH_3CO\bar{C}HCO_2C_2H_5$

D. $^-CH(CO_2C_2H_5)_2$　E. $\bar{C}H(CN)_2$

(2) A. 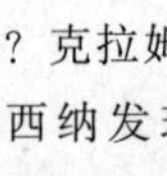 环戊烯碳负离子　B. 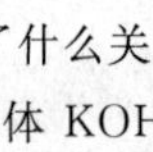 环戊二烯负离子　C. 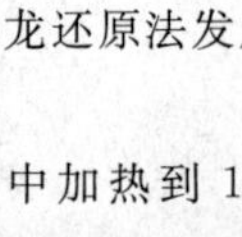 1-溴环戊烯碳负离子　D.  环戊烯碳负离子（双键位置不同）　E. 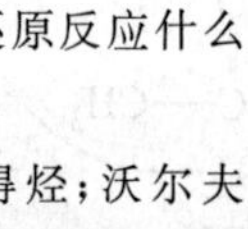 1-甲基环戊烯碳负离子

**解析：** 碳负离子尤其是烯醇负离子的稳定性（或反应活性）是羰基化合物的重要性质，它决定了使用什么样的碱能顺利生成碳负离子；碳上负电荷得到分散者稳定，如芳香负离子、烯丙负离子较稳定，带有给电子基的不稳定。

(1) E>D>C>A>B　　(2) B>C>A>E>D

**例 2.** 选择题。

(1) 下列化合物中酮型含量最多的是（　　）。

A. $CH_3CH_2O_2CCH_2CO_2CH_2CH_3$　　B. $CH_3CH_2O_2CCH(CH_3)CO_2C_2H_5$

C. $PhCOCH_2COCH_3$　　D. $CH_3COCHClCO_2C_2H_5$

(2) 下列化合物中烯醇含量最多的是(　　)。

A. $CH_3COCH_2COCH_3$　　B. $CH_3COCH_2CO_2C_2H_5$

C. $H_5C_2O_2CCH_2CO_2C_2H_5$　　D. $PhCOCH_2COCH_3$

E. $PhCOCH_2COPh$

**解析：** 二羰基化合物是有机合成的重要原料，又可作为二齿配体。酮型含量或烯醇型含量都是反映羰基化合物 $\alpha$-H 的活性(酸性)的值，是决定羰基化合物反应的重要性质。

$\beta$-二羰基化合物的 $\alpha$-碳有吸电子基有利于烯醇型。

(1) B　(2) E

**例 3.** 写出完成下列反应所需要的合适试剂。

(1) O O →

(2) $CH_3CH—CHCH_2CH_2CHO \longrightarrow CH_3CH_2CH_2CH_2CH_2CHO$

(3) $CH_3CH=CHCH_2CH_2CHO \longrightarrow CH_3CH=CHCH_2CH_2CH_2OH$

(4) OH OH → O O

**解析：** (1) 使 >C=O 彻底还原成 >$CH_2$，合适试剂有 Zn-Hg/HCl/$H_2O$ 或 $H_2NNH_2 \cdot H_2O$/二甘醇/KOH，但两者使用条件不同。

(2) 用 $HOCH_2CH_2OH$ 将 >C=O 保护后，$H_2$/M 催化加氢，加氢后再用 $H^+$ 催化去保护基。

(3) 用负氢还原剂：$LiAlH_4$、$NaBH_4$、$KBH_4$ 等都使 >C=O 还原成—OH，不影响 C=C。

(4) 反应物是 $\alpha$-二醇，产物是缩酮，需要试剂是 O= (环己酮) /$H^+$。

**例 4.** 完成下列反应，写出主要产物：

(1) (呋喃基)—CHO + $Ac_2O$ $\xrightarrow{AcONa}$

(2) (呋喃基)—CHO + NaOH ⟶

(3) (2-甲基吡啶, N, $CH_3$) + (苯基)—CHO $\xrightarrow{OH^-}$

**解析：** (1) (呋喃基)—CH=CH—COOH　(珀金反应)

(2) (呋喃基)—$CH_2OH$ + (呋喃基)—COOH　(无 $\alpha$-H 醛的坎尼扎罗反应)

(3) $C_6H_5-CH(OH)-CH_2-$(2-吡啶基) （吡啶 $\alpha-CH_3$ 的碳有亲核性，亲核加成反应）

*例 5. 完成下列各种反应：

(1) $CH_3CHBrCH_2Br \xrightarrow{NaNH_2} A \xrightarrow[\text{加压},\triangle]{B} CH_3CH=CH_2 \xrightarrow{C} CH_3CH_2CH_2OH \xrightarrow{CrO_3/\text{吡啶}} D \xrightarrow[\triangle]{OH^-} E$

$\xrightarrow{F} CH_3CH_2CH=C(CH_3)-CH_2OH$

(2) 2-甲基环己酮 $+ CH_3NO_2 \xrightarrow[\triangle]{\text{碱}} A \xrightarrow{[H]} B \xrightarrow{HNO_2} C+D$

(3) 5-乙基-2-乙酰基呋喃 $\xrightarrow[(HOCH_2CH_2)_2O]{NH_2NH_2,KOH} A \xrightarrow[CH_3CH_2OH]{Br_2} B \xrightarrow{H_2/Ni} C \xrightarrow{H_3^+O} D \xrightarrow{OH^-} E \xrightarrow[\triangle]{H^+} F$

**解析**：这是三组串联反应，前面的产物是后面的原料，前一步产物不对，后面无法写对，注意每步的反应条件。

(1) A. $CH_3C\equiv CH$（强碱，脱卤化氢），B. $H_2/P-2$催化剂（惰性催化剂，选择性加氢），C. ① $BH_3$ ② $H_2O/^-OH$（硼氢化，碱性氧化水解，得反马氏醇），D. $CH_3CH_2CHO$（弱氧化剂，氧化生成醛），E. $CH_3CH_2CH=C(CH_3)-CHO$（有 $\alpha-H$ 的醛，羟醛缩合反应），F. ① $NaBH_4$ ② $H_3^+O$（负氢还原）。

(2) A. 1-羟基-1-(硝基甲基)-2-甲基环己烷（HO、$CH_2NO_2$ 同碳，邻位 $-CH_3$） （硝基甲烷，$\alpha-H$ 活泼）

B. 1-羟基-1-(氨基甲基)-2-甲基环己烷（HO、$CH_2NH_2$ 同碳，邻位 $-CH_3$） （硝基还原成氨基）

C. 3-甲基环庚酮（O、$CH_3$）

D. $N_2$（重氮盐分解，$C^+$ 重排）

注：B（HO、$CH_2NH_2$，$-CH_3$） $+HNO_2 \xrightarrow{-H_2O}$ （HO、$CH_2N_2OH$，$-CH_3$） $\xrightarrow{-N_2}$ （HO、$CH_2^+$，$-CH_3$） $\longrightarrow$

（HO、$^+$，扩环，$-CH_3$） $\longrightarrow$ （O、$CH_3$，3-甲基环庚酮）

(3) A. 2,5-二乙基呋喃 （选择还原，$\rangle=O$ 彻底还原）

B. $H_3CCH_2O$ $OCH_2CH_3$ （$Br_2$ 双烯共轭加成，然后醇亲核取代）

C. $H_3CCH_2O$ $OCH_2CH_3$ （C ═C 加氢还原）

D. （缩酮酸性水解）

E. OH O （分子内缩合）

F. ═O（脱水生成 $\alpha,\beta$-不饱和酮）

**例 6.** 写出下列甾族化合物合成中 A～G 代表的结构。

$\xrightarrow{A}$ —OH —OH $\xrightarrow{B}$ CHO CHO $\xrightarrow{C}$

CHO $\xrightarrow{D}$ $\xrightarrow{E}$ $CO_2CH_3$ $\xrightarrow{F}$ $\xrightarrow{G}$ $CO_2CH_3$ $H_3C\overset{O}{\overset{\|}{C}}O$

**解析：** A. $H_3^+O$（催化剂去保护），B. $HIO_4$（邻二醇氧化），C. NaOH/$H_2O$（催化剂，缩合脱水），D. $Ag_2O$（氧化—CHO 成—$CO_2H$），E. $CH_3OH/H^+$（酯化反应试剂、催化剂），F. $H_2$/Pt（加氢试剂，催化剂），G. $CH_3\overset{O}{\overset{\|}{C}}—Cl$（酰化剂）。

**例 7.** 在下列各组反应中，哪一组两个反应均属同一反应机理？

A. $\begin{cases} \triangle + Br_2 \longrightarrow \\ \text{环己烷} + Br_2 \xrightarrow{h\nu} \end{cases}$

B. $\begin{cases} \text{甲苯}(CH_3) + Cl_2 \xrightarrow{h\nu} \\ \text{甲苯}(—CH_3) + Cl_2 \xrightarrow{Fe} \end{cases}$

C. $\begin{cases} CH_2{=}CHCH_2\overset{O}{\overset{\|}{C}}CH_3 + Br_2 \longrightarrow \\ CH_2{=}CHCH_2\overset{O}{\overset{\|}{C}}CH_3 + HCN \longrightarrow \end{cases}$

D. $\begin{cases}(CH_3)_3COH + HCl \xrightarrow{ZnCl_2} \\ (CH_3)_3CCl + NaOH \xrightarrow{H_2O}\end{cases}$

E. $\begin{cases}CH_3CHO + HCHO \xrightarrow{稀\ OH^-} \\ CH_3COCH_3 + HCHO \xrightarrow{NaOCH_3}\end{cases}$

**解析**：A. {亲电加成开环机理 / 自由基取代机理}　B. {自由基取代机理 / 亲电取代机理}　C. {亲电加成机理 / 亲电加成机理}

D. {亲核取代机理 / 消除机理}　E. {亲核加成反应机理 / 亲核加成反应机理}

因此，只有C、E两组反应都属同一反应机理，亲电加成和亲核加成机理。

**例8.** 在碱存在下，用碘甲烷处理1,3-环戊二酮，生成三种产物：

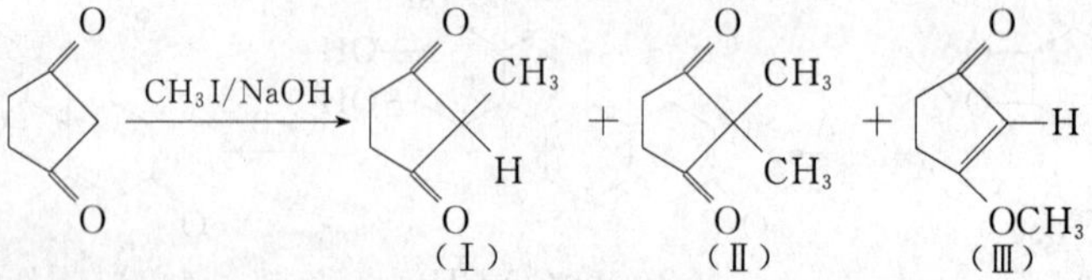

CH₃I/NaOH → (Ⅰ) + (Ⅱ) + (Ⅲ)

(1) 说明生成三种化合物的机理；

(2) 产物Ⅲ与二乙基铜锂试剂作用，甲氧基被乙基取代：

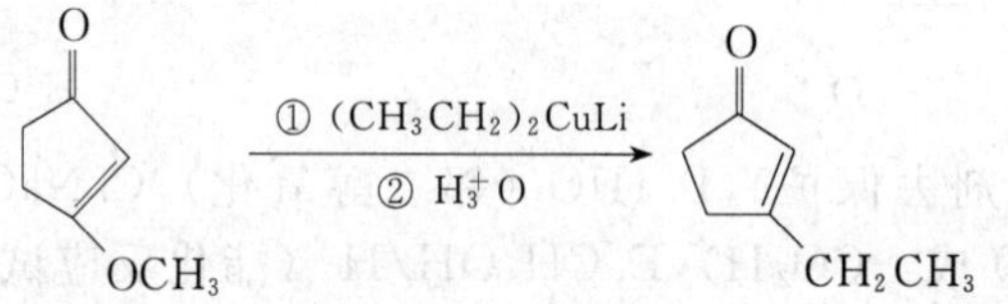

① $(CH_3CH_2)_2CuLi$　② $H_3^+O$

试提出一个合理的机理。

**解析**：环戊二酮的α-H酸性很大，在碱的作用下易形成烯醇负离子。

(1) $^-OH$ → [ ↔ ] + $CH_3I$ → (Ⅰ) + (Ⅲ)

(Ⅰ) $\xrightarrow{^-OH}$ $\xrightarrow{CH_3I}$ (Ⅱ)

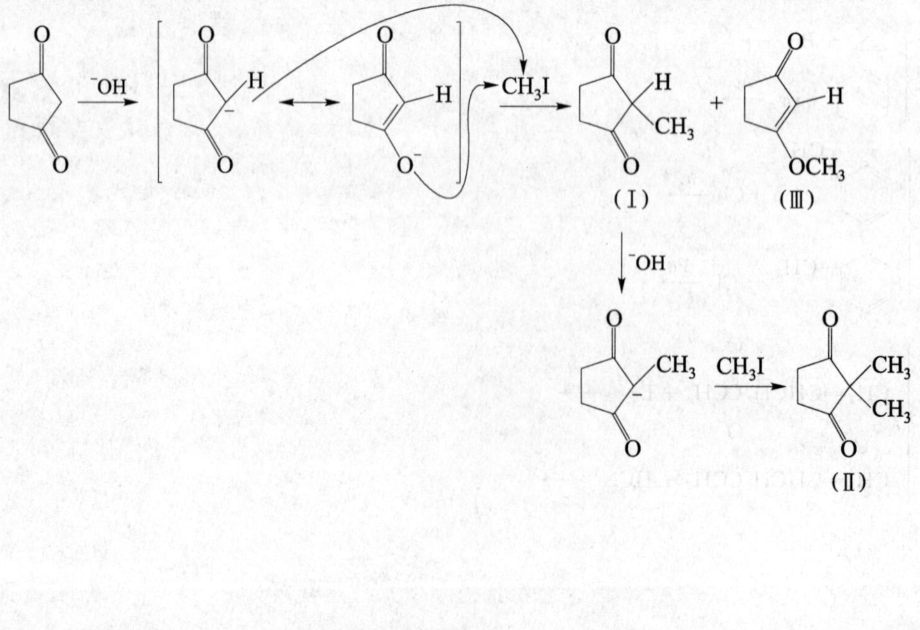

(2) 环戊烯酮(3-$OCH_3$) $\xrightarrow[\text{亲核加成}]{(CH_3CH_2)_2CuLi}$ 1-OLi-3-$CH_2CH_3$-3-$OCH_3$环戊烯 $\xrightarrow{H_3^+O}$ 1-(:OH)-3-$C_2H_5$-3-$\overset{+}{H}OCH_3$环戊烯 $\xrightarrow{-HOCH_3}$ ($OH^+$)-3-$C_2H_5$环戊烯 $\xrightarrow{-H^+}$ 3-$CH_2CH_3$-环戊-2-烯酮

**例 9.** 化合物 A($C_8H_{14}O$)可使 $KMnO_4$ 溶液褪色,能与苯肼反应。氧化 A 得一分子丙酮和化合物 B,B 有酸性,与次碘酸钠反应生成碘仿和一分子丁二酸 $HO_2CCH_2CH_2CO_2H$,试写出 A 与 B 的结构式。

**解析:** 按题意,从前向后推导,B 是一个关键结构。A 的不饱和度 $\Omega=2$,有 $\rangle C=C\langle$ 和 $\rangle C=O$。A 氧化得丙酮和有酸性的 B,A 有结构 $(CH_3)_2C=CHCH_2R$,B 是 $HOOC-CH_2R$。B 与 NaOI 作用生成 $CHI_3$ 和 $HO_2CCH_2CH_2CO_2H$。B 的结构为 $HO-\overset{O}{\overset{\|}{C}}-CH_2-CH_2-\overset{O}{\overset{\|}{C}}-CH_3$,A 为 $(H_3C)_2C=CHCH_2CH_2\overset{O}{\overset{\|}{C}}CH_3$。符合 A 的分子式。

**例 10.** 合成神经系统兴奋剂(芬坎法明,fencamfamine)的路线如下,请写出中间体和产物结构,并指出每步反应机理类型。

环戊二烯 + $PhCH=CHNO_2$ $\xrightarrow[(1)]{}$ A($C_{13}H_{13}NO_2$) $\xrightarrow[(2)]{H_2/Pt}$ B($C_{13}H_{17}N$) $\xrightarrow[(3)]{CH_3CHO}$ C($C_{15}H_{19}N$) $\xrightarrow[(4)]{H_2/Ni}$ fencamfamine($C_{15}H_{21}N$)

**解析:** A. 降冰片烯(5-$NO_2$,6-Ph) B. 降冰片烯(5-$NH_2$,6-Ph) C. 降冰片烯(5-$N=CHCH_3$,6-Ph) 产物:降冰片烯(5-$NHCH_2CH_3$,6-Ph)

(1) 由 A 分子式可知是[4+2]周环反应,(2) 催化加氢反应,(3) 由 C 分子式可知是亲核加成-脱水反应,(4) 亚胺催化加氢反应。A、B、C 和产物符合相应的分子式。

**例 11.** 用同种方法,从指定原料合成下列化合物。

(1) 由两种不同的碳合成 $CH_3CH=CHCH_2CH(CH_3)_2$

(2) 分别从一种二醛和一种二酮合成 6,7-二甲基-1,2,3,4,4a,5-六氢萘(双环,两个 $CH_3$)

(3) 分别由两种不同的酮合成 $CH_3CH_2C(OH)(CH_3)—CH_2CH_3$

**解析**：在有机合成中，用同种方法不同原料合成同种产物是可能的。

(1) $\left.\begin{array}{l} CH_3CHO + Ph_3P{=}CHCH_2CH(CH_3)_2 \\ (CH_3)_2CCH_2CHO + Ph_3P{=}CHCH_3 \end{array}\right\} \longrightarrow CH_3CH{=}CHCH_2CH(CH_3)_2 + Ph_3P{=}O$

(2) 环己烷-1,2-二甲醛 (CHO, CHO) + $Ph_3P{=}C(CH_3)—C(CH_3){=}PPh_3$；$H_3C—CO—CO—CH_3$ + 1,2-双($Ph_3P{=}CH$)环己烷 $\longrightarrow$ 2,3-二甲基-5,6,7,8-四氢萘（$CH_3$, $CH_3$）

(3) $\left.\begin{array}{l} CH_3CH_2\overset{O}{\overset{\|}{C}}CH_2CH_3 + CH_3MgBr \\ CH_3CH_2\overset{O}{\overset{\|}{C}}CH_3 + CH_3CH_2MgBr \end{array}\right\} \xrightarrow{H_3^+O} CH_3CH_2\overset{OH}{\overset{|}{C}}CH_2CH_3$（C 上连 $CH_3$）

## 综合习题

1. 比较下列各种化合物的性质。

(1) 将下列负离子按亲核性由强至弱排列：

A. $CH_3\overset{O}{\overset{\|}{C}}—\bar{C}H_2$ B. $CH_2{=}CH—\bar{C}H_2$ C. $CH_3CH_2CH_2\bar{C}H_2$

D. $CH_3CO\bar{C}HCOOCH_3$ E. $CH_3CO\bar{C}HCOCH_3$

(2) 将下列化合物按与 HCN 反应活性排序：

A. $C_6H_5CH_2CHO$ B. $CH_3—C_6H_4—CHO$（对位） C. $CH_3—C_6H_4—COCH_3$（对位）

D. $C_6H_5COCH_2CH_3$

(3) 按下列化合物水合反应的平衡常数($K$)由大到小排列：

A. $CH_3CHO$ B. $HCHO$ C. $CH_3COCH_3$ D. $Cl_3CCHO$ E. $C_6H_5COCH_3$

2. 将下列化合物分别按与亲核试剂加成反应活性降低的顺序排序。

(1) A. $(CH_3)_2C{=}O$ B. $(CH_3)_2C{=}NH$ C. $(CH_3)_2C{=}\overset{+}{O}H$

(2) A. $(CH_3)_2C{=}O$ B. $CH_3COCOCH_3$ C. $CH_3COCOCOCH_3$

(3) A. 环丙酮 ($\triangle{=}O$) B. 环戊酮 C. $CH_3CH_2COCH_2CH_3$

3. 完成下列反应：

(1) $O_2N$ Ph =N OH Cl $\xrightarrow{PCl_5}$ ; $\xrightarrow{OH^-}$

(2) $C_6H_5\overset{O}{\overset{\|}{C}}CH_3 + F_3CCO_3H \xrightarrow{CH_2Cl_2}$

(3) O $CH_3$ Br $\xrightarrow{LDA}$ （LDA= $\left[\left(\begin{matrix}H_3C \\ \quad CH \\ H_3C\end{matrix}\right)_2 N\right]$ Li，强碱）

(4) O $\xrightarrow{NaBH_4}$

(5) $H_3C$ =O $H_3C$ $+CH_3CH_2NH_2 \xrightarrow[\triangle]{}$

(6) $CH_3$ CHO $+HCHO \xrightarrow{浓\ NaOH} \xrightarrow{PCl_5}$

*(7) O + $(EtO)_2\overset{O}{\overset{\|}{P}}-\overset{-}{C}HCOOCH_3 \longrightarrow$

*(8) O O + $BrCH_2\overset{O}{\overset{\|}{C}}CH{=}PPh_3 \xrightarrow[DMF]{NaH}$

4. 选择题。

(1) 下列试剂哪一个与酮反应可合成烃？

A. $CH_3MgBr$　　B. $NaOCH_2CH_3$

C. ⬡—N=C=N—⬡　　D. $Ph_3P^+-\overset{-}{C}H_2$

(2) 哪个试剂与 RMgCl 反应的活性最大？

A. $HC\equiv CCH_2CH_3$　B. $CH_3CH_2COCH_3$　C. $CH_3CH_2OH$　D. $CH_3CH_2COOH$

(3) 哪个试剂不能将苯乙酮还原成 1-苯基乙醇？

A. $H_2/Pt$　B. $LiAlH_4/H_3^+O$　C. $NaBH_4/H_3^+O$　D. $NH_2NH_2/KOH,\triangle$

(4) $CH_3CH{=}CHCHO+LiAlH_4 \xrightarrow{乙醚}$ 的主要产物是（　）。

A. $CH_3CH{=}CHCH_3$　　B. $CH_3CH_2CH_2CH_2OH$

C. $CH_3CH{=}CHCH_2OH$　　D. $CH_3CH_2CH_2CH_3$

5. 用化学方法鉴别下列两组化合物：

(1) 丙醛、丙酮、正丙醇和异丙醇；

(2) 戊醛、2-戊酮、3-戊酮和环戊酮。

6. 写出下列反应可能的机理。

(1) 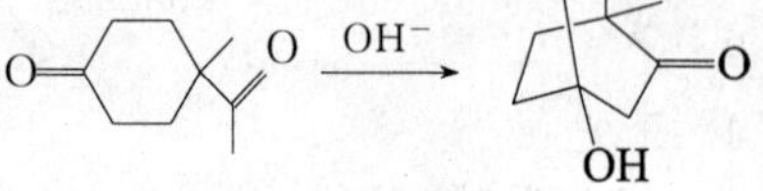 $\xrightarrow{OH^-}$

(2) 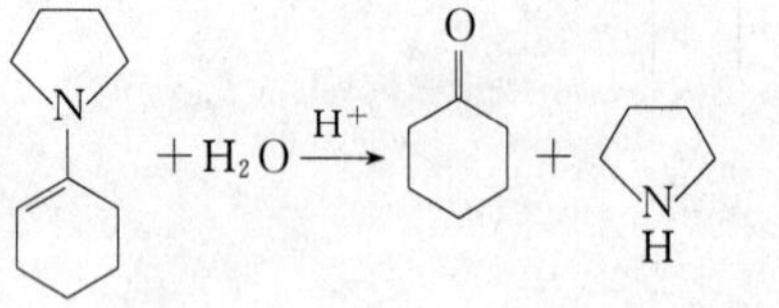 $+ H_2O \xrightarrow{H^+}$ +

(3) 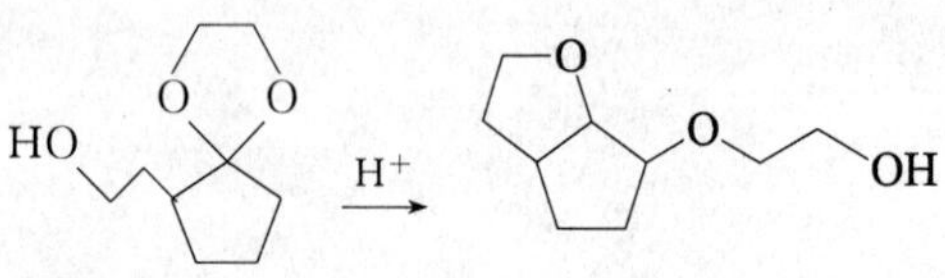 $\xrightarrow{H^+}$

7. 苯甲醛长期接触空气会由无色液体慢慢变成白色晶体，这是什么反应？写出反应式。

A. 氧化还原反应　　B. 离子型加成反应

C. 自由基型连锁反应　　D. 协同的周环反应

8. 1-苯基-1,2-乙二醇用酸处理得到两种化合物 A($C_8H_8O$)和 B($C_{16}H_{16}O_2$)。

(1) 写出 A 与 B 的结构；

(2) 写出反应机理。

9. 化合物 A 在乙醇中有旋光性，但加入酸后旋光性变小，最后为零，给出合理的解析。

A.

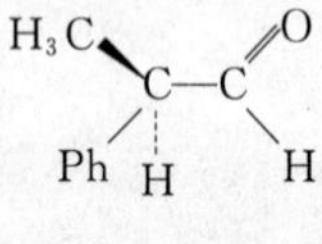

10. 化合物 A($C_8H_{14}O$)能使 $Br_2/CCl_4$ 溶液褪色，与 2,4-二硝基苯肼反应生成黄色沉淀。A 经 $KMnO_4$ 氧化后得丙酮和化合物 B，B 溶于 $NaHCO_3$ 溶液，与 $I_2/NaOH$ 溶液反应生成黄色 $CHI_3$ 沉淀和丁二酸。试推导 A、B 可能的结构，并写出相应的反应式。

11. 设计合成下列化合物的路线。

(1) 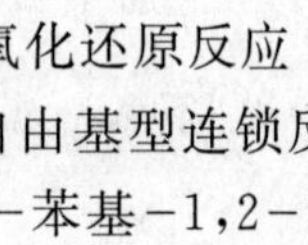　(2) 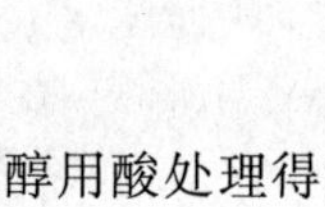　*(3) 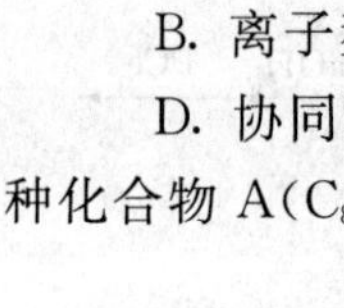　(4)

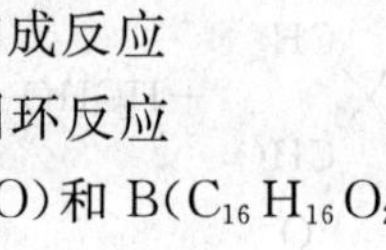

## 综合习题参考答案

1. (1) C>B>A>D>E　(2) A>B>D>C　(3) D>B>A>C>E

2. (1) C>A>B　　(2) C>B>A　　(3) A>B>C

3. (1) 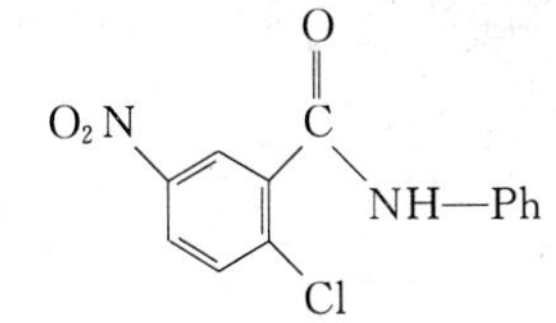 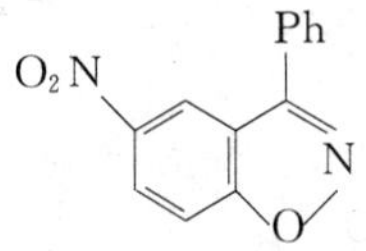　　(2) $C_6H_5O-\overset{O}{\overset{\|}{C}}-CH_3$

(3) 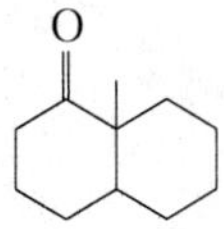　　(4) 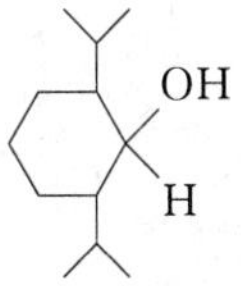　　(5) 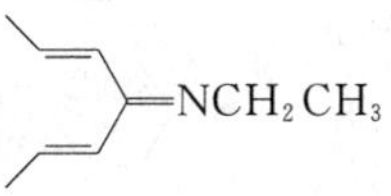 $=NCH_2CH_3$

(6) 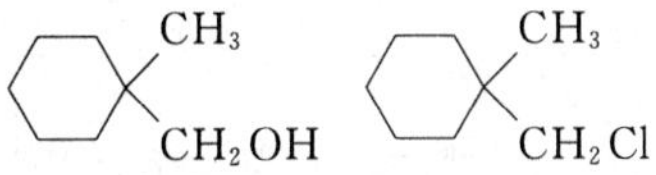 $CH_3$, $CH_2OH$　$CH_3$, $CH_2Cl$　　(7) 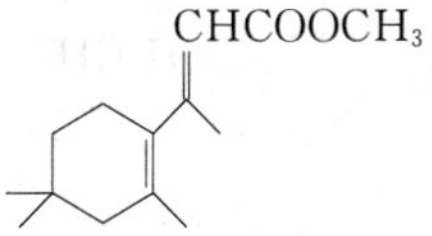 $CHCOOCH_3$　　(8)

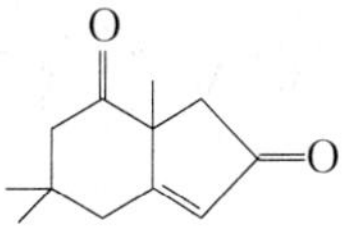

4. (1) D　(2) D　(3) D　(4) C

5. (1) 丙醛、丙酮、正丙醇、异丙醇 —饱和 $NaHSO_3$→ 丙醛 +白色↓、丙酮 +白色↓ —$Ag^+(NH_3)_2$→ +银镜生成、—；正丙醇 —、异丙醇 — —Lucas 试剂，室温→ —、+几分钟出现白色↓

(2) 戊醛、α-戊酮、环戊酮、3-戊酮 —饱和 $NaHSO_3$→ +白色↓、+白色↓、+白色↓、— ；+白色↓组 —$Ag^+(NH_3)_2$→ +银镜生成、—、— ；— 组 —$I_2/NaOH$→ +黄色↓、—

6. (1) 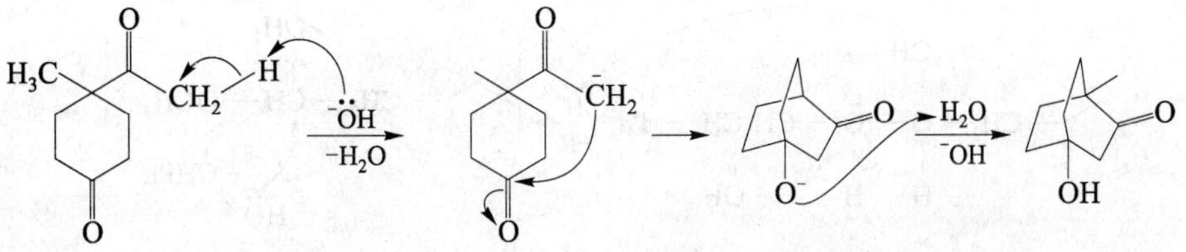 $\xrightarrow[-H_2O]{^-OH}$ → $\xrightarrow[^-OH]{H_2O}$

(2) 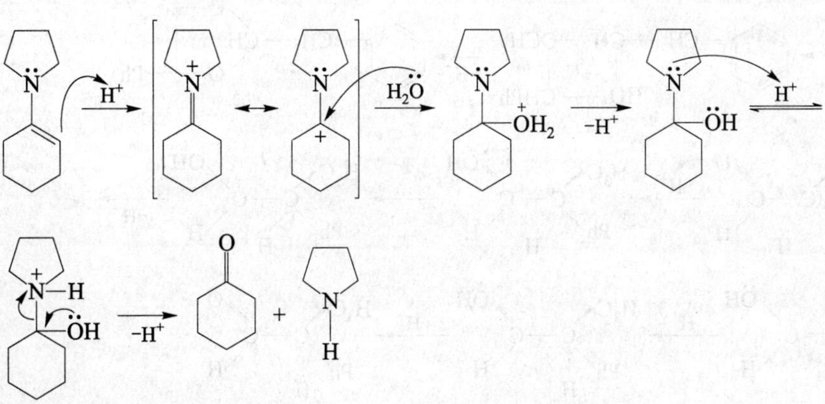 $\xrightarrow{H^+}$ ↔ $\xrightarrow{H_2\ddot{O}}$ $\xrightarrow{-H^+}$ $\xrightarrow{H^+}$ ⇌ $\xrightarrow{-H^+}$ +

(3) 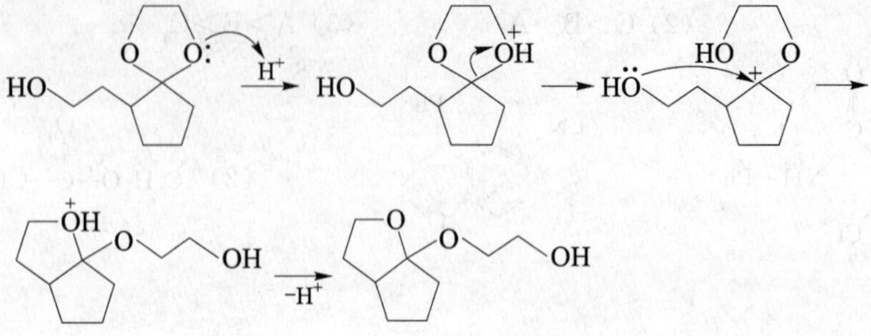

7. C. 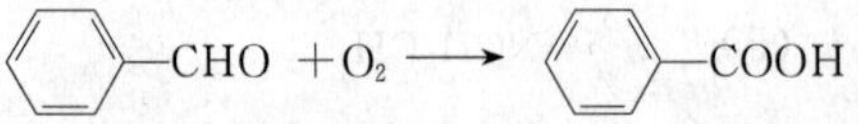

8. A. 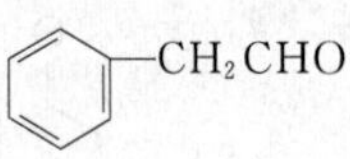 B. 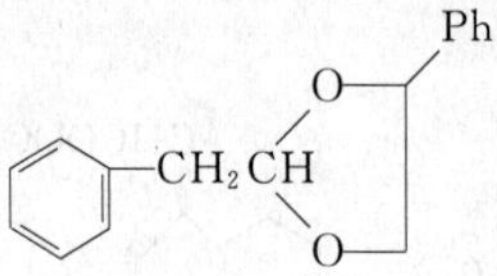

A: 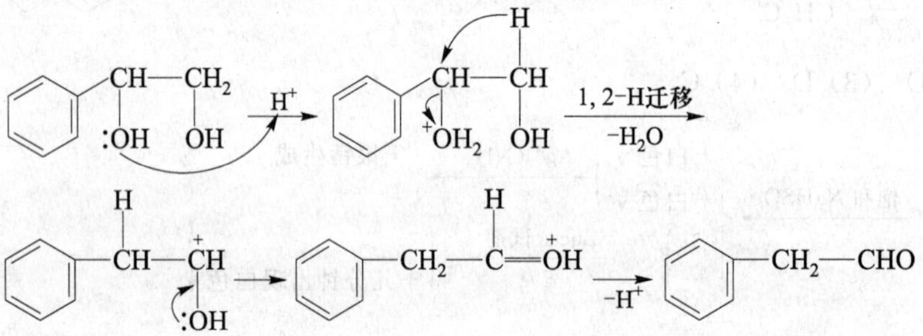

B: 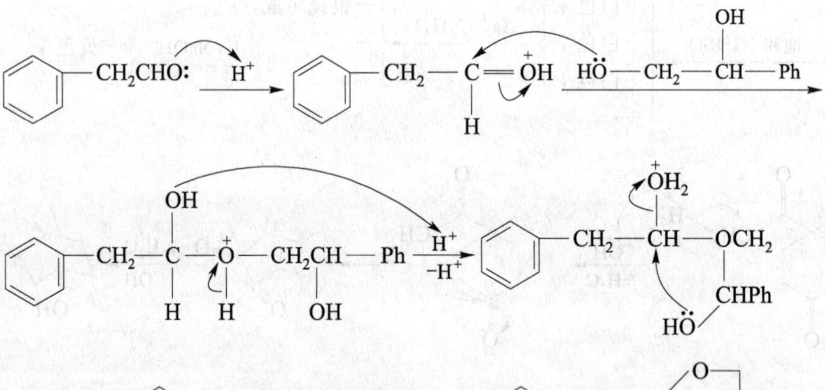

9. A. 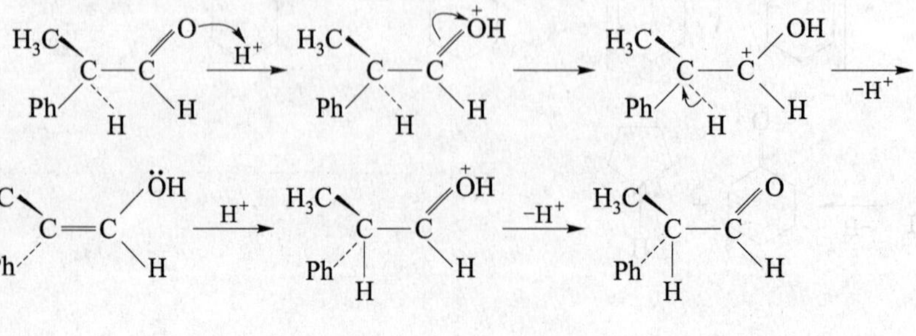

Ph—和—CHO使A的$\alpha$-H酸性增加。

10. A. $(CH_3)_2C{=}CHCH_2CH_2\overset{O}{\overset{\|}{C}}CH_3$　　B. $HO_2CCH_2CH_2\overset{O}{\overset{\|}{C}}CH_3$

$$(CH_3)_2C{=}CHCH_2CH_2\overset{O}{\overset{\|}{C}}(CH_3) + H_2NNH\text{—}C_6H_3(NO_2)_2 \longrightarrow (CH_3)_2C{=}CHCH_2CH_2C(CH_3){=}N\text{—}NH\text{—}C_6H_3(NO_2)_2\downarrow$$

$$A \xrightarrow{KMnO_4} (H_3C)_2C{=}O + \underset{B}{HO_2CCH_2CH_2\overset{O}{\overset{\|}{C}}CH_3}$$

$$B + I_2/NaOH \longrightarrow CHI_3\downarrow + HO_2CCH_2CH_2CO_2H$$

（此题答案与例9完全一样，题目不同，解题方法不同。）

11.（1）

$$\text{[cyclopentyl]}\text{—}Cl + Mg \xrightarrow{\text{醚}} \text{[cyclopentyl]}\text{—}MgCl \xrightarrow{HCHO} \text{[cyclopentyl]}\text{—}CH_2\text{—}O\text{—}MgCl$$

$$\xrightarrow{H_3^+O} \text{[cyclopentyl]}\text{—}CH_2OH \xrightarrow{CrO_3/\text{吡啶}} \text{[cyclopentyl]}\text{—}CHO$$

$$C_6H_5\text{—}CH{=}CH_2 + HBr \xrightarrow{\text{—O—O—}} C_6H_5\text{—}CH_2CH_2Br \xrightarrow{Mg/\text{醚}} C_6H_5\text{—}CH_2CH_2MgBr$$

$$\xrightarrow{\text{[cyclopentyl]—CHO}} \text{[cyclopentyl]}\text{—}\overset{OMgBr}{\overset{|}{C}H}\text{—}CH_2CH_2\text{—}C_6H_5 \xrightarrow{H_3^+O} \text{[cyclopentyl]}\text{—}\overset{OH}{\overset{|}{C}H}\text{—}CH_2CH_2\text{—}C_6H_5$$

（2）

$$\text{2-甲基环己酮} + \text{四氢吡咯} \xrightarrow{H^+} \text{烯胺} \xrightarrow{CH_2{=}CHCOCH_3} \text{烯胺—}CH_2CH_2COCH_3 \xrightarrow{H_2O/H^+}$$

$$\text{2-甲基-6-}(CH_2CH_2\overset{O}{\overset{\|}{C}}CH_3)\text{环己酮} \xrightarrow{NaOCH_2CH_3} \text{2-甲基-6-}(CH_2CH_2\overset{O}{\overset{\|}{C}}CH_2^-)\text{环己酮} \longrightarrow$$

$$\text{环化烷氧负离子}(\bar{O}) \xrightarrow[-H_2O]{H^+} \text{八氢萘酮（甲基取代）}$$

(3) 2 $C_6H_5CH_2Cl \xrightarrow[\text{② } HCO_2C_2H_5]{\text{① Mg/醚}} C_6H_5CH_2-CH(OH)-CH_2C_6H_5 \xrightarrow{CrO_3/\text{吡啶}}$

$C_6H_5CH_2-\overset{O}{\overset{\|}{C}}-CH_2C_6H_5 \xrightarrow[KOH/CH_3CH_2OH/\triangle]{Ph-\overset{O}{\overset{\|}{C}}-\overset{O}{\overset{\|}{C}}-Ph}$ 四苯基环戊二烯酮（2,3,4,5-四苯基环戊-2,4-二烯-1-酮）

(4) 2 $CH_3CH_2CO-OCH_2CH_3 \xrightarrow{CH_3CH_2ONa} CH_3CH_2COCH(CH_3)CO_2C_2H_5 \xrightarrow{HOCH_2CH_2OH\ /\ H^+}$

（乙二醇缩酮）$CH_3CH_2C(OCH_2CH_2O)CH(CH_3)CO_2C_2H_5 \xrightarrow[\text{② } H_3^+O]{\text{① } 2CH_3MgI} CH_3CH_2COCH(CH_3)C(CH_3)_2OH$

# 习题解答

10-1　命名下列化合物：

(1) $C_6H_5\overset{O}{\overset{\|}{C}}-CH_2CH_3$　(2) $CH_3CH_2CH_2CH(CH_3)CH_2CHO$　(3) 3-甲酰基环戊酮（环戊酮3位带 CHO）

(4) 2-环己烯-1-酮结构　(5) $CH_3-\underset{}{C}(OCH_2CH_2O)-CH_3$　(6) $C_6H_5-\overset{N-OH}{\overset{\|}{C}}-CH_2CH_3$

(7) $CH_3\underset{NNHPh}{\underset{\|}{C}}CH_2CH_3$　(8) $C_6H_5\overset{CH_3}{\overset{|}{C}}=N-NHCONH_2$

**解**：(1) 1-苯丙酮(苯基乙基酮)，(2) 3-甲基己醛，(3) 3-环戊酮基甲醛，(4) 2-环己烯酮，(5) 丙酮缩乙二醇，(6) (*E*)-苯丙酮肟(苯基乙基酮肟)；(7) 2-苯亚肼基丁烷，(8) 1-苯基-1-脲亚氨基乙烷。

10-2　写出下列反应的主产物：

(1) 环己酮 $\xrightarrow{\text{过量 } CH_3OH/H^+}$

　　环己酮 $\xrightarrow{\text{过量 } CH_3OH/OH^-}$

(2) $CH_3\overset{O}{\overset{\|}{C}}CH_3 \xrightarrow[CH_3COOH]{Cl_2}$

(3) $CH_3\overset{OH}{\overset{|}{C}H}CH_2CH_2\overset{O}{\overset{\|}{C}}—CH_3 \xrightarrow{\text{过量 } I_2, OH^-}$

(4) $CH_3CH_2CHO \xrightarrow[\triangle]{\text{稀 } OH^-}$

(5) $2PhCHO + CH_3\underset{O}{\underset{\|}{C}}CH_3 \xrightarrow[\triangle]{\text{稀 } OH^-}$

(6) $CH_3\overset{O}{\overset{\|}{C}}—CH_2CH_2CH_2CHO \xrightarrow[\triangle]{\text{稀 } OH^-}$

(7) $PhCHO + (CH_3CH_2CO)_2O \xrightarrow[\text{②} H_3O^+]{\text{①} CH_3CH_2COONa}$

(8) $C_6H_5COCH_2CH_3 + HCHO +$ (吡咯烷, NH) $\xrightarrow{HCl}$

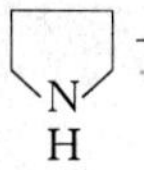

(9) $C_6H_5CHO + CH_3NO_2 \xrightarrow[EtOH]{EtONa}$

(10) 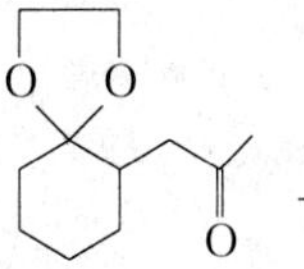 (2-(2-氧代丙基)环己酮乙二醇缩酮) $\xrightarrow[HCl, H_2O]{Zn-Hg}$

$\xrightarrow[\text{二甘醇、高温}]{NH_2NH_2 \cdot H_2O-KOH}$

(11) 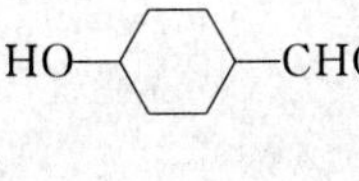 (E)-庚-5-烯-3-酮 $\xrightarrow{H_2, Pt}$

$\xrightarrow[\text{②} H_3O^+]{\text{①} LiAlH_4}$

$\xrightarrow[\text{②} H_3O^+]{\text{①} NaBH_4, CH_3CH_2OH}$

(12) HO—⬡—CHO $\xrightarrow{Ag_2O}$

$\xrightarrow[H_2SO_4]{K_2Cr_2O_7}$

(13) 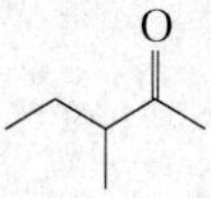 (3-甲基-2-戊酮) $\xrightarrow{CF_3CO_3H}$

（14）$(CH_3)_3CCHO \xrightarrow{\text{浓 NaOH}}$

（15）$OHCCH_2CH_2CH_2OH \xrightarrow{H_3O^+}$

（16）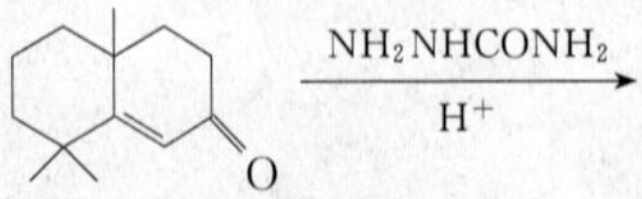

（17）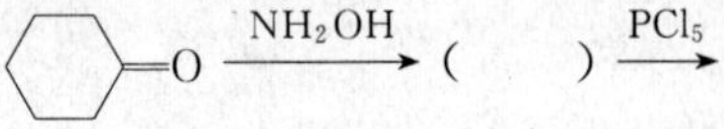

（18）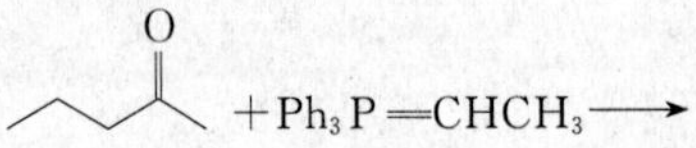

（19）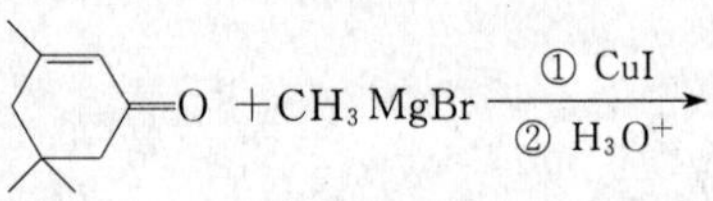

*（20）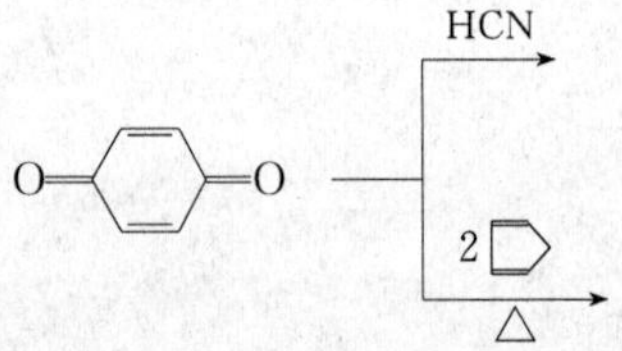

（21）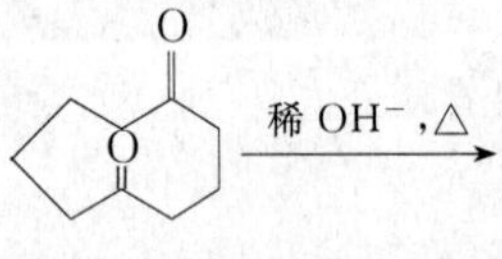

**解**：（1）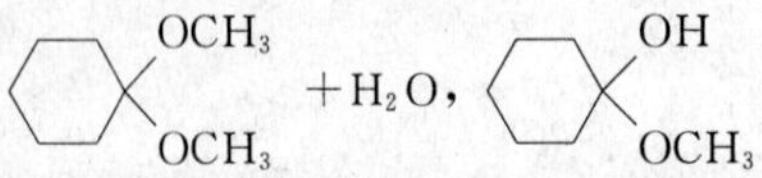

（2）$ClCH_2\overset{\overset{O}{\|}}{C}CH_3$

（3）$2CI_3H\downarrow + {}^-O_2CCH_2CH_2CO_2^-$

（4）$CH_3CH_2CH{=}\underset{\underset{CH_3}{|}}{C}{-}CHO$

（5）$PhCH{=}CH\overset{\overset{O}{\|}}{C}CH{=}CHPh$

（6）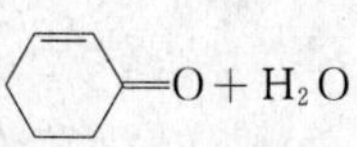

（7）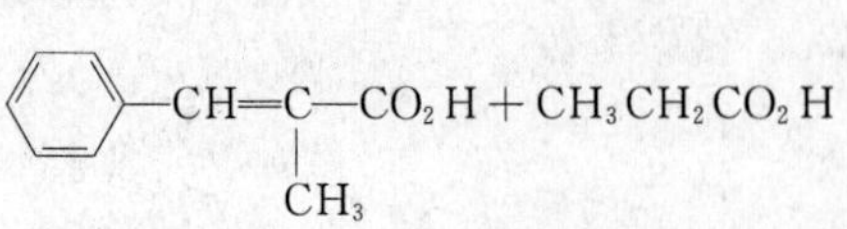

(8) 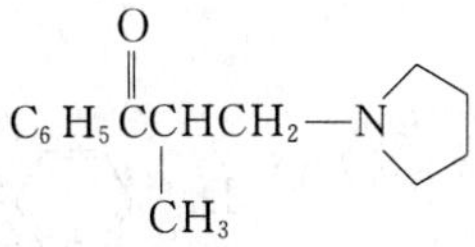 $C_6H_5\overset{\overset{\displaystyle O}{\|}}{C}\underset{\underset{\displaystyle CH_3}{|}}{C}HCH_2-N$

(9) $C_6H_5CH{=}CH-NO_2$

(10)

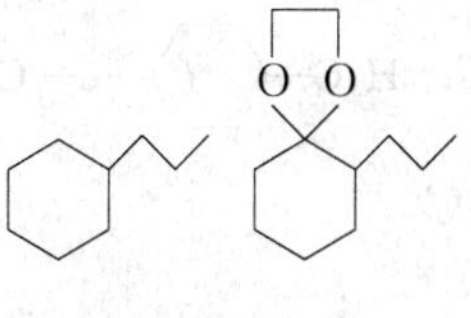

(11) 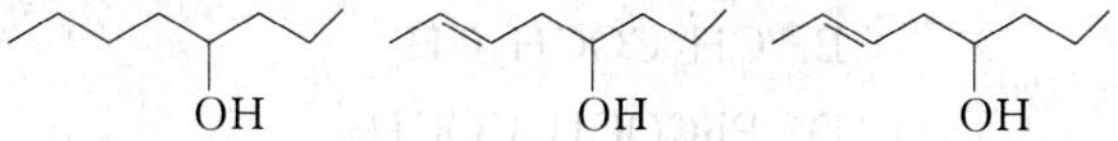 OH OH OH

(12) 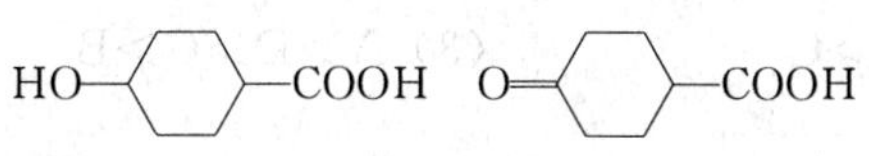 HO—COOH O=—COOH

(13) 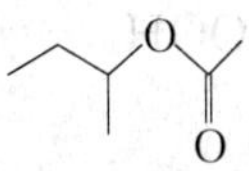 O O

(14) $(CH_3)_3CCO_2^- + (CH_3)_3CCH_2OH$

(15) 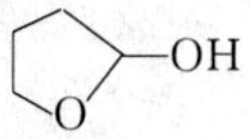 —OH O

(16) 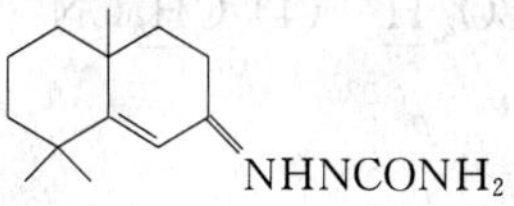 =NHNCONH$_2$

(17) 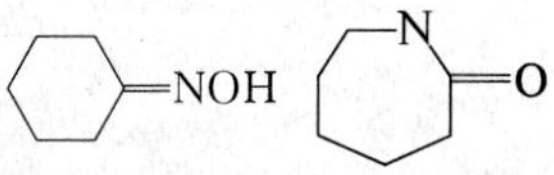 =NOH N =O

(18) 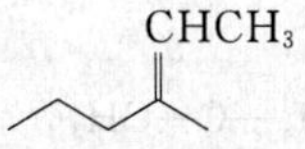 CHCH$_3$

(19) 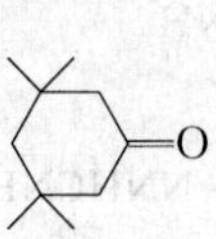 =O

*(20) 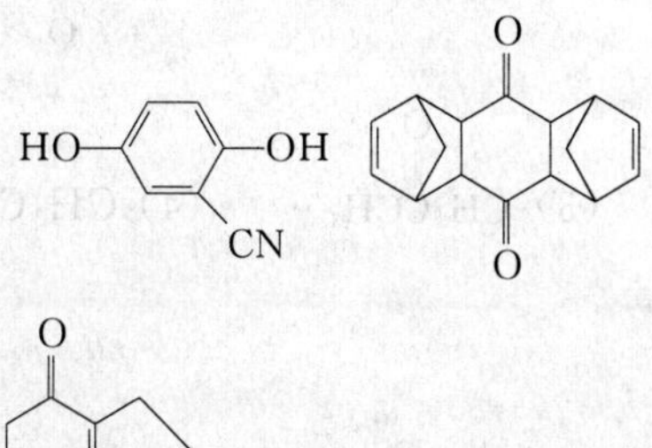 HO— —OH CN O O

(21) 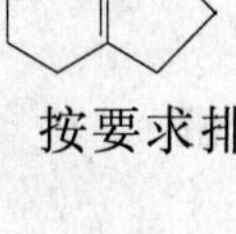 O

10-3 按要求排序：

(1) 与水反应的活性

A. $CH_3CHO$　　B. $ClCH_2CHO$　　C. $CH_3\overset{O}{\overset{\|}{C}}CH_3$　　D. $C_6H_5\overset{O}{\overset{\|}{C}}—CH_3$

(2) 与 HCN 反应的活性

A. $O_2N—C_6H_4—\overset{O}{\overset{\|}{C}}—CH_3$　　B. $C_6H_5—\overset{O}{\overset{\|}{C}}—CH_3$　　C. $H_3C—C_6H_4—\overset{O}{\overset{\|}{C}}—CH_3$

(3) 烯醇式的含量

A. $CH_3CO\underset{}{\overset{COCH_3}{\overset{|}{C}}}HCOCH_3$　　B. $CH_3COCH_2CH_3$

C. $CH_3COCH_2COCH_3$　　D. $PhCOCH_2COCH_3$

**解：**(1) B>A>C>D　　(2) A>B>C　　(3) A>D>C>B

10-4　标出下列分子中酸性最强的氢：

(1) $CH_3CH_2CHO$　　(2) $(CH_3)_3CCOCH_3$　　(3) $CH_3COOH$

(4) $CH_3CN$　　(5) 1,3-环己二酮　　(6) $CH_3\underset{\|}{\underset{O}{C}}CH_2COOCH_3$

(7) $CH_3CH_2OH$

**解：**(1) $CH_3C\underline{H_2}CHO$　(2) $(CH_3)_3CCOC\underline{H_3}$　(3) $CH_3CO_2\underline{H}$　(4) $C\underline{H_3}CN$

(5) 1,3-环己二酮（两个羰基之间的 $CH_2$ 中的 $\underline{H}$）　(6) $CH_3\overset{O}{\overset{\|}{C}}C\underline{H_2}COOCH_3$　(7) $CH_3CH_2O\underline{H}$

10-5　写出形成下列亚胺类化合物所需的羰基化合物：

(1) 环己基=$NCH_3$　　(2) 2-甲基-3,4,5,6-四氢吡啶（环内 N=C—$CH_3$）　　(3) $CH_3—\underset{\|}{\underset{NH}{C}}—CH_3$

(4) $C_6H_5—N═CHCH_2CH_3$　　(5) 环己基=NOH　　(6) $PhCH═NNH\underset{\|}{\underset{O}{C}}NH_2$

**解：**(1) 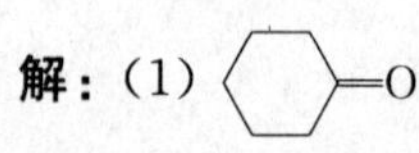　(2) $CH_3\overset{O}{\overset{\|}{C}}CH_2CH_2CH_2CH_2NH_2$　(3) $CH_3\overset{O}{\overset{\|}{C}}CH_3$　(4) $CH_3CH_2CHO$

(5) 环己酮（环己基=O）　　(6) PhCHO

10-6　用简单的化学方法鉴别下列化合物：

(1) 2-己醇　　(2) 2-己酮　　(3) 3-己酮　　(4) 己醛

**解：**

| 试剂 | OH | O | O | H O |
|---|---|---|---|---|
| $I_2$/NaOH | +$CHI_3$↓黄色 | +$CHI_3$↓黄色 | — | — |
| 饱和 $NaHSO_3$ | — | +↓白色 | +↓白色 | +↓白色 |
| $Ag^+(NH_3)_2NO_3$ | — | — | — | +Ag↓ |

10-7 设计用化学方法分离苯甲酸、苯酚、环己酮和环己醇的混合物的方案，写出操作流程图，并鉴别得到的化合物。

**解：**

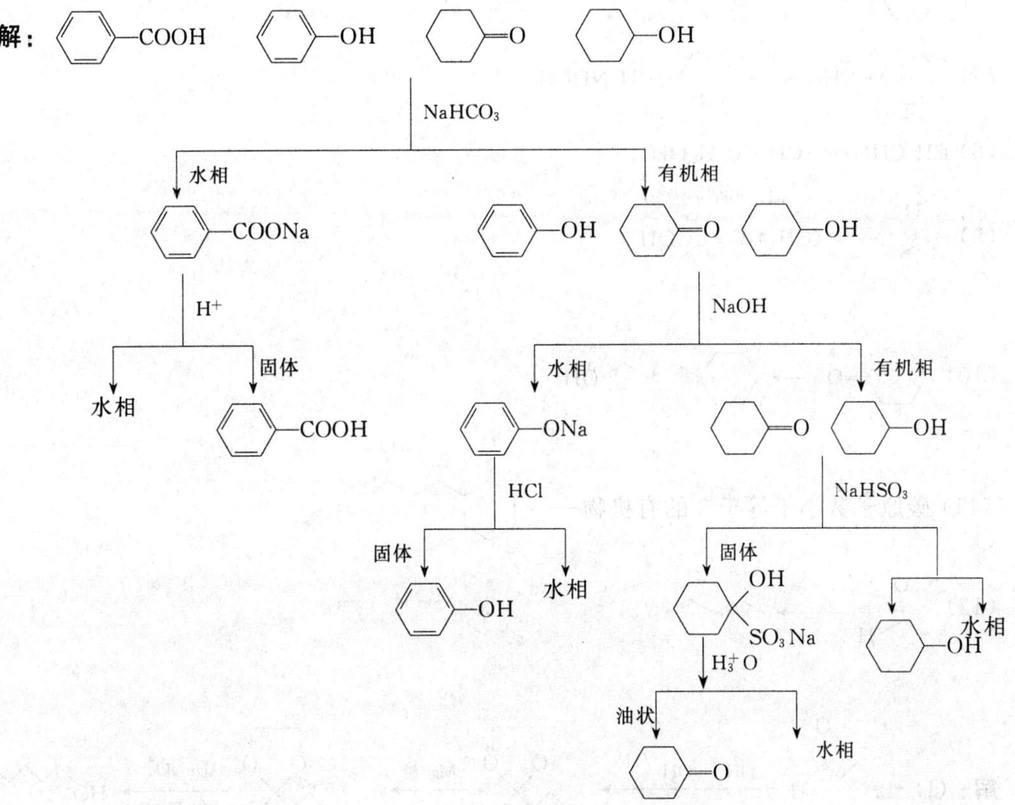


$FeCl_3$ 鉴别苯酚，测溶点鉴别苯甲酸，蒸馏沸程鉴别环己酮和环己醇。

10-8 完成下列转化：

(1) Br ... (O) H ⟶ HO ... (O) H

(2) ⟶

(3) 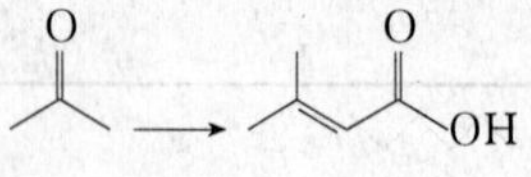

(4) 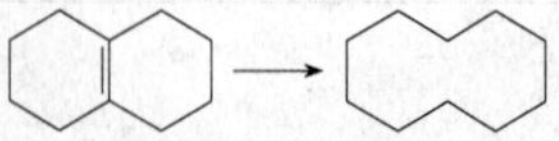

(5) 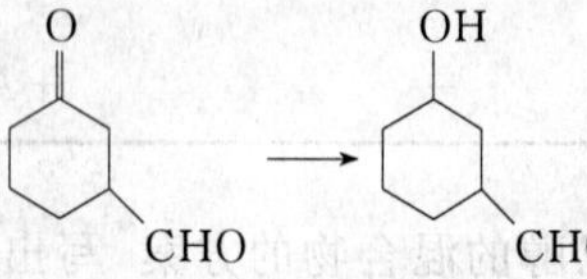

(6) 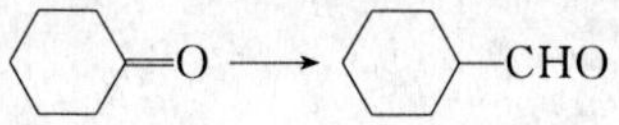

(7) 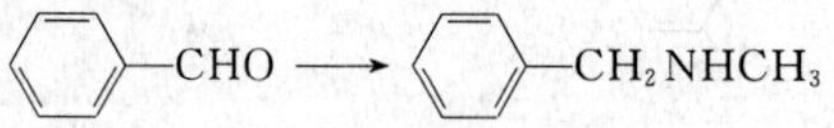

(8) $CH_3CHO \longrightarrow CH_3C(CH_2OH)_3$

(9) 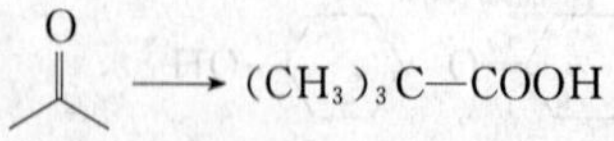

(10) 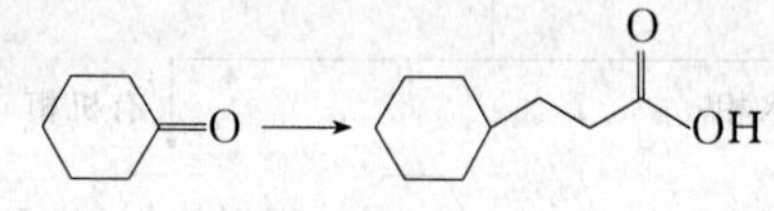

*(11) 碳原子数小于等于 3 的有机物⟶ 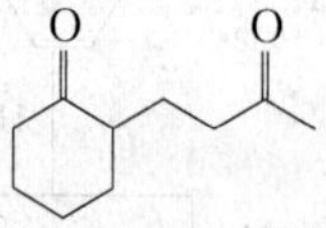

(12) 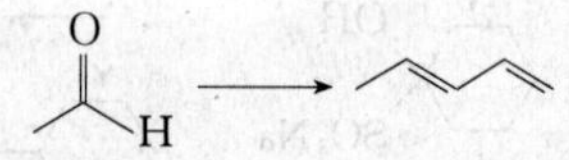

**解：**(1) 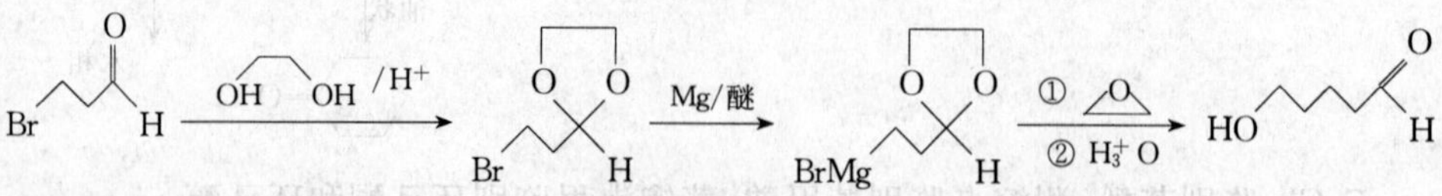

(2) 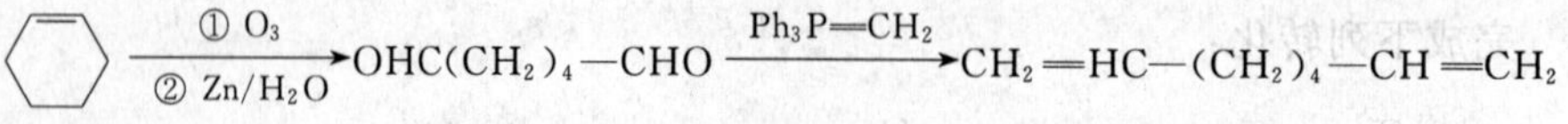

(3) 2 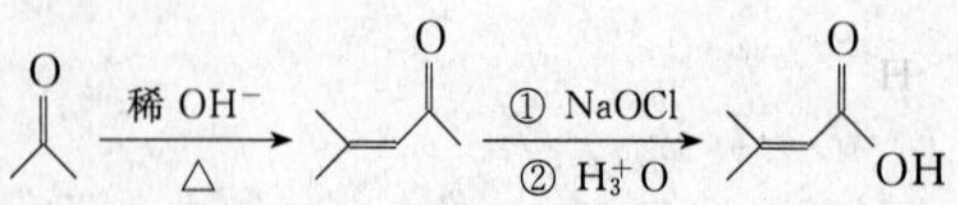

(4) 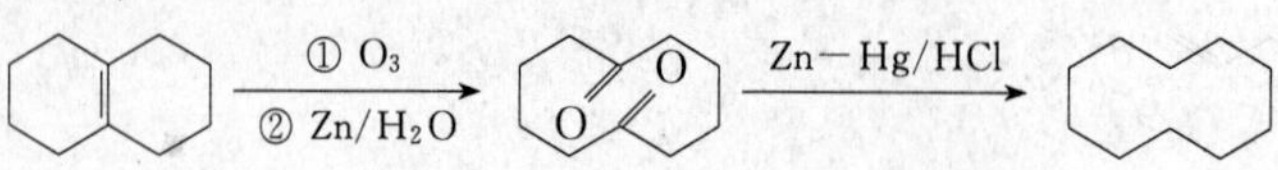

(5) 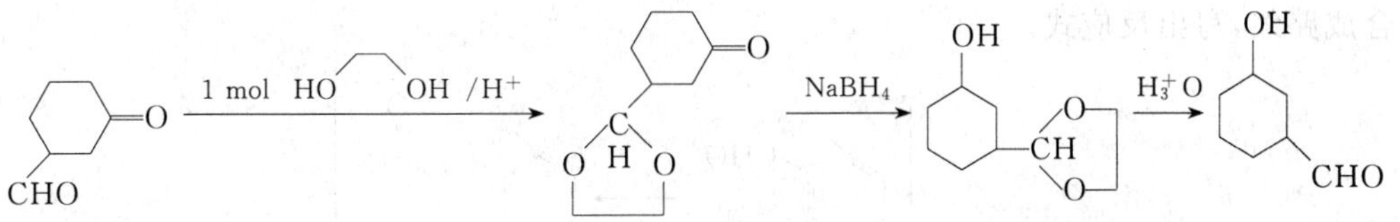 CHO 取代环己酮 $\xrightarrow{1\ mol\ HO\quad OH\ /H^+}$ （缩醛保护醛基）$\xrightarrow{NaBH_4}$ OH，CH（O，O） $\xrightarrow{H_3^+O}$ OH，CHO

(6) 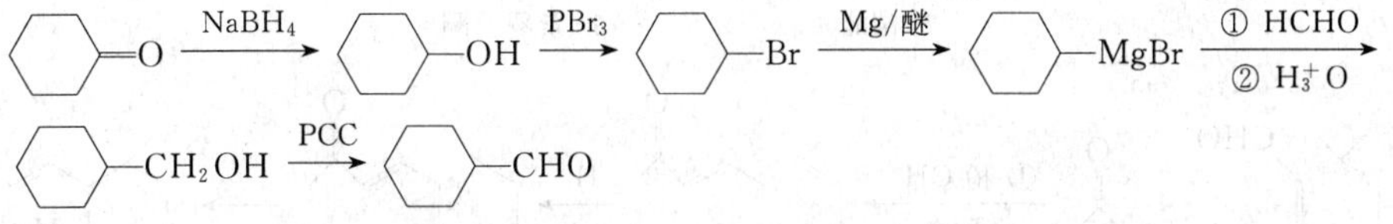 环己酮 $\xrightarrow{NaBH_4}$ —OH $\xrightarrow{PBr_3}$ —Br $\xrightarrow{Mg/醚}$ —MgBr $\xrightarrow[②\ H_3^+O]{①\ HCHO}$ —$CH_2OH$ $\xrightarrow{PCC}$ —CHO

(7) 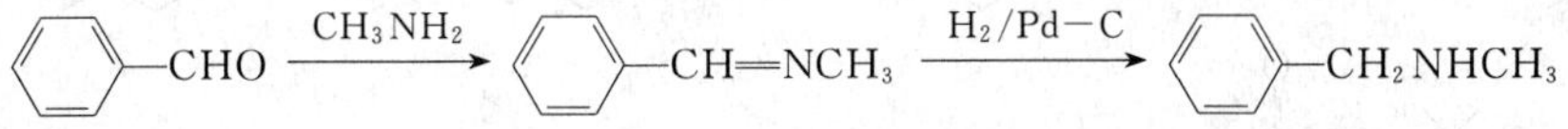 —CHO $\xrightarrow{CH_3NH_2}$ —$CH{=}NCH_3$ $\xrightarrow{H_2/Pd-C}$ —$CH_2NHCH_3$

(8) $CH_3CHO+3HCHO \xrightarrow[\triangle]{稀\ OH^-} (HOCH_2)_3CCHO \xrightarrow[\triangle]{Zn-Hg/HCl} CH_3C(CH_2OH)_3$

(9) 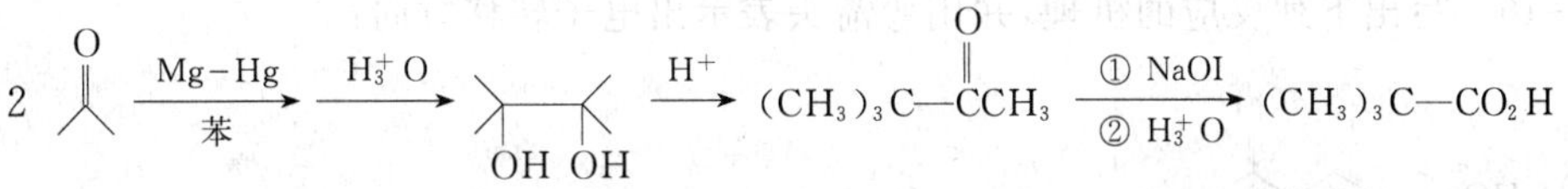 2 丙酮 $\xrightarrow[苯]{Mg-Hg}$ $\xrightarrow{H_3^+O}$ （频哪醇 OH OH）$\xrightarrow{H^+}$ $(CH_3)_3C—\overset{O}{\overset{\|}{C}}CH_3$ $\xrightarrow[②\ H_3^+O]{①\ NaOI}$ $(CH_3)_3C—CO_2H$

(10) 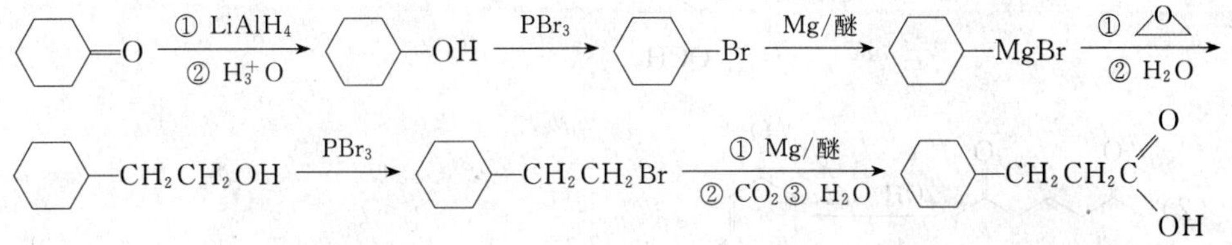 环己酮 $\xrightarrow[②\ H_3^+O]{①\ LiAlH_4}$ —OH $\xrightarrow{PBr_3}$ —Br $\xrightarrow{Mg/醚}$ —MgBr $\xrightarrow[②\ H_2O]{①\ 环氧乙烷}$

—$CH_2CH_2OH$ $\xrightarrow{PBr_3}$ —$CH_2CH_2Br$ $\xrightarrow[②\ CO_2③\ H_2O]{①\ Mg/醚}$ —$CH_2CH_2C(=O)OH$

*(11) 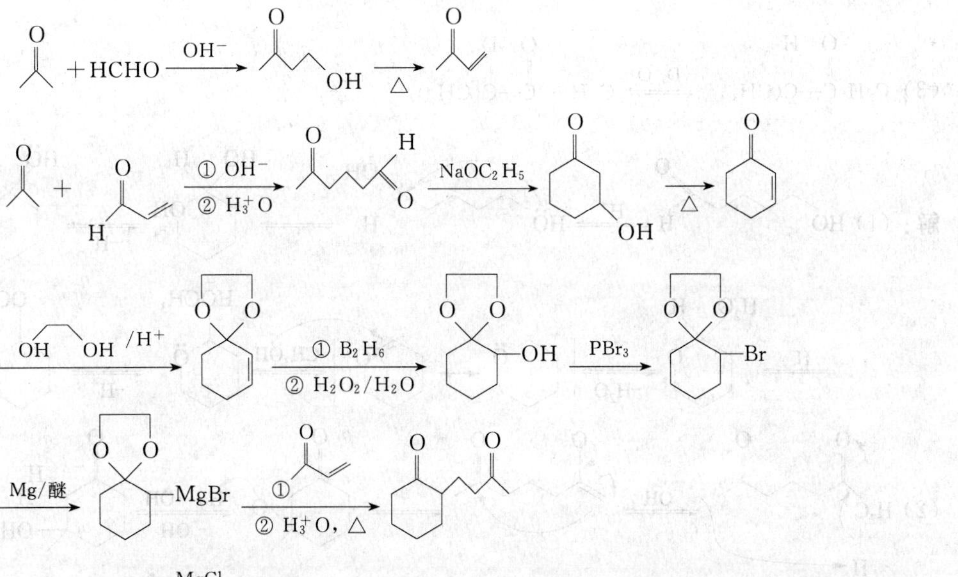 丙酮 $+HCHO \xrightarrow{OH^-}$ （O，OH）$\xrightarrow{\triangle}$ （丁烯酮）

丙酮 + （丙烯醛，H）$\xrightarrow[②\ H_3^+O]{①\ OH^-}$ （O，H，O）$\xrightarrow{NaOC_2H_5}$ （O，OH）$\xrightarrow{\triangle}$ （环己烯酮）

$\xrightarrow{OH\quad OH\ /H^+}$ （O，O 缩酮）$\xrightarrow[②\ H_2O_2/H_2O]{①\ B_2H_6}$ —OH $\xrightarrow{PBr_3}$ —Br

$\xrightarrow{Mg/醚}$ —MgBr $\xrightarrow[②\ H_3^+O,\ \triangle]{①\ 丁烯酮}$ （O，O）

(12) 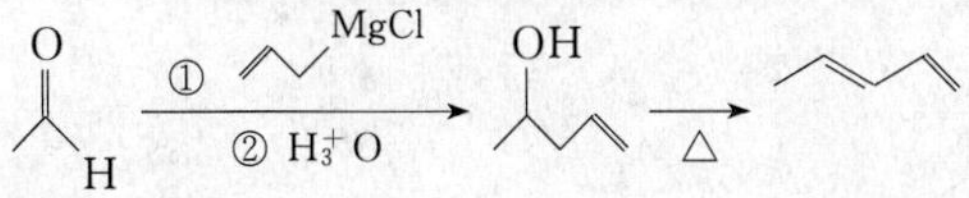 乙醛（O，H）$\xrightarrow[②\ H_3^+O]{①\ 烯丙基 MgCl}$ （OH）$\xrightarrow{\triangle}$ （1,3-戊二烯）

10-9　我国盛产山茶籽油，其主要成分是柠檬醛，设计以它为原料合成香料 $\beta$-紫罗兰酮的合成路线，写出反应式。

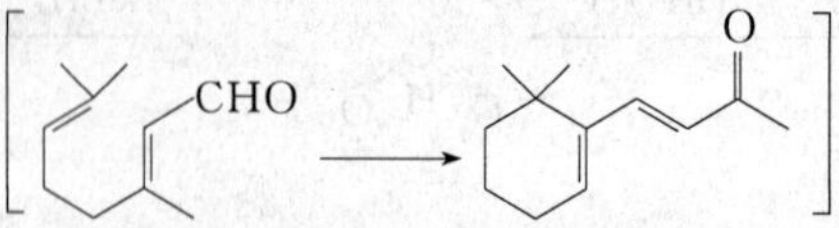

柠檬醛 → β-紫罗兰酮

解：柠檬醛 + 丙酮 $\xrightarrow[\text{② }\triangle]{\text{① 稀 }OH^-}$ → $\xrightarrow{H^+}$ → → $\xrightarrow{-H^+}$ β-紫罗兰酮

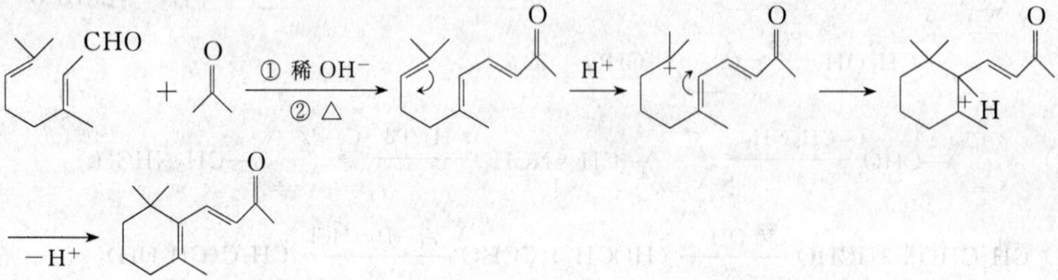

10-10　写出下列反应的机理，并用弯箭头表示出电子转移方向：

(1) $HO(CH_2)_4CHO \xrightarrow[CH_3OH]{H^+}$ 2-甲氧基四氢吡喃

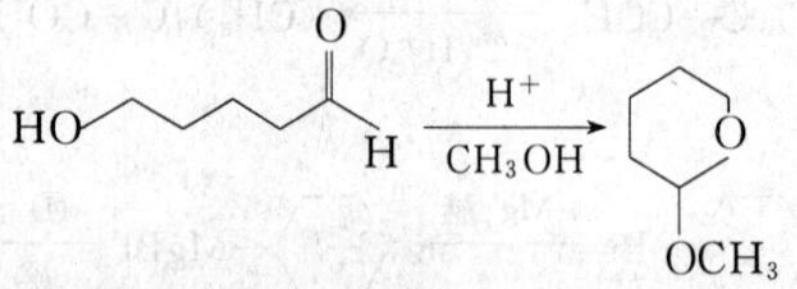

(2) $CH_3CO(CH_2)_4COCH_3 \xrightarrow{OH^-,\triangle}$ 3-甲基-2-环己烯酮

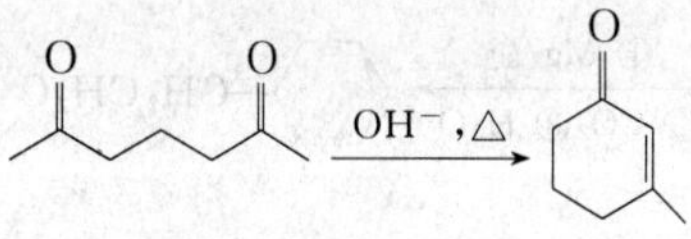

*(3) $C_6H_5\overset{O}{\overset{\|}{C}}-\overset{H}{\overset{|}{C}}(CH_3)_2 \xrightleftharpoons{D_3^+O} C_6H_5-\overset{O}{\overset{\|}{C}}-\overset{D}{\overset{|}{C}}(CH_3)_2$

解：(1) $\xrightleftharpoons{H^+}$ → $\rightleftharpoons$ → $\xrightleftharpoons{-H^+}$ → $\xrightleftharpoons{H^+}$ → $\xrightleftharpoons{-H_2O}$ → $\xrightleftharpoons{CH_3OH}$ → $\xrightleftharpoons{-H^+}$

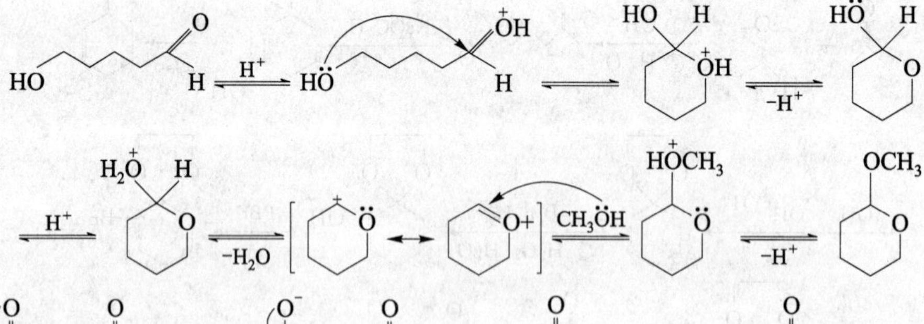

(2) $\xrightleftharpoons{^-OH}$ → $\rightleftharpoons$ → $\xrightleftharpoons[^-OH]{H-OH}$ → $\xrightleftharpoons[-H_2O]{^-OH}$ → $\xrightleftharpoons{^-OH}$

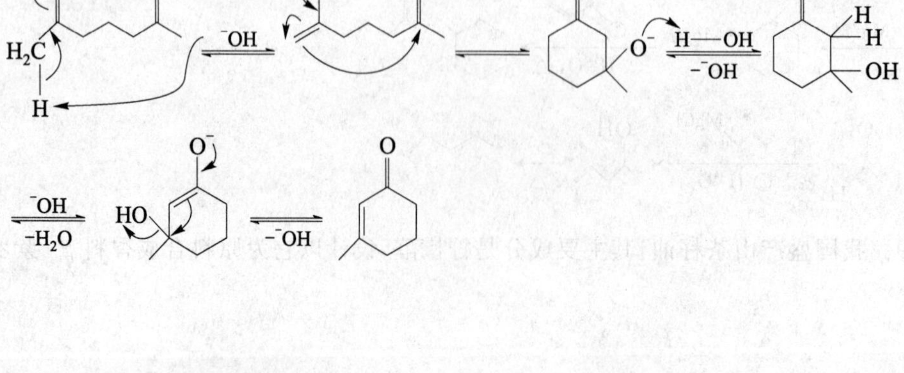

(3) 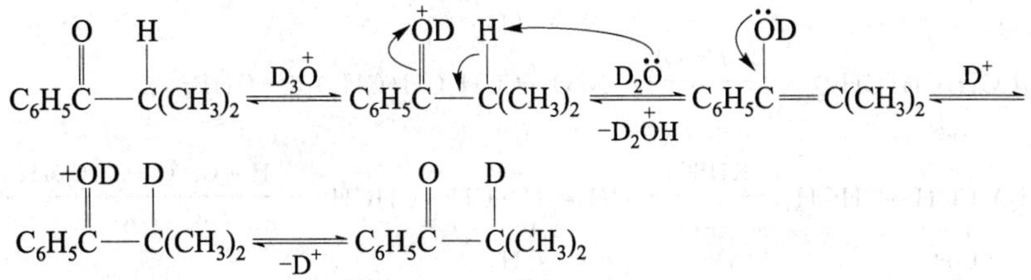 $C_6H_5\overset{O}{\overset{\|}{C}}-\overset{H}{\overset{|}{C}}(CH_3)_2 \underset{}{\overset{D_3\overset{+}{O}}{\rightleftharpoons}} C_6H_5\overset{\overset{+}{O}D}{\overset{\|}{C}}-\overset{H}{\overset{|}{C}}(CH_3)_2 \underset{-D_2\overset{+}{O}H}{\overset{D_2\ddot{O}}{\rightleftharpoons}} C_6H_5\overset{\ddot{O}D}{\overset{|}{C}}=C(CH_3)_2 \overset{D^+}{\rightleftharpoons}$

$C_6H_5\overset{+OD}{\overset{\|}{C}}-\overset{D}{\overset{|}{C}}(CH_3)_2 \underset{-D^+}{\rightleftharpoons} C_6H_5\overset{O}{\overset{\|}{C}}-\overset{D}{\overset{|}{C}}(CH_3)_2$

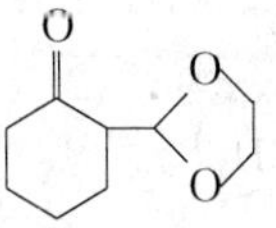

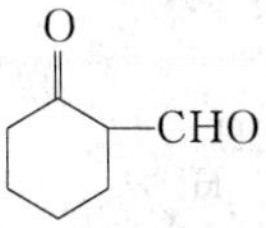

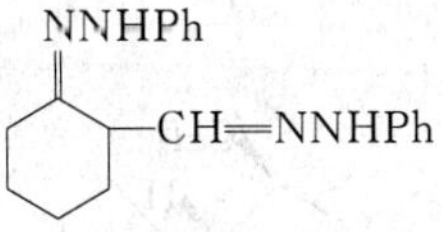

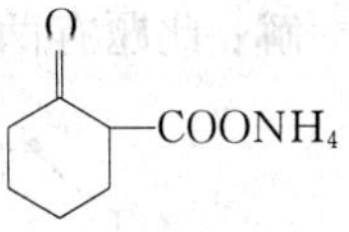

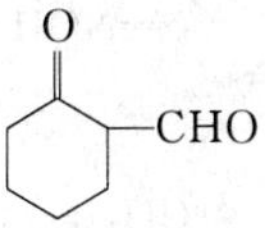

10－11 通过各化合物的性质和相互转化图，给出 A～J 的可能结构

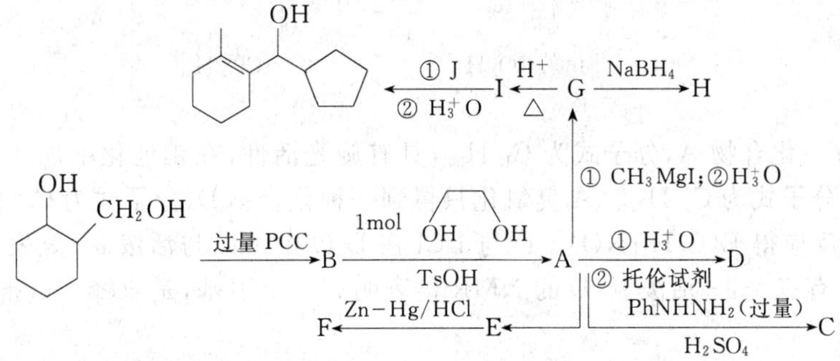

2-(羟甲基)环己醇 $\xrightarrow{过量\ PCC}$ B $\xrightarrow[TsOH]{1mol\ HOCH_2CH_2OH}$ A $\xrightarrow[②\ 托伦试剂]{①\ H_3^+O}$ D

A $\xrightarrow{PhNHNH_2(过量)}_{H_2SO_4}$ C

A → E $\xrightarrow{Zn-Hg/HCl}$ F

A $\xrightarrow{①\ CH_3MgI;②H_3^+O}$ G $\xrightarrow{NaBH_4}$ H

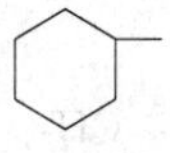

G 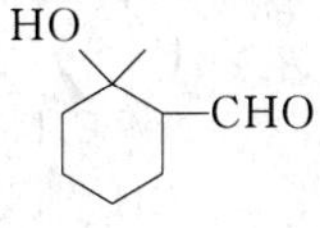 $\xrightarrow[\triangle]{H^+}$ 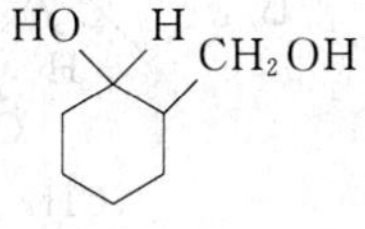 I 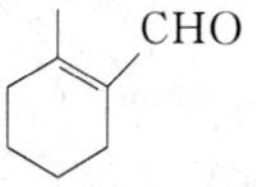 $\xrightarrow[②\ H_3^+O]{①\ J}$ (2-甲基环己-1-烯基)(环戊基)甲醇

**解：** A. 2-(1,3-二氧戊环-2-基)环己酮 B. 2-甲酰基环己酮（—CHO） C. 环己酮苯腙，2-位 —CH=NNHPh（C=NNHPh） D. 2-氧代环己烷甲酸铵（—COONH$_4$）

E. 2-甲酰基环己酮（—CHO） F. 甲基环己烷 G. 2-羟基-2-甲基环己烷甲醛（HO，—CHO） H. 1-甲基-2-(羟甲基)环己醇（HO，H，$CH_2OH$） I. 2-甲基环己-1-烯甲醛（—CHO）

J. 环戊基—MgCl

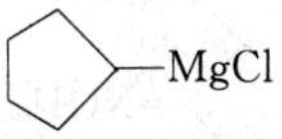

10－12 某不饱和酮 A($C_5H_8O$)与 $CH_3MgI$ 反应，经酸化水解后得到饱和酮 B($C_6H_{12}O$)和不饱和醇 C($C_6H_{12}O$)的混合物。B 经溴的氢氧化钠溶液处理转化为 3－甲基丁酸钠。C 与 $KHSO_4$ 共热则脱水生成 D($C_6H_{10}$)，D 与丁炔二酸反应得到 E($C_{10}H_{12}O_4$)。E 在钯上脱氢得到 3,5－二甲基邻苯二甲酸。试推导 A,B,C,D 和 E 的构造式，并写出相关的反应式。

**解：** A. $CH_3\overset{O}{\overset{\|}{C}}CH=CHCH_3$ B. $CH_3\overset{O}{\overset{\|}{C}}CH_2CH(CH_3)_2$ C. $(CH_3)_2\overset{OH}{\overset{|}{C}}CH=CHCH_3$

D. $CH_2=\underset{CH_3}{\underset{|}{C}}-CH=CHCH_3$ E. 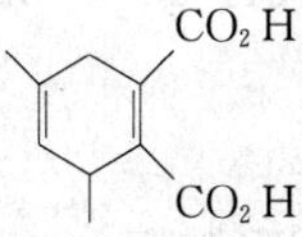 3,5-二甲基环己-1,4-二烯-1,2-二甲酸（两个 $CO_2H$）

有关反应式：

$CH_3\overset{O}{\overset{\|}{C}}CH=CHCH_3$ (A) $\xrightarrow[②\ H_3^+O]{①\ CH_3MgI}$

$\xrightarrow{1,4-加成}$ $CH_3\overset{O}{\overset{\|}{C}}CH_2CH(CH_3)_2$ (B)

$\xrightarrow{1,2-加成}$ $(CH_3)_2\overset{OH}{\overset{|}{C}}-CH=CHCH_3$ (C)

$$CH_3\overset{O}{\overset{\|}{C}}CH_2CH(CH_3)_2 \xrightarrow{Br_2/NaOH} NaO-\overset{O}{\overset{\|}{C}}CH_2CH(CH_3)_2 + CHBr_3\downarrow$$
B

$$(CH_3)_2\underset{OH}{\underset{|}{C}}CH{=}CHCH_3 \xrightarrow[\triangle]{KHSO_4} CH_2{=}\underset{CH_3}{\underset{|}{C}}-CH{=}CHCH_3 \xrightarrow{HO_2C-C\equiv C-CO_2H}$$
C D

E $\xrightarrow[-H_2]{Pd}$ (3,5-二甲基邻苯二甲酸)

10-13 有一化合物 A,分子式为 $C_{12}H_{20}$,具有旋光活性,在铂催化下加一分子氢得到两种异构体 B 和 C,分子式为 $C_{12}H_{22}$。A 臭氧化只得到一种化合物 D,分子式为 $C_6H_{10}O$,也具有旋光活性,D 与羟氨反应得 E($C_6H_{11}NO$)。D 与 DCl 在 $D_2O$ 中可以与活泼 $\alpha$-氢发生交换反应得到 $C_6H_7D_3O$,表明有三个 $\alpha$-活泼氢,D 的 NMR 谱表明有一个甲基,是双峰。试推测化合物 A～E 的构造式。

**解**:此题有两组解:

(1) A. B. C. D. E.

(2) A′. B′. C′. D′. E′.

可见推导结构有时不是唯一的解,可能有多种解,本题的两组解是互为对映体。

10-14 化合物 A 的分子式为 $C_6H_{12}O_3$,在 1710 $cm^{-1}$ 处有强吸收峰。A 和 $I_2$/NaOH 溶液作用得黄色沉淀,与托伦试剂作用无银镜产生。若 A 用稀 $H_2SO_4$ 处理后,所生成的化合物与托伦试剂作用则有银镜产生。A 的 NMR 数据如下:

$\delta$=2.1,单峰,3H $\delta$=2.6,双峰,2H $\delta$=3.2,单峰,6H $\delta$=4.7,三重峰,1H

写出 A 的构造式及相关反应式。

**解**:A 的构造式为 $CH_3\overset{O}{\overset{\|}{C}}CH_2CH(OCH_3)_2$ 。

相关反应式:

$$CH_3COCH_2CH(OCH_3)_2 \xrightarrow{I_2/NaOH} NaO\overset{O}{\overset{\|}{C}}CH_2CH(OCH_3)_2 + CHI_3\downarrow(黄)$$

$$\downarrow H_2SO_4$$

$$CH_3\overset{O}{\overset{\|}{C}}CH_2CHO \xrightarrow{\text{Tottens 试剂}} CH_3\overset{O}{\overset{\|}{C}}CH_2COONH_4 + Ag\downarrow$$

光谱数据归属：

$$\underline{H_3}C—CO—C\underline{H_2}—C\underline{H}—(OC\underline{H_3})_2$$
$$\delta=2.1 \quad \delta=2.6 \quad \delta=4.7 \quad \delta=3.2$$

10-15　请说明影响醛、酮发生亲核加成反应活性的因素。

**解**：醛酮的亲核加成反应的活性受底物醛、酮的电子效应和空间位阻的影响，也与亲核试剂的亲核性强弱、空间位阻大小有关。具体表现：

醛、酮的羰基连有吸电子基团，羰基的碳上电子密度相低，有利于亲核加成反应，反之羰基连有给电子基团，不利于亲核加成反应。羰基连有大体积取代基，空间阻力大不利于亲核取代。电子效应和位阻影响常常是互相联系的，很难区分，如丙醛亲核加成比丙酮活泼，乙醛比苯甲醛活泼，丙酮比苯乙酮活泼等。

亲核试剂的亲核性相差很大，如 R—MgBr 比 $NH_2R$ 的亲核性强得多，前者很容易进行亲核加成，后者常用催化剂；R—Li 的体积小，其亲核加成比 R—MgBr 活泼；乙胺亲核加成反应比环己胺活泼。

10-16　请自查文献说明甲醛、乙醛、丙酮、环己酮的工业制备方法。如果多种方法，请评述各方法的优缺点。

**解**：(略)

# 第11章 羧酸及其衍生物

## 学习要点

1. 羧酸的结构与酸性的关系

2. 羧酸及其衍生物的特征反应：酰基碳上的亲核取代反应即酸或碱催化的亲核加成-消除反应

(1) 羧酸衍生物酰卤、酸酐、酯、酰胺的生成反应及生成酯的反应机理；

(2) 羧酰衍生物酰卤、酸酐、酯、酰胺的反应：

① 水解反应生成酸

② 醇解反应生成酯

③ 氨解反应生成酰胺

④ 与金属有机物 R—M 的反应生成醇或酮

⑤ 与 $LiAlH_4$ 等还原剂的反应生成醇或胺

3. 酸及其衍生物的 $\alpha$-H 的反应

(1) 酸 $\alpha$-H 的卤代反应；

(2) 酰氯 $\alpha$-H 的卤代反应；

(3) 酯缩合反应。

4. 降解反应

(1) 羧酸的脱羧反应；

(2) 酰胺的降解反应——生成伯胺。

5. 利用 $\beta$-二羰基化合物进行简单的有机合成

(1) 利用 $\beta$-酮酸酯合成甲基酮、$\beta$-二酮，$\delta$-二羰基化合物等；

(2) 利用丙二酸酯合成取代乙酸、环烷酸、$\delta$-酮酸等化合物。

## 重要反应式

酸的反应

$$CH_3CH_2CH_2CH_2COOH+\left.\begin{matrix}SOCl_2\\PCl_3\\PCl_5\end{matrix}\right\}\longrightarrow CH_3CH_2CH_2CH_2COCl+\left\{\begin{matrix}SO_2+HCl\\H_3PO_3\\POCl_3+HCl\end{matrix}\right.\quad\text{(合成酰氯)}$$

$$RCH_2COOH+R'COCl\xrightarrow[\triangle]{}RCH_2COOOCR'+HCl\quad\text{(合成酐)}$$

$$2RCOOH \xrightarrow[\triangle]{(CH_3CO)_2O} (RCO)_2O + H_2O$$ （合成酐）

$$C_6H_4(COOH)_2 \xrightarrow{\triangle} C_6H_4(CO)_2O + H_2O$$ （合成内酸酐）

$$RCOOH + R'OH \xrightarrow{H^+} R-\overset{O}{\overset{\|}{C}}-O-R' + H_2O$$ （合成酯）

$$HOCH_2CH_2CH_2CH_2COOH \longrightarrow \text{δ-戊内酯} + H_2O$$ （合成内酯）

$$HO-C_6H_4-NH_2 + CH_3COOH \xrightarrow{\triangle} HO-C_6H_4-NHCOCH_3 + H_2O$$ （合成酰胺）

$$H_2NCH_2CH_2CH_2CH_2COOH \xrightarrow{\triangle} \text{δ-戊内酰胺}$$ （合成内酰胺）

$$\begin{matrix} CH_2COOH \\ | \\ CH_2COOH \end{matrix} + NH_3 \xrightarrow{300\ ℃} \text{丁二酰亚胺}$$ （合成二酰亚胺）

衍生物的反应

$$\left.\begin{matrix} CH_3\overset{O}{\overset{\|}{C}}-Cl \\ (CH_3CO)_2O \\ CH_3COOC_2H_5 \\ CH_3CONHCH_2CH_3 \end{matrix}\right\} + H_2O \longrightarrow CH_3COOH + \left\{\begin{matrix} HCl & \text{（室温下快速反应）} \\ CH_3COOH & \text{（室温下反应）} \\ CH_3CH_2OH & \text{（加热反应）} \\ CH_3CH_2NH_2 & \text{（催化剂，加热）} \end{matrix}\right.$$

$$C_6H_5COCl + CH_3OH \xrightarrow{吡啶} C_6H_5COOCH_3$$

$$C_6H_4(CO)_2O + 2\ CH_3CH_2CH_2CH_2\underset{CH_2CH_3}{CH}CH_2OH \longrightarrow C_6H_4[COOCH_2CH(CH_2CH_3)(CH_2)_3CH_3]_2$$

$$RCOOCH_3 + R'OH \xrightarrow[\triangle]{H^+} RCOOR' + CH_3OH$$ （合成高碳醇酯）

$$C_6H_5-COCl + 2CH_3CH_2NH_2 \longrightarrow C_6H_5-CONHCH_2CH_3 + CH_3CH_2NH_2 \cdot HCl$$

$$\text{邻苯二甲酸酐} \xrightarrow[\triangle]{NH_3} \text{邻苯二甲酰亚胺}$$

$$CH_3COOCH_3 + C_6H_{11}NH_2 \longrightarrow CH_3CONH{-}C_6H_{11}$$

$$C_6H_5COCl + CH_3CH_2MgCl \xrightarrow[\text{② } H_3^+O]{\text{① 醚}} C_6H_5C(OH)(CH_2CH_3)_2 \quad \text{（合成叔醇）}$$

$$\text{1-甲基环戊烷甲酰氯} + CH_3MgI \xrightarrow[\text{② } H_3^+O]{\text{① 醚}/-15\ ℃} \text{1-甲基-1-乙酰基环戊烷（}COCH_3\text{）} \quad \text{（合成酮）}$$

$$HCOOCH_2CH_3 + 2CH_3CH_2MgBr \xrightarrow[\text{② } H_3^+O]{\text{① 醚}} CH_3CH_2\overset{OH}{CH}CH_2CH_3 \quad \text{（合成仲醇）}$$

还原反应

$$CH_2{=}CHCH_2COOH \xrightarrow[\text{② } H_3^+O]{\text{① } LiAlH_4/\text{乙醚}} CH_2{=}CHCH_2CH_2OH$$

$$C_6H_5CH_2COOC_2H_5 \xrightarrow[\text{② } H_3^+O]{\text{① } LiAlH_4/\text{乙醚}} C_6H_5CH_2CH_2OH + CH_3CH_2OH$$

$$C_6H_{11}CON(CH_3)_2 \xrightarrow[\text{② } H_3^+O]{\text{① } LiAlH_4/\text{乙醚}} C_6H_{11}CH_2N(CH_3)_2$$

$$R{-}COCl + H_2 \xrightarrow{Pt/BaSO_4-S-\text{喹啉}} RCHO \quad \text{（合成醛）}$$

$\alpha$-H 的反应

$$CH_3CH_2COCl + Cl_2 \longrightarrow CH_3CHClCOCl + HCl$$

$$CH_3CH_2COOH + Cl_2 \xrightarrow{P} CH_3CClHCOCl \xrightarrow{CH_3CH_2COOH} CH_3\overset{Cl}{CH}COOH + CH_3CH_2COCl$$

$$2\ CH_3COOC_2H_5 \xrightarrow{NaOCH_2CH_3} CH_3COCH_2COOCH_2CH_3 + CH_3CH_2OH \quad \text{（合成 }\beta\text{-酮酸酯）}$$

$$H_5C_2O_2C(CH_2)_5CO_2C_2H_5 \xrightarrow[\text{② } H_3^+O]{\text{① } CH_3CH_2ONa/CH_3CH_2OH} \text{2-氧代环己烷甲酸乙酯（}COOCH_2CH_3\text{）} + CH_3CH_2OH$$

（合成环状$\beta$-酮酸酯）

降解反应

$$CH_3COONa + NaOH \xrightarrow[\triangle]{CaO} CH_4 + Na_2CO_3$$

$$R\overset{O}{\overset{\|}{C}}{-}\overset{O}{\overset{\|}{C}}{-}OH \xrightarrow{\triangle} R{-}\overset{O}{\overset{\|}{C}}{-}H + CO_2\uparrow$$

$$CH_3CH_2\overset{O}{\overset{\|}{C}}—CH_2COOH \xrightarrow{100\ ℃} CH_3CH_2\overset{O}{\overset{\|}{C}}—CH_3 + CO_2\uparrow$$

$$HO_2CCH_2COOH \xrightarrow{140\sim160\ ℃} CH_3COOH + CO_2\uparrow$$

$$HOOC(CH_2)_4COOH \xrightarrow{\triangle} \text{环戊酮} + CO_2\uparrow + H_2O$$

$$C_6H_5CONH_2 \xrightarrow{X_2,NaOH,H_2O} C_6H_5NH_2 \quad (合成伯胺)$$

# 思考题解答

**思考题 11-1** 试比较丁醇、丁醛、丁酮、丁酸、丙酸甲酯在水中的溶解度,并分析影响溶解度的主要原因是什么?

**解答**:从手册中查得它们的溶解度数据如下:

| 化合物 | 丁醇 | 丁醛 | 丁酮 | 丁酸 | 丙酸甲酯 |
|---|---|---|---|---|---|
| 溶解度/[g·(100g 水)$^{-1}$] | 9 | 4 | 37 | ∞ | 不溶 |

溶解度按丁酸、丁酮、丁醇、丁醛和丙酸甲酯的顺序减小。这与分子的极性有关,极性分子在水中溶解的好;另一原因是能否与 $H_2O$ 形成氢键,能形成氢键的化合物溶解度大。

**思考题 11-2** 如何从含羧酸的有机混合物中分离提纯羧酸?

**解答**:羧酸有酸性,可以与碱形成钠盐而溶于水,其他有机物不溶于水,分离后将水层加入强酸如盐酸;高碳数羧酸不溶于水,又可分出羧酸。

$$RCOOH + NaOH \longrightarrow RCOO^-Na^+(溶于水) + H_2O$$

$$RCOONa + HCl \longrightarrow RCOOH(不溶于水) + NaCl$$

**思考题 11-3** 比较教材表 11-1 中,间位和对位取代酸的 $pK_a$ 值,总结并解释取代基的电子效应与其 $pK_a$ 值的关系。

**解答**:从教材表 11-1 中可以看到:给电子基$—CH_3$ 和$—C_2H_5$ 连在苯甲酸的间、对位上,酸的 $pK_a$ 增大,是$+I$ 和$+C$ 效应的结果;吸电子基$-F$、$-Cl$、$-Br$、$-I$ 和$-CF_3$ 连在苯甲酸的间位、对位上,$pK_a$ 变小,除$-CF_3$ 外,$-I$ 效应大于$+C$ 效应;吸电子基$-OH$、$-OR$ 和$-C_6H_5$ 连在苯甲酸的间位、对位上,$pK_a$ 变大,是$+C$ 效应大于$-I$ 效应。$-NO_2$ 的$-I$ 和$-C$ 效应都很强,其 $pK_a$ 最小。

**思考题 11-4** 在丁烯二酸的顺反两种异构体中,虽然都是 $pK_{a_1} < pK_{a_2}$,但是对于 $pK_{a_1}$ 而言,是顺式<反式,而对于 $pK_{a_2}$ 来说,都是反式<顺式。请解析其原因。

| | 顺丁烯二酸(H、H 同侧,HOOC、COOH 同侧) | 反丁烯二酸(HOOC、H / H、COOH) |
|---|---|---|
| $pK_{a_1}$ | 1.92 | 3.02 |
| $pK_{a_2}$ | 6.59 | 4.54 |

**解答**：在两种异构体中，一个—COOH对另一个都是吸电子共轭效应，因此都是$pK_{a_1}<pK_{a_2}$，但顺式异构体还有氢键的作用，使其$pK_{a_1}$小于反式的$pK_{a_1}$。对于$pK_{a_2}$而言，$—COO^-$都是给电子共轭效应，因此每个酸的$pK_{a_2}$都远大于$pK_{a_1}$，顺式的$—COO^-$还有场效应和氢键作用，使其$pK_{a_2}$远大于反式异构体的$pK_{a_2}$。

**思考题 11-5** γ,δ-羟基酸在碱性条件下是否能形成内酯？

**解答**：在碱性条件下，γ,δ-羟基酸形成内酯比酸性条件下难得多，几乎不可能形成内酯。因为在羧酸中，羟基的酸性比正常羟基的酸性大得多。在碱性条件下，—COOH先变成$—COO^-$，$\left(—C\begin{matrix}O^{\frac{1}{2}-}\\O^{\frac{1}{2}-}\end{matrix}\right)$，即使γ,δ位的羟基—OH变成$—O^-$，但与$—COO^-$进行亲核加成-消除反应极其困难。

**思考题 11-6** 写出皂化反应的机理，并解释为什么反应是不可逆的。

**解答**：皂化反应机理如下：

$$R—\overset{O}{\overset{\|}{C}}—OR' \xrightleftharpoons{^-OH} R—\underset{OH}{\overset{O^-}{\overset{|}{\underset{|}{C}}}}—OR' \rightleftharpoons R—\overset{O}{\overset{\|}{C}}—OH+{}^-OR' \longrightarrow R—\overset{O}{\overset{\|}{C}}—O^-+HOR'$$

生成的HOR′不可能与$R—\overset{O}{\overset{\|}{C}}—O^-$进行亲核加成-消除反应。因此，皂化反应是不可逆反应。

**思考题 11-7** 乙酸乙酯的α-H的酸性($pK_a=25$)比乙醇的酸性($pK_a=16$)弱，酯缩合反应第一步平衡反应应向左移，是什么原因推动整个平衡右移，使酯缩合反应得以完成？异丁酸乙酯在上述条件下能否得到酯缩合产物？

**解答**：

$$H—CH_2COOCH_2CH_3 \underset{-H_2O}{\overset{^-OH}{\rightleftharpoons}} {}^-CH_2COOC_2H_5 \xrightleftharpoons{CH_3\overset{O}{\overset{\|}{C}}—OCH_2CH_3} CH_3\underset{CH_2COOCH_2CH_3}{\overset{O^-}{\overset{|}{\underset{|}{C}}}}—OC_2H_5 \rightleftharpoons$$

$$CH_3\overset{O}{\overset{\|}{C}}—\overset{H}{\overset{|}{C}}HCOOCH_2CH_3+{}^-OC_2H_5 \underset{-HOC_2H_5}{\rightleftharpoons} CH_3\overset{O}{\overset{\|}{C}}—\overset{-}{C}HCOOCH_2CH_3 \xrightarrow[-H_2O]{H_3^+O} CH_3\overset{O}{\overset{\|}{C}}CH_2COOCH_2CH_3$$

即最后一步酸中和，完成反应，推动平衡右移。

在上述条件下，异丁酸乙酯很难得到缩合产物。因为$(CH_3)_2CHCOOC_2H_5$有一个α-H，其酸性较小，$OH^-$和$^-OR$很难使其形成$\begin{matrix}H_3C\\ \\H_3C\end{matrix}\!\!>\!\overset{-}{C}COOC_2H_5$负离子，更重要的是反应进行到$\underset{H_3C}{\overset{H_3C}{CH}}—\underset{H_3C}{\overset{O}{\overset{\|}{C}}}—\underset{CH_3}{C}—COOC_2H_5+{}^-OCH_2CH_3$，酯的α-碳无酸性大的H，羰基的α-氢的酸性又很小，不能形成$HOCH_2CH_3$，使平衡向右移动，反应难进行。

**思考题 11-8** 羟醛缩合与酯缩合反应机理有何异同？两个含α-H的酮与酯发生缩合反应的主产物为什么是酮-酯缩合产物而不是酯-酯、酮-酮缩合产物？写出乙酸乙酯与丙酮缩合得到1,3-戊二酮的反应机理。

**解答**：羟醛缩合与酯缩合反应的机理相同之处，是醛、酯的α-H有酸性，在碱的作用下形成烯醇负离子中间体$\left[CH_2=\overset{O^-}{\overset{|}{C}}—H、CH_2=\overset{O^-}{\overset{|}{C}}—OR'\right]$。不同之处在于羟醛缩合的$H_2C=\overset{O^-}{\overset{|}{C}}—H$与醛羰基进行的是亲核加

成，形成β-羟基醛 $CH_3\overset{OH}{\overset{|}{C}}HCH_2\overset{O}{\overset{\|}{C}}—H$，而酯缩合 $CH_2=\overset{O^-}{\overset{/}{C}}—OR'$ 与酯羰基进行的是亲核加成-消除反应，形成β-酮酸酯 $CH_3\overset{O}{\overset{\|}{C}}—CH_2COOR'$。

酮的α-H酸性比酯的α-H酸性大，与碱作用形成的主要是酮的烯醇负离子 $CH_2=\overset{O^-}{\overset{/}{C}}—R$，$CH_2=\overset{O^-}{\overset{/}{C}}—R$ 与酯进行亲核加成-消除反应易进行，而与酮的亲核加成-消除难进行，反应平衡向左移动，因此酮、酯缩合的主产物是酮-酯缩合产物，不是酮-酮和酯-酯缩合物。

乙酸乙酯与丙酮缩合得到1,3-戊二酮的反应机理：

$$H—CH_2COCH_3 \underset{-H_2O}{\overset{^-OH}{\rightleftharpoons}} {}^-CH_2COCH_3 \overset{CH_3\overset{O}{\overset{\|}{C}}—OC_2H_5}{\rightleftharpoons} CH_3—\underset{OCH_2H_5}{\overset{O^-}{\overset{|}{\underset{|}{C}}}}—CH_2COCH_3 \rightleftharpoons$$

$$CH_3\overset{O}{\overset{\|}{C}}—CH_2COCH_3 + {}^-OC_2H_5 \rightleftharpoons CH_3CO\overset{-}{C}HCOCH_3 + HOC_2H_5 \underset{-H_2O}{\overset{H_3^+O}{\longrightarrow}} CH_3COCH_2COCH_3$$

**思考题 11-9** β-酮酸酯进行烷基化反应，为什么选用卤甲烷，伯卤代烷、烯丙基卤和苄基卤作烃化试剂？为什么第二步烃化反应需要的碱比第一步的碱强？

**解答：** β-酮酸酯烃化反应的第一步是碱与其α-H作用生成烯醇负离子 $\left[R—\overset{O}{\overset{\|}{C}}—\overset{-}{C}HCOOR' \longleftrightarrow R—\overset{O}{\overset{\|}{C}}—CH=\overset{O^-}{\overset{|}{C}}—OR'\right]$，是强碱，用卤甲烷，伯卤代烷作烃化试剂是按 $S_N2$ 机理进行，不会产生烃化试剂骨架重排，也不使其发生消除反应。用烯丙基卤和苄基卤为烃化试剂，可能按 $S_N1$ 反应机理进行，但形成的 $CH_2=CH—\overset{+}{C}H_2$ 和 $C_6H_5\overset{+}{C}H_2$ 不发生骨架重排，也难发生消除反应。

β-酮酸酯发生第二步烃化时，$R\overset{O}{\overset{\|}{C}}—\overset{R''}{\overset{|}{C}}H—COOR'$ 的α-C上有一个烃基，剩下一个α-H，其酸性很弱，需要更强的碱才能形成烯烃负离子 $\left[R—\overset{O}{\overset{\|}{C}}—\overset{R''}{\overset{|}{\underset{-}{C}}}—COOR' \longleftrightarrow R—\overset{O}{\overset{\|}{C}}—\overset{R''}{\overset{|}{C}}=\overset{O^-}{\overset{|}{C}}—OR'\right]$。

**思考题 11-10** 如果用卤代酸酯或卤代酮替代卤代烃进行上题中的反应，可以制备酮酸或二酮，请各举一个例子，写出有关反应式。

**解答：** 制备酮酸：

$$CH_3COCH_2COOC_2H_5 + Cl—CH_2COOC_2H_5 \underset{-HCl}{\overset{OH^-}{\longrightarrow}} CH_3CO\underset{}{\overset{CH_2COOC_2H_5}{\overset{|}{C}}}HCOOC_2H_5 \underset{②\ H_3^+O,\triangle}{\overset{①\ 稀\ OH^-}{\longrightarrow}}$$

$$CH_3COCH_2CH_2COOH(\gamma-酮酸)$$

制备二酮：

$$CH_3COCH_2COOC_2H_5 + ClCH_2COCH_2CH_3 \underset{-HCl}{\overset{OH^-}{\longrightarrow}} CH_3CO\overset{CH_2COC_2H_5}{\overset{|}{C}}HCOOC_2H_5 \underset{②\ H_3^+O,\triangle}{\overset{①\ 稀\ OH^-}{\longrightarrow}}$$

$CH_3COCH_2CH_2COC_2H_5$（γ-二酮）

本例子用的是α-卤代酸酯和α-卤代酮，得到γ-酮酸和γ-二酮，也可以使用其他不同的卤代酸酯和卤代酮，得到相应的酮酸和二酮。

**思考题 11-11**　制备β-二酮反应为什么一般用 NaH 及非质子溶剂 DMSO 等，而不用 $NaOC_2H_5/CH_3CH_2OH$？

**解答：**

$$CH_3COCH_2COOC_2H_5 \xrightarrow[DMSO]{NaH} CH_3CO\overset{Na}{\overset{|}{C}}HCOOC_2H_5 \xrightarrow[-NaCl]{RCOCl} CH_3CO\overset{COR}{\overset{|}{C}}HCOOC_2H_5 \xrightarrow[② H_3^+O,\triangle]{① 稀 NaOH} CH_3COCH_2COR$$

这个反应中用酰氯 RCOCl 作酰基化试剂，RCOCl 很活泼，遇质子溶剂 $H_2O$、HOR、HNHR、RCOOH 等会快速进行溶剂解反应，生成难酰基化反应的试剂。更普遍的原因为质子溶剂易使中间体烯醇负离子质子化或发生溶剂化作用，使反应难继续进行反应。用 $OH^-$ 或 NaOR 就常带有 $H_2O$ 或 HOR 溶剂。因此本题用 NaH 和非质子极性溶剂DMSO，不用 $NaOCH_2CH_3/CH_3CH_2OH$

## 例题解析

**例 1.** 哪个酸有旋光性？

A. 乳酸　　B. 琥珀酸　　C. 肉桂酸　　D. 月桂酸

**解析：**酸是有机化学最常研究的官能团化合物之一，很多酸存在于天然物中，如果蔬中各种鲜美味道多数来源于酸的衍生物，油脂中存在大量的脂肪酸。因此酸的俗名，习惯名称普遍存在。熟悉酸的俗名、习惯名与结构的关系很重要。只要分子中有手性中心，就可能有旋光性。这四个酸的构造式分别为

A. $HOOC\overset{*}{C}H(OH)CH_3$　　B. $HO_2CCH_2CH_2CO_2H$

C. $C_6H_5$—CH═CHCOOH　　D. $HO_2C(CH_2)_{10}CH_3$

A 有旋光性。

**例 2.** 阿司匹林（邻位 $OCOCH_3$、COOH 取代的苯环）在人体内最可能发生下列哪种反应？

A. 苯环上氧化反应　　B. 苯环上的硝化反应

C. 酸与 $SOCl_2$ 反应生成酰氯的反应　　D. 酯水解反应

**解析：**阿司匹林是普通非处方常用药物，除有止痛解热功效外，最近又发现有新功效，如活血。从结构看它有三种官能团：苯环、酯基和羧基。在人体内最有可能发生的反应是 D. 酯水解反应。

**例 3.** 在水中，邻硝基苯甲酸的酸性（$pK_a=2.21$）比 3,5-二硝基苯甲酸的（$pK_a=2.80$）强。但在乙醇中的酸性强弱相反（$pK_a$ 分别为 8.62 和 8.09），试解释之。

**解析：**水是小分子强极性质子溶剂，对离子的溶剂化能力和形成氢键的能力都强。乙醇极性比水的小，体积比水大。因此，两酸在水中比在乙醇中易解离，从而两酸在水中比在乙醇中的 $pK_a$ 值都小。在水中邻硝基苯甲酸很容易解离，酸根、硝基通过氢键、邻位效应等作用，使其酸性比 3,4-二硝基苯甲酸的酸性强，而在乙醇溶液中，缺乏或减小了这些作用，其酸性比 3,4-二硝

基苯甲酸的酸性小。示意如下：

$$\text{邻硝基苯甲酸(COOH, NO}_2\text{)} \xrightarrow{H_2O} \text{(C=O}\cdots H_2O,\ O^-\cdots H_2O,\ H_2O;\ N\text{-}O\cdots H_2O,\ O\ H_2O) + H_3^+O$$

**例 4.** 选择合适的氧化或还原剂实现下列反应：

(1) $CH_3COCH_2CH_2COOCH_3 \longrightarrow CH_3CH(OH)CH_2CH_2CH_2OH$

(2) $CH_3COCH_2CH_2COOCH_3 \longrightarrow CH_3CH(OH)CH_2CH_2COOH$

(3) $HOOC(CH_2)_4COOH \longrightarrow HO(CH_2)_6OH$

(4) 2 $CH_3COCH_3 \longrightarrow (CH_3)_2C(OH)C(OH)(CH_3)_2$

(5) $CH_3COCH_2CH_2COOH \longrightarrow CH_3CH_2CH_2CH_2COOH$

(6) $HO(CH_2)_6OH \longrightarrow HOOC(CH_2)_4COOH$

(7) $HO(CH_2)_6OH \longrightarrow OHC(CH_2)_4CHO$

**解析**：不同的还原剂和氧化剂其还原能力和氧化能力不同，只有选择合适的还原剂和氧化剂才能保证反应的高选择性和高效率。

(1) $LiAlH_4$ (2) $NaBH_4$ 或 $KBH_4$ (3) $LiAlH_4$ (4) Mg−Hg 或 Mg (5) Zn−Hg/HCl

(6) $KMnO_4$ (7) $CrO_3$/吡啶

**例 5.** 完成下列反应：

(1) $CH_3N(CH_2CH_2CO_2C_2H_5)_2 \xrightarrow[\text{② } H_3^+O]{\text{① } NaOC_2H_5}$

(2) $CH_3COCH_2CH_2CH_2CO_2C_2H_5 \xrightarrow[\text{② } H_3^+O]{\text{① } NaOC_2H_5} \xrightarrow[\text{② } CH_3I]{\text{① } NaOC_2H_5}$

(3) 环己酮 $\xrightarrow[\text{② }(CH_3CO)_2O]{\text{① KCN}}$ $\xrightarrow{600\ ℃}$ $\xrightarrow[\text{② }H_3^+O,\triangle]{\text{① }KOH/H_2O,\triangle}$ 1-环己烯甲酸（COOH）

(4) 马来酸酐 $\xrightarrow{\text{丁二烯}}$ $\xrightarrow[\text{② }LiAlH_4]{\text{① }HOC_2H_5/H^+}$ $\xrightarrow{SOCl_2}$ $\xrightarrow{CH_2(CO_2C_2H_5)_2/CH_3CH_2ONa}$

**解析**:在形成环状化合物产物有选择性时,一般以形成五或六元环为主。

(1) $H_3C$—N 哌啶环（3-位 $CO_2C_2H_5$，4-位 =O）

(2) 1,3-环己二酮；2-甲基-1,3-环己二酮（$CH_3$）

(3) 1-($H_3CCO_2$)-1-CN 环己烷；1-CN 环己烯

(4) 环己烯并二甲酸酐；$CH_2OH$, $CH_2OH$ 环己烯；$CH_2Cl$, $CH_2Cl$ 环己烯；双环化合物（$CO_2C_2H_5$, $CO_2C_2H_5$）

*例 6. 完成下列反应:

丁二烯 + A ⟶ 1-$CO_2CH_3$-1-甲基环己-3-烯 $\xrightarrow[\text{② }CH_3OH/H^+]{\text{① }KMnO_4/OH^-}$ B $\xrightarrow[\text{② }H_3^+O]{\text{① }NaOCH_3}$ （$CO_2CH_3$, $CO_2CH_3$, =O 环戊酮）+ （$CO_2CH_3$, $CO_2CH_3$, =O 环己酮）

$\xrightarrow[\text{② D}]{\text{① C}}$ （$CO_2H$, =O 环己酮）$\xrightarrow{HOCH_3/H^+}$ E $\xrightarrow[\text{② }H_3^+O]{\text{① }BrCH_2CO_2CH_3/Zn}$ F $\xrightarrow[\text{② }H_2/Pt]{\text{① }H^+/\triangle}$ G $\xrightarrow[\text{② }H_3^+O]{\text{① }NaOCH_3}$ H

$\xrightarrow[\triangle]{H_3^+O/H_2O}$ [ 双环酮 ] $\xrightarrow{I}$ ± 茴香酮

**解析**:这是合成茴香酮的方法。所涉及的化学反应大都是与酸及其衍生物性质有关。

A. $CH_2$=C($CH_3$)$CO_2CH_3$ B. ($CO_2CH_3$, $CO_2CH_3$, $CO_2CH_3$) C. $OH^-/H_2O$ D. $H_3^+O/\triangle$ E. （$CO_2CH_3$, =O 环己酮）

F. （$CO_2CH_3$, OH, $CH_2CO_2CH_3$ 环戊烷） G. （$CO_2CH_3$, $CH_2CO_2CH_3$ 环戊烷） H. （双环酮, $CO_2CH_3$） I. 2($NaH/CH_3I$)

*例 7. 如何实现下列转变，并写出反应机理。

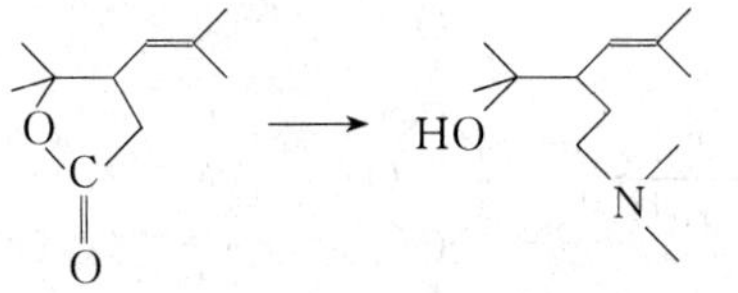

解析：反应物是内酯。

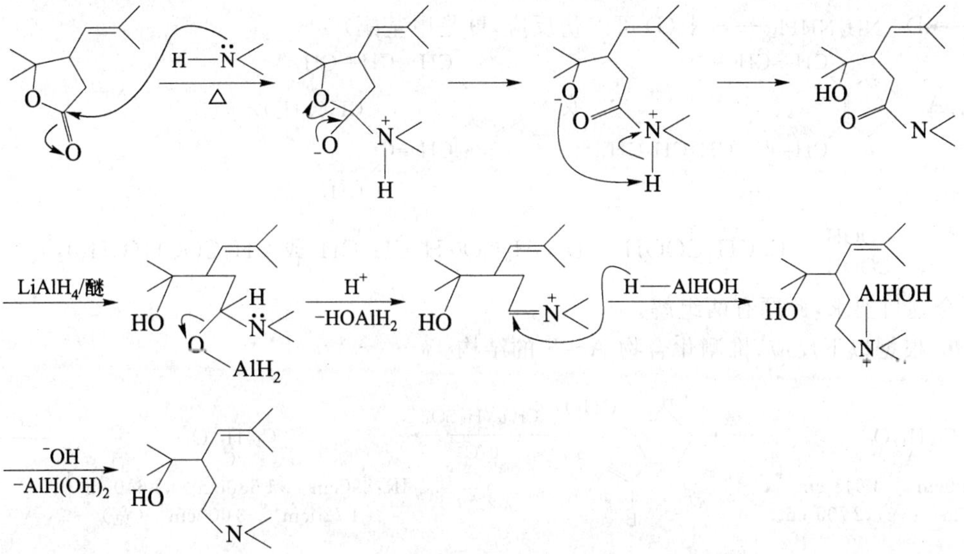

$\xrightarrow{\text{LiAlH}_4/\text{醚}}$ $\xrightarrow[-\text{HOAlH}_2]{\text{H}^+}$ $\xrightarrow{\text{H—AlHOH}}$ $\xrightarrow[-\text{AlH(OH)}_2]{^-\text{OH}}$

**例 8.** 化合物 A($C_{10}H_{22}O_2$)与碱不作用，可被稀酸水解为 B 和 C，C($C_3H_8O$)与金属钠作用有气体放出，能与次碘酸钠作用。B($C_4H_8O$)可发生银镜反应，与 $KMnO_4$ 作用生成 D，D 与 $Cl_2/P$ 作用后再水解得 E。E 与稀 $H_2SO_4$ 共沸得 F($C_3H_6O$)，F 的同分异构体可由 C 氧化而得。写出 A、B、C、D、E、F 的结构。

**解析**：可顺着题意逐步推导。由分子式知 A 为饱和开链化合物，与碱不作用可能为醚，或缩醛，C 可能为异丙醇，B 为醛。根据分子式 A 水解生成了两分子 C，A 可能为缩醛，D 是酸，氯化水解为 $\alpha$-羟基酸，与稀 $H_2SO_4$ 共沸脱羰基，这是解此题关键的一步，F 为丙醛，由此可写出：

A. $CH_3CH_2CH_2CH(OCH(CH_3)_2)_2$　B. $CH_3CH_2CH_2C(=O)—H$　C. $(CH_3)(H_3C)CHOH$

D. $CH_3CH_2CH_2COOH$　E. $CH_3CH_2CH(OH)COOH$　F. $CH_3CH_2CHO$

**例 9.** 化合物 A($C_{15}H_{20}$)能使溴的 $CCl_4$ 溶液褪色，与热的 $KMnO_4$ 作用生成 B、C、D 三种化合物。B($C_8H_6O_4$)是一种酸，受热时失水形成 $C_8H_4O_3$；C 也是酸，可由碘化甲基镁与 $CO_2$ 作用生成；D($C_5H_{10}O$)是中性化合物，能与苯肼作用生成沉淀，可进行碘仿反应。试写出 A、B、C、D 结构。

**解析**：A 不饱和度 $\Omega=6$，可能为芳香双烯，B 不饱和度 $\Omega=6$，可能是苯二甲酸。D 不饱和度

$\Omega=1$,可能为醛或酮,依题意写出:

$$A \longrightarrow B.\ \text{(邻苯二甲酸)}\ \xrightarrow[-H_2O]{\triangle}\ \text{(邻苯二甲酸酐)}$$

$$A \longrightarrow C.\ CH_3CO_2H(\text{酸}) \longleftarrow CH_3-MgI+CO_2$$

$$A \longrightarrow D+NH_2NHPh \longrightarrow \downarrow$$ (D 可碘仿反应,D 是甲基酮)

因此:A. 邻位取代苯:$CH=CH-CH_3$ 与 $CH=C(CH_3)-CH_2CH_2CH_3$ 或 邻位取代苯:$CH=CH-CH_3$ 与 $CH=C(CH_3)-CH(CH_3)_2$

B. 邻苯二甲酸(COOH,COOH) C. $CH_3COOH$ D. $CH_3COCH_2CH_2CH_3$ 或 $CH_3COCH(CH_3)_2$

检查均符合题目要求,此题有两组解。

*例 10. 根据以下反应,推测化合物 A～E 的结构。

$C_{10}H_{16}O_2$ (A) $\xrightarrow{\text{碱}}$ B(2-甲基-5-异丙烯基环戊烯甲醛,含 CHO) $\xrightarrow[0\ ℃]{CrO_3/H_2SO_4}$ $C_{10}H_{14}O_2$ (C) $\xrightarrow{CH_2N_2}$

A: IR:890 $cm^{-1}$,1 645 $cm^{-1}$,1 725 $cm^{-1}$(vs),2 705 $cm^{-1}$

C: IR:890 $cm^{-1}$,1 630 $cm^{-1}$,1 640 $cm^{-1}$,1 720 $cm^{-1}$,3 000 $cm^{-1}$(宽)

$C_{11}H_{16}O_2$ (D) $\xrightarrow[\text{② } H_2O_2/OH^-]{\text{① } BH_3}$ $C_{11}H_{18}O_3$ (E) $\xrightarrow[\triangle]{H^+/H_2O}$ $C_{10}H_{14}O_2$ (F)

D: IR:890 $cm^{-1}$,1 680 $cm^{-1}$,1 640 $cm^{-1}$,1 720 $cm^{-1}$

E: IR:1 630 $cm^{-1}$,1 730 $cm^{-1}$,3 335 $cm^{-1}$

F: IR:1 645 $cm^{-1}$,1 710 $cm^{-1}$;UV:$\lambda_{max}=241$ nm

**解析**:A 不饱和度 $\Omega=3$,有 $>C=O$,C=C,比 B 少一个 $H_2O$,可能为 (酮醛结构,含 C=O 与 CHO)。C 比 B 多一个 O,有 C=C、C=C、C=O、—OH,可能为 (含 $CO_2H$ 的环戊烯结构)。D 比 B 多一个 C、两个 H,有 C=C、C=C、C=O,$CH_2N_2$ 可分解成 :$CH_2$,插入—OH 键之中,可能为 (含 $C(=O)OCH_3$ 的环戊烯结构)。E 比 D 多一个 O、两个 H,有 C=C、C=O、—OH,可能为 (含 $C(=O)OCH_3$ 及 $CH_2OH$ 侧链的环戊烯结构)。F 比 E 少一个 C、一个 O、

四个 H，有C═C、C═O、C═C—C═O，可能为（双环内酯结构式）。

因此，

A.（结构式，含 CHO、C═O） B.（结构式，含 —CHO） C.（结构式，含 —$CO_2H$） D.（结构式，含 C—$OCH_3$，C═O）

E.（结构式，含 $CO_2CH_3$、OH） F.（双环内酯结构式）

检查 A、B、C、D、E、F 均符合题目要求。

**例 11.** 用乙酰乙酸乙酯合成法制备下列化合物：

(1) $CH_3COCH_2CH_2CH(CH_3)_2$ (2) $CH_3COCH(CH_2CH{=}CH_2)$—$CH_2$—$C_6H_5$

(3) 环丁基甲基酮（结构式） (4) $CH_3COCH(CH_2CH_3)$—$CH_2$—$CO_2CH_2CH_3$

**解析**：合成甲基酮化合物的重要方法是乙酰乙酸乙酯法，其方法简单，选择性、收率较高，基本步骤：用碱处理得到 $\alpha$-$C^-$，然后与卤代物 Cl—R 进行亲核取代反应，得到 $\alpha$-C 上 R 取代的乙酰乙酸乙酯，再用更强的碱处理得取代的 $\alpha$-$C^-$，再与卤化物亲核取代反应，引入第二个 R 基，接着碱性水解酯得取代的乙酰乙酸盐，最后酸化，加热脱羧得到目标分子。

通式：

$$CH_3\overset{O}{\overset{\|}{C}}CH_2CO_2C_2H_5 \xrightarrow{NaOH} CH_3\overset{ONa}{\overset{|}{C}}{=}CHCO_2C_2H_5 \xrightarrow{Cl-R} CH_3\overset{O}{\overset{\|}{C}}-\overset{R}{\overset{|}{C}}HCO_2C_2H_5 \xrightarrow{NaOC_2H_5}$$

$$CH_3\overset{O}{\overset{\|}{C}}-\underset{Na}{\overset{R}{\overset{|}{C}}}-CO_2C_2H_5 \xrightarrow{Cl-R'} CH_3\overset{O}{\overset{\|}{C}}-\underset{R'}{\overset{R}{\overset{|}{C}}}-CO_2C_2H_5 \xrightarrow{H_2O/OH^-} CH_3\overset{O}{\overset{\|}{C}}-CRR'CO_2^-$$

$$\xrightarrow{H_3^+O} CH_3\overset{O}{\overset{\|}{C}}-CRR'CO_2H \xrightarrow[\triangle]{} CH_3\overset{O}{\overset{\|}{C}}CHRR'$$

(1) $$CH_3COCH_2COC_2H_5 \xrightarrow[\text{② }ClCH_2CH(CH_3)_2]{\text{① }NaOH} CH_3\overset{O}{\overset{\|}{C}}-\underset{CH_2CH(CH_3)_2}{\underset{|}{C}}HCO_2C_2H_5 \xrightarrow[\text{② }H_3^+O,\triangle]{\text{① }H_2O/OH^-}$$

$$CH_3\overset{O}{\overset{\|}{C}}CH_2CH_2CH(CH_3)_2$$

(2) $$CH_3COCH_2CO_2C_2H_5 \xrightarrow[\text{② }ClCH_2CH{=}CH_2]{\text{① NaOH}} \xrightarrow[\text{② }ClCH_2C_6H_5]{\text{① KOH}} CH_3CO\underset{CH_2CH{=}CH_2}{\overset{CH_2C_6H_5}{C}}{-}CO_2C_2H_5$$

$$\xrightarrow[\text{② }H_3^+O,\triangle]{\text{① }H_2O/OH^-} CH_3CO\overset{CH_2CH{=}CH_2}{CH}CH_2C_6H_5$$

(本过程中两个烷基化试剂是活泼的氯化物,用 $OH^-$ 即可)

(3) $$CH_3\overset{O}{\overset{\|}{C}}CH_2\overset{O}{\overset{\|}{C}}OC_2H_5 \xrightarrow[\text{② }BrCH_2CH_2CH_2Br]{\text{① NaOH}} CH_3\overset{O}{\overset{\|}{C}}{-}\underset{CH_2CH_2CH_2Br}{CH}CO_2C_2H_5 \xrightarrow{NaOC_2H_5}$$

$$CH_3\overset{O}{\overset{\|}{C}}{-}C{-}CO_2C_2H_5 \text{(C 与 }CH_2{-}CH_2{-}CH_2\text{ 成四元环)} \xrightarrow[\text{② }\triangle]{\text{① }H_2O/H^+} \text{环丁基甲基酮}$$

(H$^+$ 催化酯水解慢些,但省去酸化一步,更符合生产要求)

(4) $$CH_3COCH_2CO_2C_2H_5 \xrightarrow[\text{② }ClCH_2CH_3]{\text{① NaOH}} \xrightarrow[\text{② }ClCH_2CO_2C_2H_5]{\text{① KOH}} \xrightarrow[\text{② }\triangle]{\text{① }H_2O/H^+} CH_3\overset{O}{\overset{\|}{C}}\underset{CH_2CH_3}{CH}{-}CH_2CO_2H$$

$$\xrightarrow{HOCH_2CH_3/H^+} CH_3\overset{O}{\overset{\|}{C}}\underset{CH_2CH_3}{CH}CH_2CO_2C_2H_5$$

# 综合习题

1. 丙二酸 $HO_2CCH_2CO_2H$ 失去一个质子的 $pK_a=2.83$,失去第二个质子的 $pK_a=5.69$。

(1) 为什么丙二酸的酸性强于乙酸($pK_a=4.76$);

(2) 为什么 $^-O_2CCH_2COOH$ 的酸性远弱于丙酸?

2. 选择题:

(1) 反应 $Ph{-}COOH \xrightarrow{SOCl_2} \xrightarrow{LiAlH(O\mathit{t}Bu)_3} \xrightarrow{HCN} \xrightarrow{H_3^+O}$ 的产物是(　　)。

A. 间氯苯甲酸(苯环—COOH,间位 Cl)　　B. $C_6H_5{-}\underset{OH}{CH}{-}COOH$

C. $C_6H_5{-}CH_2CH{=}NOH$　　D. $C_6H_5{-}CO{-}COOH$

(2) 下列化合物烯醇化趋势最大的是(　　)。

A. $CH_3COCH_2COOCH_3$　　B. $CH_3COCH(CH_3)COCH_3$　　C. $CH_3COCHClCOCH_3$

D. $CH_3COCH_2COCH_3$　　E. $CH_3COCH(CH_3)CO_2CH_3$

(3) 用稀碱溶液处理时，下列化合物可发生消旋化作用的是(　　)。

A. $C_6H_5$—$CH(CH_3)$—$CH_2OH$　　B. $C_6H_5$—$CH(CH_2CH_3)$—$CO_2H$

C. $C_6H_5$—$C(CH_3)(CH_2CH_3)$—$CO_2H$　　D. $C_6H_5$—$CH(CH_3)CH_2CH_3$

(4) 用于 Reformatsky 反应的溴代物是(　　)。

A. $CH_3CH_2CHBrCO_2C_2H_5$　　B. $CH_3CH_2CHBrCOOH$

C. $CH_3CHBrCH_2CO_2H$　　D. $BrCH_2CH_2CH_2CO_2C_2H_5$

3. 完成下列各反应：

(1) $CH_3CO(CH_2)_4CO_2C_2H_5$ $\xrightarrow[\text{② } H_3^+O]{\text{① } NaOC_2H_5}$

(2) 环己酮 + $HCOC_2H_5$（$\overset{O}{\|}$）$\xrightarrow[\text{② } H_3^+O]{\text{① } NaOC_2H_5}$

(3) $NCCH_2CO_2C_2H_5$ $\xrightarrow[\text{② } BrCH_2CH_2Br]{\text{① } 2NaOC_2H_5}$

(4) 2-乙氧羰基环戊酮（环戊酮—$CO_2C_2H_5$）$\xrightarrow[\text{② } CH_3CH_2CH_2Br]{\text{① } NaOC_2H_5}$ $\xrightarrow[\triangle]{HCl}$

4. 完成下述反应并写出反应(3)、(4)、(5)的机理：

$CH_3COCH_2CH_2COOH$ $\xrightarrow[\text{(1) HCl}]{CH_3OH\ 过量}$ A $\xrightarrow[\text{(2)}]{LiAlH_4}$ B $\xrightarrow[\text{(3)}]{HCl\ 催化}$ C + D

$CH_3COCH_2CH_2COOH$ $\xrightarrow[\text{(4)}]{NaOH/I_2}$ $\xrightarrow[\text{(5)}]{H^+}$ E + F

5. 写出在甲醇溶液中，在酸催化作用下异丁酸乙酯转化为相应的甲酯的详细过程。

6. 解释下列转变：

(1) 2-羟基四氢呋喃（C-2 上有 HO、H；C-4 上有 $HO_2CH_2C$）$\xrightarrow{H^+/H_2O}$ $\overset{O}{\|}$ $HCH_2C$—（四氢呋喃-2-酮，C-4 取代）$+ H_2O$

(2) 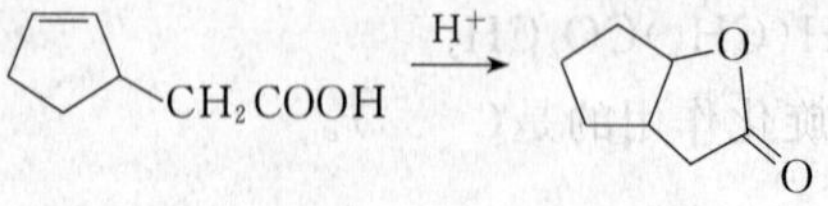 [cyclopentene]—$CH_2COOH$ $\xrightarrow{H^+}$ [bicyclic lactone]

7. 化合物 A($C_4H_6O_4$)加热生成 B($C_6H_4O_3$)。在少量 $H_2SO_4$ 存在下,A 与过量 $CH_3OH$ 作用转变成 C($C_6H_{10}O_4$)。用 $LiAlH_4$ 处理 A,随后水解生成化合物 D($C_4H_{10}O_2$),写出 A、B、C、D 的结构式。

8. 在碱的作用下,芳香醛 A 和丙酮缩合得产物 B($C_{11}H_{12}O_2$),B 经催化加氢得 C,B 和碘的氢氧化钠溶液反应得 D($C_{10}H_{10}O_3$)。C 和 D 分别用 $KMnO_4$ 氧化得同一种酸 E($C_8H_8O_3$)。E 与 HI 反应得 $CH_3I$ 和 F,F 可形成分子内氢键。试写出 A、B、C、D、E 和 F 的结构式。

9. 化合物 A($C_5H_6O_3$)与 1 mol 乙醇作用得到两个互为有旋光性的构造异构体化合物 B 和 C ,B 和 C 分别与亚硫酰氯作用后再加入乙醇中,得到同一个有旋光性的化合物 D。试推测 A、B、C 和 D 的结构式。

10. 设计由 β-二羰基化合物合成下列化合物的路线:

(1) 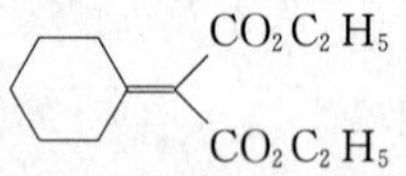 [cyclohexylidene]$=C(CO_2C_2H_5)_2$ (2) [2-pentylidene-cyclohexane-1,3-dione] (3) [2-methyl-2-(3-oxobutyl)cyclopentane-1,3-dione] (4) 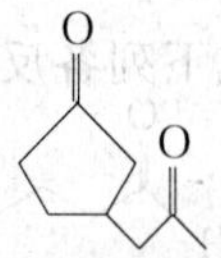 [3-(2-oxopropyl)cyclopentanone]

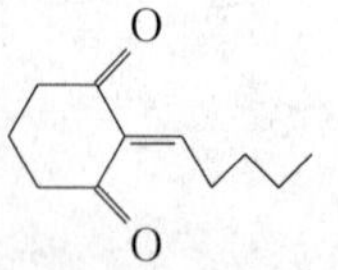

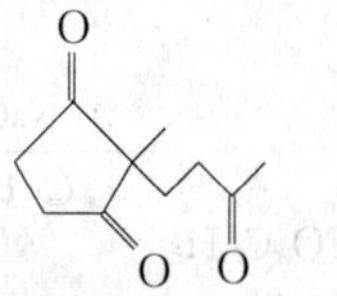

11. 设计由丙二酸酯法合成下列化合物的路线:

(1) 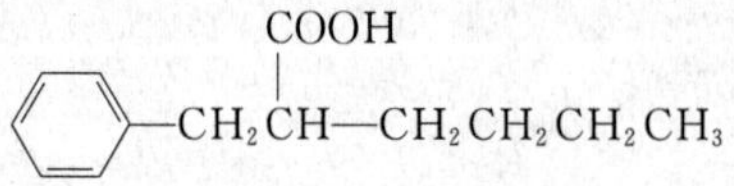 $C_6H_5$—$CH_2CH(COOH)$—$CH_2CH_2CH_2CH_3$ (2) [indane-2-COOH]

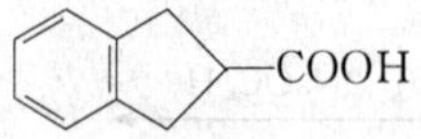

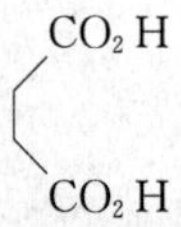

(3) $HO_2C$—$CH_2CH_2$—$CO_2H$ (4) 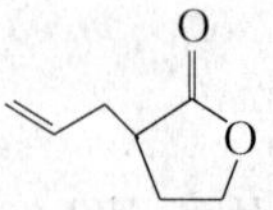 [α-allyl-γ-butyrolactone]

12. 分别从下面四种化合物开始合成 2-甲基-2-己醇:

(1) $CH_3COCH_3$ (2) $CH_3COCH_2CH_2CH_2CH_3$ (3) $CH_3CH_2CH_2CH_2CO_2CH_3$

(4) $(CH_3)_2CHCH_2CH_2Br$

## 综合习题参考答案

1. (1) 因为丙二酸的羧基是吸电子基,离去 $H^+$ 后形成分子内氢键 [structure: $^-$O—C(=O)—$CH_2$—C(=O)—O—H···O$^-$] ,因此丙二酸酸性比乙酸强。

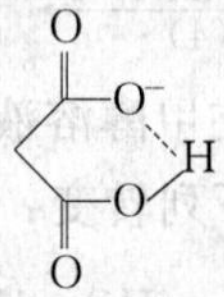

(2) 离去 $H^+$ 的丙二酸,—$COO^-$ 变成给电子基,且以分子内氢键形成存在,所以第二个—COOH酸性远弱于丙酸。

2.（1）B （2）C （3）B （4）A

3.（1） 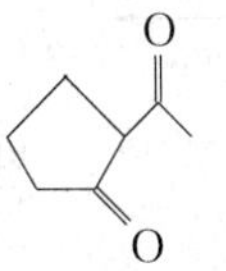 （2） 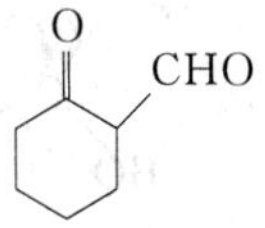 （3） 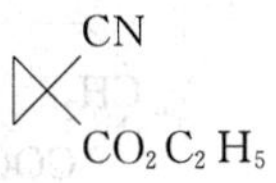 （4）

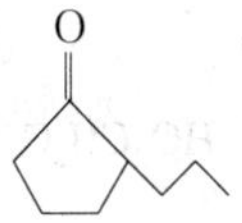

4. A. 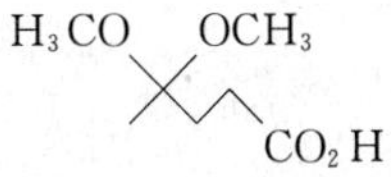 B. 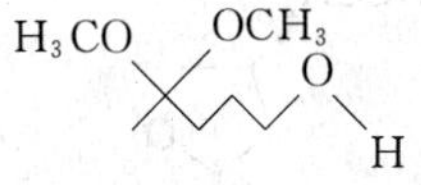 C. 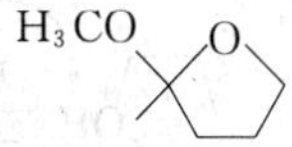 D. $HOCH_3$

E. 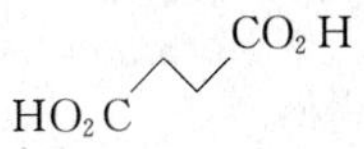 F. $HCI_3$

（3）的机理：

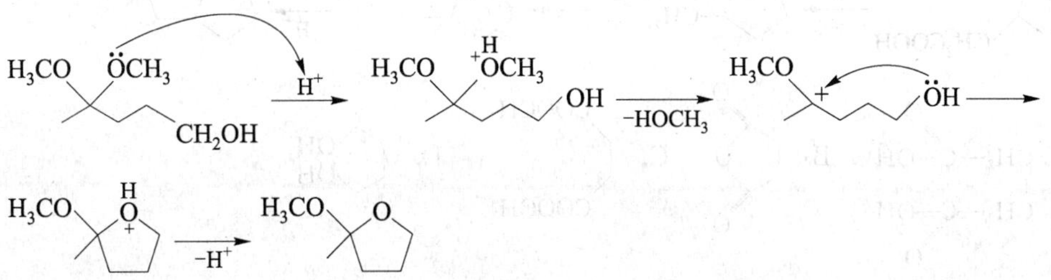

$H_3CO$ $\ddot{O}CH_3$ $CH_2OH$ $\xrightarrow{H^+}$ $H_3CO$ $\overset{+}{O}HCH_3$ $OH$ $\xrightarrow{-HOCH_3}$ $H_3CO$ $\ddot{O}H$ $\longrightarrow$

$H_3CO$ $\xrightarrow{-H^+}$ $H_3CO$

（4）、（5）的机理：

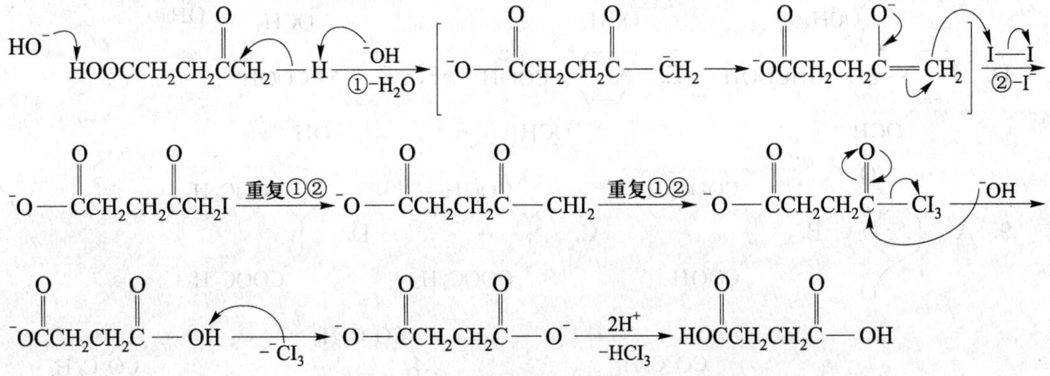

$HO^-$ $HOOCCH_2CH_2\overset{O}{\overset{\|}{C}}CH_2—H$ $^-OH$ $\xrightarrow{①-H_2O}$ $\left[ ^-O—\overset{O}{\overset{\|}{C}}CH_2CH_2\overset{O}{\overset{\|}{C}}—\bar{C}H_2 \longrightarrow {}^-O\overset{O}{\overset{\|}{C}}CH_2CH_2\overset{O^-}{\overset{|}{C}}=CH_2 \right]$ $\xrightarrow[②-I^-]{I—I}$

$^-O—\overset{O}{\overset{\|}{C}}CH_2CH_2\overset{O}{\overset{\|}{C}}CH_2I \xrightarrow{重复①②} {}^-O—\overset{O}{\overset{\|}{C}}CH_2CH_2\overset{O}{\overset{\|}{C}}—CHI_2 \xrightarrow{重复①②} {}^-O—\overset{O}{\overset{\|}{C}}CH_2CH_2\overset{O}{\overset{\|}{C}}—CI_3 \xrightarrow{^-OH}$

$^-O\overset{O}{\overset{\|}{C}}CH_2CH_2\overset{O}{\overset{\|}{C}}—OH \xrightarrow{-^-CI_3} {}^-O—\overset{O}{\overset{\|}{C}}CH_2CH_2\overset{O}{\overset{\|}{C}}—O^- \xrightarrow[-HCI_3]{2H^+} HO\overset{O}{\overset{\|}{C}}CH_2CH_2\overset{O}{\overset{\|}{C}}—OH$

5. 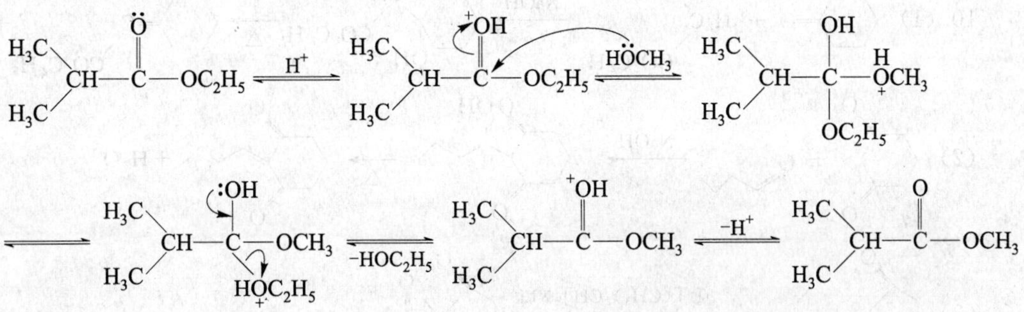 $(H_3C)_2CH—\overset{\ddot{O}}{\overset{\|}{C}}—OC_2H_5 \xrightleftharpoons{H^+} (H_3C)_2CH—\overset{\overset{+}{O}H}{\overset{\|}{C}}—OC_2H_5 \xrightleftharpoons{H\ddot{O}CH_3} (H_3C)_2CH—\underset{OC_2H_5}{\overset{OH}{C}}—\overset{H}{\overset{+}{O}}CH_3$

$\rightleftharpoons (H_3C)_2CH—\underset{H\overset{+}{O}C_2H_5}{\overset{:OH}{C}}—OCH_3 \xrightleftharpoons{-HOC_2H_5} (H_3C)_2CH—\overset{\overset{+}{O}H}{\overset{\|}{C}}—OCH_3 \xrightleftharpoons{-H^+} (H_3C)_2CH—\overset{O}{\overset{\|}{C}}—OCH_3$

6.（1）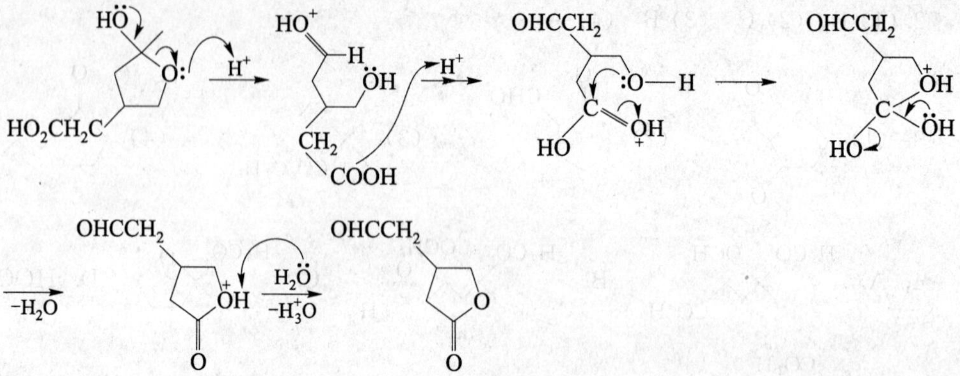

（2）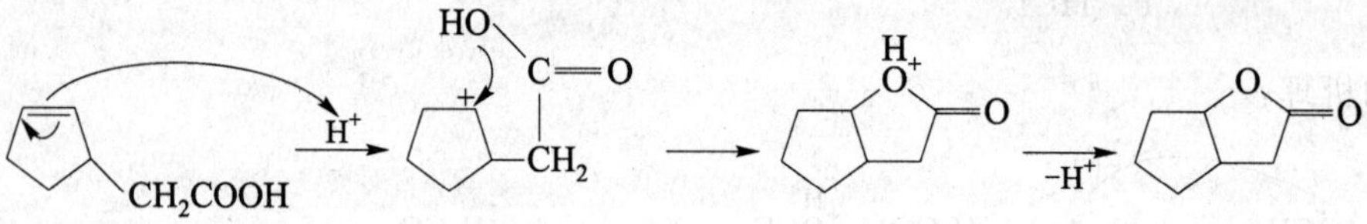

7. A. 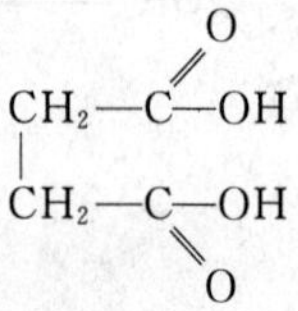 B. 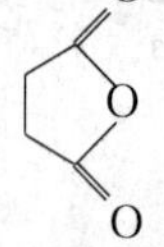 C. 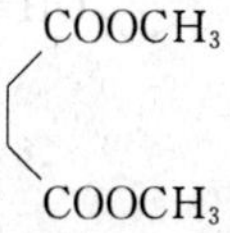 D. 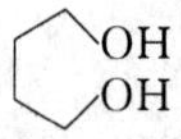

8. A. 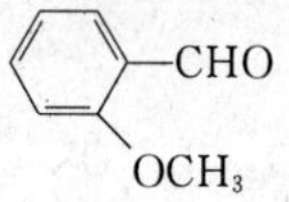 B. 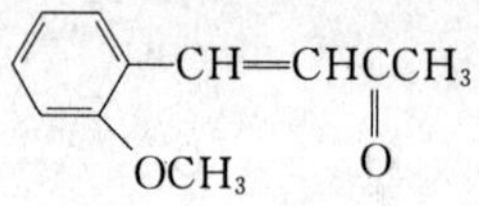 C. 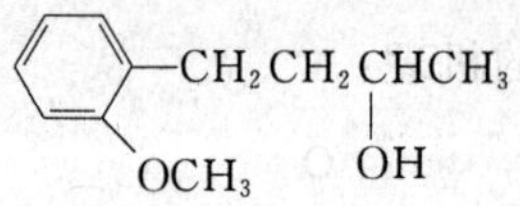

D. 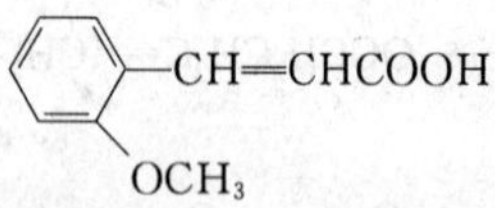 E. 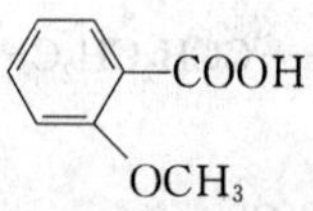 F. 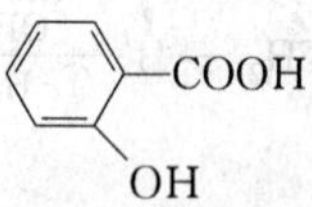

9. A 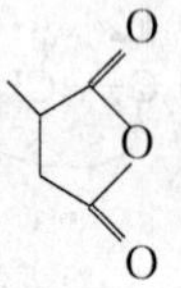 B. 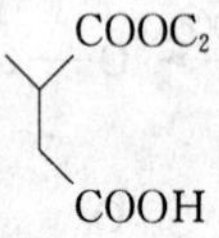 C. 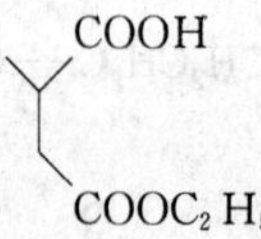 D. 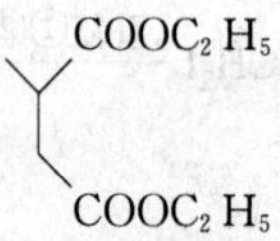

10.（1）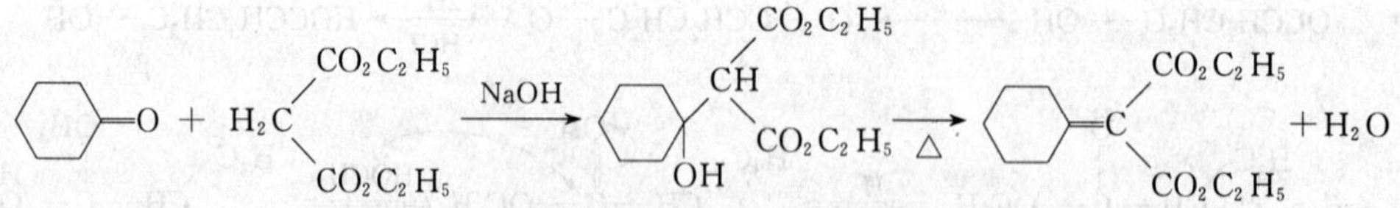

（2）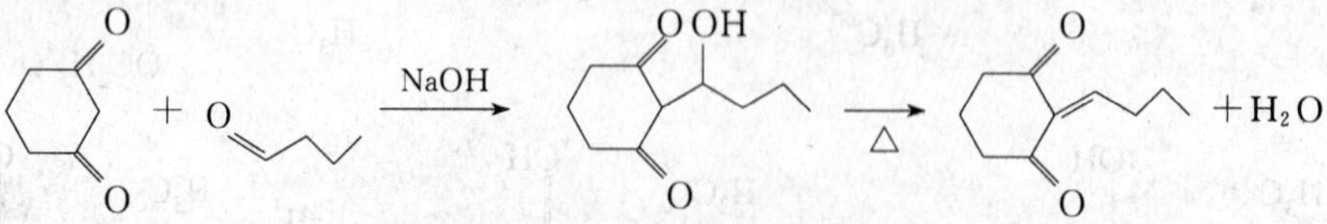

（3）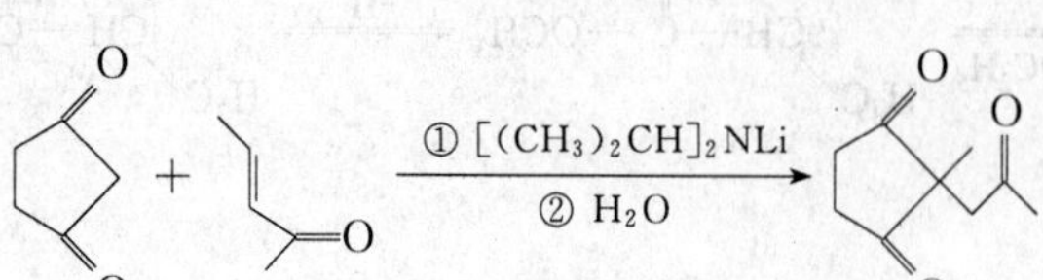

(4) 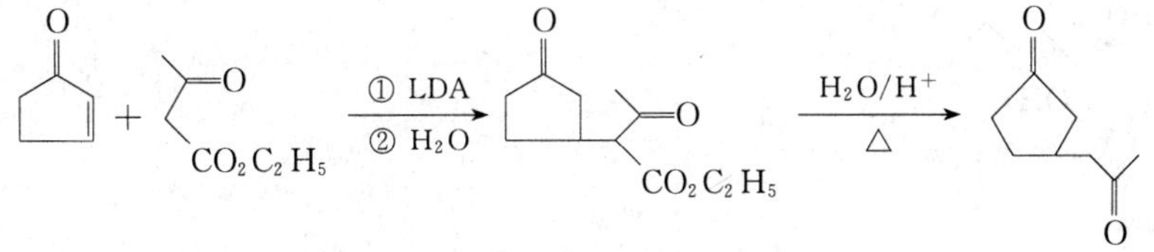 环戊烯酮 + $CH_3COCH_2CO_2C_2H_5$ $\xrightarrow[\text{② } H_2O]{\text{① LDA}}$ 3-取代环戊酮(侧链 $CH(COCH_3)CO_2C_2H_5$) $\xrightarrow[\triangle]{H_2O/H^+}$ 3-(2-氧代丙基)环戊酮

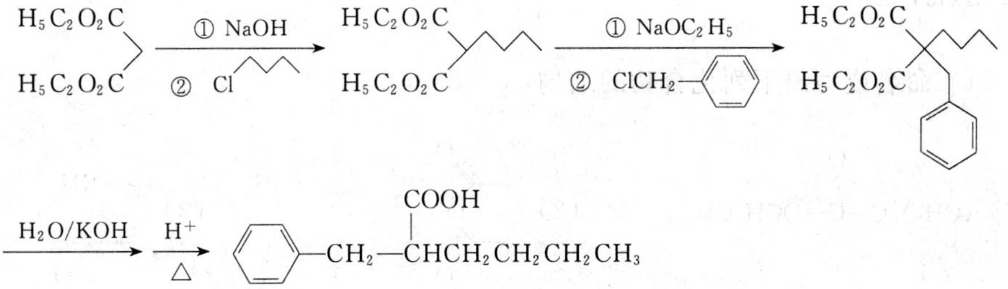

11. (1) $(H_5C_2O_2C)_2CH_2$ $\xrightarrow[\text{② } Cl\text{-丙基}]{\text{① NaOH}}$ $(H_5C_2O_2C)_2CH$-丙基 $\xrightarrow[\text{② } ClCH_2\text{-}C_6H_5]{\text{① } NaOC_2H_5}$ $(H_5C_2O_2C)_2C$(丙基)($CH_2C_6H_5$)

$\xrightarrow{H_2O/KOH}$ $\xrightarrow[\triangle]{H^+}$ $C_6H_5\text{—}CH_2\text{—}CH(COOH)CH_2CH_2CH_2CH_3$

(2) 邻二(氯甲基)苯 + $H_2C(CO_2C_2H_5)_2$ $\xrightarrow{2LDA}$ 茚满-2,2-二甲酸二乙酯 $\xrightarrow[\text{② } H_3^+O,\triangle]{\text{① } H_2O/KOH}$

茚满-2-COOH

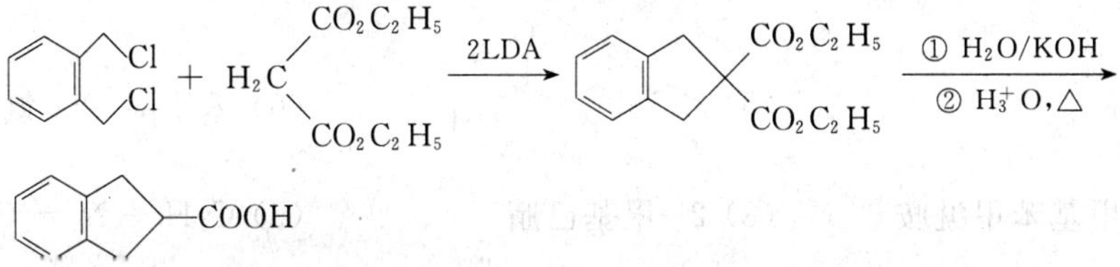

(3) $C_2H_5OOC\text{—}CH_2Cl + H_2C(CO_2C_2H_5)_2$ $\xrightarrow{KOH}$ $H_2C_2O_2CCH_2\text{—}CH(CO_2C_2H_5)_2$

$\xrightarrow[\text{② } H_3^+O,\triangle]{\text{① } H_2O/OH^-}$ $HO_2CCH_2CH_2CO_2H$

(4) 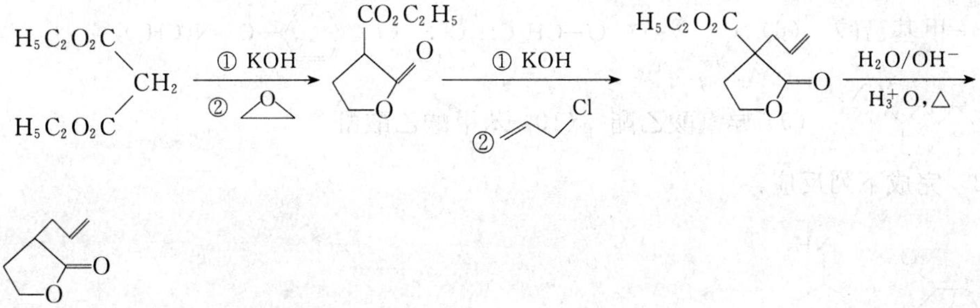 $(H_5C_2O_2C)_2CH_2$ $\xrightarrow[\text{② 环氧乙烷}]{\text{① KOH}}$ α-$CO_2C_2H_5$-γ-丁内酯 $\xrightarrow[\text{② } CH_2=CHCH_2Cl]{\text{① KOH}}$ α-$CO_2C_2H_5$-α-烯丙基-γ-丁内酯 $\xrightarrow[H_3^+O,\triangle]{H_2O/OH^-}$

α-烯丙基-γ-丁内酯

12. (1) 丙酮 $\xrightarrow[\text{② } H_3^+O]{\text{① 丁基MgCl}}$ 2-甲基-2-己醇(OH)

(2) 2-己酮 $\xrightarrow[\text{② } H_3^+O]{\text{① } CH_3MgI}$ 2-甲基-2-己醇(HO)

(3) 戊酸甲酯($OCH_3$) $\xrightarrow[\text{② } H_3^+O]{\text{① } 2CH_3MgI}$ 2-甲基-2-己醇(OH)

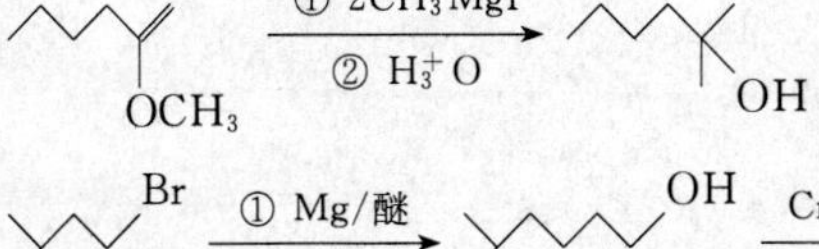

(4) 1-溴-3-甲基丁烷(Br) $\xrightarrow[\text{② 环氧乙烷}]{\text{① Mg/醚}}$ 5-甲基-1-己醇(OH) $\xrightarrow{CrO_3/H_2SO_4}$ 5-甲基己醛(O) $\xrightarrow{Zn-Hg/H_2O}$ 2-甲基己烷 $\xrightarrow[\triangle]{Br_2}$

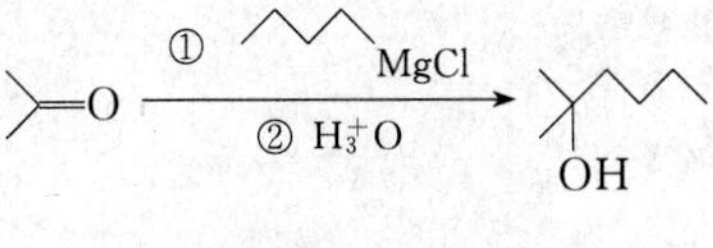

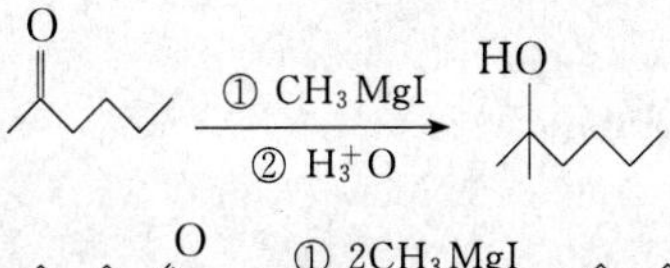

(2-bromo-2-methylhexane) $\xrightarrow{H_2O}$ (2-methyl-2-hexanol)

## 习题解答

11-1 命名或写出下列化合物的结构：

(1) $(CH_3)_3C-\overset{O}{\overset{\|}{C}}-OCH_2CH_3$ (2) (glutaric anhydride ring structure) (3) (five-membered lactam ring, NH, =O)

(4) (3-methylbutanoyl chloride, skeletal) (5) (3-methylhexanoic acid, skeletal) (6) 苯甲酸-2-氯乙酯

(7) $N,N$-二甲基苯甲酰胺 (8) 2-甲基己腈 (9) $C_2H_5-N=C=O$

(10) $CH_3\overset{O}{\overset{\|}{C}}-O-\overset{O}{\overset{\|}{C}}-C_6H_5$

**解**：(1) 2,2-二甲基丙酸乙酯 (2) 戊二酸酐 (3) $\gamma$-丁内酰胺 (4) 3-甲基丁酰氯

(5) 3-甲基己酸 (6) $C_6H_5-\overset{O}{\overset{\|}{C}}-O-CH_2CH_2Cl$ (7) $C_6H_5-\overset{O}{\overset{\|}{C}}-N(CH_3)_2$

(8) (2-methylhexanenitrile, skeletal with CN) (9) 异氰酸乙酯 (10) 苯甲酸乙酸酐

11-2 完成下列反应：

(1) (glutaric anhydride) + (cyclohexylamine, $NH_2$) $\longrightarrow$

(2) $C_6H_{11}-\overset{O}{\overset{\|}{C}}-OCH_3 \xrightarrow[\triangle]{CH_3NH_2}$

(3) (δ-valerolactone) $\xrightarrow[\text{② } H_2O]{\text{① 过量 PhMgBr}}$

(4) (ethylene oxalate, cyclic diester) $\xrightarrow{NaOH,H_2O}$

(5) [可卡因结构式] $\xrightarrow{NaOH, H_2O}$

（可卡因）

(6) [结构式：含两个 OH 的戊酸，COOH] $\xrightarrow[\triangle, -H_2O]{H^+}$

(7) $CH_2$=⟨环己烷⟩—COOH $\xrightarrow[② H_2O]{① LiAlH_4}$

(8) $CH_3$—⟨苯环⟩—$CH_2CH_2COOH$ $\xrightarrow{SOCl_2}$ (　　) $\xrightarrow{AlCl_3}$

(9) ⟨苯环⟩—$CH_2$COOH $\xrightarrow{Br_2/红磷}$

(10) [2,2-二甲基哌啶-6-酮，N—H] $\xrightarrow[② H_2O]{① LiAlH_4}$

(11) [$C_6H_5$、$CH_3$、H 取代的手性碳—C(=O)—$NH_2$] $\xrightarrow{NaOH+Br_2}$

(12) [苯甲酸乙酯] + [乙酸乙酯] $\xrightarrow{NaOC_2H_5}$ (　　) $\xrightarrow{H_3^+O}$ (　　) $\xrightarrow[② H_3^+O, \triangle]{① NaOH, H_2O}$ (　　)

(13) HC(=O)—OEt + 2 PhMgBr $\xrightarrow[② H_3^+O]{① 乙醚}$

(14) [戊二酸，两个 COOH] $\xrightarrow[\triangle]{(CH_3CO)_2O}$

(15) [戊二酸酐] $\xrightarrow{1\ mol\ CH_3OH}$ (　　) $\xrightarrow{PCl_5}$ (　　) $\xrightarrow{CH_3NH_2}$

(16) ⟨环己基⟩—C(=O)—Cl + $(CH_3CH_2CH_2CH_2)_2CuLi$ $\xrightarrow[② H_3^+O]{① THF}$

**解：**(1) [结构式：C(=O)OH 与 C(=O)NH—环己基 的戊二酸单酰胺] ⟶ [N-环己基戊二酰亚胺]

(2) $C_6H_{11}$—C(=O)—$NHCH_3$

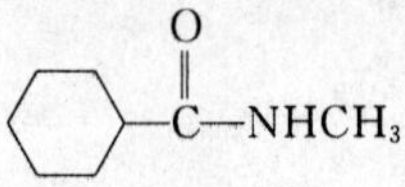

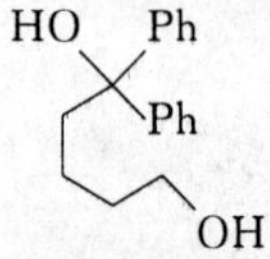

(3) HO, Ph, Ph, OH

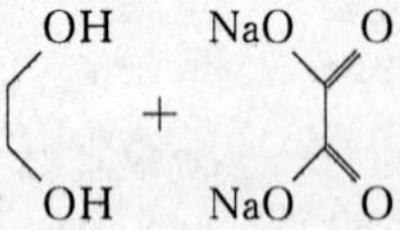

(4) OH, OH + NaO, O, NaO, O

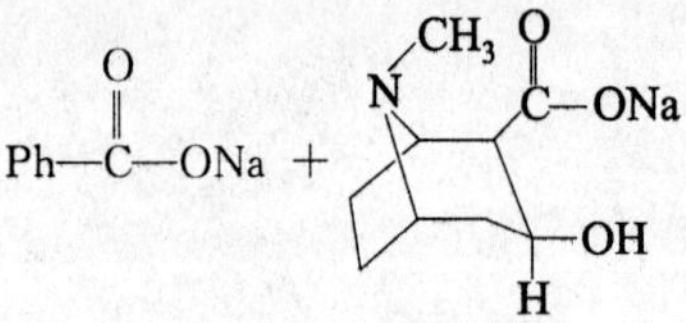

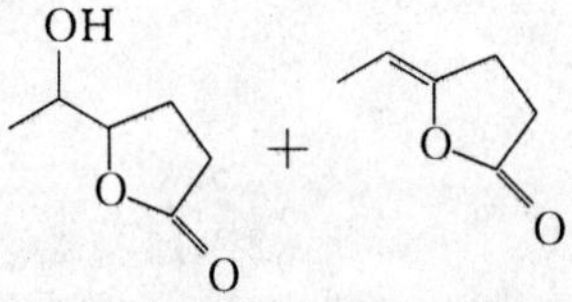

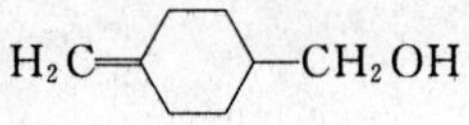

(5) Ph—C(=O)—ONa + N—$CH_3$, C(=O)—ONa, OH, H

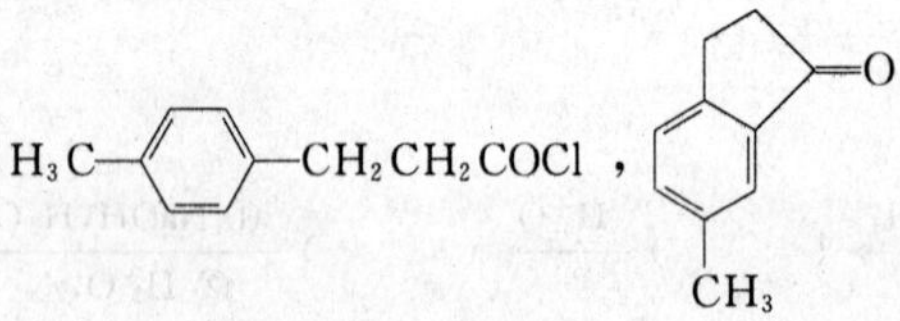

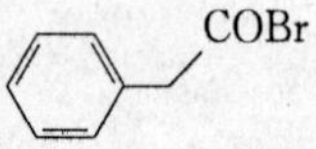

(6) OH, O, O + O, O

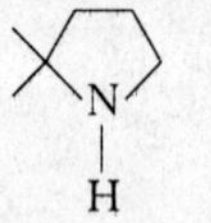

(7) $H_2C$=$C_6H_{10}$—$CH_2OH$

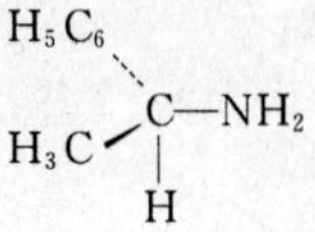

(8) $H_3C$—$C_6H_4$—$CH_2CH_2COCl$, O, $CH_3$

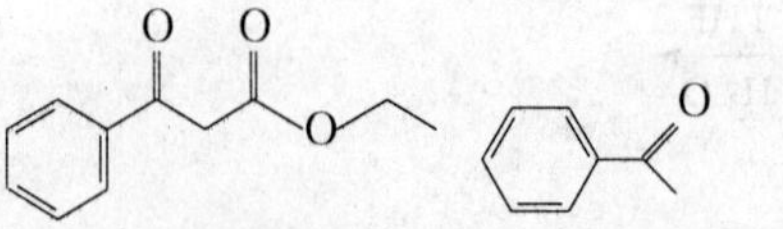

(9) COBr

(10) N, H

(11) $H_5C_6$, $H_3C$—C—$NH_2$, H

(12) O, O, O; O

(13) OH, Ph—CH—Ph

(14) O, O, O

(15) O, OH, $OCH_3$, O ， O, Cl, $OCH_3$, O ， O, $NHCH_3$, $OCH_3$, O

(16) O, $C—CH_2CH_2CH_2CH_3$

11-3　给下列反应式填上适当的试剂：

(1) O, O, O $\xrightarrow{(\quad)}$ $CH_2OH$, $CH_2OH$

(2) $CH_3CH_2CH_2COOEt \xrightarrow{(\quad)} CH_3CH_2CH_2CH_2OH$

(3) $CH_3CH_2CH_2CONH_2 \xrightarrow{(\quad)} CH_3CH_2CH_2CH_2NH_2$

(4) $CH_3\overset{O}{\overset{\|}{C}}CH_2CH_2COOEt \xrightarrow{(\quad)} CH_3CH_2CH_2CH_2COOEt$

(5) $C_2H_5O\overset{O}{\overset{\|}{C}}(CH_2)_4\overset{O}{\overset{\|}{C}}—Cl \xrightarrow{(\quad)} C_2H_5O\overset{O}{\overset{\|}{C}}(CH_2)_4CHO$

(6) $CH_2═CHCH_2COOC_2H_5 \xrightarrow{(\quad)} CH_2═CHCH_2CH_2OH$

(7) $CH_3\overset{O}{\overset{\|}{C}}CH_2CH_2COOEt \xrightarrow{(\quad)} CH_3\overset{OH}{\overset{|}{C}}HCH_2CH_2COOEt$

**解**:(1) ① $LiAlH_4$ ② $H_2O$，(2) $Na/CH_3CH_2OH$，(3) ① $LiAlH_4/Et_2O$ ② $H_2O$，(4) ① $SHCH_2CH_2SH$ ② $H_2/Ni$，(5) $H_2/Pd-BaSO_4$-喹啉，(6) ① $LiAlH_4/Et_2O$ ② $H_2O$，(7) ① $NaBH_4$ ② $H_2O$ 或者 $Al[OCH(CH_3)_2]_3/(CH_3)_2CHOH$。

11-4　用化学方法分离下列各组化合物,并鉴定分离出的化合物：

(1) A. 2-辛醇　　B. 2-辛酮　　C. 正辛酸

(2) A. 苯酚　　B. 苯甲醚　　C. 苯甲酸

**解**:(1)

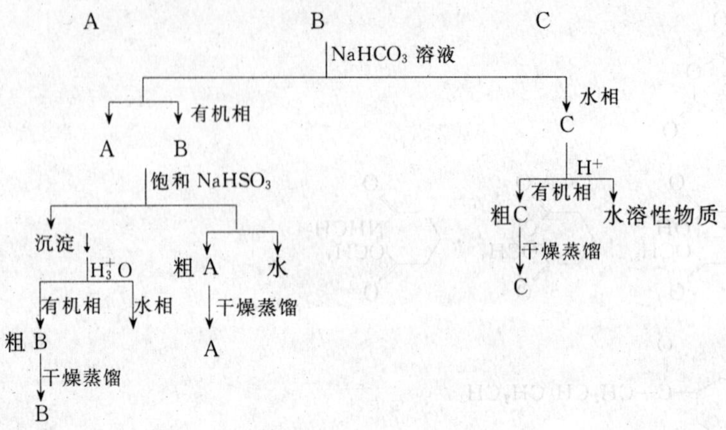


根据最后蒸馏步馏程的温度可鉴别 A、B 和 C。

(2)

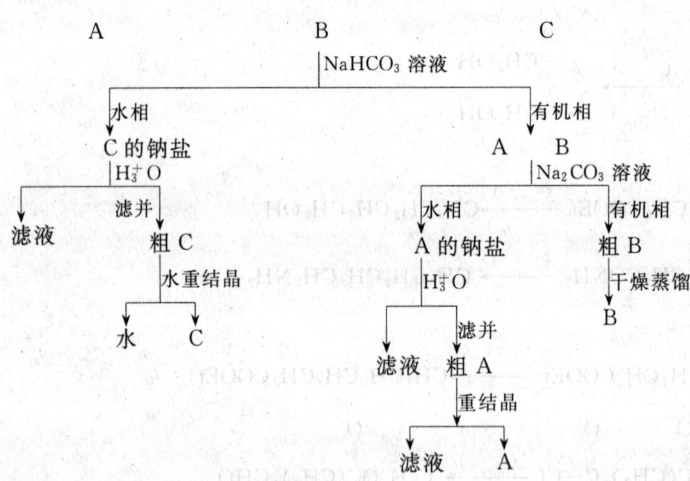


测定熔点可鉴别 A 和 C;由蒸馏沸程可鉴别 B。

11-5 下列反应是否容易进行,并解释之:

(1) $CH_3COCl + H_2O \longrightarrow CH_3COOH + HCl$

(2) $CH_3COOH + NH_3 \longrightarrow CH_3CONH_2 + H_2O$

(3) $(CH_3CO)_2O + NaOH \longrightarrow CH_3COOH + CH_3COONa$

(4) $CH_3CONH_2 + NaOH \longrightarrow CH_3COONa + NH_3$

(5) $CH_3COOCH_3 + Br^- \longrightarrow CH_3COBr + {}^-OCH_3$

**解**:(1) 容易进行,因为 $H_2O$ 的亲核性强于 $Cl^-$ 的亲核性。

(2) 不容易进行,因为在不加热时,碱 $NH_3$ 与酸 $CH_3COOH$ 反应生成盐,不进行亲核加成反应。

(3) 容易进行,因为 $OH^-$ 的亲核性大于离去基 $CH_3COO^-$ 的亲核性。

(4) 不容易进行,因为 $OH^-$ 的亲核性比 ${}^-NH_2$ 的亲核性弱。

(5) 不容易进行,因为 ${}^-OCH_3$ 的亲核性比 $Br^-$ 的强得多。

11-6 在惰性溶剂中,$\alpha$-溴代酸酯与锌粉及醛、酮反应,生成的产物水解后得到 $\beta$-羟基酸酯。此反应称为雷佛马斯基(Reformatsky)反应，常用于合成β-羟基酸酯。试以丙酮、乙酸为有机原料合成 $(CH_3)_2C(OH)CH_2COOEt$ 。能否用镁代替锌，为什么？

**解**：$CH_3COOH \xrightarrow{Br_2/P} BrCH_2COOH$

$$CH_3COOH \xrightarrow[\text{② } H_2O]{\text{① } LiAlH_4/(Et)_2O} CH_3CH_2OH$$

$$BrCH_2COOH + CH_3CH_2OH \overset{H^+}{\rightleftharpoons} BrCH_2COOCH_2CH_3$$

$$BrCH_2COOCH_2CH_3 \xrightarrow{\text{Zn 粉}} BrZnCH_2COOC_2H_2CH_3 \xrightarrow{(CH_3)_2C{=}O} (CH_3)_2C(OZnBr)CH_2COOC_2H_2CH_3$$

$$\xrightarrow{H_2O} (CH_3)_2C(OH)CH_2COOCH_2CH_3$$

不能用 Mg 代替 Zn，因为 Mg 与 $BrCH_2COOCH_2CH_3$ 反应，得到 $BrMgCH_2COOCH_2CH_3$，其亲核性很强，很容易与 $BrCH_2COOCH_2CH_3$ 先发生亲核取代反应，不能与 $CH_3COCH_3$ 反应生成目的产物。

11-7 将下列各组化合物按酸性由强至弱排列成序：

(1) A. $CH_3COOH$  B. $ClCH_2COOH$  C. 苯酚（$C_6H_5OH$）  D. $Cl_3CCOOH$

(2) A. 对溴苯甲酸（4-Br-$C_6H_4$COOH）  B. 对硝基苯甲酸（4-$NO_2$-$C_6H_4$COOH）  C. 2,4-二硝基苯甲酸  D. 对甲氧基苯甲酸（4-$OCH_3$-$C_6H_4$COOH）

(3) A. 苯甲酸  B. 邻羟基苯甲酸  C. 对羟基苯甲酸

**解**：(1) D>B>A>C  (2) C>B>A>D  (3) B>A>C

11-8 将下列各化合物按水解反应速率由大至小排列成序：

(1) A. $CH_3-\overset{O}{\overset{\|}{C}}-Cl$  B. $(CH_3\overset{O}{\overset{\|}{C}})_2O$  C. $CH_3-\overset{O}{\overset{\|}{C}}-NHCH_3$  D. $CH_3-\overset{O}{\overset{\|}{C}}-OC_2H_5$

(2) A. 对硝基苯甲酸甲酯（4-$NO_2$-$C_6H_4COOCH_3$）  B. 对甲基苯甲酸甲酯（4-$CH_3$-$C_6H_4COOCH_3$）  C. 苯甲酸甲酯（$C_6H_5COOCH_3$）

**解**：(1) A>B>D>C  (2) A>C>B

11-9 写出下列反应的机理，并用弯箭头标出电子转移的方向。

(1) 3-(carboxymethyl)-5-hydroxytetrahydrofuran (HO, H at C-5; $CH_2COOH$ side chain) $\xrightarrow{H^+, H_2O}$ $OHCCH_2$-substituted γ-lactone $+ H_2O$

(2) acetone $+ ClCH_2COOEt \xrightarrow{NaNH_2}$ epoxide–COOEt

*(3) 2-methyl-2-($COOCH_3$)cyclopentanone $\xrightarrow[CH_3OH]{CH_3ONa}$ $CH_3$–cyclopentanone–$COOCH_3$

**解**：(1)

HO, H; O: ; $CH_2COOH$ $\xrightleftharpoons{H^+}$ H—Ö, H, $\overset{+}{O}H$, $CH_2COOH$ $\xrightleftharpoons{-H^+}$ O, H, OH, $CH_2C\ddot{O}OH$ $\xrightleftharpoons{H^+}$ O, H, OH, $\overset{+}{O}H$, OH

$\rightleftharpoons$ O, H, $\overset{+}{O}$, H, ÖH, OH $\xrightleftharpoons{质子转移}$ O, H, $\overset{+}{O}H_2$, ÖH $\xrightleftharpoons{-H_2O}$ O, H, $\overset{+}{O}H$

$\xrightleftharpoons{-H^+}$ O, H, O, O

(2) H–$ClCHCOOEt$ $\xrightarrow[-NH_3]{Na\ddot{N}H_2}$ $Cl\bar{C}HCOOEt$ $\rightarrow$ $O^-$, CHCOOEt, Cl $\xrightarrow{-Cl^-}$ epoxide–COOEt

(3) O, $CH_3$, $COOCH_3$ $\xrightleftharpoons[CH_3OH]{^-OCH_3}$ $O^-$, $OCH_3$, $CH_3$, $COOCH_3$ $\longrightarrow$ O, $OCH_3$, $CH_3$, $COOCH_3$ $\xrightarrow[^-OCH_3]{CH_3OH}$

$H_3COC$(=O)—CH(H)$CH_2CH_2$CH($CH_3$)$COOCH_3$ $\xrightarrow[-CH_3OH]{CH_3O^-}$ $H_3CO$—C(=O)—$^-$CH—$CH_2$—$CH_2$—CH($CH_3$)—C(=O)—$OCH_3$ $\longrightarrow$

$CH_3OC$(=O)—(1-$O^-$-1-$OCH_3$-cyclopentyl)—$CH_3$ $\xrightarrow{-^-OCH_3}$ $H_3COC$(=O)—(cyclopentanone)—$CH_3$

11-10 完成下列转化：

(1) 2-甲基戊酸甲酯（$COOCH_3$ 取代）$\longrightarrow\longrightarrow$ 2-戊胺（$NH_2$ 取代）

(2) $CH_3CH_2OH \longrightarrow\longrightarrow CH_3CH_2CH(CH_3)COOH$

(3) 环己酮 $\longrightarrow\longrightarrow$ 环戊酮

(4) $C_2H_5OH \longrightarrow\longrightarrow CH_3CH(OH)CH_2COOC_2H_5$

(5) 环戊醇 $\longrightarrow\longrightarrow$ 双螺环交酯（两个环戊烷通过两个酯基连成的六元环二酯）

(6) $CH_3CH_2COOH \longrightarrow\longrightarrow CH_3CH_2CN$

(7) $H_3C-C_6H_5 \longrightarrow\longrightarrow CH_3CH_2-C_6H_4-CH_2CH_2COOH$（对位）

(8) 3-氧代环戊烷甲酸乙酯 $\longrightarrow\longrightarrow$ 3-(2-羟基-2-丙基)环戊酮（$O=C_5H_7-C(CH_3)_2OH$）

**解**：(1) 2-甲基戊酸甲酯（$COOCH_3$）$\xrightarrow[\triangle]{NH_3,H_2O}$ 2-甲基戊酰胺（$CONH_2$）$\xrightarrow{Br_2,NaOH}$ 2-戊胺（$NH_2$）

(2) $CH_3CH_2OH \xrightarrow{CrO_3,\text{吡啶}} CH_3CHO \xrightarrow[\triangle]{\text{稀}OH^-} CH_3CH{=}CHCHO \xrightarrow[HOCH_2CH_2OCH_2CH_2OH,\triangle]{NH_2NH_2,OH^-}$

$CH_3CH{=}CHCH_3 \xrightarrow{HBr} CH_3CH_2CHBrCH_3 \xrightarrow[\text{② } CO_2]{\text{① } Mg/Et_2O} CH_3CH_2CH(CH_3)COOMgBr \xrightarrow{H_3^+O} CH_3CH_2CH(CH_3)COOH$

(3) 环己酮 $\xrightarrow{HNO_3,70\ ℃} HOOC(CH_2)_4COOH \xrightarrow[\triangle]{Ba(OH)_2}$ 环戊酮

(4) $C_2H_5OH \xrightarrow{CrO_3,\text{吡啶}} CH_3CHO \xrightarrow[\text{② } H_3^+O]{\text{① } Zn,BrCH_2COOC_2H_5} CH_3CH(OH)CH_2COOC_2H_5$

(5) 2 环戊醇 $\xrightarrow{CrO_3,\text{吡啶}}$ 2 环戊酮 $\xrightarrow{HCN}$ 2 1-羟基环戊甲腈（OH，CN）$\xrightarrow[\triangle]{H_3^+O}$

$$2\ \text{(1-羟基环戊烷甲酸)} \xrightarrow[-H_2O]{\triangle} \text{(双螺环交酯)}$$

(6) $CH_3CH_2COOH \xrightarrow{SOCl_2} CH_3CH_2COCl \xrightarrow{NH_3} CH_3CH_2\overset{O}{\overset{\|}{C}}NH_2 \xrightarrow[\triangle]{P_2O_5} CH_3CH_2CN$

(7) $C_6H_5\text{—}CH_3 + CH_3\overset{O}{\overset{\|}{C}}\text{—}Cl \xrightarrow{AlCl_3} CH_3\overset{O}{\overset{\|}{C}}\text{—}C_6H_4\text{—}CH_3 \xrightarrow{NBS,CCl_4} H_3C\text{—}\overset{O}{\overset{\|}{C}}\text{—}C_6H_4\text{—}CH_2Br$

$\xrightarrow{HOCH_2CH_2OH,HCl} H_3C\text{—}C(\text{OCH}_2\text{CH}_2\text{O})\text{—}C_6H_4\text{—}CH_2Br \xrightarrow[\text{②}\ \text{环氧乙烷}]{\text{①}\ Mg/Et_2O} CH_3C(\text{OCH}_2\text{CH}_2\text{O})\text{—}C_6H_4\text{—}CH_2CH_2CH_2OMgBr$

$\xrightarrow{H_3^+O} H_3C\text{—}\overset{O}{\overset{\|}{C}}\text{—}C_6H_4\text{—}CH_2CH_2CH_2OH \xrightarrow{PCC} H_3C\text{—}\overset{O}{\overset{\|}{C}}\text{—}C_6H_4\text{—}CH_2CH_2CHO$

$\xrightarrow[\text{②}\ Zn\text{-}Hg/HCl]{\text{①}\ Ag_2O} H_3CH_2C\text{—}C_6H_4\text{—}CH_2CH_2COOH$

(8) $O{=}C_5H_7\text{—}COOEt \xrightarrow{HOCH_2CH_2OH/TsOH} \text{(缩酮)}\text{—}COOEt \xrightarrow[\text{②}\ H_3^+O]{\text{①}\ 2CH_3MgBr/Et_2O} O{=}C_5H_7\text{—}C(CH_3)_2OH$

11-11 用“三乙”或丙二酸二乙酯为原料合成下列化合物：

(1) 环丁基甲基酮 (2) $CH_3CO\text{—}CH(CH_2Ph)\text{—}CH_2CH{=}CH_2$ (3) $PhCH_2\text{—}CH(COOH)\text{—}CH_2CH_2CH_2CH_3$

(4) $CH_2{=}\underset{CH_3}{\underset{|}{C}}\text{—}\underset{CH_3}{\underset{|}{C}}HCH_2\text{—}Ph$ (5) 2-茚满甲酸（COOH）

**解：**(1) $CH_3\overset{O}{\overset{\|}{C}}CH_2COOC_2H_5 \xrightarrow[\text{②}\ BrCH_2CH_2CH_2Br\ \ \text{③}\ C_2H_5ONa]{\text{①}\ C_2H_5ONa} \text{环丁烷}(COOC_2H_5)(COCH_3) \xrightarrow[\text{②}\ H_3^+O,\triangle]{\text{①}\ 稀\ OH^-} \text{环丁基}\text{—}COCH_3$

(2) $CH_3COCH_2COOC_2H_5 \xrightarrow[\text{②}\ CH_2{=}CHCH_2Br]{\text{①}\ C_2H_5ONa} \xrightarrow[\text{②}\ PhCH_2Br]{\text{①}\ C_2H_5ONa} CH_3CO\text{—}\underset{CH_2Ph}{\underset{|}{\overset{CH_2CH=CH_2}{\overset{|}{C}}}}\text{—}COOC_2H_5$

$\xrightarrow[\text{②}\ H_3^+O,\triangle]{\text{①}\ 稀\ OH^-} CH_3CO\text{—}\underset{CH_2CH=CH_2}{\underset{|}{\overset{CH_2Ph}{\overset{|}{C}}}}H$

(3) $H_2C(COOC_2H_5)_2 \xrightarrow[\text{② } CH_3CH_2CH_2CH_2I]{\text{① } C_2H_5ONa} \xrightarrow[\text{② } PhCH_2Br]{\text{① } C_2H_5ONa}$ Ph/Bu-C$(COOC_2H_5)_2$ $\xrightarrow[\text{② } H_3^+O,\triangle]{\text{① } NaOH/H_2O}$ $PhCH_2CH(CH_2CH_2CH_2CH_3)COOH$

(4) $CH_3COCH_2COOC_2H_5 \xrightarrow[\text{② } C_6H_5CH_2Cl]{\text{① } C_2H_5ONa} CH_3COCH(CH_2C_6H_5)COOC_2H_5 \xrightarrow[\text{② } CH_3I]{\text{① } C_2H_5ONa}$

$CH_3COC(CH_3)(CH_2C_6H_5)-COOC_2H_5 \xrightarrow[\text{② } H_3^+O,\triangle]{\text{① } NaOH/H_2O} CH_3-CO-CH(CH_3)CH_2C_6H_5 \xrightarrow{PH_3P=CH_2}$

$CH_3-C(=CH_2)-CH(CH_3)-CH_2-C_6H_5$

(5) $CH_2(COOC_2H_5)_2 \xrightarrow[\text{② } o\text{-}C_6H_4(CH_2Br)_2]{\text{① } 2NaOC_2H_5}$ 2,2-茚满二甲酸二乙酯 $\xrightarrow[\text{② } H_3^+O,\triangle]{\text{① } NaOH/H_2O}$ 茚满-2-甲酸(—COOH)

11-12 怎样由异丁基苯为起始原料制备抗炎药物布洛芬(ibuprofen)?

异丁基苯 $\longrightarrow\longrightarrow$ 布洛芬

**解:** 异丁基苯 $\xrightarrow{(CH_3CO)_2O,AlCl_3}$ 4-异丁基苯乙酮 $\xrightarrow{ClCH_2COOC_2H_5/NaOC_2H_5}$

缩水甘油酸乙酯 $\xrightarrow{H^+/H_2O}$ 2-(4-异丁基苯基)丙醛 $\xrightarrow{\text{稀 } HNO_3}$ 2-(4-异丁基苯基)丙酸(COOH)

11-13 设计以环己烷为起始原料合成尼龙 6 的合成路线,并指出各步反应的类型。

**解:** 环己烷 $+Br_2 \xrightarrow[(1)]{h\nu}$ 环己基—Br $\xrightarrow[(2)]{NaOH}$ 环己基—OH $\xrightarrow[(3)]{CrO_3,\text{吡啶}}$ 环己酮(=O) $\xrightarrow[(4)]{NH_2OH}$

环己酮肟(=NOH) $\xrightarrow[(5)]{PCl_5}$ 己内酰胺 $\xrightarrow[(6)]{H_2O,\triangle}$ $\left[\overset{O}{\overset{\|}{C}}(CH_2)_5NH\right]_n$

各步反应的类型:(1) 自由基取代反应,(2) 亲核取代反应,(3) 氧化反应,(4) 亲核加成-消除反应,(5) Beckmann 重排反应,(6) 开环聚合反应。

11-14 某化合物 A 的分子式为 $C_5H_6O_3$,A 和乙醇作用得到两种互为异构体的 B 和 C,将

B和C分别与亚硫酰氯作用后，再与乙醇作用得到相同的化合物D。试推测A,B,C,D的构造式，并写出各步反应式。

**解：**

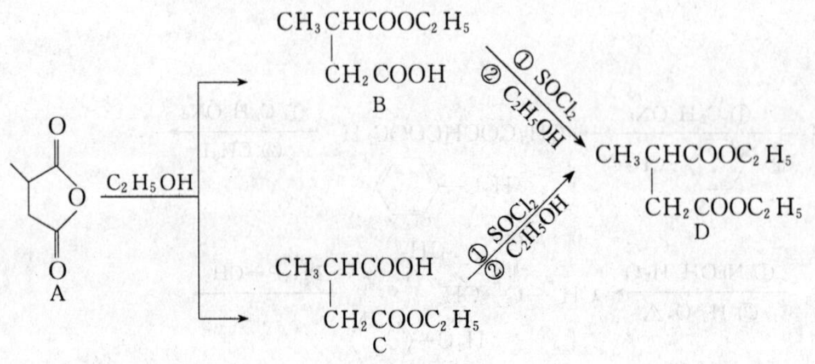

A（2-甲基丁二酸酐）$\xrightarrow{C_2H_5OH}$ B: $CH_3CHCOOC_2H_5$ / $CH_2COOH$ 或 C: $CH_3CHCOOH$ / $CH_2COOC_2H_5$

B $\xrightarrow{①\ SOCl_2\quad ②\ C_2H_5OH}$ D: $CH_3CHCOOC_2H_5$ / $CH_2COOC_2H_5$

C $\xrightarrow{①\ SOCl_2\quad ②\ C_2H_5OH}$ D

11-15 化合物A的分子式为$C_9H_{10}O_3$。它不溶于水、稀HCl及稀$NaHCO_3$溶液，但能溶于NaOH溶液。A与稀NaOH共热后，冷却酸化得一沉淀B，分子式为$C_7H_6O_3$，B能溶于$NaHCO_3$溶液并放出气体，B与$FeCl_3$溶液反应呈现紫色，B在酸性介质中可以进行水蒸气蒸馏。写出A,B的构造式及各步反应式。

**解：**A、B的构造式分别为A. 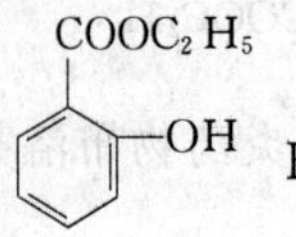 （邻羟基苯甲酸乙酯，$COOC_2H_5$、OH） B. 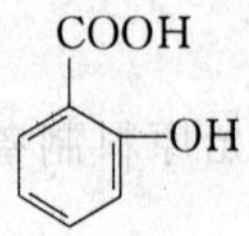 （邻羟基苯甲酸，COOH、OH）

各步反应式：

A（$COOC_2H_5$、OH） $\xrightarrow{NaOH}$ （$COOC_2H_5$、ONa）

A $\xrightarrow[\triangle]{稀\ OH^-}$ （COOH、OH）

B（COOH、OH） $\xrightarrow{NaHCO_3}$ （COONa、OH） $+H_2O+CO_2\uparrow$

B $\xrightarrow{FeCl_3}$ 显紫色

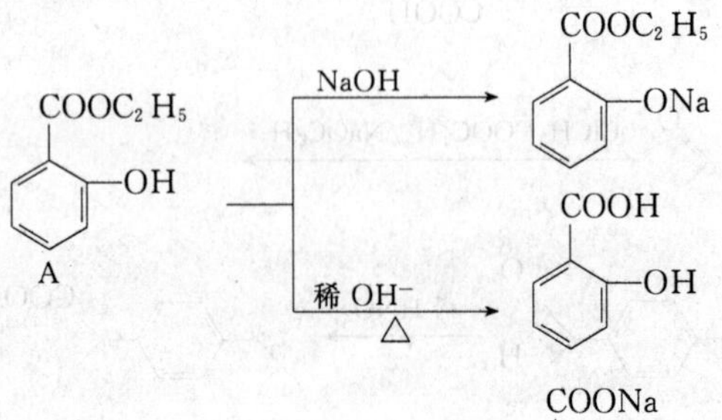

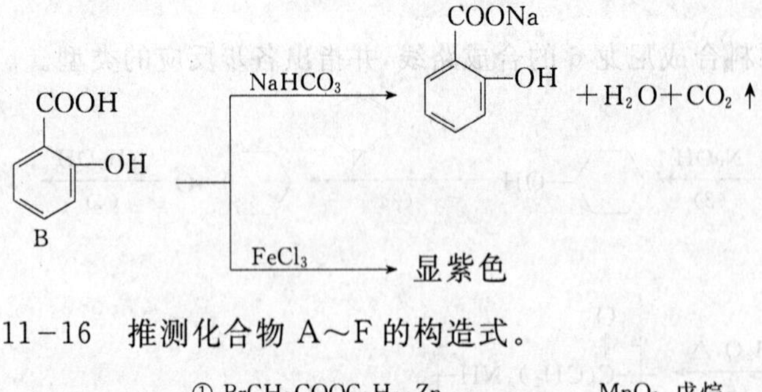

11-16 推测化合物A～F的构造式。

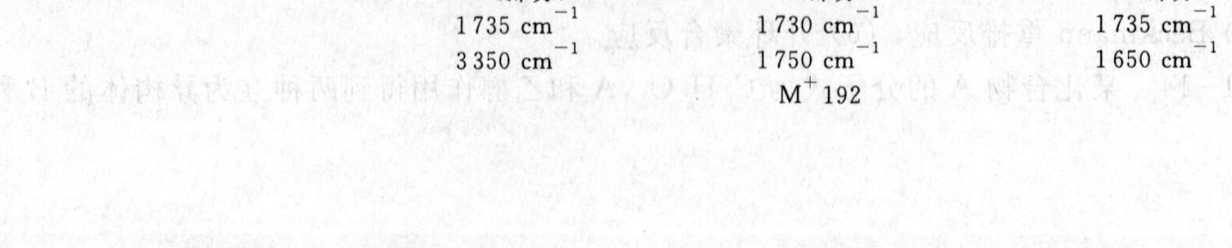

$A(C_7H_6O)\xrightarrow[②\ H_2O]{①\ BrCH_2COOC_2H_5,Zn}$ B $\xrightarrow{MnO_2,戊烷}$ C $\xrightarrow{Ph_3P{=}CH_2}$ F

B：IR(部分) 1735 $cm^{-1}$，3350 $cm^{-1}$

C：IR(部分) 1730 $cm^{-1}$，1750 $cm^{-1}$，$M^+$ 192

F：IR(部分) 1735 $cm^{-1}$，1650 $cm^{-1}$

$$C \xrightarrow[\triangle]{\overset{+}{H_3O}} D \xrightarrow[\triangle]{A,KOH} E$$

D: NMR $\delta=2.28$,单峰,3H；$\delta=7.1$,单峰,5H

E: $M^+$ 208；$\lambda_{max}=225$ nm

**解**：A. $C_6H_5$—CHO B. $C_6H_5$—CH(OH)—$CH_2COOC_2H_5$ C. $C_6H_5$—C(=O)—$CH_2COOC_2H_5$ D. $C_6H_5$—C(=O)—$CH_3$

E. $C_6H_5$—C(=O)—CH═CH—$C_6H_5$ F. $C_6H_5$—C(=$CH_2$)—$CH_2COOC_2H_5$

11-17 化合物A的分子式为$C_{10}H_{22}O_2$,与碱不起作用,但可被稀酸水解成B和C。C的分子式为$C_3H_8O$,与金属钠作用有气体逸出,能与NaIO反应。B的分子式为$C_4H_8O$,能进行银镜反应,与$K_2Cr_2O_7$和$H_2SO_4$作用生成D。D与$Cl_2$/P作用后,再水解可得到E。E与稀$H_2SO_4$共沸得F,F的分子式为$C_3H_6O$,F的同分异构体可由C氧化得到。写出A～F的构造式。

**解**：A. $CH_3CH_2CH_2CH(OCH(CH_3)_2)$—$OCH(CH_3)_2$ B. $CH_3CH_2CH_2CHO$ C. $(CH_3)_2CHOH$

D. $CH_3CH_2CH_2COOH$ E. $CH_3CH_2CH(OH)COOH$ F. $CH_3CH_2CHO$

# 第 12 章 含氮和含磷化合物

## 学习要点

胺：

1. 伯、仲、叔、季及手性胺(铵)的结构
2. 胺的碱性 $K_b$、$pK_b$ 表示式
3. 氮原子上的烷基化与酰基化反应(与对甲苯磺酸酰氯的反应)
4. 芳香胺的结构与性质，取代基对取代苯胺碱性的影响
5. 重要天然胺：烟碱、阿托品、奎宁(金鸡纳碱)的性质及用途
6. 季铵碱的热分解(E2 反应)

重要用途的含氮化合物：

1. 重氮盐的制备、结构及反应
2. 硝基化合物的还原反应
3. 腈的还原与水解反应
4. 异氰酸酯的结构与化学反应

含磷化合物：

1. 膦、膦酸、磷酸酯的结构及命名
2. 含磷化合物的生理活性

季铵盐及季鏻盐：

1. 合成
2. 室温离子液体的结构、性质和用途
3. 作表面活性剂与相转移催化剂

## 重要反应式

胺的反应

$$R—NH_2 + R'—X \longrightarrow RR'NH \cdot HX \xrightarrow{OH^-} RR'NH \quad \text{(合成仲胺)}$$

$$RR'NH + R^2—X \longrightarrow RR'R^2N \cdot HX \xrightarrow{OH^-} RR'R^2N \quad \text{(合成叔胺)}$$

$$RR'R^2N + R^3—X \longrightarrow RR'R^2R^3N^+X^- \quad \text{(合成季铵盐)}$$

$$RNH_2 + R'\overset{O}{\overset{\|}{C}}-Cl \longrightarrow R'\overset{O}{\overset{\|}{C}}-NHR + HCl$$ （合成酰胺，保护—$NH_2$ 基）

$$\left.\begin{matrix}RNH_2\\R_2NH\end{matrix}\right] + CH_3-C_6H_4-SO_2Cl \longrightarrow \begin{cases}CH_3-C_6H_4-SO_2NHR \xrightarrow{NaOH} CH_3-C_6H_4-SO_2\bar{N}RNa^+\\CH_3-C_6H_4-SO_2NR_2\end{cases}$$

（用于分离伯、仲、叔胺，合成磺胺药物）

$$C_6H_5-NH_2 \xrightarrow{Na_2Cr_2O_7/H_2SO_4/H_2O} O{=}C_6H_4{=}O$$ （制备醌）

$$C_6H_5NH_2 + Br_2 \xrightarrow{H_2O} 2,4,6\text{-}Br_3C_6H_2NH_2 + 3HBr$$ （鉴别苯胺）

$$R_4\overset{+}{N}X^- + KOH \xrightarrow{C_2H_5OH} R_4NOH + KX\downarrow$$ （生成季铵碱）

$$\text{1,1,2-三甲基吡咯烷鎓}\ ^-OH \xrightarrow{\triangle} (CH_3)_2N-CH_2CH_2CH_2CH{=}CH_2 + H_2O$$ （季铵碱分解）

$$C_6H_5-NH_2 + HNO_2 \xrightarrow[0\sim5\ ℃]{浓\ HCl} C_6H_5-N{\equiv}NCl + 2H_2O$$ （重氮盐制备）

$$m\text{-}BrC_6H_4NH_2 + NaNO_2 \xrightarrow[0\sim5\ ℃]{H_2SO_4} m\text{-}BrC_6H_4N_2HSO_4 \xrightarrow[\triangle]{H_2O} m\text{-}BrC_6H_4OH$$ （合成酚）

$$CH_3-C_6H_4-N_2^+Cl^- + CuCN \xrightarrow{50\ ℃} H_3C-C_6H_4-CN$$ （合成芳腈）

$$H_3C-C_6H_4-N_2^+Cl^- + HBF_4 \xrightarrow{\triangle} H_3C-C_6H_4-F$$ （合成氟代苯）

$$C_6H_5-N_2^+Cl^- \xrightarrow[\triangle]{C_2H_5OH} C_6H_6$$ （清除重氮基）

$$HO_3S-C_6H_4-N_2^+Cl^- + C_6H_5-N(CH_3)_2 \xrightarrow{pH=5\sim7} NaO_3S-C_6H_4-N{=}N-C_6H_4-N(CH_3)_2$$

（合成染料）

$$O_2N-C_6H_4-N_2^+Cl^- + \beta\text{-}C_{10}H_7-OH \xrightarrow{pH=8\sim9} O_2N-C_6H_4-N{=}N-C_{10}H_6(OH)$$ （合成染料）

硝基化合物的反应

$$C_6H_5-\overset{O}{\overset{\|}{C}}-H + H-CH_2NO_2 \xrightarrow[\text{②}H_3^+O,\triangle]{\text{①}OH^-} C_6H_5CH=CHNO_2$$

$$C_6H_5COOC_2H_5 + CH_3NO_2 \xrightarrow{CH_3CH_2ONa} C_6H_5COCH_2NO_2 + C_2H_5OH$$

$$C_6H_5-NO_2 + H_2 \xrightarrow{Pd/C} C_6H_5-NH_2$$

$$O_2N-C_6H_4-NO_2\ (m) \xrightarrow{(NH_4)_2S} O_2N-C_6H_4-NH_2\ (m) \quad \text{（选择还原）}$$

腈的反应

$$NC(CH_2)_4CN + H_2 \xrightarrow{Ni} H_2N-(CH_2)_6-NH_2 \quad \text{（合成胺）}$$

$$NC(CH_2)_4CN + H_2O \xrightarrow[\triangle]{H^+\text{或}OH^-} HO_2C(CH_2)_4CO_2H \quad \text{（合成酸）}$$

$$C_6H_5CHO + C_6H_5CH_2CN \xrightarrow[\triangle]{NaOC_2H_5/HOC_2H_5} C_6H_5CH=\underset{C_6H_5}{\underset{|}{C}}-CN \quad \text{（缩合反应）}$$

异氰酸酯反应

$$H_3C-N=C=O + \text{1-萘酚(OH)} \longrightarrow \text{1-萘基}-O-\overset{O}{\overset{\|}{C}}NHCH_3 \quad \text{（合成氨基甲酸酯）}$$

$$n\ \text{(2-甲基-1,5-二异氰酸酯基苯, }CH_3, NCO, NCO) + n\,HO(CH_2)_4OH \longrightarrow \left[ O\overset{}{\underset{O}{\underset{\|}{C}}}-NH-\text{(甲基苯基)}-NH-\overset{O}{\overset{\|}{C}}-O-(CH_2)_4 \right]_n$$

（合成聚氨基甲酸酯）

磷化物的反应

$$PCl_3 + LiAlH_4 \xrightarrow{THF} PH_3 \xrightarrow[\text{醚}]{Na} PH_2Na$$

$$RX + PH_2Na \longrightarrow RPH_2 + NaX \quad \text{（合成伯膦）}$$

$$RR'PH + Na \longrightarrow RR'PNa \xrightarrow{R''X} RR'R''P + NaX \quad \text{（合成叔膦）}$$

$$3RMgX + PCl_3 \longrightarrow R_3P + 3MgCl_2 \quad \text{（合成叔膦）}$$

$$(CH_3CH_2CH_2CH_2)_3P + Cl(CH_2)_{11}CH_3 \xrightarrow{\triangle} (CH_3CH_2CH_2CH_2)_3P^+(CH_2)_{11}CH_3Cl^-$$

（合成季鏻盐）

合成室温离子液体

$$R^1R^2R^3N + R^4X \longrightarrow R^1R^2R^3R^4N^+X^- \xrightarrow{AlCl_3} R^1R^2R^3R^4N^+[XAlCl_3]^-$$

($R^1$、$R^2$、$R^3$ 和 $R^4$ 不能全相同)

$$R^1R^2R^3P + R^4X \longrightarrow R^1R^2R^3R^4P^+X^- \xrightarrow{AlCl_3} R^1R^2R^3R^4P^+[XAlCl_3]^-$$

$$CH_3(CH_2)_7Cl + NaCN \xrightarrow[\triangle,18\,h]{\text{季鏻盐}} CH_3(CH_2)_7CN + NaCN \quad (\text{收率 } 99\%)$$

# 思考题解答

**思考题 12-1** 如何从 RCOOH、$R'NH_2$、$R''X$ 的混合物中分离出 RCOOH、$R'NH_2$ 和 $R''X$?

**解答：** RCOOH 有酸性可与碱形成盐溶于水，$R'NH_2$ 有碱性可与酸形成盐溶于水，$R''X$ 是中性化合物，可用化学方法分离。

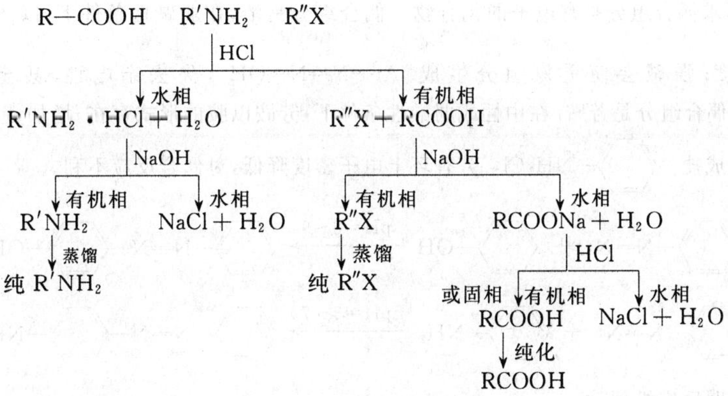


**思考题 12-2** 试写出 5 种制备胺的方法

**解答：** 仅就已学过的方法，

1. 卤代烃氨解：$RX + NH_3 \longrightarrow RNH_2\cdot HX \xrightarrow{NaOH} RNH_2$

2. 硝基化合物还原：$C_6H_5-NO_2 + H_2 \xrightarrow{Ni} C_6H_5-NH_2 + H_2O$

3. 酰胺降解：$C_6H_5-C(=O)-NH_2 \xrightarrow{Br_2/NaOH} C_6H_5-NH_2$ （制备伯胺）

4. 二酰亚胺水解制备伯胺：

$$\text{邻苯二甲酰亚胺}(C_6H_4(CO)_2NH) \xrightarrow{KOH} C_6H_4(CO)_2NK \xrightarrow{RBr} C_6H_4(CO)_2N-R \xrightarrow[\triangle]{OH^-/H_2O} C_6H_4(CO_2^-)(CONHR)$$

$$\xrightarrow{\triangle} C_6H_4(CO_2^-)_2 + NH_2R$$

5. 亚胺还原：$\text{R(R')HC=O} + \text{NH}_2 \longrightarrow \text{R(R')HC=NH} \xrightarrow{H_2/Ni} \text{R(R')HC—NH}_2$

（制备伯、仲胺）

6. 酰胺还原：$\text{C}_6\text{H}_{11}\text{—C(=O)—NH}_2 + \text{LiAlH}_4 \longrightarrow \text{C}_6\text{H}_5\text{—CH}_2\text{NH}_2$

**思考题 12-3**　芳胺的重氮离子是离域体系，试写出重氮离子的共振结构式。

**解答：**$[\text{C}_6\text{H}_5\text{—N≡N}]^+ \equiv [\text{C}_6\text{H}_5\text{—}\ddot{\text{N}}\text{=}\overset{+}{\text{N}}\text{:} \longleftrightarrow \text{C}_6\text{H}_5\text{—}\overset{+}{\text{N}}\text{≡N:}]$

**思考题 12-4**　写出偶合反应的机理，并解释为什么酚偶合反应介质为弱碱性；与芳胺偶合反应的介质为弱酸性？

**解答：**在偶合反应中，重氮离子为重氮组分，而酚和芳胺为偶合组分。重氮组分是弱的亲电试剂。$\text{C}_6\text{H}_5\text{—N=}\overset{+}{\text{N}}\text{:}$ 要求偶合组分是富电子的化合物。偶合组分是酚，在弱碱性条件下，以 $\text{C}_6\text{H}_5\text{—}\ddot{\text{O}}\text{:}^-$ 存在，增加芳烃的电子密度；强碱会使重氮组分生成 Ar—N═N—OH，失去亲电性，甚至会变成亲核试剂 Ar—N═N—O⁻。偶合组分是芳胺，在中性或弱酸性条件下，芳胺以胺的形式存在，增加芳环上电子密度；若在强酸介质中，芳胺变成盐，$\text{C}_6\text{H}_5\text{—}\overset{+}{\text{N}}\text{H}_3\text{Cl}$，芳香环上电子密度降低，对偶合反应不利。

$$\text{C}_6\text{H}_5\text{—N=}\overset{+}{\text{N}}\text{:} + \text{C}_6\text{H}_5\text{—OH} \xrightarrow{pH=8\sim9} \text{C}_6\text{H}_5\text{—N=N—C}_6\text{H}_4\text{—OH}$$

$$\text{C}_6\text{H}_5\text{—N=}\overset{+}{\text{N}}\text{:} + \text{C}_6\text{H}_5\text{—NH}_2 \xrightarrow{pH=5\sim7} \text{C}_6\text{H}_5\text{—N=N—C}_6\text{H}_4\text{—NH}_2$$

以酚为偶合组分，说明反应机理：

$$\text{C}_6\text{H}_5\text{—OH} \xrightarrow{^-OH} \text{C}_6\text{H}_5\text{—}\ddot{\text{O}}\text{:}^- + \text{:}\overset{+}{\text{N}}\text{=N—C}_6\text{H}_5 \longrightarrow \text{C}_6\text{H}_5\text{—N=}\ddot{\text{N}}\text{—}(\text{H})\text{C}_6\text{H}_5^{(+)}\text{—}\ddot{\text{O}}\text{:}^- \xrightarrow{-H^+}$$

$$\text{C}_6\text{H}_5\text{—N=N—C}_6\text{H}_4\text{—O}^- \xrightarrow[-H_2O]{H_3^+O} \text{C}_6\text{H}_5\text{—N=N—C}_6\text{H}_4\text{—OH}$$

**思考题 12-5**　试写出醛与硝基甲烷、酯与硝基甲烷的两个反应机理。

**解答：**$CH_3NO_2$ 的 α-H 有较强酸性，在碱作用下生成硝基甲基负离子 $^-CH_2NO_2$，是强亲核试剂，可与醛发生亲核加成反应，与酯发生亲核加成-消除反应。其机理如下：

(1) $C_6H_5CHO + CH_3NO_2 \xrightarrow[②H_3^+O,\triangle]{①^-OH} C_6H_5CH{=}CHNO_2$

$$\text{H—CH}_2\text{NO}_2 \xrightarrow[-H_2O]{^-OH} {}^-\text{CH}_2\text{NO}_2$$

$$C_6H_5CH{=}O + {}^-CH_2NO_2 \longrightarrow C_6H_5\underset{}{\overset{O^-}{|}}CH{-}CH_2NO_2 \xrightarrow[-\bar{O}H]{H-OH} C_6H_5\overset{OH}{|}CH{-}\overset{H}{|}CH{-}NO_2 \xrightarrow{-H_2O,\triangle}$$

$$C_6H_5CH{=}CH{-}NO_2$$

(2) $C_6H_5COOC_2H_5 + CH_3NO_2 \xrightarrow{NaOC_2H_5} C_6H_5COCH_2NO_2 + C_2H_5OH$

$$H{-}CH_2NO_2 \xrightarrow[-HOC_2H_5]{{}^-OC_2H_5} {}^-CH_2NO_2$$

$$C_6H_5\overset{O}{\overset{\|}{C}}{-}OC_2H_5 + {}^-CH_2NO_2 \longrightarrow C_6H_5{-}\overset{O^-}{\underset{CH_2NO_2}{C}}{-}OC_2H_5 \longrightarrow C_6H_5\overset{O}{\overset{\|}{C}}{-}\overset{H}{|}CHNO_2 + {}^-OC_2H_5 \longrightarrow$$

$$C_6H_5\overset{O}{\overset{\|}{C}}\bar{C}HNO_2 \xrightarrow[-H_2O]{H_3\overset{+}{O}} C_6H_5\overset{O}{\overset{\|}{C}}CH_2NO_2$$

**思考题 12-6** 试写出苯甲醛与苯乙腈反应的机理。

**解答：** 腈分子中—CN 基是强吸电子基，腈的 $\alpha$-H 有酸性，在碱作用下，可形成 $R\bar{C}HCN$，是强亲核试剂。

$$C_6H_5CHO + C_6H_5CH_2CN \xrightarrow[\triangle]{EtONa/EtOH} C_6H_5CH{=}\underset{C_6H_5}{\underset{|}{C}}{-}CN$$

其机理如下：

$$C_6H_5{-}\overset{H}{|}CH{-}CN \xrightarrow[-HOEt]{{}^-OEt} C_6H_5\bar{C}HCN \xrightarrow{C_6H_5{-}\overset{O}{\overset{\|}{C}}{-}H} C_6H_5{-}\overset{O^-}{|}CH{-}\underset{C_6H_5}{\underset{|}{CHCN}} \xrightarrow[{}^-OC_6H_5]{HOC_6H_5}$$

$$C_6H_5\overset{OH}{|}CH{-}\overset{H}{\underset{C_6H_5}{C}}{-}CN \xrightarrow{-H_2O} C_6H_5CH{=}\overset{C_6H_5}{\overset{|}{C}}{-}CN$$

## 例题解析

**例 1.** 将下列各组化合物按碱性由强至弱排序：

(1) A. 苯胺（$C_6H_5$—$NH_2$） B. $(CH_3CH_2)_2NH$ C. $(CH_3CH_2)_4N^+OH^-$ D. $CH_3\overset{O}{\overset{\|}{C}}{-}NH_2$

(2) A. 间硝基苯胺（$NH_2$，$NO_2$） B. $O_2N$—$C_6H_4$—$NH_2$（对硝基苯胺） C. 邻硝基苯胺（$NH_2$，$NO_2$） D. 苯胺（$C_6H_5$—$NH_2$）

(3) A. 氨 B. 吡啶 C. 喹啉 D. 吡咯

**解析：** 一般情况下有机碱性顺序是

芳香胺＜脂肪胺

芳香胺：（P取代苯胺）$-NH_2$ ＜（G取代苯胺）$-NH_2$（P——吸电子基，G——给电子基）

脂肪胺：$R'NH_2 < RR'NH < R'R^2R^3N < R_4\overset{+}{N}\overset{-}{O}H$

(1) C＞B＞A＞D　(2) D＞A＞B＞C　(3) A＞B＞C＞D

**例 2.** 将下列分子中氮原子按碱性由强到弱排序。

**解析：** B 的 N 上孤对电子裸露在外，E 的 N—H 有酸性，所以 C＞B＞A＞D＞E。

**例 3.** 解释2,4,6-三硝基苯胺的碱性比2,4,6-三硝基-*N*,*N*-二甲基苯胺的碱性小4万倍的事实。

**解析：** 宏观性质上的差异是微观结构决定的。尽管甲基是给电子基，会使胺碱性增强，但绝不会差异这么大。三个硝基都是平面结构，与苯环共轭，是强吸电子基。在苯胺中，两个邻硝基与氨基的两个氢会形成强的氢键作用，使氨基的电子对与苯环的共轭强烈偏向苯环。而在*N*,*N*-二甲基三硝基苯胺中，由于两个$-CH_3$体积大，使氮上的电子对不与苯环共轭，因此，两者的碱性相差4万倍。

**例 4.** 下列反应哪个不易发生亲核取代反应？

(1) $C_6H_5-NH_2 + {}^-CN \longrightarrow C_6H_5-CN + {}^-NH_2$

(2) $O_2N-C_6H_3(NO_2)-Cl + {}^-CN \longrightarrow O_2N-C_6H_3(NO_2)-CN + Cl^-$

(3) $C_6H_5-O^- + CH_3CH_2Cl \longrightarrow C_6H_5-CH_2CH_3 + Cl^-$

(4) 邻苯二甲酰亚胺钾（$NK$）$+ BrCH_2CH_3 \longrightarrow$ 邻苯二甲酰亚胺（$N-CH_2CH_3$）$+ KBr$

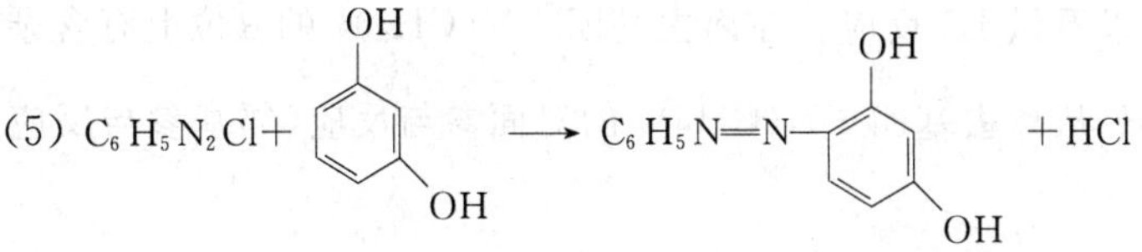

(5) $C_6H_5N_2Cl$ + 间苯二酚（1,3-二羟基苯） ⟶ $C_6H_5N{=}N$—（2,4-二羟基苯基） + HCl

**解析**：(5)为亲电取代反应，很易进行。其余为亲核取代反应，其中(1)的氨基与环共轭，环上又无吸电子基，因此，(1)最不易发生亲核取代反应。

**例 5.** 用化学方法鉴别下列化合物：

A. $C_6H_5CH_2NH_2$　　B. $C_6H_5NHCH_3$　　C. $C_6H_5CH_2N(CH_3)_2$

D. $C_6H_5NH_2$　　E. $C_6H_5N(CH_3)_2$

**解析**：鉴别胺一般有两种方法，一种是兴斯堡法，即用苯磺酰氯与胺反应。伯胺生成沉淀，沉淀溶于 NaOH 中，再加 HCl，沉淀又生成；仲胺生成沉淀，但沉淀不溶于 NaOH 溶液，再加 HCl 沉淀仍不溶解；叔胺表面上看没有反应。另一种方法是用亚硝酸鉴别，在低温下伯胺生成重氮盐，但脂肪伯胺重氮盐立刻分解，放出 $N_2$。伯芳胺重氮盐稳定，不放 $N_2$，与酚或芳胺反应生成有色物。仲胺与亚硝酸反应，脂肪仲胺生成油状取代物，芳香仲胺生成黄色油状取代物。叔胺与亚硝酸反应时，脂肪叔胺生成 *N*-亚硝基铵盐，芳香胺生成绿色晶体物。

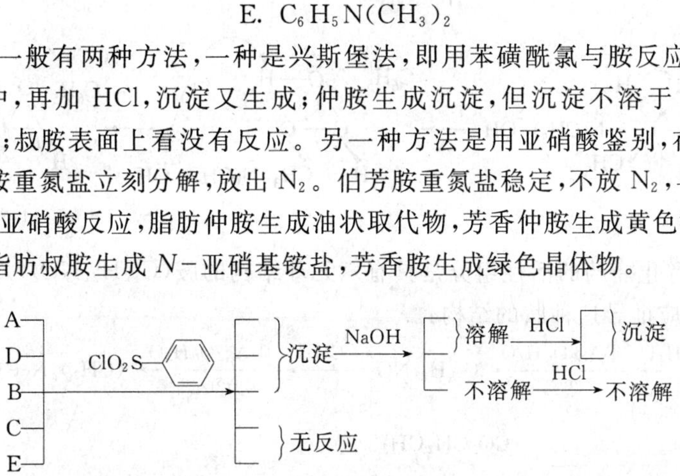

A、D、B、C、E $\xrightarrow{ClO_2S-C_6H_5}$ A、D、B：沉淀 $\xrightarrow{NaOH}$ A、D：溶解 $\xrightarrow{HCl}$ 沉淀；B：不溶解 $\xrightarrow{HCl}$ 不溶解；C、E：无反应

A、D $\xrightarrow[5\ ℃]{NaNO_2+HCl}$ A：有 $N_2$ 放出；D：溶解

C、E $\xrightarrow{NaNO_2+HCl}$ C：溶解；E：绿色晶体

**例 6.** 下列化合物发生硝化反应时，比较间硝基化合物产率的高低顺序：

A. $C_6H_5N^+(CH_3)_3Cl^-$　　B. $C_6H_5CH_2N^+(CH_3)_3Cl^-$

C. $C_6H_5CH_2CH_2N^+(CH_3)_3Cl^-$　　D. $C_6H_5CH_2CH_2CH_2N^+(CH_3)_3Cl^-$

**解析**：对苯环而言—$\overset{+}{N}(CH_3)_3$ 是吸电子基，是间位定位基，随着苯环与—$\overset{+}{N}(CH_3)_3$ 间 $\lbrace CH_2 \rbrace_n$ 的增加，—$\overset{+}{N}(CH_3)_3$ 的吸电子能力迅速减小，间位定位能力也迅速减小。因此，硝化时，间硝基化合物的产率为 A>B>C>D。

**例 7.** *β*-碳原子上连羟基的季铵碱发生 Hofmann 消除反应时，生成物不是烯烃，而是环氧化合物，如：

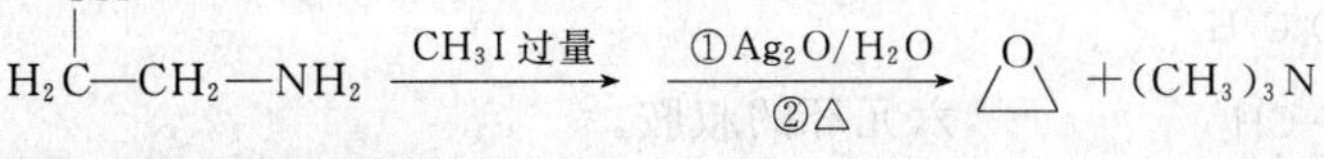

$$H_2C(OH)—CH_2—NH_2 \xrightarrow{CH_3I\ 过量} \xrightarrow[②\triangle]{①Ag_2O/H_2O} \text{环氧乙烷} + (CH_3)_3N$$

(1) 为这一反应提出一个合理的机理；

(2) 写出下列反应的产物：

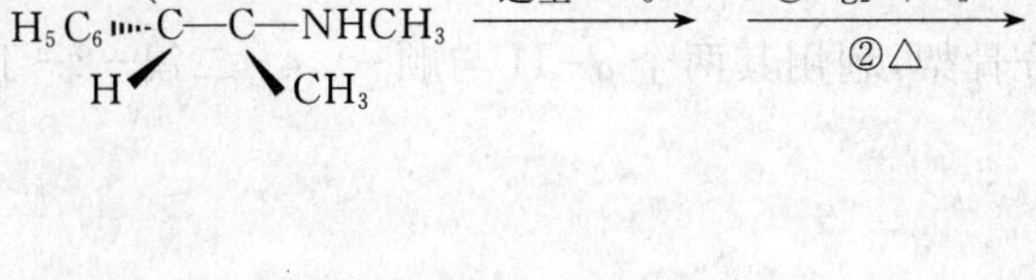

$$H_5C_6(HO)(H)\overset{R}{C}—\overset{R}{C}(H)(CH_3)—NHCH_3 \xrightarrow{过量\ CH_3I} \xrightarrow[②\triangle]{①Ag_2O/H_2O}$$

**解析：** Hofmann 消除反应可以看做 E2 反应。在离去基团$-N(CH_3)_3$ 的$\beta$位上有含杂原子的—OH 基，在 E2 反应时，—$\ddot{O}$H 从离去基团$-N(CH_3)_3$ 的对面参与反应（邻基参与反应），结果加速了反应并得到环氧化物。

(1) $HO-CH_2-CH_2\overset{+}{N}(CH_3)_3\overset{-}{O}H \longrightarrow$ [过渡态：$O-H\cdots\overset{-}{O}H$，$H_2C-CH_2-\overset{+}{N}(CH_3)_3$] $\longrightarrow H_2C\overset{O}{-}CH_2 + N(CH_3)_3 + H_2O$

(2) $C_6H_5-\underset{R}{C}H(OH)-\underset{R}{C}H(CH_3)-\overset{+}{N}(CH_3)_3\ \overset{-}{O}H \xrightarrow{\triangle}$ [过渡态] $\longrightarrow$ 环氧化物 $+ N(CH_3)_3 + H_2O$

((1*R*,2*S*)-1-苯基-1,2-环氧丙烷)

**例 8.** 一种麻醉止痛药的活性组分是具有六元环结构的胺($C_{15}H_{21}NO_2$)。

(1) 从以下反应推导这种胺的结构：

$$\underset{A}{C_{15}H_{21}NO_2} \xrightarrow{CH_3I} \xrightarrow[②\triangle]{①Ag_2O/H_2O} \underset{B}{C_{16}H_{23}NO_2} \xrightarrow{CH_3I} \xrightarrow[②\triangle]{①Ag_2O/H_2O} (CH_3)_3N + \underset{C}{C_{14}H_{16}O_2}$$

$$\xrightarrow[②Zn/H_2O]{①O_3} 2HCHO + C_6H_5-C(CO_2CH_2CH_3)(CHO)-CHO$$

(2) 用苯乙酸乙酯和顺-1,4-二溴-2-丁烯合成这个胺。

**解析：**(1) 此题是两次 Hofmann 消除反应，得到烯烃进行臭氧化/还原水解，结构推测是从最后产物入手，从后向前推导比较方便。

C. $C_6H_5-C(CO_2CH_2CH_3)(CH{=}CH_2)-CH{=}CH_2$，C 消除前的季铵碱为 $C_6H_5-C(CO_2CH_2CH_3)(CH{=}CH_2)-CH_2-CH_2\overset{+}{N}(CH_3)_3OH^-$

B. $C_6H_5-C(CO_2CH_2CH_3)(CH{=}CH_2)-CH_2CH_2N(CH_3)_2$，B 消除前的季铵碱为 $C_6H_5-C(CO_2C_2H_5)$ 与 $-CH_2-CH_2-$ 及 $CH_2-CH_2-$ 连接成环于 $\overset{+}{N}(CH_3)_2OH^-$

A. $C_6H_5-C(CO_2C_2H_5)$（$-CH_2-CH_2-$ 与 $-CH_2-CH_2-$ 经 $N-CH_3$ 成环），六元环的叔胺。

A、B、C 与给定分子式均相符。

(2) $C_6H_5-CH_2CO_2C_2H_5$ 为 A 的一部分骨架，利用其两个$\alpha$-H 与顺-1,4-二溴-2-丁烯环

合构成 A 的骨架，因此，

$$C_6H_5CH_2CO_2C_2H_5 + BrCH_2CH{=}CHCH_2Br \xrightarrow{2LDA} \text{1-苯基-3-环戊烯-1-甲酸乙酯} \xrightarrow[\text{②}Zn/H_2O]{\text{①}O_3} C_6H_5C(CO_2C_2H_5)(CH_2CHO)_2$$

$$\xrightarrow{NH_2CH_3} C_6H_5C(CO_2C_2H_5)(CH_2CHO)(CH_2CH{=}N{-}CH_3) \xrightarrow{NaBH_4} C_6H_5C(CO_2C_2H_5)(CH_2CHO)(CH_2CH_2NH{-}CH_3) \longrightarrow \text{环状亚胺正离子}(N^+{-}CH_3)$$

$$\xrightarrow{NaBH_4} \text{3-苯基-1-甲基哌啶-3-甲酸乙酯}$$

**例 9.** 胆碱($C_5H_{15}O_2N$)易溶于水，形成强碱性溶液，可以由环氧乙烷与三甲胺在水中反应得到。请写出胆碱及乙酰胆碱的结构。

**解析：** 此题只能从反应开始推导：

$$(CH_3)_3N\!: + \underset{H_2C-CH_2}{\overset{O\cdots HOH}{}} \longrightarrow (CH_3)_3N^+{-}CH_2CH_2OH + {}^-OH \longrightarrow \underset{\text{胆碱}}{(CH_3)_3N^+{-}CH_2CH_2OH\ {}^-OH}$$

符合胆碱的分子式，有—OH，离子型化合物，易溶于水，是季铵碱，符合胆碱性质。胆碱除季 N 原子外，只有—OH 可以酰化，其他都是惰性的，因此，乙酰胆碱的结构为

$$(CH_3)_3\overset{+}{N}{-}CH_2CH_2{-}O{-}\overset{O}{\overset{\|}{C}}{-}CH_3\,OH^-$$

**例 10.** 由苯和必要的无机试剂合成 3,4,5-三氯碘苯（I—$C_6H_2$—3,4,5-$Cl_3$）。

**解析：** 苯环直接碘化是困难的。

$$C_6H_6 + HNO_3/H_2SO_4 \longrightarrow C_6H_5NO_2 \xrightarrow{Fe+HCl} C_6H_5NH_2 \xrightarrow{(H_3CCO)_2O} C_6H_5NHCOCH_3 \xrightarrow{HNO_3/H_2SO_4}$$

$$p\text{-}O_2N{-}C_6H_4{-}NH\overset{O}{\overset{\|}{C}}CH_3 \xrightarrow{Fe+HCl} p\text{-}H_2N{-}C_6H_4{-}NHCOCH_3 \xrightarrow{Cl_2/Fe} \text{3,5-二氯-4-氨基乙酰苯胺} \xrightarrow[0\sim5\,^\circ C]{NaNO_2+HCl} \text{4-}N_2Cl\text{-3,5-二氯乙酰苯胺} \xrightarrow{CuCl/HCl}$$

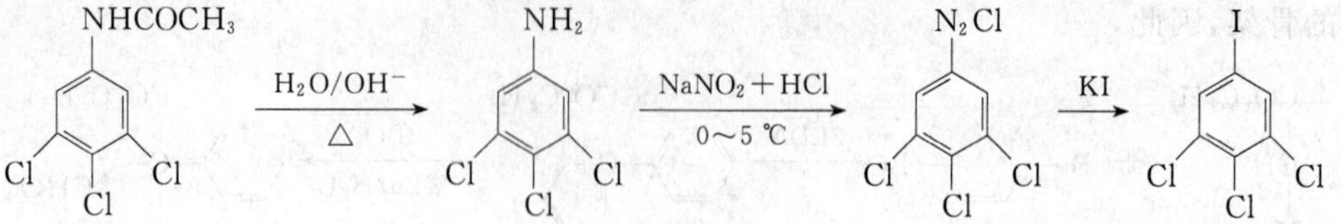

$NHCOCH_3$ (3,4,5-三氯) $\xrightarrow[\triangle]{H_2O/OH^-}$ $NH_2$ (3,4,5-三氯) $\xrightarrow[0\sim5\ ℃]{NaNO_2+HCl}$ $N_2Cl$ (3,4,5-三氯) $\xrightarrow{KI}$ I (3,4,5-三氯)

**例 11.** 一种单萜烯生物碱 A($C_{11}H_{21}N$)性质如下:$^1$H-MNR:两个—$CH_3$($\delta$=1.20 和 1.33,双峰,$J$=7 Hz),一个 $CH_3$($\delta$=2.32,单峰),其他氢给出宽吸收峰,$\delta$=1.3~2.7。IR 在 3100 $cm^{-1}$ 以上无吸收峰。

$\underset{A}{C_{11}H_{21}N} \xrightarrow{CH_3I} \xrightarrow[②\triangle]{①Ag_2O,H_2O} \underset{B}{C_{12}H_{23}N}$ (IR:1646 $cm^{-1}$) $\xrightarrow[②Zn,H_2O]{①O_3}$ $HCHO + \underset{C}{C_{11}H_{21}NO}$ (IR:1715 $cm^{-1}$)

$\xrightarrow[②KOH,H_2O]{① \text{间氯过氧苯甲酸 (Cl, COOOH)}}$ $CH_3COOH + \underset{D}{C_9H_{19}NO}$ (IR:3620 $cm^{-1}$) $\xrightarrow{KMnO_4}$ O (环戊酮结构, N) IR:1745 $cm^{-1}$

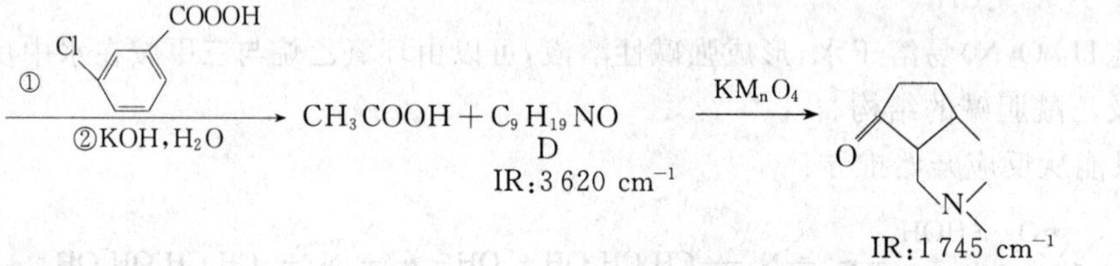

**解析:** 此题给出最终产物的结构式,只能从后面用 IR 吸收波数推导,结合分子式、反应条件变化,向前面逐一推导,最后由 A 的各种谱图及单萜烯判断推导是否正确。

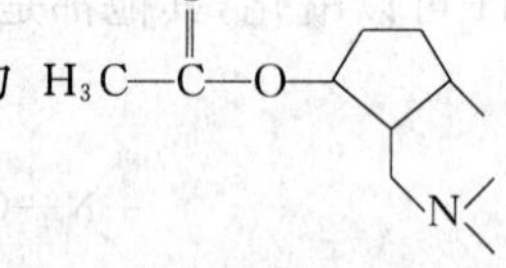

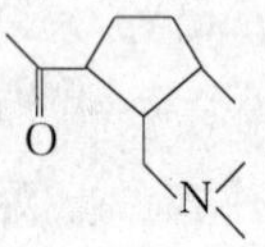

由终产物,结合 IR,D 为 HO (环戊醇结构, N),D 分解前体为 $H_3C—\overset{O}{\overset{\|}{C}}—O—$(环戊基结构, N)。

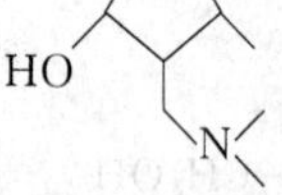

C. (O, N) B. 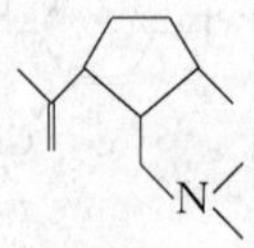 (N) A. (1.20, 1.33, N)

A 为单萜烯生物碱。检查符合 A、B、C、D 各种性质及反应结果。

**例 12.** 用化学方法分离苯甲醚、苯胺、苯甲酸和对氨基苯甲酸。

**解析:** 用化学方法分离混合物与用化学方法鉴别有机化合物的要求不完全相同。化学鉴别是要求反应条件温和、操作简单、现象明显、用感官就能观察到。而化学方法分离,要求用的化学反应容易进行,同时反应进行完全、分离方法简单、分离后得到粗产物还要纯化,如不能以溶液为终产物,必要时需要鉴定所分离物。化学方法分离首先考虑被分离化合物的酸碱性,能否通过与酸或碱反应,形成可溶于水的产物与不溶于水的分离。还可以穿插用物理方法如水溶性、蒸馏、萃取等方法完成分离。

苯甲醚、苯胺、苯甲酸、对氨基苯甲酸,有的是酸性化合物,有的是中性化合物,有的是碱性化合物。可用酸碱试剂分离,其分离过程可用下图表示:

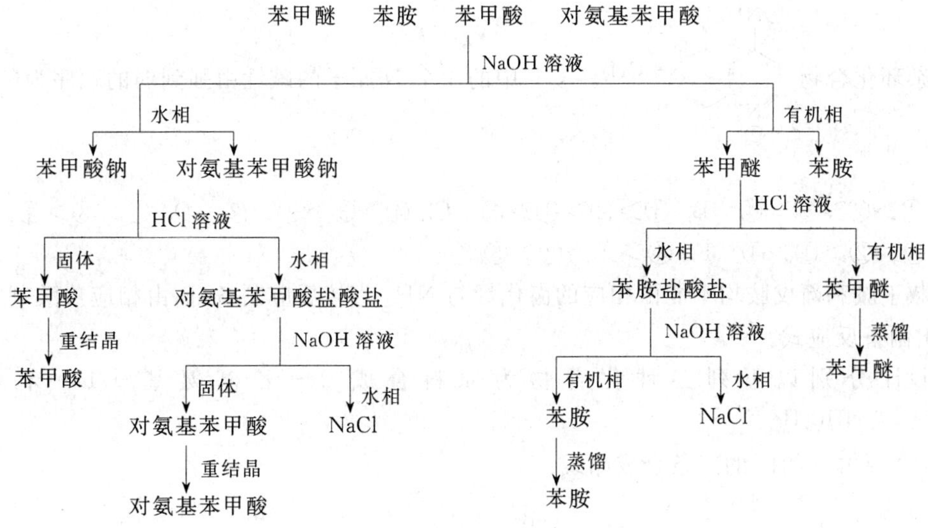


## 综合习题

1. 命名下列化合物：

A. $(C_6H_5O)_3P$　　B. $(C_6H_5O)_3PO$　　C. $(C_6H_5)_3\overset{+}{P}CH_3Br^-$　　D. $(C_6H_5O)_2\overset{O}{\overset{\|}{P}}C_6H_5$

2. 按碱性由强至弱排列下列各组化合物：

(1) A. $C_6H_5$—$NH_2$（苯胺）　B. $C_6H_5$—NH—$C_6H_5$　C. 邻苯二甲酰亚胺（NH 两侧为 C=O）　D. $CH_3NH_2$

E. $(CH_3)_2NH$

(2) A. 丁二酰亚胺（环状，NH 两侧为 C=O）　B. $CH_3NH_2$　C. $CH_3CONHCH_3$　D. $CH_3CONH_2$

E. $(CH_3)_4\overset{+}{N}OH^-$

3. 完成反应，填写适当的试剂。

(1) $NH_3 \xrightarrow{(\quad)} (CH_3)_3N \xrightarrow{(\quad)}$ $CH_3CH_2COCH_2N(CH_3)_3Cl$ $\xrightarrow{H_2/Pt}$ (　　) $\xrightarrow{PhCOCl}$ (　　)

(2) （2-甲基环氧乙烷，手性，CH₃ 与 H 标出） + HCl ⟶ (　　) $\xrightarrow{O_2N-C_6H_4-COCl}$ (　　) $\xrightarrow{Zn/HCl}$ (　　)

4. 杂环化合物 [结构式：含①$NH_2$、②N、③N—$CH_2$—哌啶基（④N）的杂环化合物] 中的4个N原子的碱性由强到弱的顺序为(　　)。

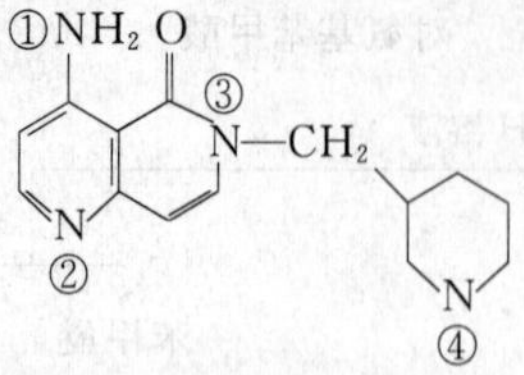

A. ①>②>③>④　B. ④>②>①>③　C. ④>③>①>②　D. ①>③>④>②
E. ③>②>①>④　F. ④>①>②>③

5. 叔丁胺和新戊胺均不能由相应的卤代烃与$NH_3$直接反应制备，而由相应羧酸制备，为什么？写出制备反应式。

6. 设计分别以下列三种化合物为原料合成2-乙基氨基-1-苯基丙烷 $C_6H_5—CH_2—CH(NHC_2H_5)—CH_3$ 的三条合成路线：

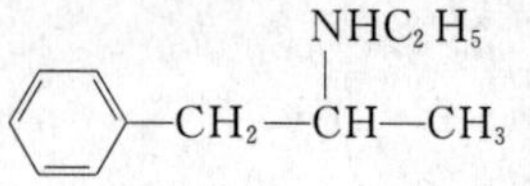

(1) $C_6H_5CH_2COCH_3$　(2) 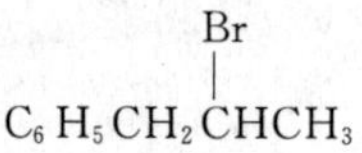 $C_6H_5CH_2CHBrCH_3$　(3) $C_6H_5CH_2CHBrCOOH$

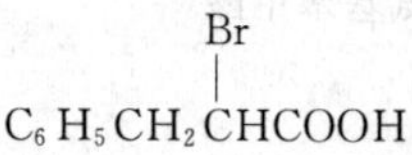

7. 由指定原料合成化合物。

(1) 从苯合成 $CH_3CH_2—O—C_6H_4—NHCOCH_3$（对位）

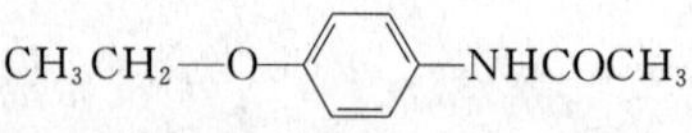

(2) 从甲苯合成 间溴甲苯（3-溴甲苯）

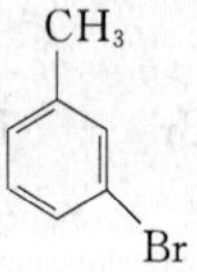

(3) 从苯合成 间氯溴苯（1-氯-3-溴苯）

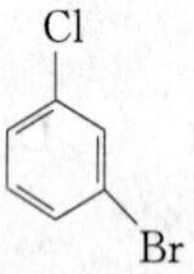

8. (*R*)-*N*-乙基-*N*-苄基-1-苯基乙胺与碘甲烷反应，得到两种互为异构体的产物$C_{18}H_{23}NI$。通过多次重结晶可以分离两种异构体，二者有相似，但不完全相同的$^1H$-NMR谱，有不同的熔点。

(1) 写出反应物胺的结构式；

(2) 写出两个产物的结构式，并用*S*/*R*标记手性中心。

9. 由苯合成2,4,6-三溴苯甲酸（2,4,6-三溴取代的苯甲酸，COOH 位于1位）。

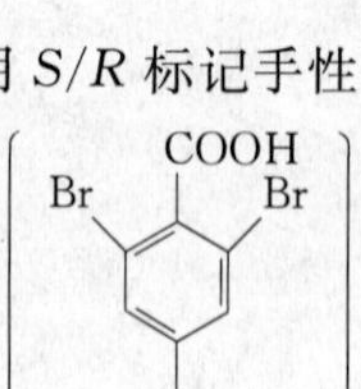

10. 完成下列反应式：

(1) 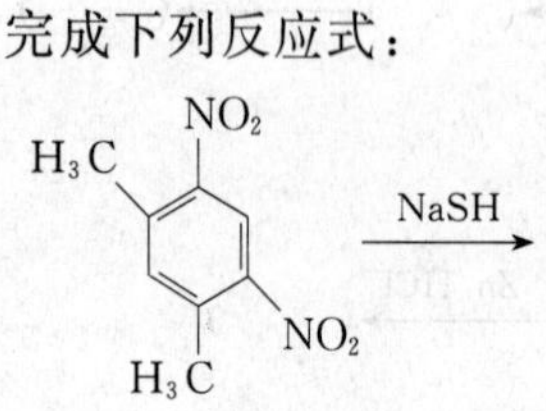 4,6-二甲基-1,3-二硝基苯（$H_3C$、$NO_2$、$NO_2$、$H_3C$ 取代的苯环） $\xrightarrow{NaSH}$

(2) β-萘酚 + $C_6H_5N_2^+Cl^-$ $\xrightarrow[pH=8\sim10]{}$

(3) 6-(二甲氨基)-2-萘酚 [$N(CH_3)_2$, HO] + $C_6H_5N_2HSO_4$ $\xrightarrow[pH=5\sim7]{NaOAc-HOAc}$

(4) $(CH_3)_3CCH_2C(CH_3)_2$—$N(CH_3)_3OH$ $\xrightarrow{\triangle}$

# 综合习题参考答案

1. A. 亚磷酸三苯酯 B. 磷酸三苯酯 C. 溴化甲基三苯基鏻 D. 磷酸苯基二苯酯

2. (1) E>D>A>B>C (2) E>B>C>D>A

3. (1) $3CH_3Br$ $CH_3CH_2COCH_2Cl$ $CH_3CH_2CH(OH)CH_2\overset{+}{N}(CH_3)_3Cl^-$ $CH_3CH_2CH(OCOPh)CH_2\overset{+}{N}(CH_3)_3Cl^-$

(2) (±) $HOCH_2C(CH_3)(Cl)H$ (±) $O_2N-C_6H_4-C(=O)-O-CH_2C(CH_3)_2Cl$ (±) $H_2N-C_6H_4-C(=O)-O-CH_2C(CH_3)_2Cl$

4. B

5. 叔丁基卤代烷、新戊卤代烷与强碱作用,会使分子骨架异构化,发生消除反应,得不到相应的胺。

$$(CH_3)_3C—COOH + NH_3 \xrightarrow{180\ ℃} (CH_3)_3CCONH_2 \xrightarrow{Br_2/NaOH} (CH_3)_3CNH_2 + CO_2\uparrow$$

$$(CH_3)_3CCH_2COOH + NH_3 \xrightarrow{180\ ℃} (CH_3)_3CCH_2CONH_2 \xrightarrow{Br_2/NaOH} (CH_3)_3CCH_2NH_2 + CO_2\uparrow$$

6. (1) $C_6H_5CH_2COCH_3 + NH_2CH_2CH_3 \longrightarrow C_6H_5CH_2C(=NCH_2CH_3)CH_3 \xrightarrow{H_2/Pt} C_6H_5CH_2CH(NHCH_2CH_3)CH_3$

(2) $C_6H_5CH_2—CH(Br)CH_3 + NH_2CH_2CH_3 \longrightarrow C_6H_5CH_2CH(NHC_2H_5)CH_3 + HBr$

(3) $C_6H_5CH_2CH(CH_3)COOH + NH_2C_2H_5 \xrightarrow{180\ ℃} C_6H_5CH_2CH(CH_3)CONHC_2H_5 \xrightarrow{Br_2/NaOH} C_6H_5CH_2—CH(NHC_2H_5)CH_3$

7. (1) $C_6H_6 \xrightarrow{Cl_2/FeCl_3} C_6H_5Cl \xrightarrow{HNO_3/H_2SO_4} O_2N-C_6H_4-Cl \xrightarrow{NaOC_2H_5}$

$O_2N-C_6H_4-OC_2H_5 \xrightarrow{Fe,HCl} H_2N-C_6H_4-OCH_2CH_3 \xrightarrow{(CH_3CO)_2O}$

$CH_3CONH$—⟨苯环⟩—$OC_2H_5$

（2） $H_3C$—⟨苯环⟩ $\xrightarrow{HNO_3, H_2SO_4}$ $H_3C$—⟨苯环⟩—$NO_2$ $\xrightarrow{Fe, HCl}$ $H_3C$—⟨苯环⟩—$NH_2$

$\xrightarrow{(CH_3CO)_2O}$ $CH_3$—⟨苯环⟩—$NHCOCH_3$ $\xrightarrow{Br_2}$ $H_3C$—⟨苯环(Br)⟩—$NHCOCH_3$ $\xrightarrow{H_3^+O}$

$H_3C$—⟨苯环(Br)⟩—$NH_2$ $\xrightarrow[0\sim5\ ℃]{NaNO_2, HCl}$ $H_3C$—⟨苯环(Br)⟩—$N_2Cl$ $\xrightarrow{CH_3CH_2OH}$ $H_3C$—⟨苯环(Br)⟩

（3） ⟨苯⟩ $\xrightarrow{HNO_3, H_2SO_4}$ ⟨苯环⟩—$NO_2$ $\xrightarrow{Br_2}$ Br—⟨苯环⟩—$NO_2$ $\xrightarrow{Fe, HCl}$ Br—⟨苯环⟩—$NH_2$

$\xrightarrow[0\sim5\ ℃]{NaNO_2, HCl}$ Br—⟨苯环⟩—$N_2Cl$ $\xrightarrow{CuCl}$ Br—⟨苯环⟩—Cl

8.（1） $H_3CH_2C$、$CH_2$—⟨苯环⟩、N、$H_3C$—CH(H)—⟨苯环⟩　（2） $H_3CH_2C$、$CH_3$、$CH_2$—⟨苯环⟩、$N^+$、R、$H_3C$—C(H)—⟨苯环⟩ $I^-$ （N-R，1R）　$H_3CH_2C$、$CH_3$、$CH_2$—⟨苯环⟩、$N^+$、S、R、$H_3C$—C(H)—⟨苯环⟩ $I^-$ （N-S，1R）

9. ⟨苯⟩ $+CH_3Br$ $\xrightarrow[\triangle]{AlBr_3}$ ⟨苯环⟩—$CH_3$ $\xrightarrow[\triangle]{Br_2/Fe}$ 2,4,6-三溴甲苯（Br、$CH_3$、Br、Br） $\xrightarrow[\triangle]{KMnO_4}$ $COO^-$（Br、Br、Br） $\xrightarrow{H_3^+O}$ COOH（Br、Br、Br）

10.（1） $H_3C$、$NO_2$、$NH_2$、$CH_3$（苯环）　（2） OH、N=N—⟨苯环⟩（萘环）　（3） N=N—⟨苯环⟩、$N(CH_3)_2$、HO（萘环）

（4） $(CH_3)_3CCH_2\overset{CH_3}{\overset{|}{C}}=CH_2$

# 习题解答

12-1 命名下列化合物或写出结构式：

（1） $CH_3CH_2CH_2\underset{NO_2}{\underset{|}{C}H}CH(CH_3)_2$　（2） ⟨苯环⟩—$NHCH_3$（间位 $CH_3$）

(3) $CH_3CH_2CHCH_2CH_3$ (with $NHCH_3$ on C-3)　　(4) $C_6H_5SO_2NHC_2H_5$

(5) $Cl-C_6H_4-\overset{+}{N}(CH_3)_3Cl^-$ (para)　　(6) $(C_2H_5)_2\overset{+}{N}(CH_3)_2OH^-$

(7) $C_6H_5-\overset{+}{N_2}\overset{-}{Cl}$　　(8) 异氰酸苯酯

(9) 对氨基苯甲酸乙酯　　(10) 2-氨基-4-甲氨基己烷

(11) ($E$)-偶氮苯　　(12) 2-甲基-1,6-己二胺

(13) 三苯基膦　　(14) 1,2-亚乙基二(三苯基膦)

(15) 磷酸三苄酯　　(16) 氯化十二烷基三甲基𬭸

**解:** (1) 2-甲基-3-硝基己烷　　(2) 甲基(3-甲基苯基)胺

(3) 3-(甲基氨基)戊烷　　(4) 苯磺酰乙胺

(5) 氯化三甲基(4-氯苯基)铵　　(6) 氢氧化二甲基二乙基铵

(7) 氯化重氮苯　　(8) $C_6H_5-N=C=O$

(9) $H_2N-C_6H_4-\overset{O}{\overset{\|}{C}}-OC_2H_5$ (para)　　(10) $CH_3CH(NH_2)-CH_2CH(NHCH_3)CH_2CH_3$

(11) Ph—N=N—Ph (trans)　　(12) $H_2NCH_2CH(CH_3)CH_2CH_2CH_2CH_2NH_2$

(13) $(C_6H_5)_3P$　　(14) $Ph_3PCH_2CH_2PPh_3$

(15) $O=P(OCH_2C_6H_5)_3$　　(16) $(CH_3)_3\overset{+}{P}(CH_2)_{11}CH_3Cl^-$

12-2 比较下列化合物的酸性强弱。

(1) $C_6H_5CH_2\overset{+}{N}H_3$　(2) $4-CH_3C_6H_4\overset{+}{N}H_3$　(3) $C_6H_5\overset{+}{N}H_3$　(4) $4-NO_2C_6H_4\overset{+}{N}H_3$

**解:** (4)>(3)>(2)>(1);

12-3 将下列化合物按碱性由强至弱的次序排列:

(1) $(CH_3)_4\overset{+}{N}OH^-$　(2) $CH_3-\overset{O}{\overset{\|}{C}}-NH_2$　(3) $CH_3NH_2$

(4) $C_6H_5-NH_2$　(5) $C_6H_5-SO_2NH_2$

**解:** (1)>(3)>(4)>(2)>(5)

12-4 预测下列每个平衡移向哪个方向?

(1) $NH_3+{}^-OH \rightleftharpoons NH_2^-+H_2O$

(2) $CH_3NH_2 + H_2O \rightleftharpoons CH_3\overset{+}{N}H_3 + {}^{-}OH$

(3) $CH_3NH_2 + (CH_3)_3\overset{+}{N}H \rightleftharpoons CH_3\overset{+}{N}H_3 + (CH_3)_3N$

**解:** (1) 右移 (2) 右移 (3) 右移

12－5　完成下列反应：

(1) 邻硝基甲苯（2-$NO_2$-1-$CH_3$-苯）$+ HCOOEt \xrightarrow{EtONa}$

(2) 3,4-二氯硝基苯 $+ NaOCH_3 \xrightarrow[\triangle]{CH_3OH}$

(3) $C_6H_5CH_2CH_2NH_2 \xrightarrow{CH_3COCl}$ (　　) $\xrightarrow[② H_2O]{① LiAlH_4}$

(4) 2,4-二硝基苯胺 $\xrightarrow[0\sim5\ ℃]{NaNO_2/H_2SO_4}$ (　　) $\xrightarrow{CuCl/HCl}$ (　　) $\xrightarrow[CH_3OH]{CH_3ONa}$

(5) 3-氰基哌啶（N—H） $+ 2CH_3I \longrightarrow$ (　　) $\xrightarrow[H_2O,\triangle]{Ag_2O}$

(6) 硝基苯 $\xrightarrow{Fe/HCl}$ (　　) $\xrightarrow[0\sim5\ ℃]{NaNO_2,HCl}$ (　　) $\xrightarrow[pH=8\sim10]{HO-C_6H_4-C_6H_4-NH_2}$

(7) $CH_3-N=C=O + CH_3OH \longrightarrow$

(8) 环己基$-\overset{O}{\overset{\|}{C}}-NH_2 \xrightarrow[\triangle]{P_2O_5}$ (　　) $\xrightarrow{H_2,NT}$

**解:** (1) $H\overset{O}{\overset{\|}{C}}-CH_2-$（邻硝基苯基，$NO_2$）　(2) $O_2N-$（苯环，3-Cl）$-OCH_3$　(3) $CH_3\overset{O}{\overset{\|}{C}}-NHCH_2CH_2-C_6H_5$

$CH_3CH_2-NH-CH_2CH_2-C_6H_5$　(4) $O_2N-$（苯环，2-$NO_2$）$-N_2^+\bar{S}O_4H$　$O_2N-$（苯环，2-$NO_2$）$-Cl$

$O_2N-$（苯环，2-$NO_2$）$-OCH_3$　(5) 3-氰基-1,1-二甲基哌啶鎓碘化物（$CH_3\ I^-$，$N^+$，$CH_3$）　NC—$CH=$…$N(CH_3)_2$（开环产物）　(6) $C_6H_5-NH_2$　$C_6H_5-\overset{+}{N_2}Cl^-$

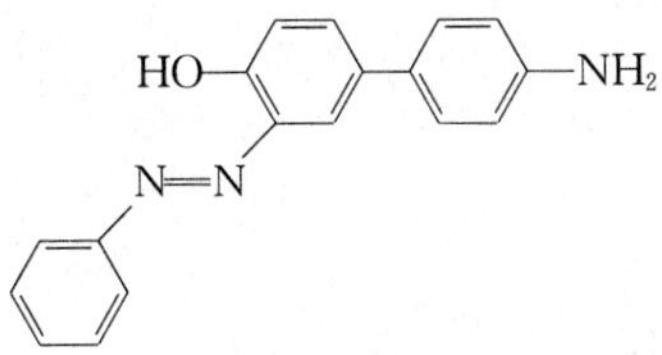

HO—(苯环)—(苯环)—$NH_2$（含 N═N—苯基）　(7) $CH_3$—NH—C(═O)—$OCH_3$　(8) 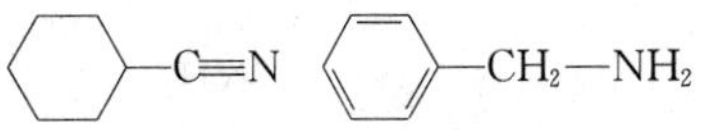 (环己基)—C≡N　(苯环)—$CH_2$—$NH_2$

12-6　试用化学方法鉴别下列各组化合物。

(1) A. $CH_3CH_2NH_2$　　B. $(CH_3CH_2)_2NH$　　C. $(CH_3CH_2)_3N$

(2) A. 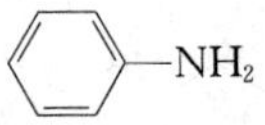 (苯环)—$NH_2$　　B. 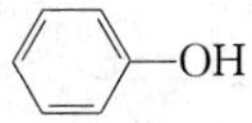 (苯环)—OH　　C. 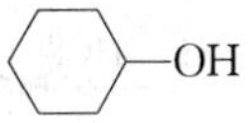 (环己基)—OH　　D. 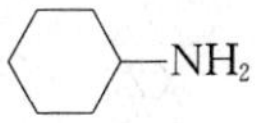 (环己基)—$NH_2$

**解**：(1)

| 化合物 | $CH_3CH_2NH_2$ | $(CH_3CH_2)_2NH$ | $(CH_3CH_2)_3NH$ |
|---|---|---|---|
|  $CH_3$—(苯环)—$SO_2Cl$ | ＋↓ | ＋↓ | — |
| 再加入 NaOH | ＋固体溶解 | －固体不溶解 | — |

(2)

| 化合物 | 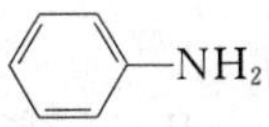 (苯环)—$NH_2$ | 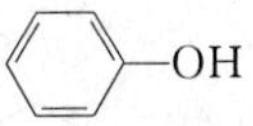 (苯环)—OH | 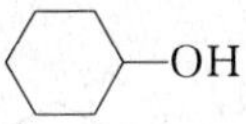 (环己基)—OH | 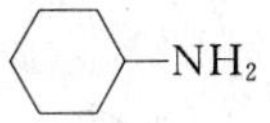 (环己基)—$NH_2$ |
|---|---|---|---|---|
| ① $HNO_2$/HCl 0～5 ℃ | ＋ | — | — | ＋$N_2$↑ |
| 再△ | ＋$N_2$↑ | — | — | — |
| ② $Na_2CO_3$ | — | ＋溶解 | — | — |
| 再通入 $CO_2$ | — | ＋固体↓ | — | — |

12-7　如何用化学方法提纯下列化合物？

(1) 苯胺中含有少量硝基苯　　(2) 三苯胺中含有少量二苯胺

(3) 三乙胺中含有少量乙胺　　(4) 乙酰苯胺中含有少量苯胺

**解**：(1) 加 $CH_3$—(苯环)—$SO_2Cl$ 后生成固体，过滤出硝基苯，固体加 NaOH 溶解后，分液除去硝基苯；水相加入 HCl 溶液，加热水解，游离出苯胺，分液，苯胺层水洗、干燥、蒸馏。

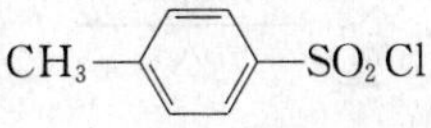

(2) 加入 $CH_3$—(苯环)—$SO_2Cl$ 后，过滤出固体；滤液是三苯胺，经水洗、干燥、蒸馏得三苯胺。

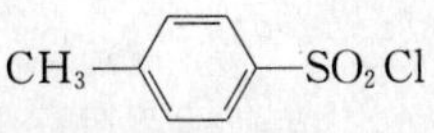

(3) 同(2)，滤液是三乙胺，经水洗、干燥、蒸馏得三乙胺。

(4) 加入乙酐，加热反应一段时间，冷却、过滤得精乙酰苯胺，再水洗、干燥得乙酰苯胺。

12-8　完成下列转化。

(1) 丙烯 ⟶ 异丙胺　　(2) 正丁醇 ⟶ 正戊胺和正丙胺

(3) 乙烯 ⟶ 1,4-丁二胺 (4) $CH_3(CH_2)_3Br \longrightarrow CH_3CH_2CH_2CH_2NH_2$

(5) CN ⟶ $NH_2$ (6) N ⟶ $CH_3$ N CH=$CH_2$

**解**:(1) $\xrightarrow{HCl}$ Cl $\xrightarrow{NH_3}$ $NH_2$

(2) OH $\xrightarrow{H^+/HCl}$ Cl $\xrightarrow{HCN}$ CN $\xrightarrow{LiAlH_4}$ $NH_2$

OH $\xrightarrow[\triangle]{KMnO_4/H^+}$ O OH $\xrightarrow[\triangle]{NH_3}$ O $NH_2$ $\xrightarrow{Br_2/NaOH}$ $NH_2$

(3) $CH_2{=}CH_2 \xrightarrow{Br_2}$ Br Br $\xrightarrow{2HCN}$ NC CN $\xrightarrow{LiAlH_4}$ $H_2N$ $NH_2$

(4) $CH_3(CH_2)_3Br \xrightarrow[\triangle]{NH_3} CH_3CH_2CH_2CH_2NH_2$

(5) + CN $\xrightarrow{\triangle}$ CN $\xrightarrow[\triangle]{H_2O/H^+}$ O C—$NH_2$ $\xrightarrow{H_2/Ni}$ O $NH_2$

$\xrightarrow{Br_2/NaOH}$ $NH_2$

(6) N $\xrightarrow{CH_2I}$ $\overset{+}{N}CH_3I^-$ $\xrightarrow[\triangle]{AgO/H_2O}$ N—

12-9 邻苯二甲酰亚胺具有酸性,能与碱如 KOH 反应成盐,后者与伯卤代烃反应后再水解(酸或碱催化)得到伯胺。此过程称为盖布瑞尔(Gabriel)合成胺法,是制备纯净伯胺的一种好方法,溶剂常用 DMF。试写出用盖布瑞尔法合成丙胺的各步反应式。

**解**: O NH O $\xrightarrow{KOH}$ O NK O $\xrightarrow{\text{Br}}$ O N O $\xrightarrow[\triangle]{H_2O/H^+}$

COOH COOH + $H_2N$

12-10 完成下列合成反应:

(1) 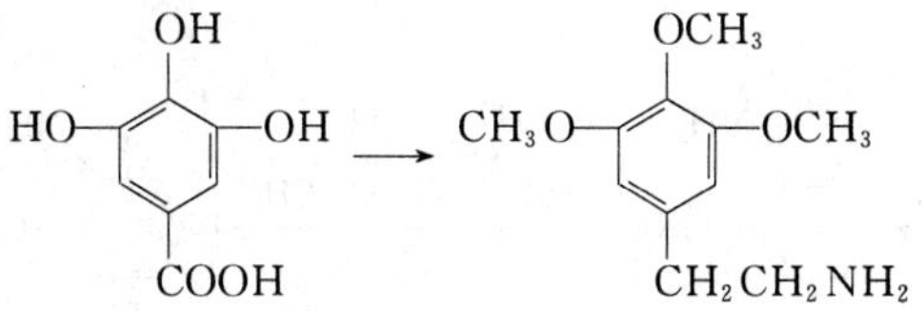 3,4,5-三羟基苯甲酸 $\longrightarrow$ 3,4,5-三甲氧基苯乙胺（$CH_2CH_2NH_2$）（治疗精神病药）

(2) 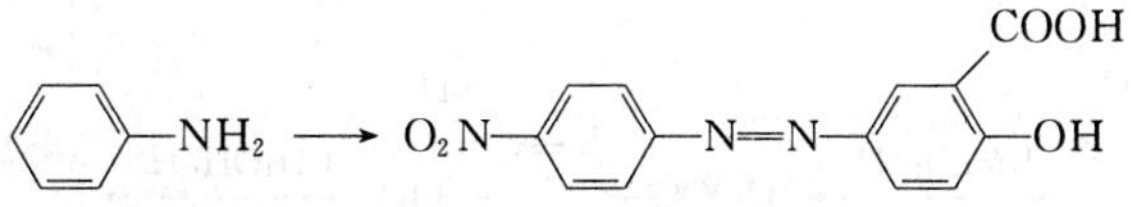 $C_6H_5NH_2 \longrightarrow O_2N-C_6H_4-N{=}N-C_6H_3(COOH)(OH)$ （茜素黄）

(3) $C_6H_5OH \longrightarrow HO-C_6H_3(H_2N)-COOCH_3$ 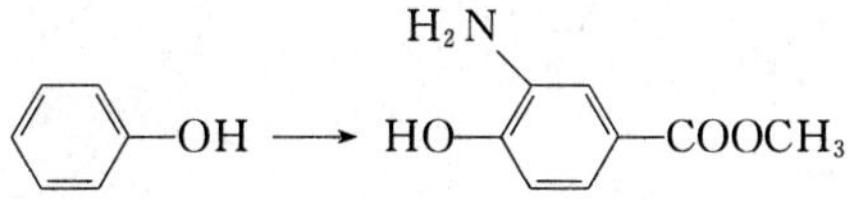 （麻醉剂）

(4) 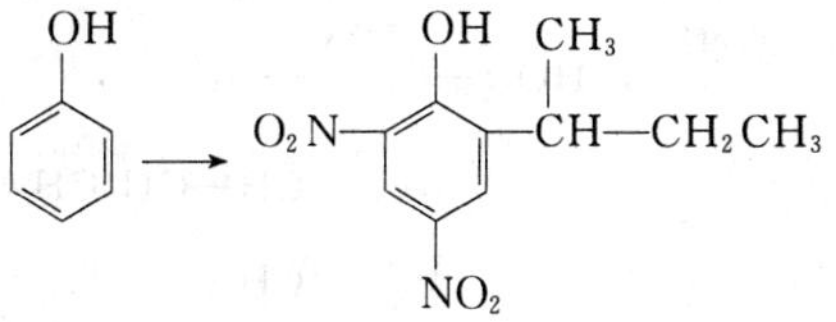 $C_6H_5OH \longrightarrow$ 2-仲丁基-4,6-二硝基苯酚（$O_2N$, $NO_2$, $CH(CH_3)-CH_2CH_3$）（杀菌剂，杀螨剂）

(5) 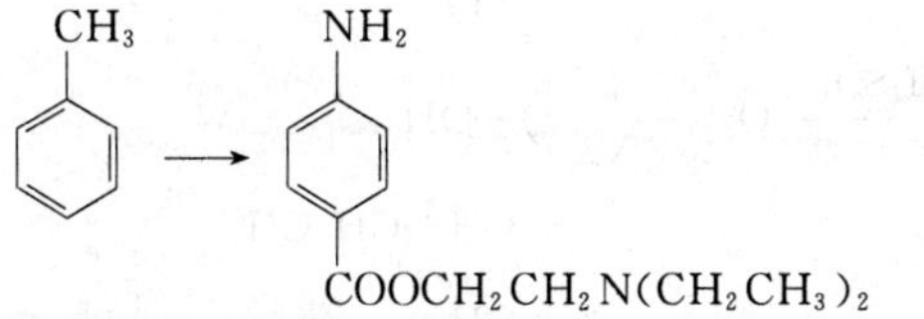 $C_6H_5CH_3 \longrightarrow H_2N-C_6H_4-COOCH_2CH_2N(CH_2CH_3)_2$ （麻醉药：普鲁卡因）

**解：**(1) 3,4,5-三羟基苯甲酸 $\xrightarrow{NaOH,CH_3I}$ 3,4,5-三甲氧基苯甲酸（COOH）$\xrightarrow{LiAlH_4}$ 3,4,5-三甲氧基苯甲醇（$CH_2OH$）

$\xrightarrow{HCN/H^+}$ 3,4,5-三甲氧基苯乙腈（$CH_2CN$）$\xrightarrow{H_2/Ni}$ 3,4,5-三甲氧基苯乙胺（$CH_2CH_2NH_2$）

(2) $C_6H_5NH_2 \xrightarrow{CH_3\overset{O}{\overset{\|}{C}}Cl} C_6H_5NH-\overset{O}{\overset{\|}{C}}-CH_3 \xrightarrow[\triangle]{HNO_3/H_2SO_4} O_2N-C_6H_4-NH-\overset{O}{\overset{\|}{C}}-CH_3$

$\xrightarrow[\triangle]{H_2O/H^+} O_2N-C_6H_4-NH_2 \xrightarrow[0\sim5\ ℃]{NaNO_2/HCl} O_2N-C_6H_4-N_2Cl \xrightarrow[pH=8\sim10]{\text{水杨酸}(C_6H_4(COOH)OH)}$

$O_2N-C_6H_4-N{=}N-C_6H_3(COOH)-OH$

(3) $C_6H_5OH \xrightarrow[\triangle]{H_2SO_4} HO_3S-C_6H_4-OH \xrightarrow[\triangle]{HNO_3/H_2SO_4} HO_3S-C_6H_3(NO_2)-OH \xrightarrow[\triangle]{H_2O/H_2SO_4}$

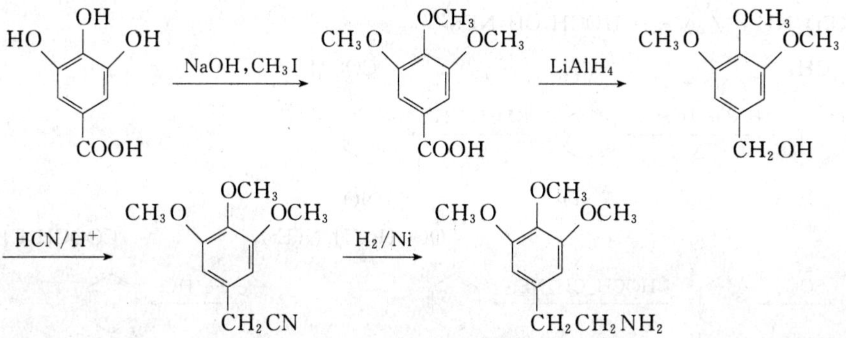

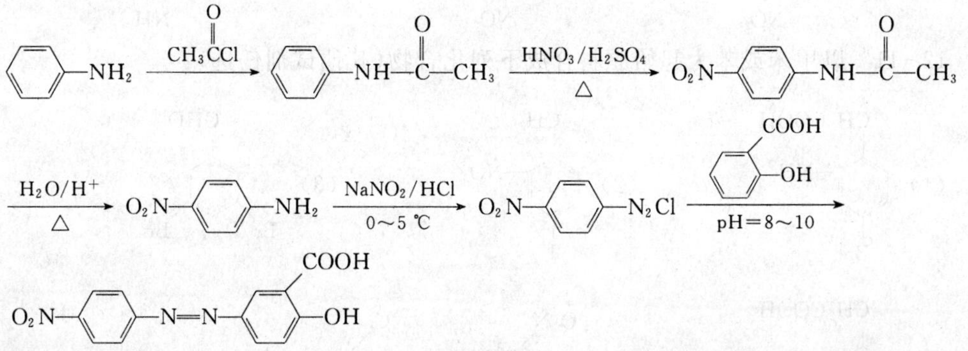

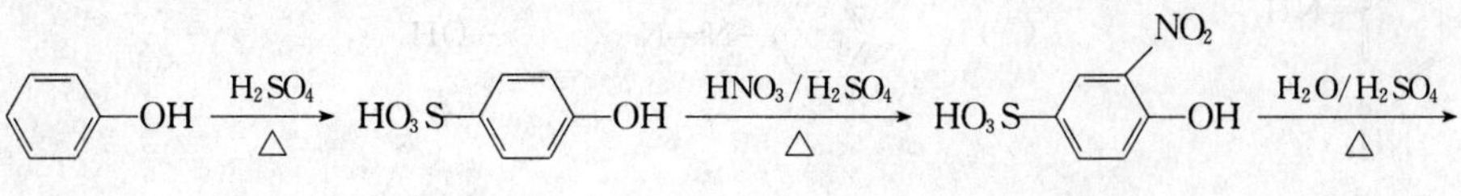

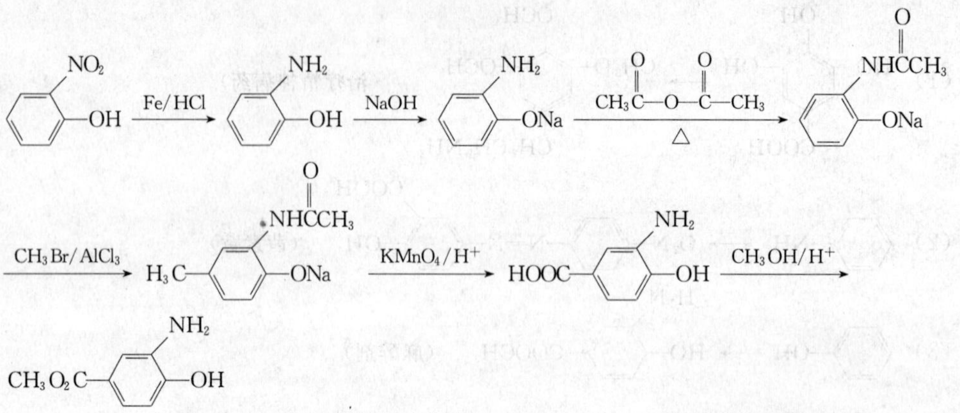

(邻硝基苯酚) $\xrightarrow{Fe/HCl}$ (邻氨基苯酚) $\xrightarrow{NaOH}$ (2-氨基苯酚钠) $\xrightarrow[\triangle]{CH_3C(=O)-O-C(=O)-CH_3}$ (2-NHCOCH$_3$苯酚钠)

$\xrightarrow{CH_3Br/AlCl_3}$ $H_3C$-(NHCOCH$_3$, ONa) $\xrightarrow{KMnO_4/H^+}$ HOOC-(NH$_2$, OH) $\xrightarrow{CH_3OH/H^+}$

$CH_3O_2C$-(NH$_2$, OH)

(4) (苯酚)-OH $\xrightarrow{H_2SO_4}$ $HO_3S$-(C$_6$H$_4$)-OH $\xrightarrow{CH_2=CHCH_2CH_3/H^+}$ $HO_3S$-(OH, $CH-CH_2CH_3$, $CH_3$)

$\xrightarrow{H_2O/H_2SO_4}$ (OH, $CHCH_2CH_3$, $CH_3$) $\xrightarrow[\triangle]{HNO_2/H_2SO_4}$ $O_2N$-(NO$_2$, OH, $CH-CH_2CH_3$, $CH_3$)

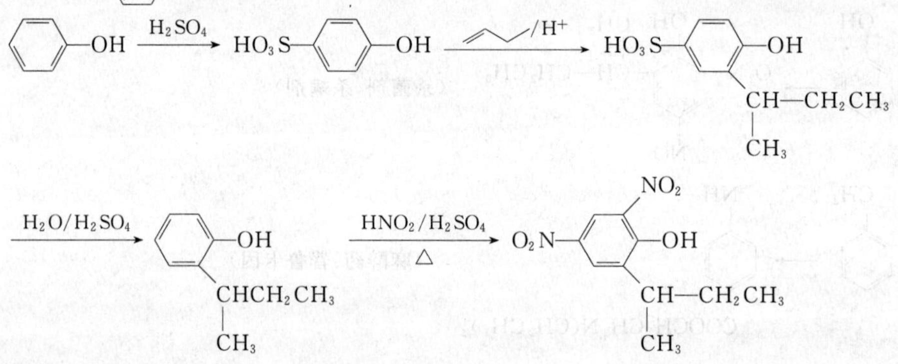

(5) 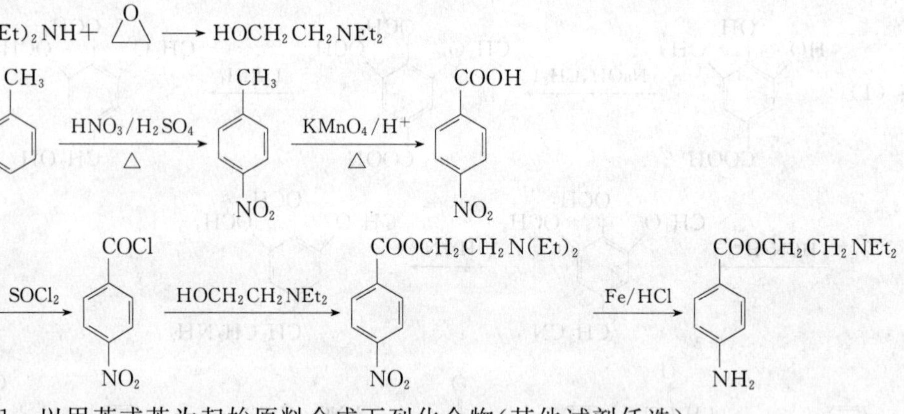 $(Et)_2NH +$ (环氧乙烷) $\longrightarrow HOCH_2CH_2NEt_2$

(甲苯) $\xrightarrow[\triangle]{HNO_3/H_2SO_4}$ (对硝基甲苯) $\xrightarrow[\triangle]{KMnO_4/H^+}$ (COOH, NO$_2$)

$\xrightarrow{SOCl_2}$ (COCl, NO$_2$) $\xrightarrow{HOCH_2CH_2NEt_2}$ ($COOCH_2CH_2N(Et)_2$, NO$_2$) $\xrightarrow{Fe/HCl}$ ($COOCH_2CH_2NEt_2$, NH$_2$)

12-11 以甲苯或苯为起始原料合成下列化合物(其他试剂任选):

(1) 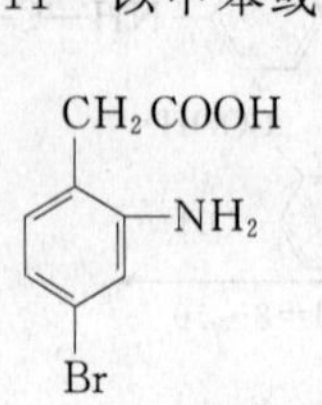 ($CH_2COOH$, NH$_2$, Br) (2) ($CH_3$, NO$_2$, I) (3) (CHO, Br, Br)

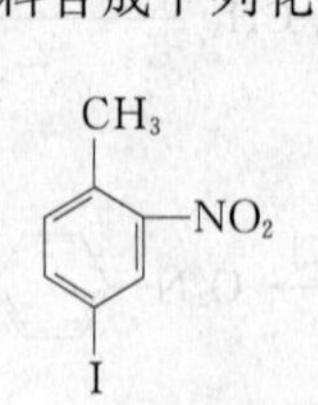

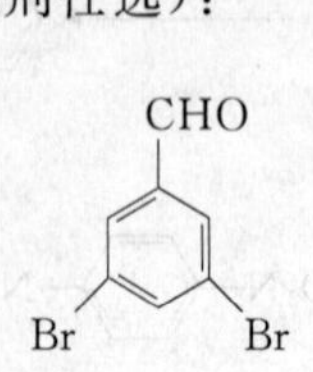

(4) 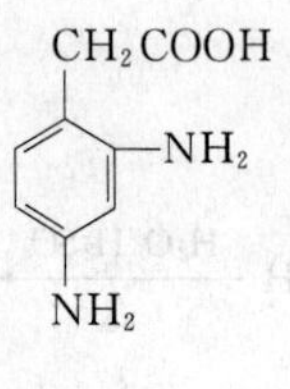 ($CH_2COOH$, NH$_2$, NH$_2$) (5) 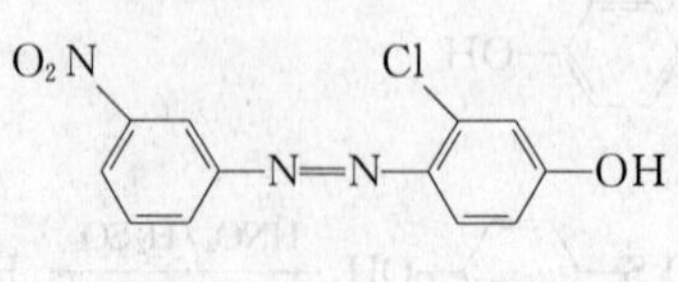 $O_2N$-(C$_6$H$_4$)-N=N-(Cl)(C$_6$H$_3$)-OH

(6) $Me_2N$—$C_6H_4$—N=N—(3,5-二溴-4-羟基苯基)　　(7) 间溴丙苯（$CH_2CH_2CH_3$, Br）

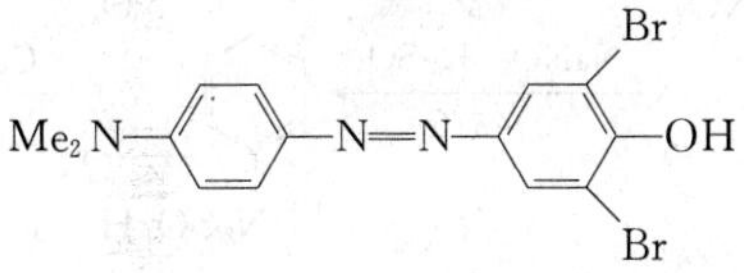

解：(1) 甲苯 $\xrightarrow{Br_2/Fe}$ 对溴甲苯 $\xrightarrow{HNO_3/H_2SO_4}$ ($CH_3$, $NO_2$, Br) $\xrightarrow[\triangle]{Cl_2}$ ($CH_2Cl$, $NO_2$, Br) $\xrightarrow{HCN}$ ($CH_2CN$, $NO_2$, Br) $\xrightarrow[\triangle]{H_2O/H^+}$ ($CH_2COOH$, $NO_2$, Br) $\xrightarrow{Fe/HCl}$ ($CH_2COOH$, $NH_2$, Br)

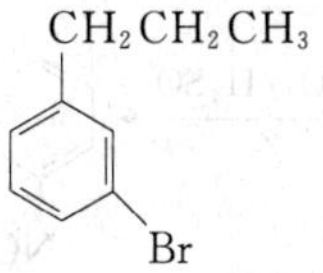

(2) 甲苯 $\xrightarrow[\triangle]{HNO_3/H_2SO_4}$ ($CH_3$, $NO_2$, $NO_2$) $\xrightarrow{NaSH}$ ($CH_3$, $NO_2$, $NH_2$) $\xrightarrow[0\sim5\ ℃]{NaNO_2/HCl}$ ($CH_3$, $NO_2$, $N_2Cl$) $\xrightarrow{CuI/HI}$ ($CH_3$, $NO_2$, I)

(3) 甲苯 $\xrightarrow{HNO_3/H_2SO_4}$ ($CH_3$, $NO_2$) $\xrightarrow[\triangle]{Fe/H^+}$ ($CH_3$, $NH_2$) $\xrightarrow{Br_2/Fe}$ ($CH_3$, Br, Br, $NH_2$) $\xrightarrow[\triangle]{Cl_2}$ ($CHCl_2$, Br, Br, $NH_2$) $\xrightarrow{H_3^+O}$ (CHO, Br, Br, $NH_2$) $\xrightarrow[0\sim5\ ℃]{NaNO_2/HCl}$ (CHO, Br, Br, $N_2Cl$) $\xrightarrow{H_2PO_3}$ (CHO, Br, Br)

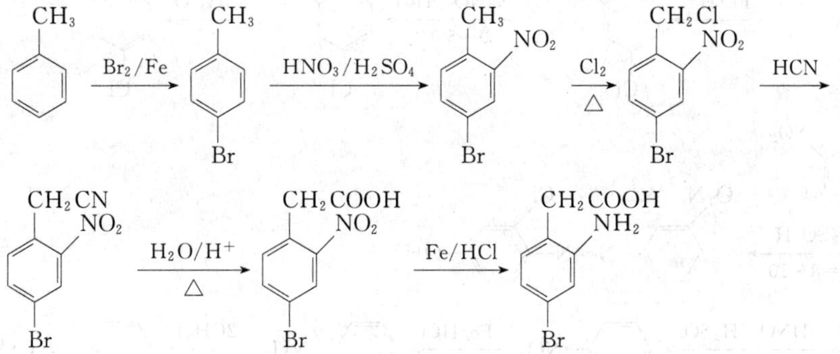

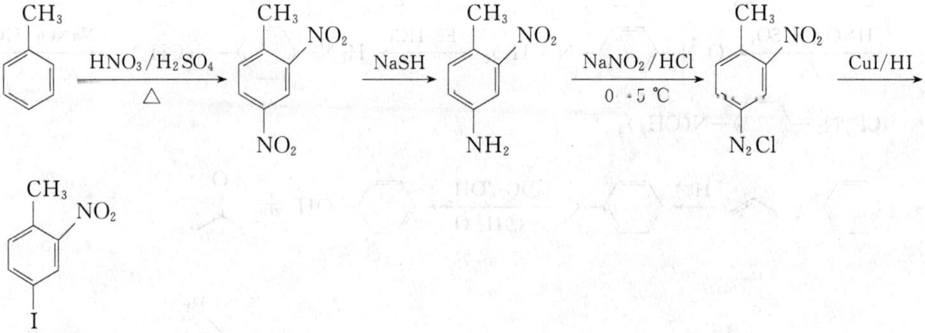

(4) 甲苯 $\xrightarrow[\triangle]{HNO_3/H_2SO_4}$ ($CH_3$, $NO_2$, $NO_2$) $\xrightarrow{H_2/Ni}$ ($CH_3$, $NH_2$, $NH_2$) $\xrightarrow[\triangle]{Cl_2}$ ($CH_2Cl$, $NH_2$, $NH_2$) $\xrightarrow{HCN}$ ($CH_2CN$, $NH_2$, $NH_2$) $\xrightarrow[\triangle]{H_3^+O}$ ($CH_2COOH$, $NH_2$, $NH_2$)

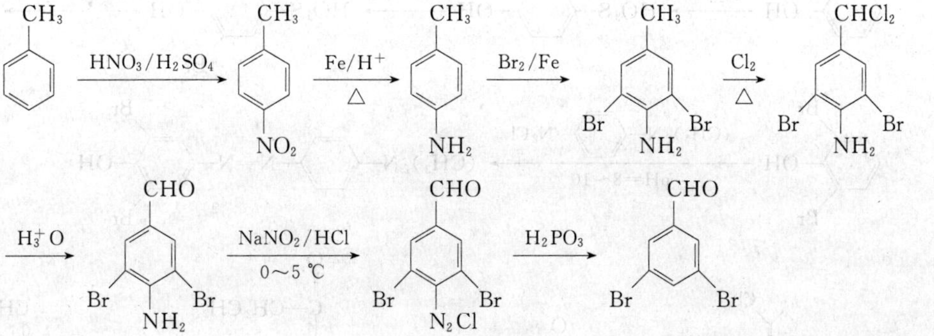

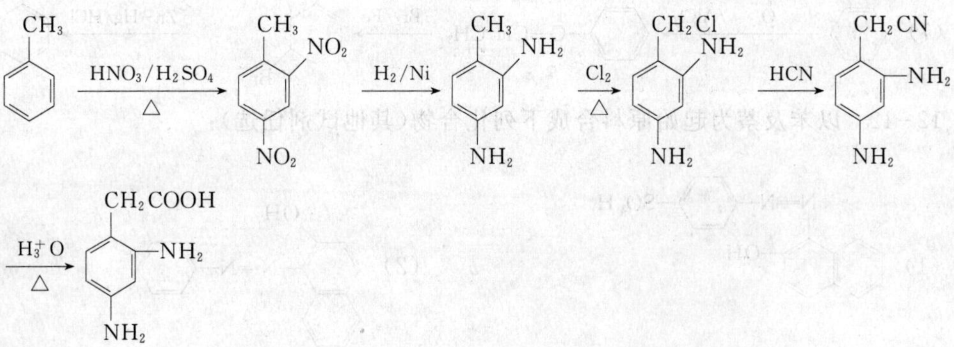

(5) 苯 $\xrightarrow[\triangle]{HNO_3/H_2SO_4}$ 间二硝基苯 $\xrightarrow{Na_2S_x}$ 间硝基苯胺 $\xrightarrow[0\sim5\ ℃]{NaNO_2/H_2SO_4}$ 3-硝基苯重氮硫酸盐（$N_2SO_4H$） $\xrightarrow{CuCl/HCl}$

间氯硝基苯 $\xrightarrow{Fe/H^+}$ 间氯苯胺 $\xrightarrow[0\sim5\ ℃]{NaNO_2/HCl}$ 3-氯苯重氮盐（$N_2Cl$） $\xrightarrow[\triangle]{H_3^+O}$ 间氯苯酚

$\xrightarrow[pH=8\sim10]{\text{3-硝基苯重氮硫酸盐}}$ $O_2N$-C₆H₄-N=N-C₆H₃(Cl)-OH

(6) 苯 $\xrightarrow[\triangle]{HNO_3/H_2SO_4}$ 苯-$NO_2$ $\xrightarrow{Fe/HCl}$ 苯-$NH_2$ $\xrightarrow{2CH_3I}$ 苯-$N(CH_3)_2$

$\xrightarrow[\triangle]{HNO_3/H_2SO_4}$ $O_2N$-C₆H₄-$N(CH_3)_2$ $\xrightarrow{Fe/HCl}$ $H_2N$-C₆H₄-$N(CH_3)_2$ $\xrightarrow[0\sim5\ ℃]{NaNO_2/HCl}$

$Cl^-\ \overset{+}{N_2}$-C₆H₄-$N(CH_3)_2$

苯 + 丙烯 $\xrightarrow{H^+}$ 异丙苯 $\xrightarrow[②H_3^+O]{①O_2/OH^-}$ 苯-OH + 丙酮

苯-OH $\xrightarrow{H_2SO_4}$ $HO_3S$-C₆H₄-OH $\xrightarrow{Br_2/Fe}$ $HO_3S$-C₆H₂(Br)₂-OH $\xrightarrow{H_2O/H_2SO_4}$

2,6-二溴苯酚 $\xrightarrow[pH=8\sim10]{(CH_3)_2N\text{-}C_6H_4\text{-}N_2Cl}$ $(CH_3)_2N$-C₆H₄-N=N-C₆H₂(Br)₂-OH

(7) 苯 $\xrightarrow{\text{丙酰氯}/AlCl_3}$ 苯-$\overset{O}{\overset{\|}{C}}$-$CH_2CH_3$ $\xrightarrow{Br_2/Fe}$ 3-溴苯基-$\overset{O}{\overset{\|}{C}}$-$CH_2CH_3$ $\xrightarrow{Zn-Hg/HCl}$ 3-溴苯基-$CH_2CH_2CH_3$

12-12 以苯及萘为起始原料合成下列化合物(其他试剂任选):

(1) 1-(N=N-C₆H₄-$SO_3H$)-2-萘酚（萘环1位为 N=N-C₆H₄-$SO_3H$，2位为 OH）

(2) 2-OH-1-(N=N-C₆H₅)萘（萘环2位为 OH，1位为 N=N-苯基）

(3) 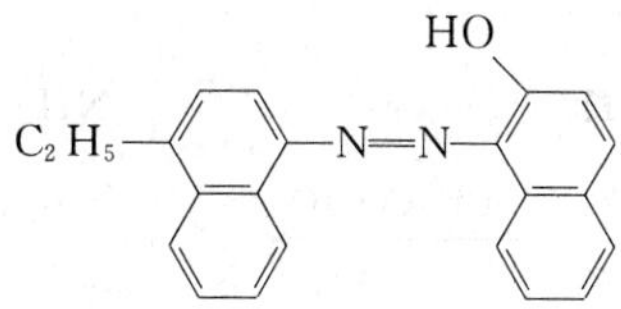 $C_2H_5$—(1-萘基)—N=N—(2-羟基-1-萘基)　HO　　(4) 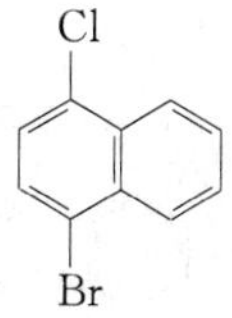 Cl　Br

**解**：(1) 萘 $\xrightarrow[160\ ^{\circ}\mathrm{C}]{H_2SO_4}$ 2-萘磺酸（$SO_3H$） $\xrightarrow[300\ ^{\circ}\mathrm{C}]{NaOH(固)}$ —ONa $\xrightarrow{HCl}$ —OH

苯 $\xrightarrow[\triangle]{HNO_3/H_2SO_4}$ —$NO_2$ $\xrightarrow{Fe/HCl}$ —$NH_2$ $\xrightarrow[\triangle]{H_2SO_4}$ $HO_3S$—C₆H₄—$NH_2$

$\xrightarrow[0\sim5\ ^{\circ}\mathrm{C}]{NaNO_2/HCl}$ $HO_3S$—C₆H₄—$\overset{+}{N}_2Cl^-$ $\xrightarrow[pH=8\sim10]{\text{2-萘酚 (OH)}}$ N=N—C₆H₄—$SO_3H$（OH）

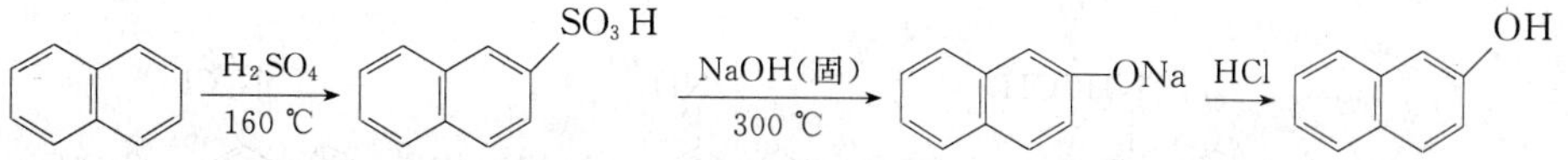

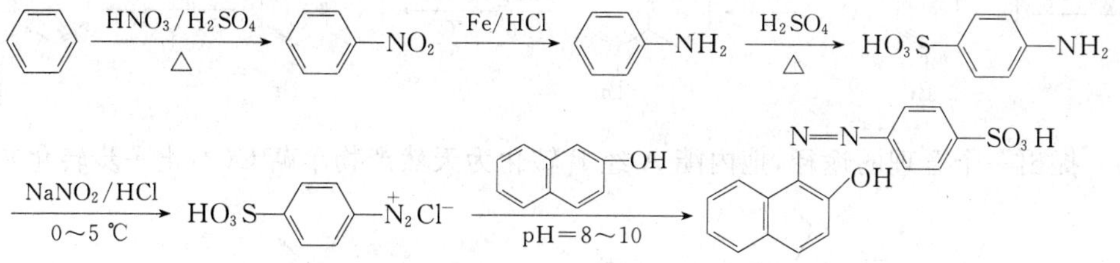

(2) 由(1)得 2-萘酚（OH）

苯 $\xrightarrow[\triangle]{HNO_3/H_2SO_4}$ —$NO_2$ $\xrightarrow[\triangle]{H_2/N_2}$ —$NH_2$ $\xrightarrow[0\sim5\ ^{\circ}\mathrm{C}]{NaNO_2/H_2SO_4}$ —$\overset{+}{N}_2\overset{-}{S}O_4H$

$\xrightarrow[pH=8\sim10]{\text{2-萘酚 (OH)}}$ OH　—N=N—C₆H₅

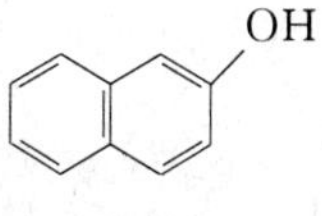

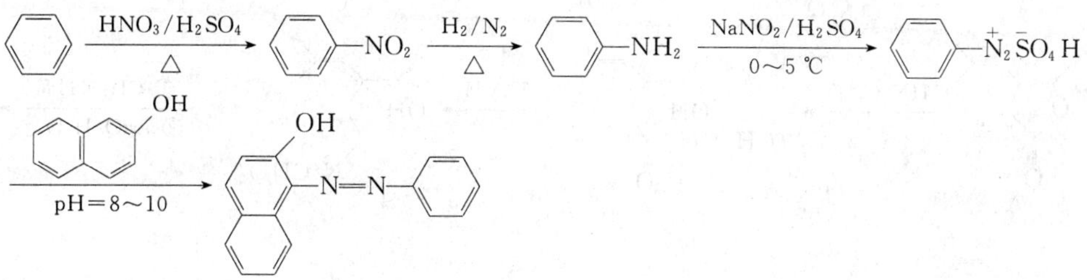

(3) 由(1)得 2-萘酚（OH）

萘 $+ClCH_2CH_3$ $\xrightarrow{AlCl_3}$ 1-萘基—$CH_2CH_3$ $\xrightarrow[\triangle]{HNO_3/H_2SO_4}$ $CH_2CH_3$　$NO_2$

$\xrightarrow{Fe/HCl}$ $CH_2CH_3$　$NH_2$ $\xrightarrow[0\sim5\ ^{\circ}\mathrm{C}]{NaNO_2/H_2SO_4}$ $CH_2CH_3$　$N_2SO_4H$ $\xrightarrow[pH=8\sim10]{\text{2-萘酚 (OH)}}$

$H_5C_2$—(1-萘基)—N=N—(2-羟基-1-萘基)　HO

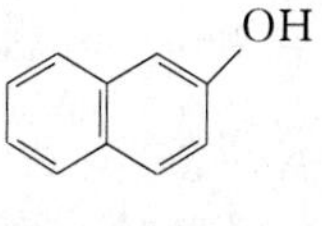

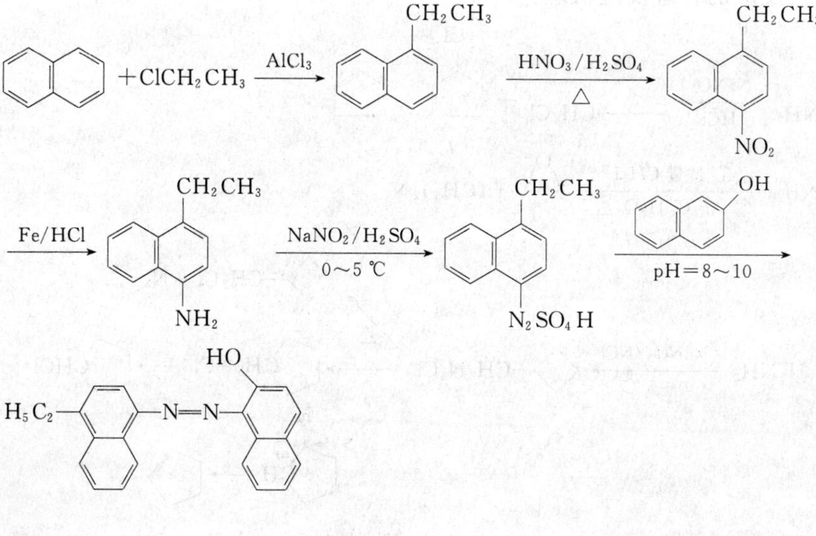

(4) 萘 $\xrightarrow{HNO_3/H_2SO_4}$ 1-硝基萘（$NO_2$） $\xrightarrow{Fe/HCl}$ 1-萘胺（$NH_2$） $\xrightarrow{(CH_3CO)_2O}$ N-乙酰基萘胺（$NH-\overset{O}{\overset{\|}{C}}-CH_3$）

$\xrightarrow{Br_2/Fe}$ 4-溴-1-乙酰氨基萘（$NH\overset{O}{\overset{\|}{C}}CH_3$, Br） $\xrightarrow[\triangle]{H_3^+O}$ 4-溴-1-萘胺（$NH_2$, Br） $\xrightarrow[0\sim5\ ℃]{NaNO_2/HCl}$ 重氮盐（$N_2Cl$, Br） $\xrightarrow{CuCl/HCl}$ 1-氯-4-溴萘（Cl, Br）

12-13 提出一个合理的途径，把内酯 A 经 B 转化为天然产物单萜 C(不止一步转化)。

A $\xrightarrow{?}$ B（OH, $N(CH_3)_2$） $\xrightarrow{?}$ C（OH）

解：A $\xrightarrow{HN(CH_3)_2}$ 羟基酰胺（OH, $(CH_3)_2N-\overset{\|}{C}=O$） $\xrightarrow{LiAlH_4}$ B（OH, $N(CH_3)_2$） $\xrightarrow[\text{② } AgO/H_2O,\triangle]{\text{① } CH_3I(\text{过量})}$

C（OH） $+N(CH_3)_3$

12-14 写出下列反应的合理反应机理：

(1) 环丁基$-CH_2NH_2$ $\xrightarrow[HCl]{NaNO_2}$ 环丁基$-CH_2Cl$ + 氯代环戊烷（Cl） + 环戊烯

(2) $HOCH_2CH_2NH_2$ $\xrightarrow[\text{② } Ag_2O/H_2O,\triangle]{\text{① 过量 } CH_3I}$ 环氧乙烷（O） $+(CH_3)_3N$

解：(1) 环丁基$-CH_2NH_2$ $\xrightarrow[0\sim5\ ℃]{NaNO_2/NCl}$ 环丁基$-CH_2\overset{+}{N_2}Cl^-$ $\xrightarrow{\triangle}$ 环丁基$-CH_2Cl+N_2$

环丁基$-CH_2\overset{+}{N_2}Cl^-$ ⟶ 环戊基 $\overset{+}{C}H + Cl^-$ ⟶ 环戊基 CHCl

环丁基$-CH_2\overset{+}{N_2}Cl^-$ ⟶ 环戊基 $\overset{+}{C}H$（H） ⟶ 环戊烯

(2) $HOCH_2CH_2NH_2 \xrightarrow{CH_3I\text{ 过量}} HOCH_2CH_2N(CH_3)_3I \xrightarrow{AgO/H_2O} HOCH_2CH_2\overset{+}{N}(CH_3)_3OH^-$

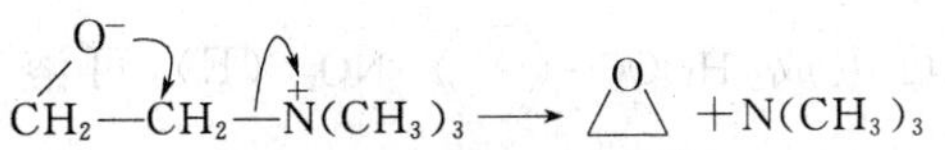

$$CH_2—CH_2—\overset{+}{N}(CH_3)_3$$ (with $O^-$ on the first carbon) $\longrightarrow$ epoxide $+N(CH_3)_3$ （邻位参与作用）

12-15 根据下列反应，试确定A的构造式。

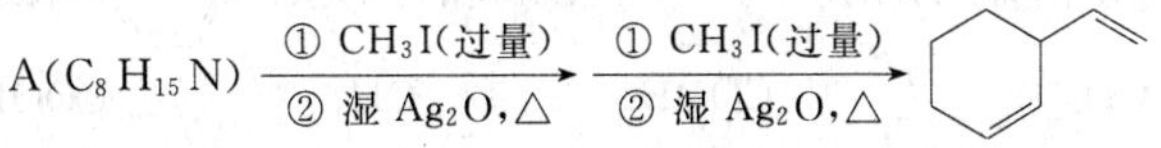

$A(C_8H_{15}N) \xrightarrow[② 湿 Ag_2O,\triangle]{① CH_3I(过量)} \xrightarrow[② 湿 Ag_2O,\triangle]{① CH_3I(过量)}$ 4-乙烯基环己烯

**解**：$A(C_8H_{15}N)$可能为环状胺，结合两次季铵碱消除反应生成 4-乙烯基环己烯（环状双烯），A可能为八氢吲哚。

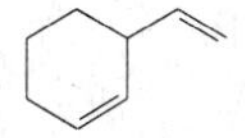

八氢吲哚 $\xrightarrow{CH_3I 过量}$ N,N-二甲基八氢吲哚鎓 $I^-$ $\xrightarrow[\triangle]{AgO/H_2O}$ 4-(2-二甲氨基乙基)环己烯 $\xrightarrow{CH_3I 过量}$ 4-(2-三甲铵基乙基)环己烯 $N^+I^-$ $\xrightarrow[\triangle]{AgO/H_2O}$ 4-乙烯基环己烯 $+N(CH_3)_3$

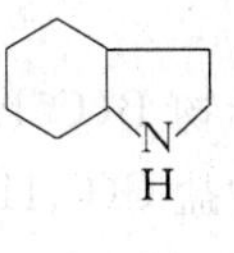

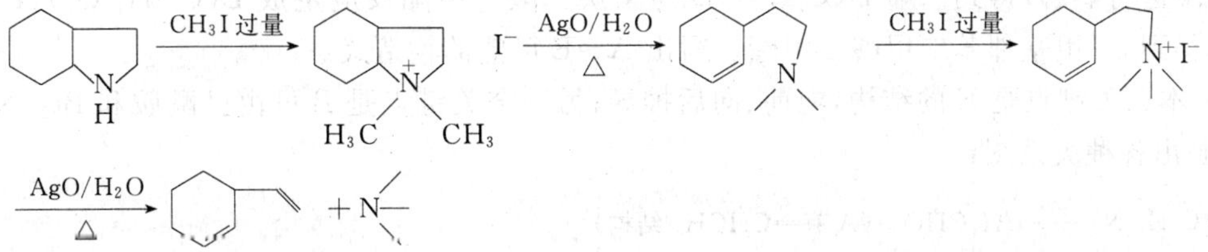

合理，A为八氢吲哚。

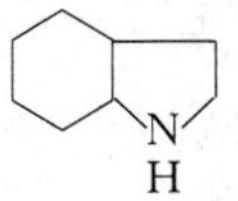

12-16 (1) 利用RX和$NH_3$合成伯胺的过程有哪些副反应？

(2) 如何避免或减少这些副反应？

(3) 在这一合成中哪一种卤代烷不适用？

**解**：(1) 主要的副反应为生成$R_2NH$、$R_3N$，甚至$R_4NX$的反应；

(2) 为减少副反应，配料时$NH_3$过量；

(3) 叔卤代烷不适用，因为$NH_3$为碱，叔卤代烷会有消除等副反应。

12-17 推断化合物A～E的可能结构：(1) 化合物$A(C_6H_4N_2O_4)$不溶于稀酸和稀碱，A的偶极矩为零。(2) 化合物$B(C_8H_9NO)$不溶于稀酸和稀碱。在$H_2SO_4$中化合物(B)在高锰酸钾作用下可以转变为化合物C，C不含氮原子，可溶于碳酸氢钠溶液，只有一种一硝基取代产物。(3) 化合物$D(C_7H_7NO_2)$可以发生剧烈的氧化反应生成化合物$E(C_7H_5NO_4)$，E可溶于稀的碳酸氢钠溶液，有两种一氯代异构体。

**解**：(1) 化合物$A(C_6H_4N_2O_4)$可能为 $O_2N—C_6H_4—NO_2$，其偶极矩为零（对位），不溶于稀酸也不溶于稀碱。

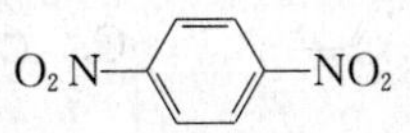

(2) B可能为 $H_3C—C_6H_4—\overset{O}{\overset{\|}{C}}—NH_2$，在$H_2SO_4$与$KMnO_4$作用下，$—CH_3$氧化为$—COOH$，$—\overset{O}{\overset{\|}{C}}—NH_2$ 水解为 $—\overset{O}{\overset{\|}{C}}—OH$；C为 $HOOC—C_6H_4—COOH$，可溶于碳酸氢钠溶液，只有一种一硝基取代物。

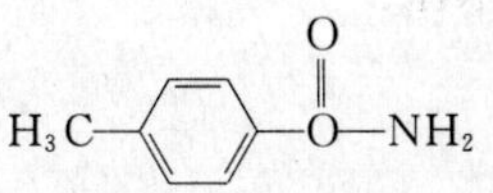

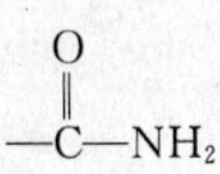

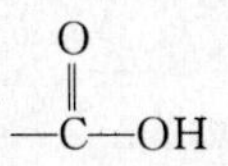

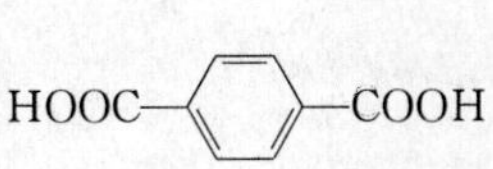

(3) D 可能为 $H_3C-C_6H_4-NO_2$，强烈氧化可生成 $HOOC-C_6H_4-NO_2$ (E)，可溶于稀 $NaHCO_3$，有两种一氯代异构体 HOOC—(Cl)—$NO_2$ 和 HOOC—(Cl)—$NO_2$。

A. 对二硝基苯（$NO_2$ / $NO_2$）　B. （$CH_3$ / $CONH_2$）　C. （COOH / COOH）　D. （$CH_3$ / $NO_2$）　E. （COOH / $NO_2$）

*12-18　某碱性物质 $A(C_5H_{11}N)$，臭氧化可生成乙醛，催化氢化得到化合物 $B(C_5H_{13}N)$，B 也能由己酰胺与溴在 NaOH 水溶液中处理得到。A 与过量的 $CH_3I$ 反应，转化为盐 $C(C_8H_{18}IN)$，C 同 AgOH 进行热解，得到二烯 $D(C_5H_8)$，D 与丁炔二酸二甲酯反应生成 $E(C_{11}H_{14}O_4)$，E 通过 Pd 脱氢得到 3-甲基邻苯二甲酸二甲酯。写出 A～E 可能的构造式。

**解**：本题关键点是 E 的结构，向前、向后推导；另一个关键点是 B 可由己酰胺和 $Br_2/NaOH$ 制备。画出各种关系图：

$A(C_5H_{11}N) \xrightarrow{O_3} CH_3CHO$　（A 有 $=CHCH_3$ 结构）

$\downarrow H_2/M$

$B(C_5H_{13}N)$

$CH_3(CH_2)_4NH_2 \xleftarrow{Br_2/NaOH} CH_3(CH_2)_4CONH_2$

A $\xrightarrow{CH_3I(过量)}$ $C(C_8H_{18}NI)$ $\xrightarrow[\triangle]{AgOH}$ $D(C_5H_8)$ 二烯 $\xrightarrow[\triangle]{CH_3O_2CC\equiv CCO_2CH_3}$

$CH_3CH=CHCH_2CH_2NH_2$　　$C_5H_9N(CH_3)_3I$

$CH_3CHCHCH_2CH_2N(CH_3)_3I$

$E(C_{11}H_{14}O_4)$ $\xrightarrow[-H_2]{Pd}$ 3-甲基邻苯二甲酸二甲酯（$CH_3$，$CO_2CH_3$，$CO_2CH_3$）

（E：环己二烯环上带 $CH_3$、$CO_2CH_3$、$CO_2CH_3$）

从后向前推导，可得

E. （环己二烯环上带 $CH_3$、$CO_2CH_3$、$CO_2CH_3$）　D. （戊二烯）　C. $CH_3CH=CHCH_2CH_2N(CH_3)_3I$

B. $CH_3(CH_2)_4NH_2$　　A. $CH_3CH=CHCH_2CH_2NH_2$

结合题意检查，完全正确。

# 第13章 糖 类

## 学习要点

单糖：

1. 分类结构
2. 开链糖的命名、构型标记
3. 环状糖、呋喃糖、吡喃糖的构造、构型、构象及命名
4. 单糖的化学反应

(1) 差向异构反应，醛糖和酮糖的相互转化；

(2) 还原反应；

(3) 生成糖脎的反应；

(4) 生成糖苷的反应(苷羟基的反应)；

(5) 糖苷醚和糖苷酯的生成(1° OH,2° OH 的醚化、酯化反应)。

低聚糖：

1. 低聚糖的苷键的种类及表示
2. 环糊精的结构、性质及用途

多糖：

1. 淀粉和纤维素的结构、二级结构
2. 生物质炼制的概念

## 重要反应式

环-链转化

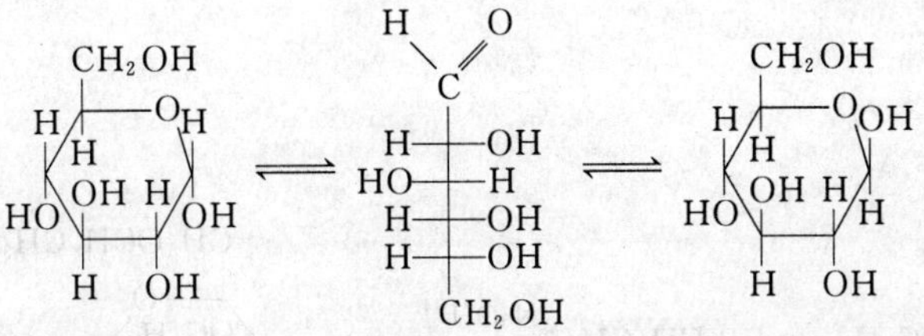

差向异构化

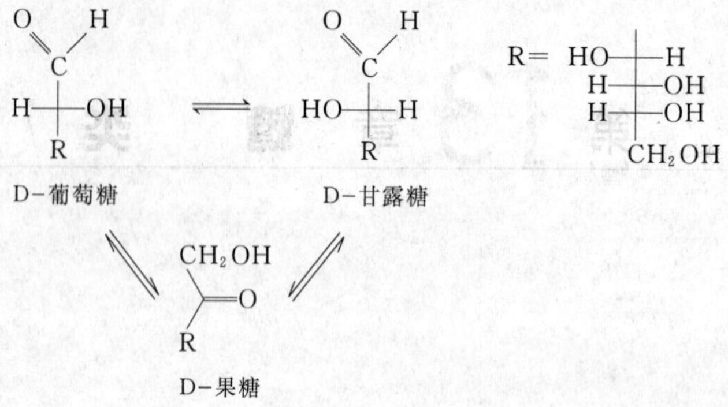

D-葡萄糖 ⇌ D-甘露糖（经 D-果糖互变）

R= HO—H, H—OH, H—OH, $CH_2OH$

还原反应

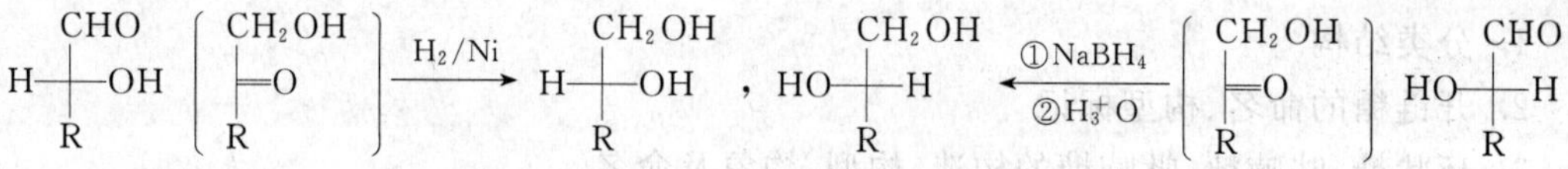

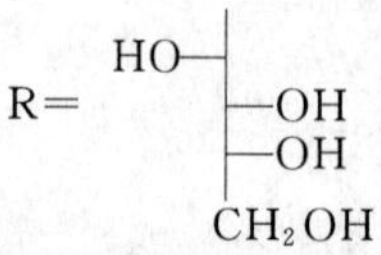

$$\text{H—C(CHO)(R)—OH}\ \left(\text{R—CO—CH}_2\text{OH}\right) \xrightarrow{H_2/Ni} \text{H—C(CH}_2\text{OH)(R)—OH},\quad \text{HO—C(CH}_2\text{OH)(R)—H} \xleftarrow[\text{②}H_3^+O]{\text{①}NaBH_4} \left(\text{R—CO—CH}_2\text{OH}\right)\ \text{HO—C(CHO)(R)—H}$$

R= HO—, —OH, —OH, $CH_2OH$ ，用氢化物还原是亲核加成反应。

糖脎的生成

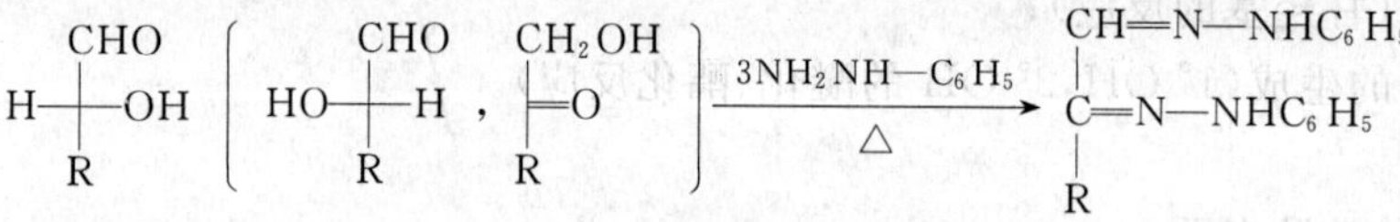

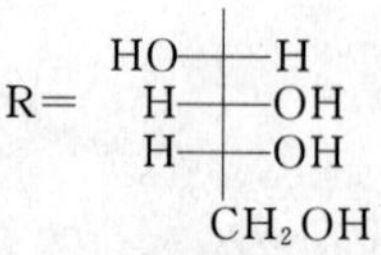

$$\text{H—C(CHO)(R)—OH}\ \left(\text{HO—C(CHO)(R)—H},\ \text{R—CO—CH}_2\text{OH}\right) \xrightarrow[\triangle]{3NH_2NH—C_6H_5} \text{CH=N—NHC}_6\text{H}_5,\ \text{C=N—NHC}_6\text{H}_5,\ \text{R}$$

R= HO—H, H—OH, H—OH, $CH_2OH$ ，亲核加成反应。

糖苷的生成

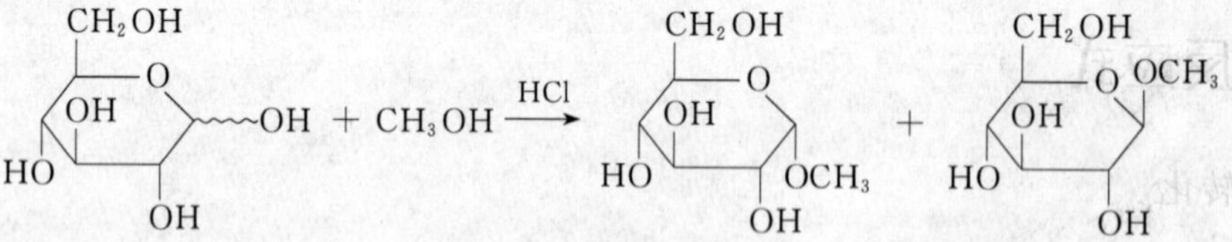

$$\text{葡萄糖(吡喃型，}CH_2OH\text{, OH, HO, OH, 半缩醛 OH)} + CH_3OH \xrightarrow{HCl} \text{甲基-α-D-葡萄糖苷 (}OCH_3\text{)} + \text{甲基-β-D-葡萄糖苷 (}OCH_3\text{)}$$

亲核取代反应。

糖苷醚的生成

$$\text{乙基葡萄糖苷(}CH_2OH\text{, OH, HO, OH, }OC_2H_5\text{)} + 4\ BrCH_2CH_3 \xrightarrow{NaOH} \text{(}CH_2OCH_2CH_3\text{, }OC_2H_5\text{, }H_3CH_2CO\text{, }OCH_2CH_3\text{, }OC_2H_5\text{)} + 4HBr$$

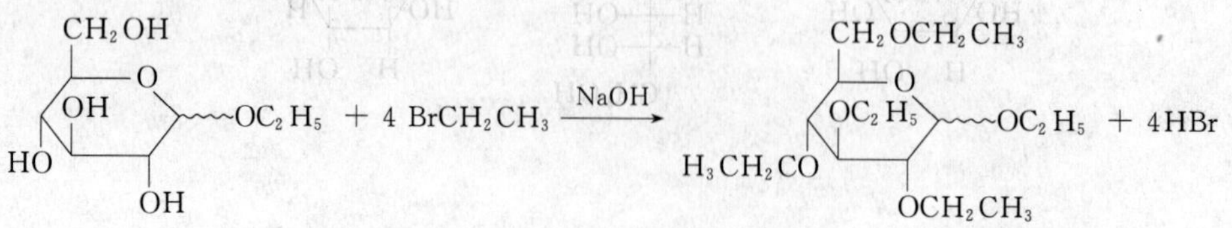

卤代烃的亲核取代反应。

糖苷酯的生成

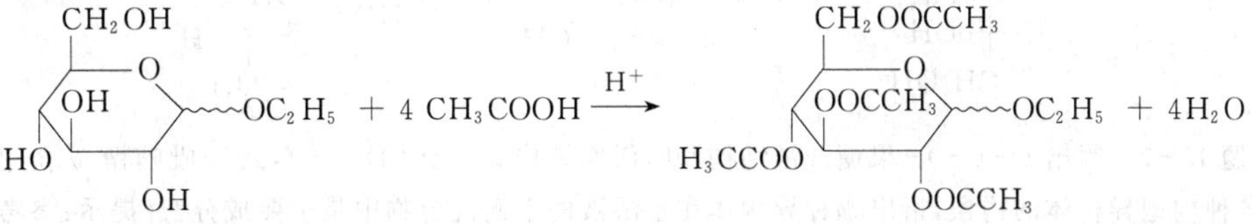

$CH_2OH$ O OH $OC_2H_5$ HO OH $+ 4\ CH_3COOH \xrightarrow{H^+}$ $CH_2OOCCH_3$ O $OOCCH_3$ $OC_2H_5$ $H_3CCOO$ $OOCCH_3$ $+ 4H_2O$

亲核加成-消除反应。

羟基保护

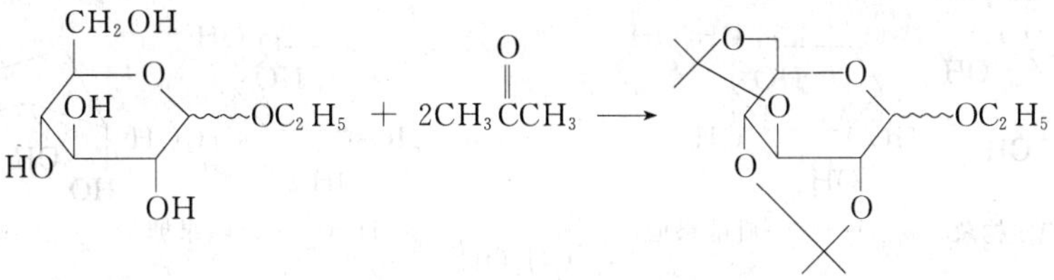

$CH_2OH$ O OH $OC_2H_5$ HO OH $+ 2CH_3\overset{\overset{O}{\|}}{C}CH_3 \longrightarrow$ O O O $OC_2H_5$ O O

亲核加成反应,缩合反应。

多糖水解

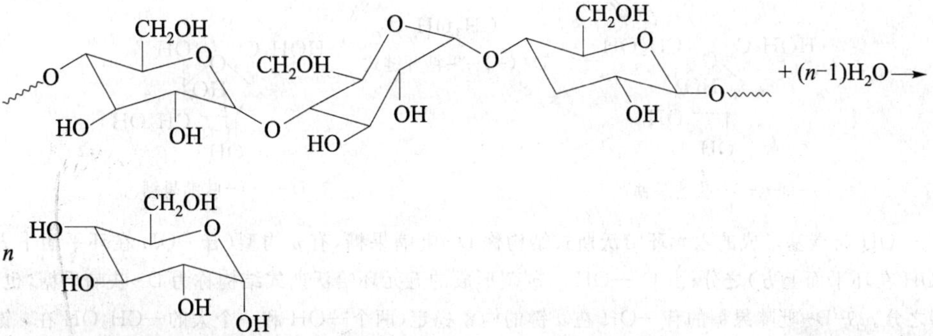

$CH_2OH$ O O HO OH O $CH_2OH$ O HO OH O $CH_2OH$ O OH O $+ (n-1)H_2O \longrightarrow$

$n$ $CH_2OH$ HO O HO OH OH

己醛糖环化脱水

$OHC-\underset{OH}{CH}-\underset{OH}{CH}-\underset{OH}{CH}-\underset{OH}{CH}-\underset{OH}{CH_2} \xrightarrow{H^+}$ HO O CHO

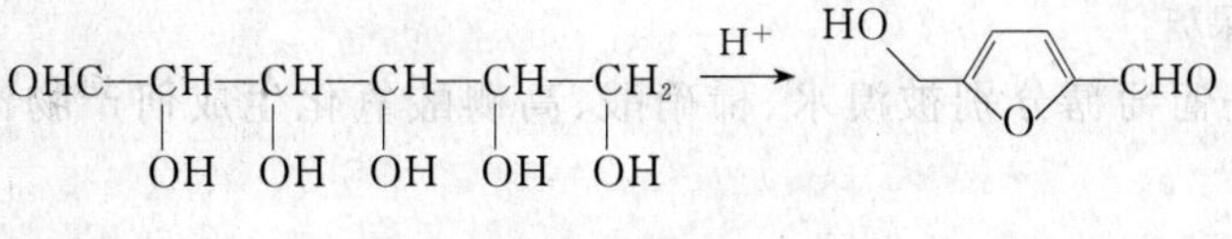

# 思考题解答

**思考题 13-1** D-葡萄糖能否形成五元环半缩醛?如果能形成五元环半缩醛,是否也有 $\alpha,\beta$ 构型的区别?

**解答:** 五元环化合物是稳定的环状化合物。因此,D-葡萄糖能形成五元环半缩醛。D-葡萄糖用 $C_4$—OH 与 $-\overset{\overset{O}{\|}}{C}-H$ 形成五元环半缩醛(称 D-呋喃葡萄糖),—OH 与 $-\overset{\overset{O}{\|}}{C}-H$ 加成时,也有加成方向问题,因此,五元环半缩醛也有 $\alpha,\beta$ 构型的区别。

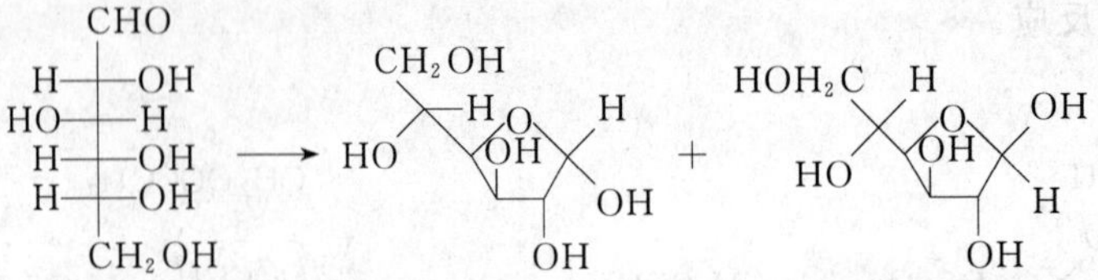

**思考题 13-2** 写出 D-(−)-果糖开链结构和哈沃斯结构式，说明 D，(−)，$\alpha$、$\beta$-吡喃糖，$\alpha$、$\beta$-呋喃糖的意义；分析各种构型异构体的构象，指出哪种异构体在水溶液的平衡混合物中是主要成分？（提示：参考 D-(+)-葡萄糖的情况）

**解答：** 像 D-葡萄糖一样，D-(−)-果糖有一个开链结构和四个哈沃斯结构：

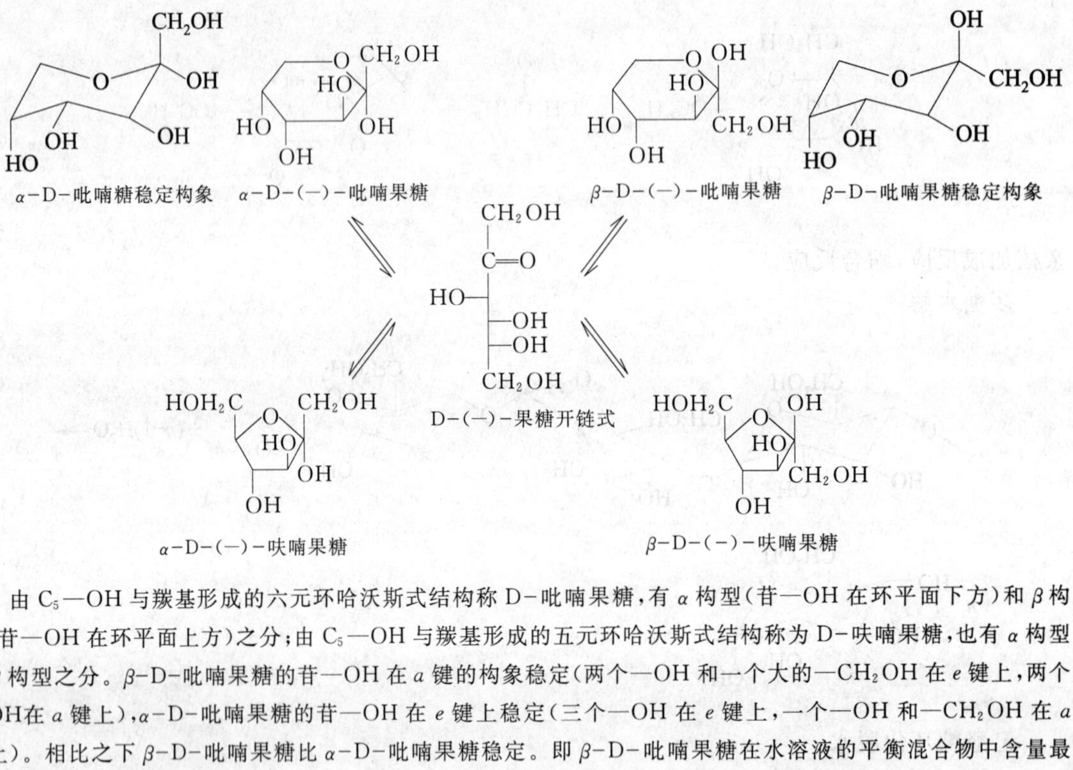

$\alpha$-D-吡喃糖稳定构象　$\alpha$-D-(−)-吡喃果糖　$\beta$-D-(−)-吡喃果糖　$\beta$-D-吡喃果糖稳定构象

D-(−)-果糖开链式

$\alpha$-D-(−)-呋喃果糖　$\beta$-D-(−)-呋喃果糖

由 $C_5$—OH 与羰基形成的六元环哈沃斯式结构称 D-吡喃果糖，有 $\alpha$ 构型（苷—OH 在环平面下方）和 $\beta$ 构型（苷—OH 在环平面上方）之分；由 $C_5$—OH 与羰基形成的五元环哈沃斯式结构称为 D-呋喃果糖，也有 $\alpha$ 构型和 $\beta$ 构型之分。$\beta$-D-吡喃果糖的苷—OH 在 $a$ 键的构象稳定（两个—OH 和一个大的—$CH_2OH$ 在 $e$ 键上，两个—OH在 $a$ 键上），$\alpha$-D-吡喃果糖的苷—OH 在 $e$ 键上稳定（三个—OH 在 $e$ 键上，一个—OH 和—$CH_2OH$ 在 $a$ 键上）。相比之下 $\beta$-D-吡喃果糖比 $\alpha$-D-吡喃果糖稳定。即 $\beta$-D-吡喃果糖在水溶液的平衡混合物中含量最多，其次是 $\alpha$-D-吡喃果糖。

**思考题 13-3** D-葡萄糖分别被溴水、稀硝酸、高碘酸氧化生成何产物？被 HI 还原生成何产物？

**解答：** D-葡萄糖是五羟基己醛，其醛基具有醛的性质，羟基具有邻二醇的性质。因此，

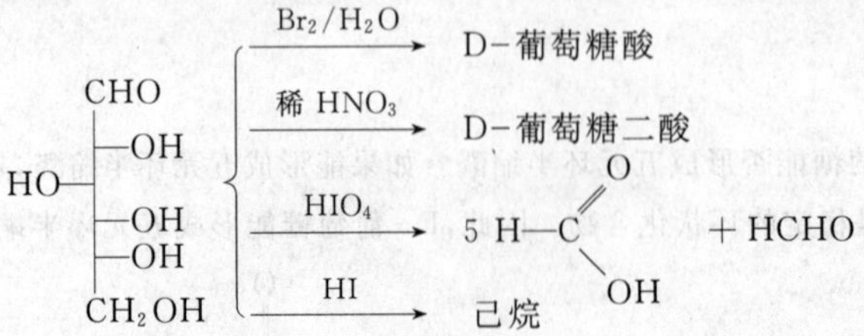

D-葡萄糖 —$Br_2/H_2O$→ D-葡萄糖酸

D-葡萄糖 —稀 $HNO_3$→ D-葡萄糖二酸

D-葡萄糖 —$HIO_4$→ 5 H—C(=O)—OH ＋ HCHO

D-葡萄糖 —HI→ 己烷

**思考题 13-4** 纤维二糖是纤维素水解产物，是一种还原糖。它是由 D-吡喃葡萄糖的 $\beta$-苷羟基与另一

D-吡喃葡萄糖 4 位羟基形成的 $\beta$-苷。请写出纤维二糖的构象。(提示:可参考麦芽糖的结构式)

**解答:**

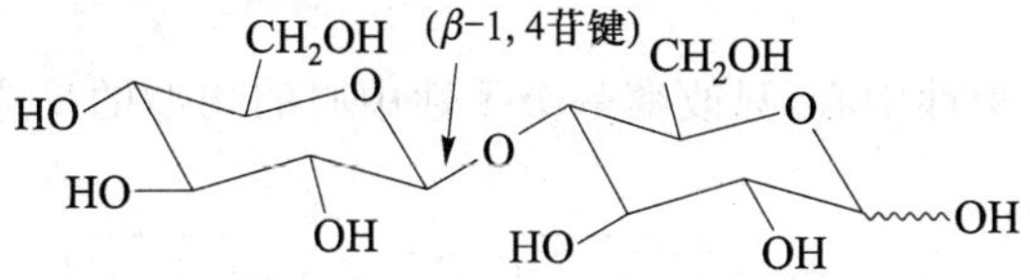

$CH_2OH$　($\beta$-1,4苷键)　$CH_2OH$

HO　O　O　O　OH

HO　OH　HO　OH

$\beta$-D-吡喃葡萄糖单元　　D-吡喃葡萄糖单元

# 例题解析

**例 1.** 与苯胺、苯酚、烯烃和葡萄糖都能反应并有明显现象的试剂是(　　),并写出有关反应。

A. Fehling 试剂　B. $Br_2/H_2O$　C. $FeCl_3$　D. Schiff 试剂　E. Tollens 试剂

**解析:** 苯胺、苯酚和烯烃都能与亲电试剂反应,也能被较强氧化剂氧化。葡萄糖能与亲核试剂反应,也能被弱氧化剂氧化。

Fehling 试剂、Tollens 试剂、$Br_2/H_2O$ 和 $FeCl_3$ 是弱氧化剂,$Br_2/H_2O$ 还是强亲电试剂,Schiff 试剂是强亲核试剂。因此,

| 化合物 | 苯胺 | 苯酚 | 烯烃 | 葡萄糖 |
|---|---|---|---|---|
| Fehling 试剂 | — | — | — | + |
| $Br_2/H_2O$ | +(白色↓) | +(白色↓) | +(红色褪去) | +(红色褪去) |
| $FeCl_3$ | — | + | — | + |
| Schiff 试剂 | — | — | — | + |
| Tollens 试剂 | — | — | — | + |

B. $Br_2/H_2O$ 能与上述四种有机物都反应,并有明显现象,相应反应如下:

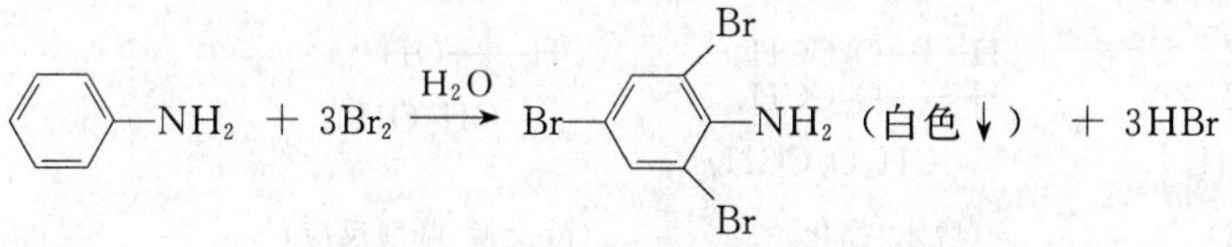

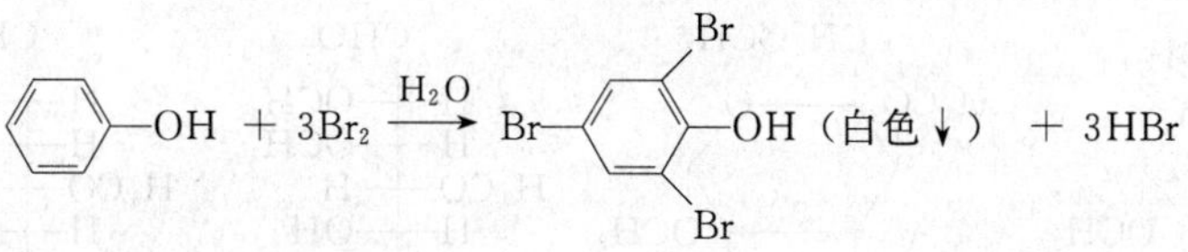

$$C_6H_5NH_2 + 3Br_2 \xrightarrow{H_2O} 2,4,6\text{-}Br_3C_6H_2NH_2\ (\text{白色}\downarrow) + 3HBr$$

$$C_6H_5OH + 3Br_2 \xrightarrow{H_2O} 2,4,6\text{-}Br_3C_6H_2OH\ (\text{白色}\downarrow) + 3HBr$$

$$RCH{=}CH_2 + Br_2 \xrightarrow{H_2O} RCHBr{-}CH_2Br\ (\text{红色褪去})$$

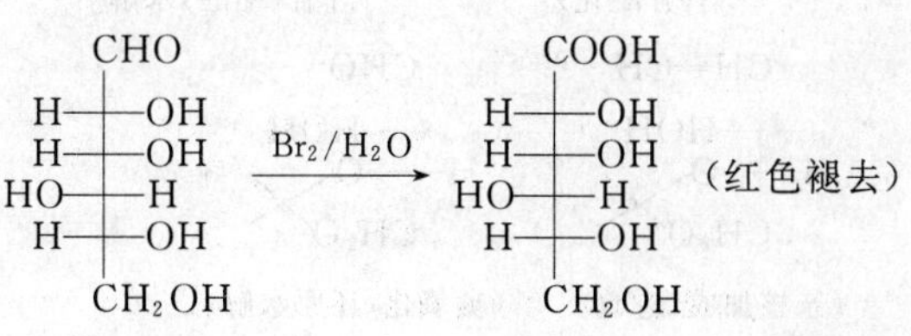

$$\begin{array}{c} CHO \\ H-\!\!-OH \\ H-\!\!-OH \\ HO-\!\!-H \\ H-\!\!-OH \\ CH_2OH \end{array} \xrightarrow{Br_2/H_2O} \begin{array}{c} COOH \\ H-\!\!-OH \\ H-\!\!-OH \\ HO-\!\!-H \\ H-\!\!-OH \\ CH_2OH \end{array}\ (\text{红色褪去})$$

**例 2.** 分别对 D-葡萄糖的 $C_2$、$C_3$ 和 $C_4$ 进行差向异构化，可得到什么糖？这些糖是非对映异构体吗？

**解析：** 差向异构化是指分子中有多个手性中心，只改变一个手性中心的构型的反应，得到的产物与反应物是差向异构体。

CHOH; H—OH; HO—H; H—OH; H—O; $CH_2OH$ D-葡萄糖

CHOH; HO—H; HO—H; H—OH; H—O; $CH_2OH$ D-甘露糖

CHOH; H—OH; H—OH; H—OH; H—O; $CH_2OH$ D-阿洛糖

CHOH; H—OH; HO—H; HO—H; H—O; $CH_2OH$ D-半乳糖

这些糖构造相同，构型不同，它们之间是非对映体。

**例 3.** 完成下列反应，写出主要产物。

(1) CHO; H—OH; H—OH; $CH_2OH$ $\xrightarrow{NH_2OH}$ $\xrightarrow[CH_3CO_2Na]{(CH_3CO)_2O(过量)}$ $\xrightarrow[CH_3OH]{NaOCH_3}$

(2) （吡喃糖环：$CH_2OH$，HO，O，OH，OH OH） $\xrightarrow[HCl]{CH_3OH}$ $\xrightarrow{(CH_3)_2SO_4/NaOH}$ $\xrightarrow{H_3^+O}$ $\xrightarrow{NaBH_4}$

(3) D-甘油醛 $\xrightarrow[HCl]{(CH_3)_2C{=}O}$ $\xrightarrow{CH_2{=}CHMgCl}$ $\xrightarrow[② Zn,H_2O]{① O_3}$

**解析：** 糖是多羟基醛或酮，在水溶液里，开链结构与环氧式结构处于平衡状态。开链结构含有—CHO 或 >C=O 与—OH 多种官能团。糖可发生多种反应。其中—OH 又有 1°OH、2°OH 和苷—OH 之别，它们的反应性有差异。

(1) CH=NOH; H—OH; H—OH; $CH_2OH$ （亲核加成）

CN; H—$O_2CCH_3$; H—$O_2CCH_3$; $CH_2O_2CCH_3$ （脱水、酯化）

CHO; H—OH; $CH_2OH$ （醇交换、降解反应）

(2) （吡喃糖环：$CH_2OH$，HO，O，$OCH_3$，OH OH） [生成苷(缩醛)]

（吡喃糖环：$CH_2OCH_3$，$H_3CO$，O，$OCH_3$，$OCH_3$ $OCH_3$） （苷醚化）

CHO; H—$OCH_3$; H—$OCH_3$; $H_3CO$—H; H—OH; $CH_2OCH_3$ [苷(缩醛)水解]

$CH_2OH$; H—$OCH_3$; H—$OCH_3$; $H_3CO$—H; H—OH; $CH_2OCH_3$ （醛基还原）

(3) CHO; H—O; $CH_2O$ (>C<) （缩醛化，保护—OH）

CH=CH; *—HOH; H—O; $CH_2O$ (>C<) （亲核加成，递增）

CHO; *—HOH; H—O; $CH_2O$ (>C<) （臭氧化/还原水解）

**例 4.** 解释下述实验现象：$HIO_4$ 氧化 α－吡喃葡萄糖的 1,2－键比氧化 β－吡喃葡萄糖的 1,2－键容易。

**解析：** 葡萄的环氧式结构的苷原子有两种构型，α 和 β 型，$HIO_4$ 主要氧化顺式邻羟基化合物，中间体：

（α 型）　　（β 型）

β 型不能或很难形成环状中间体。因此，$HIO_4$ 氧化 α－吡喃葡萄糖 1,2－键比氧化 β－吡喃葡萄糖的 1,2－键容易得多。

**例 5.** 在下列二糖中，哪一部分是苷键，指出苷键的类型（α 或 β 型）。

A.　　B.

**解析：** 单糖通过苷羟基相连接那部分称苷键。多糖（包括二糖）中单糖单元都是通过苷键连接起来的。题目中画虚线圈部分是形成苷键处。A 中是 α－苷键，B 中是 β－苷键。

**例 6.** 回答下列问题：

（1）葡萄糖与下列哪个糖生成相同的脎？

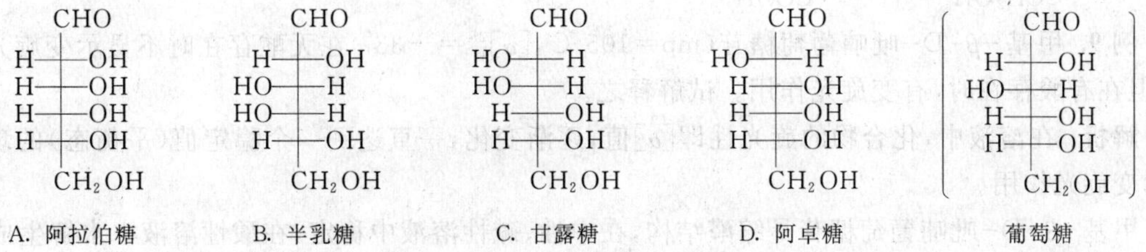

（2）葡萄糖与 $CH_3OH/HCl$ 反应生成甲基葡萄糖苷时，参与反应的羟基数目是多少？

**解析：** 糖与苯肼的反应产物是脎，其结构为

$$\begin{array}{l} CH{=}N{-}NH{-}Ph \\ | \\ CH{=}N{-}NH{-}Ph \\ | \end{array}$$

。

因此糖的 $C_3$、$C_4$ 和 $C_5$ 结构与葡萄糖相同，即是 $C_2$ 是差向异构体构型的糖就能形成与葡萄糖相同的脎。

（1）C. 甘露糖与葡萄糖形成相同脎　（2）葡萄糖苷只是苷羟基被取代。

**例 7.** 下列各对化合物是相同的化合物还是对映体？

(1)

COOH
H—OH
H—OH
HO—H
H—OH
H—OH
COOH

和

COOH
HO—H
HO—H
H—OH
HO—H
HO—H
COOH

(2)

CHO
HO—H
HO—H
H—OH
H—OH
$CH_2OH$

和

CHO
H—OH
H—OH
HO—H
HO—H
$CH_2OH$

(3)

H
HO
$CH_2OH$
O
H
OH
HO
OH
H
H

和

HO—H
H—OH
HO—H
H—OH
H—O
$CH_2OH$

**解析：**两个相同的化合物，必须构造、构型完全相同；对映体必须是构造相同，构型一一对应都是相反的。

(1) 相同化合物（内消旋体）　(2) 对映体　(3) 相同化合物

**例 8.** 两个D－戊醛糖A和B，与苯肼反应得到相同的脎C。A还原得到无旋光活性的D，B降解得到D－丁醛糖E，用稀硝酸氧化E得到内消旋的酒石酸F。请写出A、B、C、D、E、F的结构式。

**解析：**醛糖只有$C_2$构型不同的差向异构体的脎相同。醛糖降解时除其$C_2$变成醛基外，其他碳构型不变。有对称面的化合物无旋光性。因此，

A.

CHO
H—OH
H—OH
H—OH
$CH_2OH$

B.

CHO
HO—H
H—OH
H—OH
$CH_2OH$

C.

CH=$NNHC_6H_5$
C=$NNHC_6H_5$
H—OH
H—OH
$CH_2OH$

D.

$CH_2OH$
H—OH
H—OH
H—OH
$CH_2OH$

E.

CHO
H—OH
H—OH
$CH_2OH$

F.

COOH
H—OH
H—OH
COOH

**例 9.** 甲基－β－D－吡喃葡萄糖苷（mp＝105 ℃，$[\alpha]_D^{25}=-33°$）在无酸存在时不显示变旋光作用，但在有酸存在时，有变旋光作用。试解释之。

**解析：**在溶液中，化合物的旋光性即$[\alpha]$值，逐渐变化，一直达到一个稳定值（平衡态）的现象称为变旋光作用。

甲基－β－D－吡喃葡萄糖苷是缩醛结构，在中性、碱性溶液中稳定，在酸性溶液中水解生成β－吡喃葡萄糖苷（半缩醛结构），后者通过开链醛糖转化成α－吡喃葡萄糖，最后三者达到动态平衡。三者的旋光性不同，趋于平衡过程旋光性要逐渐变化，直到平衡时，旋光性也不再变化。

## 综合习题

1. 写出下列化合物酸催化水解的产物：

(1) 蔗糖　(2) α－D－吡喃型甲基葡萄糖苷

2. 回答下述各问题：

(1) 写出甘露糖的吡喃环式与链式异构体的互变平衡式。

(2) 写出核糖的呋喃环式与链式异构体的互变平衡式。

3. 下列化合物中哪些具有变旋光现象？

A. 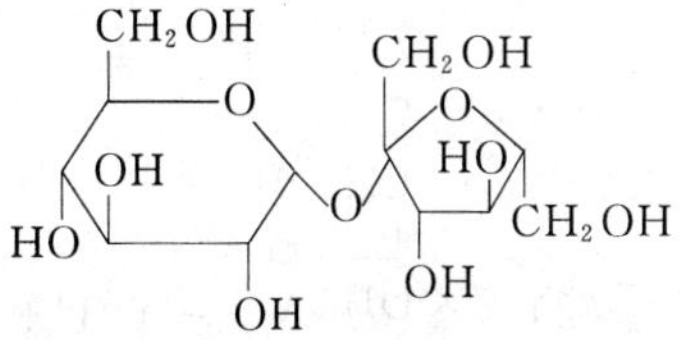　B.

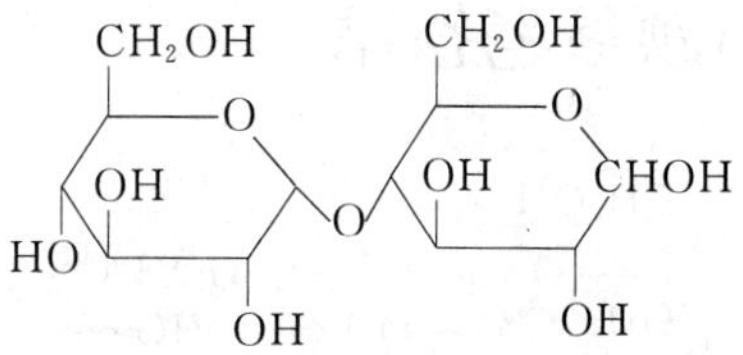

C. 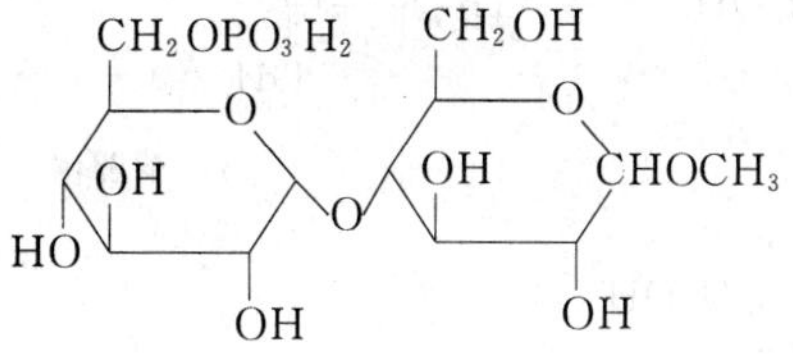　D.

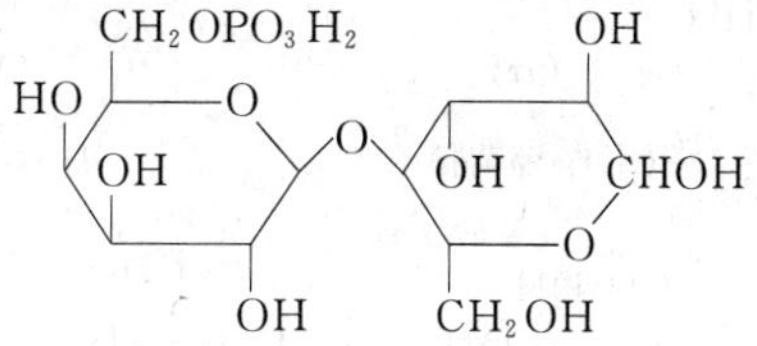

E.

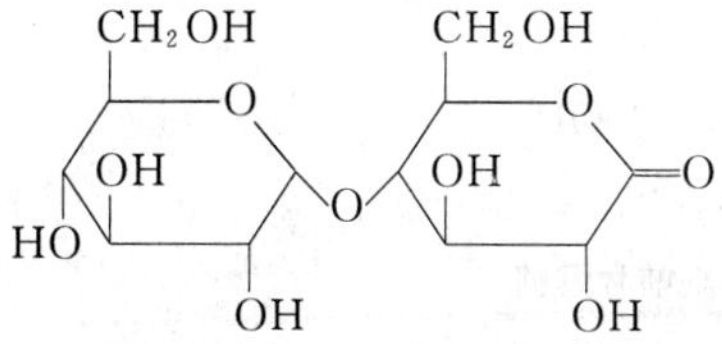

4. 回答下列问题。

(1) 写出 β−D−(＋)−吡喃葡萄糖的 Haworth 式及构象式。

(2) 写出 D−葡萄糖的开链结构的 Fischer 投影式，并用系统命名法命名。

(3) 将下列的 Fischer 投影式改成 Haworth 式。

A. 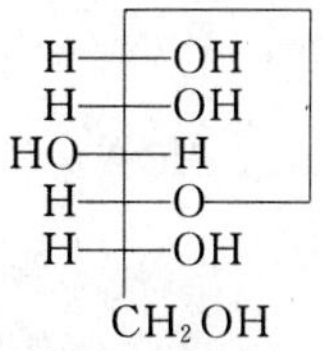　B.

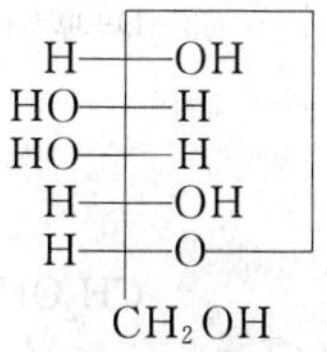

5. 写出下列反应中 A～E 的结构式：

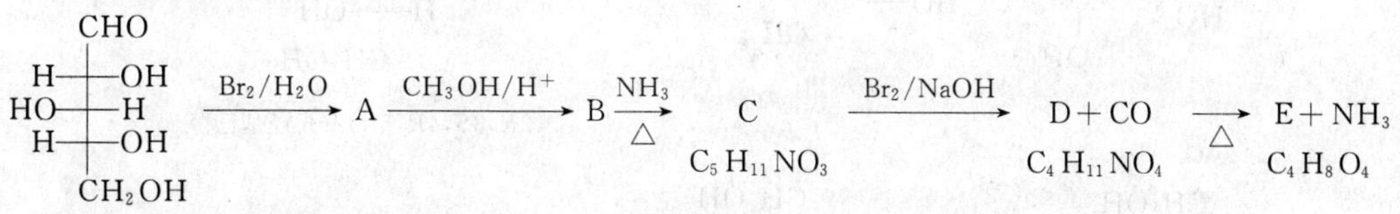

$$\xrightarrow{Br_2/H_2O} A \xrightarrow{CH_3OH/H^+} B \xrightarrow[\triangle]{NH_3} \underset{C_5H_{11}NO_3}{C} \xrightarrow{Br_2/NaOH} \underset{C_4H_{11}NO_4}{D} + CO \xrightarrow{\triangle} \underset{C_4H_8O_4}{E} + NH_3$$

6. 甲基−α−D−吡喃葡萄糖苷与 2 mol 高碘酸反应后的产物是(　　)。

A. 4HCOOH　　B. 4HCOOH＋HCHO

C. 5HCOOH　　D. HCOOH＋二醛

7. 画出 D−吡喃半乳糖 α 和 β 型的构象，比较两种构象的稳定性。

8. 糖 A($C_5H_{10}O_4$)用溴水氧化得 B($C_5H_{10}O_5$)，B 易形成内酯。A 与乙酸酐反应生成三乙酸酯 C，与苯肼反应生成糖脎 D，用 $HIO_4$ 氧化只消耗一分子的 $HIO_4$。试写出 A、B、C 和 D 的结构式。

9. 两个 D−己醛糖 A 和 B，用硝酸氧化生成无旋光性的己醛糖二酸。另有两个 D−己醛糖 C

和 D，A 与 C，B 与 D 能生成相同的脎。C、D 用硝酸氧化则生成同一种具有旋光性的糖二酸。试用 Fischer 投影式表示 A、B、C 和 D 的构型。

## 综合习题参考答案

1.（1）[structure: D-glucopyranose] + [structure: D-fructofuranose] （2）[structure: D-glucopyranose] + $CH_3OH$

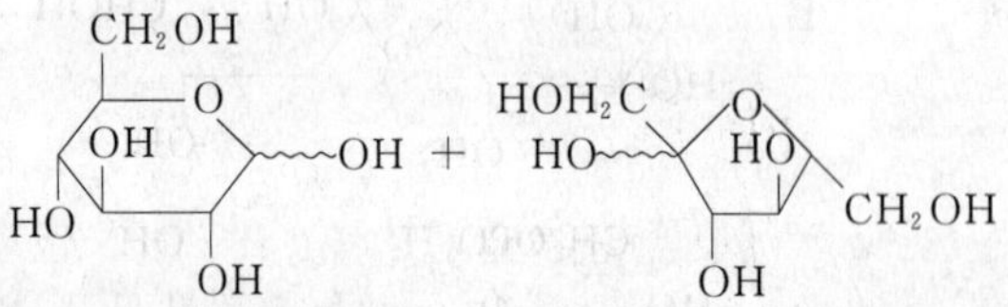

D-(+)-葡萄糖 D-(-)-果糖 D-葡萄糖

2.（1）[structure] ⇌ [Fischer projection: CHO; HO—H; HO—H; H—OH; H—OH; $CH_2OH$] ⇌ [structure]

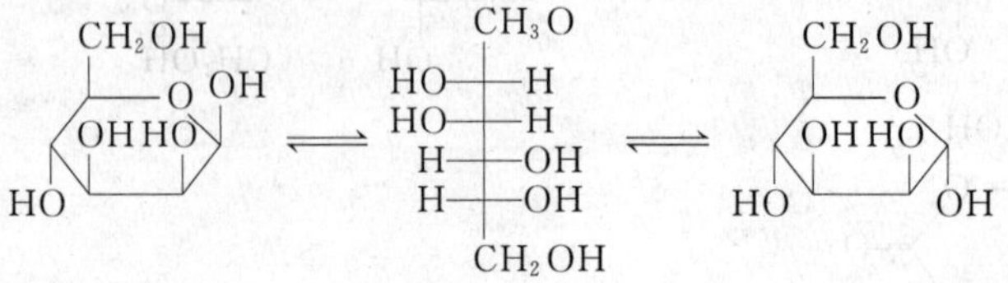

β-D-吡喃甘露糖 D-甘露糖 α-D-吡喃甘露糖

（2）[structure] ⇌ [Fischer projection: CHO; H—OH; H—OH; H—OH; $CH_2OH$] ⇌ [structure]

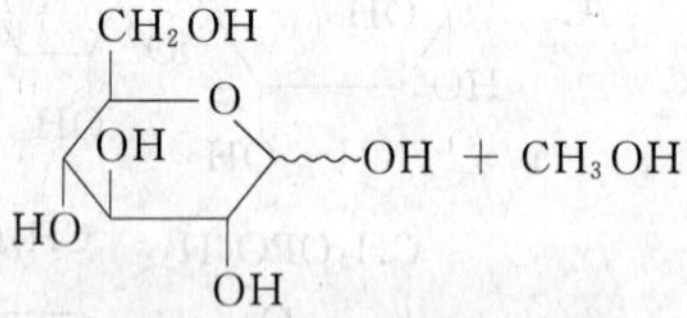

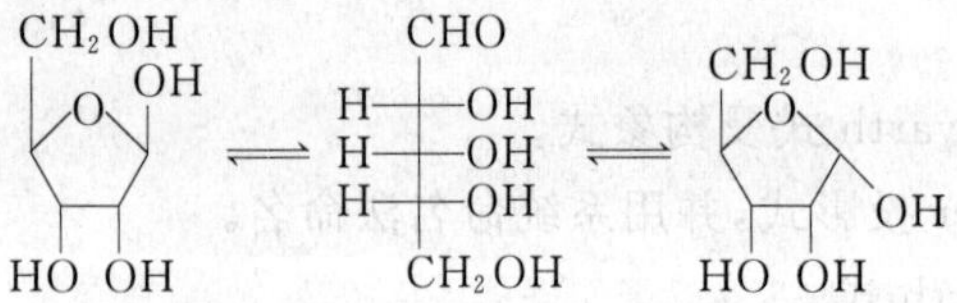

β-D-呋喃核糖 D-核糖 α-D-呋喃核糖

3. B，D

4.（1）[structure] [structure] （2）[Fischer projection: CHO; H—OH; HO—H; H—OH; H—OH; $CH_2OH$]

(2*R*,3*S*,4*R*,5*R*)-五羟基己醛

（3）A. [structure] B. [structure]

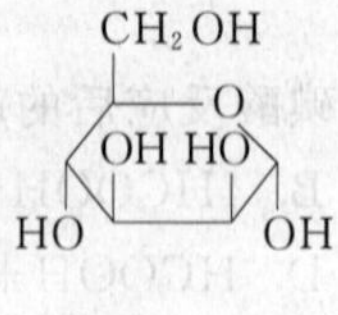

5. A. [Fischer projection: COOH; H—OH; HO—H; H—OH; $CH_2OH$] B. [Fischer projection: $COOCH_3$; H—OH; HO—H; H—OH; $CH_2OH$] C. [Fischer projection: $CONH_2$; H—OH; HO—H; H—OH; $CH_2OH$] D. [Fischer projection: $NH_2$; H—OH; HO—H; H—OH; $CH_2OH$]

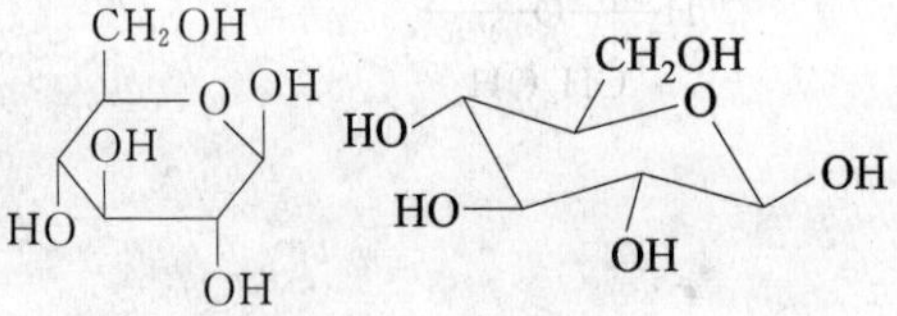

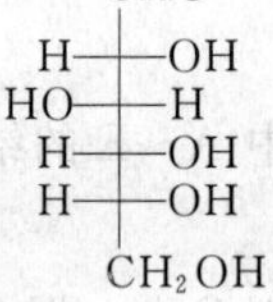

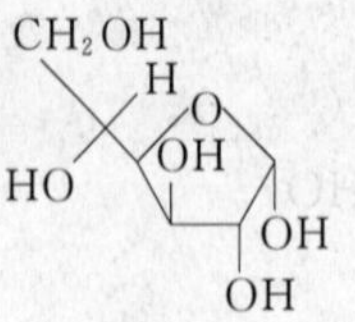

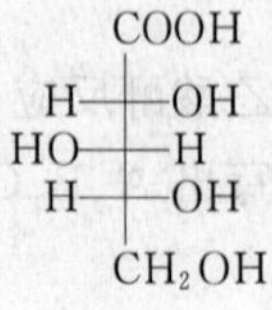

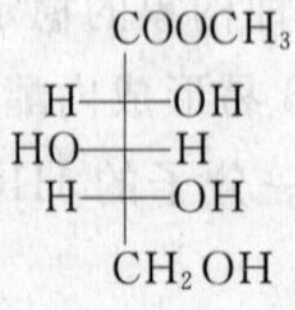

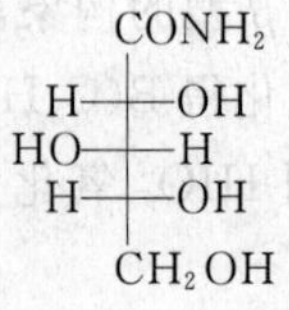

$C_5H_{11}NO_3$ $C_4H_{11}NO_4$

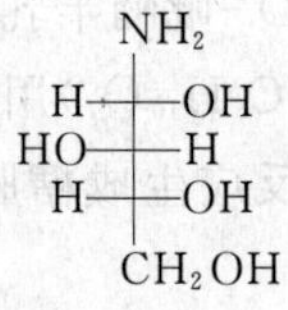

E.
```
      CHO
  HO—┼—H
   H—┼—OH
      CH₂OH
```
$C_4H_8O_4$

6. D

7. 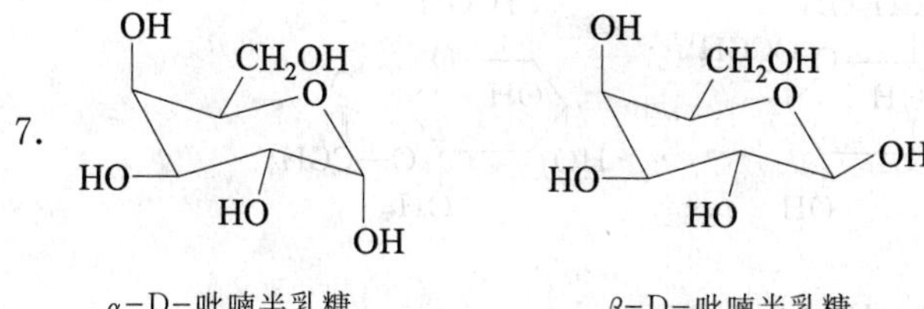

α-D-吡喃半乳糖　　β-D-吡喃半乳糖

β型比α型稳定。

8. A. $CHO-CHOH-CH(CH_2OH)-CH_2OH$　B. $COOH-CHOH-CH(CH_2OH)-CH_2OH$　C. $CHO-CHOOCCH_3-CH(CH_2OOCCH_3)-CH_2OOCCH_3$　D. $HC{=}NNH{-}Ph$, $C{=}NNH{-}Ph$, $CHCH_2OH$, $CH_2OH$

9.
```
A.     CHO        B.     CHO        C.     CHO        D.     CHO
    H—┼—OH          H—┼—OH         HO—┼—H          HO—┼—H
    H—┼—OH         HO—┼—H           H—┼—OH         HO—┼—H
    H—┼—OH         HO—┼—H           H—┼—OH         HO—┼—H
    H—┼—OH          H—┼—OH          H—┼—OH          H—┼—OH
       CH₂OH           CH₂OH           CH₂OH           CH₂OH
```

# 习题解答

13-1　试写出D-(+)-葡萄糖与下列试剂反应的主要产物：

(1) 羟胺　(2) 苯肼　(3) 溴水　(4) 稀硝酸　(5) 高碘酸

(6) 乙酐　(7) 苯甲酰氯吡啶溶液　(8) 甲醇/氯化氢

(9) (8)的产物用硫酸二甲酯/氢氧化钠处理　(10) (9)的产物用稀盐酸处理

(11) 用Ni催化加氢　(12) 硼氢化钠　(13) 氢氰酸，再加水/酸

**解**：在水溶液中，D-(+)-葡萄糖构造式为

```
                         CHO
                     H—┼—OH
β-D-(+)-葡萄糖  ⇌   HO—┼—H   ⇌  α-D-(+)-葡萄糖
                     H—┼—OH
                     H—┼—OH
                         CH₂OH
                        开链式
```

(1) 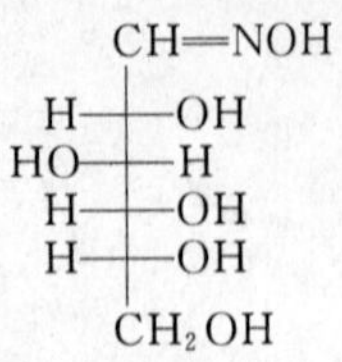
CH=NOH
H—OH
HO—H
H—OH
H—OH
$CH_2OH$

(2) 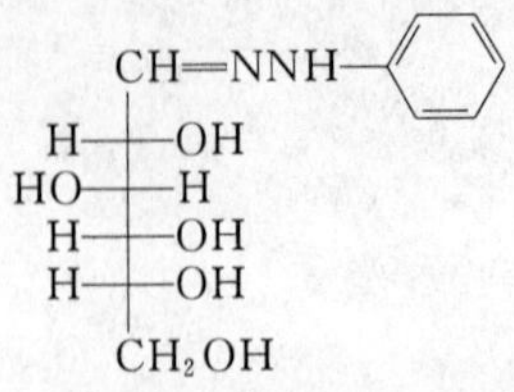
CH=NNH—$C_6H_5$
H—OH
HO—H
H—OH
H—OH
$CH_2OH$

(3) 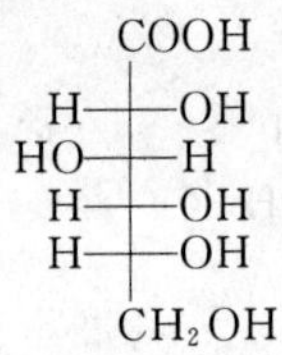
COOH
H—OH
HO—H
H—OH
H—OH
$CH_2OH$

(4) 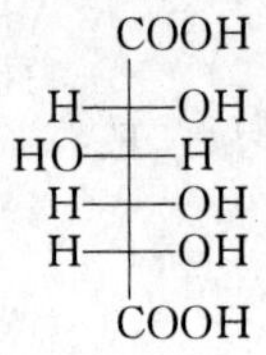
COOH
H—OH
HO—H
H—OH
H—OH
COOH

(5) 5HCOOH＋HCHO

(6) 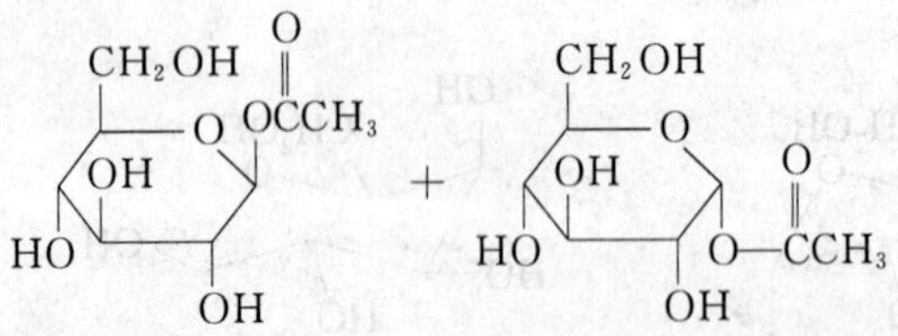 $CH_2OH$, OH, HO, OH, $OCCH_3$ (O) ＋ $CH_2OH$, OH, HO, OH, $O—CCH_3$ (O)

(7) 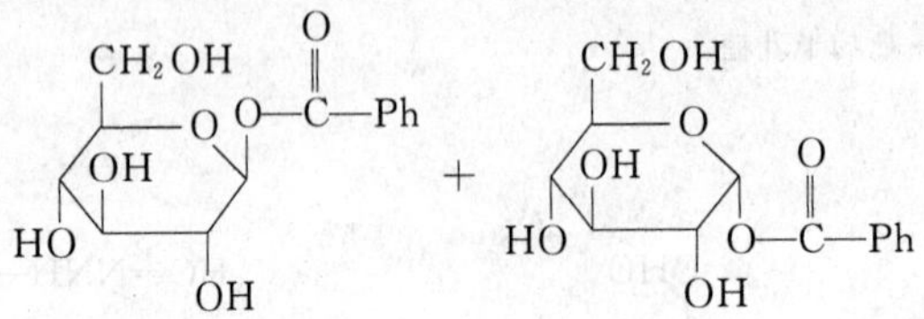 $CH_2OH$, OH, HO, OH, O—C(O)—Ph ＋ $CH_2OH$, OH, HO, OH, O—C(O)—Ph

(8) 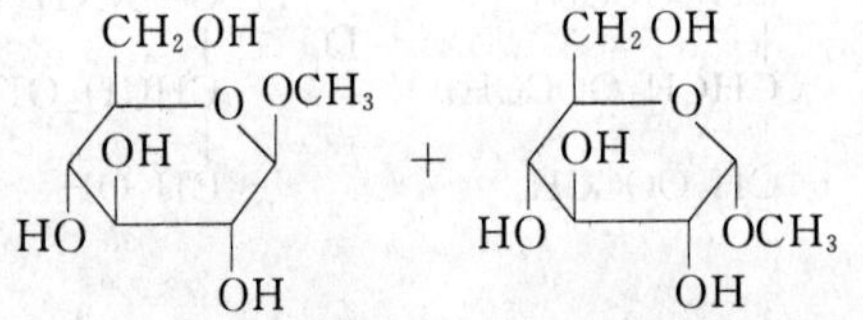 $CH_2OH$, OH, HO, OH, $OCH_3$ ＋ $CH_2OH$, OH, HO, OH, $OCH_3$

(9) 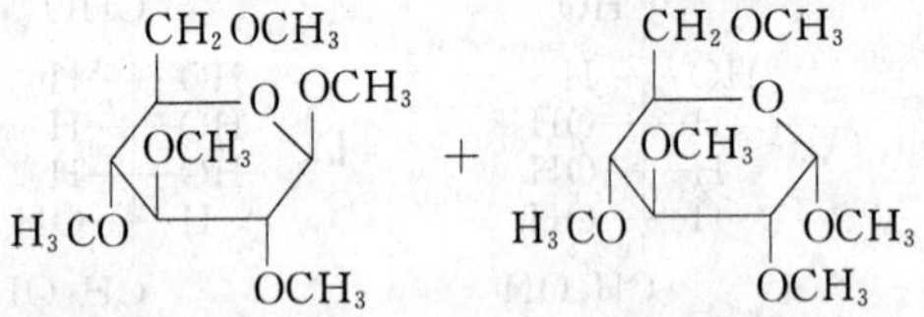 $CH_2OCH_3$, $OCH_3$, $H_3CO$, $OCH_3$, $OCH_3$ ＋ $CH_2OCH_3$, $OCH_3$, $H_3CO$, $OCH_3$, $OCH_3$

(10) 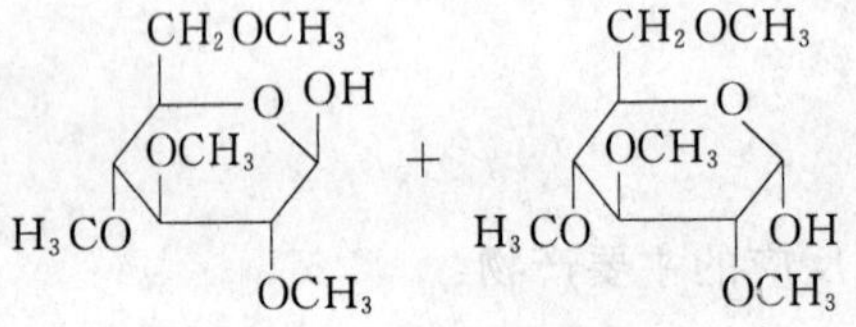 $CH_2OCH_3$, $OCH_3$, $H_3CO$, $OCH_3$, OH ＋ $CH_2OCH_3$, $OCH_3$, $H_3CO$, OH, $OCH_3$

(11) 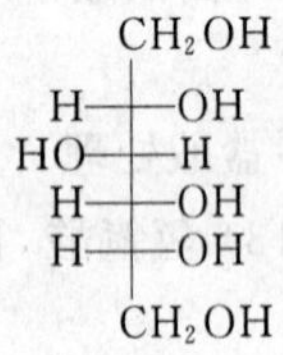
$CH_2OH$
H—OH
HO—H
H—OH
H—OH
$CH_2OH$

(12) 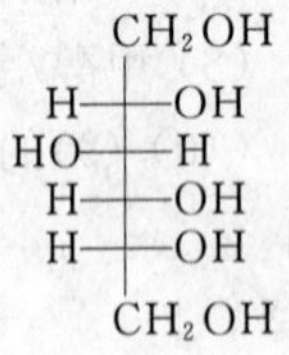
$CH_2OH$
H—OH
HO—H
H—OH
H—OH
$CH_2OH$

(13) 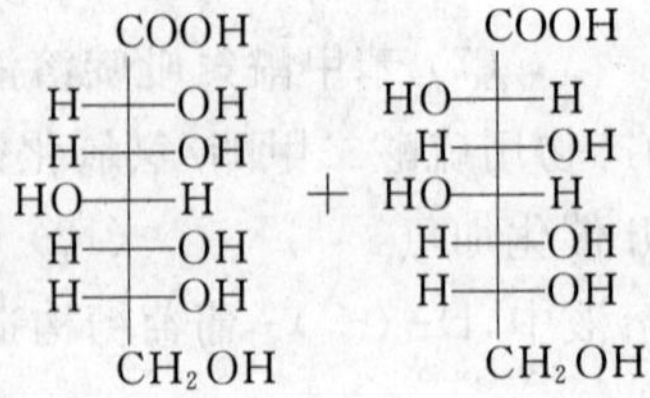
COOH
H—OH
H—OH
HO—H
H—OH
H—OH
$CH_2OH$
＋
COOH
HO—H
H—OH
HO—H
H—OH
H—OH
$CH_2OH$

13-2　试写出果糖与下列试剂反应的主要产物：

(1) 苯肼　(2) $NaCN/H^+$　(3) $Na-Hg/H_2O/OH^-$

(4) $Br_2/H_2O$　(5) $CH_3OH/HCl$　(6) $(CH_3CO)_2O/ZnCl_2$

(7) $(CH_3)_2SO_4/NaOH$　(8) $CH_3COCH_3/H_2SO_4$

**解：** 在水溶液中，D-(−)-果糖构造式：

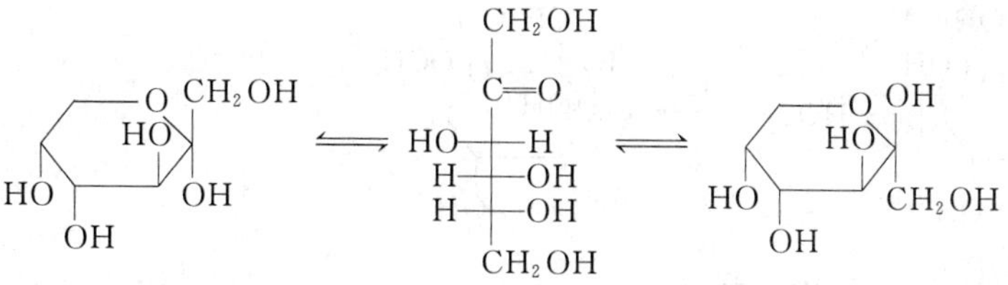

(1)

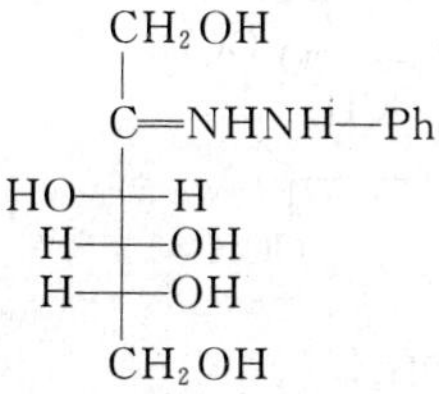

CH₂OH
C=NNHNH—Ph
HO—H
H—OH
H—OH
CH₂OH

(2) CH₂OH / HO—CN / HO—H / H—OH / H—OH / CH₂OH + CH₂OH / NC—OH / HO—H / H—OH / H—OH / CH₂OH

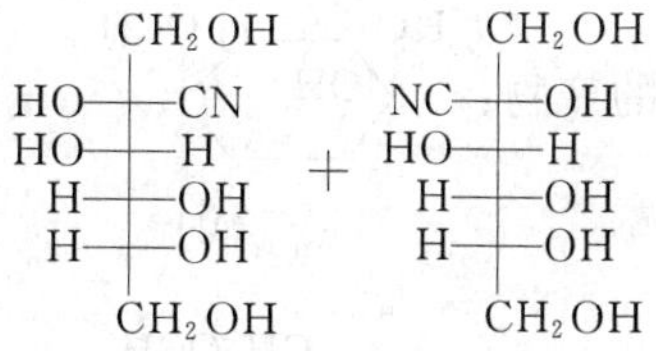

(3) CH₂OH / H—OH / HO—H / H—OH / H—OH / CH₂OH + CH₂OH / HO—H / HO—H / H—OH / H—OH / CH₂OH

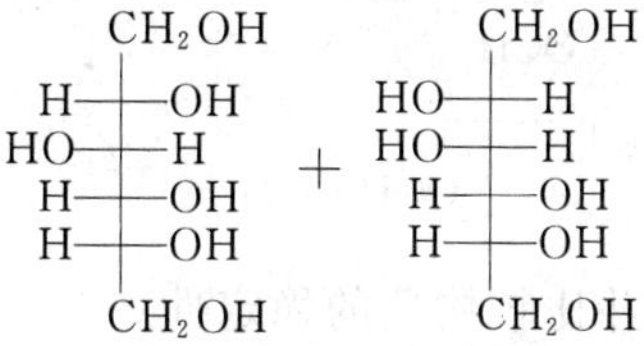

(4) 不反应

(5) + 

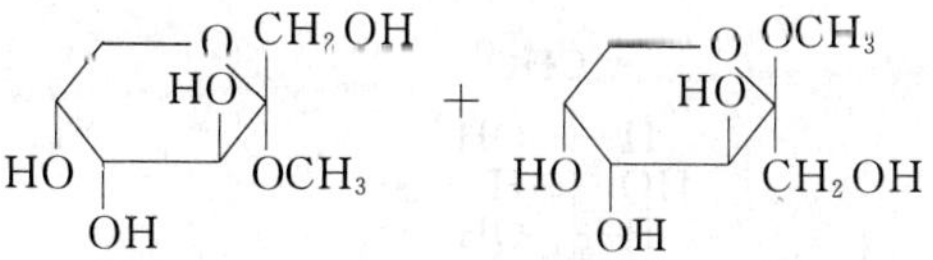

(6) + 

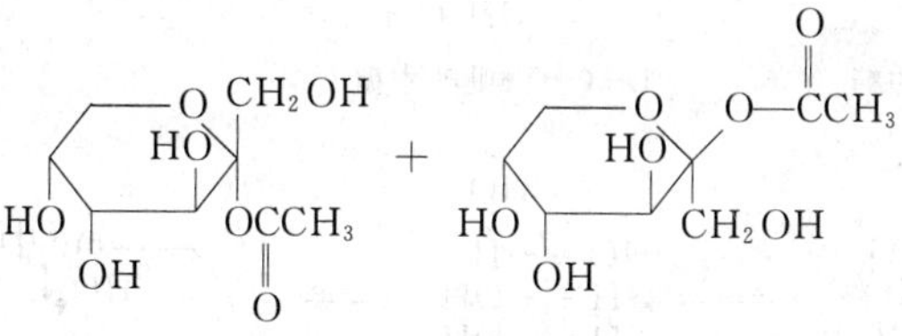

(7) CH₂OCH₃ / C=O / H₃CO—H / H—OCH₃ / H—OCH₃ / CH₂OCH₃

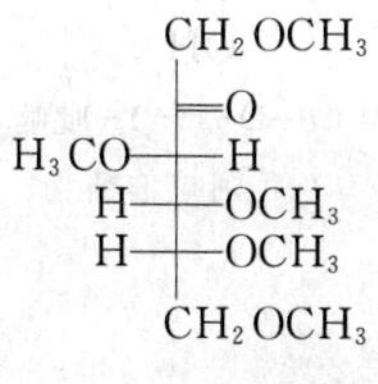

(8)

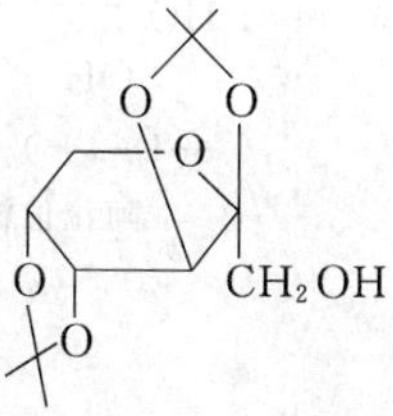

13-3 D-(+)-半乳糖是怎样转化成下列化合物的？写出其反应式。

(1) 甲基-$\beta$-D-半乳糖苷　　(2) 甲基-$\beta$-2,3,4,6-四-*O*-甲基-D-半乳糖苷

(3) 2,3,4,6-四-*O*-甲基-D-半乳糖

**解**：在水溶液中，D-(+)-半乳糖构造式为

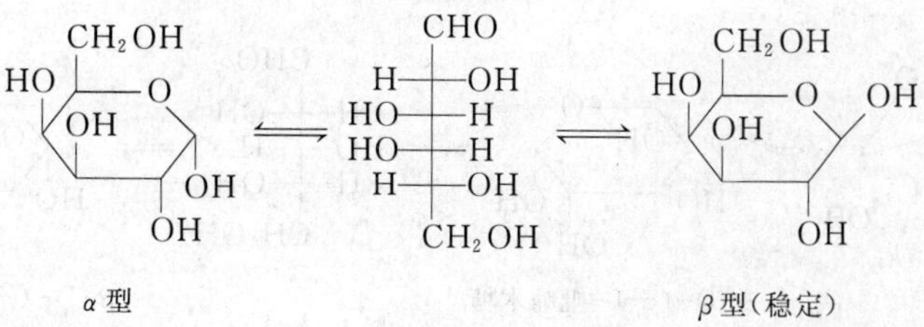

CHO / H—OH / HO—H / HO—H / H—OH / CH₂OH

$\alpha$ 型　　　　$\beta$ 型(稳定)

(1) 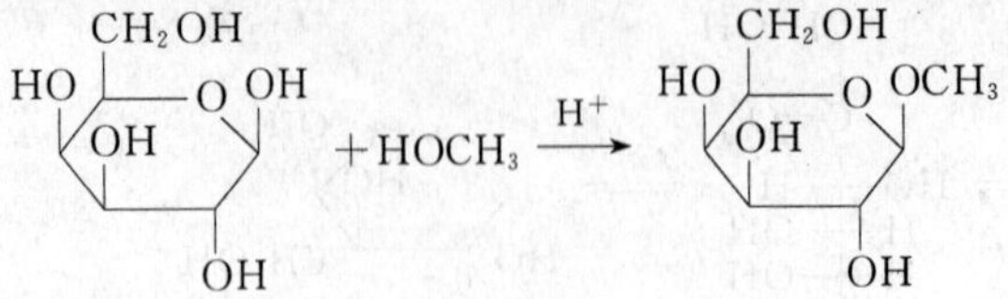 [Haworth 式] $+HOCH_3 \xrightarrow{H^+}$ [Haworth 式，$OCH_3$ 糖苷]

(2) 由(1)的产物： [Haworth 式] $+(CH_3)_2SO_4 \xrightarrow{OH^-}$ [全甲基化产物]

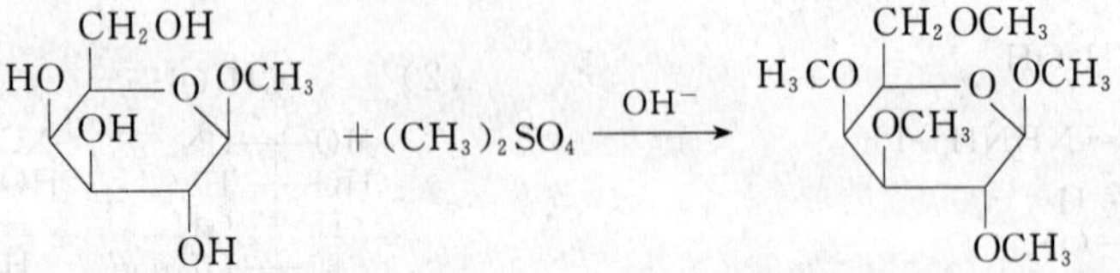

(3) 由(2)的产物： [Haworth 式] $+H_2O \xrightarrow{H^+}$ [四甲基化产物]

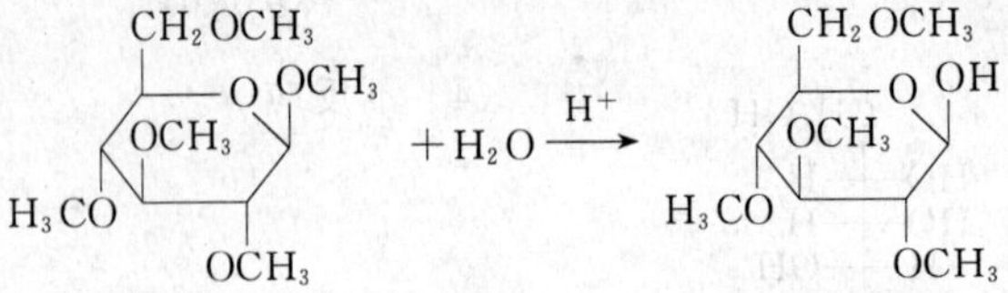

13-4 写出下列两种单糖的氧环式构象式($\alpha$-,$\beta$-)，并比较构象的稳定性。

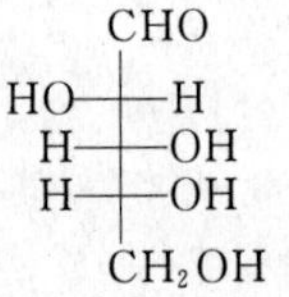

D-(－)-吡喃阿拉伯糖 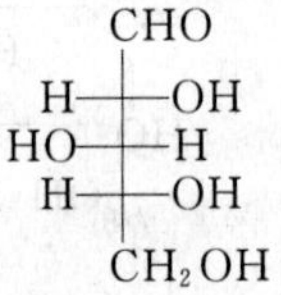　　D-(＋)-吡喃木糖

解：稳定构象 ⇐ $\alpha$-D-(－)-吡喃阿拉伯糖 ⇌ [Fischer 投影式] ⇌ $\beta$-D-(－)-吡喃阿拉伯糖 ⇒

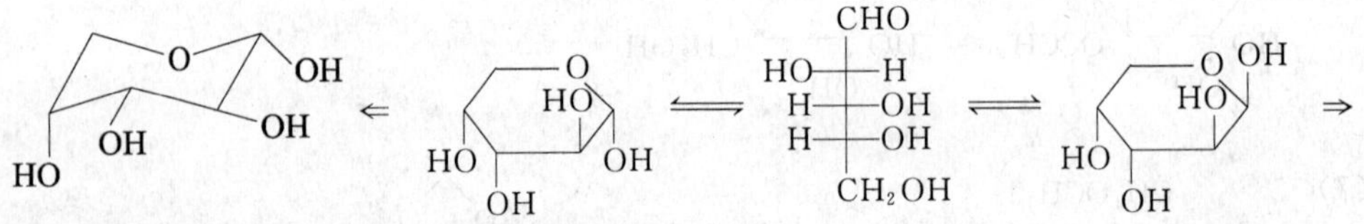

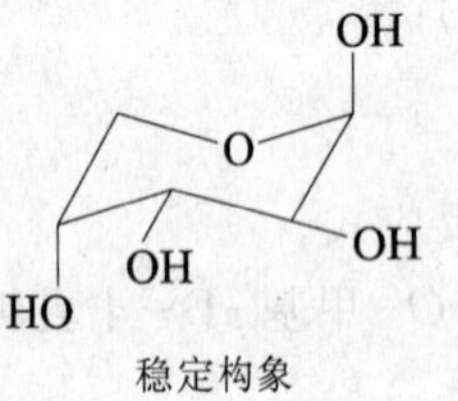

稳定构象

$\alpha$-D-(－)-吡喃阿拉伯糖稳定。

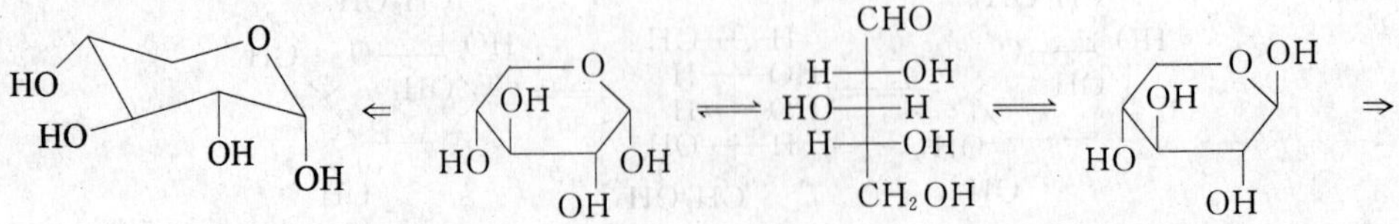

⇐ $\alpha$-D-(＋)-吡喃木糖 ⇌ [Fischer 投影式] ⇌ $\beta$-D-(＋)-吡喃木糖 ⇒

HO, HO, OH, OH（吡喃环结构式）

β-D-(+)-吡喃木糖构象稳定性。

13-5　用简单的化学方法区别下列各组化合物。

(1) 葡萄糖和蔗糖　(2) 麦芽糖和蔗糖　(3) 蔗糖和淀粉　(4) 淀粉和纤维素

**解:** (1) 葡萄糖与苯肼反应生成脎沉淀,蔗糖不成脎。

(2) 麦芽糖使溴水褪色,而蔗糖不能使溴水褪色。

(3) 淀粉使 $I_2$-KI 溶液显蓝色,而蔗糖不能显色。

(4) 淀粉使 $I_2$-KI 溶液显蓝色,而纤维素不能显色。

13-6　下列哪些化合物有还原性? 哪些没有还原性?

(1) D-甘露糖　(2) D-阿拉伯糖　(3) 甲基-β-D-葡萄糖苷

(4) 淀粉　(5) 蔗糖　(6) 纤维素

**解:** 有还原性的糖:(1) D-甘露糖,(2) D-阿拉伯糖;没有还原性的糖:(3) 甲基-β-D-葡萄糖苷,(4) 淀粉,(5) 蔗糖,(6) 纤维素。

13-7　写出下列化合物用 $HIO_4$ 定量氧化后再酸化水解所生成的产物。

(1) α-D-甲基核糖苷　(2) β-D-甲基葡萄糖苷

(3) 2,3,4,6-四-*O*-甲基-α-D-甲基葡萄糖苷

**解:** (1) α-甲基吡喃核糖苷的产物:

$$H-\overset{O}{\overset{\|}{C}}-OH + HOCH_2CHO + OHC-CHO + HOCH_3$$

(2) β-D-甲基吡喃葡萄苷的产物:

$$H-\overset{O}{\overset{\|}{C}}-OH + OHC-CHO + D\text{-}OHC-CH(OH)-CH_2OH + HOCH_3$$

(3) 不能被氧化。

13-8　怎样证明 D-葡萄糖、D-甘露糖和 D-果糖这三种糖的 $C_3$,$C_4$ 和 $C_5$ 具有相同的构型?

**解:** 分别与 $NH_2NH$—Ph 反应生成糖脎,如果是生成同一个脎,证明其 $C_3$、$C_4$ 和 $C_5$ 的构型相同。

D-葡萄糖：CHO; H—OH; HO—H; H—OH; H—OH; $CH_2OH$

D-甘露糖：CHO; HO—H; HO—H; H—OH; H—OH; $CH_2OH$

D-果糖：$CH_2OH$; =O; HO—H; H—OH; H—OH; $CH_2OH$

$\xrightarrow{\text{过量 } NH_2NH—Ph}$ CH=NNHPh; C=NNHPh; HO—H; H—OH; H—OH; $CH_2OH$

13-9 化合物A($C_5H_{10}O_4$),用$Br_2/H_2O$氧化得到酸($C_5H_{10}O_5$),这种酸很容易形成内酯。A与乙酐反应生成三乙酸酯,与$PhNHNH_2$反应生成脎。用$HIO_4$氧化A,只消耗一分子$HIO_4$。试推测A的构造式。

**解:** A($C_5H_{10}O_4$)可知是脱氧糖;$Br_2/H_2O$氧化生成酸($C_5H_{10}H_5$),A是醛糖,且易生成内酯,末端碳上有—OH;A与乙酐反应生成三乙酸酯,说明有3个—OH的醛糖;生成脎的反应说明A的$C_2$上有—OH;用$HIO_4$氧化只消耗一分子的$HIO_4$,说明3个—OH不构成邻二醇,因此A为

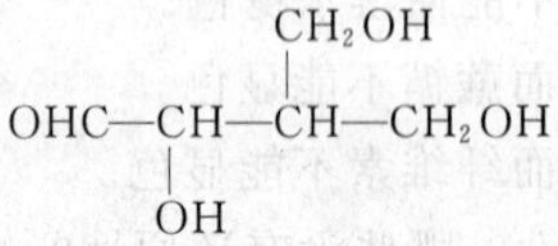

```
              CH2OH
              |
OHC—CH—CH—CH2OH
     |
     OH
```

13-10 有两种化合物A和B,分子式均为$C_5H_{10}O_4$,与$Br_2$作用得到分子式相同的酸$C_5H_{10}O_5$,与乙酐反应均生成三乙酸酯,用HI还原A和B都得到戊烷,与$HIO_4$作用都能得到一分子HCHO和一分子HCOOH,与苯肼作用A能生成脎,而B则不生成脎,推测A和B的构造式。

**解:** 由分子式可知A和B可能是脱氧糖;与$Br_2$作用生成分子式相同的酸,说明A和B为醛糖;与乙酸酐作用生成三乙酸酯,说明是脱氧醛糖;HI还原得戊烷说明A和B为无支链的脱氧醛糖;与苯肼作用A成脎说明$C_2$上有—OH,B不成脎说明$C_2$上无—OH;与$HIO_4$反应都能生成一分子HCHO和一分子HCOOH,说明A的$C_3$上无—OH。因此,

A:$OHCCHOHCH_2CH_2OHCH_2OH$ B:$OHCCH_2CHOHCHOHCH_2OH$

13-11 某二糖A($C_{11}H_{20}O_{10}$),水解生成D-葡萄糖及一戊糖。此二糖不能使斐林试剂还原,A与硫酸二甲酯在NaOH存在下作用,生成七甲基醚B,B经水解生成2,3,4,6-四-*O*-甲基-D-葡萄糖及三-*O*-甲基戊糖C,用溴水氧化C生成2,3,4-三-*O*-甲基-D-核糖酸。试写出A,B,C的构造式。

**解:** 二糖不能使斐林试剂还原,说明两个糖单元都用苷—OH成苷键;C用$Br_2/H_2O$氧化生成2,3,4-三-*O*-甲基核糖酸,说明C以吡喃核糖成二糖。

因此,A.

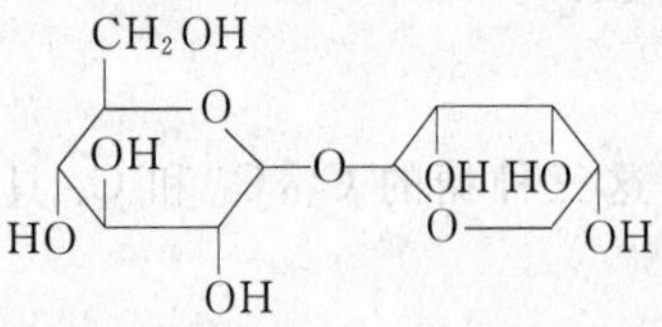

```
      CH2OH
        |
     /——O
    / OH  \        /‾‾‾‾‾\
HO |       |—O—< OH HO  >
    \_____/      \__O___/ \
       |                   OH
       OH
```

B. 将A的所有—OH改成—$OCH_3$即为B的构造式

C. $OHCCH(OCH_3)CH(OCH_3)CH(OCH_3)CH_2OH$

13-12 在甜菜糖蜜中有一三糖称做棉子糖。棉子糖部分水解后得到的双糖叫做蜜二糖。蜜二糖是还原性双糖,是(+)-乳糖的异构物,能被麦芽糖酶水解但不能被苦杏仁酶水解。蜜二糖经溴水氧化后彻底甲基化再酸催化水解,得2,3,4,5-四-*O*-甲基-D-葡萄糖酸和2,3,4,6-四-*O*-甲基-D-半乳糖。写出蜜二糖的构造式及其反应式。

**解：**

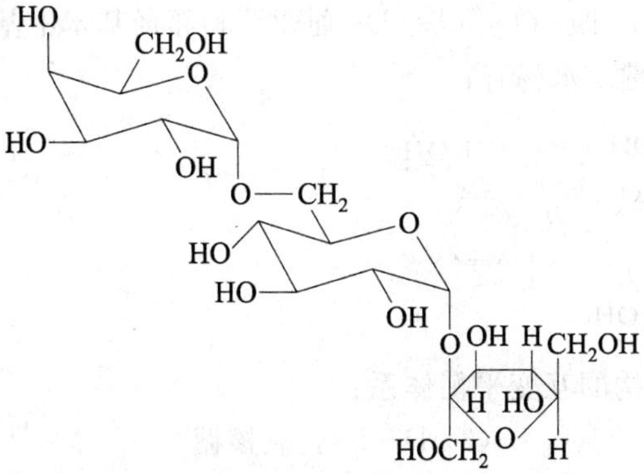

棉子糖 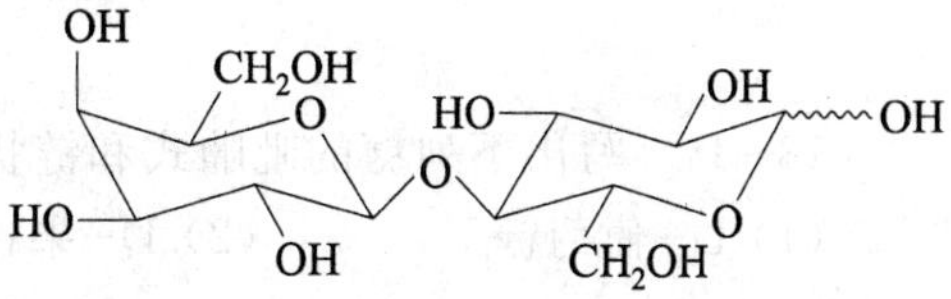　　(+)-乳糖

蜜二糖经溴水氧化后彻底甲基化再酸催化水解得2,3,4,5-四-*O*-甲基-D-葡萄糖酸和2,3,4,6-四-*O*-甲基-D-半乳糖，说明半乳糖用吡喃型苷—OH生成苷键，D-葡萄糖有游离苷—OH，用吡喃型$C_6$上—OH生成苷键。蜜二糖：

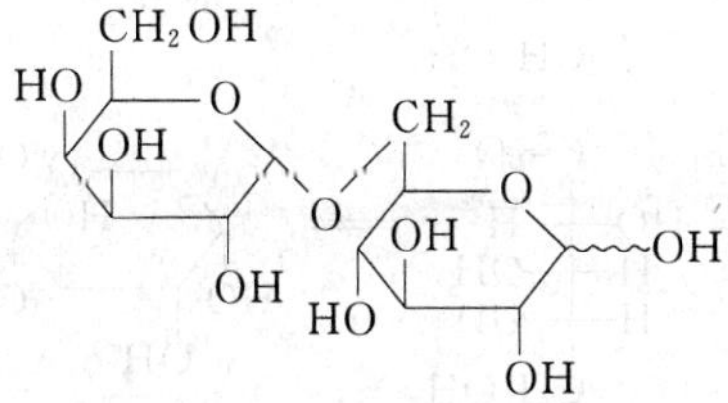

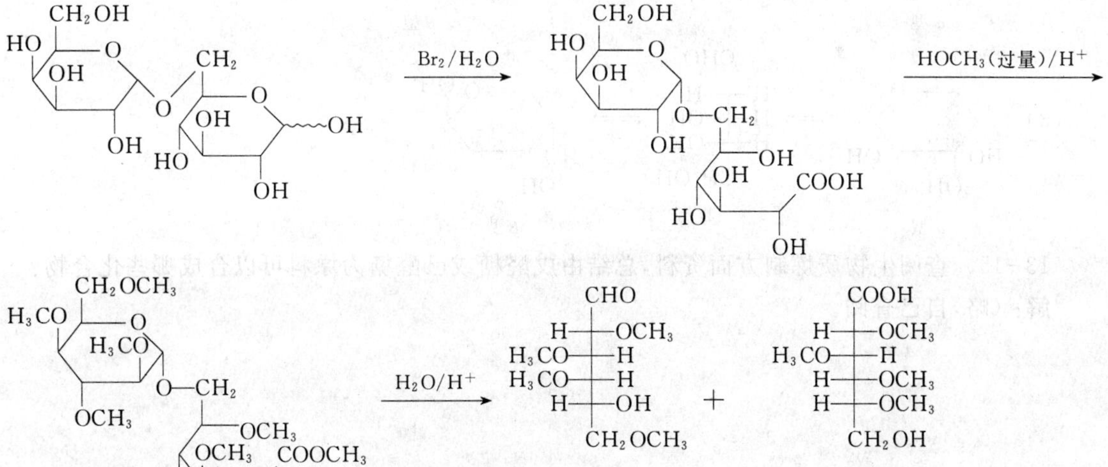

$\xrightarrow{Br_2/H_2O}$ $\xrightarrow{HOCH_3(过量)/H^+}$

$\xrightarrow{H_2O/H^+}$ + 

2,3,4,6-四-*O*-甲基-D-半乳糖　　2,3,4,5-四-*O*-甲基-D-葡萄糖酸

13-13　柳树皮中存在一种糖苷（水杨苷），当用苦杏仁酶水解时得到D-葡萄糖和水杨醇（邻羟基苯甲醇）。水杨苷用硫酸二甲酯和NaOH处理得五甲基水杨苷，酸催化水解得2,3,4,6-四-*O*-甲基-D-葡萄糖和邻羟基苯甲基甲基醚［邻-HO-$C_6H_4$-$CH_2OCH_3$］。写出水杨苷的构造式。

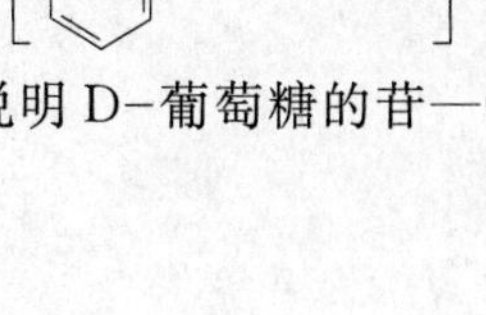

**解：**水杨苷水解得到D-葡萄糖和水杨醇，说明D-葡萄糖的苷—OH和水杨醇中的—OH形

成苷；五甲基水杨苷酸催化水解得到 2,3,4,6-四-*O*-甲基-D-葡萄糖和邻羟基苯甲基甲基醚，说明 D-吡喃葡萄糖与水杨酚—OH 生成苷键。水杨苷：

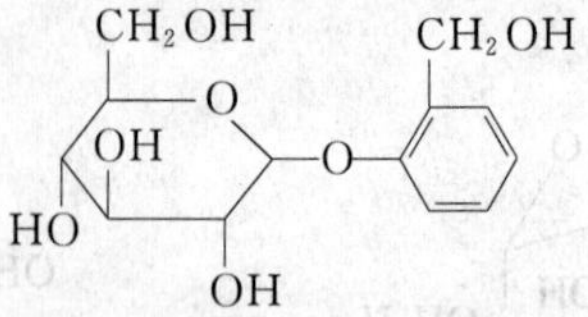

13-14 写出下列糖的吡喃式和链状异构的互变平衡体系：

(1) D-葡萄糖 (2) D-果糖 (3) D-2-脱氧核糖

解：(1)

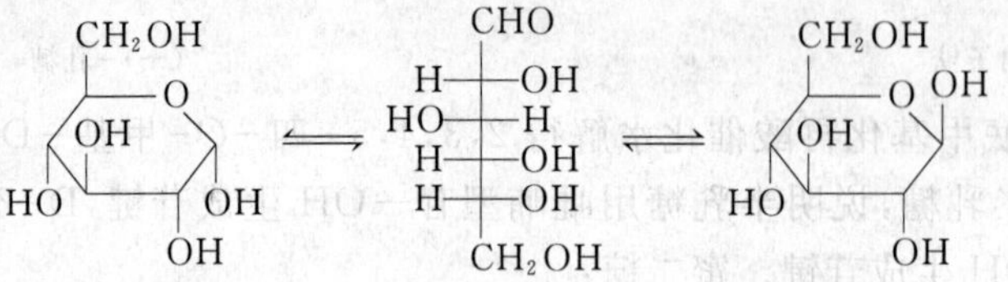

α 型 β 型

(2)

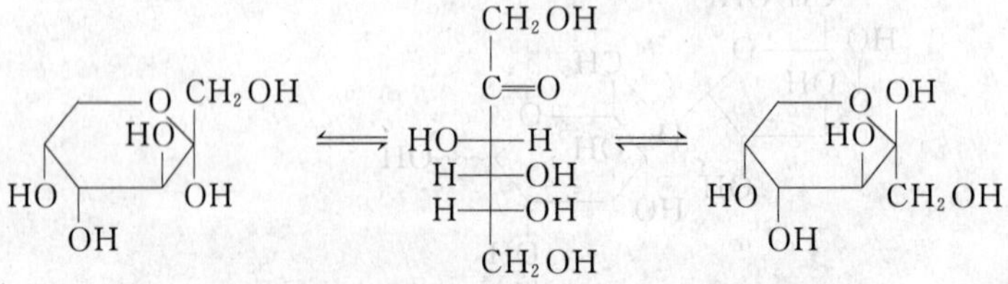

α 型 β 型

(3)

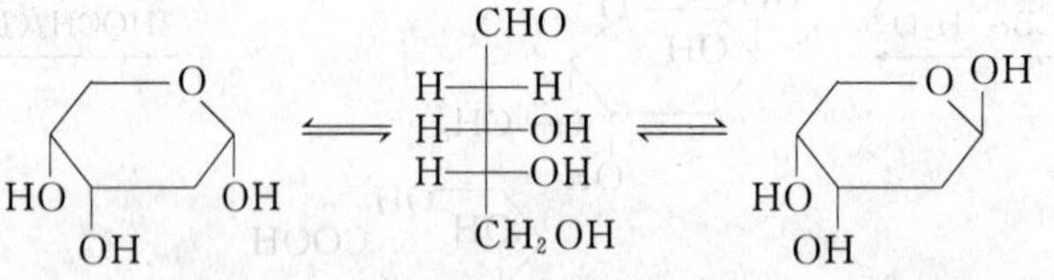

α 型 β 型

13-15 查阅生物质炼制方面资料，总结由戊醛糖或己醛糖为原料可以合成哪些化合物？

解：(略)自己查阅。

# 第 14 章 氨基酸 肽 蛋白质

## 学习要点

氨基酸：

1. 常见的 20 种氨基酸的结构、命名和构型标记
2. 氨基酸的两性、等电点和氨基酸平衡反应式

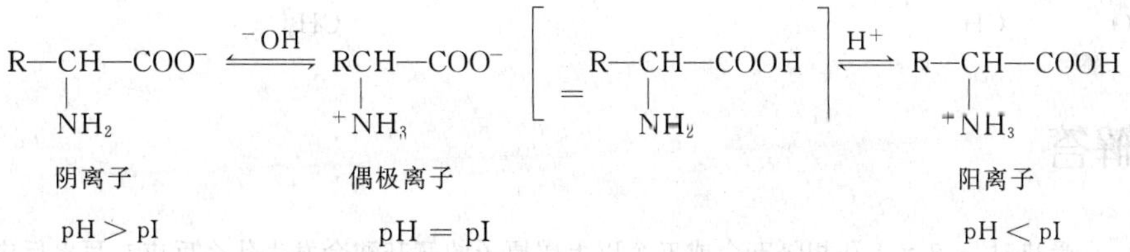

$$\underset{\substack{\text{阴离子}\\ pH > pI}}{R-\underset{NH_2}{\underset{|}{CH}}-COO^-} \underset{}{\overset{^-OH}{\rightleftharpoons}} \underset{\substack{\text{偶极离子}\\ pH = pI}}{R\underset{^+NH_3}{\underset{|}{CH}}-COO^-} \left[ = R-\underset{NH_2}{\underset{|}{CH}}-COOH \right] \overset{H^+}{\rightleftharpoons} \underset{\substack{\text{阳离子}\\ pH < pI}}{R-\underset{^+NH_3}{\underset{|}{CH}}-COOH}$$

肽：

1. 肽的结构和命名
2. 肽结构的端基分析方法
3. 肽合成的氨基保护和羟基的活化方法及目的

蛋白质：

蛋白质的一级结构（相当于构造）、二级结构（$\alpha$ 螺旋，$\beta$ 折叠板结构）、三级结构和四级结构。

## 重要反应式

$$H_2N(CH_2)_4\underset{NH_2}{\underset{|}{C}}HCOOH \xrightarrow{\text{脱羧酶或 }Ba(OH)_2} NH_2\!\left(CH_2\right)_5 NH_2 + CO_2\uparrow \quad (\text{脱羧反应})$$

$$R-\underset{NH_2}{\underset{|}{CH}}-COOH \xrightarrow[\text{② } H_2O]{\text{① }[O]} R\underset{O}{\underset{\|}{C}}-COOH + NH_3 \quad (\text{氧化脱氨基反应})$$

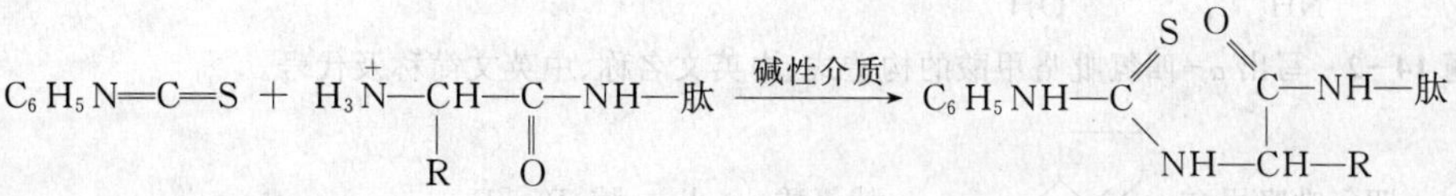

$$C_6H_5N{=}C{=}S + H_3\overset{+}{N}-\underset{R}{\underset{|}{CH}}-\underset{O}{\underset{\|}{C}}-NH-\text{肽} \xrightarrow{\text{碱性介质}} C_6H_5NH-\overset{S}{\overset{\|}{C}}\diagdown \ \overset{O}{\overset{\|}{C}}-NH-\text{肽}\ ;\ NH-CH-R \ (\text{环})$$

$$\xrightarrow[CH_3NO_2]{F_3CCOOH} \begin{array}{c} S \\ \| \\ C{-}NH \\ | \quad\quad \backslash \\ | \quad\quad CH{-}R \\ | \quad\quad / \\ C_6H_5{-}N{-}C \\ \quad\quad \backslash\backslash \\ \quad\quad O \end{array} + H_3\overset{+}{N}{-}\text{肽} \quad (\text{肽 N 端降解法})$$

$$\text{肽}{-}\overset{O}{\overset{\|}{C}}{-}NH{-}\overset{R}{\overset{|}{C}}HCOO^- + H_2O \xrightarrow{\text{羧肽酶}} \text{肽}{-}COO^- + \overset{+}{N}H_3{-}\overset{R}{\overset{|}{C}}HCOO^- \quad (\text{肽 C 端降解法})$$

$$C_6H_5CH_2{-}O\overset{O}{\overset{\|}{C}}{-}Cl + \overset{+}{N}H_3{-}\overset{CH_3}{\overset{|}{C}H}{-}COO^- \xrightarrow{NaOH} C_6H_5CH_2O{-}\overset{O}{\overset{\|}{C}}{-}NH{-}\overset{CH_3}{\overset{|}{C}H}{-}COO^- \quad (\text{保护氨基})$$

$$C_6H_5O\underset{O}{\underset{\|}{C}}{-}NH{-}\underset{CH_3}{\underset{|}{C}}HCOOH + SOCl_2 \longrightarrow C_6H_5O{-}\underset{O}{\underset{\|}{C}}{-}NH{-}\underset{CH_3}{\underset{|}{CH}}{-}\underset{O}{\underset{\|}{C}}{-}Cl + HCl + SO_2 \quad (\text{活化羧基})$$

$$C_6H_5CH_2O\underset{O}{\underset{\|}{C}}{-}NH{-}\underset{CH_3}{\underset{|}{CH}}{-}COO^- \xrightarrow{H_2/Pd-C} C_6H_5CH_3 + CO_2 + NH_2{-}\underset{CH_3}{\underset{|}{CH}}{-}COO^- \quad (\text{脱保护基})$$

## 思考题解答

**思考题 14-1** 在受热时,$\alpha$、$\beta$、$\gamma$、$\delta$ 和相隔五个或五个以上碳原子的氨基酸会发生什么反应?写出反应式。

**解答**:氨基酸的性质与羟基酸的性质相似,参考羟基酸受热的反应就可以写出氨基酸的性质:

$$\alpha:\ R{-}\underset{NH_2}{\underset{|}{CH}}{-}COOH + HOOC{-}\overset{NH_2}{\overset{|}{CH}}{-}R \xrightarrow{\triangle} R{-}CH\begin{array}{c} CO{-}NH \\ \\ HN{-}OC \end{array}HC{-}R + 2H_2O \quad (\text{生成交酰胺})$$

$$\beta:\ R{-}\underset{NH_2}{\underset{|}{CH}}{-}CH_2COOH \xrightarrow{\triangle} RCH{=}CHCOOH + NH_3 \quad (\text{生成}\ \alpha,\beta\text{-不饱和酸})$$

$$\gamma:\ R{-}\underset{NH_2}{\underset{|}{CH}}{-}CH_2\underset{HO{-}C{=}O}{\underset{|}{CH_2}} \xrightarrow{\triangle} \text{(5-R-2-吡咯烷酮)} + H_2O \quad (\text{生成}\ \gamma\text{—烃基取代丁内酰胺})$$

$$\delta:\ R{-}\underset{NH_2}{\underset{|}{CH}}{-}CH_2{-}CH_2{-}\underset{HO{-}C{=}O}{\underset{|}{CH_2}} \xrightarrow{\triangle} \text{(6-R-2-哌啶酮)} + H_2O \quad (\text{生成}\ \delta\text{—烃基取代戊内酰胺})$$

$$m \geqslant 5:\ n\ \ R{-}\underset{NH_2}{\underset{|}{CH}}{-}(CH_2)_m{-}\underset{OH}{\underset{|}{C}}{=}O \xrightarrow{\triangle} {+}NH{-}\overset{R}{\overset{|}{C}}H(CH_2)_m\overset{O}{\overset{\|}{C}}{+}_n + 11H_2O \quad (\text{生成聚酰胺})$$

**思考题 14-2** 写出 $\alpha$-四氢吡咯甲酸的构造式、中英文名称、中英文简称及代号。

**解答**:$\alpha$-四氢吡咯甲酸:(吡咯烷环,N—H,2-位 COOH),脯氨酸,proline,脯,Pro,P

**思考题 14-3**　写出丙氨酸与下列试剂反应的主要产物：

(1) NaOH 溶液　(2) 浓盐酸　(3) $CH_3CH_2OH/H^+$　(4) $(CH_3CO)_2O$

**解答：**(1) $CH_3\underset{\displaystyle NH_2}{\underset{|}{C}}HCOOH + NaOH \longrightarrow CH_3\underset{\displaystyle NH_2}{\underset{|}{C}}HCOONa + H_2O$

(2) $CH_3\underset{\displaystyle NH_2}{\underset{|}{C}}HCOOH + HCl \longrightarrow CH_3\underset{\displaystyle NH_2\cdot HCl}{\underset{|}{C}}HCOOH$

(3) $CH_3\underset{\displaystyle NH_2}{\underset{|}{C}}HCOOH + CH_3CH_2OH \xrightarrow{H^+} CH_3\underset{\displaystyle NH_2}{\underset{|}{C}}HCOOC_2H_5 + H_2O$

(4) $2CH_3\underset{\displaystyle NH_2}{\underset{|}{C}}HCOOH + (CH_3CO)_2O \xrightarrow[\triangle]{} (CH_3\underset{\displaystyle NH_2}{\underset{|}{C}}HCO)_2O + 2CH_3COOH$

**思考题 14-4**　仔细阅读教材表 14-1，总结酸性、中性和碱性氨基酸的 pI 值范围，说明原因。

**解答：**按教材表 14-1，酸性(羧基—COOH 数目多于氨基—$NH_2$ 数目)氨基酸的 pI 的 pH 为2.8～3.2；中性(羧基数目等于氨基数目)氨基酸的 pI 的 pH 为 5～6.3；碱性(羧基数目少于氨基数目)氨基酸的 pI 的 pH 为 7.6～10.7。

氨基酸的等电点 pI 的定义是在氨基酸溶液中，氨基正离子数与羧基负离子数相等时溶液的 pH。由于—$COO^-$ 接收 $H^+$ 能力和—$NH_3^+$ 给出 $H^+$ 的能力不同，因此，中性氨基酸的 pI<7，相当于弱酸性溶液；酸性氨基酸 pI<3.2，为酸性溶液；碱性氨基酸 pI>7，为碱性溶液。

**思考题 14-5**　写出下列三肽的各种名称：

$$H_3^+N\underset{\displaystyle CH_3}{\underset{|}{C}}HCONH—CH_2CONH—\underset{\displaystyle CH_2OH}{\underset{|}{C}}HCOO^-$$

**解答：**肽的命名：C 端为母体，称为某氨基酸，N 端看成取代基，称作某氨酰。

$$H_3^+N—\underset{\displaystyle CH_3}{\underset{|}{CH}}—CONH—CH_2CONH—\underset{\displaystyle CH_2OH}{\underset{|}{C}}HCOO^-$$

中文名称：丙氨酰甘氨酰丝氨酸；中文简称：丙-甘-丝；英文简称：Ala-Gly-Ser；用字母表示：A-G-S。

**思考题 14-6**　生物体内具有生物活性的肽称为生物活性肽。如催产素和加压素都是脑垂体后叶激素，查阅资料写出其构造式。

**解答：**催产素和加压素是工业产品，一般的教材上都有其文字表示的结构。如：

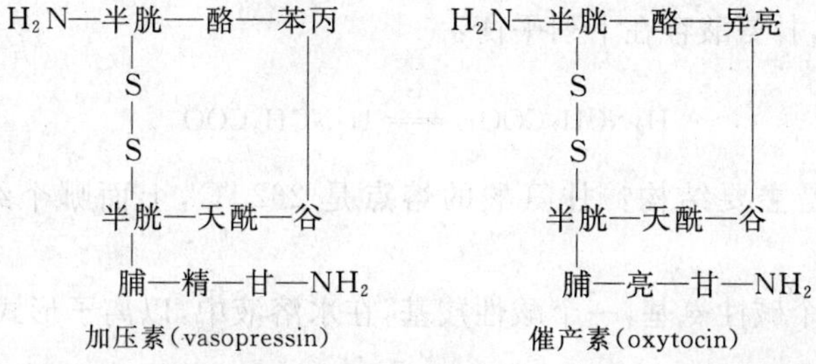


加压素(vasopressin)　　催产素(oxytocin)

# 例题解析

**例 1.** 完成下列反应式，写出产物的结构式。

(1) $\overset{+}{N}H_3CH_2COO^- + HCl \longrightarrow$

(2) $CH_3\underset{\underset{^+NH_3}{|}}{C}H—COO^- \ + NaOH \longrightarrow$

(3) $CH_3\underset{\underset{NH_3^+}{|}}{C}HCOO^- \ + \ C_6H_5CH_2—O—\underset{\underset{O}{\|}}{C}Cl \longrightarrow$

(4) (3) 的产物$+SO_2Cl \longrightarrow$

(5) $CH_3—\underset{\underset{NH_2}{|}}{C}HCONH—\underset{\underset{CH_2CH(CH_3)_2}{|}}{C}HCONHCH_2COOH \xrightarrow{H^+/H_2O}$

**解析:** 氨基酸是两性化合物，与酸反应显碱性，与碱反应显酸性。在肽合成中，氨基需要保护，羧基需要活化，以形成较弱的酰胺(肽)键，肽键很易酸性水解。

(1) $^+NH_3CH_2COOH$　(2) $CH_3\underset{\underset{NH_2}{|}}{C}HCOO^-$　(3) $C_6H_5CH_2O_2CNH—CH(CH_3)COOH$

(4) $C_6H_5CH_2O_2NHCH(CH_3)COCl$

(5) $CH_3\underset{\underset{NH_2}{|}}{C}HCOOH + H_2N—\underset{\underset{CH_2CH(CH_3)_2}{|}}{C}HCOOH \quad + H_2NCH_2COOH$

**例 2.** 赖氨酸在等电点时的主要存在形式是下列的哪种?

A. $H_2N(CH_2)_4\underset{\underset{NH_2}{|}}{C}HCOOH$　B. $H_3\overset{+}{N}(CH_2)_4\underset{\underset{NH_2}{|}}{C}HCOOH$　C. $H_2N(CH_2)_4\underset{\underset{NH_2}{|}}{C}HCOO^-$

D. $H_3\overset{+}{N}(CH_2)_4\underset{\underset{NH_2}{|}}{C}HCOO^-$　E. $H_2N(CH_2)_4\underset{\underset{^+NH_3}{|}}{C}HCOO^-$

**解析:** 氨基酸的溶液在正负离子数目相等时的 pH 称为该氨基酸的等电点。碱性氨基酸 $H_2N(CH_4)_4\underset{\underset{NH_2}{|}}{C}HCOOH$ 中两个氨基的碱性强度不相等，其末端氨基碱性大。因此，主要存在形式为 D。

**例 3.** 在水溶液中，甘氨酸存在下列平衡：

$$H_2NCH_2COOH \rightleftharpoons H_3\overset{+}{N}CH_2COO^-$$

指出平衡时哪个结构是主要结构? 甘氨酸的熔点是 262 ℃，上面哪个结构能代表甘氨酸的结构?

**解析:** 甘氨酸含一个碱性氨基，一个酸性羧基，在水溶液中，以离子形式存在稳定。平衡时以 $H_3\overset{+}{N}CH_2COO^-$ 存在。甘氨酸熔点高，推测 $H_3\overset{+}{N}CH_2COO^-$ 代表甘氨酸结构。

**例 4.** 写出下列氨基酸在相应的 pH 水溶液中的主要离子形式。

(1) 丙氨酸在 pH＝1、7 和 12　　(2) 酪氨酸在 pH＝1、7、9.5 和 12

(3) 半胱氨酸在 pH＝1、7、9.5 和 12　　(4) 丝氨酸在 pH＝1、7 和 12

(5) 组氨酸在 pH＝1、5、7 和 12　　(6) 天冬氨酸在 pH＝1、3、7 和 12

**解析：** 判断氨基酸在水溶液中存在的主要离子形式，需要知道氨基酸的等电点。如果是碱性氨基酸需要会判断氨基碱性的相对强度，酸性氨基酸须会判断羧基酸性相对强度。

(1) pI＝6

pH＝1，$CH_3CH(\overset{+}{N}H_3)COOH$　　pH＝7，$CH_3CH(\overset{+}{N}H_3)COO^-$　　pH＝12，$CH_3CH(NH_2)COO^-$

(2) pI＝5.66

pH＝1，$HO-C_6H_4-CH_2CH(\overset{+}{N}H_3)COOH$　　pH＝7，$HO-C_6H_4-CH_2CH(\overset{+}{N}H_3)COO^-$

pH＝9.5，$HO-C_6H_4-CH_2CH(NH_2)COO^-$　　pH＝12，$^-O-C_6H_4-CH_2CH(NH_2)COO^-$

(3) pI ＝5.05

pH＝1，$HSCH_2CH(\overset{+}{N}H_3)COOH$　　pH＝7，$HSCH_2CH(\overset{+}{N}H_3)COO^-$　　pH＝9.5，$^-SCH_2CH(\overset{+}{N}H_3)COO^-$

pH＝12，$^-SCH_2CH(NH_2)COO^-$

(4) pI＝5.68

pH＝1，$HOCH_2CH(\overset{+}{N}H_3)COOH$　　pH＝7，$HOCH_2CH(\overset{+}{N}H_3)COO^-$　　pH＝12，$HOCH_2CH(NH_2)COO^-$

(5) pI＝7.59

pH＝1，(咪唑环：$H\overset{+}{N}$，N—H) $-CH_2CH(\overset{+}{N}H_3)COOH$　　pH＝5，(咪唑环：$H\overset{+}{N}$，N—H) $-CH_2CH(\overset{+}{N}H_3)COO^-$

pH＝7，(咪唑环：$H\overset{+}{N}$，N—H) $-CH_2CH(NH_2)COO^-$　　pH＝12，(咪唑环：N，N—H) $-CH_2CH(NH_2)COO^-$

(6) pI＝2.77

pH＝1，$HO_2C-CH_2-CH(\overset{+}{N}H_3)-COOH$　　pH＝3，$HOOCCH_2CH(\overset{+}{N}H_3)COO^-$

pH＝7，$^-OOCCH_2CH(\overset{+}{N}H_3)COO^-$　　pH＝12，$^-OOCCH_2CH(NH_2)COO^-$

**例 5.** 一个三肽与 2,4-二硝基氟苯作用后水解，得到下列产物：*N*-(2,4-二硝基苯基)甘氨酸、*N*-(2,4-二硝基苯基)甘氨酰丙酸、丙氨酰亮氨酸、丙氨酸及亮氨酸，推测此三肽结构。

**解析：** 2,4-二硝基氟苯是 *N* 端测定肽结构常用试剂。此题水解得到苯-甘、苯-甘-丙、

丙-亮、丙和亮等产物。水解前为苯-甘-丙-亮结构，所以三肽为

$$H_2NCH_2\overset{\overset{O}{\|}}{C}—NH\underset{\underset{CH_3}{|}}{CH}—\overset{\overset{O}{\|}}{C}—NH—\underset{\underset{CH_2CH(CH_3)_2}{|}}{CH}COOH$$

**例 6.** α-角蛋白纤维(如头发)当受湿热作用时，能伸长到它原来长度的三倍。在拉伸的情况下，它的 X 射线图类似丝，冷却的纤维回复到它原有的长度，同时再次产生 α 螺旋结构的 X 射线图形。请回答

(1) 当 α-角蛋白纤维加热伸长时，蛋白质的结构发生了什么变化?

(2) 当冷却时，纤维自发地回复到它原有的 α 螺旋结构，为什么?

**解析：** α-角质蛋白纤维是蛋白质的二次结构(或大分子的构象)，它是蛋白质的一级结构(大分子的构造)形成螺旋状构象，维持螺旋状的作用力是螺旋层间形成的氢键( N—H┅O═C )。

(1) 当 α-角蛋白纤维受湿热作用力拉伸时，这些氢键被破坏，蛋白质的二次结构破坏，变成一次结构，类似丝结构。

(2) 当冷却、去掉外力时，它又形成氢键，回复到原状，放出能量，结构稳定。

# 综合习题

1. 写出下列肽的结构式：

(1) 甘-丝-赖-组　　(2) 亮-缬-丙-亮　　(3) 谷-半胱-甘

2. 命名下列肽化合物：

(1) $(CH_3)_2CH\underset{\underset{^{+}NH_3}{|}}{CH}—\underset{\underset{O}{\|}}{C}—NH\underset{\underset{CH_3}{|}}{CH}—\underset{\underset{O}{\|}}{C}—NH\underset{\underset{CH_2SH}{|}}{CH}COO^-$

(2) $H_3\overset{+}{N}—\underset{\underset{CH_2OH}{|}}{CH}—\underset{\underset{O}{\|}}{C}—NH—\underset{\underset{COO^-}{|}}{CH}—CH_2COOH$

(3) $H_3\overset{+}{N}—\underset{\underset{CH_2—C_6H_4—OH}{|}}{CH}—\overset{\overset{O}{\|}}{C}—NHCH_2\overset{\overset{O}{\|}}{C}—NHCH_2—\underset{\underset{O}{\|}}{C}—NH\overset{\overset{CH_2—C_6H_5}{|}}{CH}—\underset{\underset{O}{\|}}{C}—NH—\underset{\underset{CH_2CH(CH_3)_2}{|}}{CH}—COO^-$

3. 写出赖氨酸在强酸溶液和强碱溶液中占优势的结构，说明为什么在等电点时，赖氨酸偶极离子的结构为 $\overset{+}{N}H_3—CH_2CH_2CH_2CH_2\underset{\underset{NH_2}{|}}{CH}COO^-$ 而不是 $H_2NCH_2CH_2CH_2CH_2CH_2\underset{\underset{^{+}NH_3}{|}}{CH}COO^-$ 。

4. 在肽的合成过程中，为什么要常常保护—$NH_2$、活化羧基? 在非肽合成中有何借鉴意义?

5. 一个氨基酸的衍生物 A($C_5H_{10}O_3N_2$)，与 NaOH 溶液共热放出 $NH_3$，并生成 $C_3H_5(NH_2)(COOH)_2$的盐，A 经 Hofmann 降解反应，则生成 α,γ-二氨基丁酸，试写出 A 的结构。

6. 比较化合物的性质。

（1）比较下列化合物的碱性：

A. $H_3\overset{+}{N}CH_2COOH$　　B. $CH_3COOH$　　C. $H_3\overset{+}{N}CH_2COO^-$

（2）比较下列化合物等电点高低：

A. 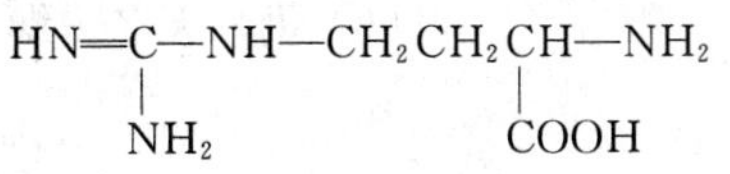 $HN{=}C(NH_2){-}NH{-}CH_2CH_2CH(COOH){-}NH_2$

B. (咪唑-4-基，N—H)$CH_2CH(NH_2)COOH$

C. $HO_2C(CH_2)_2CH(NH_2)COOH$

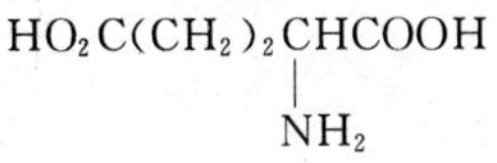

D. 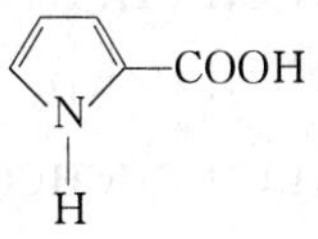 (吡咯-2-基，N—H)—COOH

# 综合习题参考答案

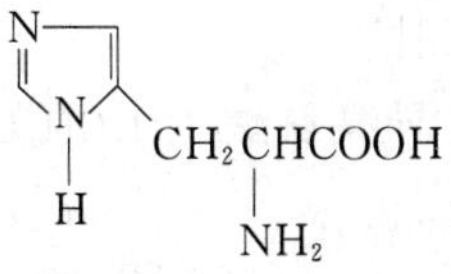

1.（1）$H_2NCH_2\overset{O}{\overset{\|}{C}}NH\underset{CH_2OH}{CH}\overset{O}{\overset{\|}{C}}NH\underset{(CH_2)_4\overset{+}{N}H_3}{CH}\overset{O}{\overset{\|}{C}}NH\underset{CH_2-(咪唑-4-基)}{CH}COO^-$

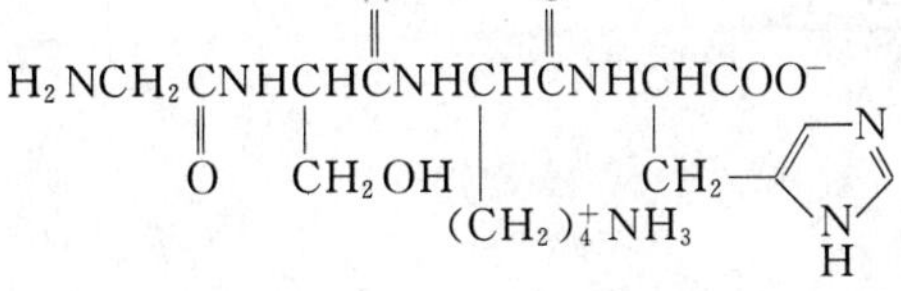

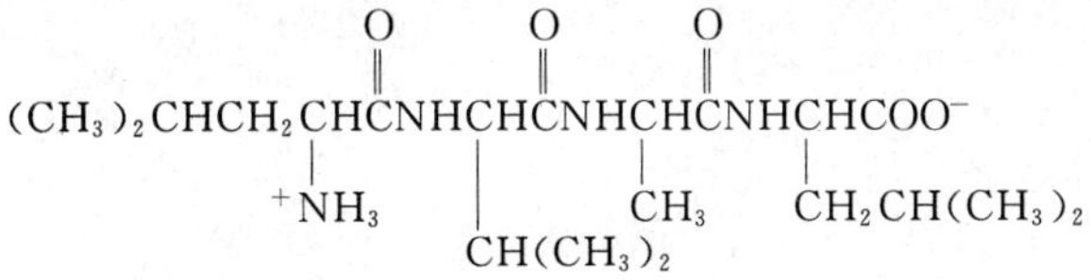

（2）$(CH_3)_2CHCH_2\underset{^+NH_3}{CH}\overset{O}{\overset{\|}{C}}NH\underset{CH(CH_3)_2}{CH}\overset{O}{\overset{\|}{C}}NH\underset{CH_3}{CH}\overset{O}{\overset{\|}{C}}NH\underset{CH_2CH(CH_3)_2}{CH}COO^-$

（3）$H_2N\overset{O}{\overset{\|}{C}}CH_2CH_2\underset{^+NH_3}{CH}\overset{O}{\overset{\|}{C}}NH\underset{CH_2SH}{CH}\overset{O}{\overset{\|}{C}}NHCH_2COO^-$

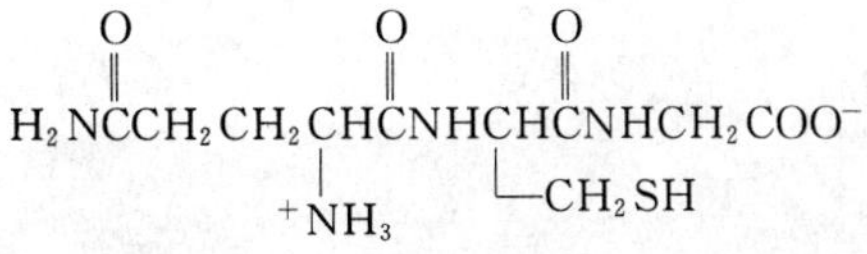

2.（1）缬-丙-半胱　（2）丝-天　（3）天冬酰-半胱-甘

3. 在强酸溶液中，$H_3\overset{+}{N}(CH_2)_4\underset{^+NH_3}{CH}COOH$；在强碱溶液中，$H_2N(CH_2)_4\underset{NH_2}{CH}COO^-$。

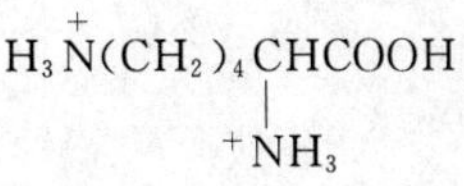

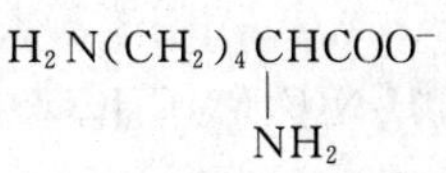

$\alpha$-$NH_2$ 的碱性小于末端—$NH_2$。

4. 因为氨基酸是双官能团化合物，而肽分子中氨基酸结合要求一定顺序，并保持氨基酸构型，肽键较弱，易断裂，因此要保护氨基，活化羧基。

合成肽的方法可以借鉴到一般有机合成中，如基团保护、选择活性大的试剂。

5. A. 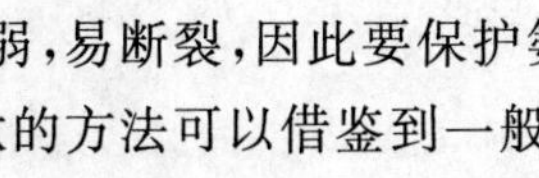 $HO_2C\underset{NH_2}{CH}CH_2CH_2CONH_2$

6.（1）C＞B＞A　（2）A＞B＞C＞D

## 习题解答

14-1　写出下列化合物在pH为2,7,12的水溶液中的离子式：

(1) 异亮氨酸　　(2) 天冬氨酸　　(3) 赖氨酸

(4) 甘-甘　　(5) 赖-甘　　(6) 丙-天冬-缬

**解：**(1) 异亮氨酸 $CH_3CH_2CH(CH_3)CH(NH_2)COOH$　pI＝5.92

pH＝2时，$CH_3CH_2CH(CH_3)CH(\overset{+}{N}H_3)COOH$

pH＝7时，$CH_3CH_2CH(CH_3)CH(\overset{+}{N}H_3)COO^-$

pH＝12时，$CH_3CH_2CH(CH_3)CH(NH_2)COO^-$

(2) 天冬氨酸 $HO_2CCH_2CH(NH_2)COOH$　pI＝2.77

pH＝2时，$HO_2CCH_2CH(\overset{+}{N}H_3)COO^-$

pH＝7时，$^-O_2CCH_2CH(\overset{+}{N}H_3)COO^-$

pH＝12时，$^-O_2CCH_2CH(NH_2)COO^-$

(3) 赖氨酸 $H_2N(CH_2)_4CH(NH_2)COOH$　pI＝9.74

pH＝2时，$H_3\overset{+}{N}(CH_2)_4CH(\overset{+}{N}H_3)COOH$

pH＝7时，$H_3\overset{+}{N}(CH_2)_4CH(\overset{+}{N}H_3)COO^-$

pH＝12时，$H_2N(CH_2)_4CH(NH_2)COO^-$

(4) 甘-甘：$H_2NCH_2CONHCH_2COOH$

pH＝2时，$H_3\overset{+}{N}CH_2CONHCH_2COOH$

pH＝7时，$H_3\overset{+}{N}CH_2CONHCH_2COO^-$

pH＝12时，$H_2NCH_2CONHCH_2COO^-$

(5) 赖-甘：$H_2N(CH_2)_4CH(NH_2)CONHCH_2COOH$

pH=2 时，$H_3\overset{+}{N}(CH_2)_4CH(\overset{+}{N}H_3)CONHCH_2COOH$

pH=7 时，$H_3\overset{+}{N}(CH_2)_4CH(NH_2)CONHCH_2COO^-$

pH=12 时，$H_2N(CH_2)_4CH(NH_2)CONHCH_2COO^-$

(6) 丙-天冬-缬 $CH_3CH(NH_2)CONH—CH(CH_2CO_2H)CONH—CH(CH(CH_3)_2)COOH$

pH=2 时，$CH_3CH(\overset{+}{N}H_3)CONHCH(CH_2CO_2H)CONHCH(CH(CH_3)_2)COO^-$

pH=7 时，$H_3C—CH(\overset{+}{N}H_3)—CONHCH(CH_2COO^-)NHCH(CH(CH_3)_2)COO^-$

pH=12 时，$CH_3CH(NH_2)CONHCH(CH_2COO^-)CONHCH(CH(CH_3)_2)COO^-$

14-2 预测下列 α-氨基酸的等电点在什么范围内：

(1) 丙氨酸　(2) 赖氨酸　(3) 天冬氨酸

(4) 胱氨酸　(5) 酪氨酸

**解**：(1) pI=5～6　(2) pI=7.5～11.7　(3) pI=2.5～3.5　(4) pI=5～6　(5) pI=5～6

14-3 写出甘氨酸与下列试剂反应的主要产物：

(1) KOH 水溶液　(2) HCl 水溶液　(3) $C_2H_5OH+HCl$

(4) $CH_3COCl$　(5) $C_6H_5COCl+NaOH$　(6) $NaNO_2+HCl$(低温)

(7) 与 $Ba(OH)_2$ 反应后加热产物　(8) $LiAlH_4$　(9) NaOH；$CH_3I$

**解**：(1) $NH_2CH_2—COOK$　(2) $ClNH_3CH_2COOH$　(3) $NH_2CH_2COOC_2H_5$

(4) $CH_3CONHCH_2COOH$　(5) $C_6H_5CONHCH_2COONa$　(6) $ClN_2CH_2COOH$

(7) $NH_2CH_2COOOCCH_2NH_2$　(8) $NH_2CH_2CH_2OH$　(9) $CH_3NHCH_2COONa$

14-4 亮氨酸钠盐 $(CH_3)_2CHCH_2CH(NH_2)COONa$ 中的$—NH_2$ 和$—COO^-$ 哪一个碱性更强；加酸后将得到什么产物？

**解**：$(CH_3)_2CHCH_2CH(NH_2)COONa$ 中$—NH_2$ 碱性强；$(CH_3)_2CHCH_2CH(\overset{+}{N}H_3)COOH$

14-5 $CH_3—CH(\overset{+}{N}H_3)—COOH$ 中$—\overset{+}{N}H_3$ 和$—COOH$ 的酸性哪一个更强？加碱后将得到什么产物？

**解**：$CH_3CH(\overset{+}{N}H_3)COOH$ 中—COOH 酸性强；$CH_3CH(NH_2)COO^-$

14-6 用化学方法鉴别下列各化合物：

(1) 纤维二糖 (2) 淀粉 (3) 纤维素

(4) α-氨基酸 (5) β-氨基酸

**解**：

| 化合物 | 纤维二糖 | 淀粉 | 纤维素 | α-氨基酸 | β-氨基酸 |
|---|---|---|---|---|---|
| $NaOH/H_2O$ | — | — | — | 溶解 | 溶解 |
| 水合茚三酮 | — | — | — | 紫色 | — |
| 托伦试剂 | Ag↓ | — | — | — | — |
| $I_2$ | — | 紫红色 | — | — | — |

14-7 试设计出合成甘氨酰丙氨酰缬氨酸(甘-丙-缬)的方法。

**解**：先将甘氨酸的氨基用氯甲酸苄酯保护 ⟶ 用亚硫酰氯活化氨基保护了的甘氨酸的羧基与丙氨酸形成肽键，生成二肽⟶用亚硫酰氯活化生成的二肽的羧基与缬氨酸反应，生成三肽⟶钯催化加氢脱保护基⟶分离提纯得三肽，甘-丙-缬。

14-8 某七肽 A，根据下列一些反应，试写出它的一级构造式。

(1) A $\xrightarrow[pH=9]{C_6H_5NCS}$ $\xrightarrow{H_3O^+}$ 3-苯基-5-(羟甲基)-2-硫代乙内酰脲（环中 $C_6H_5$—N、C=S、NH、CH—$CH_2OH$、C=O） + 六肽

(2) A $\xrightarrow[H_2O]{羧肽酶}$ $HO-C_6H_4-CH_2CH(NH_2)COOH$ + 六肽

(3) A 与 3 $mol \cdot L^{-1}$ HCl 加热水解，得两分子甘氨酸，及亮氨酸、苯丙氨酸、丝氨酸、酪氨酸、

**解**：由(1)得知 A 的 N 端为丝氨酸(丝)构成的。由(2)得知 A 的 C 端由酪氨酸(酪)构成的。由(3)得知 A 由两分子甘氨酸和一分子亮氨酸、苯丙氨酸、丝氨酸、酪氨酸与脯氨酸等六种七个氨基酸构成。由(4)可知 A 为丝-亮-甘-脯-苯丙-甘-酪，其构造式为

$$H_3\overset{+}{N}-CH(CH_2OH)-CO-NHCH(CH_2CH(CH_3)_2)-CO-NH-CH_2-CO-N(\text{吡咯烷环})CH-CO-NH-CH(CH_2C_6H_5)-CO-NHCH_2-CO-NHCH(CH_2-C_6H_4-OH)COO^-$$

# 第 15 章 类脂 核酸

## 学习要点

类脂：

1. 天然脂肪酸的结构特征
2. 由油脂的结构推测油脂的化学性质
3. 蜡和磷脂的组成及生理作用

核酸：

1. 核酸的组成（核糖、脱氧核糖、碱基、核苷、核苷酸和核酸之间的关系）
2. DNA 的遗传功能，DNA 碱基配对
3. RNA 的合成蛋白质功能
4. DNA 的指纹识别

## 重要反应式

（亲核取代反应，核苷的形成）

（核苷酸的形成）

# 思考题解答

**思考题 15-1** 写出9-十八碳烯酸与下列试剂反应的反应式。

(1) $H_2/Ni$ (2) $I_2$ (3) HBr (4) $OsO_4$,$NaHSO_3$ (5) $KMnO_4/H_2SO_4$ (6) $H_2SO_4$ (7) $CH_3OH/H^+$ (8) $SOCl_2$

**解答:**

$CH_3(CH_2)_7CH{=}CH(CH_2)_7COOH$ +

$H_2 \xrightarrow{Ni} HO_2C(CH_2)_7CH_2-CH_2(CH_2)_7-CH_3$

$I_2 \longrightarrow HO_2C(CH_2)_7CHI-CHI(CH_2)_7-CH_3$

$HBr \longrightarrow HO_2C(CH_2)_7CH_2CHBr(CH_2)_7CH_3$

$OsO_4 \longrightarrow HO_2C(CH_2)_7CH(OH)-CH(OH)(CH_2)_7CH_3$ (顺式氧化)

$KMnO_4 \xrightarrow{H_2SO_4} HO_2C(CH_2)_7COOH + HO_2C(CH_2)_7CH_3$

$H_2SO_4 \longrightarrow HO_2C(CH_2)_7CH_2-CH(OSO_3H)(CH_2)_7CH_3$

$CH_3OH \xrightarrow{H^+} HO_2C(CH_2)_7CH_2-CH(OCH_3)(CH_2)_7CH_3$

或

$H_3COOC(CH_2)_7CH{=}CH(CH_2)_7CH_3$

$SOCl_2 \longrightarrow ClOC(CH_2)_7CH{=}CH(CH_2)_7CH_3$

**思考题 15-2** 由油脂合成生物柴油是将油脂与甲醇在氢氧化钾催化下共热得到。试写出此反应的反应式,并分析柴油中可能有哪些组分。

**解答:**

$$\begin{array}{l} CH_2-O-\overset{O}{\overset{\|}{C}}-R \\ CH-O-\overset{O}{\overset{\|}{C}}-R' \\ CH_2-O-\overset{O}{\overset{\|}{C}}-R'' \end{array} + CH_3OH \xrightarrow[\triangle]{KOH} \begin{array}{l} CH_2OH \\ CHOH \\ CH_2OH \end{array} + \begin{array}{l} CH_3OCOR \\ CH_3OCOR' \\ CH_3OCOR'' \end{array}$$

生物柴油的成分因R、R′、R″的链长短不同,一般为单数碳原子居多数,R、R′、R″可能是不饱和的,有一个双键、两个双键、三个双键……双键多数是顺式结构;R、R′、R″可能带有羟基 ;R、R′、R″可能有短的支链和小环烷基支链。这些结构主要取决于油脂的来源。

**思考题 15-3** 油脂久置或储存不当会产生难闻的气味,称为油脂的酸败,试分析产生酸败的原因。

**解答:** 油脂的脂肪酸链中,有双键、共轭双键,有的还有羟基。在空气中氧的作用下,会发生氧化作用,产生各种氧化物,如酸、醛等,这些氧化物会产生各种味道。

**思考题 15-4** 如何从鲸蜡中制取顺-9-十八碳烯醇?

**解答:** 鲸鱼中的鲸蜡的主要成分为软脂酸十六醇酯和软脂酸顺-9-十八碳烯醇酯。

先用甲醇在KOH作用下进行酯交换反应,游离高碳醇,例如:

$$\left.\begin{array}{l}CH_3(CH_2)_{14}COOCH_2(CH_2)_{14}CH_3\\CH_3(CH_2)_{14}COOCH_2(CH_2)_7CH{=}CH(CH_2)_7CH_3\end{array}\right\}+CH_3OH\xrightarrow{KOH}$$

$$CH_3(CH_2)_{14}CO_2CH_3+\left\{\begin{array}{l}HOCH_2(CH_2)_{14}CH_3\\HOCH_2(CH_2)_7CH{=}CH(CH_2)_7CH_3\end{array}\right.$$

再用物理或化学方法分离反应产物，得到需要的顺-9-十八碳烯醇。

**思考题 15-5** 分别写出核糖、2-脱氧核糖与四种碱形成的核苷和 2′-脱氧核苷。

**解答：**生成核苷和 2′-脱氧核苷的核糖为 [HOH₂C-呋喃核糖结构式：OH, H, H, H, H, OH OH]，脱氧核糖为 [HOH₂C-呋喃脱氧核糖结构式：OH, H, H, H, H, OH H]

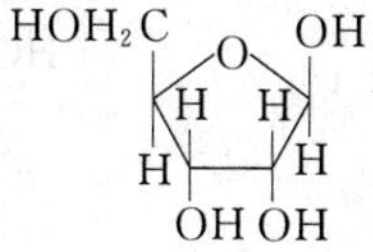

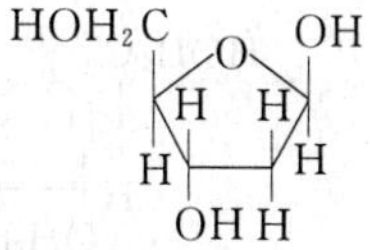

生成核苷的四种碱为

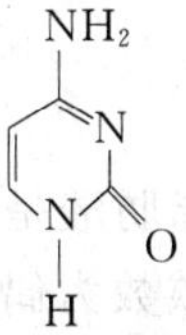

(C) 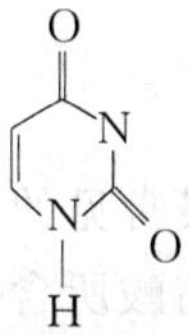 (U) 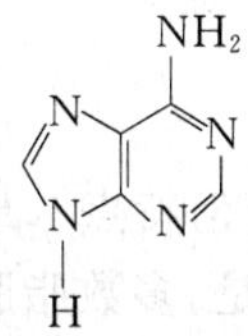 (A) 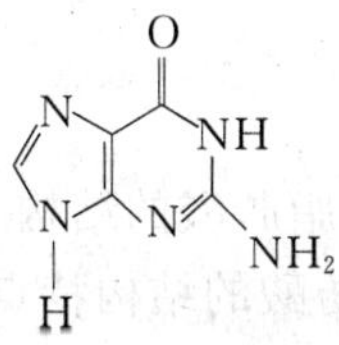 (G)

生成 2′-脱氧核苷的四种碱为

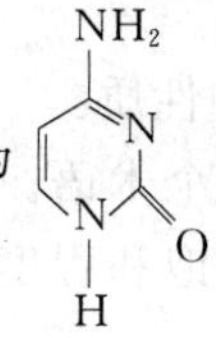

(C) 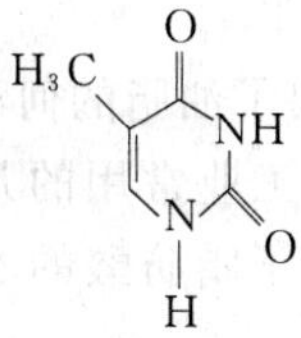 (T) 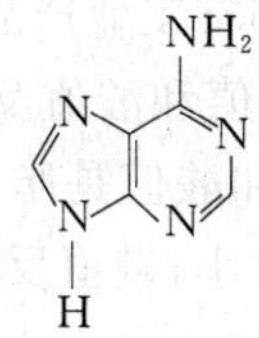 (A) 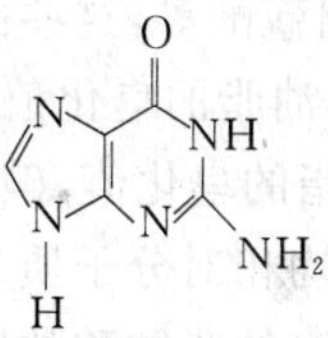 (G)

生成的核苷分别为

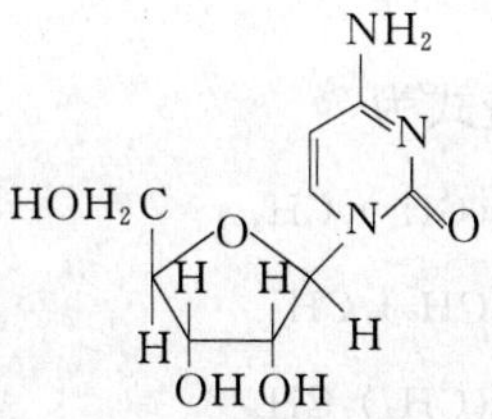

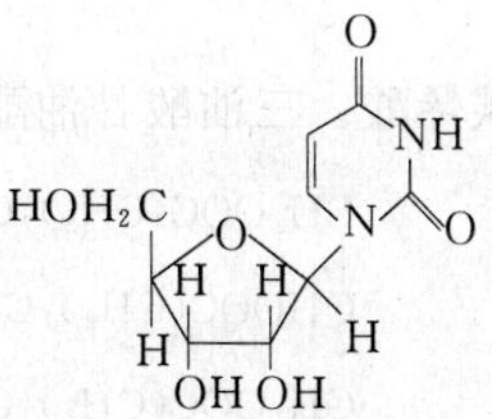

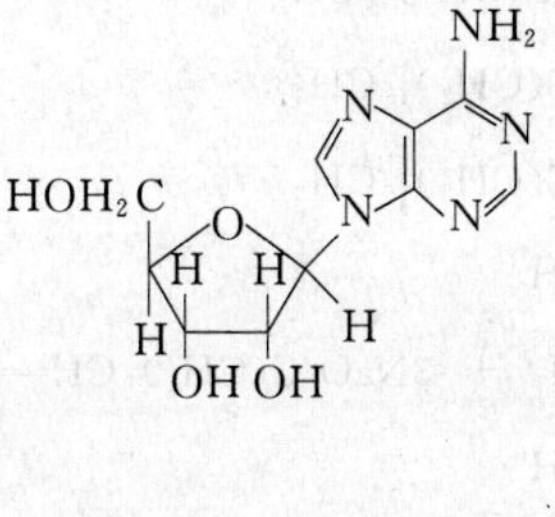

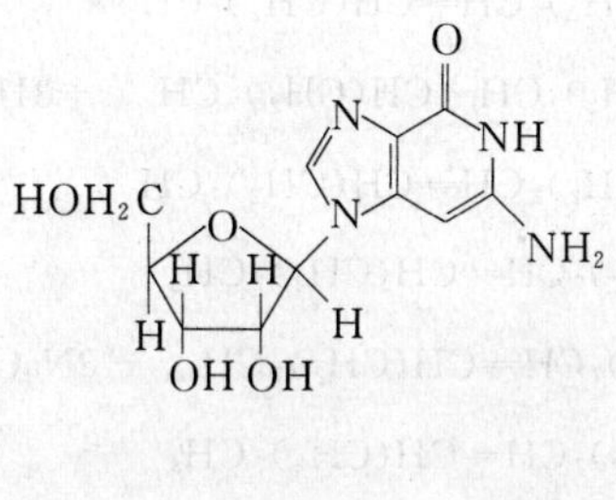

生成的 2′-脱氧核苷分别为

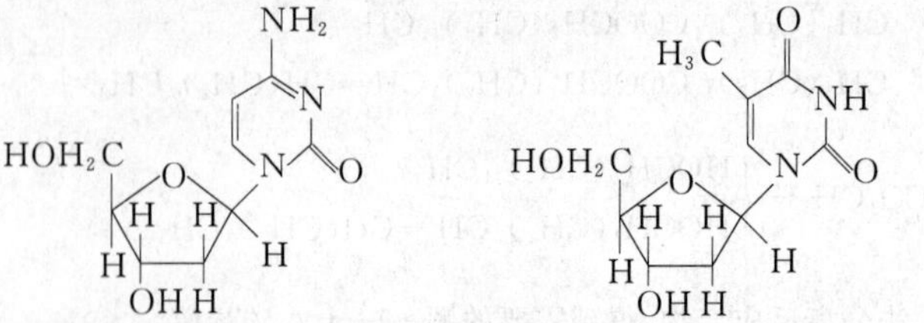

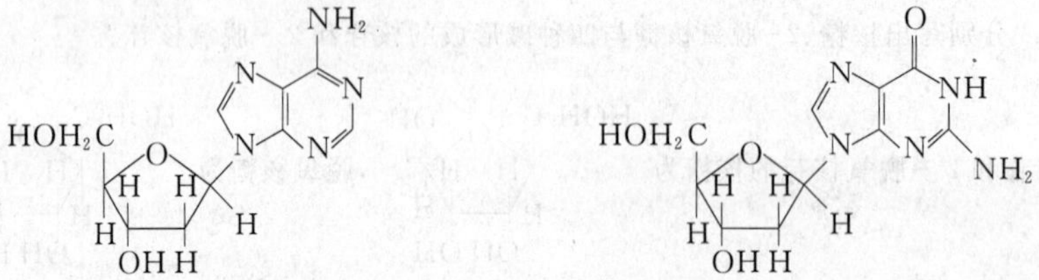

## 习题解答

15-1　天然油脂所含的脂肪酸的结构有何特点？最常见的脂肪酸是哪些？

**解：** 天然油脂所含的脂肪酸的结构特点是，多数脂肪酸所含碳数为偶数；含有双键的多数为顺式双键；含有 2～4 个双键的多数是每个双键间有一个 $CH_2$ 将双键隔离，但也是共轭双键的；双键多数是处于碳链的中间部位。常见的脂肪酸有油酸、亚油酸、软脂酸、硬脂酸、亚麻酸、月桂酸、芥酸和肉蔻酸等，这些酸都有工业产品。

15-2　油脂的皂化值、碘值和酸值反映了油脂的何种性质？

**解：** 油脂的皂化值、碘值和酸值是脂肪工业常用的几个术语。油脂的皂化值反映了油脂中脂肪酸的平均相对分子质量大小；碘值反映了脂肪酸的不饱和程度，即双键的个数；酸值反映了油脂含有游离的脂肪酸的数量。

15-3　橄榄油的组成成分之一是三油酸甘油酯。写出其构造式；写出其氢化反应和皂化反应的反应式。

**解：** 油酸是 9-十八碳烯酸。三油酸甘油酯的构造式为

$$\begin{array}{l} CH_2OOC(CH_2)_7CH{=}CH(CH_2)_7CH_3 \\ | \\ CHOOC(CH_2)_7CH{=}CH(CH_2)_7CH_3 \\ | \\ CH_2OOC(CH_2)_7CH{=}CH(CH_2)_7CH_3 \end{array}$$

$$\begin{array}{l} CH_2OOC(CH_2)_7CH{=}CH(CH_2)_7CH_3 \\ | \\ CHOOC(CH_2)_7CH{=}CH(CH_2)_7CH_3 \\ | \\ CH_2OOC(CH_2)_7CH{=}CH(CH_2)_7CH_3 \end{array} + 3H_2 \xrightarrow{Ni} \begin{array}{l} CH_2OOC(CH_2)_{16}CH_3 \\ | \\ CHOOC(CH_2)_{16}CH_3 \\ | \\ CHOOC(CH_2)_{16}CH_3 \end{array}$$

$$\begin{array}{l} CH_2OOC(CH_2)_7CH{=}CH(CH_2)_7CH_3 \\ | \\ CHOOC(CH_2)_7CH{=}CH(CH_2)_7CH_3 \\ | \\ CH_2OOC(CH_2)_7CH{=}CH(CH_2)_7CH_3 \end{array} + 3NaOH \longrightarrow \begin{array}{l} CH_2OH \\ | \\ CHOH \\ | \\ CH_2OH \end{array} + 3NaO_2C(CH_2)_7CH{=}CH(CH_2)_7CH_3$$

15-4　在实验室中可通过下列反应制得异油酸，试写出中间产物 A～E 和异油酸的构造式。

$$n\text{-}C_6H_{13}Cl + NaC\equiv CH \longrightarrow A(C_8H_{14}) \xrightarrow{Na+NH_3(l)} B \xrightarrow{I(CH_2)_9Cl} C(C_{17}H_{31}Cl)$$

$$\xrightarrow{KCN} D(C_{18}H_{31}N) \xrightarrow[\triangle]{NaOH} \xrightarrow{H_3^+O} E(C_{18}H_{32}O_2) \xrightarrow{H_2/Pd,BaSO_4} \text{异油酸}(C_{18}H_{34}O_2)$$

**解**: A. $HC\equiv C(CH_2)_5CH_3$　　B. $NaC\equiv C(CH_2)_5CH_3$

C. $CH_3(CH_2)_5C\equiv C(CH_2)_9Cl$　　D. $CH_3(CH_2)_5C\equiv C(CH_2)_9CN$

E. $CH_3(CH_2)_5C\equiv C(CH_2)_9COOH$

异油酸：

$$\begin{array}{ccc} H_3C(CH_2)_5 & & (CH_2)_9COOH \\ & C=C & \\ H & & H \end{array}$$

15-5　从结核杆菌脂肪囊的皂化产物中分离出结核杆菌硬脂酸。试根据下列反应合成结核杆菌硬脂酸，写出每步反应产物的构造式。

$$CH_3(CH_2)_7CH(CH_3)OH + PBr_3 \longrightarrow A(C_{10}H_{21}Br) \xrightarrow{NaCH(CO_2C_2H_5)_2} \xrightarrow[\triangle]{NaOH} \xrightarrow[\triangle]{H_3^+O}$$

$$B(C_{12}H_{24}O_2) \xrightarrow{SOCl_2} C \xrightarrow{C_2H_5OH} D(C_{14}H_{28}O_2) \xrightarrow{LiAlH_4} E(C_{12}H_{26}O) \xrightarrow{PBr_3} F(C_{12}H_{25}Br)$$

$$\xrightarrow{Mg/\text{醚}} \xrightarrow{CdCl_2} \xrightarrow{C_2H_5O_2C(CH_2)_5COCl} G(C_{21}H_{40}O_3) \xrightarrow{Zn-Hg/HCl} H(C_{21}H_{42}O_2)$$

$$\xrightarrow[\triangle]{NaOH} \xrightarrow{H_3^+O} \text{结核杆菌硬脂酸}(C_{19}H_{38}O_2)$$

**解**: A. $CH_3(CH_2)_9CH(CH_3)Br$

B. $CH_3(CH_2)_7CH(CH_3)CH_2COOH$

C. $CH_3(CH_2)_7CH(CH_3)CH_2COCl$

D. $CH_3(CH_2)_7CH(CH_3)CH_2COOC_2H_5$

E. $CH_3(CH_2)_7CH(CH_3)CH_2CH_2OH$

F. $CH_3(CH_2)_7CH(CH_3)CH_2CH_2Br$

G. $CH_3(CH_2)_7CH(CH_3)CH_2CH_2OC(CH_2)_5CO_2C_2H_5$

H. $CH_3(CH_2)_7CH(CH_3)CH_2CH_2CH_2(CH_2)_5CO_2C_2H_5$

结核杆菌硬脂酸：$CH_3(CH_2)_7CH(CH_3)(CH_2)_8CO_2H$

15-6　油脂的主要用途之一是加工成肥皂，根据肥皂的构造式，试分析用肥皂洗去衣物上油渍的作用原理。

**解**: 肥皂的结构式是 R—COONa(K)，其烃基 R 是油溶性的，可以和衣服上油渍相溶解，而肥皂的羧酸盐端—COONa 是水溶性的，可溶于水中。在机械力(手揉)的作用下，衣物上的油渍即可同肥皂一起进入水中。

15-7　解释下列术语：

(1) DNA 和 RNA　　(2) 嘌呤碱基和嘧啶碱基

(3) 核苷和核苷酸　　(4) 碱基互补配对规律

**解**: (1) DNA 和 RNA 都是存在于细胞核中的酸性生物高分子，DNA 是脱氧核糖核酸，RNA 是核糖核酸。

(2) 嘌呤碱基有两个,一个是腺嘌呤,一个是鸟嘌呤,它们的化学结构分别是

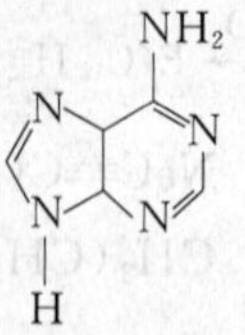

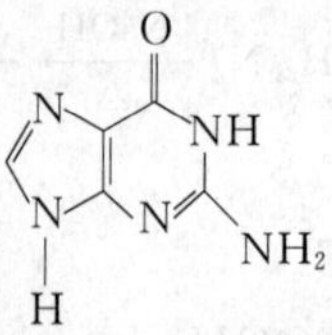

嘧啶碱基有三个,分别是胞嘧啶、尿嘧啶和胸腺嘧啶,其化学结构式分别为

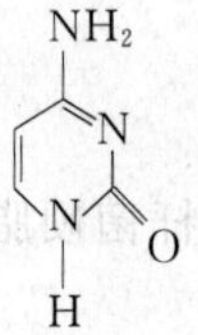

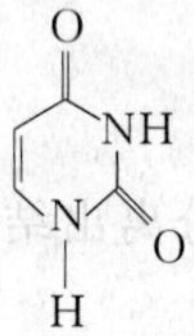

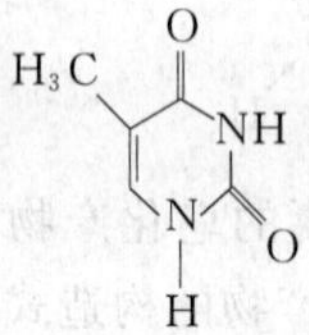

(3) 核苷是核糖与嘌呤碱基或嘧啶碱基形成的苷;核苷酸是核苷中核糖的羟基与磷酸形成磷酸二氢酯。

(4) 不同物种的 DNA 的腺嘌呤碱基与胸腺嘧啶碱基的含量比为 1∶1,鸟嘌呤碱基与胞嘧啶碱基也近似 1∶1,在双螺旋的 DNA 中,前二者之间形成两条氢键,后二者间形成三条氢键,维持 DNA 的双螺旋结构。

15-8 写出 DNA 和 RNA 完全水解的产物的名称和构造式。

**解**: DNA 完全水解产物:磷酸 $H_3PO_4$,脱氧核糖 ,鸟嘌呤 ,

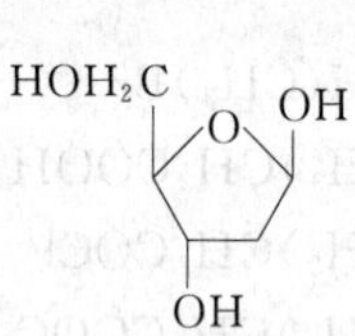

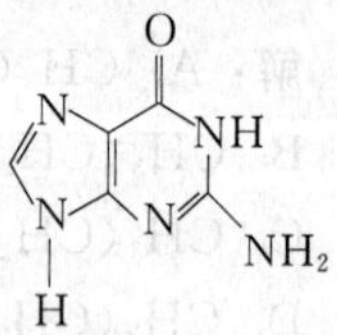

腺嘌呤 ,胞嘧啶 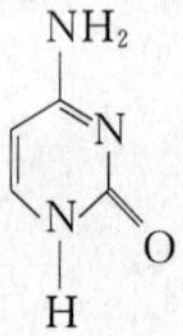 和胸腺嘧啶

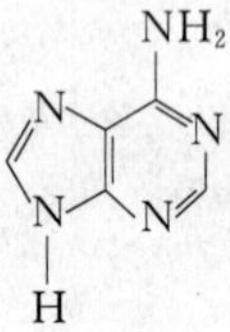

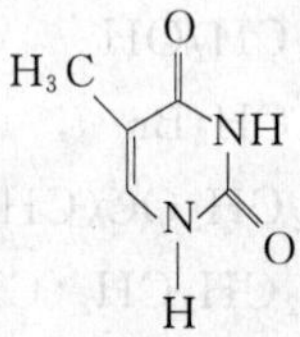

RNA 完全水解产物:磷酸 $H_3PO_4$,核糖 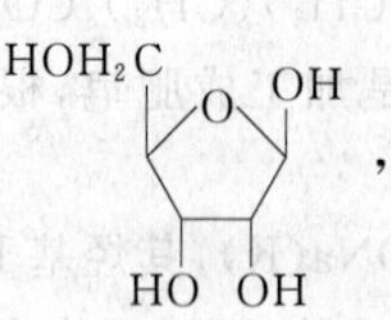 ,鸟嘌呤 ,

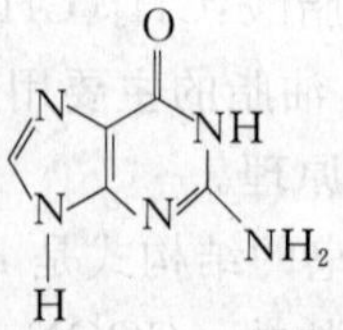

腺嘌呤 ,胞嘧啶 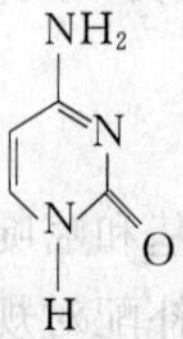 和尿嘧啶

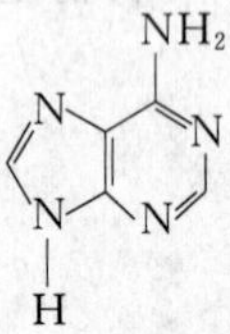

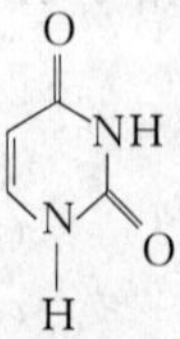

15-9 核酸中发现的三种碱基:尿嘧啶、胸腺嘧啶和胞嘧啶,可以在实验室中合成,合成路线如下,写出每步产物的结构。

(1) 尿素 + 丙烯酸乙酯 $\xrightarrow{\text{迈克尔反应}}$ A($C_6H_{12}O_3N_2$) $\xrightarrow[-C_2H_5OH]{H_2O/NaOH}$ B($C_4H_6O_2N_2$) $\xrightarrow{Br_2/CH_3COOH}$

C($C_4H_5O_2N_2Br$) $\xrightarrow[\triangle]{\text{吡啶}}$ D(尿嘧啶)

(2) 胸腺嘧啶也可用同样路线合成,只是用甲基丙烯酸乙酯代替丙烯酸乙酯。试写出相应A′,B′,C′和D′的名称和结构。

(3) 尿嘧啶 + $POCl_3$ $\xrightarrow[\triangle]{}$ E($C_4H_2N_2Cl_2$) $\xrightarrow[C_2H_5OH/100\ ℃]{NH_3}$ F($C_4H_4N_3Cl$)+ G($C_4H_4N_3Cl$)

$\xrightarrow{NaOCH_3}$ H($C_5H_7ON_3$) $\xrightarrow{HCl}$ I(胞嘧啶)

**解:**(1) A. $H_2N—\overset{O}{\overset{\|}{C}}—NH—CH_2CH_2—\overset{O}{\overset{\|}{C}}—OC_2H_5$

B. (二氢尿嘧啶结构)

C. (5-溴二氢尿嘧啶结构)

D. 脲嘧啶 (尿嘧啶结构)

(2) A′. $H_2N—\overset{O}{\overset{\|}{C}}—NH—CH_2—CH(CH_3)—\overset{O}{\overset{\|}{C}}—OC_2H_5$

B′. (5-甲基二氢尿嘧啶结构)

C′. (5-溴-5-甲基二氢尿嘧啶结构)

D′. 胸腺嘧啶 ($H_3C$ 取代的嘧啶二酮结构)

(3) E. (2,4-二氯嘧啶) F. (4-氨基-2-氯嘧啶) G. (2-氨基-4-氯嘧啶) H. (4-氨基-2-甲氧基嘧啶, $NH_2$, $OCH_3$)

I. (4-氨基-2-羟基嘧啶, $NH_2$, OH) ⇌ (4-氨基嘧啶-2(1H)-酮, $NH_2$, O, N—H) 胞嘧啶

15-10 Chargaff 等发现,不同来源的 DNA 中含有等物质的量的鸟嘌呤和胞嘧啶,等物质的量的腺嘌呤和胸腺嘧啶,即 G≡C 和 A=T,这一发现被称为 Chargaff 规律。

(1) Chargaff 规律是否意味着 DNA 中鸟嘌呤碱基和腺嘌呤碱基的数目相等?

(2) Chargaff 规律是否意味着 DNA 中嘌呤碱基和嘧啶碱基的数目相等?

(3) Chargaff 规律是否意味着不同物种的 DNA 中碱基的排列顺序相同?

**解**：(1) 鸟嘌呤碱基数目不等于腺嘌呤碱基数目；

(2) 嘌呤碱基数目等于嘧啶碱基数目；

(3) 碱基的排列顺序不相同。

15-11 简叙DNA的复制、mRNA的转录和tRNA的翻译原理及其对生命活动的作用。

**解**：通过DNA的复制，将遗传信息复制到新生成的DNA中，父代的DNA复制给子代。将子代DNA的信息转录到mRNA上，tRNA将mRNA的信息翻译成相应的氨基酸，氨基酸按一定的顺序合成蛋白质。这一系列复杂的生理活动，合成了蛋白质，使生命得以延续。

15-12 城市生活废油脂(如食堂、餐馆的剩菜汤)称为地沟油，每年有数十万吨。请查阅资料，设计出由地沟油炼制生物柴油的方案和路线。

**解**：提示：地沟油集中⟶除去机械杂质⟶水洗除去无机盐⟶干燥⟶碱催化下与甲醇反应(醇交换)⟶分出甘油⟶脂肪酸甲酯精制⟶生物柴油。

# 第 16 章 习题类型综合

## 一、命名题

有机化合物的名称是化学工作者交流的语言，也是有机化学的基础内容。命名涉及的内容十分丰富。有机化合物是碳的化合物、碳原子四价，可以形成单键、重键，可连接成各种类型链状和环状化合物。因此，有机化合物异构现象非常普遍，数量庞大。一个名称对应一个化合物，须要知道化合物异构现象。

有机化合物的构造是分子中原子相互连接的方式和次序不同产生的碳架异构、官能团位置异构、官能团异构等异构体。构造相同构型（原于在空间的排列）不同，产生对映异构体和非对映异构体。在非对映异构中还会由于双键和环平面产生的各种顺反（$Z/E$）异构体；在多手性中心化合物中，还有差向异构体；在构造和构型相同的分子中，原子还可以绕着任何一个单键旋转，产生构象异构体。

$CH_3CH_2CH_2CH_3$ ①　　$CH_3CHCH_2CH_3$（$CH_3$）②　　$CH_3CHCHCH_3$（$H_3C$，$CH_3$）③　　O ④　　OH ⑤

$CH_3CH_2CH_2CH_2Cl$ ⑥　　$CH_3CH_2CHCH_3$（Cl）⑦　　COOH，H—Cl，$CH_3$ ⑧　　COOH，Cl—H，$CH_3$ ⑨　　H，$CH_3$，C=C，$CH_3$，H ⑩

H，H，C=C，$CH_3$，$CH_3$ ⑪　　Cl，Cl，H，H ⑫　　Cl，H，H，Cl ⑬　　$CH_3$，$H_3C$，H，H，H，H ⑭　　$CH_3$，H，$CH_3$，H，H，H ⑮

$CH_3$，H，$CH_3$，H，H，H ⑯　　$CH_3$，H，H，H，H，$CH_3$ ⑰

上述结构式中，①、②和③是碳架异构体；④和⑤是官能团异构体；⑥和⑦是官能团位置异构体；⑧和⑨是对映异构体；⑩和⑪间是顺反（$Z/E$）异构体；⑫和⑬是顺反异构体，又是差向异构体；⑭、⑮、⑯和⑰是典型的构象异构体。

常用缩简结构式、键线结构式表示分子构造；用费歇尔投影式、立体透视式表示分子构型；用纽曼式表示分子的构象。用 $R$ 和 $S$ 标记手性碳构型，用(＋)、(－)表示旋光性化合物的旋光方向。前述的①、②、③是缩简式；④和⑤是键线式；⑫和⑬是立体透视式；⑧和⑨是费歇尔投影式；⑭～⑰是纽曼式，且⑭是重叠式，⑮是邻位交叉式，⑯是部分交叉式，⑰是对位交叉式构象。

常用的命名方法有三种：一是普通(习惯)命名法；二是衍生物命名法；三是系统命名法。学习的重点是系统命名法。在学习系统命名法时，运用官能团优先顺序表选择主要官能团为命名的母体化合物，其余的官能团看做取代基；运用最低系列原则确定主碳链的编号方向；运用基团的顺序规则确定取代基在名称中的次序。

习题类型大体上有四种，一种是给出结构写出名称；二种是给出名称写出结构式；三种是判断名称是否对；四种是判断几种不同的结构表示式之间的关系。

**例 1.** 命名化合物 $CH_3CH_2CH_2\underset{\displaystyle CH(CH_3)_2}{\overset{\displaystyle CH_2CH_2CH_3}{CH}}CHCH_2CH_2CH_2CH_3$

**解答：** 这是一个缩简结构式，尽管化合物有手性碳，但没有指明。命名为5－丙基－4－异丙基壬烷。

**例 2.** 命名化合物 $H-\underset{\displaystyle CH_2CH_3}{\overset{\displaystyle CH_3}{C}}-OH$

**解答：** 这是一个 Fischer 投影式，给出了手性中心的构型，需标记手性碳的构型。命名的一般方法是，先按一般方法命名，然后确定手性中心的构型。命名为($S$)－2－丁醇。

**例 3.** 命名化合物

（Newman 投影式：前碳上 $CH_3$、H、H；后碳上 Cl、H、$CH_2$—CH=CH—COOH，双键碳上另有 H、H）

**解答：** 这是一个 Newman 式表示的有手性中心的多官能团(包括氯原子、双键和羧基)化合物。命名为($5S$,$2E$)－5－氯代－2－庚烯酸(习惯将 $S/R$ 标记写在前面，$E/Z$ 标记写在后面，中间加逗号，放在括弧中，放在名称前面)。

**例 4.** 命名化合物 $H-\underset{\displaystyle CH_2}{\overset{\displaystyle CH_3}{C}}-Cl$，$CH_2$—CH=CH—$CH_3$（双键两碳上各有一个 H，$CH_2$ 与 $CH_3$ 处于同侧）

**解答：** 这是一个 Fischer 投影式表示的含手性中心的烯烃。命名为($5S$,$2Z$)－5－氯－2－己烯。

**例 5.** 写出($R$)－6－甲基－2－辛烯酸的 Fischer 投影式。

**解答:** 尽管是烯烃,但没有指明双键的构型。命名方法是先写出其构造式:$CH_3CH_2CH(CH_3)CH_2CH_2CH{=}CHCOOH$ ,再写出手性碳原子构型。其 Fischer 投影式:

$$\begin{array}{c} CH_2CH_2CH{=}CHCOOH \\ H-\!\!\!+\!\!\!-CH_3 \\ CH_2CH_3 \end{array}$$

(命名编号小的碳链端放在 Fischer 式的上端。)

**例 6.** 写出顺-1,3-环已二醇的稳定构象式。

**解答:** 解题的方法是根据名称,写出其构造式,六元环的稳定构象是椅式,写出椅式构象,由于顺式的 1,3 位两个羟基可能构成氢键,氢键的能量大于环翻转需要的能量。一系列的结构如下:

OH H HO H　　HO OH　　HO----H O

非稳定构象式　　稳定构象式

答案是后者。

**例 7.** 写出反-3-甲基-1-(2,4-二甲基苯基)-2-戊烯-1-酮的结构式。

**解答:** 这是环上有取代基的苯基烯酮化合物,双键构型为反式。

(结构式:$H_3C$—苯环(邻位 $CH_3$)—C(=O)—CH=C($CH_2CH_3$)($CH_3$))

**例 8.** 判断下列化合物的命名是否正确,如果有错误,请改正。

① 2,5-二甲基-4-乙基已烷　　② 反-4-已烯

**解答:** 方法是最好先按给定的名称,写出结构式,再判断其正确与否。

① $CH_3CH(CH_3)CH_2CH(CH_2CH_3)—CH(CH_3)CH_3$ 错误,应为 2,5-二甲基-3-乙基已烷。

② $CH_3CH_2CH_2$(H)C=C(H)$CH_3$ 错误,应为反-2-已烯。

**例 9.** 下列各组化合物是同一化合物、对映体还是非对映体?并命名。

① A. $\begin{array}{c} CH_3 \\ H-\!\!\!+\!\!\!-Br \\ Cl \end{array}$　B. $\begin{array}{c} CH_3 \\ H-\!\!\!+\!\!\!-Cl \\ Br \end{array}$　② A. $\begin{array}{c} C_6H_5 \\ H-\!\!\!+\!\!\!-Br \\ Cl \end{array}$　B. $\begin{array}{c} C_6H_5 \\ Cl-\!\!\!+\!\!\!-H \\ Br \end{array}$

③ A. $CH_3$ / H—Br / H—Cl / $CH_3$ B. $CH_3$ / H—Cl / H—Br / $CH_3$ ④ A. $CH_3$ / H—Br / H—Cl / $CH_3$ B. Cl / H—$CH_3$ / H—Br / $CH_3$

⑤ A. $H_3C$ H / H $CH_3$ B. H H / $H_3C$ $CH_3$

⑥ A. $H_3C$ $C(CH_3)_3$ B. $H_3C$ $C(CH_3)_3$

⑦ A. $CH_3$ $CH_3$ B. $H_3C$ $H_3C$

⑧ A. Br / H Br / H $CH_3$ / H B. Br / H / H $CH_3$ / H / Br

**解答：**解这类题，首先判断是否是相同构造，再判断构型，最后命名。

① 是对映体，A.(*S*)-1-氯-1-溴代乙烷，B.(*R*)-1-氯-1-溴代乙烷；

② 是相同化合物，(*S*)-氯溴苯甲烷；

③ 是对映体，A. (2*R*,3*S*)-2-氯-3-溴丁烷，B.(2*S*,3*R*)-2-氯-3-溴丁烷；

④ 是非对映体，也是差向异构体，A.(2*R*,3*S*)-2-氯-3-溴丁烷，B.(2*R*,3*R*)-2-氯-3-溴丁烷；

⑤ 是非对映体，A. 反-1,4-二甲基环己烷，B. 顺-1,4-二甲基环己烷；

⑥ 是相同化合物，反-1-甲基-4-叔丁基环己烷；

⑦ 是对映体，A. (1*S*,2*S*)-1,2-二甲基环己烷，B. (1*R*,2*R*)-1,2-二甲基环己烷；

⑧ 是对映体，A. (*R*)-2,3-二溴丁烷，B. (*S*)-2,3-二溴丁烷。

## 二、基本概念题

基本概念是有机化学的基本内容，它遍及有机化学的各个方面，内容十分丰富。准确掌握运用基本概念是学好、用好有机化学知识的前提，也是深入学习、发展有机化学的基础。

价键理论（包括轨道杂化）、分子轨道理论（包括离域体系处理）、共振论、同分异构、电子效应、立体（位阻）效应、芳香性、反应活泼中间体、构象分析等是重要的基本概念。这些概念是相对独立的，但又相互联系，是表述物质结构，阐明结构与性质关系的基础。以结构与性质关系为抓手，从分散的概念中归纳出一些规律，将有利于对基本概念的理解，记忆和应用。反之，准确地掌握、运用基本概念，又有利于深刻认识有机化学的结构与性质间的关系。

有机化学的重要内容之一是研究有机反应。这就涉及反应速率、反应平衡、试剂的酸碱性、亲核亲电性等问题，这些都与分子、离子、活泼中间体或反应过渡态的稳定性有关系。稳定性反映其结构能量高低，判断其能量高低又需借助电子效应、空间效应、分子结构等方面的基本概念。通过考察各种结构的稳定性，在解释某些问题的同时又深化了对基本概念的理解和运用。

通过解答习题，综合运用各种概念表示化合物的结构，分析影响化合物的物理性质、化学性质的因素，能加深对基本概念的理解和增强运用基本概念的能力。

**例 1.** 实测庚醇的沸点比己醇的高，而己醇的沸点又比辛烷的高，试解释之。

**解答：** 化合物的沸点主要取决于分子间作用力，即范德华力和氢键，分子间作用力大，其沸点高。因此讨论化合物的沸点高低必须从相对分子质量，分子的极性以及形成氢键的能力三个主要因素来分析。

己醇、庚醇和辛烷都是直链结构，相对分子质量分别为 102、116 和 114。己醇和庚醇分子都有极性并都能形成氢键，其沸点远比辛烷的高。庚醇的相对分子质量比己醇的大，其沸点比己醇的高。比较己醇与辛烷相对分子质量，可知氢键对化合物的物理常数的影响远比分子的极性和相对分子质量等因素的影响大。

**例 2.** 在亲核取代反应中，3-卤代丙烯无论是 $S_N1$ 反应还是 $S_N2$ 反应都比 1-卤代丙烷容易得多，试解释之。

**解答：** $S_N1$ 反应的难易，在很大程度上取决于卤离子离去后形成的碳正离子的稳定性。3-卤代丙烯异裂形成的烯丙基碳正离子是共轭体系，双键上的电子可以离域到带正电荷的碳上，故正电荷得以分散，体系的能量比丙基碳正离子的低，稳定，因此 3-卤代丙烯 $S_N1$ 反应比 1-卤代丙烷容易。

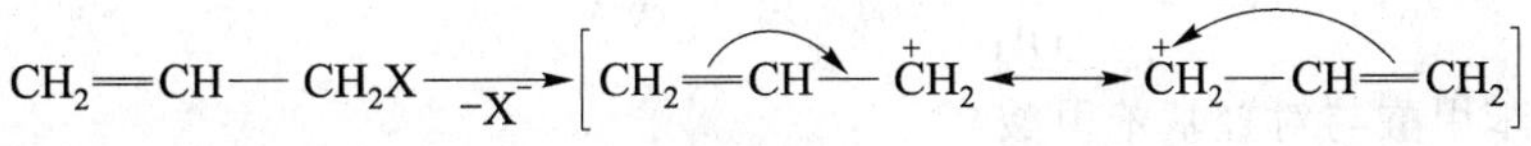

$$CH_2{=}CH{-}CH_2X \xrightarrow[-X^-]{} \left[CH_2{=}CH{-}\overset{+}{C}H_2 \longleftrightarrow \overset{+}{C}H_2{-}CH{=}CH_2\right]$$

$S_N2$ 反应的难易主要取决于过渡态活化能的高低，过渡态越稳定，活化能越低，反应越容易进行。

当 3-卤代丙烯发生 $S_N2$ 反应时，亲核试剂 $Nu^-$ 从卤原子 X 的对面进攻 $\alpha$-碳，形成的过渡态也是较稳定的共轭体系，活化能较低，而 3-卤代烷则不然。因此，3-卤代丙烯 $S_N2$ 反应也比 1-卤代丙烷容易进行。在多数情况下，3-氯丙烯是 $S_N1$ 反应。

**例 3.** 何谓立体异构体？立体异构有哪些类型？下列各组化合物是对映异构体、非对映异构体（包括顺反异构）还是同一化合物？

① $CH_3$ / C---COOH / H / Cl　　$CH_3$ / C---Cl / H / COOH

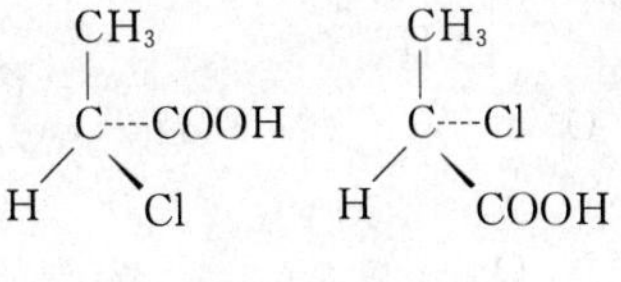

② COOH / H—Cl / H—Cl / COOH　　COOH / Cl—H / Cl—H / COOH

③ Cl / H / $CH_3$ / $CH_3$ / H / H（纽曼投影式）　　$CH_3$ / H—Cl / $C_2H_5$

④ COOH / H—$NH_2$ / H—OH / $CH_3$　　COOH / $H_2N$—H / H—OH / $CH_3$

⑤ $H_3C$ / $CH_3$ / H / H（环己烷）　　H / $CH_3$ / $CH_3$ / H（环己烷）

⑥ HO / $CH_3$ / C---CHO / C=C / H / H / H　　HO / H / C---H / C=C / CHO / $CH_3$ / H

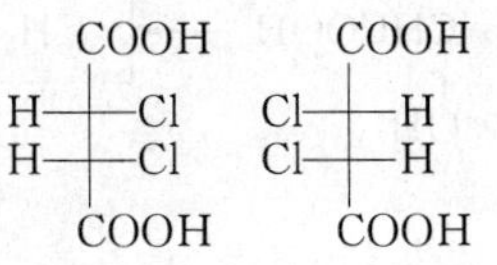

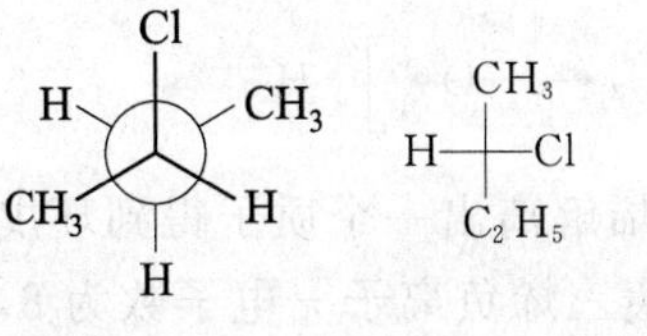

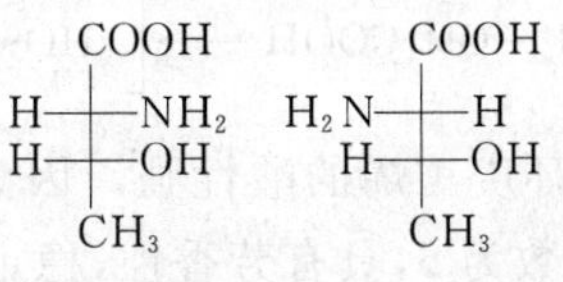

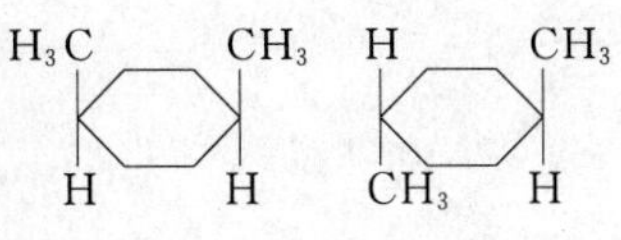

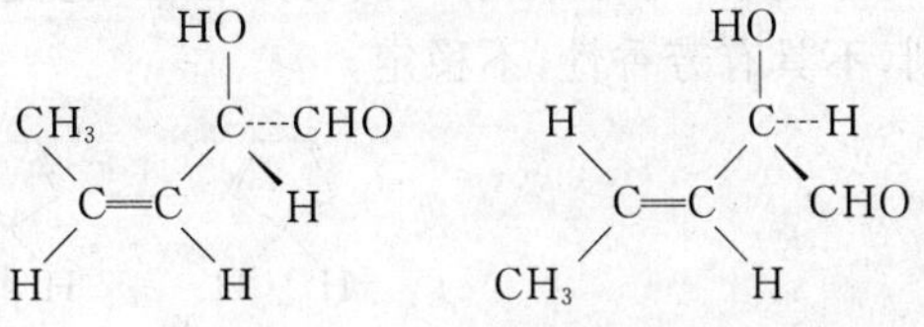

**解答：** 分子式相同，分子的构造也相同，其原子（基因）在空间排列方式不同称为立体异构。立体异构包括构型异构和构象异构；构型异构包括对映异构和非对映异构；非对映异构还包括两种特别的顺反异构和差向异构；顺反异构还可分为环状化合物的顺反异构和含双键化合物的顺反异构。两个分子互为镜像关系，相对映不重合，称为对映异构体（对映体）。构型异构体不互为对映异构体称为非对映体。在含有多个手性中心的立体异构体中，只有一个手性中心的构型不同的非对映体又称为差向异构体。由于双键或环限制了键的自由旋转而产生的异构体称为顺反异构体。

①是立体透视式表示的两个分子，分子有一个手性中心，一个手性碳为 $R$ 型，另一个为 $S$ 型，两者为对映体。②是用费歇尔投影式表示的两个分子，将其中一个在纸面上转动 180°，变成另一个，两者是相同的化合物。这个分子有一个对称面，是非手性分子。③是一个用 Newman 投影式表示，另一个用费歇尔投影式表示，都只有一个手性中心，且都是 $S$ 型，因此两者是相同的化合物。④中的两个分子，连有氨基的手性碳构型相反，一个为 $R$ 型，一个为 $S$ 型，而连有羟基的手性碳构型相同，都为 $R$ 型。因此，二者为差向异构体，属非对映体。⑤是两个环状化合物，一个分子的两个取代基—$CH_3$ 在环平面的同侧，另一个在环的异侧，两者都有对称面，因此，两者为顺反异构体，是非对映体，属非手性分子。⑥的两个分子构造相同，但不能重合，又不互为镜像，因此是非对映体。

**例 4.** 比较下列化合物的酸性大小，并予以说明。

① $HOCH_2CH_2COOH$ 与 $CH_3CH(OH)COOH$　　② 环戊二烯与环庚三烯

③ 对硝基苯甲酸与对羟基苯甲酸

**解答：** 影响有机化合物的酸性强弱的因素是化合物的结构，溶剂等。其中结构是主要影响因素，当测定的条件相同时，有机化合物的酸性大小可由相应的共轭碱的稳定性判断，共轭碱越稳定，相应的酸性越强。

① $\alpha$-羟基丙酸比 $\beta$-羟基丙酸的酸性强。因为羟基对羧酸根有 $-I$ 效应，这种 $-I$ 效应随着羟基距酸根距离增长而迅速衰减，使酸根的负电荷分散越来越差，能量越来越高。因此，$\alpha$-羟基丙酸根稳定，$\alpha$-羟基丙酸的酸性大。在 $\alpha$-羟基丙酸根的情况下，还存在一特殊氢键现象。

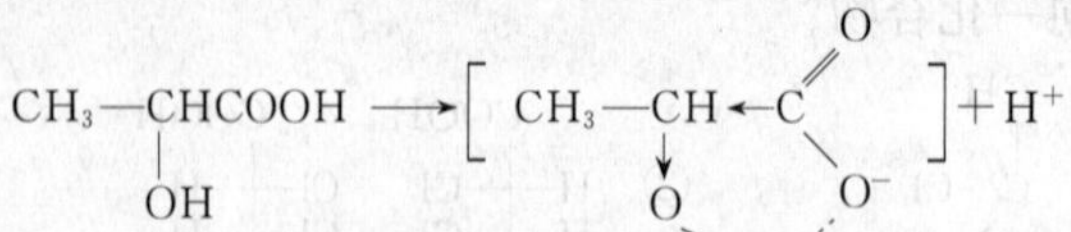

$$CH_3-\underset{\displaystyle OH}{\underset{|}{C}}HCOOH \longrightarrow \left[ CH_3-CH \leftarrow C(=O)O^- \ (\text{O—H}\cdots O^- \text{氢键}) \right] + H^+$$

$$HO-CH_2-CH_2COOH \longrightarrow \left[ HO \leftarrow CH_2 \leftarrow CH_2 \leftarrow \overset{\displaystyle O}{\overset{\|}{C}}-O^- \right] + H^+$$

② 环戊二烯的酸性比环庚三烯的酸性强。因为环戊二烯解离出一个质子得到环戊二烯负离子是共轭体系，其 $\pi$ 电子数为 6，具有芳香性，稳定。而环庚三烯负离子 $\pi$ 电子数为 8，不符合 Hückel 规则，不具有芳香性，不稳定。

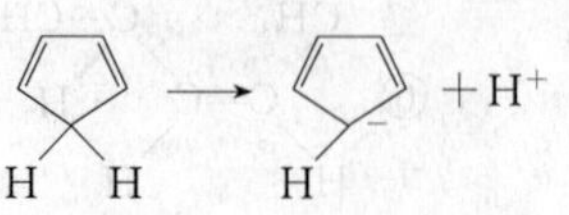

$$\text{环戊二烯(H, H)} \longrightarrow \text{环戊二烯负离子(H)}^- + H^+$$

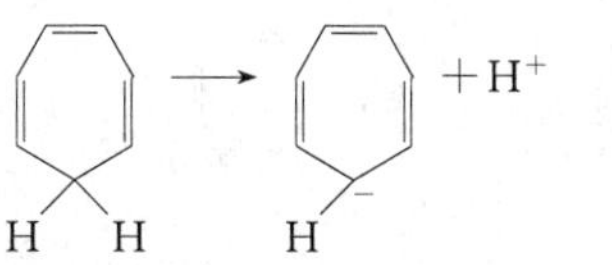

③ 对硝基苯甲酸的酸性比对羟基苯甲酸的酸性强。因为对硝基苯甲酸的—$NO_2$和—COOH有共轭作用，—$NO_2$的强吸电子的$-I$和$-C$效应方向一致，使—$COO^-$的负电荷得到很好的分散，使酸根稳定。而对羟基苯甲酸的—OH和—COOH也有共轭作用，但是—OH的$-I$效应使—$COO^-$得到分散，—OH的$+C$效应使—$COO^-$的负电荷增加，$+C$效应大于$-I$效应，使酸根不稳定。

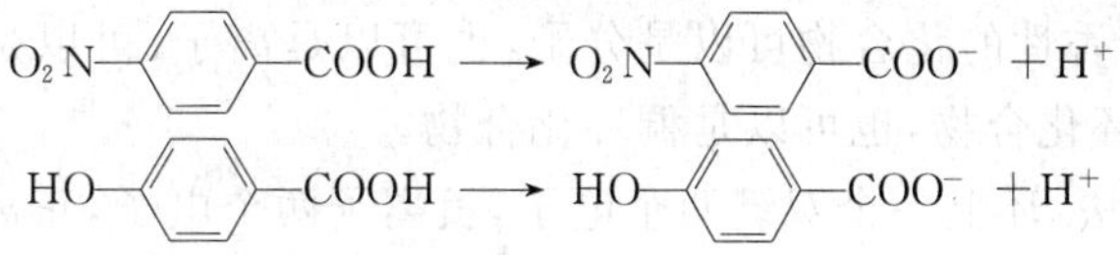

**例 5.** 比较下列各组化合物的碱性强弱，并从结构上给予解释。

① $C_6H_5$—$NH_2$ 与 $CH_3CH_2NH_2$　② $O_2N$—$C_6H_4$—$NH_2$ 与 HO—$C_6H_4$—$NH_2$

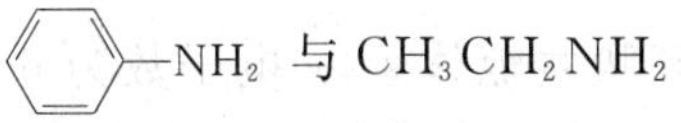

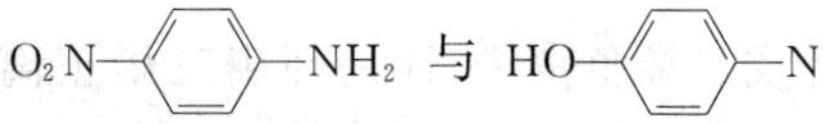

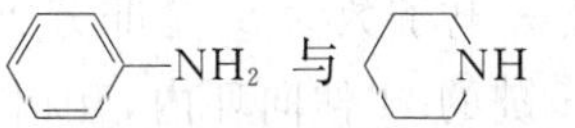

③ $C_6H_5$—$NH_2$ 与 哌啶（NH）　④ 吡咯（N—H）与 吡啶（N）

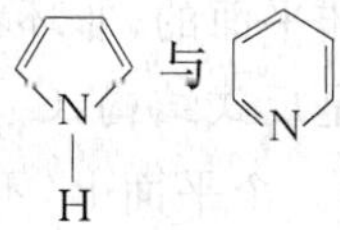

**解答：** 有机化合物的碱性强弱一般由其共轭酸酸性大小判断。共轭酸的酸性越小，相应碱的碱性越强。对于本题含氮化合物的碱性还可以从氮原子上的负电荷密度来判断。

① 在乙胺分子中，乙基有$+I$效应，使氮原子上的电子云密度增加；而在苯胺分子中，苯环与氨基是共轭体系，苯环的$-I$效应和$-C$效应都使氮原子上的电子云密度减小。

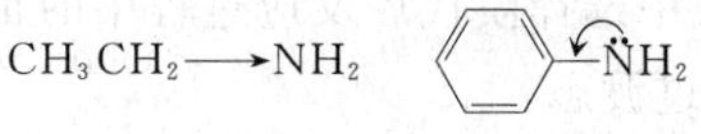

$CH_3CH_2\longrightarrow NH_2$

因此乙胺的碱性比苯胺的碱性大。

② 对羟基苯胺和对硝基苯胺都是共轭体系，但对羟基苯胺的羟基$-I$效应和$+C$效应作用结果，使氨基上的电子云密度增加，其碱性比苯胺强；在对硝基苯胺中，硝基的$-I$效应和$-C$效应都使氨基上的电子云密度减小，其碱性比苯胺弱得多。

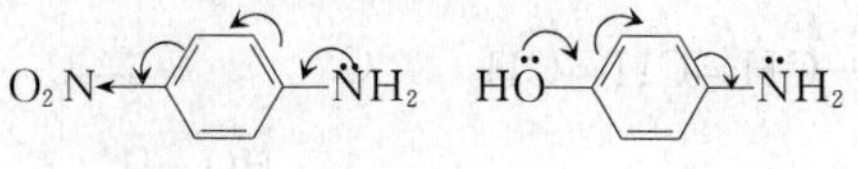

因此，对羟基苯胺的碱性比对硝基苯胺的强。

③ 苯胺是共轭体系，氨基上的孤对电子向苯环离域，使氨基氮原子上电子云密度减少，碱性减弱；而在哌啶中，氨基氮原子是$sp^3$杂化，其孤对电子在$sp^3$轨道中，1,5-亚戊基的$+I$效应使氨基氮原子的电子云密度增加，碱性增强。因此，苯胺的碱性比哌啶的碱性弱。

④ 吡咯和吡啶都是共轭体系，都有芳香性。但吡咯的氮原子是$sp^2$杂化，其p轨道中的电子对与环共轭，离域到整个环上；吡啶的氮原子也是$sp^2$杂化，其p轨道中电子与环共轭，其电子对在一个$sp^2$轨道中，未离域到环上，且裸露在外。因此，吡啶的碱性比吡咯的碱性强得多。

**例 6.** 判断各组化合物中，哪些化合物具有芳香性？

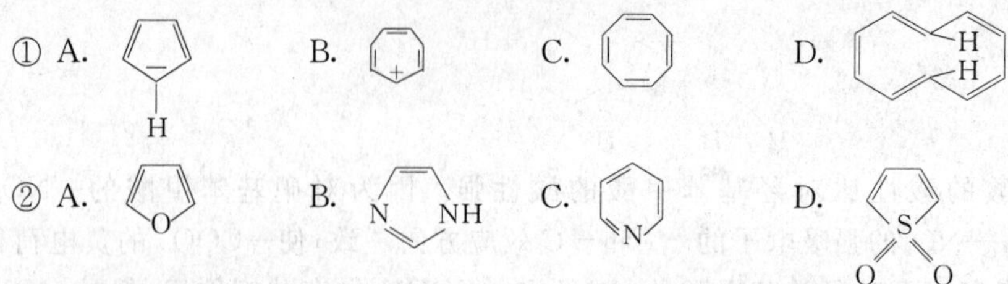


**解答**：有多种方法来判断化合物的芳香性，但比较公认的是 Hückel 规则。Hückel 规则认为：具有环状共轭体系的 $\pi$ 电子数为 $4n+2(n=0,1,2,\cdots$正整数)的化合物具有芳香性。但 $n$ 值太大也不准确。具有芳香性的化合物可以是分子，也可以是离子；可以是碳环化合物，也可以是杂环化合物；可以是单环化合物，也可以是稠环化合物。

$\pi$ 电子数的计算方法：环上一个双键两个电子，负离子两个电子，正离子无电子，未成双键的杂原子如 O、N、S 等每个原子两个电子。稠环化合物只计算周边的共轭电子，环内双键的电子不计算。

① A 是环戊二烯负离子，B 是环庚三烯正离子，都是环状共轭体系，$\pi$ 电子数为 6，有芳香性。C 是环辛四烯，其稳定构象是非平面的，非环状共轭体系，其 $\pi$ 电子数为 8，是非芳香性化合物。D 是环癸五烯，其 1,5 位双键是反式结构，$C_1$ 和 $C_6$ 的 C—H 键的 H 伸向环内，互相排挤，使 $C_1$ 和 $C_6$ 原子与其他 C 原子不在同一个平面上，不构成环状共轭体系，尽管 $\pi$ 电子数为 10，也无芳香性，是非芳香性化合物。

② A 呋喃和 B 咪唑是环状共轭体系，$\pi$ 电子数为 6(呋喃的 O 和咪唑的 N 上各两个电子)，有芳香性。C 吡啶是环状共轭体系，$\pi$ 电子数为 6，有芳香性。D 环丁砜，硫原子没有参与共轭，非环状共轭体系，无芳香性。

**例 7.** 根据题意从下列表示式中选择溴代烃反应过程中的正确结构。

① $S_N1$ 水解控制速率一步的过渡态；

② $S_N1$ 反应的活性中间体；

③ 碱性水解 $S_N2$ 反应的过渡态；

④ E2 反应过渡态。

A. $\overset{\delta-}{HO}\cdots\underset{H\quad H}{\overset{CH_3}{C}}\cdots\overset{\delta-}{Br}$　B. $R—\overset{\delta+}{CH}\text{═}CH\text{═}\overset{\delta+}{CH_2}$　C. $—\underset{\overset{\delta-}{HO}\cdots H}{C}—\overset{\overset{\delta-}{Br}}{C}—$　D. $(CH_3)_3\overset{\delta+}{C}\cdots\overset{\delta-}{Br}$

**解答**：① 溴代烃 $S_N1$ 水解反应控制速率一步的过渡态是 D，D 的结构决定水解反应的活化能的高低。② $S_N1$ 反应的活性中间体是 B，一般是烃基碳正离子或烯丙型碳正离子是 $S_N1$ 反应的活性中间体。③ 碱性水解 $S_N2$ 反应的过渡态是 A，一般 $S_N2$ 的过渡态是五配体的活化络合物，进入基团和离去基团在一条线上。④ E2 反应的过渡态是 C，C 是离去基 $Br^-$、碱 $HO^-$，$\alpha$-C，$\beta$-C 和 $\beta$-H 五个原子或基团在一个平面上，$Br^-$ 和 $HO^-$ 是在 $\alpha$-C 和 $\beta$-C 的两边，即互处相反方向位置。

**例 8.** 化合物A(＋)－$C_6H_5CH(CH_3)CHO$ 用碱处理时，发生消旋化现象，而化合物

B(+)－$C_6H_5\overset{\overset{O}{\|}}{C}C(CH_3)(C_2H_5)C_6H_5$ 用碱处理时，不发生消旋化现象，试解释之。

**解答：**消旋化现象是手性化合物在物理、化学因素作用下，旋光方向逐渐变化，直至一稳定值。手性化合物有固定的旋光方向。发生消旋化现象是其手性中心的构型发生变化的结果。

化合物 A 是醛，其 α－C 是手性中心，α－H 有酸性，用碱处理时，可脱去质子生成碳负离子 $C_6H_5\bar{C}(CH_3)CHO$，是离域体系[$C_6H_5\bar{C}(CH_3)CHO \longleftrightarrow C_6H_5—\underset{\underset{CH_3}{|}}{C}═CHO^-$ ]，碳负离子能量高，易参加反应。烯醇负离子能量低，稳定，对杂化体贡献大。当碳负离子再和质子结合时，手性中心就会发生改变，产生消旋化现象。而化合物 B 是酮，α－C 是手性中心，但无活泼 H，用碱处理时，手性中心构型不会发生变化，自然无消旋化现象。

## 三、完成反应式题

完成反应式的练习是熟悉掌握有机化合物化学性质的重要方法，也是学习有机化学的基本内容。完成反应式习题大体有三种情况：由反应物、试剂和反应条件，写出生成物(或主要产物)；由生成物和反应条件，推出反应物和试剂；由反应物和生成物，找出参加反应的试剂和反应条件等。

解答这类习题可以从几个方面考虑：首先考虑有机化合物的官能团结构，结构决定进行反应的类型，需要的试剂、催化剂等；其次关注反应条件，有时同一官能团化合物和同一试剂，反应条件不同，反应类型和反应产物会截然不同。此外，熟悉有机化合物结构(构型、构象)的表示式，如立体透视式、Fischer 投影式、Newman 投影式以及它们之间转换是完成反应式的基本功。

1. 有机化合物的官能团结构与特征反应

(1) $sp^3$ 杂化碳构成的官能团的特征反应

C—H 键可以看成烷烃的官能团，是非极性键，其特征反应是自由基取代反应，反应试剂是自由基试剂。

**例 1.** $CH_3CH_2CH(CH_3)_2 + Br_2 \xrightarrow[\triangle]{} (\quad\quad)$

**解答：** $CH_3CH_2\underset{\underset{Br}{|}}{C}(CH_3)_2 + HBr$

$\overset{\delta+}{C}—\overset{\delta-}{X}$，$\overset{\delta+}{C}—\overset{\delta-}{O}H$，$\overset{\delta+}{C}—\overset{\delta-}{O}R$，分别是卤代烃、醇和醚的官能团结构，是极性键。碳上带部分正电荷，其特征反应是亲核取代，需要亲核试剂与其反应。但—OH 和—OR 不是好的离去基团，需要酸催化。

**例 2.** ① $CH_3CH_2CH_2CH_2Br + H_2O \xrightarrow{NaOH} (\quad) + (\quad)$

② $CH_3CH_2CH_2CH_2—OH + HBr \xrightarrow{H^+} (\quad) + (\quad)$

**解答：**① $CH_3CH_2CH_2CH_2OH + HBr$

② $CH_3CH_2CH_2CH_2Br + H_2O$

(2) $sp^2$ 杂化碳构成的官能团的特征反应

C═C，C═C—C═C，苯环分别是烯烃，共轭二烯烃和芳香族化合物的官能团。C═C 是非极性重键，C上电子丰富，其特征反应是亲电反应，需要亲电试剂与之反应。烯烃和共轭二烯烃的特征反应分别是亲电加成和亲电共轭加成反应。芳香族化合物包括杂环化合物，电子丰富，有芳香性，其特征反应是亲电取代反应，其反应产物又受环上取代基的影响。

**例 3.** ① $CH_2{=}CHCH(CH_3)_2 + HI \longrightarrow$

② $CH_2{=}C(CH_3){-}CH{=}CH_2 + HOCl \longrightarrow$

③ Cl—C$_6$H$_4$—C$_6$H$_5$ $+ (CH_3CO)_2O \xrightarrow[\text{②}H_2O]{\text{①}AlCl_3}$

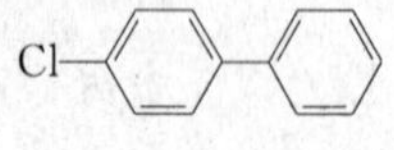

**解答:** ① $CH_3CH_2CI(CH_3)_2$ （中间体 $C^+$ 发生重排反应）

② $H_2ClC{-}C(CH_3){=}CHCH_2OH$ （共轭加成，热力学控制）

③ Cl—C$_6$H$_4$—C$_6$H$_4$—$COCH_3 + CH_3COOH$ （—Cl 为致钝的第一类定位基）

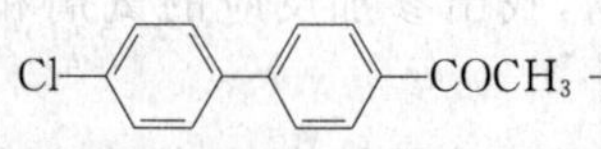

$\overset{\delta+}{C}{=}\overset{\delta-}{O}$，$\overset{\delta+}{C}{=}\overset{\delta-}{N}$—是醛（—CH═O）、酮（R(R′)C═O）和亚胺的官能团，极性双键，C上有部分正电荷，需亲核试剂与其反应，醛、酮和亚胺的特征反应是亲核加成反应。

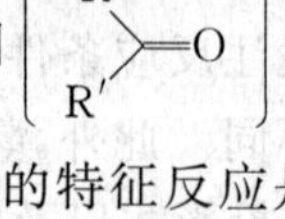

**例 4.** ① 环己酮 $+ CH_3OH$(过量) $\xrightarrow{H^+}$

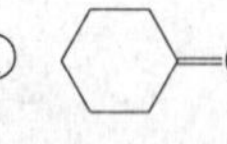

② C$_6$H$_5$—$CHO + (CH_3)_2CHCHO \xrightarrow{OH^-}$

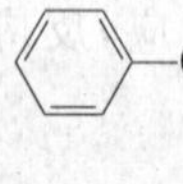

**解答:** ① 1,1-二甲氧基环己烷（$C_6H_{10}(OCH_3)_2$） （先亲核加成，再进行亲核取代）

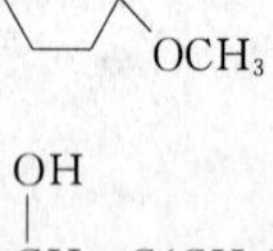

② C$_6$H$_5$—$CH(OH){-}C(CH_3)_2CHO$

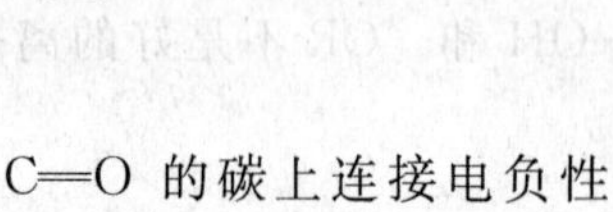

在 C═O 的碳上连接电负性基团 $-\overset{O}{\overset{\|}{C}}-Y$，变成羧酸及其衍生物酰卤 $\left(-\overset{O}{\overset{\|}{C}}-X\right)$，酸酐 $\left(-\overset{O}{\overset{\|}{C}}-O-\overset{O}{\overset{\|}{C}}-R'\right)$，酯 $\left(-\overset{O}{\overset{\|}{C}}-OR'\right)$ 和酰胺 $\left(-\overset{O}{\overset{\|}{C}}-NHR'\right)$ 的官能团结构，需亲核试剂与之反应。其特征反应是酰基碳上的亲核取代反应，反应过程是羰基的亲核加成消除 Y 的反应，完成酸及其衍生物的相互转换反应和其他反应。

例 5. 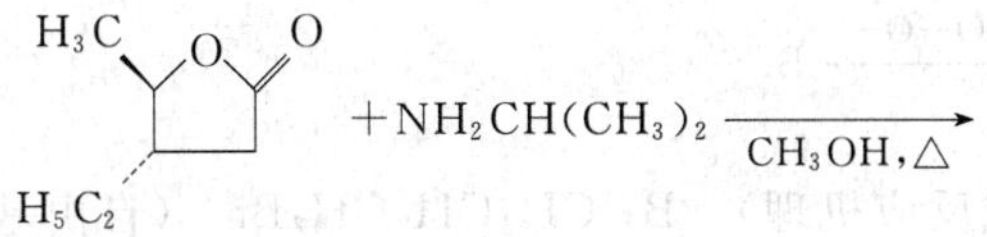 （反应物：含 $H_3C$、$H_5C_2$ 取代基的五元环内酯）$+ NH_2CH(CH_3)_2 \xrightarrow{CH_3OH,\triangle}$

解答：$CH_3$–CH(OH)–CH($C_2H_5$)–$CH_2$–C(=O)–$NHCH(CH_3)_2$ （两个手性中心构型不变）

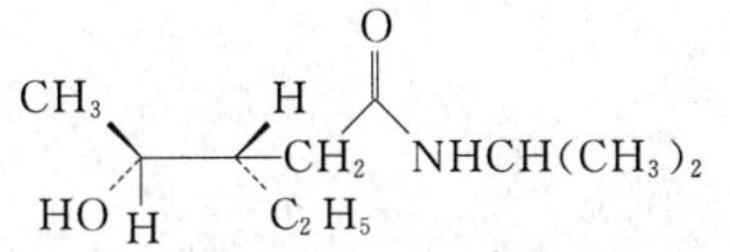

(3) sp 杂化碳构成的官能团的特征反应

C≡C 是炔烃的官能团，是非极性的三键，C 上有丰富电子，亲电加成反应是其特征反应。$\overset{\delta+}{C}\equiv\overset{\delta-}{N}$ 是腈的官能团结构，是极性三键，碳上缺电子，需亲核试剂与其反应，其特征反应是亲核加成反应。

例 6. ① $C_6H_5$—C≡CH $+ 2Br_2 \longrightarrow$

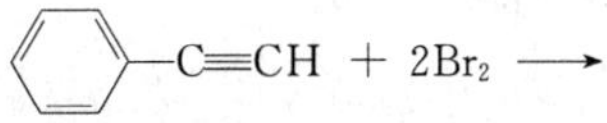

② $CH_3CH_2CN + H_2O \xrightarrow[\triangle]{H^+}$

解答：① $C_6H_5$—$CBr_2$—$CHBr_2$

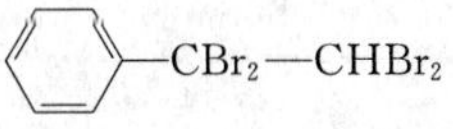

② $CH_3CH_2$—C(=O)—$NH_2$

2. 反应条件会改变反应的选择性

(1) 反应温度

不仅改变反应速率，还可以改变反应的选择性。

例 7. $A \xleftarrow{>300\ ℃} CH_3—CH=CH_2 + Cl_2 \xrightarrow{常温} B$

解答：A. $CH_2Cl—CH=CH_2$ （$\alpha$-H 的自由基取代反应）

B. $CH_3CHCl—CH_2Cl$ （双键的亲电加成反应）

例 8. 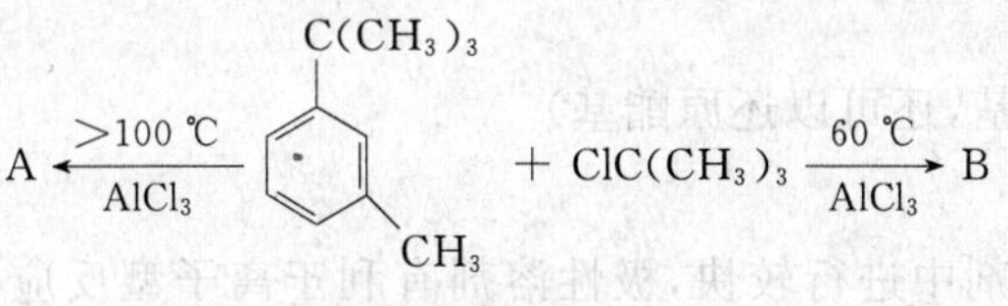 $A \xleftarrow[AlCl_3]{>100\ ℃}$ （1-$C(CH_3)_3$-3-$CH_3$-苯）$+ ClC(CH_3)_3 \xrightarrow[AlCl_3]{60\ ℃} B$

解答：A. 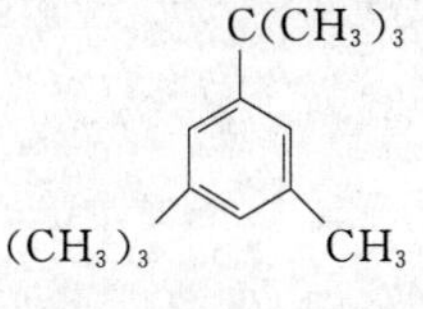 （1,3-二$C(CH_3)_3$-5-$CH_3$-苯）（热力学控制产物） B. 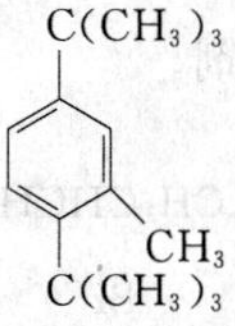 （1,4-二$C(CH_3)_3$-2-$CH_3$-苯）（动力学控制产物）

例 9. 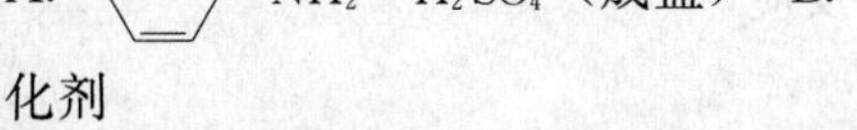 $C_6H_5$—$NH_2 + H_2SO_4 \longrightarrow A \xrightarrow{180\ ℃} B$

解答：A. 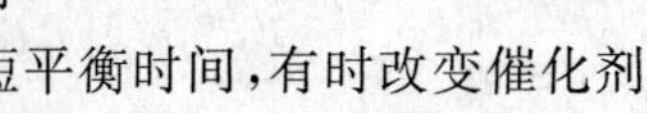 $C_6H_5$—$NH_2 \cdot H_2SO_4$（成盐） B. 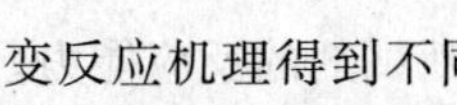 $HO_3S$—$C_6H_4$—$NH_2$（对位）（重排亲电取代反应）

(2) 催化剂

不仅能缩短平衡时间，有时改变催化剂，会改变反应机理得到不同产物。

**例 10.** $A \xleftarrow{H_2O} CH_3CH{=}CH_2 + HBr \xrightarrow{-O-O-} B$

**解答:** A. $CH_3CHBrCH_3$ （亲电加成反应机理） B. $CH_3CH_2CH_2Br$ （自由基加成机理）

**例 11.** A ⟵ 苯酚（C₆H₅OH） + $CH_3\overset{O}{\overset{\|}{C}}-Cl \xrightarrow{AlCl_3} B$

**解答:** A. $C_6H_5-O-\underset{\underset{O}{\|}}{C}-CH_3$（酰氯酚解）

B. 邻羟基苯乙酮（$C_6H_4(OH)COCH_3$，邻位） + $HO-C_6H_4-COCH_3$（对位）（亲电取代反应）

(3) 试剂的影响

试剂的氧化、还原能力不同,得到不同的结果。

**例 12.** $A \xleftarrow{CrO_3/H^+} C_6H_5CH_2OH \xrightarrow{KMnO_4/H^+} B$

**解答:** A. $C_6H_5CHO$ （弱氧化剂得醛） B. $C_6H_5COOH$ （强氧化剂深度氧化得酸）

**例 13.** $A \xleftarrow[②H_2O]{①NaBH_4} CH_3\overset{O}{\overset{\|}{C}}CH_2\overset{O}{\overset{\|}{C}}-OC_2H_5 \xrightarrow[②H_2O]{①LiAlH_4} B$

**解答:** A. $CH_3\overset{OH}{\overset{|}{C}}HCH_2\overset{O}{\overset{\|}{C}}-OC_2H_5$（还原羰基成羟基）

B. $CH_3\overset{OH}{\overset{|}{C}}HCH_2CH_2OH$（不仅还原羰基,还可以还原酯基）

(4) 溶剂的影响

一般情况下,自由基反应在非极性溶剂中进行较快,极性溶剂有利于离子型反应,还有些反应不适于用质子型极性溶剂。

**例 14.** $A \xleftarrow[CH_3CH_2OH]{NaOH} CH_3\underset{\underset{Br}{|}}{C}HCH_2CH_3 \xrightarrow[H_2O]{NaOH} B$

**解答:** A. $CH_3CH{=}CHCH_3$ （醇溶液发生消除反应）

B. $CH_3\underset{\underset{OH}{|}}{C}HCH_2CH_3$ （水溶液发生亲核取代反应）

在下列反应中,需要判断试剂的反应能力。

**例 15.** ① $CH_3\overset{O}{\overset{\|}{C}}—X + NH_2—C_6H_4—OH \longrightarrow$

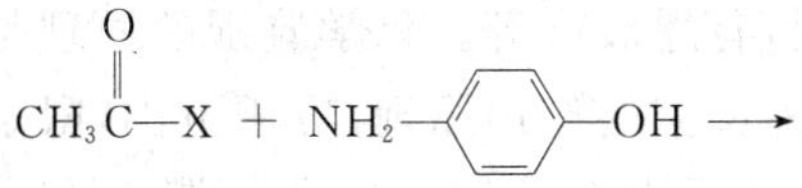

② $(CH_3CO)_2O$ + 邻羟基苯甲酸（COOH，OH） ⟶

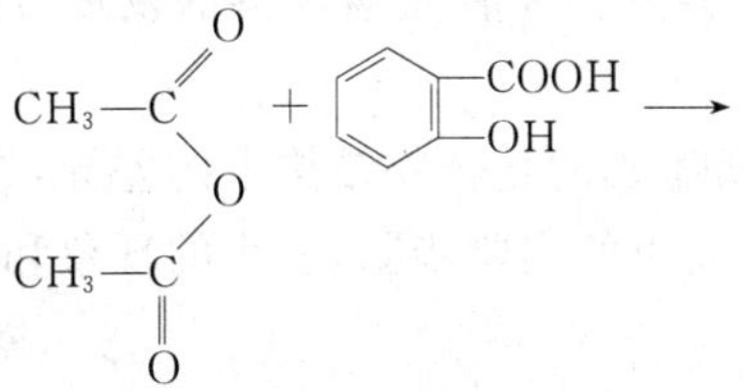

**解答：** ① $CH_3\overset{O}{\overset{\|}{C}}—NH—C_6H_4—OH$ （氨基的亲核性比羟基的强）

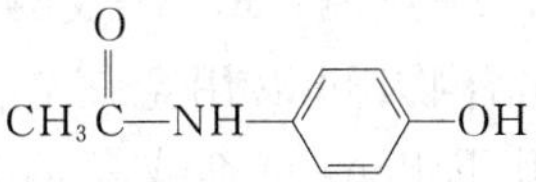

② $CH_3\overset{O}{\overset{\|}{C}}—O—C_6H_4—COOH$ （羟基的亲核性比羧基的强）

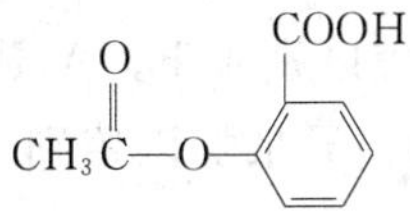

3. 分子中基团间相互影响

分子中有多个相同和不同的基团，它们除了保持各自的特征反应外，常常一个基团对另一个基团产生影响，使其反应变得容易或困难，甚至不发生反应。

**例 16.** 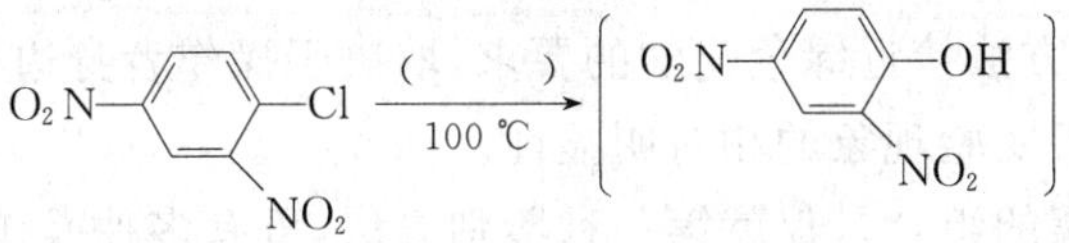 $O_2N—C_6H_3(NO_2)—Cl \xrightarrow[100\ ℃]{(\quad)} [O_2N—C_6H_3(NO_2)—OH]$

**解答：** $Na_2CO_3/H_2O$。氯苯在强亲核试剂 $NaNH_2$ 的作用下，才能被亲核取代生成苯胺。而在—Cl 的邻、对位有一个、两个、三个强的吸电子基团(硝基)时，活化了 C—Cl 键，用弱的亲核试剂$Na_2CO_3/H_2O$，分别在 130 ℃、100 ℃和 60 ℃下就能水解得到相应的酚。

**例 17.** O=C₆H₄=O + HCl ⟶ [A] ⟶ B

**解答：** A. 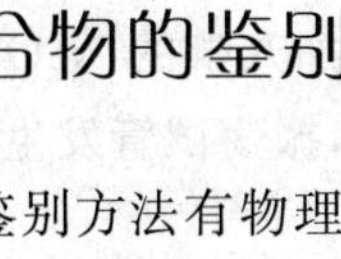 O=C₆H₃(Cl)—OH ，B. HO—C₆H₃(Cl)—OH 。对苯醌可看成两个 $\alpha,\beta$-烯酮构成的六元环状化合物，HCl 与一个 $\alpha,\beta$-烯酮发生 1,4-亲电加成，生成烯醇式中间体 A。通常烯醇式不稳定，很快变成酮式，可在 A 的情况下，而是另一烯酮转变成烯醇，得到稳定的对苯二酚 B。

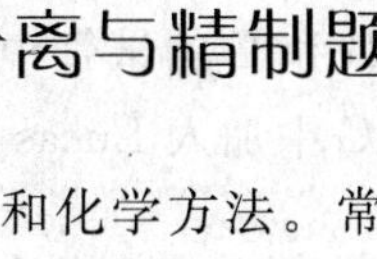

# 四、化合物的鉴别、分离与精制题

化合物的鉴别方法有物理方法和化学方法。常用的物理方法有红外光谱(IR)法和核磁共振谱(NMR)法。红外光谱主要是通过官能团的伸缩振动吸收，如用 3 300～3 700 $cm^{-1}$ 和 1 680～1 750 $cm^{-1}$的吸收鉴别醇和酮，用 730～900 $cm^{-1}$鉴别 5、4、3、2 或 1 个 H 相邻连在苯环上的化合物。核磁共振谱法主要是通过质子的化学位移 $\delta$ 值等鉴定化合物。

在光谱鉴定化合物的方法出现之前，主要是化学方法鉴定化合物。化学方法鉴定化合物主要有两个基本条件：一是反应操作要简单可行，无需苛刻的条件，经常在试管中即可进行试验：二是反应现象明显，凭直觉就能判断。如反应有颜色生成或消失，有温度上升或下降，有气体生成，有沉淀析出或浑浊，分层现象发生，有气味出现，有爆破声等。化学鉴别的原理是化合物的结构不同，产生特定反应。要求熟悉用做鉴别的各种反应的作用原理，应用范围，限定条件以及发生的现象。这对深化理解有机物的结构与性质的关系大有益处。随着光谱仪器的发展、应用的普及，化学鉴定法在实际应用中变得不重要了。

在解答化学法鉴别化合物的习题时，首先仔细分析所鉴别的化合物结构上的差异，然后选择现象明显、操作简单可靠的反应。解答时要写出结构式，简单的实验步骤，发生的现象和结论。

**例 1.** 用化学方法鉴别下列化合物：

A. 1-戊醇 B. 2-戊醇 C. 3-戊醇 D. 戊醛 E. 2-戊酮 F. 3-戊酮

**解答：** 从结构上分析，这组化合物是两类官能团化合物，可以用金属钠或羰基试剂如 2,4-二硝基苯肼作用分开两类化合物。D 是脂肪醛，可用 Tollens 试剂或者是 Fehling 试剂作用区别于 E 和 F。E 是脂肪族甲基酮，可用 $NaHSO_3$ 试剂或者碘仿反应区别于 F。A、B 和 C 是醇类化合物。A 为伯醇，B 和 C 为仲醇，可用 Lucas 试剂反应的速率的差异来加以鉴别。B 具有 $CH_3CHOH$ 结构，可用碘仿反应鉴别。这是第一种方法。

第二种方法用高锰酸钾氧化伯醇、仲醇和醛，鉴别出 E 和 F；用碘仿反应鉴别出 B 和 E；用 Fehling 试剂或者 Tollens 试剂鉴别 D 与 A、C；用 Lucas 试剂鉴别 A 和 C。也有第三种方法，第四种方法……用哪种方法取决于哪种方法接近绿色化学的要求，取决于操作者身边有哪些试剂，取决于试验操作的相对繁与简，取决于实验现象的相对明显性。

在操作程序上，可有多种操作步骤的组合。仅就第一种鉴别方法，可有多种操作组合。第一种组合：先用 2,4-二硝基苯肼鉴定醇 A、B 和 C 与酮 D、E 和 F，再用碘仿反应鉴定 B 和 E，接下来用 Lucas 试剂鉴别 A 与 C，用 Tollens 试剂鉴定 D 和 F。第二组组合：先用碘仿反应鉴别 B 和 E，再用 2,4-二硝基苯肼鉴别 A、C 与 D、F，接下来用 Lucas 试剂鉴别 A 与 C，用 Tollens 试剂鉴别 D 与 F。还可以有第三种组合，第四种组合……哪一种组合好，取决于鉴别试验的次数最少与操作者的习惯，显然第一种组合比较方便。

在鉴别方法和鉴别程序组合确定后，鉴别结果的表述又可有多种形式。常用的有叙示式、表格式、图解式和反应式表示式。依第一种方法，第一种操作组合为例说明如下：

叙述式：在装少量 A、B、C、D、E 和 F 的六支试管中，分别加入几滴 2,4-二硝基苯肼，产生黄色沉淀的是 D、E 和 F，无此现象的为 A、B 和 C。在盛有 D、E 和 F 的试管中加入碘的 NaOH 溶液，有黄色沉淀的为 E，无此现象的为 D 和 F。在装 D 和 F 的试管中分别加入 Tollens 试剂，有银镜反应的为 D，无此现象者为 F。在盛 A、B 和 C 的试管中分别加入碘的 NaOH 溶液，有黄色沉淀的是 B，无此现象的是 A 与 C。在 A 和 C 中加入 Lucas 试剂，振荡试管发生混浑，分层的为 C，无此现象的为 A。

表格式：

| 试剂 | 反应现象 | 结果 | | | | | |
|---|---|---|---|---|---|---|---|
| | | A | B | C | D | E | F |
| 2,4-二硝基苯肼 | 黄色腙沉淀生成 | − | − | − | + | + | + |
| $I_2$+NaOH 溶液 | 出现 $CHI_3$ 黄色沉淀 | − | + | − | − | + | − |

续表

| 试剂 | 反应现象 | 结果 | | | | | |
|---|---|---|---|---|---|---|---|
| | | A | B | C | D | E | F |
| $Ag(NH_3)_2NO_3$ 溶液 | 试管壁银镜出现 | − | − | − | + | − | − |
| Lucas 试剂 | 振荡后浑浊或分层 | − | + | + | − | − | − |

注:"+"表示有现象出现;"−"表示无现象发生。

图解式:

A、B、C、D、E、F $\xrightarrow{2,4-二硝基苯肼}$ A、B、C:无现象出现;D、E、F:黄色沉淀

A、B、C $\xrightarrow{I_2+NaOH}$ A、C:无现象出现;B:黄色 $CHI_3$ 沉淀

D、E、F $\xrightarrow{I_2+NaOH}$ D、F:无现象出现;E:黄色 $CHI_3$ 沉淀

A、C $\xrightarrow{ZnCl_2+HCl}$ A:无现象出现;C:沉淀出现或分层

D、F $\xrightarrow{Ag(NH_3)_2NO_3}$ D:银镜生成;F:无现象出现

反应式表述式:

$CH_3CH_2CH_2CH_2CH_2OH$、$CH_3CH_2CH_2CH(OH)CH_3$、$CH_3CH_2CH(OH)CH_2CH_3$、$CH_3CH_2CH_2CH_2CHO$、$CH_3CH_2CH_2C(=O)CH_3$、$CH_3CH_2C(=O)CH_2CH_3$ 与 2,4-二硝基苯肼($O_2N$—$C_6H_3(NO_2)$—$NHNH_2$)反应:

- 前三种醇:无反应
- $CH_3CH_2CH_2CH_2CH{=}N{-}NH{-}C_6H_3(NO_2)_2$(↓ 黄色)
- $CH_3CH_2CH_2C(CH_3){=}N{-}NH{-}C_6H_3(NO_2)_2$(↓ 黄色)
- $CH_3CH_2C(CH_2CH_3){=}N{-}NH{-}C_6H_3(NO_2)_2$(↓ 黄色)

$CH_3CH_2CH_2CH_2CH_2OH$、$CH_3CH_2CH_2CH(OH)CH_3$、$CH_3CH_2CH(OH)CH_2CH_3$ $\xrightarrow{I_2+NaOH}$

- $CH_3CH_2CH_2CH_2CH_2OH$:无反应
- $CH_3CH_2CH_2CH(OH)CH_3$ → $CH_3CH_2CH_2COONa+CHI_3$(↓ 黄色)
- $CH_3CH_2CH(OH)CH_2CH_3$:无反应

$CH_3CH_2CH_2CH_2CH_2OH$、$CH_3CH_2CH(OH)CH_2CH_3$ $\xrightarrow{ZnCl_2,HCl}$

- $CH_3CH_2CH_2CH_2CH_2OH$:无现象
- $CH_3CH_2CHClCH_2CH_3$(振荡出现浑浊,静置分层)

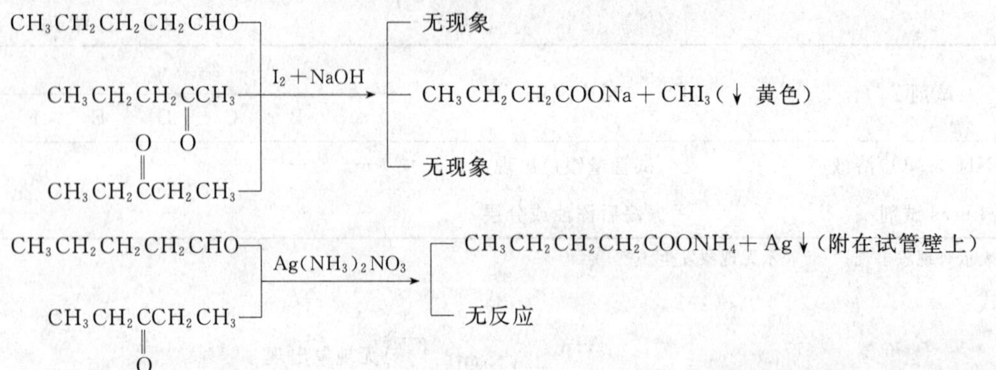

这几种表示式各有优点：表格式简单，图解式清楚，反应式表示式写出了反应的各种产物。

**例 2.** 用 IR 谱法鉴别己烷、己烯和己炔。

**解答：** 利用 $sp^3$、$sp^2$、sp 的 C—H 键的吸收带鉴别。己烷的 $CH_2$—H：2 800～3 000 $cm^{-1}$；己烯的═CH—H：3 000～3 100 $cm^{-1}$；己炔的≡C—H：3 300 $cm^{-1}$。

**例 3.** 用 $^1H$-NMR 谱法鉴别 1-硝基丁烷，2-甲基-1-硝基丙烷和 2-甲基-2-硝基丙烷。

**解答：** 这三个化合物是同分异构体，可利用三个化合物在 $^1H$-NMR 谱图上的峰的组数鉴别：1-硝基丁烷有四组峰；2-甲基-1-硝基丙烷有三组峰；2-甲基-2-硝基丙烷有一组峰。

有机化合物的特点是多数反应在溶剂中进行，副反应多，得到的产物是混合物。要获得纯物质，分离精制是必不可缺的步骤。"分离"是指从混合物中把各组分逐一分出来；"精制"(又称提纯，纯化)是把少量杂质从主要物中除去。

分离和精制有机化合物的方法大体上有物理方法(如蒸馏、分馏、水蒸气蒸馏、减压蒸馏、萃取、结晶、升华、层析)、化学方法和物理化学相结合的方法三大类。对化学方法的基本要求是简单易行，消耗少，被精制的物质可达到要求的纯度。物理化学相结合方法是先通过化学方法把物理方法难分离的物质，经过转化生成物理方法易分离的物质，然后用物理方法分离。例如，用铁粉和盐酸还原硝基苯制备苯胺过程中，首先用水蒸气蒸馏方法分离出没转化的硝基苯，硝基苯与水分层，回收硝基苯。然后向水蒸气蒸馏残液中加入碳酸钠，中和苯胺盐酸盐中的盐酸，游离出产物苯胺，再次水蒸气蒸馏分离出苯胺，苯胺与水分层，回收苯胺，最后干燥，蒸馏精制苯胺。

在实验中还可以用柱层析、薄层层析、制备色谱等分离结构相近的化合物。从学习有机化学基本知识角度考虑，通过做分离提纯习题，进一步掌握有机化合物的物理和化学性质。因此大多数习题是着眼于化合物的结构与性质关系分析，确定分离方法，一般涉及化学反应。

解这类习题要求：除了除去少量杂质达到精制目标物的目的，除去杂质的方法，可以采用不必复原的反应外，从混合物中分离出来的各种组分都要全部回收，分离过程中应全部使用可以复原的反应，必要时还需要鉴定分离出来的各组分。

通常采用叙述式或图解式表达分离过程。

**例 4.** 用化学方法分离 A. 邻甲基苯酚，B. 水杨酸，C. 苯甲醛和 D. 邻氯甲苯的混合物，并鉴定之。

**解答：** A、B 有酸性，可溶于 $Na_2CO_3$ 溶液中，A 的酸性较弱，其钠盐能与碳酸作用生成酚，而 B 的钠盐需要强酸才能复原。C 和 D 不能溶于 $Na_2CO_3$ 溶液中。C 是醛，能与饱和 $NaHSO_3$ 生成磺酸盐而析出沉淀，D 则不能与 $NaHSO_3$ 反应。分离出的液体各组分，通过蒸馏精制，并鉴定；固体组分，洗涤后测熔点鉴定。其分离过程如下：

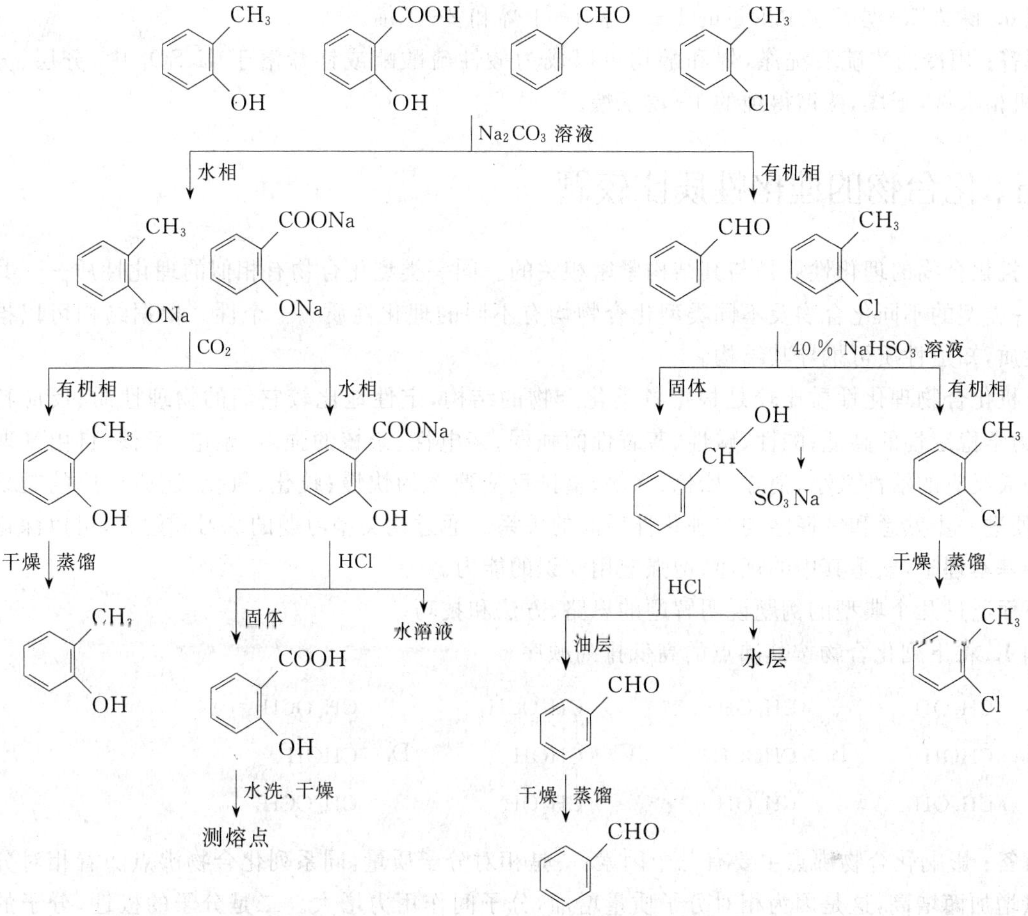


蒸馏收集产物的馏分，鉴定液体产物，测熔点鉴定固体化合物。

**例 5.** 用化学方法分离 1-戊醇、戊醛和 3-戊酮。

**解答：** 1-戊醇 戊醛 3-戊酮

$40\%\ NaHSO_3$ 溶液

水相：$CH_3CH_2CH_2CH_2CH(OH)—SO_3Na$↓

有机相：$CH_3CH_2CH_2CH_2CH_2OH + CH_3CH_2COCH_2CH_3$

水相 → 固体：$CH_3CH_2CH_2CH_2CH(OH)SO_3Na$↓；水相

固体 → HCl → $CH_3CH_2CH_2CH_2CHO$；水相

$CH_3CH_2CH_2CH_2CHO$ → 蒸馏 → $CH_3CH_2CH_2CH_2CHO$

有机相 → $NH_2NH—C_6H_5$ → 有机相：$CH_3CH_2CH_2CH_2CH_2OH$；水相：$(CH_3CH_2)_2C{=}NNH—C_6H_5$↓

$CH_3CH_2CH_2CH_2CH_2OH$ → 蒸馏 → $CH_3CH_2CH_2CH_2CH_2OH$

$(CH_3CH_2)_2C{=}NNH—C_6H_5$ → HCl, △ → 有机相：$(CH_3CH_2)CO$；水相：$C_6H_5NHNH_2\cdot HCl$

**例 6.** 除去 1-溴丁烷中少量的 1-丁醇,1-丁烯和 2-丁烯。

**解答:** 用冷的浓硫酸洗涤,烯和醇均可以成为酸性硫酸酯或鎓盐溶于 $H_2SO_4$ 中,分层、分液;有机相水洗,干燥,蒸馏得纯的 1-溴丁烷。

## 五、化合物的理化性质比较题

有机化合物的理化性质是与其结构紧密相关的。同一类型化合物有相似的理化性质——共性;同一类型的不同化合物及不同类型化合物均有不同的理化性质——个性。根据结构可以推测其性质,知道性质可推导其结构。

有机化合物理化性质比较是根据各类化合物的结构,定性地比较它们的物理性质、反应特征、热力学稳定性的高低;酸性、碱性、芳香性的强弱;亲电性、亲核的强弱;亲电、亲核、自由基取代及加成反应的活性大小;消除、酯化、水解、重排反应速率的快慢;歧化、氧化、还原反应的难易等,以便进一步熟悉和掌握结构与理化性质间的关系。通过这类型习题的练习和解答,可以深化所学的基本理论,熟悉其中的规律,增强应用知识的能力。

下面通过几个典型的例题说明解题的思路、方法和技巧。

**例 1.** 将下列化合物按其沸点的高低排列顺序。

A. $CH_2OH-CHOH-CH_2OH$　B. $CH_2OH-CHOCH_3-CH_2OH$　C. $CH_2OCH_3-CHOH-CH_2OH$　D. $CH_2OCH_3-CHOH-CH_2OCH_3$

**解答:** 影响化合物沸点主要有三个因素:一是相对分子质量,同系列化合物沸点随着相对分子质量增加而增高,这是因为相对分子质量增加,分子间作用力增大。二是分子的极性,分子的极性大,相互作用力大。三是分子间氢键,氢键的键能最高可达 20.9 kJ/mol。三种作用力中氢键最大。分子汽化必须克服这三种力。

上述化合物,B、C 和 D 是 A 醚化产物,尽管相对分子质量有所增加(分别增加 14 和 28 个单位)。但相应的分子间氢键分别少了一个和两个。对 B 和 C,羟基在两边比在中间更易形成氢键。因此,上述化合物的沸点顺序是 A > B > C > D。

**例 2.** 比较下列碳正离子的稳定性:

A. $(C_6H_5)_3C^+$　B. $(C_6H_5)_2\overset{+}{C}H$　C. $(C_6H_5)\overset{+}{C}H_2$　D. $(CH_3)_3C^+$

E. $(CH_3)_2\overset{+}{C}H$　F. $\overset{+}{C}H_3$　G. 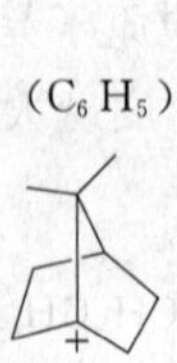 (桥环碳正离子结构式)

**解答:** 碳正离子的稳定性取决于带正电荷的碳原子直接相连的基团对正电荷分散的能力,以及带正电荷的碳原子形成平面构型的难易。碳原子上的正电荷被分散的程度越大,带正电荷的碳原子构型越接近平面,碳正离子越稳定。

苯甲基碳正离子是平面结构,带正电荷的 p 轨道与苯环共轭,正电荷分散到苯环上而得到稳定。三苯甲基碳正离子尽管三个苯环不在一个平面上,但形成苯甲基碳正离子结构的概率大,其正电荷分散得最好。三甲基碳正离子是平面结构，甲基的 C—H 的 $\sigma$ 键轨道与带正电荷的 p 轨道形成 $\sigma$-p 共轨，也能较好地分散正电荷。甲基碳正离子 F，氢原子不能分散正电荷，不稳定。双环化合物桥头碳正离子，由于桥链的限制，不能形成平面结构，最不稳定。因此上述碳正离子的稳定性顺序为 A > B > C > D > E > F > G。

**例 3.** 将下列化合物按酸性强弱排列：

A. 苯磺酸（苯环上连 $SO_3H$）　B. 对硝基苯甲酸（COOH 对位连 $NO_2$）　C. 苯甲酸（COOH）　D. 对甲基苯甲酸（COOH 对位连 $CH_3$）　E. 苯酚（OH）

**解答：** A 的酸性与硫酸的酸性相近，是很强的有机酸。苯甲酸的对位上连接强的吸电子基时，由于吸电子的共轭效应，使羧基的质子易解离，其酸性比苯甲酸的强。相反在对位上连接供电子基时，由于共轭作用，使其羧基的质子较难解离，其酸性比苯甲酸的弱。苯酚的酸性比苯甲酸类的酸性弱得多。因此，上述化合物的酸性：A > B > C > D > E 。

**例 4.** 将下列化合物按碱性大小排列：

A. $[(CH_3)_2CH]_2NLi$ (LDA)　　B. $C_2H_5NH_2$

C. $[(CH_3)_2CH]_3N$　　D. $CH_3CONH_2$

**解答：** 有机化合物的碱性指与质子结合的能力。

A 的$[(CH_3)_2CH]N^-$ 是强碱。C 中的 C—N—C 键角为 112°，大于正常的 109.5°，由于三个异丙基的空间位阻，使 N 原子的 $sp^3$ 轨道中的电子对较难与质子结合，碱性较小。在 D 中，氮原子的电子对与羧基共轭，电子对离域到碳原子上，难与质子结合，碱性最小。因此，上述化合物的碱性顺序为 A > B > C > D 。

**例 5.** 将下列化合物按与 HOCl 溶液进行加成反应活性大小排列：

A. $CH_3C(CH_3){=}CH_2$　　B. $CH_3CH{=}CH_2$　　C. $ClCH_2CH{=}CH_2$　　D. $CH_3CCl{=}CH_2$

**解答：** 这些化合物与 HOCl 的反应是亲电加成反应，HOCl 的亲电作用中心是 $Cl^+$，上述烯烃是 $\alpha$- 烯烃。$Cl^+$ 进攻双键未取代的碳原子是速率控制步骤。因此，加成反应的位阻效应不大，主要取决于电子效应。双键上电子密度越大，亲电取代活性越大，形成的中间体越稳定。

化合物 A 两个甲基向双键供电子，活性最大；化合物 C 的 $ClCH_2$—供电子能力较甲基弱，活性较小。化合物 D 氯原子直接连在双键的碳原子上，虽然形成 p-$\pi$ 共轭有 $+C$ 效应，但—Cl 有强的 $-I$ 效应，两种效应作用结果，双键上电子密度降低。因此，上述化合物与 HOCl 加成的活泼性顺序为 A > B > C > D 。

**例 6.** 将下列各组溴代烃按与指定试剂反应活性排列成序。

① NaOH 溶液

A. 溴乙烯　B. 溴乙烷　C. 3-溴丙烯　D. 叔丁基溴

② 碘化钠-丙酮溶液

A. 3-溴丙烯　　B. 溴乙烯　　C. 1-溴丁烷　　D. 2-溴丁烷

③ 2 % $AgNO_3$ 乙醇溶液

A. 3-溴丙烯　　B. 溴乙烯　　C. 1-溴丁烷　　D. 2-溴丁烷

上述试剂与溴代烃反应是亲核取代反应。一般情况烯丙基溴 $S_N$ 反应快，而乙烯基溴 $S_N$ 反应慢。

① NaOH 溶液是极性介质溶剂，叔丁基溴是 $S_N1$ 反应较容易，伯烷基溴是 $S_N2$ 反应较难。因此，C ≥ D > B > A。

② 在碘化钠丙酮溶液中，是 $S_N2$ 反应，因此，A > C > D > B。

③ 在 2 % $AgNO_3$ 乙醇溶液中，是 $S_N1$ 反应，因此，A > D > C > B。

**例 7.** $(CH_3)_3CCH_2CHBrCH_3$ 消除 HBr 可生成下列三种烯烃，试按着生成烯烃量多少排列成序：

A. $(CH_3)_3CCH_2CH=CH_2$　　B. $(CH_3)_3C(H)C=C(H)CH_3$（反式）　　C. $(CH_3)_3C(H)C=C(H)CH_3$（顺式）

**解答：** 一般情况下，仲溴代烃脱 HBr 是 E2 反应，脱氢的选择性取决于 $\beta$-H 的酸性和生成烯烃的稳定性。伯氢的酸性小于仲氢的酸性。脱伯氢生成 $\alpha$-烯烃，脱仲氢生成内烯烃。内烯烃比 $\alpha$-烯烃稳定。

上述化合物生成 A 的量最少。生成 B 和 C 的反应如下：

Br; $(CH_3)_3C$; H; H; $CH_3$; $Br^-$----H　→　$(CH_3)_3C$ H C=C H $CH_3$　B

Br; H; $C(CH_3)_3$; H; $CH_3$; $Br^-$----H　→　H $C(CH_3)_3$ C=C H $CH_3$　C

生成 B 的过渡态稳定，生成 C 的过渡态不稳定。因此，生成烯烃的量：B > C > A。

## 六、有机合成题

有机合成是将简单易得的化合物，如乙烯、丙烯、1，3-丁二烯、乙炔、苯、甲苯、萘、乙醇等转化成较为复杂、更具有应用价值的化合物（如精细化学品）的过程。做有机合成习题的目的一方面是学习简单的有机合成技术，另一方面是通过做合成题目熟悉化学反应、增强应用化学反应的能力。

做合成题目的要求是尽可能符合绿色化学的要求。合成一目标化合物往往可能有几条合成路线，从中选择原料易得、合成步骤少、转化率高、产物选择大、产物易分离提纯、过程短的合成路线。

合成过程常遇到有些官能团需暂时保护起来避免其反应，待反应进行后，再去掉保护恢复原来的官能团。不同的官能保护方法不同，但总的要求是引入保护基的反应容易进行，脱保护基的反应也容易进行，保护期间对所进行的反应是惰性的。如羟基常用生酯或醚的方法保护；羰基用生成缩醛、缩酮的方法保护；氨基用生成酰胺或亚胺的方法保护等。在合成芳香族化合物时，还会遇到占位、导向的问题，即利用基团的定位作用，暂时占据某位置，将新引入环上的基团导向到希望的位置，新基团引入后，再将占位基团消去或转化成其他希望的基团。例如利用磺化可逆反应，先占位、致钝苯环、引导新引入基团到希望位置，然后再水解掉磺酸基。又如利用氨基可生成重氮盐，后者可分解同时可转化成氢、卤素、羟基、氰基苯负离子的性质，先用氨基占位、致活苯环、导入新基团进入希望位置，然后再将重氮基分解引入 H、Cl、Br、I 或 CN 等基团。

合成路线的设计通常是用合成大师 Carey 创造的逆合成法或倒推法完成的。简单地说，逆合成法就是从合成目标分子开始，逆着合成方向遂步推导到可利用的合成原料的过程。这其中可能逆推出几条合成路线，从中选择一条合理的路线，从原料开始，写出合成的每一步反应式，标出反应条件，如催化剂、溶剂、温度等。合成完成后，从头至尾检查每步反应的原料、反应条件、中间产物等是否合理。

**例 1.** 以 3-羟基环己基甲醛（OH、—CHO）为原料合成 3-氧代环己基甲醛（O、—CHO），其他试剂任选。

**解答：** 只要将—OH 氧化成>═O 一步反应即可完成合成。但是，—CHO 比—OH 更易被氧化，需要将—CHO 暂时保护起来，完成氧化反应后再脱除保护恢复—CHO。

（OH 环己基—CHO）＋ HO—$CH_2$—$CH_2$—OH $\xrightarrow[\text{保护}]{H^+}$（OH 环己基缩醛）$\xrightarrow{CrO_3/H^+}$（O 环己基缩醛）$\xrightarrow[\text{脱保护}]{H_3^+O}$（O 环己基—CHO）

检查，符合题意要求。

**例 2.** 以苯和丙烯为原料合成 2-氯异丙苯，其他试剂任选。

**解答：** 异丙基和氯都是邻、对位定位基，且氯是钝化苯环基，无论是先烷基化还是先氯化都难得到高收率的 2-氯异丙苯。如果用磺化可逆反应的占位和导向作用，可得到高效率的 2-氯异丙苯。

① 先氯化，接着磺化，烷基化，最后水解除去磺酸基，得到目标产物。

苯 $\xrightarrow{Cl_2/Fe}$ 氯苯（—Cl）$\xrightarrow[\triangle]{H_2SO_4}$ $HO_3S$—苯—Cl（主要）$\xrightarrow{\text{丙烯}/H^+}$ $HO_3S$—苯（异丙基）—Cl $\xrightarrow[\triangle]{H_2SO_4/H_2O}$ 2-氯异丙苯（—Cl）

本合成路线的缺点是—Cl 和—$SO_3H$ 都是芳环致钝基，烷基化一步很难得到高产率产物。

② 苯先烷基化，接着磺化和氯反应，最后除磺酸基也能得到目标产物。

苯 $\xrightarrow{\text{丙烯}/H^+}$ 异丙苯 $\xrightarrow[\triangle]{H_2SO_4}$ $HO_3S$—苯—异丙基（主要）$\xrightarrow[\triangle]{Cl_2/Fe}$ $HO_3S$—苯（Cl）—异丙基

$\xrightarrow[\triangle]{H_2SO_4/H_2O}$ (邻氯异丙苯，Cl)

相比之下，这条路线更合理，先烷基化使异丙基很容易引入苯环，又活化了苯环，使磺化和氯化都变得较容易进行。另外，$—CH(CH_3)_2$ 和 $—SO_3H$ 都是大基团，会提高磺化反应一步对位产物的选择性。

因此，选用合成路线②合理。检查，符合题意要求。

**例 3.** 以苯为原料，其他无机试剂任选，合成乙酰-3-氰基苯胺（$CH_3CONH$—苯环—CN）。

**解答：** $CN^-$ 是亲核试剂，很难直接引入苯上，通过重氮盐可以很方便地引入。

苯 $\xrightarrow[\triangle]{HNO_3/H_2SO_4}$ 间二硝基苯（$O_2N$，$NO_2$）$\xrightarrow{NaSH}$ 间硝基苯胺（$NH_2$，$O_2N$）$\xrightarrow{(CH_3CO)_2O}$

间硝基乙酰苯胺（$NH_2COCH_3$，$O_2N$）$\xrightarrow{Fe/HCl}$ 间氨基乙酰苯胺（$NHCOCH_3$，$H_2N$）$\xrightarrow[0\sim5\ ℃]{NaNO_2/H_2SO_4}$

（$NHCOCH_3$，$O_4SH^-\ N_2$）$\xrightarrow{NaCN}$（$NHCOCH_3$，NC）

**例 4.** 以甲苯为原料，其他无机试剂任选，合成 2,3-二氯甲苯和 3,4-二氯甲苯。

**解答：** $—CH_3$ 和 $—Cl$ 都是邻、对位定位基，$—Cl$ 又是芳环致钝基，通过苯直接氯化很难得到目标产物。

甲苯（$—CH_3$）$\xrightarrow{HNO_3/H_2SO_4}$ 邻硝基甲苯（$—CH_3$，$NO_2$）+ $O_2N$—苯环—$CH_3$（分离）

① 邻硝基甲苯（$—CH_3$，$NO_2$）$\xrightarrow{Sn/HCl}$（$—CH_3$，$NH_2$）$\xrightarrow{Ac_2O}$（$—CH_3$，$NHOCCH_3$）$\xrightarrow{HNO_3/H_2SO_4}$

（$O_2N$，$—CH_3$，$NHCOCH_3$）$\xrightarrow[\triangle]{OH^-}$（$O_2N$，$—CH_3$，$NH_2$）$\xrightarrow{Cl_2/Fe}$（$O_2N$，$—CH_3$，Cl，$NH_2$）$\xrightarrow[②\ CuCl]{①\ NaNO_2/HCl,0\ ℃}$

（$O_2N$，$—CH_3$，Cl，Cl）$\xrightarrow{Sn/HCl}$（$H_2N$，$—CH_3$，Cl，Cl）$\xrightarrow[②\ H_3PO_2]{①\ NaNO_2/HCl,0\ ℃}$（$—CH_3$，Cl，Cl）

② $O_2N$—苯环—$CH_3$ $\xrightarrow{Sn/HCl}$ $H_2N$—苯环—$CH_3$ $\xrightarrow{Ac_2O}$ AcHN—苯环—$CH_3$ $\xrightarrow{Cl_2/Fe}$

AcHN—(3-Cl-C$_6$H$_3$)—$CH_3$ $\xrightarrow{H_2O/OH^-}$ $H_2N$—(3-Cl-C$_6$H$_3$)—$CH_3$ $\xrightarrow[\text{② CuCl}]{\text{① NaNO}_2\text{/HCl, 5 ℃}}$ Cl—(3-Cl-C$_6$H$_3$)—$CH_3$

**例 5.** 以苯和 $C_3$ 以下的有机物为原料，无机试剂任选，合成 2－甲基－4－苯基－2－丁烯 $(CH_3)_2C{=}CHCH_2C_6H_5$。

**解答：**逆合成分析：

$(H_3C)_2C{=}CHCH_2C_6H_5$ $\xrightleftharpoons{\text{转换}}$ $(H_3C)_2C(OH)$—$CH_2CH_2C_6H_5$（①、② 为切断位置） $\xRightarrow{\text{①切断}}$ $CH_3MgX + CH_3\overset{O}{\overset{\|}{C}}CH_2$ ┆ $CH_2C_6H_5$

⇓

$CH_2Cl_2 + C_6H_5 \Leftarrow ClCH_2C_6H_5 + CH_3COCH_3$

$\xRightarrow{\text{②切断}} CH_3COCH_3 + XMgCH_2CH_2C_6H_5 \Rightarrow XCH_2CH_2C_6H_5 \Rightarrow XCH_2CH_2X + C_6H_5$

⇓③

苯 ⇐ 苯—X ⇐ 苯—MgX ＋ 环氧乙烷 ⇐ $HOCH_2CH_2C_6H_5$

逆合成分析出三条合成路线，都需要用丙酮为原料，都涉及格利雅反应。路线①用到烯醇负离子缩合反应，路线③用两步格氏反应，路线②似乎简单些，选择路线②合成。

苯 $\xrightarrow[AlCl_3]{ClCH_2CH_2Cl}$ 苯—$CH_2CH_2Cl$ $\xrightarrow{Mg/\text{醚}}$ 苯—$CH_2CH_2MgCl$ $\xrightarrow[\text{②}H_3^+O]{\text{①}CH_3COCH_3}$

苯—$CH_2CH_2$—$C(CH_3)_2$—OH $\xrightarrow[\triangle]{H^+}$ 苯—$CH_2CH{=}C(CH_3)_2$

检查，符合题意要求。

**例 6.** 顺－3－己烯－1－醇有青草香气味。试用乙炔和必要的试剂合成它。

**解答：** 顺式 $CH_3CH_2(H)C{=}C(H)CH_2CH_2OH$ $\Rightarrow CH_3CH_2C{\equiv}CCH_2CH_2OH \Rightarrow CH_3CH_2C{\equiv}CNa +$ 环氧乙烷

⇓

$C_2H_5Cl + NaC{\equiv}CH \Leftarrow CH_3CH_2C{\equiv}CH + NaNH_2$

⇓

$CH{\equiv}CH$

合成：$CH{\equiv}CH + NaNH_2 \xrightarrow{\text{液 }NH_3} HC{\equiv}CNa \xrightarrow{CH_3CH_2Cl} HC{\equiv}CCH_2CH_3 \xrightarrow{NH_2Na/\text{液 }NH_3}$

$CH_3CH_2C{\equiv}CNa$ $\xrightarrow[\text{②}H_3^+O]{\text{① 环氧乙烷}}$ $CH_3CH_2C{\equiv}CCH_2CH_2OH$ $\xrightarrow{H_2/P\text{-}2\text{ 催化剂}}$ 顺式 $CH_3CH_2(H)C{=}C(H)CH_2CH_2OH$

**例 7.** 以 $C_2$ 以下的有机物为原料，用丙二酸酯法合成 2，6－螺［3．3］庚烷二甲酸（$HO_2C$—螺[3.3]庚烷—$CO_2H$）。

**解答：**合成由两个四元环组成的螺环化合物最好的方法是用季戊四醇，再利用丙二酸酯的活泼—$CH_2$—的 H。

逆合成分析：

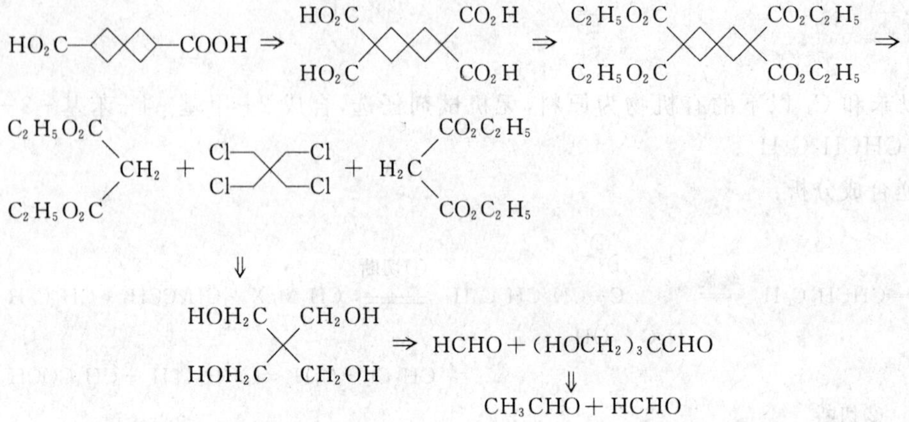

$HO_2C$—⟨双螺环⟩—$COOH \Rightarrow$ $(HO_2C)_2$⟨三螺环⟩$(CO_2H)_2 \Rightarrow$ $(C_2H_5O_2C)_2$⟨三螺环⟩$(CO_2C_2H_5)_2 \Rightarrow$

$(C_2H_5O_2C)_2CH_2$ + $(ClCH_2)_2C(CH_2Cl)_2$ + $H_2C(CO_2C_2H_5)_2$

$\Downarrow$

$(HOH_2C)_2C(CH_2OH)_2 \Rightarrow HCHO + (HOCH_2)_3CCHO$

$\Downarrow$

$CH_3CHO + HCHO$

合成：$CH_3CHO + 3HCHO \xrightarrow{OH^-} (HOCH_2)_3CCHO \xrightarrow{HCHO/浓OH^-} (HOCH_2)_4C \xrightarrow{PCl_3} (ClCH_2)_4C$

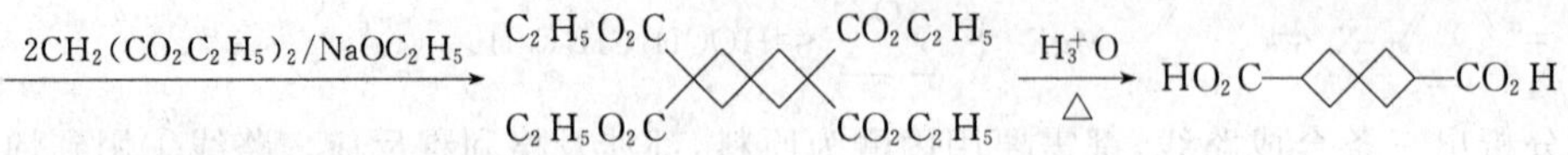

$\xrightarrow{2CH_2(CO_2C_2H_5)_2/NaOC_2H_5}$ $(C_2H_5O_2C)_2$⟨三螺环⟩$(CO_2C_2H_5)_2 \xrightarrow[\triangle]{H_3^+O} HO_2C$—⟨双螺环⟩—$CO_2H$

检查，符合题意要求。

## 七、反应机理题

学习有机化学，在熟记一些重要的反应及其规律的基础上，熟悉一些反应如自由基取代反应、自由基加成反应、烯烃亲电加成反应、芳烃亲电取代反应、卤代烃亲核取代反应、醛酮亲核加成反应、羧酸及其衍生物酰基上的亲核取代反应等的反应机理是必要的。学习反应机理可以加深对反应的理解，判断反应是如何发生的，通过什么样的过渡态、中间体进行的，如何控制反应条件等，是对反应的理性认识。正确掌握机理可以加深对有机反应的记忆，避免死记硬背，将看起来零散杂乱的反应规律化。学习、研究化合物的合成需要反应机理做指导。

反应机理是在大量的实验事实的基础上做出的理论推断，需要丰富的想象力。但想象是建立在大量实验事实基础上，又要符合化学的基本理论。因此，解答有机反应机理习题有助于培养综合、分析问题的能力，有助于巩固、提升理论知识水平。

做反应机理习题，必须会判断给定的反应物的共价键断裂的方式是均裂还是异裂；反应活泼中间体是碳自由基、碳正离子还是碳负离子；判断反应属于哪一类反应。共价键均裂形成碳自由基，异裂形成碳正、负离子。在高温、光照或自由基引发剂存在下，气相或非极性溶剂中进行的反应常是自由基型的。在极性溶剂中，有利于异裂，是离子型反应。在各步反应过程中，确定中间体的生成、稳定性和构型等是写反应机理的核心。在了解这个核心的基础上，尽可能详尽地描述由反应物转化成产物的电子结构与原子核的位置发生变化的顺序，用电子转移方程式表示。用双弯箭头“⌒↘”表示电子对转移，用弯箭头“⌒”表示单电子转移，箭头的指向总是由富电子原子指向缺电子原子方向。

**例1.** 写出下列反应机理：

$$CH_3CH_2CH_2CH{=\!=}CH_2 + CCl_4 \xrightarrow{BPO} CH_3CH_2CH_2\underset{}{\overset{Cl}{\overset{|}{C}}}HCH_2CCl_3$$

**解答：**过氧苯甲酰(BPO)是自由基引发剂，受热分解出自由基，上述反应是自由基加成反应。

引发剂分解：$PhCO\ O{-}O\ OCPh \longrightarrow 2PhCOO^{\cdot} \longrightarrow 2Ph^{\cdot} + 2CO_2$

链引发：$Ph^{\cdot} + Cl{-}CCl_3 \longrightarrow PhCl + \dot{C}Cl_3$

链增长：$CH_3CH_2CH_2CH{=\!=}CH_2 + \dot{C}Cl_3 \longrightarrow CH_3CH_2CH_2\dot{C}HCH_2CCl_3$

$$CH_3CH_2CH_2\dot{C}HCH_2CCl_3 + Cl{-}CCl_3 \longrightarrow CH_3CH_2CH_2\overset{Cl}{\overset{|}{C}}HCH_2CCl_3 + \dot{C}Cl_3$$

$\dot{C}Cl_3$ 与C═C加成方向是生成稳定的中间体碳自由基，碳自由基稳定性顺序是 $R_3\dot{C} > R_2H\dot{C} > RH_2\dot{C} > \dot{C}H_3$。$\dot{C}Cl_3$ 继续与$CH_2CH_2CH_2CH{=\!=}CH_2$加成，不断循环进行。

链终止：$2CH_3CH_2CH_2\dot{C}HCH_2CCl_3 \longrightarrow CH_3CH_2CH_2\underset{Cl_3CCH_2}{\underset{|}{C}}H{-}\underset{CH_2CCl_3}{\underset{|}{C}}HCH_2CH_2CH_3$

由于反应过程中碳自由基的浓度很低，烯烃的浓度很高，链增长反应是主要的，链终止反应很慢。

**例 2.** 给下述反应提出一个合理的反应机理：

$$(CH_3)_3CCH{=\!=}CH_2 + HBr \longrightarrow (CH_3)_3C\underset{Br}{\underset{|}{C}}HCH_3 + (CH_3)_2\underset{Br}{\underset{|}{C}}{-}\underset{CH_3}{\underset{|}{C}}HCH_3$$

**解答：**质子酸是亲电试剂，烯烃富电子，两者反应是亲电加成反应，是分步进行的。$H^+$加到C═C上生成的中间体是稳定碳正离子(稳定的中间体，其形成的过渡态亦稳定，即反应活化能低，易进行)。烷基碳正离子稳定性次序为 $R_3C^+ > R_2HC^+ > RH_2C^+ > H_3C^+$，即正电荷分散得越好越稳定。如果生成的碳正离子还不够稳定，它会通过1,2-迁移快速重排成更稳定的碳正离子，然后与负离子结合，可能生成两种产物。

$$(CH_3)_3CCH{=\!=}CH_2 + \overset{\delta+}{H}{-}\overset{\delta-}{Br} \longrightarrow (CH_3)_3C\overset{+}{C}HCH_3 \xrightarrow{Br^-} (CH_3)_2\overset{CH_3}{\overset{|}{C}}{-}\overset{Br}{\overset{|}{C}}HCH_3 \quad \text{(次要的)}$$

$$\downarrow$$

$$(CH_3)_2\overset{+}{C}{-}\overset{CH_3}{\overset{|}{C}}HCH_3 \xrightarrow{Br^-} (CH_3)_2\overset{Br}{\overset{|}{C}}{-}\overset{CH_3}{\overset{|}{C}}HCH_3 \quad \text{(主要的)}$$

**例 3.** 通常甲烷与氯在250 ℃才能反应，但加入少量(0.02%)的四乙基铅时，在140 ℃就可以发生反应，试解释这一现象，并写出反应机理(提示Cl—Cl和Pb—C键能分别为242 kJ/mol和205 kJ/mol)。

**解答：**由提示可知，Pb—C键能低于Cl—Cl的，可在低于250 ℃下均裂成Pb原子和$CH_3\dot{C}H_2$，后者引发甲烷的氯化反应。其机理如下：

$$(CH_3CH_2)_3Pb—CH_2CH_3 \xrightarrow{140℃} \dot{Pb} + 4CH_3\dot{C}H_2 \quad 产生初始自由基$$

$$CH_3\dot{C}H_2 + Cl—Cl \longrightarrow CH_3CH_2Cl + Cl^{\bullet} \quad 链的引发反应$$

$$H_3C—H + \dot{C}l \longrightarrow HCl + H_3C^{\bullet} \quad 链的增长反应$$

$$H_3\dot{C} + Cl—Cl \longrightarrow H_3CCl + Cl^{\bullet}$$

$$H_3\dot{C} + Cl^{\bullet} \longrightarrow CH_3Cl \quad 链终止反应$$

$$H_3\dot{C} + \dot{C}H_3 \longrightarrow CH_3CH_3$$

**例 4.** 试解释苯胺氯化反应主要生成邻位和对位氯化苯胺。

**解答：** 苯胺芳环上电子丰富，氯是亲电子试剂，苯胺氯化反应是亲电取代反应。其反应过程是苯胺先与氯形成$\pi$络合物，然后氯正离子与氨基邻、对和间位碳原子结合生成三种碳正离子，又称为$\sigma$络合物：

邻位：$\sigma$络合物 ≡ [四个共振结构，第四个为 $^+NH_2$ 亚胺正离子结构 Ⅰ]

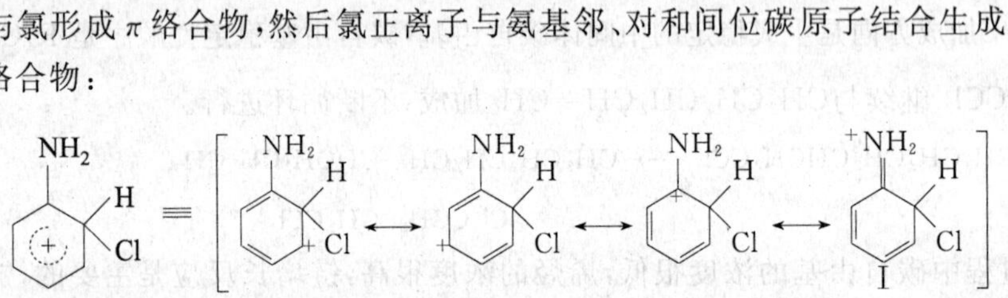

对位：$\sigma$络合物 ≡ [四个共振结构，第三个为 $^+NH_2$ 亚胺正离子结构 Ⅱ]

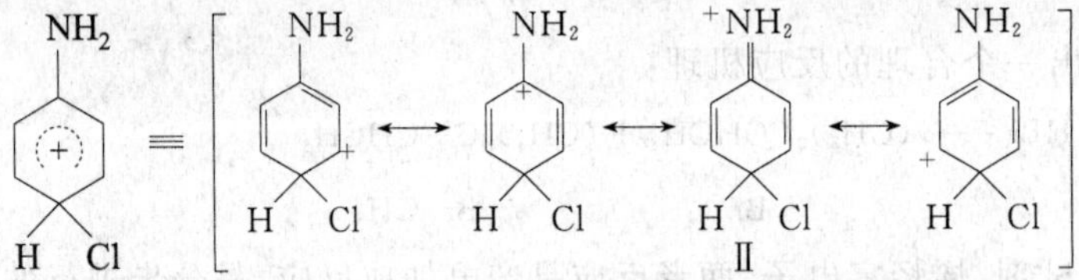

间位：$\sigma$络合物 ≡ [三个共振结构]

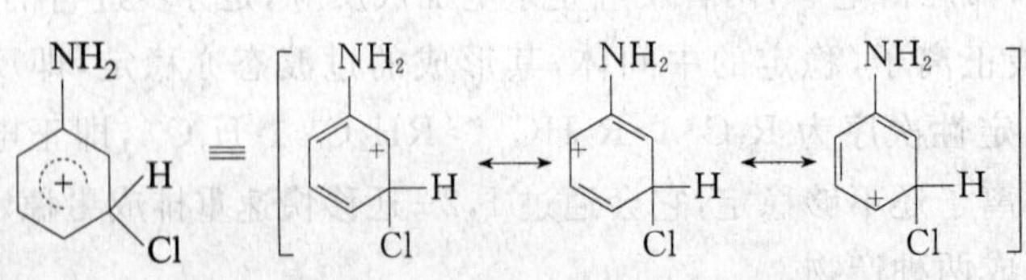

$\sigma$络合物离域程度越大，正电荷越分散，$\sigma$络合物越稳定，越容易形成。邻和对位$\sigma$络合物各有四个共振结构，且分别有稳定的结构Ⅰ和Ⅱ，而间位$\sigma$络合物仅有三个共振结构，并缺少像Ⅰ和Ⅱ这样稳定的结构。因此，苯胺氯化产物主要是邻位和对位氯代苯胺。

**例 5.** 在银盐存在下，2，2－二甲基－1－溴丙烷在50％乙醇水溶液中反应时，反应产物中有醇、醚和烯烃存在，试写出反应机理，说明原因。

**解答：** 2，2－二甲基－1－溴丙烷与银盐作用，生成2，2－二甲基丙基碳正离子和AgBr沉淀，碳正离子重排：

$$(CH_3)_3CCH_2—Br \xrightarrow[-AgBr\downarrow]{Ag^+} (CH_3)_2C(CH_3)—\overset{+}{C}H_2(1℃^+) \xrightarrow{1,2-甲基迁移} (CH_3)_2\overset{+}{C}CH_2CH_3(3℃^+)$$

在50％乙醇－水中，$S_N1$和El反应是一对竞争反应，$S_N1$和El反应的结果是醇、醚和烯烃：

$$CH_3-\overset{\overset{CH_3}{|}}{\underset{+}{C}}-CH_2CH_3 \xrightarrow{S_N1} \begin{cases} \xrightarrow{H\ddot{O}C_2H_5} (CH_3)_2\underset{\underset{H\overset{+}{O}C_2H_5}{|}}{C}CH_2CH_3 \xrightarrow{-H^+} (CH_3)_2\underset{\underset{OC_2H_5}{|}}{C}CH_2CH_3 \\ \xrightarrow{H_2\ddot{O}} (CH_3)_2\underset{\underset{HO^+H}{|}}{C}CH_2CH_3 \xrightarrow{-H^+} (CH_3)_2\underset{\underset{OH}{|}}{C}CH_2CH_3 \end{cases}$$

$$CH_3-\overset{\overset{CH_3}{|}}{\underset{+}{C}}-\underset{\underset{H\cdots OC_2H_5(H)}{|}}{C}HCH_3 \xrightarrow{El} (CH_3)_2C=CHCH_3 + H_2\overset{+}{O}C_2H_5$$

（还含有少量由 1° $C^+$ 产生的醇和醚生成）

**例 6.** 苯乙酮与羰基试剂的苯肼反应，在反应介质为 pH＝3.5 时，反应速率最快；在强酸下几乎不反应；在碱性条件下，反应速率很慢。试说明原因，写出反应机理。

**解答：**

$$\underset{CH_3}{\overset{Ph}{>}}C=O + NH_2NHPh \xrightleftharpoons{pH=3.5} \underset{CH_3}{\overset{Ph\ \ OH}{>}}C-NHNHPh \longrightarrow \underset{CH_3}{\overset{Ph}{>}}C=N-NHPh + H_2O$$

这一反应是亲核加成反应，亲核试剂的亲核中心是 $\ddot{N}H_2$—，是一个弱亲核试剂。在强酸下 $\ddot{N}H_2$—变成 $\overset{+}{N}H_3$—，失去亲核性，不能进行反应；在碱性条件下，$\ddot{N}H_2$—亲核性弱，又无催化剂，反应进行得很慢；在弱酸性（pH＝3.5）条件下，$H^+$ 与 $>C=O$ 结合形成 $>C=O^+H$，增加了羰基 C 的亲电性，反应进行得最快。机理如下：

$$\underset{CH_3}{\overset{Ph}{>}}C=\ddot{O} \xrightleftharpoons{+H^+} \underset{CH_3}{\overset{Ph}{>}}C=\overset{+}{O}H \xrightleftharpoons{\ddot{N}H_2-NHPh} \underset{CH_3}{\overset{Ph\ \ OH}{>}}C-\overset{+}{N}H_2NHPh \rightleftharpoons \underset{CH_3}{\overset{Ph\ \ \overset{+}{O}H_2}{>}}C-\underset{\underset{H}{|}}{N}NHPh$$

$$\xrightleftharpoons{-H_2O} \underset{CH_3}{\overset{Ph}{>}}\overset{+}{C}-\underset{\underset{H}{|}}{\ddot{N}}NHPh \rightleftharpoons \underset{CH_3}{\overset{Ph}{>}}C=\underset{\underset{H}{|}}{\overset{+}{N}}NHPh \xrightarrow{-H^+} \underset{CH_3}{\overset{Ph}{>}}C=NNHPh$$

**例 7.** 在酸催化下，丙酸在 $CH_3^{18}OH$ 水溶液中加热回流，得到丙酸甲酯中含 $^{18}O$。试写出该反应的反应机理。

$$CH_3CHCOOH + CH_3^{18}OH \xrightarrow{H^+} CH_3CH_2CO^{18}OCH_3 + H_2O$$

**解答：**

$$CH_3CH_2\overset{O}{\overset{\|}{C}}-OH \xrightleftharpoons{H^+} CH_3CH_2\overset{\overset{+}{O}H}{\overset{\|}{C}}-OH \xrightleftharpoons{CH_3{}^{18}OH} CH_3CH_2C(OH)_2-{}^{18}\overset{+}{O}(H)CH_3 \xrightleftharpoons{-H^+} CH_3CH_2C(OH)_2-{}^{18}OCH_3$$

$$\xrightleftharpoons{+H^+} CH_3CH_2C(OH)(\overset{+}{O}H_2)-{}^{18}OCH_3 \xrightleftharpoons{-H_2O} CH_3CH_2\overset{+}{C}(\ddot{O}H)-{}^{18}OCH_3 \rightleftharpoons CH_3CH_2\overset{\overset{+}{O}H}{\overset{\|}{C}}-{}^{18}OCH_3 \xrightarrow{-H^+} CH_3CH_2\overset{O}{\overset{\|}{C}}-{}^{18}OCH_3$$

这一反应机理属于亲核加成-消除机理。

**例 8.** 推测下列反应的反应机理：

$$\text{1-苯基-2-环己烯-1-醇} \xrightarrow{CH_3OH/H^+} (\pm)\ \text{1-甲氧基-1-苯基-2-环己烯} + (\pm)\ \text{3-甲氧基-1-苯基环己烯}$$

**解答：**这是一个手性环状烯丙醇与甲醇反应生成两对对映体。其反应机理如下：

$$\text{环己烯醇}(\ddot{O}H, Ph) \xrightleftharpoons{H^+} \text{环己烯基}-\ddot{O}H_2^+ \xrightleftharpoons{-H_2O} \left[\text{环己烯基正离子}(Ph) \longleftrightarrow \text{烯丙基正离子}(Ph)\right] \xrightleftharpoons{CH_3OH}$$

$$(\pm)\ \text{环己烯}-\overset{+}{O}(H)CH_3(Ph) + (\pm)\ H-C-\overset{+}{O}(H)CH_3\ \text{环己烯}-Ph \xrightarrow{-H^+} (\pm)\ \text{环己烯}-OCH_3(Ph) + (\pm)\ H-C(OCH_3)\ \text{环己烯}-Ph$$

# 八、化合物结构推导题

确定有机化合物的结构是有机化学研究的基本内容。无论是已知化合物还是未知化合物，只有知道了结构才能合成它，进而利用它。

在有机化学的学习中，许多推导化合物结构的习题是科学研究的结果。即人们为了确定所研究化合物的结构，进行了大量实验，根据实验结果确定化合物的结构。现在用这些结果作为习题，一方面学习确定化合物结构的思路和方法；另一方面通过做习题复习和巩固已学过的知识，如物理性质、化学反应、合成方法和波谱知识等，加深理解结构与性质的关系，同时培养综合、分析问题的能力和应用知识的能力。

这类习题给的条件有的是结构的光谱数据，有的是化合物的物理、化学性质，更多的是这两方面结合的知识。通常情况下，给的条件都是解题必不可少的，都是用得上的，需要仔细推敲每个条件的含意。在解题方法上，要找到解题关键切入点。有的习题是从开始的条件切入，顺着题意一直推导到给的最后一个条件；有的是从题目最后一个条件入手，逆着题目一直推导到最先给的条件；有的是从题目中间给的条件入手，向两边推导，最后完成整题的推导。在解题结果上，有些题目往往有两组甚至三组答案都是可能的。推导出结果后，再顺着题意检查，是否每个条件都用上了，推导的结构是否完全符合题目的条件和要求。

**例 1.** 化合物 A($C_5H_{10}O$)与 $Br_2/CCl_4$ 溶液和金属钠均不反应，用稀盐酸和稀氢氧化钠溶液处理得化合物 B($C_5H_{12}O_2$)；B 与高碘酸溶液作用得甲醛和化合物 C($C_4H_8O$)，C 可发生碘仿反应。试推导 A、B 和 C 的结构。

**解答：** 可依题意从头至尾一直推导出 A、B 和 C 的结构（正推导）；也可以从 C 开始，依据题意推导出 A、B 和 C 的结构（逆推导）。

先把题目给的各种信息用简明的图表示出来：

A($C_5H_{10}O$)（不饱和度为 1）

$Br_2/CCl_4$ → 不反应（无 C═C）

Na → 不反应（无 —OH）

$H_3^+O$ 或 $OH^-$ → B($C_5H_{12}O_2$)（增加 $H_2O$）

B $\xrightarrow{HIO_4}$ C($C_4H_8O$) + HCHO

C($C_4H_8O$) $\xrightarrow{I_2/NaOH}$ $CHI_3$

（C 有 —C(=O)—$CH_3$，B 有 —CH(OH)—$CH_2$(OH)）

根据上述分析，A 可能是 $CH_3CH_2$—C($CH_3$)(—O—)$CH_2$（环氧），B 可能是 $CH_3CH_2$C($CH_3$)(OH)—$CH_2$OH

$$B + HIO_4 \longrightarrow HCHO + CH_3CH_2COCH_3$$

$$C + I_2/NaOH \longrightarrow CH_3CH_2COONa + CHI_3$$

A. $CH_3CH_2$—C($H_3C$)(—O—)$CH_2$ B. $CH_3CH_2$C($CH_3$)(OH)—$CH_2$OH C. $CH_3CH_2COCH_3$

也可以逆推导。检查，完全符合题意要求。

**例 2.** 化合物 A、B 和 C 的分子式均为 $C_6H_{12}$，均可使 $KMnO_4$ 溶液褪色，1 mol 的 A、B 和 C 催化加氢均吸收 1 mol $H_2$ 生成 3-甲基戊烷。A 有顺反异构体，B 和 C 不存在顺反异构体。A 和 B 分别与 HBr 加成反应主要产物都是化合物 D，D 是非手性分子，而 C 与 HBr 加成反应得到两个差向异构体混合物 E，试推测 A～E 的结构。

**解答：** 从分子式 $C_6H_{12}$ 可知 A、B 和 C 可能为烯烃或环烷烃。三者均使 $KMnO_4$ 溶液褪色，说明均为烯烃。都吸收 1 mol $H_2$ 生成 3-甲基戊烷，进一步证明三者是烯烃，且有相同的碳架 C—C—C(C)—C—C。A 有顺反异构体说明 A 为内烯烃，是 $CH_3CH$═C($CH_3$)$CH_2CH_3$。B 和 C 无顺反异构体，是 α-烯烃 $CH_2$═CH—CH($CH_3$)$CH_2CH_3$ 和 $CH_3CH_2$C(═$CH_2$)$CH_2CH_3$。A 和 B 分别与 HBr 加成主要产物均是 D，可推出 D 结构：

$$\underset{\text{A}}{CH_3CH_2\underset{\displaystyle CH_3}{\underset{|}{C}}{=}CHCH_3} + HBr \longrightarrow \underset{\text{D(非手性分子)}}{CH_3CH_2\underset{\displaystyle CH_3}{\underset{|}{C}}BrCH_2CH_3}$$

由 D 可知 B 结构：

$$\underset{\text{B}}{CH_3CH_2\underset{\displaystyle CH_2}{\underset{\|}{C}}CH_2CH_3} + HBr \longrightarrow \underset{\text{D}}{CH_3CH_2\underset{\displaystyle CH_3}{\underset{|}{C}}BrCH_2CH_3}$$

A 和 B 已推测确定，C 为 $CH_3CH_2—\underset{H_3C\quad H}{C}—CH{=}CH_2$ 或 $CH_3CH_2—\underset{H\quad CH_3}{C}—CH_2{=}CH_2$。

由 C 与 HBr 加成得差向异构体、混合物 E：

$$\underset{(R\text{或}S)}{CH_3CH_2\underset{\displaystyle CH_3}{\underset{|}{C}}HCH{=}CH_2} + HBr \longrightarrow \underset{\text{E (差向异构体混合物)}}{CH_3CH_2\underset{H_3C}{CH}—\underset{Br\quad H}{C}CH_3 + CH_3CH_2\underset{H_3C}{CH}—\underset{H\quad Br}{C}—CH_3}$$

至此，

A. $\underset{H_3C\qquad CH_3}{\overset{CH_3CH_2\qquad H}{C{=}C}}$ 或 $\underset{H_3C\qquad H}{\overset{CH_3CH_2\qquad CH_3}{C{=}C}}$ B. $CH_3CH_2\underset{\displaystyle CH_2}{\underset{\|}{C}}CH_2CH_3$

C. $(R)$-$CH_2CH_2\underset{\displaystyle CH_3}{\underset{|}{C}}HCH{=}CH_2$ 或 $(S)$-$CH_3CH_2\underset{\displaystyle CH_3}{\underset{|}{C}}HCH{=}CH_2$

检查：为考察所推测化合物的结构正确与否，应根据题意进行核对，若完全符合题意，证明所推导结构正确。否则，需要重新推导，直到全部满足题意要求为止。本题推出的结果完全符合题意要求，是多组解。

注意：解此题的关键是同分异构体的概念要清楚。

**例 3.** 非环状化合物 A($C_6H_{12}O_2$)在 IR 谱图上于 1740 $cm^{-1}$、1250 $cm^{-1}$ 和 1060 $cm^{-1}$ 处有强吸收峰，但在大于 2950 $cm^{-1}$ 处无吸收峰。在 $^1H$-NMR 谱图上，只有两组单峰，其化学位移分别为 $\delta=4.3$ 和 $\delta=1.0$，其积分曲线高度比为 1∶3，试确定 A 的可能的结构。

**解答：** 分子式 $C_6H_{12}O_2$ 表明不饱和度为 1，有一个双键，即一个 $>C{=}O$ 或 $C{=}C$，A 可能是酸、酯、羟基醛、羟基酮、不饱和二元醇、不饱和二元醚或羟基环醚。IR 谱在大于 2950 $cm^{-1}$ 处无吸收，排除 O—H 键的存在，即排除 A 为酸、羟基醛、羟基酮、羟基环醚和不饱和二元醇。IR 谱 1740 $cm^{-1}$ 强吸收表明有 $>C{=}O$，$^1H$-NMR 只有两组单峰，排除C═C键存在，进一步证明有 $>C{=}O$，1250 $cm^{-1}$ 和 1060 $cm^{-1}$ 处弱吸收可能为═C—O和 C—O 键伸缩振动，进而排除不饱和二元醇、不饱和二元醚，A 可能为酯，即有 $—\overset{O}{\overset{\|}{C}}—O—$ 基团存在。$\delta=1.0$、4.3 两组单峰，H 的数目比为 1∶3，结合分子式可知，连在 $—\overset{O}{\overset{\|}{C}}—O—$ 的 C 上的基团为—C($CH_3$)$_3$，连在 O 上的为

$—CH_3$。

推导结果：A 为$(CH_3)_3CCOOCH_3$。

检查：推出 A 的结构与 A 的分子式符合，光谱数据如下：

$$\delta=1.0,9H\quad (CH_3)_3C—C(=O)—O—CH_3\quad \delta=4.3,3H$$

（1 740 $cm^{-1}$：C=O；1 060 $cm^{-1}$：O—$CH_3$；1 250 $cm^{-1}$：C—O）

注意：抓住分子式、确定不饱和度和 A 可能的化合物类型是解题的关键。全靠光谱数据推导的结构是可能结构，实际应用时，常常还要其他方法印证。

**例 4.** 烃 A$(C_4H_8)$在较低温度下与氯作用生成 B$(C_4H_8Cl_2)$，在较高温度下与氯作用生成 C$(C_4H_7Cl)$。C 与 NaOH 溶液作用生成 D$(C_4H_7OH)$，D 有四个构型异构体；C 与 NaOH 醇溶液作用则生成 E$(C_4H_6)$，E 与顺丁烯二酸酐反应生成 F$(C_8H_8O_3)$，试推测 A～E 的结构，写出有关反应式。

**解答：**从分子式看，A 为烯或环烷烃，A 与 B 分子式差两个 Cl 原子，说明 A 为烯，发生加成反应；C 比 A 多一个—OH 少一个 H，是取代反应。从 E 和 F 的分子式可知，E 到 F 是加成反应，E 可能是 1,3-丁二烯，C 可能是 3-氯-1-丁烯，A 为 1-丁烯，B 为 1,2-二氯丁烷，D 为顺/反-2-丁烯醇和$(S/R)$-3-丁烯醇四个异构体（经烯丙基碳正离子重排的结果）。

归纳上述推导结果：

A. $CH_3CH_2CH=CH_2$

B. $(R/S)-CH_3CH_2CHClCH_2Cl$

C. $(R/S)-CH_3CH(Cl)CH=CH_2$

D. $(R/S)-CH_3CH(OH)CH=CH_2$ 和(顺/反)- $CH_3CH=CHCH_2OH$

E. $(S$-顺/反$)-CH_2=CH—CH=CH_2$

F. （四氢邻苯二甲酸酐结构）

有关反应式：

$$CH_3CH_2CH=CH_2 \xrightarrow[\text{低温}]{Cl_2} (S/R)-CH_3CH_2\overset{*}{C}HClCH_2Cl\ (B)$$

$$CH_3CH_2CH=CH_2 \xrightarrow[\text{高温}]{Cl_2} (S/R)-CH_3CHClCH=CH_2\ (C)$$

$$C \xrightarrow{NaOH/H_2O} (R/S)-CH_3CH(OH)CH=CH_2 + (\text{顺/反})-CH_3CH=CHCH_2OH\ (D)$$

$$C \xrightarrow{NaOH/\text{醇}} (S\text{-顺/反})-CH_2=CH—CH=CH_2\ (E)$$

$$CH_2=CH—CH=CH_2\ (E) + \text{顺丁烯二酸酐} \longrightarrow F$$

检查：写出有关反应式相当于检查。全部符合题意。

注意：此题从A和F两个关键化合物的分子式入手，解题相对容易，可先推测出构造，再讨论构型。

另一解法，顺题意从头开始推导，A为$CH_3CH_2CH{=}CH_2$或$CH_3CH{=}CHCH_3$；B为$CH_3CH_2CHClCH_2Cl$或$CH_3CHClCHClCH_3$；C为$CH_2{=}CHCHClCH_3$或$CH_2ClCH{=}CHCH_3$；再由D确定D、B和C的构造异构体，由C推导E和F构造，再考虑构型。这一方法相对难些。

**例5.** 化合物A($C_{22}H_{27}NO$)不溶于酸和碱，但与浓盐酸一起加热得一溶液，冷却后有苯甲酸晶体析出，过滤出苯甲酸后的溶液用碱处理使之呈碱性，有液体B分层；在吡啶中将B和苯甲酰氯反应又得到A。在低温下，用$NaNO_2/HCl$溶液处理B无气体逸出；B与过量的$CH_3I$反应后用湿的$Ag_2O$处理，再加热得化合物C($C_9H_{19}N$)和苯乙烯。化合物C再与过量的$CH_3I$反应后用湿的$Ag_2O$处理，再加热得一烯烃D。如用环己酮与$(C_6H_5)_3P{=}CH_2$反应也可以得到D。试推导A～D的结构。

**解答：** ① 将题意用一简明图表示：

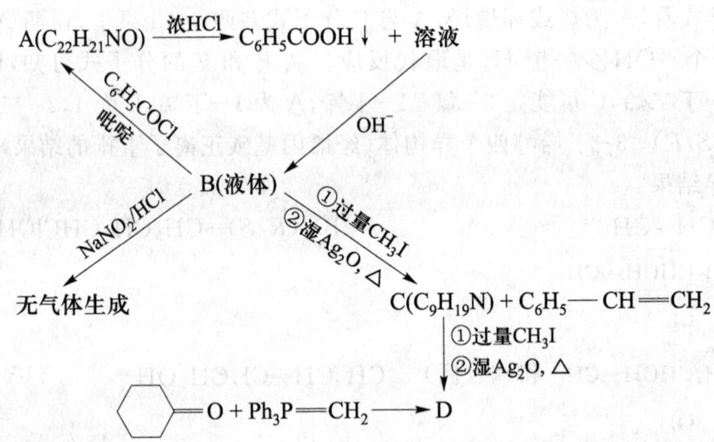


② 计算A的不饱和度$\Omega=10$。

③ 寻找解题关键性反应。

题中B和D的信息多，是解题的关键。D可由环己硐与$Ph_3P{=}CH_2$反应制备，D为(环己基)$=CH_2$，寻找B和D的关系可发现，B经Hofmann热消除得$C_6H_5CH{=}CH_2$和C，C再经Hofmann热消除生成D。B溶于浓HCl，加碱又析出，可判断B是碱，B与$NaNO_2/HCl$反应无气体生成，但可发生Hofmann热消除生成烯烃，可判断B为胺，不是伯胺，可能是仲胺。A在浓HCl中水解生成$C_6H_5COOH$和B的盐，B不是叔胺，只能是仲胺。根据两次Hofmann热消除的产物可推知B的构造式为$C_6H_5CH_2CH_2NHCH_2$—(环己基)。

④ 以B为突破口推出A和C的构造：

$$C_6H_5CH_2CH_2NHCH_2-C_6H_{11} \xrightarrow{C_6H_5COCl} C_6H_5CH_2CH_2N(CH_2-C_6H_{11})-C(=O)-C_6H_5$$

B → A

B $\xrightarrow{①CH_3I\quad ②湿 Ag_2O,\triangle}$ $C_6H_5CH{=}CH_2 + C_6H_{11}-CH_2N(CH_3)_2$ (C)

结果：A. $C_6H_5CON(CH_2CH_2C_6H_5)(CH_2C_6H_{11})$　　B. $C_6H_5CH_2CH_2NHCH_2C_6H_{11}$

C. $C_6H_{11}CH_2N(CH_3)_2$　　D. 亚甲基环己烷（$C_6H_{10}{=}CH_2$）

⑤ 根据题意，核实 A、B、C 和 D 的构造。检查结果，A、B、C 和 D 符合题意要求。

# 主要参考书

[1] Solomons T W G, Fryhle C B. Organic Chemistry. 9th ed. New York: John Wiley & Sons Inc,2008.

[2] Wade L G, Jr. Organic Chemistry. 6th ed. New Jersey: Pearson Education, 2006.

[3] 姜文凤,高占先. 有机化学学习指导. 北京:高等教育出版社,2008.

[4] 有机化学课程教学指导小组. 有机化学解题指导. 北京:高等教育出版社,1995.

[5] Meislich E K, Meislich H, Sharefkin J. Schaum's 题解精萃:Organic Chemistry. 影印版. 北京:高等教育出版社,2000.

[6] 杨秉勤,史真,王兰英,等. 新编有机化学习题集. 北京:科学出版社, 2009.

[7] 李赢,高坤,王清廉,等. 有机化学质疑暨考研指导. 甘肃:兰州大学出版社,2011.